In Erinnerung an gemeinsame Türkeijahre

Reiner Michl

Wartesaal Ankara

Reiner Möckelmann

Wartesaal Ankara
Ernst Reuter – Exil und Rückkehr nach Berlin

BWV • BERLINER WISSENSCHAFTS-VERLAG

Bibliografische Daten der Deutschen Nationalbibliothek

Die Deutsche Nationalbibliothek verzeichnet diese Publikation in der Deutschen Nationalbibliografie; detaillierte bibliografische Daten sind im Internet über http://dnb.d-nb.de abrufbar.

ISBN 978-3-8305-3143-2

Gedruckt mit freundlicher Unterstützung der Stiftung Ernst-Reuter-Archiv, Berlin

Satz: Petra Behr
Bildbearbeitung: Manfred Schürmann

© 2013 BWV • BERLINER WISSENSCHAFTS-VERLAG
Markgrafenstraße 12–14, 10969 Berlin

E-Mail: bwv@bwv-verlag.de; Internet: http://www.bwv-verlag-online.eu

Printed in Germany. Alle Rechte, auch die des Nachdrucks von Auszügen, der fotomechanischen Wiedergabe und der Übersetzung vorbehalten.

„Hier lernt man, wenn man überhaupt zum Lernen veranlagt ist, viel. Etwas Weisheit im alten Sinne, etwas Abstand zu den Dingen, Geduld, die uns in unserem europäischen Betrieb des täglichen Hastens so viel abgeht. Überblick über komplizierte Dinge, weil man sie hier in einfacher Form zu sehen hat."
Ernst Reuter in einem Brief an Victor Schiff, Ankara den 17. August 1946.

INHALTSVERZEICHNIS

Geleitwort von Edzard Reuter 9

Einleitung 11

I. Erzwungene Abreise 17
    1. Das Ende von Weimar: Oberbürgermeister in Magdeburg 17
    2. Das aufziehende Unheil: Verlust aller Ämter 23
    3. Das Regime schlägt zu: Haft und Widerstand 26

II. Im Wartesaal 31
    1. Kemal Atatürks Radikalreformen 31
        a) Ankara – eine Provinzstadt wird Regierungssitz 31
        b) Bildungsreform im Parforceritt 35
        c) Reichsdeutsche und Exilanten im Dienste der Reformen 40
    2. Das Deutsche Reich und die Türkei 47
        a) Vom Kaiser und Sultan zum „Führer" und Präsidenten 47
        b) Die Türkei – ein Jongleur der Neutralität 51
        c) Die Kulturpolitik 60
        d) Die deutsch-türkischen Beziehungen und die „Judenfrage" 66
    3. Ernst Reuters Leben und Wirken im Exil 74
        a) Der Berater, Lehrer und Reformer 74
        b) Die Familie und ihre Herausforderungen 81
        c) Die „Graeca"-Freunde Georg Rohde und
           Benno Landsberger 88
        d) Die Künstlerfreunde Ernst Praetorius und Carl Ebert 94
        e) Der Finanzwissenschaftler Fritz Neumark 103
        f) Der Jurist Ernst E. Hirsch 110
        g) Das Medizinerehepaar Albert und Erna Eckstein 115
        h) Der Dermatologe Alfred Marchionini 121
        i) Das schwierige Verhältnis zu Alfred Braun und
           Fritz Baade 130
        j) Der mutige Sozialwissenschaftler Gerhard Kessler 141
        k) Der Widersacher Botschafter Franz von Papen 152

4. Heraustreten aus der politischen Passivität 168
   a) Das Wendejahr 1943 168
   b) Die Gründung des „Deutschen Freiheitsbundes" 176
   c) Der Kulturhistoriker Alexander Rüstow 183
   d) Der Agrarwissenschaftler Hans Wilbrandt 192
   e) Die Istanbuler Widerständler, Helmuth James
      Graf von Moltke und die Amerikaner 197
   f) Der Appell an Thomas Mann 207
   g) Die Thesen des Robert G. Vansittart 213
   h) Die schwierigen Kontakte zu den Parteifreunden
      in der Fremde 216
   i) Hilfsaktionen für jüdische Flüchtlinge und internierte
      Exilfreunde 229
   j) Rückkehrbemühungen nach Deutschland 238

III. Am Ziel 257

1. Hypothek und Auftrag des Exils: Anfangsjahre im
   Nachkriegsberlin 257

2. Das „neue Deutschland": Die DDR, ihre „Westemigranten"
   und NS-Helfer 268

3. Bundesdeutsche Vergangenheitspolitik: Remigranten
   und „Ehemalige" 283

4. Erinnern an Opfer und Widerstand: Ernst Reuter
   und Theodor Heuss 302

Nachwort 313

Anmerkungen 315

Ausgewählte Literatur 345

Abkürzungsverzeichnis 355

Personenregister 359

Abbildungsnachweis 367

Der Autor 368

Geleitwort

Dies ist ein in vielerlei Hinsicht ungewöhnliches Buch. Es berichtet von einer Zeit, die lange zurückliegt, und von Personen, für die sich allenfalls diejenigen unter uns interessieren, für die Geschichte mehr bedeutet als die Erinnerung an Vergangenes. Trotzdem liest sich der Bericht wie eine mitreißende Erzählung menschlicher Schicksale und ihrer Verstrickungen. Nicht weniger ungewöhnlich der Verfasser: von Hause aus ein ebenso qualifizierter wie erfolgreicher Berufsdiplomat, wagt er sich auf ein Gebiet vor, das gemeinhin professionellen Historikern vorbehalten ist. Dabei erweist sich Reiner Möckelmann nicht nur als meisterhafter Ausgräber und Erzähler aufregender zeitgeschichtlicher und nicht zuletzt politischer Zusammenhänge, sondern zugleich als einer, der nicht zögert, das vermeintliche Grundgesetz seines Berufsstandes hintanzustellen und die Dinge auch dann beim Namen zu nennen, wenn sie das eigene Metier berühren.

Ich weiß wohl um die Vorbehalte, die bei manchen hochangesehenen Hochschullehrern reflexartig aufleben, sobald sie die Gefahr wittern, dass die hehren Gesetzmäßigkeiten akademischer Geschichtsforschung zugunsten einer aus ihrer Sicht leichtfertigen Rücksichtnahme auf Zeitzeugen vernachlässigt werden. Ich selbst bin ein solcher Zeitzeuge. Deswegen sollte ich mich womöglich mit jeglicher inhaltlicher Wertung dieses Buches zurückhalten. Das hindert mich freilich nicht daran zu hoffen, dass es die Beachtung finden möge, die es verdient: Als der Bericht eines zutiefst engagierten Autors über Ereignisse und Zusammenhänge, deren Bedeutung, richtig verstanden, bis weit in das tägliche Geschehen unserer Zeit hereinreichen.

Das schließt die Mahnung an allzu leichtfertige Zeitgenossen ein, endlich zu begreifen, welche Bedeutung der modernen Türkei für das künftige Europa zukommt. Nicht weniger gilt es für die Bereitschaft, unbeugsam und kompromisslos dafür einzustehen, dass Freiheit, Demokratie und Toleranz unverzichtbare Voraussetzungen für eine menschenwürdige Gesellschaft sind und bleiben. Ernst Reuter hat beides gewusst – und er hat danach gelebt.

Stuttgart, im Januar 2013   Edzard Reuter

Einleitung

Die Welt kennt den Namen Ernst Reuters seit dem Jahr der Berliner Blockade zwischen Juni 1948 und Mai 1949. Der spätere Regierende Bürgermeister Berlins wurde in dieser Zeit zum Symbol für den Widerstand der Bevölkerung gegen den Versuch der sowjetischen Militärmacht Stalins, die Stadt komplett zu übernehmen und damit Einfluss auf ganz Deutschland zu gewinnen. Mit Lenins Bewegung, die auf die unumschränkte Diktatur einer Partei abzielte, hatte der junge Reuter indes bereits mehr als ein Vierteljahrhundert zuvor gebrochen: In den Jahren der Weimarer Republik wandelte sich der zunächst vom Kommunismus faszinierte Revolutionär zum aufrichtigen Demokraten. Seine demokratische Überzeugung musste Ernst Reuter folgerichtig auch in Widerstand zur zweiten totalitären Herausforderung im 20. Jahrhundert bringen, zum Nationalsozialismus. Reuter setzte sich mit vollem Einsatz seiner Person für den demokratischen Rechtsstaat und gegen totalitäre Willkür und Unterdrückung ein. Im Reichstag stimmte er mit seiner Partei, der Sozialdemokratischen Partei Deutschlands (SPD), am 23. März 1933 gegen das „Ermächtigungsgesetz" Adolf Hitlers und damit gegen das Ende der Weimarer Demokratie. Wenige Tage zuvor hatten SA-Trupps den populären Magdeburger Oberbürgermeister aus seinem Amt vertrieben. Reuters Vergangenheit in den Wirren der Russischen Revolution diente den Nationalsozialisten als willkommener Vorwand. Wochenlange „Schutzhaft" und monatelange Torturen während der zweimaligen Haft im Konzentrationslager ließen dem Politiker Reuter nach mühevollen Anstrengungen zu seiner Freilassung keine Wahl: Widerstand gegen die NS-Diktatur im Untergrund war nicht mehr möglich. Der Weg ins Exil war unvermeidlich.

Nicht die Welt, wohl aber die Türkei und viele deutsche Exil- und Parteifreunde kennen den Namen Ernst Reuters aus den Jahren seines türkischen Exils vom Juni 1935 bis November 1946. Auch der Verfasser zählt sich dank seiner siebenjährigen Tätigkeit an der Deutschen Botschaft Ankara und dem Generalkonsulat Istanbul zu den Kennern von Reuters Exilzeit. In Ankara verbrachte Ernst Reuter die längste zusammenhängende Zeit seines Erwachsenenlebens. Die Türkei wurde seine zweite Heimat. Die Hauptstadt Ankara bedeutete für ihn aber auch mit den Worten des Architekten Martin Wagner einen „Wartesaal 1. Klasse"[1] bis zur früh ersehnten Mitgestaltung einer demokratischen Ordnung in Deutschland. Reuters zweite Heimat verteidigte während des Zweiten Weltkriegs hartnäckig ihre Neutralität zwischen Achsenmächten und Alliierten. Politische Aktivitäten ließ Reuters Vertrag als Wirtschaftsberater und Professor für Urbanistik deshalb nicht zu. Langsam und nur vorsichtig konnte der leidenschaftliche Politiker 1943 aus der politischen Passivität treten. Vorsicht war zudem im Umgang mit den Vertretern des „Dritten Reiches" in der Türkei geboten.

Auch hier holte den zum „Vaterlandsverräter" Gestempelten seine „rote" Vergangenheit ein: Willfährige Informanten im Reich und vor Ort halfen den Auslandsvertretungen. Passverlängerungen wurden zu Zitterpartien. Die Ausbürgerung, verbunden mit Abschiebung, wurde zur ständigen Bedrohung. Botschafter Franz von Papen, einer der politischen Widersacher Ernst Reuters in der Weimarer Republik und als Vizekanzler Hitlers im Jahre 1933 mitverantwortlich für Reuters Entlassung, spielte in den fünf „gemeinsamen" Jahren beider in Ankara besonders in der Kultur- und Judenpolitik des Reiches gegenüber der Türkei eine besondere Rolle. Kriegsbeginn und die Besetzung türkischer Nachbarländer durch deutsche Truppen verstärkten die Sorge Reuters, dass auch die Türkei überrollt würde. Flüchtlinge aus dem angeschlossenen Österreich und der besetzten Tschechoslowakei ließen schon vor Beginn des Zweiten Weltkriegs keinen Zweifel aufkommen, wie sich das Leben in einem NS-besetzten Land für Reuter und seine Exilfreunde entwickeln könnte. Auch in die neutrale Türkei reichte der lange Arm des „Dritten Reiches": Die unerfreulichen Erfahrungen vieler deutscher Exilanten im Umgang mit den Kulturfunktionären der Berliner NS-Bürokratie und ihren Vertretern vor Ort ließen Ernst Reuter verständlicherweise nicht unberührt.

In zusammenfassender Darstellung wenig bekannt sind die Lebensumstände, das Denken, Handeln und Streben des Politikers Ernst Reuter in seinen türkischen Exiljahren.[2] Dankbar bis zuletzt war er seinem Aufnahmeland für dessen Hilfsbereitschaft, Gastfreundschaft und Aufgeschlossenheit gegenüber seinem Los. Mit Entschlossenheit nahm er das Studium der türkischen Sprache auf und widmete sich mit Elan den weniger vertrauten neuen Aufgaben. Innerhalb weniger Jahre wurde er zum Begründer der türkischen Urbanistik. Seine Vorlesungen konnte er in Türkisch abhalten und ins Türkische übersetzte Aufsätze und Lehrbücher zu Kommunalpolitik, Verkehrswesen und zu kommunalen Finanzen redigieren. Er bildete ab dem Jahre 1938 als Hochschullehrer mehrere Generationen von türkischen Provinzgouverneuren, Landräten, Staatssekretären und Ministern aus. Das „deutsch-türkische Wunder" (Fritz Neumark), das heißt die zeitgleich verlaufene ehrgeizige Reform- und Bildungspolitik des türkischen Republikgründers Kemal Atatürk mit der brutalen Entlassung und Vertreibung der politischen und rassischen NS-Gegner, ließ Reuter und seine Familie die Türkei in ganz besonderer Weise erfahren. In Ankara und zeitweise in Istanbul lebten sie inmitten einer wissenschaftlichen und künstlerischen Elite deutschsprachiger Exilanten.

Die Universität Istanbul galt während der NS-Zeit sogar als beste deutschsprachige Universität, die Hochschule in Ankara strebte ihr nach. Insgesamt waren rund achtzig deutsche Professoren in der Türkei tätig, dazu kamen weit über hundert wissenschaftliche Angestellte, Dozenten, Assistenten, Laboranten und Bibliothekare. Mit Architekten und Städteplanern von internationalem Renommee wie Hermann Jansen, Bruno Taut oder Martin Wagner war Reuter aus seiner Zeit als Berliner Stadtrat für Verkehr befreundet und traf sie in der Türkei wieder. Paul Hindemith kam regelmäßig in die Türkei, um das türkische Musikwesen aufzubauen. Er veranlasste den Berliner Opern- und Theaterintendanten Carl Ebert zum dauerhaften Bleiben in Ankara, ebenso wie den Pianisten und Orchesterleiter Ernst Praetorius. Beide wurden enge Vertraute der Familie Reuter. Dies galt auch für die namhaften Mediziner Albert und Erna Eckstein sowie Alfred und Mathilde Marchionini. Mit den jungen Ökonomen Fritz Neumark und Hans Wilbrandt entwickelten sich Freundschaften, ebenso wie mit den anerkannten Sozialwissenschaftlern Alexander Rüstow und Gerhard Kessler. Seine ausgeprägten humanistischen Kenntnisse konnte Ernst Reuter in der „Graeca" mit dem Altphilologen Georg Rohde, dem Assyriologen Benno Landsberger und anderen bei der Lektüre griechischer und lateinischer Originaltexte pflegen.

Ernst Reuter baute unter den verfolgten Wissenschaftlern und Künstlern ein Netzwerk von Beziehungen auf, welches – wie kaum vor und nach dem Exil – seiner wissenschaftlichen und musischen Natur und Neugier Nahrung verschaffte. Das vertrauliche Gespräch mit Landsleuten gleicher politischer Herkunft und Erfahrung musste er indessen vermissen. Tief bedauerte er, dass Fritz Baade, sein langjähriger politischer Mitstreiter und Reichstagskollege, meinte, gegenüber dem offiziellen Deutschland Kompromisse machen zu müssen. Nicht weniger enttäuschte Reuter, dass der Schauspieler und Parteikollege Alfred Braun sich nach nur kurzer Zeit im türkischen Exil in den Dienst des NS-Regimes stellte. In den knapp zwölf Jahren seines Exils mied Ernst Reuter seinerseits – abgesehen von der Verlängerung seines Passes – jeglichen Kontakt zur Deutschen Botschaft. Ein ausgiebiger Briefwechsel mit Fritz Baade zeigt Reuters Bemühen um ihn, aber auch seine kompromisslose Einstellung zum NS-System.

Mangelndes Vertrauen in Baade ließ diesen im Jahre 1943 dann auch nicht am „Deutschen Freiheitsbund" mitwirken, den Reuter zusammen mit Georg Kessler, Alexander Rüstow und Hans Wilbrandt sowie dem Chemiker Friedrich Breusch und dem Zoologen Curt Kosswig in Istanbul gründete. Aufrufe zum Umsturz des Hitler-Regimes und Pläne für die Zeit danach bestimmten die Agenda. Dokumente aus amerikanischen Geheimarchiven belegen, dass das Vorhaben nach der Casablanca-Konferenz im Januar 1943 mit der dort vereinbarten Formel des „unconditional surrender", der bedingungslosen Kapitulation der Achsenmächte, nicht die erwünschte offizielle amerikanische Unterstützung finden konnte und scheitern musste. Gleiches galt für den Versuch von Helmuth James Graf von Moltke, in Istanbul mit Hilfe der für den US-Geheimdienst OSS wirkenden Rüstow und Wilbrandt den Kontakt des „Kreisauer Kreises" zu den USA und deren Verständnis für Widerstandsaktionen in Deutschland zu finden.

Unbeirrt von den Rückschlägen in der Türkei nahm Ernst Reuter im Jahre 1943 den Kontakt zu Parteifreunden in Amerika und England auf, um gemeinsam mit dortigen Emigrantengruppen gegen die Hitlerdiktatur vorzugehen und Pläne für das Nachkriegsdeutschland zu entwickeln. Auch Thomas Mann wollte Reuter einbeziehen. In seinem ersten ausführlichen Schreiben forderte er den Nobelpreisträger im amerikanischen Exil auf, seine über die Grenzen hinaus bekannte Stimme für einen Appell der Sammlung und des Brückenschlags zwischen dem Widerstand im Exil und den Kräften des Widerstands in Deutschland einzusetzen. Thomas Mann wollte den Exilanten aber keine Rolle beim Widerstand zusprechen. Diese Kräfte könnten seiner Auffassung nach nur aus dem Innen kommen, wofür er aber wenig Anzeichen in einer Bevölkerung sah, die sich ein Jahrzehnt der Propaganda eines Joseph Goebbels ausgesetzt hatte. Ernst Reuter beharrte in weiteren Briefen an Thomas Mann darauf, dass in Deutschland sehr wohl Widerstandskräfte vorhanden seien und dass diese nur auf einen Anstoß von außen warteten. Das Gespräch in Ankara mit dem Widerständler Carl Friedrich Goerdeler und seine Kenntnis der Pläne von Helmuth James Graf von Moltke bestärkten ihn in dieser Ansicht. Letztlich spiegelt Reuters Briefwechsel mit seinen Parteifreunden im Exil und mit Thomas Mann das Dilemma zwischen Exil und Widerstand wider: Die Zersplitterung der Kräfte, die Resignation der Hitlergegner in der Emigration, den mangelnden Kontakt zwischen innerem und äußerem Widerstand sowie das geringe Vertrauen in die Regenerationskraft der schweigenden Mehrheit in Deutschland.

Thomas Manns Rückweisung gemeinsamer Aktionen hinderte Ernst Reuter indes nicht daran, lebhaften brieflichen Anteil an der Diskussion der „Amerikaner" Bertold Brecht, Lion Feuchtwanger, Bruno Frank sowie von Heinrich und Thomas Mann über die Thesen des Briten Robert G. Vansittart zu nehmen. In dessen ab dem Jahre 1941 millionenfach in England und den USA verbreiteten Broschüre *Black Record* behauptete Vansittart, dass die aggressive Expansionspolitik der Nationalsozialisten zum deutschen Nationalwesen gehöre. Es gebe demnach keine Unterschiede zwischen Deutschen und Nationalsozialisten. Für alle Deutsche gelte eine kollektive Schuld an den NS-Verbrechen. Ausführlich legte Ernst Reuter in Schreiben an den britischen Verleger Victor Gollancz und den niederländischen Exilaußenminister Eelco N. van Kleffens Protest gegen Vansittarts Kollektivschuldthesen ein, welche die deutsche Geistesgeschichte und nicht zuletzt die unzähligen KZ-Opfer, die Widerständler im Deutschen Reich und die halbe Million Emigranten ignorierten.

Die Thesen des Briten Robert G. Vansittart im Verein mit den Plänen des Amerikaners Henry Morgenthau zur Umwandlung Deutschlands in einen Agrarstaat übten in den letzten Kriegsjahren einen nicht unwesentlichen Einfluss auf viele westalliierte Politiker aus. Nach Kriegsende dürfte er sich auf die äußerst zögerliche Behandlung von Ernst Reuters Rückkehrwunsch durch Amerikaner und Engländer ausgewirkt haben. Bereits am 20. Juli 1944 hatte Reuter einem Mitarbeiter der amerikanischen Botschaft in Ankara seinen Wunsch mitgeteilt, nach der Befreiung Deutschlands so schnell wie möglich am demokratischen Wiederaufbau mitwirken zu wollen. Offiziell erneuerte Reuter seinen dringlichen Wunsch kurz vor Kriegsende gegenüber dem amerikanischen Botschafter und wiederholte ihn ein halbes Jahr später. Eine Reaktion blieb indessen aus. Auf der englischen „Schiene" war Reuter letztlich erst im Juli 1946 Erfolg beschieden. Die beiden letzten Kriegsjahre und die für ihn danach unerträglich lange Zeit des Wartens glich Reuter beruflich – zusätzlich zu seinen Vorlesungen und Veröffentlichungen – mit Sonderaufträgen aus. Im Kreise der Exilfreunde widmete er sich zunehmend Hilfsaktionen für jüdische Flüchtlinge, die aus von der Wehrmacht besetzten Nachbarländern in der Türkei Zuflucht und Möglichkeiten zur Weiterreise nach Palästina suchten. Der Abbruch der diplomatischen Beziehungen der Türkei zum Deutschen Reich erforderte ab August 1944 zusätzlich Hilfsaktionen zugunsten von internierten Exilfreunden, die – anders als Reuter selbst – nicht in türkischen Diensten standen.

Ernst Reuter kehrte Mitte Dezember 1946 mit seiner Familie zu spät nach Berlin zurück, um bei den Wahlen zur Stadtverordnetenversammlung als möglicher Oberbürgermeister berücksichtigt werden zu können. Zum Stadtrat für Verkehr und das Versorgungswesen gewählt, wurde er freudig von treuen Mitarbeitern aus der Zeit des früheren Stadtrats und Verkehrsdezernenten in den Jahren von 1926 bis 1931 begrüßt. Seitens der Sowjetischen Militäradministration und ihren Paladinen in der Sozialistischen Einheitspartei Deutschlands (SED) sah Reuter sich dagegen bereits auf dem Wege nach Berlin Anfeindungen ausgesetzt. Nahtlos knüpften sie an seine Exiljahre an. In Anspielung auf den vermeintlich türkischen Pass Reuters lancierten sie einen Artikel mit der Überschrift „Wird ein Türke Berlins Oberbürgermeister?" Anlässlich der späteren Oberbürgermeisterkandidatur Reuters ersetzten die Agitatoren ihre auf eine ausländerfeindliche Stimmung gegen den „Vaterlandsverräter" Reuter abgestellten Artikel mit Blick auf dessen deutschen Pass durch solche, die ihn mit Titeln wie „Papens Schützling" zum NS-Sympathisanten zu stempeln beabsichtigten. Jahrelang verfolgten die Kommunisten den populären Politiker und kommunistischen „Renegaten" Reuter mit ihren Exildiffamierungen.

Reuter ließ sich von solchen Propagandaaktionen nicht beeindrucken. Zu Beginn des Kalten Krieges sah er sich aufgerufen, neben seiner rastlosen Tätigkeit an der Nahtstelle Berlin Gesinnungsfreunde und Fachleute aus dem Exil nach Berlin zu rufen, ihnen Stellungen zu vermitteln und bei Wiedereinbürgerung sowie Wiedergutmachung zur Seite zu stehen. Am Brennpunkt Berlin konnte Reuter unmittelbar mit verfolgen, welche unterschiedliche Behandlung im Osten im Vergleich zum Westen der Stadt einzelne Opfer und Täter erfuhren, die ihm aus Exilzeiten bekannt waren. Mit Sorge nahm er Befangenheiten und Verkrustungen im Umgang mit Remigranten, Widerständlern und jüdischen Opfern zur Kenntnis. Er sah sich herausgefordert. Gemeinsam mit dem ersten

Bundespräsidenten der Bundesrepublik Deutschland, Theodor Heuss, begründete er die jährlichen Gedenkfeiern für die Opfer des Widerstands vom 20. Juli 1944. In einer Rede zum Gedenken an den Aufstand im jüdischen Ghetto von Warschau übernahm Reuter die Verantwortung für die Untaten des NS-Regimes. Das jüdische Martyrium verstand er als Inspiration für eine demokratische Erneuerung Deutschlands. In Reden und Schriften widmete er sich der Erinnerung an das Geschehene. Sein unbeirrter Kampf für Freiheitsrechte, Demokratie und Toleranz währte bis zu seinem letzten Atemzug.

Ernst Reuter beherrschte Fremdsprachen und die deutsche Sprache wie kaum ein anderer Politiker des 20. Jahrhunderts. Früh begann er nach dem Studium der Philosophie und Sozialwissenschaften Artikel und Essays zu schreiben sowie Vorträge zu halten. Der innenpolitische *Vorwärts*-Redakteur wie auch der Kommunalpolitiker Reuter hinterließ Redemanuskripte, Artikel und Briefe aus knapp 50 Jahren, die Hans E. Hirschfeld und Hans J. Reichhardt ab 1972 in vier voluminösen Bänden herausgaben.[3] Die bald zwölfjährige Exilzeit Reuters findet hierin ausschließlich in Briefen sowie in Dokumenten des „Deutschen Freiheitsbundes" ihren Niederschlag. Ernst Reuters unzählige Fachartikel, Vorträge und Bücher zur türkischen Kommunalpolitik und Urbanistik sind bislang nur türkischsprachigen Lesern erschlossen. Die biografische Literatur über Ernst Reuter ist zwar facettenreich und umfassend, gibt dem Politiker im Exil indessen nicht den Raum, der ihm zukommen sollte.

Im „Wartesaal Ankara" bemüht sich der Verfasser, das Bild des Politikers Ernst Reuter im türkischen Exil aufzuhellen. Dabei stützt er sich auf die Briefwechsel Reuters in der Zeit des Exils und des Nachkriegsberlins, auf die schriftlichen Erinnerungen und Briefwechsel von Reuters Exilfreunden, auf Gespräche mit deren Nachkommen, auf Dokumente des Ernst-Reuter-Archivs und aus dem Politischen Archiv des Auswärtigen Amtes. Der Bericht des NS-Kulturfunktionärs Dr. Herbert Scurla über die Wissenschaftsemigranten in der Türkei[4], der Geschichtskalender des Orientalisten Gotthard Jäschke zur türkischen Neutralitätspolitik[5] sowie die seit jüngerer Zeit zugänglichen Unterlagen des US-Geheimdienstes OSS und solcher aus Archiven in Moskau und des Staatssicherheitsdienstes der DDR erlauben es darüber hinaus – ergänzt durch Erkenntnisse aus dem verdienstvollen Katalog *Haymatloz* des Vereins Aktives Museum[6] –, das Profil des Politikers Ernst Reuter im türkischen Exil zu schärfen.

Der 60. Todestag Ernst Reuters sowie der 80. Jahrestag der „Machtergreifung" der Nationalsozialisten und auch die 150. Wiederkehr der ideellen Geburtsstunde der Sozialdemokratie, der Partei Ernst Reuters, verdienen es, dessen Leben im „Wartesaal Ankara" im Jahre 2013 in Erinnerung zu rufen.

I. Erzwungene Abreise

1. Das Ende von Weimar: Oberbürgermeister in Magdeburg

Die dunklen Wolken des Nationalsozialismus zogen bereits auf, als die Berliner Führung der Sozialdemokratischen Partei Deutschlands ihr Mitglied Ernst Reuter im Frühjahr 1931 zum Kandidaten für das Oberbürgermeisteramt von Magdeburg, der Hauptstadt der preußischen Provinz Sachsen, bestimmte. Die Parteiführung war überzeugt, dass Reuters Gestaltungsfähigkeiten, die er in den fünf Jahren seiner Tätigkeit als Stadtrat für Verkehr in Berlin seit Oktober 1926 überzeugend bewiesen hatte, auf der verwaisten Stelle des Oberbürgermeisters im sozialdemokratisch regierten Magdeburg dringend gebraucht würden. Über die Grenzen Berlins hinaus hatte Reuter sich mit der Vereinheitlichung des Berliner Verkehrs und der Gründung der Berliner Verkehrsgesellschaft BVG einen Ruf erworben.

In Magdeburg rief die Entscheidung der Berliner SPD-Führung indessen unter einigen Parteigenossen Überraschung, in den übrigen Parteien und den Medien Kritik hervor. Der Kandidat Reuter sah sich politischer Verhetzung und persönlichen Anfeindungen ausgesetzt, die maßgeblich von Abgeordneten der Nationalsozialistischen Deutschen Arbeiterpartei (NSDAP) und der Rechtsfraktion in der Stadtverordnetenversammlung gesteuert wurden. Vor diesem Hintergrund war es nicht selbstverständlich, dass er am 29. April 1931 bereits im ersten Wahlgang mit 38 von 66 Stimmen die absolute Mehrheit der Stadtverordneten erzielen konnte. Er vereinigte dabei die Stimmen aller SPD-Abgeordneten sowie diejenigen der Deutschen Staatspartei auf sich, während auf den Kandidaten der Rechtsfraktion 19 und den der Kommunisten nur sechs Stimmen entfielen. Eine überzeugende Mehrheit erhielt auch der Verwaltungsjurist Herbert Goldschmidt als Kandidat der Deutschen Staatspartei für das Bürgermeisteramt und damit als Stellvertreter von Reuter. Knapp zwei Jahre arbeiteten sie in Magdeburg vertrauensvoll zusammen, bevor sie beide aus dem Amt getrieben wurden. Den Kontakt zu Goldschmidt hielt Reuter auch während seines türkischen Exils aufrecht. Schmerzlich für ihn sollte es werden, dass sein Bemühen scheiterte, für den verfolgten „nichtarischen" Goldschmidt einen Zufluchtsort aus dem NS-Staat zu finden.[7]

In der Magdeburger Stadtverordnetenversammlung konnten die Vertreter der NSDAP sich zu Beginn von Reuters Tätigkeit nur auf wenige Abgeordnete stützen. Eine starke sozialdemokratische Arbeiterbewegung machte die Stadt lange Jahre zu einer SPD-Bastion. Sorgen bereiten musste Reuter aber die rapide wachsende Arbeitslosigkeit, von der bei seinem Amtsantritt rund 30.000 Magdeburger betroffen waren. Im Deutschen Reich zählte man schon nahezu fünf

Millionen Arbeitslose. Die Reichstagswahlen vom September 1930 hatten bereits gezeigt, wie erfolgreich die populistische NS-Propaganda auf die Wähler wirkte: Die NSDAP erhöhte ihren Stimmenanteil gegenüber 1928 von 2,6 Prozent auf 18,3 Prozent und wurde damit nach der SPD zweitstärkste Partei. In den Novemberwahlen zum sächsischen Provinziallandtag gab es zuvor mit der von 1 (1925) auf 7 erhöhten Zahl der NSDAP-Sitze vergleichbare Alarmzeichen. Ernst Reuter verwandte in Magdeburg alle Kraft darauf, den Heilsversprechen der Nationalsozialisten entgegenzuwirken. Dank gesunder Finanzen stockte er den Etat für Wohlfahrtszwecke auf, richtete eine Winternothilfe ein, senkte die Tarife für Gas, Strom und Straßenbahn und legte Arbeitsbeschaffungsprogramme auf, um durch konkretes Handeln die Arbeitslosigkeit und deren soziale wie politische Folgen zu mildern. Seine Politik zeitigte Erfolge und Anerkennung in der Bevölkerung, die ihm erlaubten, die knapp zwei Jahre im Magdeburger Rathaus als eine erfüllte und glückliche Zeit in Erinnerung zu behalten.

Reuters Arbeit in Magdeburg wurde durch das politische Klima in dieser Stadt nicht gerade erleichtert. Es war von der Polarisierung zwischen einer starken sozialdemokratischen Arbeiterbewegung und einer militanten Rechten geprägt. Im Jahre 1919 hatte hier der Likörfabrikant Franz Seldte den überparteilichen „Stahlhelm" gegründet, der sich bald zu einem Werkzeug antidemokratischer Kräfte entwickelte und dessen Ehrenmitgliedschaft Franz von Papen besaß, der Reichskanzler des Jahres 1932 und Vizekanzler Hitlers in den Jahren 1933 und 1934.[8] Der Magdeburger Otto Hörsing (SPD), damaliger Oberpräsident der Provinz Sachsen, stellte im Jahre 1924 dem „Stahlhelm" das „Reichsbanner Schwarz-Rot-Gold" als demokratische Schutzorganisation mit vorwiegend sozialdemokratischer Mitgliedschaft entgegen. Als Ausdruck dieser Polarisierung zeigten sich die unerfreulichen Begleitumstände vor und bei Reuters Amtseinführung. Sie veranlassten Reuter in seiner Antrittsrede am 15. Mai 1931, eindringlich an die Achtung vor dem politischen Gegner als Grundlage politischer Kultur zu appellieren und an den altrömischen Grundsatz zu erinnern, wonach „das öffentliche Wohl das oberste Gesetz für unser Tun und Lassen zu bleiben hat."[9]

Als willkommener Kontrast zur beschwerlichen Tagespolitik in der Kommune bot sich Ernst Reuter der Tag der Weimarer Verfassung am 11. August 1931 und 1932. Seine programmatischen Reden zur Verfassungsfeier waren von zunehmender Sorge um das Fortbestehen der ersten deutschen Demokratie geprägt. In der Feier des Jahres 1931 erinnerte er die Magdeburger Stadtverordnetenversammlung an die Jahre des Krieges, die „Wirren des staatlichen Zusammenbruchs", die „Geißel der Inflationsjahre" und die langsame Erholung. Dann aber stellte er fest, dass der „Riss, der durch die Parteien und Klassen klafft, nicht kleiner sondern größer zu werden" und „alles das, was in den zwölf Jahren seit dem Bestehen der Weimarer Verfassung an politischem und kulturellem Fortschritt erzielt worden war, ins Wanken zu geraten [scheint]." Kämpferisch

Abb. 1 *Ernst Reuter als Oberbürgermeister von Magdeburg, 18. Mai 1931.*

erinnerte er seine Zuhörer aber auch an den Freiherrn vom Stein, der „wie die Weimarer Nationalverfassung den Gedanken der Freiheit und Mündigkeit des Volkes über alles stellte." Mit seinen großen Edikten über die Bauernbefreiung und die Städteordnung habe er bekundet, wie „fest in ihm das Bewusstsein von dem schöpferischen Werte staatsbürgerlicher Freiheit begründet" war.[10]

Sein tiefverwurzeltes Bekenntnis zur Weimarer Verfassung fasste Reuter am 11. August 1931 in dem Satz zusammen: „Denn nichts anderes als die Freiheit und Mündigkeit, als die Selbstverwaltung des Volkes ist das, was die Verfassung zum Ausdruck und zum unzerstörbaren Grundgesetz unserer nationalen Entwicklung machen will."[11] Ein Jahr später, am 11. August 1932, vernahm die Festversammlung ein geradezu beschwörendes Bekenntnis Reuters zur demokratischen Verfassung: „Aber wir werden nicht ruhen und rasten, bis wir ein freies und einiges Volk geworden sind und bis die letzte Erinnerung an die dynastische Vergangenheit unserer Nation endgültig überwunden ist."[12] Auf den ersten Blick ist dieses Bekenntnis erstaunlich, zumal Reuter in seiner Festrede einem Symbol dieser Vergangenheit, dem Reichspräsidenten von Hindenburg, sein volles Vertrauen aussprach. Verständlich wird dieser scheinbare Widerspruch indessen vor dem Hintergrund der Präsidentschaftswahlen im März und April 1932. Die Kandidatur Hitlers hatte die SPD unter Zurückstellung vieler Bedenken dazu veranlasst, den Kandidaten Hindenburg gegen Hitler zu unterstützen.

Mit dem Amtsantritt des Reichskanzlers Franz von Papen und seines „Kabinetts der Barone" am 1. Juni 1932 erfuhr Reuters Hoffnung, die Erinnerung an die dynastische Vergangenheit Deutschlands überwinden zu können, einen herben Schlag. Der Monarchist und erklärte Gegner der Weimarer Republik löste wenige Tage nach Antritt seines Amtes den Reichstag auf. Kurz darauf hob er auf Druck Hitlers die Verordnung seines Vorgängers Heinrich Brüning auf, welche militärähnliche Organisationen wie die SA und SS untersagte. Nur ein Jahr später sollte Reuter die Brutalität dieser Organisationen am eigenen Leibe erleben. Für sein politisches Amt in Magdeburg und die Regierung Preußens verheerend war darüber hinaus die Notverordnung von Papens vom 14. Juli 1932. Sie verschaffte ihm die Vollmacht, die amtierende preußische Regierung unter Führung des SPD-Politikers Otto Braun ab- und sich selbst als Reichskommissar für Preußen einzusetzen.

Der „Preußenschlag" erfolgte am 20. Juli 1932. Er wurde mit der „Wiederherstellung der öffentlichen Sicherheit und Ordnung im Gebiet des Landes Preußen" begründet. Wie viele seiner Parteigenossen setzte sich Ernst Reuter dafür ein, dem „Staatsstreich der reaktionären, von den Nationalsozialisten abhängigen Minderheitsregierung des Herrn von Papen"[13] Widerstand entgegenzusetzen. Reuter und der Magdeburger Polizeipräsident wollten die Bereitschaftspolizei nach Berlin in Marsch setzen, doch die Berliner SPD-Führung mahnte zu Ruhe und Stillhalten. Die schwache Bewaffnung der preußischen Polizei und die Befürchtung, dass Reichswehr sowie SA und Stahlhelm sich für Papen einsetzen würden, bestimmten diese Haltung. Später fragten sich Reuter und die SPD-Führung, ob nicht auch ein sinnlos erscheinender Widerstand es erschwert haben würde, die totalitäre Herrschaft zu errichten und zu stabilisieren. Das Urteil des Staatsgerichtshofs vom 25. Oktober 1932 im Klagefall „Preußen contra Reich" war nur ein schwacher Trost für den unterbliebenen Widerstand. Es gab der Regierung Braun/Severing das Recht, Preußen zumindest im Reichsrat weiterhin zu vertreten.

Reuters Festrede zum Verfassungstag am 11. August 1932 stand deutlich unter dem Eindruck der Reichstagswahlen vom 31. Juli, aus denen die NSDAP bei einer Wahlbeteiligung von 84 Prozent mit beinahe 14 Millionen oder 37,4 Prozent der Stimmen als stärkste Partei hervorging. Ein Artikel im *Reichsbanner* vom 5. November 1932 mit der Überschrift „Angriff, immer wieder Angriff" zeigte Reuter im Gefecht mehr gegen den noch regierenden Monarchisten Franz von Papen als gegen die NSDAP sowie mit einer erstaunlichen Prognose: „Was wir in Deutschland durchkämpfen, ist nicht, wie Kleinmütige meinen, das Ende der Demokratie, das Ende von Weimar, es ist in Wirklichkeit nichts anderes als die Geburt der deutschen Demokratie. Der Nationalsozialismus, unser heftigster Gegner, wehrt sich als ein Teil der Kraft, die das Böse will, aber letzten Endes das Gute schafft. Die Millionen, die durch ihn aufgerüttelt und in Bewegung geraten sind, mögen in ihren Zielen und Wünschen uns noch so fernstehen, niemals werden auch diese Massen auf die Dauer ruhig zusehen können, daß ein Gottesgnadentum ältesten Stils, daß eine mystische Reaktion vormärzlicher Gesinnung in Deutschland einzieht."[14] Natürlich war Reuter klar, dass vom Bösen ohne kräftiges Nachhelfen nichts Gutes zu erwarten war, weshalb er forderte: „Angriff ist die Parole, Angriff auf allen Straßen, in allen Betrieben, in allen Versammlungen, wo überall wir Republikaner zu verführten und irregeleiteten Massen sprechen können. Angriff auf die Volksbetrüger. Angriff auf die Abenteurer und Demagogen, die die nationalsozialistische Bewegung führen. Angriff auf die kommunistischen Verräter, die den werktätigen Republikanern dauernd in den Rücken fallen, Angriff noch mehr gegen die Reichsregierung des Herrn von Papen und jener Adelsclique, die glaubt, über uns herrschen und regieren zu können."[15]

Beim Verfassen seines *Reichsbanner*-Artikels waren Reuter wahrscheinlich Prognosen bekannt, wonach – wie dann auch eingetroffen – die NSDAP bei den Reichstagswahlen am 6. November 1932 einen Rückschlag erleiden und die SPD wieder die Führung in Magdeburg erlangen sollte. Kaum vorhersehbar dürfte für Reuter dagegen gewesen sein, dass von Papen mit seinem Kabinett bald danach, am 17. November 1932, zurücktreten und der Ex-Kanzler am 4. Januar 1933 im Hause des Kölner Bankiers Kurt Freiherr von Schröder mit Hitler zusammentreffen würde. Mit diesem einigte von Papen sich über die Grundsätze einer gemeinsamen Politik, über Hitlers Kanzlerschaft und die eigene Position als Vizekanzler. Zu Hitlers Forderung nach „Entfernung aller Sozialdemokraten, Kommunisten und Juden von führenden Stellungen in Deutschland" erhob Papen bezeichnenderweise keinen Widerspruch.[16]

Eine stets willkommene Ablenkung von den Problemen des Alltags und den wachsenden politischen Sorgen boten dem studierten Historiker und Germanisten Ernst Reuter Anlässe wie die Rede zum 70. Geburtstag Gerhart Hauptmanns. Am 20. November 1932 lobte er den anwesenden Jubilar in Magdeburg in einer umfangreichen Rede vor einer großen Festversammlung als einen Mann, der immer „gewußt und bekundet [hat], daß auch die Völker den Haß überwinden müssen, wenn sie wirklich leben wollen."[17] Ausführlich würdigte er Hauptmanns *Die Weber, Florian Geyer, Rose Bernd, Vor Sonnenuntergang* und den *Ketzer von Soana*. Aus jedem dieser Werke spreche eine warme Menschlichkeit und „aus dem Druck der Zeitepoche, in der soziale, wirtschaftliche und politische Gewalt das ganze Leben unseres Volkes noch beherrschte" habe Hauptmann „aus den Tiefen des Volkslebens heraus gezeigt, wie unter der Oberfläche die-

Abb. 2 *Feier zum 70. Geburtstag des Dichters Gerhart Hauptmann in Magdeburg, 20. November 1932.*

ser Gewaltverherrlichung und Anbetung im Schatten Menschen lebten, Menschen wirkten und Menschen leiden mussten."[18]

An die warme Menschlichkeit Hauptmanns und seine von Reuter betonte „Fähigkeit zum Mitleiden mit der menschlichen Kreatur, wo immer sie uns auch begegnet", appellierte Reuters Frau Hanna indessen in einem Schreiben an Hauptmann nur wenige Monate nach der Festveranstaltung vergeblich. Sie hatte Gerhart Hauptmann gebeten, sie bei der Freilassung von Ernst Reuter zu unterstützen, nachdem dieser am 11. August 1933 in das KZ Lichtenburg bei Torgau eingeliefert worden war. In seinem Antworttelegramm ging Hauptmann auf den Hilferuf nicht ein. Nunmehr zeigte er sich davon überzeugt, dass „auch die heutigen Mächte die Gerechtigkeit wollen" und „Ihrem Manne voll Genugtuung werden" würde.[19] In einem Brief an Thomas Mann kommentierte Ernst Reuter zehn Jahre später Hauptmanns Haltung zum NS-Regime aus dem Exil in Ankara: „Gerhart Hauptmann hat uns im Stich gelassen, und schlimmer noch, er hat – wir können es kaum anders sehen – doch wohl auch sich selber im Stich gelassen."[20]

2. Das aufziehende Unheil: Verlust aller Ämter

Am 30. Januar 1933, dem Tag der Übertragung der Regierungsgewalt an Adolf Hitler in Berlin, tagte der „Republikanische Klub", den Ernst Reuter häufiger und auch an diesem Tag besuchte, in seinem Magdeburger Lokal. Das Klub-Buch vermerkte für diesen Abend: „Am Tage, an dem Hitler Reichskanzler wurde, waren ganze fünf Mitglieder anwesend."[21] Bedrückte Stimmung herrschte und Reuter ahnte, was Deutschland bevorstand, als er dem Klubvorsitzenden Joseph Lenz auf dem Nachhauseweg sagte: „Wir werden jetzt zehn Jahre in die Wüste gehen, Lenz, und dann kommen wir wieder."[22] Wenig später warnte Reuter die Magdeburger in seiner letzten öffentlichen Rede, dass dieses aufziehende „Regime den Revanchekrieg bedeutet und daß diesen Krieg Deutschland niemals gewinnen kann und daß ein viel furchtbarerer Friede mit dem Verlust des Ostens uns als unvermeidliche Folge droht."[23] Reuter resignierte nicht. Er wollte seinen Widerstand gegen das NS-Regime jetzt auch in der preußischen Provinz Sachsen und auf Reichsebene zur Geltung bringen. So kandidierte er, der bereits ein Jahr zuvor Mitglied des kurzlebigen 6. und 7. Reichstags war, auch für den 8. Reichstag. In ihn wurde er bei den letzten halbwegs freien Wahlen am 5. März 1933 auch gewählt. Wenige Tage nach den Reichstagswahlen, am 12. März, wurde Reuter außerdem Abgeordneter im Provinziallandtag Sachsen, musste aber erfahren, dass am selben Tag bei den Gemeindewahlen in Magdeburg die NSDAP mit 28 Sitzen die SPD mit 23 Sitzen als stärkste Fraktion überflügelte.

Der verstärkte Terror der Nationalsozialisten, welcher seit der Nacht des Reichstagsbrandes am 28. Februar einsetzte, ließ Reuter indessen keine Zeit mehr, sich auf die neuen Machtverhältnisse in der Magdeburger Stadtverordnetenversammlung einzustellen. Am 11. März 1933, also noch vor den Landtagswahlen, war er bereits von seinem Amt „beurlaubt" worden – ebenso wie Konrad Adenauer in Köln, Max Brauer in Hamburg und andere Oberbürgermeister im Reich. SA-Trupps waren dafür verantwortlich, dass Reuter „aus seinem Amtszimmer geholt, an die Wand gestellt und die Treppe herunter geschleift" wurde.[24] Gemeinsam mit Bürgermeister Herbert Goldschmidt schickte Reuter umgehend ein Telegramm an den Reichspräsidenten von Hindenburg, beschrieb ihm die entwürdigenden Umstände des Tages und bat ihn als Reichspräsidenten und Ehrenbürger der Stadt Magdeburg, die Verwaltung der Stadt vor der „Wiederholung solcher Gewalttätigkeiten und Amtsbehinderung zu schützen."[25] Eine Antwort Hindenburgs blieb aus, Gewalttätigkeiten dagegen blieben an der Tagesordnung.

Die neuen Machthaber ließen sich bis zum 9. August 1933 Zeit, um Ernst Reuter sein Amt in Magdeburg auch formell zu nehmen. Zwischenzeitlich hatten sie sich mit dem „Gesetz zur Wiederherstellung des Berufsbeamtentums" (Berufsbeamtengesetz) vom 7. April 1933 eine scheinlegale Grundlage für die

Entlassung von „Nichtariern" und politischen Regimegegnern geschaffen. Paragraf 4.1 dieses Gesetzes ermöglichte ihnen, Ernst Reuter und andere Politiker mit der Begründung zu entlassen, dass deren „bisherige politische Betätigung nicht die Gewähr dafür bietet, daß sie jederzeit rückhaltlos für den nationalen Staat eintreten".[26] Reuter sollte im türkischen Exil später manche Landsleute treffen, die nach demselben Paragrafen aus ihrem Amt getrieben worden waren. Für eine deutlich größere Zahl an Deutschen aber, nämlich die jüdischen Beamten, beendete die erste Kodifizierung der NS-Rassenlehre, der Paragraf 3.1 des „Berufsbeamtengesetzes", abrupt verheißungsvolle Universitätskarrieren in Deutschland. Er lautete: „Beamte, die nicht arischer Abstammung sind, sind in den Ruhestand zu versetzen; soweit es sich um Ehrenbeamte handelt, sind sie aus dem Amtsverhältnis zu entlassen."[27]

Die demütigenden Umstände seiner „Beurlaubung" in Magdeburg und wiederholte Drohungen der SA hielten Ernst Reuter nicht davon ab, an der Reichstagssitzung am 23. März 1933 in Berlin teilzunehmen und seine Stimme gegen das „Gesetz zur Behebung der Not von Volk und Reich", das sogenannte Ermächtigungsgesetz, abzugeben. Trotz zahlreicher Warnungen nahmen 94 SPD-Abgeordnete an der Abstimmung teil. Der langjährige Reichstagsabgeordnete und spätere Widerständler Julius Leber wurde auf dem Weg zur Sitzung verhaftet. Weitere 26 Abgeordnete der SPD waren bereits zuvor verhaftet worden oder waren emigriert. Geschlossen stimmten die SPD-Abgeordneten gegen das Ermächtigungsgesetz. 444 Abgeordnete der NSDAP und der Rechtsparteien stimmten für das Gesetz, mit dem sich die parlamentarische Demokratie in Deutschland selbst ausschaltete. SPD-Parteiführer Otto Wels begründete das Votum seiner Partei mit den häufig zitierten Worten: „Freiheit und Leben kann man uns nehmen, die Ehre nicht. Nach den Verfolgungen, die die Sozialdemokratische Partei in der letzten Zeit erfahren hat, wird billigerweise niemand von ihr verlangen oder erwarten können, dass sie für das hier eingebrachte Ermächtigungsgesetz stimmt. Noch niemals, seit es einen Deutschen Reichstag gibt, ist die Kontrolle der öffentlichen Angelegenheiten in solchem Maße ausgeschaltet worden, wie es jetzt geschieht und wie es durch das neue Ermächtigungsgesetz geschehen soll."[28]

Für die nächste, die letzte Reichstagssitzung Reuters am 17. Mai 1933 kündigte Hitler eine „Friedensrede" an. Die sozialdemokratische Fraktion stand vor der schwierigen Situation, ob sie an dieser teilnehmen solle oder nicht. Reuter und die Mehrheit der Fraktion plädierten für die Teilnahme, aber auch dafür, eine Erklärung gegen die Misshandlung der politischen Häftlinge in den Gefängnissen und Konzentrationslagern abzugeben. Die Haltung der SPD-Mehrheit und schließlich auch die Entscheidung der Fraktion, einer „Friedens"-Resolution zuzustimmen, waren zweifellos einer Drohung aus dem Innenministerium zuzuschreiben: Ein Fernbleiben der Abgeordneten sollte mit Repressalien an inhaftierten Parteimitgliedern beantwortet werden. Hitlers „Friedens"-Erklärung mit den Behauptungen, den Versailler Vertrag als Faktum zu akzeptieren und keine Grenzkorrekturen auf Kosten fremder Länder vornehmen zu wollen, konnte Reuter und seine Parteifreunde nicht überzeugen. Später urteilte Ernst Reuter, dass es politisch richtiger gewesen wäre, an dieser Reichstagssitzung nicht mehr teilzunehmen.

Auf Landesebene „stand der Parlamentarismus neuen Stils in voller Blüte."[29] Über die zweite und gleichzeitig letzte Sitzung des Landtags der Provinz Sachsen in Merseburg am 30. Mai 1933 vermerkte das offizielle Protokoll: „Ein Teil der Abgeordneten der NSDAP begibt sich zu den Sitzen der SPD und wirft unter lebhaften Zurufen auf beiden Seiten die heftigsten Widerstand leistenden sozialdemokratischen Vertreter aus dem Sitzungssaal hinaus."[30] Ernst Reuter wurde vom Gauleiter der NSDAP in Halle, Rudolf Jordan, niedergeschlagen und in den Leib getreten, während die SA ihn in Magdeburg schon „abholen" wollte. Ein Kurzurlaub mit seiner Familie im Weserbergland schob die Verhaftung auf, der er am 9. Juni 1933, bald nach seiner Rückkehr nach Magdeburg, aber nicht mehr entgehen konnte. Er wurde in das Polizeigefängnis Magdeburg in „Schutzhaft" genommen. Kategorisch wurde seinem Verteidiger die Angabe von Haftgründen verweigert. Stattdessen wurden Reuter in Artikeln der Magdeburger und Berliner NS-Presse staatsfeindliche Tätigkeiten als KPD- und SPD-Funktionär und die Verantwortung für Gräueltaten im Wolgagebiet am Ende des Ersten Weltkriegs vorgeworfen.

Zum Verständnis ist anzumerken, dass Ernst Reuter als Kriegsteilnehmer im August 1916 an der Ostfront schwere Verletzungen erlitten hatte und in russische Gefangenschaft geraten war. Im Kriegsgefangenlager Tula lernte er schnell Russisch und gewann das Vertrauen der Häftlinge. Er gründete einen Lagersowjet und wurde im Februar 1918 zum Vorsitzenden eines internationalen Gefangenenkomitees gewählt. Zwei Monate später beauftragten ihn Wladimir I. Lenin und Josef Stalin, im Gouvernement Saratow an der Wolga eine autonome Verwaltung für die deutschen Siedler aufzubauen. Die Reuter im Polizeigefängnis Magdeburg vorgeworfenen Gräueltaten im Wolgabezirk entkräftete – so der Bericht von Reuters Anwalt Dr. Alfred Petzold – eine Urkunde des Deutschen Konsulats St. Petersburg über Reuters Tätigkeit eindeutig: „Sie war ausgezeichnet. Hervorgehoben waren die Objektivität und die Rechtlichkeit seiner Verhandlungsführung. Besonders anerkannt war, dass die getroffene Regelung die volle Anerkennung aller Wolgadeutschen gefunden hatte."[31] Unbeeindruckt von dieser Aussage griff die Gestapo auf einen Kriminellen und Alkoholiker aus dem Gerichtsgefängnis zurück, der Reuters Verbrechen mit eigenen Augen gesehen haben wollte. Eine Gegenüberstellung entlarvte den Zeugen. Reuter wurde indessen nicht freigelassen. Ohne ein ordentliches Strafverfahren überführte die Gestapo ihn in das Konzentrationslager Lichtenburg.

3. Das Regime schlägt zu: Haft und Widerstand

Ein allen Deutschen sichtbares Alarmsignal für die beginnende Willkürherrschaft des NS-Regimes war der reichsweite Boykott jüdischer Geschäfte am 1. April 1933. Mehrere der späteren deutsch-jüdischen Freunde und Bekannten Ernst Reuters im türkischen Exil sahen den Boykott als Startzeichen zum Aufbruch. Ernst Reuter wollte sich auf keinen Fall früh von Deutschland lösen, konnte dies andererseits auch nicht. Mit allen Mitteln wollte er Widerstand gegen die NS-Herrschaft leisten. Mit zuverlässigen Funktionären der SPD hielt er seit Hitlers Machtübernahme enge Fühlung und organisierte illegale Zusammentreffen. Es war ihm aber auch gar nicht möglich, Deutschland zu verlassen: Aus der „Schutzhaft" im Magdeburger Polizeigefängnis überführte die Gestapo ihn am 11. August 1933 in das Konzentrationslager Lichtenburg bei Torgau. Hier musste er fünf Monate die ganze Brutalität des NS-Regimes am eigenen Leib erfahren. Im früher für 300 Gefangene ausgelegten Zuchthaus wurden nunmehr bis zu 2.000 Menschen unter skandalösen sanitären und medizinischen Bedingungen gefangen gehalten. Die SS-Wachen befehligte ein Sturmführer, der von den Gefangenen „Teufel im Lager" genannt wurde.[32]

Ein Mithäftling Reuters, der Schriftsetzer und SPD-Funktionär im Bitterfelder Industrierevier Rudolf Sichting, berichtete im Jahre 1954 über seinen eigenen und den ersten KZ-Aufenthalt Ernst Reuters Erschütterndes: „Die Angekommenen mußten sich bis auf das Hemd ausziehen, die mitgeführten Behältnisse öffnen und sich einer Leibesvisitation unterziehen. Dabei wurden die Angekommenen namentlich aufgerufen. Der Aufruf war mit Schlägen, Tritten und sonstigen Mißhandlungen begleitet. Mit Ernst Reuter wurde es besonders schlimm. Er wurde zu Boden gerissen und mit Karabinerkolben, Gummiknüppeln bearbeitet."[33] Sichting schilderte auch, dass eine „Abteilung der Untermenschen" gegründet wurde, der Prominente wie Reuter angehörten. Rauchen, Freizeit, Schreiben und Empfang von Post wurde den „Untermenschen" strikt verboten. Eine „Sonderbehandlung" erfuhr Reuter darüber hinaus durch betrunkene SS-Wachen: „Eines Nachts wurde Ernst Reuter herausgerufen. Zum Erschießen. Fest und ruhig ging er. Uns war das Blut in den Adern erstarrt. Nach etwa einer Stunde kam er zurück. Es war ‚nur' eine boshafte Quälerei besoffener SS gewesen." Reuters kommunistische Vergangenheit sowie die unerbittliche Gegnerschaft zwischen Sozialdemokraten und Kommunisten in der Weimarer Republik verfolgte ihn laut Rudolf Sichting bis ins KZ Lichtenburg: „Ernst Reuter litt auch vielfach unter der Unduldsamkeit der Angehörigen der KPD, die sicherlich zu Gewalttätigkeiten geführt hätte, wenn die Sozialdemokraten es nicht verhindert hätten." Reuter sei bei allen Schikanen aber „immer aufrecht und stolz gegenüber den SS-Leuten aufgetreten."[34]

Abb. 3 *Ernst Reuter mit Elizabeth Howard im Quäkerheim in Falkenstein/Taunus, Frühjahr 1934.*

Am 7. Januar 1934 endete für Ernst Reuter endlich das erste Martyrium im KZ Lichtenburg. Seine Frau Hanna hatte vom Beginn seiner Inhaftierung Korrespondenten großer englischer Blätter in Berlin und dem Ehepaar Nahestehende im In- und Ausland mobilisiert. Die vielsagende Antwort von Gerhart Hauptmann nahm Hanna Reuter zwischenzeitlich jegliche Hoffnung. Den Erfolg brachte schließlich die Intervention des katholischen Bischofs von Meißen und früheren Propstes in Magdeburg, Petrus Legge. Entkräftet aus der Haft entlassen, nahm Ernst Reuter die von einer Magdeburger Lehrerin vermittelte Einladung dankbar an, sich in einem Heim der englischen Quäker in Falkenstein im Taunus zu erholen. Mit der Leiterin des Erholungsheims, Elizabeth Howard, einer äußerst hilfsbereiten Frau, bildete sich schnell eine enge Freundschaft heraus, die Reuter auch im türkischen Exil weiter pflegte. Elizabeth Howard erhielt Vorstellungen der Demütigungen und Leiden Reuters im KZ, als er ihr zum Abschied aus Falkenstein anvertraute: „Diesmal bin ich noch gut weggekommen, aber ich weiß genau, daß, wenn ich ein zweites Mal verhaftet werde, es mir nicht vergönnt sein wird, lebend meine Frau und meine Kinder wiederzusehen."[35]

Den Rat seiner Magdeburger Freunde, Deutschland zu verlassen, schlug Reuter indessen aus. Er blieb im Land und traf sich mit Parteigenossen in verschiedenen Städten, beherrscht von dem Gefühl, dass der Kampf fortgesetzt werden müsse. Das Verbot der SPD am 22. Juni 1933, der Einzug des SPD-Vermögens und die Festnahme von fast 3.000 Funktionären ließ Treffen nur im Untergrund zu. Reuter zeigte sich skeptisch, ob sich aus der Untergrundarbeit „eine Massenbewegung zu entwickeln vermochte, die allein geeignet gewesen wäre, den Nationalsozialismus zu beseitigen."[36] Angesichts des ständig perfekter arbeitenden Polizei- und Spitzelapparats des NS-Regimes verblieb den Genossen nur noch, untereinander in Kontakt zu bleiben, sich gegen jede Art von „Gleichschaltung" zu wehren und in zäher Klein- und Einzelarbeit weiter Widerstand zu leisten. Hierzu war Ernst Reuter indessen kaum mehr Zeit vergönnt. Nur knapp ein halbes Jahr nach seiner Entlassung wurde er am 16. Juni 1934 wiederum verhaftet und erneut ins KZ Lichtenburg eingeliefert.

Die Verlogenheit und Willkür des NS-Regimes zeigt der Gestapo-Bericht vom 18. August 1934 mit den dort genannten Gründen für die erneute Inhaftierung Reuters: „Nach seiner am 7.1.1934 erfolgten Entlassung aus der Schutzhaft wurde er am 16.6.1934 zu seiner eigenen Sicherheit in Schutzhaft genommen, da durch die immer wieder erhobenen Vorwürfe gegen R. – zum Teil auch in der Presse – sich der in Deutschland lebenden Wolgadeutschen eine außerordentlich starke Erregung bemächtigt hat."[37] Als Elizabeth Howard von Reuters erneuter Inhaftierung erfuhr, erinnerte sie sich an seine Vorahnung und ließ nichts unversucht, zunächst seine Haftbedingungen zu verbessern und schließlich auch auf seine Freilassung einzuwirken. In einem verzweifelten Brief hatte Hanna Reuter ihr von einem ihrer Besuche im KZ berichtet. Später erfuhr Elizabeth Howard, dass Reuter drei Wochen in einer Dunkelarrestzelle festgehalten wurde. Mit einem Empfehlungsschreiben flog sie von London nach Berlin und bearbeitete den NS-Auslandspressechef Ernst Hanfstaengl über Wochen hartnäckig. Dieser war bereits vom deutschen Botschaftsrat in London, Otto von Bismarck, gebeten worden, sich für die Freilassung Reuters einzusetzen. Das Auswärtige Amt forderte von der Gestapo eine Stellungnahme zu Reuters Haftgründen an. Es erhielt den Bericht und damit einen Eindruck von den unhaltbaren, vorgeschobenen Argumenten, mit denen die Gestapo bereits im Jahre 1933 die willkürliche KZ-Haft von „Untermenschen" rechtfertigte.

Reuters KZ-Martyrium endete schließlich mit schweren körperlichen Schädigungen am 1. September 1934. Welchen moralischen Erniedrigungen und physischen Schikanen Reuter neben Post- und Besuchsverbot, Einzelhaft und Dunkelarrest in den zweieinhalb Monaten ausgesetzt war, beschrieb später der mitgefangene Journalist Henry Marx eindringlich: „Den Nazi-Halunken schien es besondere Freude zu machen, diesen verhaßten Mann zu erniedrigen, indem sie ihn allabendlich die Jauchengrube säubern ließen, und zwar stets um die Zeit, da wir unseren einstündigen Auslauf hatten und ihn bei dieser Schmutzarbeit sehen würden [...]. Es war eine Arbeit, wie sie schlimmer nicht gedacht werden konnte. Der Gestank war barbarisch, aber vielleicht kann man dagegen abstumpfen. Reuter, soweit man dies beobachten konnte, verzog nie eine Miene und ließ sich seine Gefühle nicht anmerken."[38] Hass und Rache kannte Reuter indessen nicht. Einem befreundeten Pfarrer in Ostfriesland schrieb er später aus dem türkischen Exil: „Ich habe damals wie heute meine Freunde davor gewarnt, sich Haßgefühlen hinzugeben. Der Haß ist eine Speise, von der man nicht satt wird, und mit Haß kann man gar nichts bessern oder lösen."[39]

Nach den zweimaligen KZ-Torturen zog Ernst Reuter endgültig die für ein Weiterleben notwendigen Konsequenzen. Er zog sich zurück und bereitete die Emigration vor. Unter großer Anteilnahme vieler Mitbürger löste er die Familienwohnung in Magdeburg auf. Wie schon nach seiner ersten Haft, so ermöglichten ihm jetzt wiederum die Quäker, sich zusammen mit seiner Frau Hanna in einem ihrer Heime zu erholen. Aus Bad Pyrmont beschrieb Ernst Reuter seiner Vertrauten Elizabeth Howard sein großes Glück, bei ihr Liebe und Anteilnahme gefunden zu haben, berichtete vom schmerzvollen Abschied aus Magdeburg sowie den geplanten Besuch bei der Mutter und bemerkte zu seinen Perspektiven: „Dann muß sich das weitere finden. Ich sehe zwar noch nicht ganz klar, aber ich bin sicher, daß ich irgendwie mich durchwinden werde."[40] Nur zwei Tage später erhielt Elizabeth Howard zu Reuters Zukunftsvorstellungen einen ersten zeitlichen Hinweis: „Anfang November werde ich dann den Versuch machen, meine Ausreise durchzusetzen. Wie das im einzelnen zu machen ist, weiß ich jetzt noch nicht. Ebenso weiß ich noch nicht, in welches Land ich zunächst gehe. Die größte Schwierigkeit ist die, daß man kein Geld mitnehmen kann."[41]

Mit großem Dank nahm Ernst Reuter das Angebot von Elizabeth Howard an, nach England zu kommen. Dort erwartete er, seine Zukunft am besten planen zu können. Mitte November 1934 erhielt Elizabeth Howard aus Aurich, dem Wohnort von Reuters Mutter, einen ausführlichen Stimmungsbericht Reuters über die Familie und seine Zukunftssorgen. Waren alle Briefe an die englische Freundin zuvor in Deutsch geschrieben, so verfasste Reuter den Brief aus Aurich in Englisch – beziehungsweise in „German-English", für das Ernst Reuter sich bei der Empfängerin entschuldigte. Reuters Stärke, neue Herausforderungen schnell und zupackend auch in Krisenzeiten anzugehen, hatte er zuvor bereits in der russischen Gefangenschaft bewiesen: Nur wenig mehr als ein Jahr nach seiner Gefangennahme im August 1916 war er imstande, seine in hartnäckigem Eigenstudium erarbeiteten Russischkenntnisse für die Interessen der Mitgefangenen gegenüber den Sowjets einzusetzen. Sein Willen zum Erlernen neuer Sprachen, verbunden mit einem ausgesprochenen Sprachtalent, zeigen seine im

Exil in Englisch verfassten Briefe, mehr aber noch die Veröffentlichungen, die er nach relativ kurzer Zeit in Türkisch, in der Sprache seines Exillandes, verfasste. Ende Januar 1935 entschloss sich Ernst Reuter endgültig, Deutschland – zunächst allein – zu verlassen. Es war höchste Zeit, denn Mitte Februar meldete sich die Gestapo bei seiner Frau Hanna, um ihn zum Verhör abzuholen. Über Holland emigrierte er mit einem Koffer, dem geretteten Pass und „dreißig höchst illegal über die Grenze gebrachten englischen Pfunden"[42] nach London, wo ihn Elizabeth Howard erwartete. Aus den Zeiten als Berliner Verkehrsreferent und von gegenseitigen Besuchen mit englischen Kollegen her besaß Reuter in London Kontakte zu Mitgliedern des Londoner Stadtparlaments. Seine ernüchternden Eindrücke aus den damaligen Begegnungen mit verschiedenen englischen Bekannten schilderte er dem britisch-jüdischen Schriftsteller und Verleger Victor Gollancz zehn Jahre später, im Sommer 1945: „Ich erinnere mich noch sehr genau meines Aufenthalts in England im Jahre 1935, als ich schließlich Deutschland zu verlassen gezwungen war und mir irgendwo in der Welt eine neue Bleibe und Arbeitsstätte suchen mußte. Ich habe niemanden getroffen, der nicht bereit gewesen wäre, mir jede Hilfe zu gewähren, die er gewähren konnte. Aber ich weiß auch ebenso genau, daß im Grunde damals niemand von all diesen Dingen, wie Konzentrationslagern usw. etwas wissen wollte."[43] Offensichtlich zeigte die NS-Propaganda auch in England frühe Wirkung. Sie vermochte, persönliche Erfahrungsberichte von Opfern der NS-Willkür ihrer Überzeugungskraft zu berauben.

Elsbeth Bruck, seiner Mitstreiterin im 1914 gegründeten „Bund Neues Vaterland", der späteren „Liga der Menschenrechte", beschrieb Reuter später den Start in England und „die übliche verzweifelte Lauferei aller Emigranten", die er glücklicherweise bald beenden konnte: „Nach wenigen Wochen, schon am 8. März bekam ich aus Ankara die Nachricht, daß man mich engagieren werde. Damals hieß es auf drei Jahre, und unter dem Eindruck dieser Nachricht schlug ich andere Möglichkeiten, so zum Beispiel an der London School of Economics, aus."[44] Die erfreuliche Nachricht aus Ankara kam als Antwort auf verschiedene Schreiben, die Reuter auf der Suche nach einer Anstellung in alle Welt gesandt hatte. Reuters früherer Reichstagskollege und Parteifreund Fritz Baade übermittelte sie. Dieser war ebenfalls im Jahre 1933 aus dem Amt gedrängt worden und erhielt bereits Anfang 1935 von der türkischen Regierung in Ankara die Stelle als landwirtschaftlicher Berater. Telegrafisch unterrichtete er Reuter, dass das Wirtschaftsministerium einen Berater für Verkehrs- und Tariffragen suche. Die zwei Monate bis zur definitiven Bestätigung seiner Anstellung nutzte Reuter, um für seinen 14-jährigen Sohn Gerd einen Platz an einer Public School in Cambridge und eine Unterkunft bei englischen Freunden zu finden. Ende Mai 1935 verließ Ernst Reuter schließlich England und traf Anfang Juni in dem Ort ein, von dem er nicht wissen konnte, dass er dort die längste Zeit seines Erwachsenenlebens verbringen sollte.

II. Im Wartesaal

1. Kemal Atatürks Radikalreformen
a) Ankara – eine Provinzstadt wird Regierungssitz

Große Illusionen über seine neue Lebens- und Wirkungsstätte dürfte Ernst Reuter nicht gehabt haben, als er am 4. Juni 1935 gegen Mittag mit dem Zug der Zentralanatolischen Bahn in Ankara eintraf. In Istanbul hatte er am Abend zuvor den „Anadolu Ekspres" in Haydarpaşa bestiegen. Diesen monumentalen Bahnhof hatten die Architekten Hellmuth Cuno und Otto Ritter für die Firma Holzmann Anfang des Jahrhunderts als Ausgangsstation für die Bagdadbahn errichtet. Der Schlafwagenzug nach alter Wagons-Lits-Tradition führte über Dutzende an Kilometern entlang des reizvollen Ufers des Marmarameers mit seinen Villenvororten und Fischerdörfern. Am kommenden Morgen dampfte der Zug durch eine schier grenzenlose Steppenlandschaft aus Sand, Steinen, gelegentlichem niedrigen Buschwerk und verschlafenen Dörfern. Auf seiner bald 600 Kilometer langen Fahrt hielt der „Anadolu Ekspres" an zahlreichen Bahnhöfen mit dem Erscheinungsbild deutscher Provinzbahnhöfe. Auch für deren Architektur zeichnete die Firma Holzmann verantwortlich. Ernst Reuter erhielt damit erste Eindrücke der weit gefächerten Beziehungen, die das türkische Sultanat zum Deutschen Kaiserreich unterhalten hatte. Im Jahre 1889 gegründet, hatte die Deutsch-Anatolische Eisenbahngesellschaft die Firma Holzmann mit den Bahnhofs- und Gleisarbeiten beauftragt, die Firma Krupp mit der Lieferung von Schienen. Die Lokomotiven lieferten die Firmen Krauss & Maffei, Borsig und Henschel. Nach nur drei Jahren Bauzeit konnte die letzte Strecke nach Ankara Ende des Jahres 1892 eröffnet werden. In den späteren Jahren seines Türkeiaufenthaltes, als Ernst Reuter neben seiner Professur in Ankara auch die Istanbuler Schifffahrts- und Hafenverwaltung in Verkehrs- und Tariffragen beriet, lernte er den „Anadolu Ekspres" im Pendelverkehr zwischen Ankara und Istanbul in mehr als 12-stündiger Fahrt noch weit besser kennen.
Ernst Reuters erster Eindruck kurz vor Eintreffen auf dem einzigen Bahnhof Ankaras wird kaum anders gewesen sein als der des Chronisten der *Rheinischen Wochenzeitung*, welcher Ende 1934 berichtete: „In der Ferne eine Festung auf einem Felsberge, der in der Mitte durchgebrochen ist, und im Vordergrund ganz moderne Bauten im eckigen Sachstil. Es ist Ankara, das herannaht. Und all unsere Spannung richtet sich jetzt auf das neutürkische Experiment, das man auch das türkische Wunder genannt hat. Aber ist es zu verwundern, dass sie ihr ganzes Denken auf das konzentrieren, was sie bisher nicht hatten? Wie könnte man ohne solchen Radikalismus sonst in so kurzer Zeit eine ganz moderne europäische Stadt aus asiatischem Boden stampfen! Alle Achtung vor dieser Energie, vor diesem Willen, der den Weg aus dem 16. ins 20. Jahrhundert fand."[45]

Abb. 4 *Ansicht von Ankara, um 1937.*

Seine erste Unterkunft in Ankara, der provinziellen Hauptstadt der Türkischen Republik, fand Ernst Reuter im Hotel „Ankara Palas". Durchreisende Deutsche, die seinerzeit häufig zu langwierigen Verhandlungen mit türkischen Regierungsvertretern in einer der 60 Gästezimmer wohnten und oft wochenlang auf Entscheidungen warteten, nannten das „Palas" auch gern „die Wartburg". Für den Gründer der türkischen Republik Kemal Atatürk war das Hotel ein bevorzugter Ort für Gespräche und Geselligkeiten. Und wieder begegnete Ernst Reuter kurz nach Eintreffen in der Türkei deutschen Einflüssen: Der Architekt des „Ankara Palas", Mahmud Kemaleddin, hatte Ende des 19. Jahrhunderts auf Anregung des in Istanbul tätigen deutschen Architekten August Jachmund vier Jahre an der Technischen Universität Berlin studiert und seinen Hotelbau 1927 im sogenannten Ersten Nationalen Stil errichtet. Das „Palas" diente zunächst als Parlamentarierklub und ihm gegenüber gelegen sollte später der österreichische Exilarchitekt Clemens Holzmeister das Parlamentsgebäude der Nationalversammlung bauen. Ein großer Festsaal diente für Bälle, Versteigerungen und Konzerte. Ein ebenso großer Speisesaal war dem Festsaal angeschlossen und wird auch heute noch für Staatsempfänge genutzt.[46]

Die klimatische Umstellung im rund 900 Meter Höhe gelegenen Ankara auf den heißen, trockenen und staubigen Sommer belasteten Ernst Reuter und auch seine Frau Hanna nach deren baldiger Ankunft. Wenige Wochen später setzte schließlich ein mäßigeres Klima ein. Reuter schilderte seiner englischen Vertrauten Elizabeth Howard die ersten Eindrücke und Erwartungen. So konnte er der hügeligen und kargen zentralanatolischen Landschaft und der darin eingebetteten Stadt Ankara besondere Reize abgewinnen: „Der Blick auf sie ist von imponierender Großartigkeit. Sie manifestiert eindrucksvoll einen unverkennbaren Lebenswillen. Hier will ein Volk unter allen Umständen seine Zukunft selbst in die Hand nehmen, und es steckt unzweifelhaft viel Idealismus, viel Hingabe und auch viel Talent in der Arbeit, die hier geleistet wird." Reuter zeigte sich entschlossen, die auch für ihn schwierige Sprache ebenso wie die neuen Aufgaben zügig anzupacken: „Schon habe ich manchmal das Gefühl des Glücks darüber, daß ich alles, was ich gelernt und gearbeitet habe, unter ganz neuen Verhältnissen neu erproben und neu bewähren kann. Man lernt dabei so viel. Man fühlt, daß der Blick sich weitet und immer weiß ich, daß alles, was ich neu lerne, mir eine Hilfe für die Arbeit später sein wird."[47]

Ihre erste, beengte Wohnung fand die Familie Reuter in einem Zweifamilienhaus eines türkischen Generals im Ortsteil Su Tepe. Hanna Reuter beschrieb die Lage bald nach Ankunft: „Unser Haus liegt nahe am Ghasiboulevard. Wenn man die Heerstraße in Berlin kennt, kann man sich ihn vorstellen. In der Anlage, Schönheit und Großzügigkeit ist er gleichartig. Wir wohnen unmittelbar an der belgischen Gesandtschaft, die schon einen grünen Park hat, an den wir hinten stoßen. Uns gegenüber auf der anderen Seite des Boulevards ziehen sich die neuen Ministerien hin, riesige Gebäude."[48] Bald zog die Familie in eine größere Wohnung im neuen Stadt- und Regierungsviertel, um schließlich ab 1940 ein eigenes Haus im Vorort Bahçelievler, „den Häusern mit Garten", zu beziehen. Für den Entschluss der Familie Reuter, dort eines der Häuser anzumieten, sprach, dass dieser Vorort Ankaras vom Berliner Architekten und Stadtplaner Hermann Jansen entworfen und zwischen den Jahren 1934 und 1936 entwickelt worden war. Reuter und Jansen kannten sich aus Berlin. Jansen hatte ab dem Jahre 1925 eine Professur für Städtebau an der Technischen Universität Berlin inne, und Reuter wirkte ab dem Jahre 1926 als Berliner Stadtrat für Verkehr. Bereits im Jahre 1910 hatte Jansen in Berlin seine städtebaulichen Ideen umsetzen können. Seine Erweiterungsplanungen finden sich noch heute im Berliner Stadtbild, so unter anderem in Berlin-Dahlem. In Ankara nahm Reuter an Jansens Planungen bis zu dessen Rückkehr nach Berlin im Jahre 1938 regen Anteil.

Hermann Jansen konnte seine Fähigkeiten zur Neuplanung einer kompletten Stadt im Jahre 1928 in Ankara bestens unter Beweis stellen. Die türkische Regierung hatte ihn nach einer internationalen Ausschreibung beauftragt, für die junge Hauptstadt der türkischen Republik einen Stadtentwicklungsplan zu entwerfen. Der Republikgründer Kemal Atatürk hatte mit der Eröffnung der Volksversammlung in Ankara am 23. April 1920 begonnen, die Regierungsaufgaben von der osmanischen Metropole Istanbul auf Ankara zu übertragen.

Abb. 5 *Die mächtige Burganlage von Ankara. Postkarte, 1937.*

Atatürks Entscheidung für die Stadt war von ihrer strategisch wichtigen Binnenlage im Zentrum des Landes ebenso bestimmt wie davon, dass sie fern von rückwärtsgewandten osmanischen Einflüssen schien. Ankara war ein altes Siedlungsgebiet, dessen Gründung bis zu 3.000 Jahre zurückreichte. Phrygier, Galater, Byzantiner, Seldschuken und Osmanen siedelten in der Stadt, deren Namen sich von Ancyra über Engürü und Angora zu Ankara entwickelt hatte. Früher schon war Ankara bereits auch vier Mal Verwaltungszentrum gewesen. Die Einwohnerzahl war indessen bescheiden geblieben. Im Jahre 1920 zählte die Stadt lediglich 20.000 bis 25.000 Einwohner, begann dann aber rapide zu wachsen.

Als Ankara am 13. Oktober 1923, sechzehn Tage vor der Ausrufung der Republik, zur Hauptstadt des neuen Staates erklärt wurde, betrug die Bevölkerung bereits 47.000 Menschen. Im Jahre 1928, dem Jahr der Auftragsvergabe an Jansen, war die Einwohnerzahl schon auf 107.000 angewachsen, und Jansen sollte seine Planungen an 250.000 Einwohnern ausrichten. Dabei konnte er sich auf Entwürfe des Stuttgarter Architekten Carl Christoph Lörcher stützen, der bereits in den Jahren 1924 und 1925 einen Plan für die neue türkische Hauptstadt entworfen hatte. Jansens Konzept fand große Zustimmung bei den Verantwortlichen der Stadtverwaltung in Ankara: „Die Bewahrung der Altstadt verwirklicht sich von selbst, wenn es gelingt, das Gelände der Neustadt von ihr räumlich zu trennen. Wenn die beiden Stadtteile sich auf einem flachen Gelände befänden, wäre es zweifellos möglich, sie ohne hohe Kosten miteinander zu verbinden. Auf der anderen Seite machen die sich stufenförmig erhebenden und dadurch lebendig wirkenden Häuser und die beherrschende Burg die ganze Attraktivität, Schönheit und Eigenart der Altstadt aus."[49]

Die Schönheit und Eigenheit der Altstadt von Ankara konnte die Familie Reuter in knapp zwölf Jahren ausgiebig erkunden. Sie konnte auch das Werden der Neustadt verfolgen, welche sich im Laufe der Jahre mit eindrucksvollen Bauten westlicher Prägung entwickelte. Die deutschsprachigen Exilarchitekten Clemens Holzmeister, Martin Elsässer, Ernst Arnold Egli, Franz Hillinger, Bruno Taut und Martin Wagner entwarfen und bauten sie zusammen mit türkischen Kollegen. Zu mehreren der deutschsprachigen Architekten, besonders zu Bruno Taut und Martin Wagner, mit denen er als Stadtrat für Verkehr in Berlin zusammengearbeitet hatte, pflegte Ernst Reuter einen engen Kontakt. Von ihnen gewann er hilfreiche Erkenntnisse für seine Beratungs- und spätere Dozententätigkeit, aber auch für das Verständnis des revolutionären Modernisierungsprogramms, welches Kemal Atatürk der jungen türkischen Republik verschrieben hatte.

b) Bildungsreform im Parforceritt

Zehn Jahre nach Gründung der Türkischen Republik am 29. Oktober 1923 waren nur wenige Kenntnisse über die Person Kemal Atatürks und dessen ehrgeiziges Programm für einen laizistischen Staat nach Deutschland gedrungen. Der Finanzwissenschaftler Fritz Neumark, der bereits im Herbst 1933 in Istanbul ankam und mit Ernst Reuter während der gemeinsamen Exiljahre in engster Beziehung stand, erklärt seine Ignoranz ungeschminkt: „Wir wußten allenfalls, daß es keinen Sultan und keinen Kalifen mehr dort gab, daß das alte Osmanische Reich nach den zahllosen Kriegen, an denen es sich beteiligt hatte und in denen es, bis auf den letzten Unabhängigkeitskrieg, immer auf der Verliererseite gestanden hatte, durch Kemal Pascha (= Atatürk) zu einer Republik umgestaltet worden war – aber das waren auch so ziemlich alle unsere Kenntnisse."[50]

Bereits im Jahr seiner Ankunft konnte Ernst Reuter erleben, wie der arbeitsfreie Tag vom Freitag auf den Sonntag verlegt und den türkischen Frauen das Wahlrecht zugesprochen wurde. Dass Atatürk die Republikanische Volkspartei im September 1923 gegründet und sich an die Spitze dieser bis ins Jahr 1945 einzigen Partei der Türkei gestellt hatte, war Reuter auch bald bekannt. Wohl auch, dass Atatürk nach Abschaffung von Kalifat und Sultanat im Jahre 1924 in den drei folgenden Jahren das Schweizer Zivilrecht, das Italienische Strafrecht und das Deutsche Handelsrecht eingeführt hatte. Schließlich wurde Reuter das

Einleben in Ankara wie auch das Erlernen der türkischen Sprache auch dadurch erleichtert, dass 1928 der islamische Kalender durch den gregorianischen und die arabische Schrift durch die lateinische abgelöst worden waren. Im Jahr darauf endete dann der Arabisch- und Persischunterricht an den höheren Schulen; andererseits behielt die Diplomatensprache des Sultanats, das Französische, weiterhin seine Stellung.

Im Hochschulwesen war die islamisch geprägte „Medrese" bereits im 19. Jahrhundert in zwei Reformperioden des osmanischen Sultanats durch eine weltliche Hochschule abgelöst, aber erst zu Beginn des 20. Jahrhunderts zu einer Universität nach westlichem Muster umgeformt worden. So unterrichtete an der einzigen Universität des Landes, in Istanbul an der Kaiserlichen Universität (Dar-ül-fünun Sahane, DÜF), während des Ersten Weltkriegs eine Gruppe von 18 deutschen Professoren. Diese Bildungshilfe musste indessen im Herbst 1918 beendet werden. Da führende türkische Wissenschaftler und Politiker der jungen Republik das Bildungsangebot der DÜF trotz ihrer westlichen Ausrichtung für unbefriedigend hielten, beauftragten sie im Jahr 1931 den Schweizer Pädagogen Albert Malche, Reformvorschläge zu entwickeln. Bereits im Mai 1932 legte Malche seinen Auftraggebern ein umfangreiches Reformprogramm vor und überführte zusammen mit einer türkischen Reformkommission die alte DÜF in die neue Istanbul Üniversitesi.

Unter den türkischen Reformern herrschte das klare Verständnis vor, dass eine umfassende Reform an Haupt und Gliedern zu erfolgen habe, also unter Zuhilfenahme von Dozenten mit Ausbildung und Lehrerfahrung an westlichen Universitäten. Wie Horst Widmann feststellte, galt es dementsprechend, eine große Zahl türkischer Professoren auszuwechseln: Im Jahr 1933 betraf dies 157 der 240 Hochschullehrer des DÜF, darunter 71 Ordinarien und Professoren. Ausländer sollten die Entlassenen an den geplanten 14 Instituten der Medizinischen, den 14 der Mathematisch-Naturwissenschaftlichen, den zwölf der Philosophischen und den fünf der Juristischen Fakultät ersetzen – eine heroische, kaum lösbare Aufgabe angesichts der geplanten Eröffnung der Universität am 1. August 1933.[51] Eine ungeahnte Chance bot Atatürk und seinen Reformern indessen die Machtübernahme der Nationalsozialisten in Deutschland.

Noch im April 1933, also schon kurz nach Inkrafttreten des sogenannten Berufsbeamtengesetzes am 7. April, verurteilte dessen Paragraph 3 den „nicht-arischen" Pathologen Philipp Schwartz zur Aufgabe seines Frankfurter Lehrstuhls. Mit seiner Familie reiste er zu den Schwiegereltern nach Zürich. Dort traf er auf deutsche Wissenschaftler, die ebenfalls Opfer der NS-Politik geworden waren. Chancen, in ihrem Beruf in der Schweiz arbeiten zu können, gab es so gut wie keine. Unter Leitung von Schwartz gründeten die Gestrandeten, darunter auch Fritz Neumark, zunächst eine „Beratungsstelle für deutsche Wissenschaftler". Über eine Annonce in der *Neuen Zürcher Zeitung* erhielt sie zahlreiche „Anfragen

Abb. 6 *Unterrichtsminister Reşit Galip begrüßt Kemal Atatürk (links) am Tag der Verkündigung der Universitätsreform, 28. Juni 1933.*

und Anmeldungen von allen Universitäten und Hochschulen Deutschlands".[52] Angebote ausländischer Universitäten blieben indessen aus.

Ende Mai 1933 erhielt die mittlerweile umbenannte „Notgemeinschaft Deutscher Wissenschaftler im Ausland"[53] aus der Türkei eine Postkarte mit einem Hinweis auf die dort geplante Universitätsreform. Die Rückfrage bei dem Hochschulberater Albert Malche in Ankara ergab, dass „die Vorbereitungen [...] im Gange seien und daß einige Hochschullehrer unserer Gruppe vielleicht untergebracht werden könnten."[54] Nur wenige Wochen später, am 5. Juli, traf Schwartz in Istanbul ein und erfuhr von einem Mitglied der Reformkommission, dass man in Ankara Wunder von ihm erwarte: „30 bis 40 Lehrstühle könnten sofort besetzt werden und in naher Zukunft noch mehr, wenn ich geeignete Leute vorschlüge!"[55] Bereits am 6. Juli 1933 unterschrieb Schwartz mit dem türkischen Unterrichtsminister Reşit Galip ein Dokument, das neben einer Professorenliste auch Gehälter und allgemeine Vertragsbedingungen regelte.

Minister Reşit Galip würdigte das Ergebnis der Verhandlungen in einer historischen Perspektive: „Es ist dies ein außergewöhnlicher Tag, an welchem wir eine beispiellose Tat vollbringen durften. Als vor fast 500 Jahren Konstantinopel fiel, beschlossen die byzantinischen Gelehrten, das Land zu verlassen. Man konnte sie nicht zurückhalten. Viele von ihnen gingen nach Italien. Die Renaissance war das Ergebnis. Heute haben wir uns vorbereitet, von Europa eine Gegengabe zu empfangen."[56] Die vorläufige Gegengabe bestand bei Eröffnung der Istanbul Üniversitesi am 1. August 1933 aus 38 ausländischen Ordinarien und 85 wissenschaftlichen Hilfskräften. Um dieses spektakuläre Ergebnis erreichen zu können, scheute die türkische Regierung auch nicht davor zurück, die in Deutschland festgenommenen Professoren Alfred Kantorowicz und Friedrich Dessauer aus der KZ-Haft freizubekommen und dem untergetauchten Leipziger Professor Gerhard Kessler den Weg nach Istanbul zu ebnen.

Nur zwei Monate nach der von Reşit Galip und Philipp Schwartz geschlossenen Vereinbarung erhielt Ministerpräsident Inönü im September 1933 ein überraschendes Angebot aus Paris: Albert Einstein, damaliger Ehrenvorsitzender der jüdischen Gesundheitsgesellschaft „OSE", erläuterte Inönü in einem Schreiben das bedrückende Los einer großen Zahl von jüdischen Medizinern in Deutschland. Seine Gesellschaft habe 40 von ihnen ausgesucht und er bitte Inönü, dass diese ihre wissenschaftliche und medizinische Tätigkeit in der Türkei fortsetzen könnten. Die Mediziner seien erfahren und wissenschaftlich ausgewiesen. Sie seien bereit, ein Jahr ohne Entlohnung an einer von der türkischen Regierung zu bestimmenden Einrichtung tätig zu sein.[57] Im Auftrag Inönüs antwortete der neue Erziehungsminister Hikmet Bayur. Er zeigte Verständnis für Einsteins Anfrage, wies ihn aber auf die jüngst abgeschlossenen Verträge mit mehr als 40 deutschsprachigen Wissenschaftlern hin und bedauerte, dass weitere Ausländer von Sprache, Herkunft und Kultur her in die türkischen Institutionen schwer zu integrieren seien.[58]

Bei ihren Bemühungen, verfolgte deutsche Wissenschaftler in die Türkei zu vermitteln, hatte die „Notgemeinschaft" in Ankara zunächst weniger Erfolg als in Istanbul. Der von der „Notgemeinschaft" angesprochene Agrarwissenschaftler Fritz Baade bewarb sich in Ankara für einen Lehrstuhl, nachdem dort Ende Oktober 1933 eine Landwirtschaftshochschule eröffnet worden war. Seine Berufung vereitelten indessen die seit den Planungszeiten an der Hochschule tätigen zahlreichen Reichsdeutschen. Bei Ankunft in Ankara Anfang 1935 musste Fritz Baade sich deshalb mit einer Stelle als Agrarsachverständiger im Wirtschaftsministerium begnügen. Dieser Umstand brachte es auch mit sich, dass Baade ebenso wie die anderen ausländischen Berater im Jahre 1939 bzw. 1940 entlassen und nach dem Abbruch der deutsch-türkischen diplomatischen Beziehungen im Sommer 1944 mit seiner Familie interniert wurde. Ähnlich erging es Hans Wilbrandt. Als Assistent des Instituts für landwirtschaftliche Marktforschung war er im Jahre 1933 aus politischen Gründen in Berlin entlassen worden und emigrierte ein Jahr darauf in die Türkei. Auch er stieß bei seiner Bewerbung auf reichsdeutschen Widerstand in Ankara. Mit beiden sollte Ernst Reuter bald in intensiven Kontakt kommen, wenn auch in denkbar unterschiedlicher Weise.

Erfolgreicher war die „Notgemeinschaft" in Ankara bei der Vermittlung des Assyriologen Benno Landsberger, des Hethitologen Hans Gustav Güterbock und des Indologen Walter Ruben an die Fakultät für Sprache, Geschichte und Geografie. Diese bildete den Kern der zukünftigen Universität Ankara. Landsberger und Ruben kamen im Jahre 1935 rechtzeitig zur Eröffnung der Fakultät in Ankara an, Güterbock ein Jahr später. Insgesamt sechs Emigranten unterrichteten bis 1945 an dieser Fakultät. Eine medizinische Fakultät gab es in Ankara bis Ende 1945 nicht, dagegen ein Musterkrankenhaus und ein Hygiene-Institut. Am Musterkrankenhaus fanden nach der Flucht aus dem Deutschen Reich der Pädiater Albert Eckstein, der Chirurg Eduard Melchior, der Dermatologe Alfred Marchionini, der physikalische Therapeut August Laqueur, der HNO-Spezialist Max Meyer und der Internist Ernst Magnus-Alsleben als Abteilungsdirektoren eine Anstellung. Der erste Direktor des Hygieneinstituts in Ankara, Emil Gottschlich, war kein Emigrant, stand aber in gutem Einvernehmen mit den Exilanten.

Ernst Reuter und seine Familie entwickelten besonders zu den Geisteswissenschaftlern Landsberger und Rohde sowie zu den Medizinern Eckstein und Marchionini enge Beziehungen, die den geistigen Austausch jenseits des Berufsalltags ermöglichten. Der Altphilologe Georg Rohde, mit dem Reuter im Lese- und Diskussionszirkel „Graeca" viele anregende Abende verbrachte, erhielt seine Professur an der Fakultät für Sprache, Geschichte und Geografie nicht über die „Notgemeinschaft" sondern über Cevat Dursunoğlu, den Inspektor für die türkischen Studenten in Berlin. In seiner Zeit in Deutschland zwischen 1930 und 1935 engagierte sich Dursunoğlu, um fähige Hochschullehrer und Praktiker für das ehrgeizige Reformvorhaben seiner Regierung zu gewinnen. So machte er sich auch um das Kulturleben in der Türkei verdient, als er über den Dirigenten Wilhelm Furtwängler den Komponisten Paul Hindemith kennenlernte und diesen dafür gewann, Vorschläge für den Neuaufbau des türkischen Musiklebens zu entwickeln. Auf Einladung der Regierung in Ankara, für die Cevat Dursunoğlu mittlerweile in der Hochschulabteilung des Unterrichtsministeriums tätig war, hielt Paul Hindemith sich in den Jahren von 1935 bis 1937 viermal für mehrere Wochen in der Türkei auf. Das erste Mal war er vom 6. April bis 29. Mai 1935 in Ankara, Istanbul und Izmir. Als Resultat seiner zweiten mehrwöchigen Reise von März bis Mai 1936 konnte Hindemith seinen Auftraggebern eine Reihe von Gutachten, Stellungnahmen und Berichten überreichen, die bei der Einrichtung der Konservatorien in Ankara, Istanbul und Izmir verwertet wurden. Am Staatlichen Konservatorium Ankara konnten dann auch bereits im November 1936 die ersten Aktivitäten aufgenommen werden.

Paul Hindemith war nicht nur Gründungsvater der drei türkischen Musikkonservatorien, er bemühte sich auch um deren Besetzung mit namhaften deutschen Experten. So machte er die türkische Regierung während seiner ersten Türkeireise auf Carl Ebert, den Intendanten der Städtischen Oper Berlin, aufmerksam. Dieser war im März 1933 wegen seines Engagements für die künstlerische Moderne entlassen worden und in die Schweiz emigriert. Nach einer ersten Kontaktaufnahme Ende des Jahres 1935 hielt Ebert sich Ende Februar 1936 für zehn Tage in Ankara zu Gesprächen auf. Im Kultusministerium bat man ihn bei dieser Gelegenheit, zusammen mit Hindemith und den Architekten Hermann Jansen und Hans Poelzig, einen geeigneten Ort für das geplante Opernhaus zu suchen. Ab Oktober 1936 und bis zu Beginn des Zweiten Weltkriegs erhielt Ebert als Experte für Theaterfragen und als Lehrer am Konservatorium in Ankara Kurzzeitverträge. Einen Monat nach Kriegsbeginn ging er dann endgültig ins türkische Exil und galt dort am Ende seiner Tätigkeit Anfang 1947 als „Gründer des modernen türkischen Theaters, Balletts und der Oper".[59] Die Familie Reuter schätzte die Operninszenierungen, die vielen Zusammenkünfte und den Gedankenaustausch mit Carl Ebert und seiner Familie als großen Gewinn.

Nicht weniger erfreulich für die Familie Reuter war die Ankunft von Ernst Praetorius in Ankara. Praetorius hatte im Jahre 1933 sein Amt als Generalmusikdirektor des Deutschen Nationaltheaters in Weimar aus Protest gegen die politische Entwicklung in Deutschland niedergelegt und lebte von Gelegenheitsaufträgen in Berlin. Im Jahre 1935 sprach Hindemith ihn auf eine Tätigkeit in Ankara an, die Praetorius noch im selben Jahr als Dirigent des Staatlichen Sinfonieorchesters antrat. Sein Orchester erweiterte er mit Hilfe Hindemiths durch in Not geratene Musiker aus Deutschland und ab dem Jahre 1938 auch aus Österreich, so dass die Zahl der Musiker-Emigranten zeitweilig 21 betrug. Auch der Dirigent und Musiklehrer Eduard Zuckmayer, Bruder des Schriftstellers Carl Zuckmayer, zählte zu diesen als er im Jahre 1936 nach Ausschluss aus der Reichsmusikkammer auf Empfehlung Hindemiths als Lehrer für Musiktheorie, als Chorleiter und Konzertpianist nach Ankara kam. Zuckmayer blieb bis zu seinem Tod im Jahr 1972 in Ankara. Das Leben von Ernst Praetorius endete ebenfalls in Ankara, allerdings bereits im Frühjahr 1946. Ernst Reuter hielt eine bewegende Rede am Grab seines Freundes, mit dem und dessen Frau Käte er und seine Familie ein Jahrzehnt im Exil eng verbunden blieben.

c) Reichsdeutsche und Exilanten im Dienste der Reformen

Ernst Reuter kam im Jahre 1935 in ein Land, das in keiner der einschlägigen Statistiken über Fluchtländer Erwähnung findet. Für die große Mehrheit der jüdischen und politischen Emigranten waren bei der ersten Fluchtwelle im Jahre

1933 Frankreich, die Tschechoslowakei, Belgien, die Niederlande und in geringerem Maße die Schweiz, Dänemark und Großbritannien das Hauptziel. Palästina wurde für die jüdischen Emigranten 1934 das wichtigste Aufnahmeland. Zwei Jahre später flüchteten knapp die Hälfte der Emigranten nach Übersee, das heißt in die USA, nach Südamerika, nach Südafrika und Australien; in den beiden Folgejahren 1937 und 1938 sogar zwei Drittel der Emigranten.[60] Über die Gesamtzahl der aus rassischen und politischen Gründen aus dem deutschsprachigen Raum Vertriebenen liegen keine präzisen Angaben vor. Allein für die jüdische Emigration aus Deutschland ab dem Jahre 1933 bzw. aus Österreich ab 1938 und bis zum Ausreiseverbot im Jahre 1941 werden Zahlen von 350.000 bzw. 120.000 genannt.[61] Werden die politischen Emigranten hinzugezählt, so kann davon ausgegangen werden, dass während der NS-Diktatur rund eine halbe Millionen Emigranten in verschiedenen Aufnahmeländern Zuflucht suchten.

In der Türkei fanden nach einer Personenliste des Vereins Aktives Museum e. V. insgesamt etwa 1.000 deutschsprachige Emigranten Aufnahme[62] – eine verschwindend geringe Zahl im Vergleich zu denjenigen für andere Aufnahmeländer. Fritz Neumark führte diesen Umstand zunächst auf die Sprachbarriere zurück: In den anderen Exilländern erleichterten gewisse Basiskenntnisse in Englisch, Französisch oder Spanisch den Exilanten das Einleben. Im Vergleich zu Ländern mit christlichen Glaubenssätzen und -institutionen, die man von Deutschland her kannte, kam in der muslimischen Türkei die Religionsbarriere hinzu.[63] Auch wird mancher der jüdischen Verfolgten Kenntnis von rassistischen Tendenzen in der Türkisierungspolitik der jungen Republik gehabt haben, die das Leben der türkisch-jüdischen Minderheit und das der jüdischen Emigranten betrafen bzw. hätten betreffen können.

Wird weniger die Zahl als vielmehr die relative Bedeutung und Nachhaltigkeit ihrer Tätigkeit betrachtet, so ist der Einfluss der deutschsprachigen Emigranten in der Türkei für die gesellschaftliche Modernisierung wohl nur mit dem der jüdischen Einwanderung in Palästina in der NS-Zeit zu vergleichen. Nicht hoch genug kann der Beitrag der fast 100 deutschsprachigen Professoren ab dem Jahre 1933 in Ankara und Istanbul als akademische Lehrer zum Aufbau der Universitäten sowie zur Heranbildung einer akademischen und intellektuellen türkischen Elite eingeschätzt werden. Dies gilt auch für die Regierungsberater wie Ernst Reuter, Fritz Baade, Paul Hindemith, Martin Wagner, Oscar Weigert oder Hans Wilbrandt, die ihrerseits in ihren Fachbereichen wichtige Reformen einleiteten. Ferner ist der Beitrag der deutschsprachigen Assistenten, Lektoren, Bibliothekare und des technischen sowie wissenschaftlichen Hilfspersonals nicht zu unterschätzen. Im Ergebnis machten die deutschsprachigen Wissenschaftler, Künstler und Praktiker mit ihren Beiträgen die „Türkei zu einem Modellfall der Elitenmigration"[64] und nach den USA zum bedeutendsten Emigrationsland für deutsche Wissenschaftler.

Indem diese Elite nahezu ausschließlich in Ankara und Istanbul tätig war, konnte sie einen intensiven Kontakt zu den türkischen Reformern pflegen, war andererseits aber – weit mehr als Emigranten in anderen Aufnahmeländern – der direkten Kontrolle der deutschen Auslandsvertretungen ausgesetzt. Diese wussten die Notlage der deutschsprachigen Elite durchaus zu nutzen. Wohl verfügten einige der Exilwissenschaftler über neu eingerichtete Planstellen mit guten Arbeitsbedingungen. Die meisten aber hatten im Zuge der Reformmaßnahmen die Arbeitsstellen türkischer Kollegen übernommen. Sie sahen sich innerhalb der Hochschulen oppositionellen Kräften sowie in Presse und Öffentlichkeit zum Teil heftiger Kritik ausgesetzt. Die offiziellen deutschen Stellen blieben hierbei nicht untätig. Gute Beziehungen der angegriffenen Exillehrer zu den türkischen Reformern in Politik und Bürokratie ließen Kritik und Widerstand der betroffenen türkischen Wissenschaftler gegen die Exilprofessoren aber meistens bald enden. Die reichsdeutschen Kontrolleure dagegen setzten in ihrem Bemühen fort, den Exilanten zu schaden.

Als Regierungsberater und später auch als Professor eines neu geschaffenen Lehrstuhls für Urbanistik gehörte Ernst Reuter nicht zu denjenigen, die türkische Experten verdrängten. Sein auf ein Jahr befristeter Vertrag bereitete ihm aber wiederholt Sorgen. Ende des Jahres 1939 schrieb er seinem früheren Magdeburger Stadtkämmerer Max Pulvermann nach Palästina: „Meine persönliche Lage war bis Ende August voller Kümmernisse, weil alles zusammenkam, um volle Ungewißheit über mein Weiterarbeiten zu verbreiten."[65] Reuters Leistungen fanden in der türkischen Regierung zwar früh große Anerkennung, dennoch musste er immer damit rechnen, dass die Deutsche Botschaft oder das Generalkonsulat Istanbul seine Auftraggeber zu bewegen suchten, seinen Vertrag nicht zu verlängern. Beide Auslandsvertretungen verfügten über einen großen Mitarbeiterstab. Sie fanden die örtlichen NS-Organisationen sowie Zuträger aus der reichsdeutschen „Kolonie A" stets für ihr Bemühen aufgeschlossen, den Exilanten nachzuweisen, dass diese „nicht jederzeit rückhaltlos für den nationalen Staat eintreten".

Ein gut dokumentiertes Beispiel zeigt, dass Ernst Reuter bereits im Jahre seiner Ankunft in Ankara nicht nur unter Beobachtung der Botschaft Ankara und des Generalkonsulats Istanbul stand, sondern dass diese auch Überlegungen anstellten, bei der türkischen Regierung gegen ihn tätig zu werden. Mehr noch zeigt das Beispiel das vertrauliche Einvernehmen von Reichsdeutschen in der Türkei mit den offiziellen deutschen Stellen, besonders wenn es um die Belange der Exilanten ging. Auslöser für die gegen Reuter gerichtete Aktion war ein Bericht des Präsidenten des Deutschen Klubs „Teutonia" und langjährigen Technischen Direktors der Bosporus-Schiffahrt in Istanbul, Herrmann Dilg. Dieser hielt es für angebracht, am 6. Dezember 1935, also nur wenige Monate nach Eintreffen Ernst Reuters in Ankara, dem Generalkonsul in Istanbul, Axel Toepke einen Bericht zu übermitteln, dessen Anschreiben bereits erstaunen lässt: „Ich danke Ihnen, dass Sie mir gestattet haben, in den Personalakt des Herrn Reuter Einsicht zu nehmen und sende Ihnen anbei den gewünschten Bericht über den Herrn Reuter mit der Bitte, diesen bis zur Entlassung des Herrn aus türkischen Diensten vertraulich zu behandeln. Heil Hitler!"

Die Kenntnis von Reuters „Personalakt", also der Gestapo-Akte, erlaubte Dilg, in seinen Bericht an das Konsulat Vokabeln wie „Kommissar", „sozialistisch eingestellt" oder „empört über die bolschewistische Art und Weise" einfließen zu lassen. Auch hätten sich, so Dilg, „die türkischen Herrn über den ihnen als Kommunisten erscheinenden Herrn" beschwert. Seinen eigenen Worten nach erwiderte Dilg „den türkischen Herrn, dass unser Führer Hitler unter strenger Strafe verboten habe, dieser Art von Emigranten in Deutschland ein Haar zu krümmen, da er den anderen Nationen Gelegenheit gebe, diese in ihrer destruktiven Arbeit selbst kennen zu lernen." Dilg ergänzte: „Diese Gelegenheit hat Herr Reuter ihnen in sehr kurzer Zeit gegeben." Der Präsident der „Teutonia" wusste dem Generalkonsul ferner zu berichten, dass „die Türken mit nationalen Deutschen gern zusammen arbeiten, da diese ihre Pflicht tun und sich nicht in innere Angelegenheiten des Landes einmischen, dass man sie aber mit Deutschen vom Schlage Reuter verschonen möge."[66] Anzumerken ist, dass Anlass für die Denunziation Dilgs ein Auftrag des türkischen Wirtschaftsministers an Reuter war, die Konzessionsgesellschaften auf ihre Effizienz zu überprüfen. Reuter hatte in diesem Zusammenhang auch Personal- und Gehaltskürzungen bei Dilgs Bosporus-Schifffahrtsgesellschaft in Istanbul vorgeschlagen.

Pflichtbewusst sandte Generalkonsul Toepke am 7. Dezember 1935 die Dilg-Aufzeichnung an die Botschaft nach Ankara. In seinem Anschreiben an Botschafter August Friedrich Wilhelm von Keller bezog er sich auf zwei Erlasse des Auswärtigen Amtes vom September 1935 zum „Fall Reuter". Zusammen mit diesen Erlassen waren Botschaft und Generalkonsulat Gestapo-Aufzeichnungen übermittelt worden, die Reuters politische Aktivitäten als KPD- und SPD-Funktionär im Detail schilderten. Den Erlassen beigefügt waren auch bemerkenswerte Aussagen von zwei Mitgliedern der Deutschen Botschaft Moskau vom 20. bzw. 21. September 1935. Der Moskauer Botschaftskanzler Lamla und der Botschaftsangestellte Metzger, die „während der russischen Revolution in Moskau waren und sich des Reuter aus dieser Zeit entsinnen", entlasteten Reuter eindeutig von den Vorwürfen, die die Gestapo in Magdeburg als Vorwand für seine Inhaftierung in „Schutzhaft" und KZ bemüht hatte. Metzger berichtete, dass ihm „Reuter-Friesland aus dem Jahre 1918 noch in Erinnerung" sei. Er habe „im damaligen Generalkonsulat auf dem Nowinski-Boulevard in Moskau eine große Rede gehalten, die im Gegensatz zu anderen blutrünstigen Reden durch ihren pazifistischen Ton auffiel." Zu den Gestapo-Vorwürfen bemerkte er: „Über seine Tätigkeit in der Wolga-Republik ist mir lediglich bekannt, dass er sich sehr energisch für den Zusammenschluss der Deutschen eingesetzt hat, allerdings auf Grund seiner marxistisch-kommunistischen Ideologie. Über Gräueltaten, die ihm unmittelbar zur Last gelegt werden könnten, ist mir weder aus eigener Erfahrung noch durch meine Bekannten und Freunde von der Wolga etwas bekannt geworden."[67] Diese entlastenden Aussagen waren dem Generalkonsulat Toepke am 3. Dezember 1935, also bevor er die Dilg-Aufzeichnung weiterleitete, vom Auswärtigen Amt mit der Weisung zugegangen, dass „Dr. Reuter unauffällig zu beobachten und gegebenenfalls zu berichten" sei.[68]

Nachdem die Berichte der Moskauer Botschaftsmitglieder die Gräuelvorwürfe kaum mehr verwendbar machten, schien die Dilg-Aufzeichnung aus Sicht des Generalkonsuls eine bessere Grundlage dafür bilden zu können, um erneut gegen Reuter vorzugehen. Handschriftlich vermerkte Toepke am 5. Dezember 1935 für den Konsulatskollegen Schellberg: „Mir liegt daran, für die Akten eine kurze Schilderung nach den Angaben des Herrn Dir. Dilg zu haben."[69] Tags darauf händigte er dem Informanten Dilg das Reuter-Dossier aus. In seinem Schreiben an Botschafter von Keller bemerkte Toepke am 7. Dezember zur Dilg-Denunziation, dass sie Beleg dafür sei, „in welcher gemeinen Weise Reuter hier gegen die Schiffahrtsgesellschaft und den hochverdienten technischen Direktor arbeitet." Ergänzend machte Toepke dem Botschafter den Vorschlag, „das gesamte Material vertraulich zur Kenntnis der zuständigen türkischen Behörden zu bringen, die wohl ebenso wenig wie wir ein Interesse daran haben können, dass ein derartiges Individuum hier weiteren Schaden anrichtet."[70] Botschafter von Keller war aber, anders als sein linientreuer Generalkonsul in Istanbul, „weit davon entfernt, Parteisympathien zu genießen oder sie zu suchen", wie der aus Berlin nach Istanbul emigrierte Chirurg Rudolf Nissen feststellte.[71]

Nach einem Telefonat mit dem Botschafter hielt Toepke handschriftlich und leicht resignierend fest: „Ich habe die Angelegenheit mit Herrn Botschafter von Keller besprochen. Aus Gründen vertraulicher Art soll die Sache zunächst nicht weiter verfolgt werden."[72] Die „Gründe vertraulicher Art" dürften darin zu suchen sein, dass von Keller als früheres Mitglied und Reichstagsabgeordneter der nationalliberalen Deutschen Volkspartei (DVP) Ernst Reuter aus gemeinsamen Tagen im Reichstag kannte. Auch hatte die DVP bereits in früheren Jahren, von Juni 1928 bis März 1930, in Berlin eine Koalition mit der SPD unter Leitung des Sozialdemokraten Hermann Müller gebildet. Schließlich dürfte von Keller im Zusammenhang mit der Wahl Hindenburgs zum Reichspräsidenten im März/April 1932 Kontakt zu Reuter gehabt haben, als DVP und SPD gemeinsam den Kandidaten Hindenburg gegen Hitler unterstützten. Als ständiger Kommissar des Reiches beim Völkerbund war von Keller im Oktober 1933 zudem gegen den Austritt Deutschlands aus dem Völkerbund eingetreten. Er wurde daraufhin vom Auswärtigen Amt in den einstweiligen Ruhestand versetzt. Für den Botschafterposten in Ankara wurde er im Jahre 1935 reaktiviert. Seine politische

Grundhaltung, aber auch Reuters schnell erworbenes Ansehen im türkischen Wirtschaftsministerium dürften den Botschafter deshalb dazu veranlasst haben, den Empfehlungen seiner Istanbuler Gewährsträger nicht nachzugehen.

Der „Fall Dilg" zeigt, wie früh in Ernst Reuters Exil ihm der Aufbau einer neuen, unfreiwillig gewählten Existenz von reichsdeutschen Zuträgern und Auslandsbeamten vereitelt werden sollte. Er zeigt aber auch, dass ihn seine politische Vergangenheit im revolutionären Russland mit möglichen Konsequenzen auch im Exil weiter verfolgte. Reuter war im Zweifel das im *Reichsanzeiger* veröffentlichte „Gesetz über den Widerruf von Einbürgerungen und die Aberkennung der deutschen Staatsangehörigkeit" vom 14. Juli 1933 bekannt, und speziell dessen Paragraf 2. Die NS-Machthaber hatten sich mit diesem „Denaturalisationsgesetz" bereits sehr früh ein Instrument geschaffen, welches ihnen jederzeit erlaubte, Deutschen im Ausland die Staatsangehörigkeit abzuerkennen, falls diese durch ihr „Verhalten, das gegen die Pflicht und Treue gegen Reich und Volk verstößt, die deutschen Belange geschädigt" haben.[73] Einem NS-Gegner war ein solches Verhalten natürlich jederzeit zu unterstellen. Nicht bekannt gewesen sein konnten Reuter dagegen die verschiedenen „Emigrantenerlasse" des Auswärtigen Amtes an die Auslandsvertretungen. Schon im Mai 1933 kamen Anweisungen, die „Tätigkeit der Emigranten aufmerksam zu verfolgen […], sie listenmäßig zu registrieren" und gegebenenfalls über sie zu berichten.[74] Der „Fall Dilg" zeigt andererseits aber auch, dass zumindest in den Anfangsjahren des NS-Regimes im Auswärtigen Amt und seinen Auslandsvertretungen neben überzeugten Parteigängern und Karrieristen auch Mitarbeiter tätig waren, die sich in ihrer Haltung und ihren Entscheidungen durch Zivilcourage auszeichneten.

Die von den Emigranten als „Kolonie A" bezeichnete Gruppe der Reichsdeutschen war in Ankara in der Zeit von Reuters türkischem Exil durchaus überschaubar. Die Botschaft berichtete dem Auswärtigen Amt im Monat der Ankunft Reuters, dass die deutsche Kolonie in Ankara – ohne die Emigranten – aus 250 Personen bestehe, von denen sich bereits 50 der NS-Ortsgruppe Ankara angeschlossen hätten. Von den 17 Beamten und Angestellten der Botschaft seien neun Parteimitglieder.[75] Demgegenüber bestand die „Kolonie B" der deutschsprachigen Exilanten in Ankara zusammen mit ihren Familien in den einzelnen Jahren der NS-Herrschaft wohl selten aus mehr als 100 Personen. In den Jahren 1933 bis 1945 waren dort insgesamt 41 Exilanten zu unterschiedlichen Zeiten tätig.[76] Die „Kolonie A" dagegen verstärkte sich in Ankara bis zum Abbruch der diplomatischen Beziehungen im August 1944 noch deutlich. Zwar waren die Bemühungen Berlins wenig erfolgreich, reichsdeutsche Experten und Berater neu in den Hochschulen und Ministerien zu platzieren oder Emigranten durch Reichsdeutsche ersetzen zu lassen. Auch erlaubten mit Beginn des Weltkriegs die stagnierenden Wirtschaftsbeziehungen deutschen Firmen nur in Ausnahmen, ihre Repräsentanzen in Ankara zu verstärken. Dagegen aber wurde die Zahl der

Botschaftsmitarbeiter im Laufe des Krieges sowohl durch amtseigenes Personal aber auch durch Vertreter verschiedener Reichsministerien und NS-Organisationen erheblich aufgestockt.

Auf Betreiben des Reichsführers SS und Chef der Deutschen Polizei, Heinrich Himmler, wurden der Botschaft Ankara ab Kriegsbeginn hauptamtliche SS-Führer für „Volkstumsfragen" attachiert. Über Volkstumsfragen hinausgehend sollten sich diese Polizeiattachés um politische und ordnungspolizeiliche Fragen kümmern. Sie wurden als formelle Mitglieder des diplomatischen Korps angemeldet. Auch der Sicherheitsdienst (SD) schickte seine Agenten nach Ankara. Eine der Aufgaben der Mitarbeiter der Gestapo bestand in der Überwachung der Exilanten. Diese „Spezialmitarbeiter" des Reiches galten nicht nur gegenüber den türkischen Behörden als Mitarbeiter der Botschaft. Auch verfügte ein „Führererlass" vom Herbst 1939 unzweideutig, dass alle im Ausland befindlichen Vertreter von Zivil- und Parteibehörden dem jeweiligen Missionschef zu unterstellen seien. Die Berichterstattung habe über ihn zu laufen. Mit Beginn des Zweiten Weltkriegs waren die Berufsdiplomaten dementsprechend ausreichend über die Aktivitäten der NS-Sonderstäbe vor Ort unterrichtet.

Es traf sich gut, dass die Deutsche Botschaft Ankara zur Zeit des „Führererlasses" keinerlei Probleme hatte, die zugewiesenen Sondermitarbeiter angemessen unterzubringen. Der „Anschluss" Österreichs am 12. März 1938 hatte der Botschaft ermöglicht, schon drei Tage danach, am 15. März 1938, der türkischen Öffentlichkeit zu vermelden, dass die vom Architekten Clemens Holzmeister 1936 im Stil von Schloss Schönbrunn erbaute österreichische Botschaft nunmehr der deutschen Botschaft „angeschlossen" worden sei. Ohne Verzug bezogen die NS-Sonderstäbe das „Schloss". Als Franz von Papen Ende April 1939 seinen Botschafterposten in Ankara übernahm, konnte er sogar auf einen weiteren Immobilienzuwachs für seine Residenz zurückgreifen: Es war die gerade dem Reich „zugefallene" Botschaft der Tschechoslowakei. Natürlich hätte der neue Botschafter auch „Schloss Schönbrunn" übernehmen und den Sonderstäben des Reiches einen Umzug in das tschechische Anwesen anordnen können.

Als neuer Hausherr einer vormals österreichischen Residenz wollte Botschafter von Papen im Zweifel aber bei den diplomatischen Kollegen und türkischen Gästen keine falschen Assoziationen wecken: Der deutsche Außerordentliche Gesandte und spätere Botschafter in Wien von Ende Juli 1934 bis wenige Tage vor dem „Anschluss", Franz von Papen, hatte eine nicht unbedeutende Rolle bei eben diesem „Anschluss" gespielt. Dessen Rolle war offensichtlich so bedeutend gewesen, dass der „Führer" ihm persönlich für seine Verdienste in Wien das Goldene Parteiabzeichen der NSDAP anheftete. Dem ansonsten zuverlässigen Gedächtnis Franz von Papens „entfiel" regelmäßig und so auch später beim Verhör der Richter des Nürnberger Militärgerichtshofs, dass Hitler ihm zum Goldenen Parteiabzeichen auch das NSDAP-Parteibuch mit der Nummer 5.501.100 überreicht hatte.⁷⁷ Die bis zum Ende des „Dritten Reiches" penibel geführte Datenbank für deutsche Parlamentsabgeordnete vermerkt dann auch: „[V]on Papen, Franz, geb. am 29.10. 1879 in Werl (Westfalen), Reichswahlvorschlag [...] 11. Wahlperiode (1938) – Nationalsozialistische Deutsche Arbeiterpartei."⁷⁸

2. Das Deutsche Reich und die Türkei
a) Vom Kaiser und Sultan zum „Führer" und Präsidenten

Dauerhaft und intensiv waren die Beziehungen, die Preußen mit dem Osmanischen Reich verbanden. Schon im Jahre 1761 unterschrieben Friedrich der Große und Sultan Mustafa III. ein Defensivbündnis gegen Maria Theresia von Österreich, dem ein Freundschafts-, Schifffahrts- und Handelsvertrag zwischen ihren Staaten folgte.⁷⁹ Mit einem 1790 abgeschlossenen Bündnisvertrag gewann die Zusammenarbeit beider Staaten, besonders die militärische, dadurch eine neue Qualität. Als erster Militärberater des osmanischen Heeres hielt sich Helmuth von Moltke in den Jahren 1835 bis 1839 in der Türkei auf.⁸⁰ Seinen Landsleuten, aber auch späteren Nachfolgern wie Colmar Freiherr von der Goltz und Otto Liman von Sanders, vermittelte er mit seinem Erfahrungsbericht *Unter dem Halbmond* einen profunden Einblick in das Leben im Osmanischen Reich.⁸¹ Im 19. Jahrhundert bedeutete der 1840 geschlossene Handelsvertrag zwischen dem Osmanischen Reich und dem Deutschen Zollverein den Beginn einer bis zum heutigen Tag engen wirtschaftlichen Zusammenarbeit zwischen der Türkei und Deutschland. Schon in der ersten Hälfte des 19. Jahrhunderts ließen sich die ersten der heute als „Bosporusgermanen" bezeichneten deutschen Kaufleute und Handwerker vornehmlich in Istanbul nieder. Als Folge wurden im Jahre 1843 die Deutsche Evangelische Gemeinde, 1847 der deutsche Club „Teutonia", 1868 die Deutsche Schule Istanbul – Alman Lisesi – als „deutsche und schweizer Bürgerschule" und 1870 das Deutsche Krankenhaus in Istanbul gegründet.

Mit dem Eintreffen von Heinrich Schliemann in der Ebene der Troas am 9. August 1868 wurde das Kapitel einer langjährigen, intensiven deutsch-türkischen archäologischen Zusammenarbeit eröffnet. Im späten 19. und frühen 20. Jahrhundert wurden diverse Forschungsunternehmungen von der Preußischen Akademie der Wissenschaften, dem Berliner Orient-Comité, der Deutschen Orient-Gesellschaft und den Königlich Preußischen Museen in Kleinasien durchgeführt. Grabungen in Didyma, Hatuscha, Milet, Pergamon und Priene bildeten die Grundlage für das im Jahre 1929 in Istanbul gegründete Institut „Deutsche Archäologen" mit Martin Schede als erstem Leiter. Bereits ein Jahr zuvor richtete die Deutsche Morgenländische Gesellschaft in Istanbul eine Zweigstelle ein, die der den Emigranten nahestehende Orientalist Helmut Ritter, Bruder des Historikers Gerhard Ritter, langjährig leitete.⁸²

Die diplomatischen und politischen Beziehungen zwischen dem Deutschen Reich und der osmanischen Türkei intensivierten sich Ende des 19. und Anfang des 20. Jahrhunderts zunächst mit der Einweihung der ersten Botschaft des Deutschen Reiches am 1. Dezember 1877 in Konstantinopel. Nur wenige Jahre später schenkte Sultan Abdulhamid II. 1880 dem Deutschen Reich ein umfangreiches, baum- und wasserreiches Grundstück am Bosporus, auf dem die historische Sommerresidenz des deutschen Botschafters in Tarabya eingerichtet wurde. Aber nicht nur wirtschaftliche, sondern auch strategische Gründe veranlassten Kaiser Wilhelm II. im Jahre 1898 auf seiner zweiten Reise in die Türkei, das Angebot von Sultan Abdulhamid II. freudig zu begrüßen, die Konzession für den Bau der Bagdadbahn an die Deutsche Bank zu vergeben. Nach langwierigen Verhandlungen begannen im Jahre 1903 die auf zehn Jahre angesetzten Bauarbeiten an der Strecke. Erst 52 Jahre nach Erteilung der Konzession aber erreichte der erste „Taurus-Express" von Istanbul den Zielbahnhof Bagdad. Die von der Firma Holzmann gebauten Bahnhöfe von Haydarpaşa in Istanbul und auf der Strecke nach Südostanatolien vermitteln dem deutschen Reisenden auch heute noch heimische Gefühle.[83]

Das Zusammenwirken der Achsenmächte Deutschland und Türkei in den Kriegsjahren 1914–1918 fand unter dem Kapitel „Waffenbrüderschaft" ausführlichen Niederschlag in militärhistorischen Aufzeichnungen beider Länder – das Unterkapitel „Armenierfrage" indessen einen nur geringen. Türkische Militärs erinnern sich noch heute an die Namen deutscher Offiziere wie Helmuth von Moltke, Colmar von der Goltz, Otto Liman von Sanders und Erich von Falkenhayn. Franz von Papen, der deutsche Botschafter in Ankara in den Jahren 1939 bis 1944, konnte später an seine Zeit als Major in der türkischen Armee in Palästina 1917/18 anknüpfen. Dagegen ist die Gründung der Deutsch-Türkischen Vereinigung (DTV) zur Förderung deutscher wirtschaftlicher und kultureller Interessen in Berlin im Jahre 1914 und die Tatsache, dass die DTV im Jahre 1917 in zahlreichen Orts- und Landesgruppen fast 5.000 Mitglieder zählte, weniger in Erinnerung geblieben.

Noch während des Ersten Weltkriegs ergänzte der vorletzte osmanische Sultan, Mehmed V. Reşad, die militärische Zusammenarbeit mit dem Kaiserreich um die wissenschaftliche. Sein Erziehungsminister Ahmed Şükrü berief aus Deutschland für die Universität Istanbul Professoren der Archäologie und der Botanik, Chemiker, Geografen, Historiker, Juristen, Ökonomen und Zoologen. Die Stimmung beschrieb einer von ihnen im Jahre 1916 in der Zeitschrift *Die Woche*: „Deutsche Professoren in Konstantinopel! Das klingt wie der Weckruf einer neuen Zeit. Das bedeutet den Beginn der Europäisierung des wissenschaftlichen Denkens und damit des geistigen Lebens der Türkei. Achtzehn deutsche Professoren sind inmitten des Krieges an die Universität Istanbul berufen worden. Man fühlt sich dabei an die Gründung der Universität Berlin im Jahre 1810 [...] erinnert."[84]

Abb. 7 Der Ulus-Platz in Ankara. Postkarte, um 1936.
Im Mittelpunkt das Republik-Denkmal mit dem Reiterstandbild Atatürks
von Heinrich Krippel aus dem Jahr 1927.

Mit der Gründung der Türkischen Republik durch Kemal Atatürk am 29. Oktober 1923 und der Ausrichtung seiner Reformpolitik an westlichen Rechts-, Gesellschafts- und Erziehungsmodellen gelangten zwischen dem Deutschen Reich und der Republik Türkei Wirtschaft und Wissenschaft in den Vordergrund der Zusammenarbeit. Am 3. März 1924 trat der Deutsch-Türkische Freundschaftsvertrag von Ankara in Kraft und Statistiken belegen, dass im Jahre 1937 von insgesamt 234 türkischen Staatsstipendiaten im Ausland 133 im Deutschen Reich studierten. Noch bis ins Jahr 1941 förderte die Türkei die Ausbildung von Studenten im Deutschen Reich. Auch ohne staatliche Förderung war Deutschland vor dem Jahre 1933 und danach bevorzugtes Ziel türkischer Studenten. Die Deutsch- und Fachkenntnisse der aus dem Reich zurückgekehrten türkischen Akademiker bedeuteten für die deutschsprachigen Wissenschaftsexilanten dann auch zu Beginn ihrer Tätigkeit in Ankara und Istanbul eine unerlässliche Stütze. Die Wirtschaftsbeziehungen waren nicht weniger intensiv. Schon im Jahre 1933 war das Deutsche Reich für die Türkei wichtigster Import- und Exportpartner. Bis 1938 stieg der deutsche Anteil an den Importen der Türkei auf 45 Prozent. Im Bereich der türkischen Exporte betrug er 39,7 Prozent.[85] Im Jahr 1939 gingen nahezu die

Hälfte des Türkeiexports, hauptsächlich Chromlieferungen, ins Deutsche Reich. Im selben Jahr bezog die Türkei 70 Prozent ihres Eisen- und Stahlbedarfs, 60 Prozent der Maschinen und über 55 Prozent der Chemikalien aus Deutschland. In wachsendem Umfang kamen reichsdeutsche Berater, Ingenieure und Spezialisten in die Türkei, um die gelieferten Fabrikanlagen und Ausrüstungen zu installieren und zu warten. Im August 1939 war die Zahl halbamtlich und amtlich tätiger Deutscher auf 2.000 gewachsen.

Kemal Atatürk, der Staatsgründer und bis zu seinem Tode am 10. November 1938 auch Staatspräsident der Türkischen Republik, beurteilte Person und Politik des „Führers" des Deutschen Reiches, Adolf Hitler, mit erstaunlicher Schärfe. Er hatte Hitlers *Mein Kampf* gelesen. Freunden erklärte er, dass ihm nach Lektüre des Werkes „wegen Hitlers wilder Sprache und seinen irrsinnigen Gedanken" schlecht geworden sei. Im Privatkreis nannte Atatürk Hitler einen „Bleisoldaten". Dem amerikanischen General Douglas MacArthur soll er bei dessen Besuch in der Türkei schon im September 1932 zur Zukunft Europas seherisch erklärt haben: „Meiner Meinung nach wird das Schicksal Europas gestern wie morgen von der Haltung Deutschlands abhängen. Diese außergewöhnlich dynamische, fleißige und disziplinierte Nation von 70 Millionen Menschen wird, sobald sie sich einer politischen Strömung hingibt, die ihre nationalen Begierden aufpeitscht, früher oder später den Vertrag von Versailles zu beseitigen suchen. Deutschland wird in kürzester Zeit eine Armee aufstellen können, die imstande sein wird, ganz Europa, mit Ausnahme Englands und Russlands, zu besetzen. […] Der Krieg wird in den Jahren 1940–45 ausbrechen und Deutschland wird wegen des amerikanischen Kriegseintritts diesen Krieg verlieren."[86]

Wenige Jahre nach Hitlers Machtantritt warnte Atatürk vor Hitler, aber auch vor Mussolini: „Vorsicht vor diesen Größenwahnsinnigen! Sie werden vor nichts halt machen, um ihre persönlichen Ambitionen zu befriedigen. Es wird ihnen nichts ausmachen, wenn dabei ihre eigenen Länder wie auch der Rest der Welt zerstört werden."[87] Hitler seinerseits hatte denkbar verschwommene Kenntnisse von Atatürk und den Türken. In einem seiner „Tischgespräche" im Führerhauptquartier „Wolfsschanze" soll er Anfang des Jahres 1942 im Zusammenhang mit der Eroberung und Beherrschung fremder Völker doziert haben: „Entscheidend ist, daß man aus der Beengtheit dieses Kantönli-Geistes herauskommt. Deshalb bin ich froh, daß wir in Norwegen und da und dort sitzen. Die Schweizer sind nichts als ein mißratener Zweig unseres Volkes. Wir haben Germanen verloren, die als Berber in Nordafrika und als Kurden in Kleinasien sitzen. Einer von ihnen war Kemal Atatürk, ein blauäugiger Mensch, der mit den Türken doch gar nichts zu tun hatte."[88] Nur ein „Arier" könnte deshalb auch bewirken, was Hitler einem türkischen Besucher in Berlin nach dem Tod Atatürks gestand: „Mustafa Kemal hat bewiesen, dass ein Land alle seine Ressourcen, die es verloren hat, für die Befreiung wieder erschaffen kann. Sein erster Schüler ist Mussolini, der zweite bin ich."[89]

b) Die Türkei – ein Jongleur der Neutralität

Die gesamte Bevölkerung der Türkei trauerte um Atatürks Tod am 10. November 1938. Die Feierlichkeiten im ganzen Land waren auch für die deutschsprachigen Exilanten bewegend. Ernst Reuter schrieb seiner Mutter: „Gestern haben wir Atatürk beerdigt, und vorgestern bin ich im Lehrkörper meiner Schule an dem Sarg vorbeidefiliert. Es ist eine große und allgemeine Trauer, und jeder fühlt wohl die Größe des Verlustes, die gemildert wird dadurch, daß die Nachfolgerfrage ganz glatt und selbstverständlich gelöst worden ist. Immer macht es doch auf den Zuschauer einen Eindruck, wenn er sieht, wie ein Volk ohne Propaganda und irgendwelche große behördliche Organisation aus sich heraus von selber trauert und teilnimmt."[90] Ernst Reuter sah in Atatürk den „seltene[n] Fall eines Diktators, der das Ziel, sein Volk zur inneren Freiheit zu führen, nie außer Acht gelassen hat."Atatürks Wirken fasste er in dem Satz zusammen: „Dem aufmerksamen Beobachter wird dabei nicht entgehen, daß der Kemalismus keine auf einige große Städte beschränkte Bewegung ist, sondern daß bis in die fernsten Winkel des Landes und bis in die kleinsten Dörfer hinein die Kräfte lebendig werden, die ein neues Leben erwecken."[91]

Ismet Inönü, Freund und Kampfgefährte sowie langjähriger Ministerpräsident Atatürks, wurde einen Tag nach dessen Tod zum Präsidenten gewählt. Atatürk hatte ihm eine fortschrittlich-moderne Republik hinterlassen, für die das Prinzip „Frieden im Land, Frieden in der Welt" als Maßstab des politischen Handelns galt. Früher als erwartet musste Inönü sein außenpolitisches Geschick einen Monat später, nach der Okkupation des befreundeten Albaniens durch Mussolini Anfang April 1939 und der Bildung einer deutsch-italienischen Militärallianz, dem „Stahlpakt", unter Beweis stellen. Auf eine unerwartet harte Probe gestellt wurden Inönü und seine Regierung bald danach mit dem Beginn des Zweiten Weltkriegs und der ein Jahr darauf einsetzenden Besetzung bzw. Gleichschaltung der türkischen Nachbarstaaten Griechenland, Bulgarien und Rumänien durch das „Dritte Reich" und das faschistische Italien.

Die Übergangszeit in der Türkei fiel im Jahre 1938 mit der dritten Auswanderungswelle in Deutschland und Österreich zusammen. Die erste Welle hatte das „Gesetz zum Schutz von Reich und Volk" ausgelöst, welches bereits Ende Februar 1933 von den NS-Machthabern erlassen worden war. Hiermit hatte sich das Regime eine Legitimation verschafft, um die Einrichtung von Konzentrationslagern rechtfertigen zu können. Am 1. April 1933 verstärkte sich die Sorge der politisch und rassisch Verfolgten um ihre Zukunft in Deutschland mit dem Boykott jüdischer Geschäfte und am 7. April mit dem „Gesetz zur Wiederherstellung des Berufsbeamtentums". Die Nürnberger Gesetze „zum Schutze des deutschen Blutes und der deutschen Ehre" vom 15. September 1935 lösten die zweite Emigrationswelle aus, besonders diejenige der deutsch-jüdischen Bevölkerung. Die Reichspogromnacht verdeutlichte dann am 9. November 1938 vielen noch in der deutschen Heimat verwurzelten Juden, dass es für sie kein Ende der Verfolgung und keine Zukunft in Deutschland geben konnte. Erheblich verstärkt wurde die dritte Auswanderungswelle aus Deutschland durch die seit März 1938 in Österreich und bald darauf in der Tschechoslowakei einsetzende Verfolgung der einheimischen und aus Deutschland geflüchteten Juden und politischen Gegner des NS-Regimes.[92]

Die bereits mit der ersten und zweiten Welle in Ankara und Istanbul eingetroffenen Emigranten bemühten sich nach Kräften, den Neuankömmlingen zu Beschäftigungen und akzeptablen Lebensbedingungen zu verhelfen. Gezielt setzten sie ihre mittlerweile guten Kontakte zu hochrangigen türkischen Politikern und Bürokraten ein. Besonders die Exilmediziner und -musiker waren hilfreich bei Vermittlungsaktionen. So nutzte der Pädiater Albert Eckstein in Ankara seine Patientenkontakte zur türkischen Führungselite ebenso wie der Pathologe Philipp Schwartz, der Gründer der „Notgemeinschaft", seine schon früh hergestellten Kontakte zu türkischen Offiziellen. Zu den langjährigen Patienten des Berliner Chirurgen Rudolf Nissen zählte der einflussreiche Generalsekretär im Außenministerium und spätere Außenminister, Numan Menemencioğlu, der sich „der besonderen Gunst Atatürks" erfreute.[93] Carl Ebert und Ernst Praetorius hatten ihrerseits Zugang zum Musikliebhaber Ismet Inönü.

Die Nachrichten aus Deutschland, besonders der gewaltsame „Anschluss" Österreichs, die Abtretung des Sudetengebiets und die Besetzung der Tschechoslowakei, mussten die Emigranten in hohem Maße beunruhigen. Für Ernst Reuter schien bereits im Juli 1938 ein Krieg unausweichlich. Dem mittlerweile auch im Exil lebenden Heinz Guradze, der in seiner Zeit als Oberbürgermeister in Magdeburg Stadtrat war, schrieb er: „Wer weiß, was dieses, was nächstes Jahr sein wird – niemand kann es wissen –, man muß sich in seiner Unwissenheit bescheiden, denn man teilt sie mit so vielen, die mehr wissen müßten, aber auch immer wieder zu dem Ergebnis kommen, daß sie nicht wissen, was die Herren Diktatoren noch vorhaben. Wie die ganze Sache ohne einen Krieg ausgehen soll, das kann ich mir nicht vorstellen, und sicher werden wir dabei schlecht fahren. Ich bin zwar nach wie vor fest überzeugt, daß die freiheitlichen Mächte siegen werden, aber um welchen Preis und auf was für Trümmern!!"[94]

Das Münchner Abkommen vom 29. September 1938 traf Ernst Reuter und seine Exilfreunde tief. Ihre Hoffnungen, dass England und Frankreich nach dem „Anschluss" Österreichs den Expansionsbestrebungen des NS-Regimes Einhalt gebieten könnten, schwanden. Die Erwartungen von Neville Chamberlain und Édouard Daladier, mit der Abtretung des Sudetenlandes an das Deutsche Reich den Frieden bewahren zu können, teilte Reuter nicht. Nach den Treffen Chamberlains mit Hitler auf dem Obersalzberg und in Bad Godesberg schrieb er seiner englischen Vertrauten Elizabeth Howard: „[…] und alle

Abb. 8 *Ismet Inönü, 1935.*

hoffen wir, daß Friede bleibt, aber auch uns die Schande erspart bleibt, diesen Frieden durch die Preisgabe eines Volkes an die Hitlerbanditen erkaufen zu müssen. Ein solcher Friede würde ja auch nicht lange dauern, denn bei Adolf [Hitler] folgt doch auf einen Erfolg nur eine neue, nur umso unverschämtere Forderung, und dann würden doch bald Dinge kommen, die selbst in England keine Regierung gewähren könnte."[95] Schließlich überzeugte Reuter die Besetzung der Rest-Tschechoslowakei im März 1939, „daß jetzt die rückläufige Entwicklung begonnen" habe.[96] Viele der Briefe Ernst Reuters, die er seit Beginn des Exils und bis zum Kriegsausbruch an seine Familie und an frühere politische Gefährten schrieb, drücken immer wieder die Hoffnung aus, dass es nicht zum Krieg kommen werde. So begrüßte er die Bildung der Volksfrontregierung des Schriftstellers und sozialistischen Politikers Léon Blum in Frankreich und hoffte auf den Sieg der spanischen Republikaner. Mit dem Münchner Abkommen im Herbst 1938 und Hitlers Besetzung der Rest-Tschechoslowakei im März 1939 schwanden indessen alle Hoffnungen. Wie seine Schicksalsgefährten im Exil musste Reuter dann nach Kriegsbeginn die Niederlage Hitlers herbeisehnen, nicht aber den Zusammenbruch Deutschlands. Im Dezember 1939 schrieb Ernst Reuter seiner Mutter: „In der Welt zerstreut, wie wir sind, [...] haben wir doch treue Freunde in den fernsten Ländern, und uns alle bindet das gemeinsame Band der gleichen und nicht zerstörbaren Liebe zur Heimat, deren Schicksal uns jeden Tag bewegt."[97]

Zu seinem 50. Geburtstag am 29. Juli 1939 erreichte Ernst Reuter die Gratulation eines Freundes aus Berlin, der sich daran erinnerte, dass Reuter bis zu diesem Tag wieder in Magdeburg sein wollte. Die Nachricht vom Kriegsausbruch am 1. September erfuhr Reuter durch einen Zeitungsjungen in Istanbul, als er mit seiner Familie aus der Hagia Sophia heraustrat. Zunächst mochte er sich nicht vorstellen, „daß Deutschland sehr viel länger als ein Jahr Krieg führen kann." Wenig später kam er nicht umhin, sich darauf einzustellen, dass er wohl viele Jahre bis zur Rückkehr nach Deutschland warten müsste.[98] Die Familie beschloss, dass Tochter Hella von ihrem Besuch in der Türkei nicht nach Deutschland zurückkehrte. Die Ereignisse, die dem Krieg vorausgingen, und die Begleiterscheinungen zum Kriegsbeginn brachte die türkische Presse in großer Aufmachung, vorwiegend mit beifälligen Beurteilungen versehen. Dem entsprach die Stimmung in der türkischen Öffentlichkeit. An Sympathie für Hitler und sein Vorgehen wurde nicht gespart. Deutschland hatte nach Meinung Vieler etwas nachzuholen, was die Türkei unter Atatürk nach dem Ersten Weltkrieg hinter sich gebracht hatte: Reparationszahlungen abzuschütteln, die Fremdherrscher (Rheinland) aus dem Land zu jagen und die Bevölkerungen formalverschiedener Staatsangehörigkeit, aber gleicher Muttersprache und Lebensart zusammenzuführen.[99]

Das weitere Schicksal der deutschsprachigen Emigranten in der Türkei sollte nach Kriegsbeginn eng verknüpft sein mit der Frage, ob die Türkei in das Kriegsgeschehen eingreifen würde und wenn ja, auf welcher Seite. Die historisch engen Beziehungen zum Deutschen Reich, die noch im Land befindlichen deutschen Militärberater und die intensiven Wirtschaftsbeziehungen ließen die Exilanten befürchten, dass die Türkei sich zugunsten des Deutschen Reiches entscheiden könnte. Selbst eine Besetzung der Türkei durch deutsche Truppen war im weiteren Kriegsverlauf nicht auszuschließen. Damit einhergehend mussten die Exilanten ein Schicksal befürchten, von dem sie schon in den Jahren 1938/1939 durch die Behandlung der deutschen Exilanten in Österreich und der Tschechoslowakei einen Eindruck gewinnen konnten. Wenige Jahre später mussten sie erfahren, dass schätzungsweise 30.000 jüdische Emigranten in Westeuropa, die nicht weiter fliehen konnten, nach der deutschen Besatzung ihrer Asylländer in die Vernichtungslager im Osten deportiert wurden. Andererseits drohte ihnen bei einer Parteinahme der Türkei für die Alliierten, als „unerwünschte Ausländer" interniert oder ausgewiesen zu werden. Beispiele aus anderen Exilländern wie Frankreich waren ihnen durchaus geläufig.

Für Ernst Reuter war die geostrategische Lage der Türkei, ihre „unruhige Schlüsselstellung" als – im militärischen Sinne – Herr über die verschließbaren Meerengen zwischen Schwarzem Meer und Mittelmeer, „tragische ‚Schuld'" und

Dilemma zugleich: „Darum wird sie in den Streit der großen Interessen hineingezerrt, aus dem sie sich sicher gerne heraushalten würde, wenn sie nur könnte." Andererseits erkannte er aber auch keine expansionistischen Bestrebungen der Türkei. Das große Verdienst Atatürks sei es gewesen, dass die Türkei „imperialen Träumen gründlich und für immer entsagt" habe.[100] Atatürk starb allerdings vor Beginn des Krieges. Panturanische Träumer gab es im türkischen Generalstab und Offizierskorps nach dem Überfall der Wehrmacht auf die Sowjetunion und mit dem Vorrücken der NS-Truppen auf dem Kaukasus durchaus. Bemüht, die Türkei an der Seite der Achsenmächte am Krieg zu beteiligen, unterstützte das Deutsche Reich den türkischen Panturanismus ab Mitte des Jahres 1941 dann auch mit erheblichen propagandistischen Mitteln. Auch setzte das Deutsche Reich Mittel ein, die Sowjetunion durch Separatismusbestrebungen der Turkvölker im Inneren zu schwächen. Die türkischen Militärs hofften ihrerseits, dass die turkstämmige Kaukasusbevölkerung eigene Staaten oder zumindest autonome Gebiete unter türkischer Protektion bilden würden.

Weder sein eigenes Militär noch die massive NS-Propaganda zugunsten von panturanischen Vorhaben konnte Atatürks Nachfolger Ismet Inönü einnehmen und ihn dazu verleiten, die kaukasischen und zentralasiatischen Turkvölker gegen die Sowjets aufzuwiegeln. Die türkische Regierung wusste ihre „unruhige Schlüsselstellung" richtig einzuschätzen und hielt noch strikter an ihrer „aktiven" Neutralitätspolitik fest. Zutreffend, wenn auch mit kritischem Unterton, definierte das britische Außenministerium die türkische Politik: „An active neutral has a foot in both camps. It is permissible for him to have an alliance with one of the belligerents so long as he has a pact of friendship with the other."[101] Bis zum August 1944 ermöglichte der Türkei ein fein gesponnenes und austariertes Netz von Verträgen mit den maßgeblichen kriegsführenden Parteien, sich ohne militärische Vereinnahmung zwischen den Kontrahenten bewegen zu können. Verständlicherweise mussten bei den Exilanten die jeweiligen öffentlich bekannt gewordenen Vereinbarungen mit den Alliierten oder den Achsenmächten regelmäßig Wechselbäder auslösen.

Als Glücksfall für jeden deutschsprachigen Chronisten der türkischen Neutralitätspolitik im Zweiten Weltkrieg können die beiden Geschichtskalender des Orientalisten und Turkologen Gotthard Jäschke betrachtet werden.[102] Jäschke war langjährig für das Auswärtige Amt und später als Herausgeber der *Die Welt des Islam* in der Türkei tätig. Auch als außerordentlicher Professor an der Auslandshochschule der Universität Berlin verfolgte und dokumentierte er ab 1936 in nahezu täglichen Eintragungen die Geschehnisse in der Türkei aus Quellen, die auch anderen Zeitgenossen – so auch besonders den türkischsprachigen Exilanten – zur Verfügung standen. Jäschke wertete schwerpunktmäßig türkische Zeitungen und Zeitschriften aus. Dazu gehörten die Meldungen der offiziellen Agentur „Agence Anatolie", das Gesetzesblatt *Resmi Gazete* oder die Tageszeitungen *Cumhuriyet, Milliyet, Ulus, Tan* oder *Yeni Sabah*, ebenfalls die NS-gesteuerte deutschsprachige *Türkische Post*.

Akribisch notierte Jäschke für das Jahr 1939, dass die Türkei mit den USA am 1. April und mit dem Deutschen Reich am 8. Mai ein Handelsabkommen abgeschlossen hatte. Außerdem führte er in seinem Kalender auf, dass die Türkei am 12. Mai mit Großbritannien einen Beistands- und Nichtangriffspakt abschloss, ebenso wie mit Frankreich am 23. Juni. Er vermerkte, dass der frisch eingetroffene deutsche Botschafter von Papen den türkischen Präsidenten Inönü am 26. August vor einem Bündnis mit Großbritannien und Frankreich warnte sowie dass die türkische Regierung zwei Tage nach Kriegsbeginn eine Neutralitätserklärung abgab und fünf Tage später alle türkischen Studenten in Europa zur Heimkehr aufforderte. Für die drei letzten Monate des Jahres 1939 ist in Jäschkes Geschichtskalender zu lesen, dass die für das „Dritte Reich" strategisch wichtigen türkischen Chromexporte nach Deutschland ausgesetzt wurden, die letzten deutschen Militärberater die Türkei verließen, der deutsche Rundfunk mit regelmäßigen Sendungen in türkischer Sprache begann und der Postflugzeugverkehr von Istanbul nach Berlin eingestellt wurde.[103]

Ernst Reuter verfolgte die Geschehnisse mit Kriegsbeginn täglich, meist am Radio, und bewertete sie in einem Brief an seinen früheren Magdeburger Kollegen Max Pulvermann Anfang November 1939: „Für einige Zeit können wir Anwohner des Mittelmeers ja wohl hoffen, daß dank des englisch-türkischen Paktes und der weisen Zurückhaltung des verehrten Herrn Mussolini uns der Friede hier erhalten bleibt." Reuter hatte zu dieser Zeit offensichtlich nicht erfahren können, dass die Türkei die Beistandspakte mit England und Frankreich im Mai und Juni 1939 als Reaktion auf den wenig „weisen" Einmarsch Mussolinis in Albanien am 7. April abgeschlossen hatte. Erstaunlich optimistisch zeigte er sich gegenüber Pulvermann auch zur Dauer des gerade begonnenen Krieges: „[I]ch kann mir nicht vorstellen, daß Deutschland sehr viel länger als ein Jahr Krieg führen kann. Dazu fehlen meiner Meinung nach alle notwendigen Voraussetzungen. Die Finanzen sind vollständig zerrüttet, der Handel mit den Neutralen wird enorm schrumpfen, Erze und Benzin kommen nicht oder so gut wie nicht hinein."[104]

Reuters Optimismus war wohl eher seiner Hoffnung auf baldige Rückkehr nach Deutschland und seinem begrenzten Zugang zu Informationen zuzuschreiben. Zum Jahresbeginn 1940 konnte er indessen unmöglich den späteren Ostfeldzug Hitlers voraussehen. Nach dem Ende August 1939 abgeschlossenen Stalin-Ribbentrop-Pakt und dem Überfall der Sowjetunion auf Finnland schrieb er dem Industriellen Ludwig Bamberger am 1. Januar 1940: „Niemand kann im jetzigen Stadium den Lauf der Dinge voraussagen. Aber ich bin des Endes absolut sicher. Deutschland hält diesen Krieg auf die Dauer nicht aus und kann ihn nicht gewinnen, und die Einbeziehung der Bolschewisten, so unangenehm sie vorübergehend auch sein mag, hat doch das Gute, daß diese kommunistische Gefahr damit sich auch selber erledigt. Einem Kriege ist auch das russische Regime nicht gewachsen, und in Europa verliert es jeden letzten Halt, den es vielleicht noch hatte durch seinen schamlosen Überfall auf das kleine Finnland."[105]

Auf den Polenüberfall des Deutschen Reiches reagierte die Türkei Anfang Januar 1940 mit Wirtschaftsabkommen, die es sowohl mit England wie mit Frankreich abschloss. Im Wesentlichen beinhalteten sie ergänzend zum Beistandsabkommen türkische Chromlieferungen und umfangreiche Kredite der Partner. Wenige Tage nach Einmarsch der deutschen Truppen in Frankreich Anfang Juni 1940 lehnte die türkische Regierung dann allerdings die Forderung Frankreichs ab, den Beistandspakt zu erfüllen und in den Krieg gegen Hitler-Deutschland einzutreten. Die französische Regierung brüskierte sie zusätzlich dadurch, dass sie mit dem Deutschen Reich im Monat Juni ein neues Handelsabkommen und sogar einen Freundschaftsvertrag abschloss. Nach diesen Signalen konnte die erneute Neutralitätserklärung von Präsident Inönü im November 1940 weder Frankreich noch England beruhigen. Ebenso wenig vermochte dies das Kriegsrecht, welches die türkische Regierung wenige Tage nach ihrer Neutralitätserklärung für Istanbul sowie für die Griechenland und Bulgarien benachbarten türkischen Provinzen und kurz darauf für die gesamte Türkei wegen einer befürchteten Invasion deutscher und italienischer Truppen ausrief.[106]

Die Bedrohung der Türkei durch das Deutsche Reich und das faschistische Italien beschäftigte auch Ernst Reuter, als er Heinz Guradze Anfang Mai 1940 schrieb: „Jeden Tag leben wir unter neuen Eindrücken und Nachrichten, und wenn mal zwei oder drei Tage gar nichts Neues los ist, dann sind wir schon höchst unzufrieden. Seit Sie schrieben, ist nun in Norwegen der Blitzkrieg ausgebrochen [...]. Insbesondere muss man doch wohl immer mit der Möglichkeit rechnen, daß Italien nun auch in den Krieg eingreift, und dann sitzen wir (persönlich gesehen) hier auch drin und wer weiß, was dann noch werden wird? Ich bin zwar überzeugt, daß das alles nichts an dem endgültigen Ausgang ändern wird, aber es wird ein ungeheures Drama sich entwickeln, mit gar nicht abzusehenden Folgen. [...] Mein Vertrag mit meinem Ministerium läuft am 31. Mai ab, ich brauche nicht an seiner Erneuerung zu zweifeln, aber wenn es hier Krieg gibt, dann hört alles auf, und ich habe nicht die geringste Vorstellung, was ich dann machen soll."[107] Reuters Hoffnung zu Italiens Zurückhaltung sollte nur kurz währen, denn am 10. Juli 1940 trat Mussolini in den Krieg ein. Auch ohne den Kriegseintritt der Türkei wurde Reuters gut dotierter Beratervertrag nicht mehr verlängert. Er musste sich und seine Familie mit der Dozentenstelle an der Hochschule für Politik sowie mit der Erstellung von Gutachten über Wasser halten.

Mit dem weiteren Vorrücken der deutschen Truppen nach Jugoslawien, Griechenland und Bulgarien sah sich die Türkei im Jahre 1941 in hohem Masse bedroht. Zwar schloss die türkische Regierung Mitte Februar noch einen Nichtangriffspakt mit Bulgarien ab, konnte aber nicht verhindern, dass der Partner

Anfang März den Achsenmächten beitrat und dass deutsche Truppen bis an die türkische Grenze vordrangen. In einem handgeschriebenen Brief versuchte Hitler Präsident Inönü Ende Februar mit der Erklärung zu beruhigen, dass Deutschland keine Angriffsabsichten gegen die Türkei habe. Offensichtlich fand er den richtigen Ton, denn Außenminister Şükrü Saracoğlu bemerkte später vor der türkischen Nationalversammlung zu Hitlers Schreiben: „Hitlers Brief vom 28.2. machte auf die türk. Behörden tiefen Eindruck; seine schönen und wahren Worte über Atatürk brachten das Herz der türk. Nation in Schwingung."[108]

Ungeachtet dieser positiven Schwingungen ließ die türkische Regierung sicherheitshalber Anfang April 1941 am türkisch-bulgarisch-griechischen Dreiländereck in der Provinz Edirne die Eisenbahnbrücken sprengen. Den Einmarsch deutscher Truppen in die Sowjetunion am 22. Juni 1941 schien die Türkei geahnt zu haben, als sie der UdSSR am 2. Juni erklärte, dass sie sich im Falle eines Krieges neutral verhalten werde. Zusätzlich sicherte sie sich zwei Wochen später und vier Tage vor dem deutschen Einmarsch in der Sowjetunion zusätzlich durch ein Freundschafts- und Nichtinterventionsabkommen mit dem Deutschen Reich ab. Präsident Inönü drahtete an Hitler: „Unsere Völker und Länder treten von heute ab in eine Aera gegenseitigen Vertrauens ein mit dem festen Willen, stets darin zu verbleiben."[109] Im Oktober ermöglichte das gegenseitige Vertrauen ein neues deutsch-türkisches Handelsabkommen, das Kupfer- und Chromlieferungen der Türkei mit Rüstungslieferungen des Reichs verrechnete. Die neue Ära des gegenseitigen Vertrauens nutzten hohe türkische Generäle ihrerseits im Monat Oktober. Sie flogen an die deutsche Ostfront und wurden von Hitler im Führerhauptquartier empfangen.

Gegen Jahresende 1941 bilanzierte Staatspräsident Inönü die Haltung zu den Kriegsparteien und die Rolle der Türkei anlässlich der Eröffnung der Nationalversammlung: „Unsere Beziehungen zu Deutschland haben während des Balkanfeldzuges die schwerste Prüfung bestanden. Hitler sah unsere Beunruhigung und versicherte mir zweimal seine Freundschaft. [...] Die Türkei bewies England in den schwärzesten Tagen ihre Treue [...]. Eine unabhängige und starke Türkei ist ein Hort des Friedens und ein Faktor der Zivilisation."[110] Die Hintergründe für den Freundschaftsvertrag mit dem „Dritten Reich" erläuterte Inönü nach dem Krieg in einem Interview: „Wir haben mit Deutschland aus folgenden Gründen ein Freundschaftsabkommen abgeschlossen: Damals war alles, die Lage der Alliierten usw., noch unklar, man wusste nicht, was morgen passieren würde. Wir standen damals allein gegen die Deutschen. Um in dieser Zeit des Krieges eine gewisse Sicherheit zu erreichen, schlossen wir den Nichtangriffspakt mit den Deutschen. Aber dieser Pakt hatte eine Bedingung: die anderen türkischen Verpflichtungen, d.h. die Allianzverpflichtungen [mit den Westmächten] sollten nicht berührt werden. Die Deutschen haben das akzeptiert. In diesem Fall gab es also keine Probleme."[111]

Für die Folgejahre und bis kurz vor Abbruch der diplomatischen Beziehungen der Türkei mit dem Deutschen Reich weist Jäschkes Geschichtskalender eine austarierte türkische Neutralitätspolitik der kleinen Gesten und ohne nennenswerte weitere Verträge mit einer der Kriegsparteien aus. So besuchte Präsident Inönü im März 1942 ein von der Deutschen Botschaft arrangiertes Konzert des Berliner Kammerorchesters. Im selben Monat trat in Ankara auch die „deutsche Nachtigall" Erna Sack auf. Im April empfing Inönü einen deutschen Ex-General, der ihm ein Buch über seine Zeit als türkischer Divisionskommandeur in Kleinasien und Palästina im Ersten Weltkrieg überreichte. Hitler seinerseits empfing im Mai eine türkische Wirtschaftsabordnung und versprach ihr Kredite. Wenig später reiste eine türkische Presseabordnung nach Berlin. Zum Ausgleich startete im Juni 1942 eine zweifellos gewichtigere englisch-türkische Militärkoordination, während mit einer deutschen Firmengruppe die Lieferung von Eisenbahnmaterial vertraglich vereinbart wurde. Schließlich kam der weltbekannte Berliner Chirurg Ferdinand Sauerbruch nach Ankara, um den neuen Außenminister Menemencioğlu zu operieren.[112]

Anfang August 1942 fasste der neu zum Ministerpräsidenten ernannte Şükrü Saracoğlu vor der Nationalversammlung das ausbalancierte Verhältnis zu den Kriegsgegnern Deutschland und England in dem knappen und vielsagenden Satz zusammen: „Wir sind mit England verbündet und mit Deutschland befreundet."[113] Der Druck der Verbündeten USA und England auf die Türkei, ihren Verpflichtungen aus dem Beistandsabkommen mit England nachzukommen, nahm indessen mit der Casablanca-Konferenz Mitte bis Ende Januar des Jahres 1943 deutlich zu. Nach der Konferenz traf der britische Premierminister Winston S. Churchill sich mit Inönü im türkischen Adana und musste feststellen, dass Ankara nicht gewillt war, seine Außenpolitik grundlegend zu ändern. Dennoch stellte Churchill den Türken amerikanisch-britische Waffenhilfe in Aussicht, die Inönü auch akzeptierte. Ministerpräsident Saracoğlu bilanzierte daraufhin Ende Februar: „Wir beziehen Rüstungsmaterial aus Deutschland u[nd den] USA."[114]

Auch im Jahre 1943 blieb indessen ein Beschluss der türkischen Regierung aus, sich den Alliierten anzuschließen. Die Türkei hielt es im Gegenteil für angebracht, im April ein neues Handelsabkommen mit dem „Dritten Reich" abzuschließen und im Juli eine Militärabordnung nach Besichtigung des Atlantikwalls und der Ostfront von Hitler empfangen zu lassen. Präsident Inönü ließ sich am 12. Mai die Carl-Ebert-Inszenierung des *König Ödipus* und einen Tag darauf die der *Antigone* nicht entgehen. Groß hob die türkische Presse ebenfalls heraus, dass die Türkei sich vom Reich 25 Lokomotiven und 250 Güterwagen auslieh und auf der Wirtschaftsmesse in Izmir 80 deutsche Firmen ihre Produkte vorstellten. Während der Konferenz von Teheran Ende November/Anfang Dezember 1943 erhöhten Churchill und Franklin D. Roosevelt, verstärkt um Stalin, den Druck auf die Türkei, ihre Neutralität aufzugeben. Auf der Konferenz von

Kairo wirkten Churchill und Roosevelt kurz danach direkt auf Inönü ein und forderten ihn auf, bis zum 15. Februar 1944 am Krieg teilzunehmen. Das Ergebnis der alliierten Versuche fasste Außenminister Menemencioğlu zum Jahresende 1943 vielsagend zusammen: „Unser Bündnis ging aus der Konferenz verstärkt hervor. Unsere Beziehungen zu [den] USA und [der] UdSSR sind fast ebenso herzlich wie zu England. Wir sind uns näher gekommen. Unsere Außenpolitik bleibt unverändert [...]."[115]

Dem wachsenden Druck der Alliierten konnte die Türkei bis zum April 1944 standhalten. Erst als konkrete Maßnahmen ins Gespräch gebracht wurden, ließ man sich notgedrungen umstimmen. Außenminister Menemencioğlu benannte in der Nationalversammlung vom 20. April die Druckmittel, die ihm die Alliierten per Note mitgeteilt hatten und gab die Entscheidung der türkischen Regierung hierzu bekannt: „England u[nd die] USA kündigten bei Fortsetzung der Chromausfuhr nach Deutschland Maßnahmen wie gegen andere Neutrale an. Für uns ist die Zusammenarbeit mit England und seinen Verbündeten ein natürliches Erfordernis unserer auswärtigen Politik. Wir können daher diese Noten nicht als Neutrale prüfen und beschlossen [die] Einstellung der Lieferungen vom 21.4. [...] ab."[116] Die „Maßnahmen wie gegen Neutrale" bedeuteten, dass die alliierten Waffenlieferungen an die Türkei eingestellt und die wichtigsten türkischen Ausfuhrwaren einem Importembargo unterworfen werden sollten. Die türkische Regierung setzte ihre diplomatische Verzögerungstaktik aber noch bis zum Juli 1944 fort. Sie nutzte die Zeit bis zum Abbruch der Beziehungen zu Deutschland am 2. August 1944, um den Alliierten „zur Überwindung der entstehenden Schwierigkeiten"[117] Wirtschafts-, Rüstungs- und Finanzhilfen abzuhandeln. Mitte Januar 1945 endlich öffnete die Türkei die Meerengen für Handelsschiffe der Alliierten ohne Rücksicht auf deren Ladung. Aber erst der Beschluss der Konferenz von Jalta vom 4. bis 11. Februar, nur diejenigen Länder in die Vereinten Nationen aufzunehmen, die dem Deutschen Reich den Krieg erklärt hatten, veranlasste die türkische Regierung schließlich am 23. Februar 1945, auch diesen Schritt zu tun.[118] Die Türkei erklärte Deutschland offiziell zwar den Krieg, trat aber nicht mehr in ihn ein.

c) Die Kulturpolitik

Die Machthaber des NS-Regimes konnten auf ein Geflecht von kulturellen Einrichtungen und Kontakten in der Türkei zurückgreifen, die sich aus dem engen Verhältnis des Kaiserreichs zum türkischen Sultanat und aus den in der Weimarer Republik fortgesetzten Kulturbeziehungen mit der jungen türkischen Republik entwickelt hatten. In der Archäologie und Orientalistik zeigten gemeinsame deutsch-türkische Grabungen und Veröffentlichungen eine langjährige und intensive Zusammenarbeit beider Länder, welche in diesem Umfang im Jahre 1933 kein anderes Land mit der Türkei vorweisen konnte. Auch die Zweigstelle des Deutschen Archäologischen Instituts und das Deutsche Orientinstitut, die in den Jahren 1927 und 1928 in Istanbul gegründet worden waren, hatten nicht Ihresgleichen. An die beiden deutschen Gymnasien in Istanbul, die als Private Deutsche Schule im Jahre 1868 bzw. als Staatliche Türkische Schule mit deutschem Zweig im Jahre 1915 gegründet worden waren, entsandte das Deutsche Reich ein großes Kontingent an Lehrern und unterstützte die Schulen finanziell. Die NS-Kulturpolitik bemühte sich, einflussreiche türkische Absolventen dieser Schulen für ihre Zwecke zu nutzen. Auch die in Deutschland ausgebildete beachtliche Zahl an türkischen Akademikern galt es nach deren Rückkehr für eigene Interessen zu gewinnen. Schließlich hatten die zahlreichen Professoren, welche während des Ersten Weltkriegs an der Universität Istanbul tätig waren, ebenfalls türkische Akademiker ausgebildet, die in Politik, Kultur und Wirtschaft hochrangige Positionen einnahmen.

In Ankara, dem Wirkungsort Ernst Reuters, konnte das „Dritte Reich" seinen Einfluss beim Aufbau des türkischen Hochschulsystems am stärksten zur Geltung bringen. Bereits in den Jahren 1930 bis 1933 lehrten an der neu gegründeten Landwirtschaftlichen Hochschule vier deutsche Lehrkräfte. Die Einrichtung der Institute und Laboratorien der Hochschule beruhte auf Planungen deutscher Experten. Mit umfangreichen Mitteln förderte das NS-Regime den weiteren Aufbau der Hochschulfakultäten für Naturwissenschaft, Landwirtschaft und Veterinärmedizin sowie für Landwirtschaftliche Technologie und Technik. Bis kurz vor Kriegsbeginn lehrte unter Leitung eines deutschen Rektors eine Gruppe von bis zu 20 deutschen Professoren an der Hochschule. Reichsdeutsche besetzten alle Lehrstühle und leiteten alle Institute. Zur schnellen Entwicklung der türkischen Landwirtschaft und zur Versorgung des Deutschen Reiches mit Baumwolle, Getreide und sonstigen agrarischen Rohstoffen war die Ausbildung türkischer Agrarexperten von Bedeutung. Allein der „nichtarische" Chemiker Otto Gerngross fiel unter den reichsdeutschen Experten aus dem Rahmen. Im Jahre 1932 war er von der TH Berlin an die Hochschule abgeordnet worden und blieb nach Beendigung seines Vertrags in Ankara. Im November 1941 wurde er Opfer der NS-Verordnung, mit der alle im Ausland lebenden deutschen „Volljuden" global ausgebürgert wurden. Zwei Jahre darauf verlor er auch seine Aufenthaltsberechtigung in der Türkei und übersiedelte nach Palästina.[119]

Der weltbekannte Berliner Chirurg Ferdinand Sauerbruch spielte schon früh eine wichtige Rolle bei der Vermittlung von hochrangigen Medizinern an die türkischen Reformhochschulen. So bezeichnete Philipp Schwartz, der Mitbegründer der „Notgemeinschaft deutscher Wissenschaftler im Ausland", ihn als ersten Gelehrten von „Weltruf und arisch deutscher Herkunft, der die Existenz der Notgemeinschaft zur Kenntnis nahm und Sympathie für uns zeigte."[120]

Schwartz hatte den Lehrstuhl für Pathologie an der Istanbul Üniversitesi angenommen und vermutete im Jahre 1933, dass Sauerbruch ernstlich einen Bruch mit Hitler-Deutschland überlegte. Deshalb wollte er ihn für den Chirurgie-Lehrstuhl in Ankara oder Istanbul gewinnen. Im August 1933 kam Sauerbruch in die Türkei und bekam über seinen Patienten, den damaligen Staatssekretär im Außenministerium Numan Menemencioğlu, auch einen Termin bei Ministerpräsident Ismet Inönü. Danach empfing ihn der deutsche Geschäftsträger Wilhelm Fabricius in Istanbul „in einem der hübschen Sommerhäuser der arisch beflaggten deutschen Botschaft."[121] Fabricius telegrafierte dem Auswärtigen Amt am 9. August 1933 Bemerkenswertes über das Gespräch mit Sauerbruch: „Geheimrat Sauerbruch hat nach Besprechungen mit Ismet Pascha [vom] Unterrichtsminister und Hygieneminister Zusicherungen erhalten, dass Berufung Professoren nach Istanbul und Ankara keinesfalls Angelegenheit einer Fürsorge für jüdische Emigranten werden darf. Da Verpflichtung mehrerer jüdischer bzw. nicht rein arischer Professoren nicht zu verhindern, setzt Sauerbruch sich dafür ein, dass deutsche erstklassige Kräfte ohne Rücksicht auf Religion und Herkunft berufen werden. Anrege daher unter Hinweis auf Bedeutung für Ausbreitung unserer kulturellen Einflüsse in Türkei Bestrebungen Sauerbruchs, der heute [nach] Berlin zurückreist, möglichst unterstützen und jedenfalls unliebsame Presseerörterungen unterbinden."[122]

Philipp Schwartz wusste zu dieser Zeit nicht, dass er von Ferdinand Sauerbruch keine Fürsorge zugunsten jüdischer Emigranten erwarten konnte. Er begann Sauerbruchs Rolle erst zu verstehen, als er im Wintersemester 1934/35 von Hygieneminister Refik Saydam erfuhr, dass seine Kandidatenvorschläge für Stellenbesetzungen an Krankenhäusern und medizinischen Instituten regelmäßig von Sauerbruch überprüft und möglicherweise durch „bessere" ersetzt würden. Eine seiner Listen „verbesserte" Sauerbruch nach Feststellung von Schwartz durch Namen von ausschließlich „junge[n] arische[n] Kollegen, die, wenn sie die ‚neue Ordnung' an den deutschen Universitäten zu akzeptieren bereit waren, keinen Grund haben konnten, in die Türkei auszuwandern."[123] Seine eigenen Listen ließ Sauerbruch dem Hygieneminister über die Kulturabteilung des Auswärtigen Amtes und die Botschaft in Ankara zuleiten. Bis zuletzt kämpfte Schwartz unverdrossen gegen Sauerbruch und die NS-Bürokratie, um politisch und rassisch verfolgten Medizinern in Deutschland eine Anstellung in der Türkei zu ermöglichen. Das Vertrauen in Sauerbruch verlor Schwartz endgültig, als er im August 1944 von einem Bekannten im Anschluss an dessen Geschäftsreise nach Deutschland erfuhr, dass die Zusammenkünfte der Verschwörer des 20. Juli im Haus von Sauerbruch stattgefunden hätten und Sauerbruch nach einem kurzen Verhör durch die Gestapo unbehelligt blieb.[124]

Weit mehr als in anderen Exilländern stand die NS-Kulturpolitik in der Türkei vor der Herausforderung, dass die deutsche Wissenschaft und Kultur im Gastland unabhängig davon, ob Reichsdeutsche oder Emigranten sie repräsentierten, in einem sehr hohen Ansehen stand. Die propagandistische Wirkung der Tätigkeit deutscher Hochschullehrer in der Türkei hatte das NS-Regime erkannt und versuchte, daraus möglichst viel Kapital zu schlagen. Es sollte die Fiktion einer undifferenzierten deutschen Bildungshilfe suggeriert werden. So versuchten die Botschafter Frederic von Rosenberg und Friedrich von Keller zu Beginn der NS-Herrschaft mit den neuberufenen Exil-Professoren in Istanbul in ihrer Sommerresidenz Tarabya in Verbindung zu treten. Für die ersten zwei, drei Jahre geschah solche Fühlungnahme zweifellos auf Veranlassung des Auswärtigen Amtes. Dessen Kulturabteilung suchte den Eindruck aufrecht zu erhalten, dass die Berufung der Exilprofessoren in deutschem Interesse sei. Diese wiederum konnten sich allmählich unter türkischen Studenten, Dozenten, in der Bevölkerung und Regierung eines wachsenden Ansehens erfreuen, ohne allerdings ihre oppositionelle Einstellung zum NS-Regime zu verschweigen. Somit war die Fiktion aus Berliner Sicht nicht mehr lange zu halten. Konsequenzen waren zu ziehen. Linientreue Professoren sollten den türkischen Reformern vermittelt und die „Abtrünnigen" ersetzt werden. Mit diesem Auftrag schickte das Reichsministerium für Wissenschaft, Erziehung und Volksbildung erstmals im Jahre 1937 den Experten Dr. Herbert Scurla nach Ankara und Istanbul.[125] Dieser hatte seine Eignung bereits im Jahre 1933 mit seinem Eintritt in die NSDAP und als Hauptreferent des Deutschen Akademischen Austauschdienstes (DAAD) mit seiner Schrift *Das Judentum in Deutschland* unter Beweis gestellt.

Über die erste Mission Scurlas liegen keine Unterlagen vor, wohl aber ein ausführlicher Bericht über seine zweite Dienstreise. Er unternahm sie vom 11. bis 25. Mai 1939 nach Ankara und Istanbul. Mit einem Fragebogen, den die deutsche Botschaft Ankara und das Generalkonsulat Istanbul ein Jahr zuvor den deutschen und österreichischen Emigranten an den türkischen Hochschulen zugesandt hatten, bereitete Scurla seine Inspektionsreise gründlich vor. Die erste Frage des kurzen Katalogs war harmlos: „Tag des Vertragsbeginns". Die folgenden Fragen boten dagegen einen instruktiven Beleg für die Judenverfolgung im „Dritten Reich": „Sind Sie Arier oder nicht?" – „Sind Sie nichtarisch versippt?" – „Ist Ihre Ehefrau arisch oder nichtarisch" – „Ist Ihre Ehefrau nichtarisch versippt?"[126] Es versteht sich, dass die meisten Emigranten den Fragebogen unbeantwortet ließen. Dr. Scurla, der sich ständig von Botschaftsrat Dr. Klaiber begleiten ließ, musste sich einen Großteil seiner Informationen über die Exilanten deshalb während der Reise in Gesprächen mit Botschafts- und Konsulatsvertretern, mit NS-Ortsgruppenleitern und türkischen Ministerialen verschaffen. Penibel fügte er seinem Bericht von über 100 Schreibmaschinenseiten eine „Zeittafel" seiner täglichen Gesprächstermine an. Bald lag der Botschaft Ankara und dem neu eingetroffenen Botschafter Franz von Papen der Bericht mit seinen Empfehlungen vor. Ernst Reuter war von dieser Aktion nicht betroffen.

Seinen Arbeitsvertrag als Professor an der Hochschule für Politische Wissenschaft hatte er erst Mitte Februar 1939 unterzeichnet. Zudem konnten das Berliner Reichsministerium für Wissenschaft, Erziehung und Volksbildung ebenso wie alle sonstigen Reichsbehörden die für sie wertvollen Erkenntnisse über Reuter jederzeit aus dessen Gestapo-Dossier und den ergänzenden Berichten der Auslandsvertretungen in der Türkei entnehmen.

Verschiedene Exilfreunde Ernst Reuters fanden dagegen die Beachtung des Dr. Scurla. So auch Fritz Neumark, über den Scurla lapidar festhielt: „Den Lehrstuhl für Nationalökonomie hat seit 1933 der Nichtarier (Ehefrau ist arisch) Dr. Fritz Neumark inne, geboren 1900. Neumark war früher nbao. Professor an der Universität Frankfurt/M."[127] Fritz Neumark konnte den „Scurla-Bericht" in großem zeitlichen Abstand studieren, nachdem der Historiker Klaus-Detlev Grothusen diesen bei seinen Recherchen für eine Gedenkschrift zu Atatürks Geburtstag 1981 aufgefunden hatte. Seine Eindrücke resümierte Neumark in der Publikation im Jahre 1987: „Scurlas Bericht macht deutlich, daß es Hitler und seinen Gefolgsleuten keineswegs nur darauf ankam, bestimmten Gruppen, wie in erster Linie Juden, in zweiter gläubigen Christen, in dritter Liberalen im alten guten Wortsinne, Sozialdemokraten und Kommunisten ihre bisherige Tätigkeit, ja allmählich geradezu die Aufrechterhaltung ihrer physischen Existenz unmöglich zu machen, sondern sie, auch nachdem sie das Reich verlassen hatten – zumeist bei Todesgefahr verlassen mußten – , weiteren Verfolgungen auszusetzen." Neumark ergänzte, dass es fast unglaubhaft wirken musste, wie Scurla seinen Vorgesetzten immer wieder empfahl, die Emigranten ausbürgern zu lassen. Sie seien wissenschaftlich oder menschlich unqualifiziert und die Türkei müsse mit ihnen dann nichts mehr zu tun haben, war Scurlas Begründung.[128] Edzard Reuter kommentierte im Jahre 2007 den „Scurla-Bericht" in einer Neuauflage. Er sah in ihm „ein weiteres exemplarisches Beispiel für jene sprachlich abgrundtiefe Verbiegung der deutschen humanistischen Tradition, die Victor Klemperer so treffend als ‚Lingua tertii imperii' festgemacht" habe. Er stellte in ihm Parallelen zum Protokoll der „Wannsee-Konferenz" fest und fuhr fort: „Ohne den geringsten Bezug auf irgendwelche humanitären oder sonstigen zivilisierten Wertvorstellungen nimmt sich nämlich auch hier ein beamteter Vertreter des damaligen Deutschen Reiches ganz und gar selbstverständlich heraus, nach nüchternen bürokratischen Gesichtspunkten über das Wohl und Wehe von Menschen richten zu dürfen – mit dem alleinigen Maßstab, ob sie der wahnsinnigen Irrlehre der herrschenden nationalsozialistischen Staatsideologie dienlich sind oder nicht."[129]

Geradezu resignierend stellte Dr. Scurla 1939 nach Rückkehr aus der Türkei in Berlin zu den Einwirkungsmöglichkeiten des Reiches auf die Universitätsfakultäten in Istanbul fest – in der NS-Zeit waren dort 98 deutschsprachige Emigranten überwiegend als Professoren tätig: „Es ist, wie im Zusammenhange mit den einzelnen Fakultäten darzustellen sein wird, in einer großen Zahl von Fällen versucht worden, geeignete deutsche Kräfte bei der Besetzung von Lehrstühlen zu lancieren. Wenn das selbst in Fällen, in denen die hiesige Türkische Botschaft um die Beurlaubung bestimmter deutscher Hochschullehrer nach Istanbul gebeten hat, doch nicht gelungen ist, so liegt das letzten Endes daran, daß die Berufungspolitik für die Universität Istanbul nicht vom Ministerium in Ankara, sondern unter dem überwiegenden Einfluß der Emigrantenclique in Istanbul durch dieser Clique hörige Universitätsgremien durchgeführt wird."[130] Konsequenterweise folgerte Dr. Scurla und musste seine Vorgesetzen entsprechend ernüchtern: „Im großen ganzen wird man sich aber damit abfinden müssen, dass die Universität Istanbul auf längere Sicht hin keine geeignete Grundlage für einen deutschen kulturpolitischen Einsatz in der Türkei abgeben kann."[131]

Fritz Neumark erkannte mehrere Gründe, weshalb das Bemühen der NS-Kulturbehörden, die Exilwissenschaftler und -künstler entfernen zu lassen und durch Reichsdeutsche zu ersetzen, nicht erfolgreich sein konnte. So seien Informationen über verschiedene Emigranten falsch und die meisten der von Scurla vorgeschlagenen reichsdeutschen Kandidaten überwiegend schwach qualifiziert gewesen. Auch habe Scurla die türkische Mentalität nicht verstanden, indem er unverbindliche Äußerungen zu einzelnen Personen als bare Münze genommen habe. Schließlich habe er nicht erkannt, dass die türkischen Verantwortlichen sich beim Auf- und Ausbau ihres Hochschulwesens, welche sie nach Vorschlägen des neutralen Schweizers Albert Malche begonnen hatten, nicht von Dritten dreinreden lassen wollten.[132] Allerdings musste Scurla diese auf Unabhängigkeit bedachte Haltung der Türken bekannt gewesen sein. In seinem Bericht merkte er zu der anstehenden Vertragsverlängerung für den Bodenkundler Professor Horn nämlich an: „Es ist möglich, daß sein Vertrag von der türkischen Seite nicht verlängert wird, da es bekannt geworden ist, daß er politischer Leiter in der Ortsgruppe ist, so dass mit einer dem Fall Spehn ähnlichen Haltung der türkischen Behörden gerechnet werden muß."[133]

Seine Gespräche mit dem Generaldirektor des Unterrichtsministeriums Cevat Dursunoğlu führte Scurla sehr direkt. Laut Scurla war diesem durchaus bekannt, dass „österreichischen Nichtariern durch Paßentzug die Annahme eines Rufes nach Istanbul verwehrt worden war." Dementsprechend drohte Scurla: „Ich fügte dabei hinzu, daß ich fürchte, daß man in Zukunft deutscherseits nicht mehr so weitgehend auf türkische Interessen Rücksicht nehmen könne, wie das bisher der Fall gewesen sei. Man werde in Deutschland überlegen müssen, ob es auf Grund der bisherigen Erfahrungen in Berufungsangelegenheiten nicht zweckmäßiger sei, den nach Istanbul berufenen Emigranten die Annahme des Rufes an sich nicht unmöglich zu machen, sie aber gleichzeitig mit der Annahme des Rufes auszubürgern." Seinen Vorgesetzten empfahl Scurla: „Einmal wird dafür Sorge zu tragen sein, daß in Istanbul tätige Emigranten, die gegen Interessen des Reichs verstoßen, rücksichtslos ausgebürgert werden. Diese Ausbürgerung sollte sich in erster Linie auf nichtarische Wissenschaftler erstrecken." Bedauernd ergänzte er: „[L]eider hat sich nicht verhindern lassen, daß der erste ausgebürgerte Hochschullehrer [Professor Kessler] ein Arier ist."[134]

Gerhard Kessler, Ernst Reuters Freund und Mitstreiter im „Deutschen Freiheitsbund", erfreute sich indessen an der Universität Istanbul und als Vorbereiter und Mitgründer der türkischen Gewerkschaften eines so ausgezeichneten Rufs, dass ihm nach dem Verlust der deutschen Staatsangehörigkeit der Aufenthalt in der Türkei weiter gewährt wurde und er auch ohne deutschen Pass bis ins Jahr 1951 in Istanbul wirken konnte. Vergleichbar verhielten sich die türkischen Behörden gegenüber den jüdischen Hochschullehrern nach deren Globalausbürgerung Ende November 1941. Ihre türkischen Fremdenpässe wurden mit „Haymatloz" gestempelt – ein Wort, das fester Bestandteil der türkischen Sprache wurde. Ernst Reuter erhielt weder einen mit „Haymatloz" gestempelten Fremdenpass noch einen Pass der türkischen Republik: „Der uns dringend nahegelegten Versuchung der Einbürgerung haben wir widerstanden, weil wir unter allen Umständen nach Deutschland zurückwollen, denn nur dort kann ich wirklich schöpferisch arbeiten, und ich glaube, dass ich dazu im besten Alter und in voller Gesundheit bin," notierte Reuter kurz vor Ende des Exils.[135] Sein Festhalten an der deutschen Staatsangehörigkeit, verbunden mit der stets ungewissen Verlängerung des Passes und dessen drohendem Entzug, bereitete ihm und seiner Familie im Verlauf des türkischen Exils indessen wiederholt beträchtliche Sorgen.

d) Die deutsch-türkischen Beziehungen und die „Judenfrage"

Die ersten Zeichen des nationalsozialistischen Rassenwahns erfuhren die türkischen Bildungsreformer spätestens mit dem „deutsch-türkischen Wunder", das heißt der gleichzeitigen Suche der Türkei nach qualifizierten ausländischen Experten und der Entlassung von rassisch und politisch unerwünschten Wissenschaftlern und Künstlern in Deutschland. Der „Nichtarier" Philipp Schwartz machte im Sommer 1933 gegenüber seinen türkischen Gesprächspartnern in den Verhandlungen für die „Notgemeinschaft" keinen Hehl daraus, dass seine Vermittlungsbemühungen vornehmlich jüdischen Wissenschaftlern galten, die nach dem „Berufsbeamtengesetz" vom 7. April 1933 ihre Stellung in Deutschland eingebüßt hatten. Auch war der türkischen Öffentlichkeit der deutschlandweite Boykott jüdischer Geschäfte am 1. April 1933 nicht entgangen. Weit weniger aber als in Deutschland konnten beide Ereignisse verständlicherweise in der Türkei als Beginn einer systematischen Judenverfolgung erkannt werden, die im Holocaust enden sollte. Die engen wirtschaftlichen, kulturellen und militärischen Beziehungen der Türkei zum „Dritten Reich" mussten die Emigranten aber jederzeit befürchten lassen, dass die Rassenpolitik der Nationalsozialisten in der

Türkei Anklang finden und die türkische, etwa 80.000 Personen zählende jüdische Minderheit, wie aber auch die aus dem deutschsprachigen Raum in die Türkei emigrierten Juden in Mitleidenschaft ziehen könnte.

Umgeben von „nichtarischen" oder „nichtarisch versippten" Freunden und Bekannten im Exil und in regen brieflichen Kontakt mit früheren jüdischen Freunden und Kollegen, mussten den „Arier" Ernst Reuter die zunehmenden Auswüchse des Rassenwahns in Deutschland besorgen. Noch vor dem Krieg schrieb er im Januar 1939 an seine Vertraute Elizabeth Howard in England: „Wir müssen sehen, daß man möglichst viele herausbekommt, denn die Juden, die in Deutschland bleiben, werden bei der nächsten Krise alle umgebracht, daran ist meiner Meinung nach überhaupt nicht zu zweifeln, und es hieße den Kopf in den Sand stecken, wenn man nicht ganz ohne jede Illusion damit rechnete. Wer sollte diese Leute daran hindern. Eine neue Krise kommt unter allen Umständen und dazu noch im Laufe des Jahres."[136] Seinem mittlerweile ebenfalls emigrierten Magdeburger Kollegen Heinz Guradze schrieb er wenige Monate später in Sorge um seinen früheren Vertreter im Magdeburger Bürgermeisteramt, Herbert Goldschmidt: „Solange der Goldschmidt nicht aus Deutschland heraus ist, werde ich in Unruhe sein, denn wenn einmal der Krieg ausbrechen sollte, dann werden alle Juden sowieso umgebracht werden."[137] Reuters brutale Erfahrungen, die er in der „Schutzhaft" der Magdeburger Polizei und im KZ Lichtenburg hatte machen müssen, ließen ihn die Auswüchse des Rassenterrors intensiver als seine Mitexilanten erahnen und entsprechend um das Schicksal der hauptsächlich betroffenen Juden bangen. Auf türkischem Boden musste er mit vergleichbaren Exzessen gegenüber den einheimischen und deutschstämmigen Juden nicht rechnen, auch wenn Judenfeindlichkeit in der Türkei kein Tabu war.

Auf dem weiträumigen Territorium des osmanischen Vielvölkerstaats waren Juden in unterschiedlicher sprachlicher und kultureller Zusammensetzung vertreten. Unter den osmanischen Sultanen lebten Arabisch sprechende Misrahim, graecisierte Romanioten, Karäer, kurdische, aramäische und italienische Gruppen sowie aus Mittel- und Osteuropa eingewanderte Aschkenasim. Die größte unter den jüdischen Ethnien und Religionsgemeinschaften bildeten die Sephardim, die in ihrer spanischen Heimat durch die Reconquista und das Alhambra-Edikt vom 31. Juli 1492 vor die Alternative gestellt worden waren, zum Christentum überzutreten oder zu fliehen. Im Osmanischen Reich fanden sie Aufnahme. Als Angehörige einer anerkannten Buchreligion gab es keine Sonderstellung für die Juden. Sie waren im Osmanischen Reich nach pragmatischen Gesichtspunkten den gleichen Regeln und Einschränkungen wie die Christen unterworfen. So galt für sie wie für die Christen ein Verbot, Waffen zu tragen, staatliche Ämter zu bekleiden, neue Gotteshäuser einzurichten oder muslimische Frauen zu heiraten.[138]

Für die Republik Atatürks bestimmten und bestimmen noch heute die Minderheitsklauseln im Friedensvertrag von Lausanne vom 24. Juli 1923 die Rechte für die jüdische ebenso wie für die armenische und griechische Bevölkerung auf dem Gebiet des neuen türkischen Staates. Erwähnenswert ist, dass die Schutzklauseln des Lausanner Vertrages ausdrücklich nur „nicht-muslimische Minderheiten" vorsehen und diese – obwohl nicht namentlich erwähnt – ausschließlich Juden, Armenier und Griechen als sprachlich-religiöse Minderheit betreffen. Ethnische Minderheiten auf türkischem Staatsgebiet wie Kurden, Lazen, Georgier, Tscherkessen, Roma oder Araber, und sprachliche Minderheiten wie Zaza und Lazen genießen dagegen keinen Minderheitenschutz. Die Rechte erstrecken sich auf Gleichberechtigung und Diskriminierungsverbot, Religionsfreiheit, Gebrauch der eigenen Sprache, Errichtung und Unterhaltung eigener Schulen und religiöser Einrichtungen, auf Sprachunterricht, Reise- und Ausreisefreiheit sowie auf ein eigenes Familien- und Personenstandsrecht.[139]

Für Atatürk stand im Vordergrund, eine türkische Identität durch das Band einer Nation zu entwickeln und das ethnisch, religiös und sprachlich heterogene Staatsvolk in die junge türkische Republik zu integrieren. Er hatte ein Volk zu vereinigen, in dem Ernst Reuter eine „Fundgrube für jeden Rassenspezialisten" erkannte.[140] Eine erste Phase der Atatürkschen Politik war bestimmt von einer religiös geprägten, eine weitere von einer politisch geprägten und eine dritte ab dem Jahre 1929 von einer ethnisch geprägten Nationsdefinition.[141] In der letzten Phase fanden durchaus Rassegedanken Eingang in die Identität. So wurden in den Jahren 1931 und 1932 die „Gesellschaft zum Studium der türkischen Geschichte" bzw. die „Türkische Gesellschaft für Sprache" auch mit dem Ziel gegründet, die „Überlegenheit der türkischen Rasse nachzuweisen und wissenschaftlich zu untermauern".[142] Mit der ethnisch geprägten Identitätsphase in der Türkei schien den NS-Rassentheoretikern um Alfred Rosenberg eine willkommene Entwicklung eingetreten zu sein, um dort nicht nur Sympathie für ihre zur Staatsdoktrin erhobene Rassenkunde zu erfahren, sondern auch gemeinsame Rasseforschung zu betreiben.

Deutsche Orientalisten, um Expertise ersucht, mussten den NS-Rassenideologen aber deutlich die Grenzen ihres Vorhabens aufzeigen. Zunächst verwiesen sie auf den Leitspruch Atatürks, den dieser als Modell für die türkische Nation erhob: „Ne mutlu Türküm diyene" („Glücklich ist, wer sich Türke nennt").[143] Dieser Leitspruch besagte, dass jeder Bürger auf türkischem Staatsgebiet „Türke" und somit gleichberechtigtes Mitglied der türkischen Nation sein sollte und konnte – unabhängig von seiner ethnischen, religiösen oder sprachlichen Herkunft. Es gab also keine „Unterrasse" in der Türkei, die sich von einer überlegenen „Oberrasse" unterscheiden ließe. Anders, und in NS-Terminologie ausgedrückt, gab es keine „artverwandten" und „artfremden" Bürger auf türkischem Boden.

Im Jahre 1941 beschrieb Gotthard Jäschke in einem Buch über die Türkei die dort aus Sicht von NS-Ariern hoffnungslose Lage, indem er feststellte, dass „in einem solchen Lande [...] jede Rasseforschung auf schier unüberwindliche Schwierigkeiten [stößt]." Er fuhr fort: „Schon in den Osmanen war das echt türkische Blut recht dünn. Der Islam begünstigte weiterhin die Vermengung mit fremdem Volkstum. Aber auch der Nationalstaat Atatürks lehnt den Gedanken der Rassereinheit bewußt ab. Nach einem Wort von Ismet Inönü gilt als ‚Türke', wer es der Sprache und Kultur nach sein will (mag in seinen Adern mongolisches, semitisches oder arisches Blut fließen!)." Inönü habe ferner festgestellt: „Mögen europäische Gelehrte Schädelformen studieren und, wenn sie mit der hier besonders angebrachten Vorsicht vorgehen, zu gewissen Teilergebnissen gelangen – die türkische Gesetzgebung fördert nicht, sondern unterdrückt jedes Stammes- und Rassebewußtsein." Hoffnungsvoller indessen konnte die NS-Rassenkundler die Mitteilung Jäschkes stimmen, wonach in der türkischen Fachzeitschrift *Belleten* die ersten anthropologischen Messungen vom Jahre 1937 mit „erfreulichen" Ergebnissen erschienen wären. Sie hätten ergeben, dass die türkische Bevölkerung in die Nähe des deutschen Idealtypus der nordischen Rasse gerückt werden könne: „Danach betrug die Durchschnittsgröße von 39.465 Männern 1,65 m und von 20.263 Frauen 1,52. Nur bei 5 v.H. seien mongoloide Augen festgestellt worden. In Mittelanatolien gehörten 93 v.H. der brachykephalen, dinarischen Rasse an."[144]

Die Ergebnisse der anthropologisch vermessenen türkischen Bevölkerung erreichten Berlin aber zu spät, um zeitraubende Grundsatzerörterungen zwischen den Reichsministerien und dem rassenpolitischen Amt der NSDAP überflüssig machen zu können. Auslöser für eine Vielzahl ausschließlich der „Arierfrage" gewidmeten Sitzungen der Berliner Behörden war ein Schreiben des Auswärtigen Amts an das Innen- und Propagandaministerium sowie an das NSDAP-Amt von Mitte Januar 1936. Darin erklärte das Auswärtige Amt den Adressaten sein Befremden darüber, dass „deutsche Reichsangehörige mit türkischem Mischblut bei Staat und Partei auf Schwierigkeiten wegen ihrer Abstammung gestoßen sind." Das Auswärtige Amt drängte, die „Frage, ob das türkische Volk als arisch im Sinne der deutschen Gesetzgebung zu betrachten ist, mit möglichster Beschleunigung in einem positiven Sinne zu entscheiden." Auch stellte es fest, dass es notwendig sei, die Beziehungen zur Türkei nicht zu trüben, was „ganz zweifellos eintreten würde, wenn die Türken als nichtarisch bezeichnet würden." Als wichtiges und zweifellos durchschlagendes Argument führten die Auswärtigen an, dass man „im Kriege Seite an Seite mit der Türkei gefochten" habe und „deutsche Offiziere türkische Uniform" getragen haben.[145] Dieses Argument des Auswärtigen Amtes wurde von den zögerlichen Puristen der anderen Ministerien und Ämter offensichtlich so gewertet, dass ein deutscher „Arier" im Ersten Weltkrieg unmöglich den Waffenrock eines Landes hätte tragen können, dessen Soldaten „nichtarisch" waren. Das Argument zeigte Wirkung.

Die Reichsbehörden rangen sich schließlich unter Zuhilfenahme des Globke-Kommentars zu den Nürnberger Rassegesetzen dazu durch, die „Türken als ein geschlossenes in Europa siedelndes Volk" und zusätzlich „wegen der Waffenbrüderschaft mit den Deutschen" den Ariern als artverwandt einzuordnen. Bei dieser Grundsatzentscheidung beließen die Rassenbürokraten es allerdings nicht. Sie eröffneten sogleich eine neue Front, indem sie beschlossen, dass die Nürnberger Gesetze zwar nicht auf die Türken, wohl aber auf Ägypter, Iraner und Iraker anzuwenden seien. Die Botschaft in Ankara erfuhr Ende April 1936 von dieser Entscheidung – aber nicht nur sie allein. Mitte Juni musste Botschafter von Keller besorgt nach Berlin vermelden, dass in der Istanbuler Zeitung *République* zu lesen war, die Botschaft sei aus Berlin unterrichtet worden, dass die Nürnberger Rassegesetze wegen der Waffenbrüderschaft zwar nicht für die Türken, wohl aber für Ägypter, Iraner und Iraker gelten würden. Sofort habe der iranische Botschaftsrat in Ankara den Wahrheitsgehalt der Meldung von der Botschaft erfragt und Demarchen seiner Regierung zugunsten des „Ariertums" seines Volkes angedroht.[146]

Die Demarchen blieben nicht aus. In Berlin nahm auch der ägyptische Gesandte die Neudefinition des „Ariertums" zum Anlass beim Auswärtigen Amt anzufragen, „wie eine Eheschließung zwischen einem Ägypter und einer nicht jüdischen Deutschen und umgekehrt zu beurteilen sei." Umgehend berief das Auswärtige Amt eine Eilbesprechung „zur Klärung des Begriffs artverwandt" ein. Sie führte indessen zu einem Ergebnis, das weder die Ägypter noch Iranis überzeugen konnte. Es wurde befunden, dass aus der Ansiedlung in Europa wohl grundsätzlich Artverwandtschaft hergeleitet werden könne, da diese für „alle Völker, die die Blutarten des deutschen Volkes in sich enthalten" gelte. Dementsprechend müsse bei außereuropäischen Völkern erst einmal Artfremdheit vermutet werden. Offiziell dürfe diese Vermutung aber nicht geäußert werden, da es „zu einem Konflikt, vor allem mit Japan, führen müsse", also mit dem späteren Achsenpartner. Dem ägyptischen Gesandten könne man immerhin bescheiden, dass ein nichtjüdischer Ägypter die Ehe mit einer nicht-jüdischen deutschen Frau gleichermaßen wie der Angehörige eines europäischen Volkes eingehen könne. Der iranische Botschaftsrat solle auf eine ausstehende Grundsatzentscheidung verwiesen werden.[147] Auf diese wartete er bis zum Ende des „Tausendjährigen Reiches" allerdings vergeblich.

Während der NS-Zeit stand die im Jahre 1936 mühsam ermittelte Artverwandtschaft der Türken mit den deutschen Ariern nicht immer auf sicherem Boden. Franz von Papen, Muster eines Ariers, musste ab dem Frühjahr 1939 als Botschafter in Ankara schon allein wegen seines Einsatzes als Major in osmanischer Uniform an der Palästinafront 1917 großen Wert auf die artverwandtschaftliche Nähe der Türken legen. Es musste ihn also alarmieren, in der Mai-Nummer 1942 der Zeitschrift *Neues Volk* eine Anfrage an das rassenpolitische Amt der NSDAP zu lesen, „ob eine Ehe zwischen einem deutschen Mädchen und einem Türken erwünscht" sei.[148] Die Antwort des NSDAP-Rasseamtes empörte ihn, denn sie besagte, dass „die türkische Rasse als vorderasiatisch mit mongoloiden Bluteinschlag und damit als artfremd" zu bezeichnen sei. Dem deutschen Mädchen werde Schutzhaft zu teil, „falls sie von ihren Beziehungen mit dem betreffenden Türken nicht ablassen will." In seinem umgehenden Bericht an das Auswärtige Amt bezeichnete von Papen die sachliche Berechtigung der Antwort als „zumindest umstritten", bekundete aber „schwerste außenpolitische Bedenken" angesichts der „besonders ausgeprägten nationalen und rassischen Empfindlichkeit der Türken" und hoffte, dass die „Veröffentlichung nicht vor türkische Augen kommt."

Es mag bezweifelt werden, ob sich Botschafter von Papen in Ankara im gleichen Maße über die Antwort der Rassenpolitiker im *Neues Volk* empört hätte, wenn die Wahl des deutschen Mädchens auf einen sephardischen Türken gefallen wäre. Trotz aller rassentheoretischen Befunde und Entscheidungen „zwang" ihn die türkische Realität, zwischen „artverwandten" und „artfremden" Türken zu unterscheiden. Schon im Januar 1942 hatte er der deutschen Kolonie ein umfangreiches Verzeichnis verbotener türkisch-jüdischer Lokale zukommen und die den Reichsdeutschen zugänglichen Lokale hinzufügen lassen. Deutlicher noch zeigte sein Telegramm an das Auswärtige Amt im November 1942, dass von Papen unter den „artverwandten" Türken sehr wohl auch „artfremde" auszumachen und entsprechend zu behandeln wusste. In der seinerzeit bewährten Schreibweise „Betreff: Maßnahmen zur Ausschaltung der Juden in der Türkei" berichtete er nach Berlin: „Die Ausschaltung der jüdischen Angestellten und Redakteure der ‚Agence Anatolie' ist im Mai d. J. erfolgt. [...] Wegen der Entfernung der Juden aus den türkischen Ministerien darf auf Drahtbericht Nr. 805 vom 27. Mai d. J. verwiesen werden. Weitere administrative oder gesetzliche Maßnahmen zur Ausschaltung der Juden aus dem öffentlichen Leben der Türkei sind seither nicht getroffen worden, wenn auch die Missstimmung breiter Kreise des hiesigen Volkes gegen die Juden als typische Vertreter des Wuchertums im Wachsen ist."[149]

Die Propagandisten des „Dritten Reiches", unterstützt von der Botschaft Ankara und dem Generalkonsulat in Istanbul, blieben nicht untätig, die Missstimmung einzelner Kreise gegen die jüdische Minderheit in der Türkei zu verstärken. Seit Kriegsbeginn hatte die türkische Pressegeneraldirektion zwar scharf darüber gewacht, dass von deutscher Seite keine deutschfreundliche bzw. antibritische Propaganda betrieben werden konnte. Der Abschluss des deutsch-türkischen Freundschaftsabkommens vom Juni 1941 schuf den deutschen Propagandisten dann aber deutlich verbesserte Möglichkeiten. Das Hauptaugenmerk galt der offiziellen Presseagentur „Agence Anatolie", über die allein das Presse- und Propagandamaterial des Reiches zu verteilen war. Die „Agence Anatolie" war im Kriegswinter 1939/40 mit Hitlerkarikaturen und kritischen, anti-deutschen Berichten aufgefallen. Beschwerden und Druck der Botschaft, die auch hochrangig in der Pressegeneraldirektion vorgetragen bzw. ausgeübt wurden, blieben in der Folge aber – abgesehen von Entschuldigungen – weitgehend folgenlos. Die Botschaft kannte keine Zweifel, wer die anti-deutsche Linie in der „Agence Anatolie" zu vertreten hatte: die jüdischen Journalisten. Im Mai 1942 beugte sich Ministerpräsident Refik Saydam schließlich dem geballten Druck der Reichsdeutschen und entließ alle jüdischen Angestellten der anatolischen Nachrichtenagentur, insgesamt 26 Personen. Seinen oben zitierten Erfolgsbericht ergänzte von Papen später, indem er feststellte, dass „zähe Arbeit der Botschaft" dieses Ergebnis gezeitigt habe.[150]

Die reichsdeutschen Propagandisten nutzten bald das Signal, welches die türkische Regierung mit der Entlassung der jüdischen „Agence Anatolie"-Mitarbeiter gesetzt hatte, um die Missstimmung gegen die Juden weiter zu fördern: Erstmals erschienen in der Türkei einschlägige antisemitische Schriften wie die *Protokolle der Weisen von Zion*, *Mein Kampf* oder *Der Internationale Jude*, ohne dass die Verteiler der Materialien wie zuvor von der türkischen Regierung belangt wurden. Türkische NS-Sympathisanten veröffentlichten Hetzartikel und druckten in den Bildheften *Karikatür* und *Akaba* Karikaturen von Juden als Schieber und Betrüger ab, die sie teilweise dem NS-Organ *Der Stürmer* entnommen hatten. Hintergrund für die Karikaturen war die kriegsbedingte Wirtschaftskrise in der Türkei, die im Januar 1942 zur Zwangsbewirtschaftung und Brotrationierung geführt und einigen jüdischen Händlern zu Spekulationsgewinnen verholfen hatte. Die Karikaturen, von den SS-Mitarbeitern der Botschaft zusammengestellt und nach Berlin geschickt, sandte dort SS-Standartenführer Schellenberg seinem Berliner Kollegen, dem Vertreter des Auswärtigen Amtes bei der „Wannseekonferenz", Unterstaatssekretär Luther. Besonders wies er ihn darauf hin, dass die Karikaturen sich ausschließlich mit den Wirtschaftsproblemen der Türkei beschäftigten und „in unmissverständlicher Weise den Juden als den für alle Missstände verantwortlichen Volksschädling" zeigten. Bezeichnenderweise wunderte Schellenberg sich in seinem Anschreiben an Luther darüber, dass die Karikaturen angesichts der straff gelenkten türkischen Presse überhaupt veröffentlicht wurden, weil doch die Türkei den „Gedanken der Rassereinheit bewusst ablehnt".[151]

Auch wenn die türkische Elite und die breite Bevölkerung wenig Verständnis für den Rassenwahn der Nationalsozialisten aufbrachten, so zeigten sich doch auch in der Türkei wiederholt antisemitische Tendenzen und Aktionen. Eine der größten Ausschreitungen ereignete sich im Sommer 1934 im türkischen Teil Thraziens. In der Nacht vom 3. auf den 4. Juli tobte in Kırklareli nahe der bulgarischen Grenze ein Pogrom, welches rund 3.000 Juden zur Flucht nach Istanbul zwang. Der türkische Gouverneur von Thrazien stand hinter diesen Ausschreitungen. Türkisch-italienische Spannungen im Frühjahr 1934 und die Militarisierung der bislang militärfreien Zonen in Thrazien und den Dardanellen sollen dabei eine Rolle gespielt haben.¹⁵² Ob und inwieweit dieses Pogrom die gerade in Istanbul eingetroffenen deutsch-jüdischen Emigranten beunruhigte, ist schwer zu ermitteln. Nachweisbar sind dagegen Sorgen, welche für Ernst Reuter und seine jüdischen Freunde mit Entscheidungen der türkischen Regierung verbunden waren, die jüdische Einwanderung aus Deutschland und aus den vom Reich besetzten Ländern zu kontrollieren.

Das Jahr 1938 zeigte hier besorgniserregende Entwicklungen. Mitte Juli war die Konferenz von Evian gescheitert, die auf Anregung des amerikanischen Präsidenten Franklin D. Roosevelt zum Ziel hatte, Regierungen in aller Welt zur Aufnahme von Juden aus dem deutschen Machtbereich zu verpflichten. Das Ergebnis der Konferenz war entmutigend. Wie viele andere potentielle Aufnahmeländer zeigte sich auch die Türkei ablehnend, die aus ihrer Sicht schwer zu integrierenden und weitgehend mittellosen Flüchtlinge angesichts eigener wirtschaftlicher Schwierigkeiten aufzunehmen. Ende August 1938 untersagte die türkische Regierung per Dekret folglich allen „ausländischen Juden, die in ihren Heimatländern Restriktionen unterworfen sind", die Einreise in die Türkei „unabhängig davon, welcher Religion sie aktuell angehören".¹⁵³

Das türkische Dekret bezog sich eindeutig auf die antijüdische Gesetzgebung in Deutschland. Ausweisungen von deutschen Juden aus der Türkei folgten. Vor diesem Hintergrund und dem der Reichspogromnacht am 9. November 1938 in Deutschland schrieb Ernst Reuter seiner Vertrauten Elizabeth Howard zum Jahresanfang 1939 besorgt: „Hier sind uns leider alle Hände gebunden. Die Regierung läßt nicht nur keinen deutschen Juden herein, sondern weist auch noch ganz planmäßig aus, was sich eben ausweisen läßt. Oft werden Leute ausgewiesen, die schon über zehn Jahre als Vertreter hier sind und nie zu irgendwelchen Klagen Anlaß gegeben haben. Man meinte, daß sich das jetzt bessern würde, aber es scheint nicht der Fall zu sein. So kann ich auch meinen Freund Goldschmidt nicht hierher bitten, er bekommt keine Einreisegenehmigung."¹⁵⁴ Die Berichte der Botschaft und des Generalkonsulats an das Auswärtige Amt, die diese während des Jahres 1938 zu den Maßnahmen der türkischen Regierung gegenüber deutschen Juden schickten, weisen darauf hin, dass ihnen keine oder nur begrenzte Kenntnisse über die türkischen Gründe für die Ausweisungen und Einreisebeschränkungen vorlagen. Die noch intakten engen Beziehungen des „Dritten Reiches" zur türkischen Führung sprechen dafür, dass deren Entscheidungen auf höchster Ebene mit Berlin abgestimmt waren.

Auch eine 14-seitige Unterrichtung der Auslandsvertretungen durch das Auswärtige Amt über „Die Judenfrage als Faktor der Außenpolitik 1938" konnte keine Erklärung bieten, wie die türkische Politik gegenüber den ausländischen Juden einzuordnen war.¹⁵⁵ Die Vertretungen und ihre Mitarbeiter in Ankara und Istanbul mussten darüber hinaus Ungereimtheiten in der auswärtigen Judenpolitik des Reiches feststellen. So wurde in der Aufzeichnung des Auswärtigen Amtes mitgeteilt, dass „inzwischen fast alle Staaten der Welt ihre Grenzen gegen lästige jüdische Eindringliche hermetisch verschlossen [haben]". Daraus wurde gefolgert: „Das Problem der jüdischen Massenauswanderung ist damit zunächst praktisch festgefahren", gemessen daran, dass „das letzte Ziel der deutschen Judenpolitik die Auswanderung aller im Reichsgebiet lebender Juden [ist]".

Die Botschafts- und Konsulatsmitarbeiter mussten sich fragen, wie bei geschlossenen türkischen Grenzen noch erreicht werden könne, dass „der Zustrom an Juden in allen Teilen der Welt den Widerstand der eingesessenen Bevölkerung hervorruft und damit die beste Propaganda für die deutsche Judenpolitik darstellt".[156] Trotz oder gerade wegen dieser Ungereimtheiten bemühten sich die Botschafts- und Konsulatsvertreter der Weisung nachzukommen, laufend über Antisemitismus in der Türkei zu berichten. Mit zusätzlichen „Judenfragen" belastet wurden die Mitarbeiter noch in den letzten Kriegsjahren, als die Türkei Durchreiseland für Juden aus den besetzten Balkanländern auf dem Weg nach Palästina wurde, und auch eine große Zahl ehemals türkischer Juden aus Frankreich in die Türkei zurückzuholen war. Ergänzt um die Aktivitäten, die den Auslandsvertretungen mit der Überwachung der deutschen Exilanten abverlangt wurden, bestimmte der Rassenwahn der Nationalsozialisten den Alltag an Botschaft und Konsulaten in der Türkei in kaum vorstellbarem Maße. Ernst Reuter und seine exilierten Freunde sahen sich ihrerseits herausgefordert, das Los der – trotz vieler Hemmnisse – noch immer neu eintreffenden und das von durchreisenden jüdischen Flüchtlingen mit Hilfsmaßnahmen zu mildern.

3. Ernst Reuters Leben und Wirken im Exil
a) Der Berater, Lehrer und Reformer

Am 4. Juni 1935, noch am Tag seines Eintreffens in Ankara, unterschrieb Ernst Reuter mit dem türkischen Wirtschaftsminister Djelal Bayar einen Vertrag als Berater für Tarif- und Verkehrsfragen. Der Vertrag lief über ein Jahr. Er verpflichtete Reuter, Berichte über die städtischen Verkehrsnetze, über Güterbeförderung und deren Kosten oder die Entwicklung von Hafen- und Schifffahrtstarifen zu fertigen und auch Statistiken über diese Themen zu erarbeiten. Die kurze Laufzeit des Vertrags war für Reuter eine unerfreuliche Überraschung. Er war bei seiner Entscheidung, das Angebot als Berater in Ankara anzunehmen und andere auszuschlagen, davon ausgegangen, dass er einen Dreijahresvertrag unterschreiben könne.[157] Enttäuscht, aber dennoch zuversichtlich schrieb er im Juni 1936 an seine Mutter: „Ich habe um die Jahreswende einmal Veranlassung gehabt, um die Verlängerung meines Vertrages, der ja nur auf ein Jahr lief, besorgt zu sein, und ein Aufenthalt als Sachverständiger für nur ein Jahr wäre natürlich für ein weiteres Fortkommen hinderlich gewesen. Das ist alles längst vorbei [...].

Der Vertrag wird im Laufe dieses Monats um ein weiteres Jahr verlängert werden und dann sieht die Lage schon ganz anderes aus. Im Übrigen ist eine dreijährige Tätigkeit hier das höchste, womit ich überhaupt rechnen kann. Aber auf jeden Fall gehe ich dann beim Weitersuchen von einer ganz anderen Basis aus, bin nicht mehr der Flüchtige, der sucht, sondern der Fachmann, der mit Erfolg unter schwierigen Verhältnissen sich durchgesetzt hat."[158]

Dem Brief an die Mutter ist außer Ernst Reuters Enttäuschung über die Vertragssituation auch zu entnehmen, dass er offensichtlich schon zu Beginn seines Türkeiaufenthalts mit einer länger anhaltenden Exildauer rechnete und auch einen späteren Ortswechsel nicht ausschloss. Seine gedämpfte Stimmung im Anfangsjahr lässt sich wesentlich daraus erklären, dass seine Beratertätigkeit ihn intellektuell nicht befriedigte. Auch im Folgejahr schien sich dies nicht maßgeblich geändert zu haben, als er Elizabeth Howard im April 1937 schrieb: „Oft bedrückt mich auch die ganze Sinnlosigkeit meiner augenblicklichen Existenz. Ich lebe gut – in einem goldenen Käfig –, aber der Wert meiner Arbeit ist höchst zweifelhaft. Das alles liegt nicht an mir, und ich kann es auch gar nicht ändern. Natürlich kommt am Ende auch etwas heraus, aber es ist nur ein kleiner Bruchteil dessen, was möglich wäre."[159]

Reuters Unzufriedenheit mit der Berateraufgabe wurde auch noch Ende September 1938 in einem Brief an Elizabeth Howard sichtbar. Kurz zuvor war ihm angeboten worden, ab Oktober an der Siyasal Bilgiler Yüksek Okulu, der Hochschule für Politik, Vorlesungen über Kommunalpolitik zu halten: „Es ist also eigentlich, was ich jetzt mache, der Versuch, meine Existenz neu zu gründen, und diesmal auf eine bessere Basis mit Arbeit, die mir endlich Freude machen würde und die auch einen Sinn hätte. Jedenfalls könnte ich, wenn es mir gelingt, mich in dieser Arbeit durchzusetzen, ganz anders in die Zukunft schauen und ich wäre auch nach außen, das heißt für andere Länder und andere Aussichten, ganz anders vorbereitet als jetzt, wo ich eine wirklich reichlich enge Tätigkeit nur habe. Jedenfalls, wenn die sechzig Vorlesungen sich in ein dickes türkisches Buch verwandelt haben [...]."[160]

Wie ernsthaft Reuter bis zur erlösenden beruflichen Perspektive in Ankara auch an einen frühen Ortswechsel dachte, zeigt sein Brief an Heinz Guradze vom Juli 1938. Zunächst zeigte sich Reuter über seine Vertragsverlängerung erfreut: „Ich habe zum vierten Male meinen jährlichen Vertrag unterzeichnet, bin also bis zum 31. Mai 1939 sozusagen fest hier, und wenn dann die Welt immer noch so weiter laufen sollte, dann würde ich auch Aussicht haben, weiter hier zu sein [...]. Das ist immerhin in heutigen Zeitläuften schon etwas, worüber man froh sein muß." Daraufhin schilderte er Guradze das Vorhaben des befreundeten Architekten und Stadtplaners Martin Wagner, nach Amerika an die Harvard-Universität zu gehen. Wagner war in Reuters Zeit als Verkehrsreferent Berliner Stadtbaurat und gleichzeitig mit ihm ins türkische Exil gegangen. Wagners neue Perspektive schien auch für Reuter interessant zu sein als er schrieb: „Gropius, der auch dort ist, hat das arrangiert, und trotzdem er dort sehr viel weniger verdienen wird als hier, geht er doch gerne. Ich bin sicher, daß Wagner alles tun wird, was in seinen Kräften steht, um mir dort zu etwas zu verhelfen."[161]

Dem humanistisch gebildeten und sprachbegabten Ernst Reuter erschwerte in der Anfangszeit auch das Erlernen der fremden türkischen Sprache, die erwünschte Zufriedenheit im Beruf zu finden. Ungeachtet dessen zeigte er sich schon ein Vierteljahr nach seiner Ankunft tatendurstig und optimistisch: „Anfangs habe ich halb verzweifelt gegen leere Wände, gegen die Sprachschwierigkeiten, gegen alles angekämpft. Heute weiß ich, daß ich so oder so die Dinge meistern werde. Ich werde Türkisch beherrschen und in die Sache mich einarbeiten. In einigen Monaten werde ich zu vielen Dingen begründete Vorschläge machen können."[162] Zunächst musste Reuter für seine Beraterauf gaben auf Übersetzer und Dolmetscher zurückgreifen, wenn die deutsche, englische oder französische Sprache nicht weiter half. Später aber konnte sein Schüler und Assistent Fehmi Yavuz feststellen: „Reuter hat die türkische Sprache sehr gut gelernt, so gut, daß er sogar die Kreuzworträtsel in Zeitungen und Zeitschriften lösen konnte."[163]

Anfang August 1938 konnte Ernst Reuter dem Direktor der Siyasal Bilgiler Yüksek Okulu, Ermin Erişirgil, vor Antritt seiner neuen Stelle mitteilen, dass er keine Schwierigkeiten darin sehen würde, seine zukünftigen Vorlesungen in Türkisch zu halten. Im Oktober 1938 begann er sie mit zwei Wochenstunden und war später auch in der Lage, Artikel und Bücher zwar nicht in Türkisch abzufassen, die Übersetzungen aber zu korrigieren.[164] Diese Fähigkeit benötigte er, da sein Vertrag mit der Hochschule ihn verpflichtete, seine Vorlesungen schriftlich zusammenzufassen und als Lehrbuch herauszugeben. Reuter entwickelte aus dieser Vorgabe ein Konzept für eine Publikationsreihe über Bautätigkeit, Städteplanung und Einrichtungen in den türkischen Gemeinden, über die finanzielle und rechtliche Lage der türkischen örtlichen Verwaltungen und zur Kommunalwissenschaft. Sein erstes Buch in Türkisch *Komün Bilgisi* (Kommunalwissenschaften) kam, unterstützt durch türkische Fachkräfte, im Sommer 1940 heraus. Zwei Jahre später veröffentlichte Reuter das Buch *Yakın Münakele* (Der Nahverkehr) und mit Hilfe des Gouverneurs der zentralanatolischen Stadt Sivas, Necmettin Ergin, bald darauf *Belediyeler Maliyesi* (Die Finanzen der Gemeinden).[165]

Bevor sich Reuter aber ganz auf die Lehr- und Publikationstätigkeit an der Hochschule für Politische Wissenschaften konzentrieren konnte, musste er Monate der beruflichen Ungewissheit durchleben. Mitte Mai 1939 wusste er noch nicht, ob der Ende des Monats ablaufende Beratervertrag verlängert würde oder nicht. Bei der Entscheidung der türkischen Regierung schloss er im Brief an Heinz Guradze auch außenpolitische Erwägungen – die türkisch-englische Beistandserklärung vom 12. Mai – nicht aus: „Der Abschluss des türkisch-englischen Vertrages kann außerdem eventuell auch auf diese Dinge Einfluß haben,

Ernst Reuters Leben und Wirken im Exil 77

Abb. 9 *Der Lehrkörper an der
Hochschule für Politische Wissenschaften in Ankara, 1943.*

trotzdem meine an sich bekannte persönliche Stellungnahme plus meiner Kenntnis der türkischen Sprache in diesem Falle Aktivposten sind. Aber ich bin schon so sehr an die Ungewißheit des Lebens gewöhnt, daß mich dieser Schwebezustand, der mir früher sehr auf die Nerven gegangen wäre, kaum berührt."[166] Kabinettsumbildungen verzögerten Reuters Vertragsverlängerung im Jahre 1939 um Monate. Noch Mitte Januar 1940 zauderte er leicht mit seinem Los, als er Heinz Guradze schrieb: „Oft denke ich, ob es nicht vielleicht doch besser gewesen wäre, wenn ich damals auch gleich über den Teich gegangen wäre und gelernt hätte, Zähne zusammenbeißend, etwas Neues aufzubauen. So liegt man etwas brach und in goldenen Ketten."[167] Ende Mai 1940 endete für ihn wie auch für die anderen deutschen Regierungsexperten die gut dotierte Beratertätigkeit dann endgültig. Reuter konnte sich jetzt ganz seiner Tätigkeit an der Hochschule widmen, wenn auch mit spürbaren Einkommenseinbußen.

Die Siyasal Bilgiler Yüksek Okulu war zur Ausbildung von Verwaltungsfachleuten bereits im 19. Jahrhundert in Konstantinopel gegründet worden. Ihren modernisierten Lehrbetrieb mit vierjähriger Ausbildungsdauer nahm sie in Ankara zum Studienjahr 1936/37 auf. Für Ernst Reuter wurde im Jahre 1938 eigens ein neuer Lehrstuhl für Städtebau und Städteplanung eingerichtet. Von Anfang an beschäftigte ihn der Plan eines Instituts für Städtebau und Kommunalforschung, und er legte detaillierte Pläne vor. Das Institut konnte allerdings erst 1953, also mehrere Jahre nach Reuters Weggang, eingerichtet werden. Reuter war damit der einzige emigrierte deutsche Hochschullehrer in der Türkei, der ohne akademische Karriere auf einen Lehrstuhl berufen wurde. Diesen hatte er vornehmlich dem Architekten Martin Wagner zu verdanken, den wiederum Hochschuldirektor Emin Erişirgil im März 1937 für die Hochschule gewonnen hatte, um Vorträge über Städteplanung zu halten. Vier Jahre zuvor war Wagner in Berlin als Stadtbaurat entlassen worden und noch vor Reuter im April 1935 als Berater der türkischen Regierung für die Stadtplanung Istanbuls in der Türkei eingetroffen. In Berlin hatte Ernst Reuter mit dem Stadtratskollegen Wagner eng zusammen gearbeitet und beide belebten in Ankara den früheren Kontakt.

Martin Wagner berichtete Reuter im Frühjahr 1937 zu seinen geplanten Vorträgen an der Hochschule: „Da es keine Fachleute sind, vor denen man zu sprechen hat, so werde ich die Vorträge mehr volkswirtschaftlich-kommunalpolitisch halten. Warum sprechen Sie übrigens nicht vor dieser Gesellschaft? Sie sind doch der geborene Kommunalpolitiker und hätten in Ankara eine Professur haben müssen! Wenn ich dort bin, werde ich einmal mit dem Ministerialdirektor Cevat sprechen." Wagner hielt sein Wort und setzte sich mit Cevat Dursunoğlu in Verbindung, dem Reuter schon bei seinem Aufenthalt in Berlin in den Jahren 1930 bis 1935 ein Begriff war. Auch schrieb Wagner an Hochschuldirektor Erişirgil einen Empfehlungsbrief und ging so weit festzustellen: „Herr Reuter, der nun schon 3 Jahre im Dienste des türkischen Staates arbeitet, beherrscht die türkische Sprache auch schon so weit, dass er die gesamte Literatur des Landes lesen kann und Ihnen darum auf dem angefragten Gebiet sicher ein besserer Berater sein wird als ich."[168] Ernst Reuter befasste sich in der Zeit seiner Lehrtätigkeit mit einem breit gefächerten Themenkomplex: Von Urbanisierung, Wohnungs- und Baugeländepolitik, Städteplanung und Kommunalverwaltung bis zum Finanzwesen der Stadtverwaltungen. Bis zu seinem Ausscheiden aus der Hochschule im Jahre 1946 veröffentlichte er in einer großen Zahl von Fachzeitschriften zu diesen Themen rund achtzig Aufsätze und Vorträge in türkischer und deutscher Sprache. Hinzu kamen zwei umfangreiche Gutachten über das Finanzwesen der Stadt Istanbul sowie über die Einnahmen der Stadtverwaltungen. Jahrzehntelang wurden seine Schriften in der Türkei rezipiert, was dazu führte, dass Reuter noch heute zugeschrieben wird, Begründer der dortigen sozialwissenschaftlichen Urbanistik zu sein.

Wichtige Impulse für seine Vorlesungen, Artikel und Gutachten erhielt Reuter außer von Martin Wagner auch vom Städteplaner Gustav Oelsner. Dieser war in den Jahren von 1924 bis 1933 ein renommierter Stadtbaurat in Hamburg-Altona, wurde dort aber bereits im März 1933 aus rassischen Gründen in den Zwangsruhestand versetzt. Nach erfolglosen Sondierungen in den USA nahm er im Jahre 1939 das Angebot der türkischen Regierung als städtebaulicher Berater an. Den Lehrstuhl für Städteplanung an der Istanbul Üniversitesi bekleidete er ab dem Jahre 1940 und bis ins Jahr 1949. Große Anerkennung fand Oelsner mit seiner einfühlsamen Art, regionale Traditionen aufzunehmen, statt einer vordergründigen Europäisierung und Technisierung der Türkei Vorschub zu leisten. Ausdruck hierfür war, dass er im Jahre 1955 die Ehrendoktorwürde der TU Istanbul erhielt. Ernst Reuter und sein ebenfalls aus dem Exil zurückgekehrter Parteikollege Max Brauer, der spätere Hamburger Oberbürgermeister, bewegten Gustav Oelsner schließlich zur Rückkehr nach Hamburg und zum Wiederaufbau der zerbombten Stadt.

Ein fachlicher, aber mehr noch ein persönlicher Gewinn bedeutete für Ernst Reuter die Ankunft des Berliner Architekten Bruno Taut in der Türkei. Nach seiner Entlassung aus der Preußischen Akademie der Künste im Jahre 1934 war Taut über die Schweiz und Japan auf Vermittlung von Martin Wagner nach Istanbul gekommen. Taut und Martin Wagner kannten sich aus den Jahren ab 1925, als sie gemeinsam in Berlin die Britzer Hufeisensiedlung planten, das Modell für den modernen Bau von Großsiedlungen für Arbeiter und heutige Weltkulturerbe. Anfang Dezember 1936 begann Taut in Istanbul seine Professorentätigkeit an der Hochschule für bildende Künste. Ende Januar 1938 erfuhr Elizabeth Howard von Ernst Reuter: „Sehr große Freude hatten wir durch den zweimaligen Besuch von Bruno Taut, einem in Deutschland sehr bekannten Architekten, der vor vielen Jahren auch mal Stadtbaurat in Magdeburg war [...]. Er hat zwei Jahre in Japan gelebt und ist jetzt Leiter der türkischen Bauakademie in Istanbul geworden als Nachfolger von Poelzig, der in Deutschland buchstäblich an gebrochenem Herzen starb."[169] Aus Erzählungen seines Vaters kannte der junge Edzard Reuter die aufgelockerten Wohnsiedlungen, die Bruno Taut in Berlin und Magdeburg geplant hatte, und erinnerte sich später: „Alles andere ist schon lebendige Erinnerung an den Menschen Bruno Taut. Sie beginnt mit jenem unvergesslichen Nachmittag auf der Terrasse seines hoch über dem Bosporus gelegenen Hauses in Istanbul, als er den Eltern von seinen japanischen Erfahrungen berichtete und uns die Mappe mit seinen unvergleichlich einfühlsamen Zeichnungen zeigte, die dort entstanden waren. Der Katafalk, auf dem der türkische Staatsgründer nach seinem Tode aufgebahrt war, zählt gleichfalls dazu."[170]

Nur wenig mehr als zwei Jahre währte Bruno Tauts Leben in Istanbul, als er im Dezember 1938 überraschend verstarb. In dieser kurzen Zeit begann er als Professor und Leiter der Architekturabteilung an der Akademie der Künste in Istanbul, die Architektenausbildung zu reformieren und seinen Schülern eine solide Ausbildung zu geben. Zusätzlich zu seinen akademischen Verpflichtungen leitete Taut die Bauabteilung des Unterrichtsministeriums in Ankara und konnte mehrere Schul- und Hochschulbauten, darunter das eindrucksvolle Universitätsgebäude der Sprach- und Geschichtsfakultät in Ankara entwerfen. Mit seinem Grab auf dem Istanbuler Friedhof Edirnekapı, einem Ehrenfriedhof, würdigten die türkischen Reformer Bruno Tauts herausragende Leistungen in der kurzen Zeit seiner Tätigkeit in der Türkei. Sein von ihm entworfenes pagodenähnliches Haus im zentralen Stadtteil Ortaköy und in unmittelbarer Nähe zur ersten Bos-

Abb. 10 *Ernst Reuter (Mitte rechts) im Kreis seiner Studenten während einer Exkursion zu einem Staudamm, um 1938.*

porusbrücke, die „Bruno Taut Villasi", ist noch heute „hoch über dem Bosporus" Blickfang für Einwohner und Besucher Istanbuls.

In verschiedener Weise konnte Ernst Reuter während der mehr als acht Jahre seines Wirkens an der Hochschule für Politische Wissenschaften bzw. an der späteren Staatswissenschaftlichen Fakultät der Universität Ankara beträchtlichen Einfluss ausüben. Der Hochschullehrer Reuter forderte von seinen Studenten, selbständig verantwortlich zu arbeiten und zu entscheiden sowie offene Diskussionen zu führen. Studenten, die ihr eigenes Land und dessen Probleme nicht kannten, kritisierte er und forderte sie auf, komplexe gesellschaftliche Zusammenhänge zu erkennen und wissenschaftlich zu denken.[171] Viele von Reuters Studenten wurden noch während seines Aufenthalts zu Bürgermeistern, Provinzgouverneuren, Stadträten und hohen Verwaltungsbeamten ernannt. Seine stets praxisnahe, humorvolle und systematische Unterrichtsweise verschaffte ihm großes Ansehen unter seinen Studenten. In den schwierigen Jahren, als der lange Arm des „Dritten Reiches" ihm wiederholt zu schaffen machte, half ihm sein direkter Zugang zu hochrangigen türkischen Verantwortlichen. Der Verwaltungsexperte Reuter hatte zudem entscheidenden Anteil an den wissenschaftlichen und institutionellen Reformen der politischen Wissenschaften in der Türkei. Schließlich beeinflusste der Wissenschaftler Reuter mehr als eine Generation türkischer Urbanisten und Sozialwissenschaftler mit seinen Publikationen – oder mit den Worten des Urbanisten Ruşen Keleş aus dem Jahr 1986: „Die Bücher und Aufsätze Reuters sind in der Lage, selbst die jungen Urbanisten, die ihn nicht mehr kennenlernen konnten, zu Schülern Reuters zu machen."[172]

b) Die Familie und ihre Herausforderungen

Ernst Reuters zeitliche Beanspruchung in der Phase des Einlebens in der Türkei, des Einarbeitens in den Beruf und des Eindringens in die türkische Sprache ließen ihm dennoch Freiräume, die er nutzte, sich seiner Familie zu widmen und einen Bekannten- und Freundeskreis in Ankara und Istanbul aufzubauen. In Ankara konnte er sich nach eigenen Aussagen seiner Familie mehr zuwenden als in Deutschland zuvor und danach. Allerdings war es ihm versagt, alle Familienmitglieder um sich zu haben. Seine Frau Hanna und Sohn Edzard lebten zwar bereits von Beginn an mit ihm zusammen. Hella aber, Tochter aus erster Ehe mit Lotte Scholz, kam erst im Frühjahr 1939 nach ihrem Abitur von Berlin nach Ankara. Vom Kriegsbeginn überrascht, blieb sie bis ins Jahr 1949 als „geschätzte und zuverlässige Sekretärin eines türkischen Import- und Exportgeschäftes, dem sie die Korrespondenz in allen Sprachen besorgt", wie Ernst Reuter ihre Tätigkeit später in einem Brief an Elsbeth Bruck schilderte.[173]

Schmerz bereitete Ernst Reuter, dass Hellas um ein Jahr jüngerer Bruder Gerd nicht mit der Familie zusammenleben konnte. Denn noch während seines erzwungenen Englandaufenthalts hatte Reuter schweren Herzens entschieden, Gerd in eine Familie in Cambridge zu geben und dort ausbilden zu lassen. Reuters Briefe zeigen, wie wichtig ihm die Entwicklung des Sohns in ruhigen Verhältnissen war. Sohn Gerd bekam allerdings bald zu spüren, dass die Gestapo nicht nur die reichsdeutschen Vertretungen in der Türkei, sondern auch diejenigen in England mit dem „Dossier Ernst Reuter" ausgestattet hatte. Als Gerd nämlich im Frühjahr 1938 seinen Pass für einen Besuch der Familie in Ankara von der Deutschen Botschaft in London verlängern lassen wollte, zögerte man dort eine Entscheidung ständig heraus. Gründe wurden ihm nicht genannt. Vermutlich war die vorausgegangene, umfangreiche Korrespondenz zwischen Reichsbehörden, NS-Organen und der Deutschen Botschaft in Ankara über die Verlängerung der Pässe von Ernst Reuter und Frau Hanna dafür verantwortlich, dass die Entscheidung in London immer wieder herausgeschoben wurde. Reuter schien es geboten zu handeln. Seiner Mutter schrieb er Anfang Juli 1938: „Bis heute haben die Herrschaften [...] sich nicht entschließen können, dem Jungen seinen deutschen Paß zu geben, den er doch gebraucht, und der Leiter der Schule hat sich – wohl auch deshalb – an mich gewandt und mir geschrieben, daß es für den Jun-

Abb. 11 *Hanna, Edzard und Ernst Reuter während eines Familienausflugs, 1938.*

gen besser wäre, wenn er die englische Staatsangehörigkeit erwürbe. Ein solcher Schritt ist nicht leicht, aber wie die Dinge liegen, wird man ja dazu gezwungen."[174] Aus Sohn Gerd wurde noch im Jahre 1938 der Engländer Harry. Mit seinem britischen Pass besuchte er im gleichen Jahr die Familie in Ankara, leistete ab 1941 seinen Wehrdienst bei der britischen Admiralität und lehrte später als Mathematikprofessor in London.

Schmerzlicher noch als die Trennung von Sohn Gerd war für Ernst Reuter, dass er seine Mutter nicht mehr sehen konnte. Nahezu monatlich schrieb er ihr aus Ankara nach Aurich und schilderte in langen Briefen sein privates und berufliches Leben im Exil. Am 10. September 1936, ihrem 85. Geburtstag, erinnerte er sie an die gemeinsame Feier zum 80. und sprach ihr in den schwierigen Zeiten Mut zu. Seinem Bruder Karl, Pfarrer in Westfalen, beschrieb Ernst Reuter nach dem Tod der Mutter im Sommer 1941 seine Empfindungen: „Der Verlust der Mutter ist ein zu schwerer Schlag, ich kann ihn nicht so schnell verwinden, und ich brauche dafür Zeit. Das Schreiben ist nicht immer das beste Mittel zur Heilung. Besser ist es, wenn ich abends bei mir allein auf dem Balkon sitze und mit ihr rede."[175] Mit dem Tod der Mutter blieben Bruder Karl und die Eltern von Frau Hanna die einzigen Familienkontakte in Deutschland.

Als der siebenjährige Sohn Edzard zusammen mit seiner Mutter mehrere Wochen nach Ankunft von Ernst Reuter in Ankara eintraf, stellte sich der Familie sofort die Frage, eine geeignete Schule für ihn zu finden. Für die Eltern Reuter war es selbstverständlich, dass ein gemeinsamer Unterricht mit den Kindern der Reichsdeutschen, sei es von Botschaftsangehörigen und Landwirtschaftsexperten oder von Firmen- und Pressevertretern, nicht in Frage kam. Die reichsdeutschen Kinder und reichsnahe Ausländerkinder wurden von Privatlehrern im „Deutschen Schulzirkel", einer schulähnlichen Einrichtung, unterrichtet. Der „Schulzirkel" war bald nach dem Umzug der Deutschen Botschaft von Istanbul nach Ankara im Jahre 1925 gegründet worden. Von der türkischen Regierung zwar nicht genehmigt, wohl aber stillschweigend geduldet, traf sich der „Deutsche Schulzirkel" im Konsulatsgebäude der Botschaft. Übereinstimmend lehnten die Exilanten ihn für ihre Kinder ab, wollten diese aber auch wegen der erhofften kurzen Verweildauer in Ankara ungern an türkischen Schulen unterrichten lassen. Eine unerwartete und für die gut 30 Emigrantenkinder schicksalhafte Lösung des Schulproblems bot sich sehr bald in Gestalt der promovierten Mathematik- und Physiklehrerin Dr. Leyla Kudret-Erkönen, geborene Doris Zernot, aus Augsburg.[176]

Nach bestandener Lehramtsprüfung in München hatte Leyla Kudret ein Studium der Germanistik begonnen und daraufhin in Paris auch Romanistik studiert. 1921 heiratete sie den in Deutschland ausgebildeten Maschinenbauingenieur Kudret Erkönen und zog mit ihm nach Istanbul. In den Jahren 1924 bis 1934 gab sie dort Privatstunden, so auch den Söhnen der Emigranten Fritz Neumark und Wilhelm Röpke, bevor sie zusammen mit ihrem Mann nach Ankara übersiedelte. Der „Ku", wie die Emigranten sie nannten, ging ein hervorragender Ruf als hochgebildete, kreative und resolute Privatlehrerin voraus. Bald wurde sie in Ankara zu einer Institution. Den Unterricht hielt sie anfangs in ihrem eigenen Haus ab. Edzard Reuter bezeichnete sie später als „ein Phänomen, denn ihr Unterricht erstreckte sich von Deutsch über Geschichte, Mathematik, die Naturwissenschaften bis hin zu Latein, Englisch und Französisch".[177] Dazu brachte sie ihren Schülern Schreibmaschine, Handelskunde und Stenografie bei, sah sich indessen nicht für befähigt genug, auch Kunst-, Sport- und Musikunterricht anzubieten. „Reichsdeutsches" Unterrichtsmaterial zu benutzen vermied sie so gut wie möglich. Eigene Skripte bildeten Ersatz. Für den Englischunterricht setzte sie durchaus auch Krimis von Agatha Christie ein. In den Emigrantenfamilien genoss Leyla Kudret mit ihrem unermüdlichen und schöpferischen Einsatz große Anerkennung und unbedingtes Vertrauen.

In späteren Jahren freundete sich die Familie Reuter mit dem Ehepaar Kudret-Erkönen an. Häufig unternahmen sie gemeinsam Ausflüge. Leyla Kudret erinnerte sich, dass Ernst Reuter stets „mit Stolz sein Deutschtum behauptet und mit tiefer Liebe an seiner deutschen Heimat gehangen" habe: „Seine Sehnsucht, wieder zurückkehren zu können, sein glühender Wunsch, Deutschland befreit zu sehen, Deutschland beim Wiederaufbau helfen zu können, klang in allen seinen Gesprächen über Politik, Geschichte, Literatur mit." Auch erinnerte sie sich, dass Reuter „trotz all dieser Liebe zu seinem Land, trotz all des körperlichen und seelischen Leidens nie geklagt, nie über all das Schlimme, das er im Hitlerreich erfahren musste, gesprochen" habe. Bei einem gemeinsamen Badeausflug habe sie Narben an seinem Rücken entdeckt, deren Herkunft er auf Befragen lakonisch mit „Konzentrationslager" beantwortet habe. Auch nur beiläufig habe Leyla Kudret als „Kiebitz" bei den Skatbrüdern Reuter, Praetorius und Landsberger Bemerkungen Reuters zu seiner KZ-Zeit erfahren: „Wenn Reuter gewann, dann stieg er immer höher im Rang, mit dem ihn die anderen ansprachen: Oberbürgermeister, Ministerpräsident und so weiter. Verlor er dann, dann ging's abwärts, dann wurde er Amtmann, Schreiber bis Latrinenputzer. Und da kam sein: ‚Stop! Das bin ich von Hitlers Gnaden gewesen!'"[178]

Bald sahen die Emigranten aber auch die Grenzen, die mit dem Unterricht einer so großen Zahl an Fächern ausschließlich durch eine einzige Lehrerin verbunden waren. In enger Abstimmung mit Leyla Kudret boten Väter und Mütter sowie Freunde und Bekannte von diesen nach und nach den Schülern Unterricht in einzelnen Fächern an. Auch Ernst Reuter beteiligte sich. Die „Größeren" unterrichtete er für etwa ein Jahr in Geographie. Sein Freund Georg Rohde gab Lateinstunden und dessen Frau Irmgard, eine promovierte Archäologin, Geschichtsunterricht. Notgedrungen wurden auch die Wohnungen der Exilanten zu Klassenzimmern, als im Laufe der Kriegsjahre die türkischen Behörden aus reichsdeutschen Kreisen auf das „Spionagezentrum Kudret" aufmerksam gemacht wurden und den Unterricht im Hause Kudret einstellen ließen. Leyla Kudrets Privatschule überdauerte den Krieg und mehrere Nachkriegsjahre. Sie selbst gab den verbliebenen Emigrantenkindern weiter Unterricht und war bis ins hohe Alter eine äußerst geschätzte Lehrerin der Deutschen Schule, als diese im Jahre 1951 offiziell gegründet wurde. Leyla Kudrets Lehrerfolge erlaubten einem Großteil ihrer Emigrantenschüler, das Studium in unterschiedlichen Fakultäten in Deutschland, den USA oder England aufzunehmen und zu beenden sowie darüber hinaus beachtliche berufliche Erfolge zu erzielen – wie nicht zuletzt das Beispiel von Edzard Reuter, dem ehemaligen Vorstandsvorsitzenden der Daimler-Benz AG, zeigt.

Die Reisemöglichkeiten in der Türkei waren für die Familie Reuter schon vor Beginn des Krieges weitgehend auf die für Ausländer offenen Städte und deren nähere Umgebung beschränkt. Auf seinen Dienstreisen konnte Ernst Reuter einzelne Küstenregionen kennenlernen. Für Urlaube wurden Ferienaufenthalte an der Küste aber durch verschiedene militärische Sperrgebiete beschränkt. Im Herbst 1936 unternahm die Familie eine Erholungsreise „mit dem Dampfer von Istanbul an der Küste des Schwarzen Meeres lang bis zur russischen Grenze und zurück", wie Reuter seiner Mutter schrieb.[179] Danach führte die Reise sie weiter nach „Athen, wo wir, untergebracht in einer kleinen Pension, drei Wochen an der Bucht von Eleusis verbrachten [...]."[180] Probleme mit dem Pass gab es in diesem Jahr noch keine. Diese Situation sollte sich aber bald ändern. Im Februar 1937 berichtete Reuter seinem Bekannten Ludwig Bamberger, der ihn zum Besuch nach Schweden eingeladen hatte: „Über Deutschland kann ich nicht gut fahren, auch meiner Frau möchte ich es nicht anraten, und leider müssen wir auch die Kosten ein wenig bedenken. [...] Auch müssen wir erst wissen, ob wir einen neuen Paß bekommen. An sich ist ja nicht einzusehen, warum man ihn uns verweigern sollte – er läuft gerade während der Reisezeit Anfang August ab – aber man möchte ihn doch erst nagelneu und für fünf Jahre gültig in der Tasche haben!"[181]

Reuters Hoffnung, einen Pass mit fünfjähriger Gültigkeit zu erhalten, war im Jahr 1937 für einen Emigranten eigentlich völlig unrealistisch. Schon im November 1934 waren die Auslandsvertretungen angewiesen worden, „Pässe von Emigranten im allgemeinen mit einer Geltungsdauer von 6 Monaten, in Sonderfällen mit einer Geltungsdauer von 1 Jahr auszustellen", wobei „Juden in der Regel als Emigranten anzusehen sind" und auch „politische Momente" zählten.[182] Nachdem Ernst Reuter für sich und seine Frau Hanna Ende März 1937 bei der Botschaft einen neuen Pass beantragt hatte, musste er erfahren, wie willkürlich die Emigranten durch die Behörden des „Dritten Reiches" behandelt wurden. Auf den nach Berlin übermittelten Passantrag Reuters meldete sich die Gestapo Ende April bei der Botschaft und erinnerte sie an die „frühere politische Tätigkeit Reuters". Die Botschaft wurde aufgefordert, die Reisepässe zu versagen und den Antragstellern auch sonst jede Unterstützung des Reiches zu verweigern. Sollte jedoch die Gefahr einer Abschiebung unmittelbar bevorstehen" ergänzte die Gestapo, „bitte ich, etwaige Pässe möglichst kurzfristig zu erteilen."[183]

Die Bitte der Gestapo war für Botschafter von Keller weder Weisung noch Befehl. Er fragte beim Auswärtigen Amt an, ob „die Erteilung der beantragten Pässe tatsächlich versagt werden soll" und ergänzte, dass „die Gefahr einer Abschiebung der Familie Reuter aus der Türkei [...] zurzeit nicht [besteht]".[184] Als Antwort fragte wiederum das Auswärtige Amt bei der Botschaft an, ob „erhebliche deutsche Belange gefährdet erscheinen, wenn Reuter der Pass verweigert würde." Anfang August 1937 beantwortete Botschafter von Keller die Rückfrage und erklärte, dass „damit gerechnet werden [muss], dass die Ablehnung des Antrages Reuters wegen dessen Stellung als Sachverständiger im türkischen Wirtschaftsministerium sich auf jeden Fall nachteilig für die deutschen Interessen auswirken wird." Er empfahl zudem: „Ich würde es daher für richtig halten, wenn dem Wunsch Reuters auf Ausstellung neuer Pässe stattgegeben werden würde, zumal Reuter nach dem bisher mit dem A.A., wie auch mit der Geheimen Staatspolizei geführten Schriftwechsel nicht als Emigrant im eigentlichen Sinne dieses Wortes zu bezeichnen ist."[185] Ernst Reuter konnte die Pässe schließlich mehr als fünf Monate nach Antragstellung entgegen nehmen – mit einer fünfjährigen Gültigkeitsdauer! Die Zeit der Ungewissheit war für die Familie Reuter nervenaufreibend, das Ergebnis indessen erfreulich, zumal die Familie sich – wenn dann überhaupt noch erforderlich – erst im Jahre 1942 erneut um die Pässe zu kümmern hatte.

Als zehn Jahre später die Berliner SED die Reuter erteilte Verlängerung seines Passes zum Anlass nahm, ihm Nähe zum NS-System zu unterstellen, antwortete er: „Ich habe Grund zu der Annahme, daß die Botschaft es nicht für richtig gehalten hat, durch die Verweigerung einer Paßausstellung an mich eine Missstimmung bei der türkischen Regierung hervorzurufen."[186] Reuters Annahme entsprach durchaus den vom Botschafter angeführten Nachteilen, mit denen das Reich im Falle der Ablehnung des Passantrags zu rechnen hätte. Verschiedene Fälle anderer deutscher Emigranten bestätigen, dass die Botschaft Ankara und das Generalkonsulat Istanbul ihre Bedenken gegen Sanktionsmaßnahmen immer wieder mit wirtschaftlichen Interessen des Reiches begründeten, die durch den Passentzug beeinträchtigt werden könnten. Selten verfehlte das Argument bei den Reichs- und NS-Behörden vor dem Hintergrund der für die deutsche Rüstungsindustrie strategisch wichtigen türkischen Chromlieferungen und eigener Exportinteressen seine Wirkung. Das Argument kam Botschafter von Keller angesichts seiner politischen und menschlichen Einstellung zu Ernst Reuter zustatten, um das unfreiwillig gewählte Exilleben der Familie Reuter nicht noch weiter zu belasten.

Die „Passfrage Reuter" wirft andererseits Fragen zu den Entscheidungsgrundlagen und deren Auslegung durch die Reichsbehörden im Jahre 1937 auf. Zunächst bleibt festzuhalten, dass Ernst Reuter als Oberbürgermeister von Magdeburg Anfang August 1933 nach dem „Berufsbeamtengesetz" entlassen wurde, weil er nach seiner „bisherigen politischen Betätigung nicht die Gewähr" bot, „jederzeit rückhaltlos für den nationalen Staat" einzutreten, wie es das Gesetz zur Wiederherstellung des Berufsbeamtentums vom 7. April 1933 bestimmte. Seine politische Betätigung ließ ihn nicht nur eine zweimalige Haft im KZ Lichtenburg erleiden, sondern brachte ihn auch auf die geheime Fahndungsliste des Reichssicherheitshauptamtes. Die Emigration war unausweichlich und dennoch wollten die Behörden ihn „nicht als Emigrant im eigentlichen Sinne dieses Wortes" ansehen und folglich nicht mit einem nur kurzfristig gültigen Pass ausstatten? Schwer nachvollziehbar für die Entscheidungsfindung der Berliner Behörden ist auch das Argument des Botschafters von Keller, dass „die Gefahr einer Abschiebung der Familie Reuter aus der Türkei" zurzeit nicht bestehe.

Welcher Gefahr meinte sich das „Dritte Reich" bei einer Abschiebung Reuters aus der Türkei nach Deutschland aussetzen zu müssen? Er wäre an der Grenze sofort festgenommen und in „Schutzhaft" verbracht worden. Man hätte Ermittlungen über seine Tätigkeit und sein politisches Verhalten in der Türkei angestellt. Bereits Ende Mai 1935 hatte das Auswärtige Amt alle Auslandsvertretungen in einem Runderlass über die Behandlung von rückkehrenden Emigranten unterrichtet: „Die Schutzhäftlinge werden erst dann entlassen, wenn die angestellten polizeilichen Erhebungen nichts Belastendes ergeben haben und auch ihre Führung während der Schutzhaftdauer die Annahme gerechtfertigt erscheinen lässt, dass sie sich in den NS-Staat ohne Schwierigkeiten einfügen werden."[187] Die „Schutzhaft" erfolgte in Konzentrationslagern, die euphemistisch „Schulungslager" hießen. In ihnen sollte den Remigranten „zum Verständnis der neuen Verhältnisse in Deutschland eine weltanschauliche Schulung zuteil" werden. Die Maßnahmen galten eindeutig der Abschreckung und richteten sich in erster Linie gegen rückkehrwillige Juden. Sie hingen bis 1938 eng mit den Bemühungen des „Dritten Reiches" zusammen, die Auswanderung der Juden zu forcieren. Aber auch politische Emigranten wie Ernst Reuter sollten abgeschreckt werden, nach Deutschland zurückzukehren.

Eine Rückkehr in das NS-Terrorsystem und in eine erneute KZ-Haft war für Ernst Reuter ausgeschlossen. In der Türkei wären er und seine Familie ohne gültigen Pass andererseits der Willkür der Behörden ausgesetzt. Sie hätten sie jederzeit abschieben können. Aber auch die Aufnahme in einem Drittland wäre ohne gültigen Pass nur schwer zu erreichen gewesen, wie viele Schicksale von deutschen Juden zeigten. Die Gestapo ruhte ihrerseits nicht in ihren Bemühungen, Ernst Reuter und seiner Familie den Schutz des Deutschen Reiches zu entziehen und sie als „vogelfrei" zu erklären. Franz von Papen, dem Nachfolger Friedrich von Kellers als deutscher Botschafter in Ankara, blieb es dann zwei Jahre später vorbehalten, sich erneut mit dem „Fall Reuter" zu beschäftigen. Es ging nicht mehr um die Verlängerung der Pässe, sondern um die Ausbürgerung von Ernst Reuter und seiner Familie. Dass diese letztlich nicht wirksam wurde, ist Ernst Reuters hohem Ansehen bei maßgeblichen türkischen Politikern, aber auch seinen Exilfreunden und deren speziellen Kontakten zu türkischen Kreisen zuzuschreiben. Der Kreis der exilierten Freunde aus den unterschiedlichen Fachrichtungen seinerseits bereicherte in der Provinzstadt Ankara das Leben der Familie Reuter in unerwarteter Weise.

c) Die „Graeca"-Freunde Georg Rohde und Benno Landsberger

Trotz aller Verluste, die mit der Trennung von der deutschen Heimat verbunden waren, konnten Ernst Reuter und seine Familie sich glücklich schätzen, noch im Jahr ihrer Ankunft in Ankara Schicksalsgefährten kennen zu lernen, deren Persönlichkeit und Interessen ihnen in den langen Jahren des Exils viel bedeuten sollte. Gemeinsam suchten sie die deutsche Kulturnation am Leben zu halten, nachdem das politische Deutschland für sie untergegangen war. Bereits im November 1935 waren mit Eröffnung der Fakultät für Sprache, Geschichte und Geografie der Altphilologe Georg Rohde und der Assyriologe Bruno Landsberger in Ankara eingetroffen. Zwei Monate zuvor war der Weimarer Generalmusikdirektor Ernst Praetorius durch Vermittlung von Paul Hindemith zum Aufbau des Sinfonieorchesters Ankara und als Dirigent berufen worden. Wenig später übernahm der Pädiater Albert Eckstein die Leitung der Abteilung für Kinderkrankheiten am Musterkrankenhaus in Ankara. Schließlich waren bei Eintreffen der Familie Reuter bereits die Agrarwissenschaftler Fritz Baade und Hans Wilbrandt sowie der Arbeitsexperte Oscar Weigert als Berater der türkischen Regierung in Ankara tätig.

Die Exilanten organisierten regelmäßig Veranstaltungen in ihren Wohnungen, bei denen der jeweilige Gastgeber über ein Thema seines Fachgebiets oder seines Interesses vortrug. Oscar Weigert notierte später über die Abende: „ Beide Reuters waren auch unersetzliche Teilnehmer an den regelmäßigen Vortrags- und Diskussionsabenden, an die meine Frau und ich mit großer Freude zurückdenken. Alle gewinnenden Eigenschaften Ernst Reuters, seine geistige Beweglichkeit, sein liebenswürdiger Humor, sein Respekt für abweichende Ideen, trugen viel zu dem Erfolg dieser Abende bei."[188] In entspannter Atmosphäre wurde im Anschluss an die Fachvorträge stundenlang diskutiert. Oscar Weigerts Beraterauftrag in Ankara galt der Modernisierung des türkischen Arbeitsrechts. Seine Frau Edith Weigert praktizierte als Psychoanalytikerin und widmete sich kultur- und religionshistorischen Studien. Bereits im Jahre 1938 siedelte die Familie Weigert aber in die USA über. Während seiner Exilzeit und später in Berlin blieb Ernst Reuter noch lange in brieflichem Kontakt mit Oscar Weigert, der in Washington einen Lehrstuhl für Sozialrecht übernommen hatte.

Eine noch anspruchsvollere Note bekamen die Treffen, als Georg Rohde eine „Graeca", einen Kreis von humanistisch gebildeten Exilanten begründete, der griechische und lateinische Texte gemeinsam las und interpretierte. Bis in die ersten Kriegsjahre traf man sich zweimal monatlich und las Homer, Euripides, Sophokles, Pindar, Aristophanes, Vergil und andere Klassiker im Original. Die Altphilologen waren nicht wenig über die Kenntnis und die fast mühelose, elegante Beherrschung der klassischen Sprachen durch den „Amateur" Ernst Reuter verblüfft. Später beschrieb Oscar Weigert die Rolle Ernst Reuters in der

„Graeca": „Reuters Kenntnis der klassischen Sprachen verblüffte alle Teilnehmer des „Sprachkränzchens" und sein Enthusiasmus für dieses Unternehmen war eine Inspiration für uns andere."[189] Der Initiator der „Graeca" und Altphilologe Georg Rohde erinnerte sich in einem Nachruf auf Ernst Reuter an einen Könner, dessen Äußerungen mehr als einmal frappierten. Aber auch über die „Graeca" hinaus sprach sich Ernst Reuters Liebe zur Klassik herum. Der Istanbuler Finanzwissenschaftler Fritz Neumark wusste zu berichten, dass er sich anlässlich des 50. Geburtstags von Ernst Reuter in einer Buchhandlung in Ankara nach einem Buchgeschenk umsah und vom Inhaber gefragt wurde, für wen er etwas suche. Als er, Neumark, den Namen Reuter nannte, wäre prompt die Frage gekommen: „Ach, den klassischen Philologen?"[190]

Wie wichtig Ernst Reuter die „Graeca"-Abende und das Eintauchen in die Gedankenwelt der Antike waren, ließ er Georg Rohde in einem Brief Mitte 1944 aus Istanbul erfahren. Reuter hatte Rohde das Buch *Patroklos* über Homers Dichtung und Gestalten zukommen lassen, schilderte ihm seine Eindrücke dazu und ergänzte: „Immer werde ich Ihnen – zusammen mit meiner Frau – dankbar sein für die gemeinsamen Abende, die uns entrückten und uns halfen." In den letzten Jahren seines türkischen Exils ermöglichten Reuter die regelmäßigen und längeren Aufenthalte bei der staatlichen Schifffahrtsgesellschaft in Istanbul und bei seinen dortigen Freunden, außer der Gedankenwelt auch das Lebensgefühl der griechischen Antike zu verspüren: „Ich lebe unter der Sonne Homers und in seiner griechischen Landschaft hier oft ganz eingetaucht in den Genuss so vieler Schönheit und kann mich oft nicht genug satt trinken", ergänzte er seinen Brief an Rohde.[191]

Edzard Reuter, der als Heranwachsender Georg Rohde in Ankara häufig erlebte, erinnerte sich später an ihn als einen „der feinsinnigsten und liebenswertesten Männer, die ich je kennengelernt habe."[192] Manchmal beklagte Ernst Reuter, dass Rohde zu weltfremd und unpolitisch sei, was wohl auf seine frühere Nähe zum George-Kreis in Marburg zurückzuführen war. Laut Geburtsurkunde als Sohn eines Berliner Pferdebahnschaffners geboren, hatte Rohde klassische Philologie, Archäologie und Germanistik studiert, seine Studien als 25-jähriger mit der Promotion in Marburg abgeschlossen und sich dort im Jahre 1931 habilitiert. Bis zum Wintersemester 1934/35 lehrte er in Marburg, sah aber in Deutschland keine Zukunft für sich und seine Familie, nachdem er es abgelehnt hatte, sich von seiner jüdischen Frau Irmgard zu trennen. Im November 1935 berief ihn das türkische Unterrichtsministerium auf Empfehlung der „Notgemeinschaft" und seines früheren Berliner Hochschullehrers Eduard Norden auf die neue Professur für klassische Philologie. Rohdes Exilentschluss umschrieb ein Fachkollege später: „Er entschied sich für das Exsilium, für den Weg in die Verbannung, den auch Cicero, Ovid und Seneca einst hatten einschlagen müssen."[193]

Abb. 12 *Georg Rohde (links) und Benno Landsberger in Ankara, März 1937.*

Ganz anders äußerte sich der NS-Kulturbürokrat Herbert Scurla über Rohde. In der NS-Diktion vermerkte er in seinem Bericht, dass Rohde „selbst Arier ist, aber mit einer Nichtarierin verheiratet (2 Kinder)." Scurla fuhr fort: „Ihm wurde im Herbst 1938 die Lehrbefugnis entzogen. Die Ausfüllung des Fragebogens hat er – wie er mir gegenüber behauptet – verweigert, da er sich nach der Entziehung der Lehrbefugnis nicht mehr als deutscher Hochschullehrer betrachten könne. Rohde bringt nach wie vor kein Verständnis dafür auf, daß er in Deutschland als Hochschullehrer nicht mehr tätig sein kann."[194] Rohde weigerte sich in der Tat, den ihm von der Botschaft übermittelten Fragebogen zu beantworten. Er reichte der Botschaft diesen Mitte Dezember 1938 zurück „mit dem ergebensten Bemerken, dass es sich bei der Zusendung der Fragebögen an mich wohl um einen Irrtum handelt." In seinem Anschreiben verwies er auf den Entzug seiner Lehrbefugnis zum Ablauf des Sommersemesters 1938 sowie auf die von ihm erbetene, nichtbewilligte Beurlaubung und schloss: „Infolgedessen bin ich im Augenblick nicht berechtigt, mich als deutscher Dozent zu bezeichnen, und sehe mich daher nicht in der Lage, die mir überreichten Fragebögen auszufüllen."[195]

Der Zynismus der NS-Kultur- und Rassenpolitik zeigt sich deutlich in dem Unverständnis Scurlas für Rohdes Uneinsichtigkeit, „in Deutschland als Hochschullehrer nicht mehr tätig sein" zu können.[196] Wie sollte ein „arischer" und politikferner Wissenschaftler, auf den die Kriterien des „Berufsbeamtengesetzes" nicht zutrafen, verstehen können, dass seine Frau der einzige Anlass war, ihn aus dem Amt und die Familie ins Exil zu treiben? Scurla gab Rohde dennoch eine zweifelhafte Chance: „Trotz dieser Haltung ist er aber offenbar nach wie vor bemüht, loyal zu sein, so daß man ihn gegebenenfalls bei den Bemühungen um eine andere Tätigkeit außerhalb der Türkei unterstützen sollte," schrieb er in seinem Bericht.[197] Welches Land Scurla vor Augen hatte, gab er nicht bekannt. Georg Rohde sah sich indessen anders als zum Beispiel Ernst Praetorius nicht dem ständigen Druck der Botschaft ausgesetzt, sich von seiner jüdischen Frau scheiden zu lassen. So konnte er sich Anfang November 1943 auch einer Einladung „zum Herrenfrühstück" erfreuen, welche „Der Botschafter des Deutschen Reiches und Frau von Papen" ihm „anlässlich der Anwesenheit von Professor Ritter" zukommen ließ.[198] Rohde lehnte dankend ab.

Bei seinem Weggang im Jahre 1949 konnte Rohde auf eine äußerst produktive Zeit in Ankara zurückblicken: Er hatte das Institut für Klassische Philologie gegründet und dessen Bibliothek mit mehr als 3.400 Bänden aufgebaut. Seine früh erworbenen Türkischkenntnisse erlaubten ihm neben seinen umfangreichen Lehrveranstaltungen, zusammen mit Hilfskräften die ersten vier Bücher von Platons *Staat* ins Türkische zu übersetzen. Ferner leitete er die Übersetzungen von griechisch-lateinischer und deutscher Literatur ins Türkische an. Bald nach Ende des Krieges zog es Rohde wieder nach Deutschland. Ernst Reuter setzte sich für ihn noch Ende Juni 1946 aus Ankara mit einem Empfehlungsschreiben ein: „Er hat hier in den 10 Jahren in Ankara die dornige und wahrhaftig nicht leichte Aufgabe gehabt und sie mit einem erstaunlichen Eifer und Erfolg in die Hand genommen, in diesem Lande den Unterricht in klassischen Sprachen, zuerst auf der Universität und dann auch auf den höheren Schulen einzuführen. Da ich immer noch als alter Schüler eines humanistischen Gymnasiums eine Schwäche für das geliebte Griechisch nicht verleugnen kann, kenne ich Rohde ganz genau und bin jede Woche irgendwie mit ihm zusammen. Rohde ist natürlich ein Mann, der in erster Linie Wissenschaftler und nicht Politiker ist. Ich fürchte, dass erst der jahrelange Umgang mit einem Sozialdemokraten, der tatsächlich so etwas von dem alten Griechisch noch weiß, ihn davon überzeugt hat, dass wir ‚Politiker' ja schließlich doch auch wichtig und erträglich sind."[199]

Mit der Rückkehr nach Deutschland musste Rohde sich noch gedulden bis Ernst Reuter ihn im September 1948 einlud, an die neu gegründete Freie Universität Berlin zu kommen. Rohde akzeptierte und übernahm den Lehrstuhl für Klassische Philologie, das Dekanat der Philosophischen Fakultät und im Jahre 1953 auch das Rektorat der Universität.

Zur „Graeca" zählte auch der „aufgrund des §6 BBG in den Ruhestand versetzte ledige nicht-arische Professor Landsberger (früher Leipzig), dessen Ruhegehalt während seiner Abwesenheit ruht," wie Scurla in seinem Amtsdeutsch vermerkte.[200] Seine Teilnahme am Ersten Weltkrieg gab dem Assyriologen Benno Landsberger gegenüber den anderen „nichtarischen" Professoren zwei Jahre Aufschub, bevor er 1935 in Leipzig entlassen und im gleichen Jahr in Ankara an der Fakultät für Klassische Philologie eingestellt wurde. Hier widmete er sich dem Aufbau der neuen Fakultät und besonders der Frühgeschichte der Türkei einem Thema, das dem Gründer der Republik Kemal Atatürk besonders wichtig war. Dazu lehrte und erforschte er Keilschriften, Semitistik sowie die Geschichte Vorderasiens. Die türkischen Bildungsreformer konnte er davon überzeugen, die umfangreiche Bibliothek seines Leipziger Lehrers Heinrich Zimmern zu erwerben und damit den Grundstein für eine arbeitsfähige Bibliothek in Ankara zu legen. Benno Landsberger zeichnete eine große sprachliche Begabung und ein phänomenales Gedächtnis aus, das ihn nach Aussagen seines Schülers, des ebenfalls in Ankara lehrenden Hethitologen Hans Güterbock zeitlebens ohne Zettelsammlung auskommen ließ.

Dem NS-Kulturfunktionär Dr. Scurla fiel Landsberger als „bisher durchaus loyal" und in „Berufungsfragen sehr sachlich" auf. Dagegen wusste der Funktionär weniger die Information eines Gewährsmanns zu schätzen, wonach Landsberger sich für die „Berufung eines Nichtariers auf den geplanten Kunsthistorischen Lehrstuhl" einsetze. Beruhigter dagegen konnte er die Auskunft entgegen nehmen, dass „[a]ußerhalb der Fakultät der reichlich ungewandte Landsberger unbekannt [ist]."[201] Die Feststellungen Scurlas zu Landsberger und die Anmerkungen zu seinem Informanten, dem Geografieprofessor Herbert Louis, dass „Professor Louis selbst [...] für die Botschaft Vertrauensmann der Fakultät [ist]"[202], erhellen einmal mehr das Überwachungs- und Informationssystem der NS-Machthaber in der Türkei. Dieses hatte aber durchaus seine Lücken, denn neben dem großen Ansehen, welches der Orientalist Benno Landsberger als hervorragender Vertreter seines Faches unter türkischen Kollegen und Studenten genoss, erfreute sich der Musikliebhaber Landsberger unter Türken und Exildeutschen als ausgezeichneter Pianist großer Beliebtheit. In den Kriegsjahren in Ankara zeigte er darüber hinaus als Vorsitzender der örtlichen Zweigstelle des International Rescue and Relief Comitee (IRRC), einer von US-Gewerkschaften gegründeten Flüchtlingshilfsorganisation, menschliche Größe. Zusammen mit Ernst Reuter, dem Mediziner Albert Eckstein und anderen Exilanten unterstützte er in der Türkei gestrandete Juden, die aus den von deutschen Truppen besetzten Nachbarländern geflohen waren. Ab August 1944 engagierte sich Landsberger darüber hinaus für die internierten Exildeutschen.

Benno Landsbergers Vertrag mit dem türkischen Erziehungsministerium lief im Jahre 1948 aus. Seine wissenschaftliche Tätigkeit konnte er nahtlos am Oriental Institute der University of Chicago, an der damals größten Forschungsstätte für Assyriologie, fortsetzen. Für die schnelle Berufung noch im Jahre 1948 kam ihm sein beachtlicher internationaler Ruf zustatten, der ihm bereits 1941 zur Ehrenmitgliedschaft in der American Oriental Society verholfen hatte. Im Jahre 1951 wurde er auch Mitglied der American Philosophical Society und später korrespondierendes Mitglied der British Academy. Das umfassende Quellenwerk *Materialien zum sumerischen Lexikon* beschäftigte Landsberger auch nach seiner Emeritierung im Jahre 1955. Bis zu seinem Tod im April 1968 brachte er neun Bände seines Lebenswerks heraus. Sein Schüler Hans Güterbock, der ihm auch nach Chicago gefolgt war, urteilte über seinen Lehrer in einem Nachruf: „Landsberger war ein Gelehrter von einem Rang, wie man ihn selten findet und in seinem Fach galt er allgemein als dessen hervorragendster Vertreter."[203]

Für Ernst Reuter war der vielseitig begabte Junggeselle Benno Landsberger ein anregender und wegen seines Humors besonders geschätzter Gesprächspartner. Mit ihm konnte er das Weltgeschehen diskutieren, das Landsberger intensiv verfolgte. So markierte er während des Krieges – informiert über *Radio Belgrad* – den jeweiligen Frontverlauf mit Stecknadeln an einer großen Karte in seiner Wohnung. Regelmäßig regte er sich über die Erfolge der deutschen Truppen auf. Ernst Reuter schätzte Landsbergers Einstellung gegenüber dem Hitler-Regime und konnte mit ihm offen auch das zweifelhafte Verhalten eines „nichtarischen" gemeinsamen Bekannten diskutieren, der gerade nach Palästina weitergezogen war. Beide stimmten darin überein, dass der Bekannte ein zionistischer Fanatiker sei, der als Angehöriger einer anderen Rasse einen makellosen Nazi abgegeben hätte.

Außer in der „Graeca" traf Ernst Reuter mit Benno Landsberger auch in einer geistig weniger anspruchsvollen Runde, beim regelmäßigen Skatspiel, zusammen. Die Runde, zu der als Dritter der Dirigent Ernst Praetorius zählte, sah sich vierzehntägig am Samstag nach Beendigung des Sinfoniekonzerts um 17 Uhr. Die Sitzungen endeten häufig erst am späten Abend. Der Exiljurist Ernst Hirsch war als „Kiebitz" geduldet und erinnerte sich an die Runden: „Die Skatbrüder schenkten sich nichts. Es ging zünftig [...] her. Kein Wort war zu deftig, kein Witz zu unanständig. Meister in jeder Hinsicht war zweifellos Landsberger, der sich in seinem Element fühlte und sich keinerlei Zwang auferlegte. Ernst Reuter war etwas bedächtiger, aber durchaus auf dem Posten, während Praetorius sich von den Zwängen und Anstrengungen des Konzerts, das er zwei Stunden lang hatte dirigieren müssen, lustvoll befreite."[204]

d) Die Künstlerfreunde Ernst Praetorius und Carl Ebert

Der unerlässliche dritte Mann beim Skat, Ernst Praetorius, genoss ebenso wenig wie Ernst Reuter das zweifelhafte Privileg, ins Fadenkreuz des Kulturbürokraten Scurla zu gelangen. Dagegen verschaffte Praetorius seine „nichtarische" Frau Käte und die Besetzung seines Sinfonieorchesters mit angeblich zu wenigen „nichtjüdischen" Musikern die volle Aufmerksamkeit der Deutschen Botschaft in Ankara. Als Generaldirektor des Deutschen Nationaltheaters in Weimar war Praetorius schon früh in Konflikt mit den neuen Machthabern gekommen. Dazu trug bei, dass er Paul Hindemiths „entartete" Oper *Cardillac* im Februar 1933 aufzuführen wagte. Er wurde entlassen und erhielt zudem wegen seiner Ehe Berufsverbot. Die Berliner Opernhäuser verweigerten ihm ein Engagement. Zeitweilig musste er sich seinen Lebensunterhalt als Taxifahrer verdienen. Paul Hindemith empfahl ihn schließlich im Rahmen seines Auftrages zur Reform des türkischen Musiklebens nach Ankara. Ende September 1935 wurde Ernst Praetorius die Leitung und der weitere Aufbau des Philharmonischen Sinfonieorchesters Ankara anvertraut. Schon am 10. November 1935 dirigierte er sein erstes Konzert in Gegenwart von Ministerpräsident Ismet Inönü und schrieb Paul Hindemith am 23. Dezember: „Es ist wirklich schon einiges in punkto Orchester erreicht worden, und wenn man das erste Konzert mit dem gestrigen sechsten vergleicht, so muß man unvorhereingenommen wirklich sagen, daß es kaum wiederzuerkennen ist." Paul Hindemith beschrieb er das große Publikumsinteresse und ergänzte: „Auch Ismet Pascha ist in jedem Konzert."[205]

In den gut zehn Jahren seines Wirkens in der Türkei genoss Ernst Praetorius praktisch den persönlichen Schutz des leicht schwerhörigen Musikliebhabers Ismet Inönü, des damaligen Ministerpräsidenten und nach Atatürks Tod im November 1938 dessen Nachfolger als Staatspräsident. Ihm hatte Praetorius es zu verdanken, dass seine Frau Käte, die pro-forma von ihm in Deutschland geschieden war, 1936 das „Dritte Reich" verlassen konnte. Vier Jahre später folgte ebenfalls seine jüdische Schwiegermutter. Aber auch Kemal Atatürk wusste die Fähigkeiten von Praetorius zu schätzen. Ernst Hirsch, der anderthalb Jahre im Hause Praetorius lebte, erzählte er von einem mitternächtlichen Besuch eines Polizisten, der Praetorius im Bett vorfand und ohne Angabe von Gründen in den Präsidentenpalast geleitete, „weil Atatürk von ihm fachmännische Auskunft über musikalische Fragen gewünscht habe".[206] Aber auch den Hobby-Uhrmacher Praetorius rief Atatürk häufiger zu sich, um eine seiner defekten Spezialuhren zum Laufen zu bringen und ihn im Anschluss an Geselligkeiten teilnehmen zu lassen. Als Atatürk ihm nach Erinnerung eines Teilnehmers einmal auch das bevorzugte Präsidentengetränk, den Rakı, anbot, habe Praetorius ihn darauf verwiesen, dass er keinen Alkohol trinke. Darauf Atatürk: „Wenn Sie keinen Alkohol nehmen, woher kriegen Sie dann Ihre Inspirationen zum Musizieren?"

Ernst Reuters Leben und Wirken im Exil 95

Abb. 13 *Ernst Praetorius am Pult des Sinfonieorchesters Ankara. Postkarte, um 1939.*

Als Atatürk die leichte Kränkung von Praetorius bemerkte, schlug er versöhnlich vor, ein Lied zu singen und begann, ein damals beliebtes deutsches Kinderlied anzustimmen, in dessen zweite Strophe Praetorius dann bis zum Ende einfiel.[207]
Botschafter von Keller blieb nicht verborgen, welche große Wertschätzung Praetorius in Ankara an hoher Stelle genoss. Von der Reichsmusikkammer in Berlin waren ihm andererseits die Unterlagen mit den Begründungen zugegangen, die zur Entlassung und zum Berufsverbot von Ernst Praetorius in Deutschland geführt hatten. Umso erstaunter muss er gewesen sein, als er Ende Februar 1938 erfuhr, dass die Reichsmusikkammer die Absicht habe, „unter Umständen Herrn Praetorius den Professoren-Titel zu verleihen". Die Botschaft wurde um „eingehende Auskunft über den Genannten und Stellungnahme zu dem Plan" gebeten. Als Orientierungshilfe und eher beiläufig erwähnte der Leiter der Auslandsstelle der Reichsmusikkammer, dass „Praetorius eine jüdische Frau gehabt haben [soll] und von dieser später geschieden worden" sei, und: „Es heißt nun, dass seine geschiedene Frau ebenfalls in Ankara lebt."[208] Der Botschafter nahm frühere Anfragen zum Zusammenleben des Ehepaars Praetorius in Ankara aus dem Ministerium für Volksaufklärung und Propaganda sowie aus dem Auswärtigen Amt zum Anlass, kommentarlos eine Aufzeichnung des Gesprächs seines Kulturreferenten mit Praetorius nach Berlin zu schicken. Darin hieß es, dass Praetorius erklärt habe, der Sachverhalt sei den „maßgeblichen Persönlichkei-

ten in Deutschland bekannt" und habe „bis jetzt offenbar die stillschweigende Zustimmung dieser Herren gefunden".[209]

Ende des Jahres 1941 unternahm die NS-Ortsgruppe Ankara ihrerseits einen Vorstoß, Ordnung in das als verwerflich eingestufte Zusammenleben von Ernst und Käte Praetorius in Ankara zu bringen. Sie beschwerte sich direkt beim Auswärtigen Amt, dass Praetorius „Präsident des Vereins zur Unterstützung von jüdischen Emigranten" und nicht bereit sei, eine „Legalitätserklärung" abzugeben. Er habe diese abgelehnt mit der Begründung, „er sei kein Nationalsozialist gewesen und werde auch keiner sein. Er könne die nationalsozialistische Einstellung gegen das Judentum, das viele große Männer hervorgebracht hätte, nicht verstehen." Die Ortsgruppe befand, dass Praetorius sich „außerhalb der Volksgemeinschaft" gestellt habe und seine Ausbürgerung einzuleiten sei.[210] Der mittlerweile in Ankara tätige Botschafter von Papen, zur Stellungnahme aufgefordert, antwortete, dass eine Ausbürgerung angesichts des Ansehens von Praetorius „peinlichstes Aufsehen" erregen müsse und deshalb nicht in Frage käme.

In Berlin ließ man aber nicht locker und forderte die Botschaft in Ankara im Jahre 1942 noch zweimal auf, zu Einstellung und Eheleben von Praetorius Stellung zu beziehen. Der Bericht von Papens vom 23. Juni 1943 überzeugte dann offensichtlich die Reichsinstanzen in Berlin. Leicht genervt hatte der Botschafter nämlich auf seine frühere Berichterstattung zu Praetorius verwiesen und wiederholt, dass „in politischer, krimineller und abwehrpolitischer Hinsicht nichts Nachteiliges bekannt" sei. Auch sei die Ehe von Ernst Praetorius mit dem „jüdischen Mischling" Käte wohl nach deutschem Recht geschieden, „die in Deutschland ausgesprochene Ehescheidung hat in der Türkei jedoch keine Rechtswirksamkeit". Schließlich verwies von Papen Berlin auf die Folgen, die im Falle einer Ausbürgerung von Praetorius zu erwarten seien. Er merkte an, dass dieser „das besondere Wohlwollen des sehr musikverständigen türkischen Staatspräsidenten" genieße.[211] Von Papen konnte sich genau ausrechnen, dass sein eigenes Ansehen in der Türkei mit Praetorius' Ausbürgerung Schaden erleiden würde.

Praetorius' Zusammenleben mit einer jüdischen Frau und deren vermeintlich schädlicher Einfluss auf ihren Mann war es offensichtlich zuzuschreiben, dass der Kulturreferent der Botschaft im Sinfonieorchester Ankara zu viele jüdische Musiker auszumachen wusste. So berichtete Ernst Praetorius Ende 1938 dem „Graeca"-Freund Georg Rohde, er sei nochmals in die Botschaft einberufen worden und man habe ihm zu verstehen gegeben, „dass man doch den arischen Orchestermitgliedern nicht zumuten könne, mit Juden zusammenzuarbeiten". Er, Praetorius, habe daraufhin erklärt, dass „die Sache genau umgekehrt läge, dass man den nicht nazistischen Mitgliedern eine Zusammenarbeit mit den Nazihetzern nicht länger zumuten könne."[212] Ungewollt bestätigte wenig später der Leiter der NS-Ortsgruppe in Ankara, Dr. Victor Friede, die Einschätzung von Praetorius, als er die „arischen" deutschen Orchestermitglieder im Mai 1939 zu einer Aussprache über die „seit längerer Zeit unter den Arbeitskameraden des hiesigen Symphonie-Orchesters eingerissenen untragbaren Zustände" befehligte. In sechs Punkten mussten sich die Musiker unter anderem verpflichten, „zukünftige Differenzen in kameradschaftlicher Weise und unter Ausschluss von Türken, Juden, jüdisch-Versippten und Emigranten beizulegen". Rigoros drohte Parteigenosse Friede bei Verstoß den neun Unterzeichnern an, dass er „bei der Deutschen Botschaft die Zwangsheimschaffung sämtlicher Beteiligter ohne Rücksicht auf die Schuldfrage" beantragen würde.[213]

Offensichtlich zog die Mehrzahl der Musiker Konsequenzen aus der Aussprache oder diese wurden für sie gezogen. Zumindest berichtete der Präsident der Reichsmusikkammer dem Propagandaministerium Ende September 1939, dass dem Orchester in Ankara „außer den türkischen Mitgliedern und dem jüdisch versippten deutschen Leiter 3 rein arische Deutsche einschließlich eines Instrumentenbauers, 8 Juden und zwei politische Emigranten" angehörten. Der NS-Musikpräsident folgerte daraus: „Ich kann unter diesen Umständen keinem deutschen Musiker, der hier eine gleichwertige Stellung erhalten kann, zureden, nach Ankara zu gehen."[214] Dem Orchester hat dies nicht geschadet, zumal die zehn Emigranten in den Kriegsjahren noch um weitere verfolgte Musiker aus den von NS-Truppen besetzten Gebieten verstärkt wurden.

Im Laufe seiner Jahre in Ankara bemühte sich Ernst Praetorius stets, neben Werken der europäischen Klassik nach Möglichkeit auch Werke zeitgenössischer türkischer Komponisten aufzuführen. Es gelang ihm schließlich, das Sinfonieorchester auf ein so hohes künstlerisches Niveau zu führen, dass er in den Jahren 1943 und 1944 die berühmten Pianisten Wilhelm Kempff und Walter Gieseking zu Konzerten in Ankara gewinnen konnte. Praetorius leiteten bei der Verpflichtung der beiden Pianisten, die sich auch für Zwecke des „Dritten Reiches" einspannen ließen, nur seine künstlerischen Ambitionen. Für die Deutsche Botschaft dagegen boten die Konzerte eine willkommene Gelegenheit, dem türkischen Publikum die Erfolge reichsdeutscher Kulturpolitik vorführen zu können – immer mit Blick auf die Musikerkonkurrenz der Kriegsgegner. Letztlich wusste aber nur die türkische Elite bei Konzerten deutscher Interpreten – sei es als Dirigent, Orchestermusiker oder Solist – von den Hintergründen, welche die jeweiligen Musiker nach Ankara gebracht hatten.

Für die Familie Reuter, besonders für die musik- und kunstbegeisterte Hanna Reuter, die keines der von Praetorius dirigierten Konzerte verpasste, bedeutete dessen überraschender und früher Tod am 28. März 1946 einen schmerzlichen Verlust. Ernst Reuter übernahm es, in Ankara am Grab seines Freundes zu sprechen: „Seit mehr als zehn Jahren gehört er zu uns. Als er hierher kam, da war er vertrieben aus seiner Heimat. Vertrieben aus dem Land seiner Väter. [...] Was das an Leid, an Kummer und an seelischer Not bedeutet, das kann wohl nur der ermessen, der das gleiche Schicksal erlebt hat." Reuter schilderte das Leben eines Mannes, den man in Deutschland zwang, den Dirigentenstab aus der Hand zu legen und sein Leben als Taxifahrer zu fristen, und setzte fort: „Er kam in dieses Land, das ihn, wie so viele von uns, freundschaftlich aufgenommen hat und ihm eine zweite Heimat wurde. Er fand eine neue Aufgabe hier, und er griff mit beiden Händen zu und nahm [sie] in die Hand. [...] Wie oft hat er unter uns, wenn die Gedanken in die der Verwüstung entgegen gehende Heimat gingen, in der alles zerstört wurde, was uns als Erbe heilig war, davon gesprochen, daß er glücklich war, dieses Erbe in der Türkei lebendig erhalten zu können. [...] Er wußte, daß er als deutscher Künstler hier wirkend einen Boden fand, wie er ihn sich besser niemals hätte wünschen können."[215] Ernst Praetorius' Witwe Käte blieb in Ankara, wirkte als Vertrauensärztin der Deutschen Botschaft und überlebte ihren Mann um 35 Jahre.

Eine enge, wenn auch nicht immer spannungsfreie Beziehung entwickelte Ernst Reuter in Ankara zu Carl Ebert, dem europaweit anerkannten Berliner Schauspieler, Theater- und Opernregisseur. Im „Graeca"-Zirkel oder in der Skatrunde war Ebert zwar nicht beteiligt, seine exakt geführten Tagebücher für die Jahre 1939 bis 1942 weisen indessen regelmäßig Treffen mit Ernst Reuter und seiner Familie zu geselligen Anlässen und ausgedehnten Gesprächen aus. Mit Ernst Reuter verband Carl Ebert die Mitgliedschaft in der SPD und die frühe Entlassung aus dem Amt nur sechs Wochen nach der Machtübernahme der Nationalsozialisten. Ebert verlor die Intendanz an der Städtischen Oper Berlin, sah sich aber bereits zuvor als Mitglied der Sozialdemokratischen Partei wiederholt von der Nazipresse angeprangert und zum Kulturbolschewisten gestempelt. Ein Bleiben in Deutschland erübrigte sich für ihn, als er an deutschen Bühnen nicht mehr verpflichtet wurde. So emigrierte er zunächst zur Familie seiner Frau in die Schweiz, wirkte in Zürich als Gastregisseur und nahm von dort Engagements in Buenos Aires und Florenz an. Zusammen mit dem ebenfalls emigrierten Dirigenten Fritz Busch gründete er 1934 die Mozart-Festspiele im englischen Glyndebourne.

Auch die Türkei zeigte Interesse an Carl Ebert. Paul Hindemith hatte dem Inspektor der türkischen Auslandsstudenten in Berlin, Cevat Dursunoğlu, auf dessen Anfrage nach einem Theaterfachmann den Namen von Carl Ebert genannt. Im Februar 1935 fragte Dursunoğlu bei Ebert an und erfuhr dessen großes Interesse, in Ankara eine Schauspielschule aufzubauen. Anderweitige Verpflichtungen ließen Ebert die Einladung aber zunächst verschieben. Ende Februar 1936 fuhr er dann das erste Mal nach Ankara und erhielt einen Vertrag als Berater für den Aufbau einer professionellen türkischen Sprech- und Musikbühne. Seine erste Begegnung mit der Türkei empfand er zunächst als „betäubend und verwirrend": „Statt der erhofften verschleierten Haremsdamen und geschwungenen Krummsäbel fand ich bei den leitenden Stellen des Staates einen unerhört starken und ehrlichen Willen für eine komplette Reformation der Wissenschaft und Kunst vor."[216] Während Paul Hindemiths Berateraufgabe darin bestand, eine

Bestandsanalyse des türkischen Musikbetriebs vorzunehmen und Reformvorschläge zu machen, sollte Ebert zunächst Gutachten zur Erneuerung des türkischen Musik- und Sprechtheaters ausarbeiten. Bis Anfang des Jahres 1939 kam er dreimal zu mehrmonatigen Arbeitsaufenthalten in die Türkei, einmal auch zusammen mit Paul Hindemith.

Bei seinem ersten Aufenthalt Ende Februar 1936 erläuterte Carl Ebert dem Staatspräsidenten Kemal Atatürk seine Pläne und auch seine Zeitvorstellungen beim Aufbau von Theater und Oper nach westlichem Vorbild. Atatürk schien Eberts Zeitplan nicht ehrgeizig genug zu sein, als er von ihm verlangte, das erste Theaterstück in türkischer Sprache spätestens in zwei Jahren und die erste Opernaufführung in drei Jahren vorzusehen. Zwischen den beiden begann ein Feilschen, bis Ebert den Präsidenten schließlich von seinem Konzept überzeugen konnte, wonach vor drei bzw. fünf Jahren keine vorzeigbare Theater- bzw. Opernaufführung in Türkisch zustande zu bringen sei. Widerwillig akzeptierte Atatürk. Sein Drängen, gerade die Musiklandschaft seines Landes möglichst schnell zu modernisieren, hatte Atatürk im März 1930 mit eindrucksvollen Hinweisen begründet: „Montesquieu sagte einmal: ‚Es ist unmöglich, ein Volk voranzubringen, das der Musik keine inständige Zuneigung entgegenbringt'. Das würde ich bestätigen. Deshalb [...] bemühe ich mich sehr um die Musik. Wie viel Zeit brauchte die Musik des Abendlandes, bis sie den gegenwärtigen Stand erreichte? 400 Jahre! Wir können so lange nicht warten. Deshalb müssen Sie verstehen, dass wir die Musik und das Musikverständnis des Westens übernehmen müssen."[217]

Im Herbst 1939 nahm Ebert mit seiner Familie dann endgültig in Ankara seinen Wohnsitz. Im selben Jahr brachte er – wie Atatürk zugesagt – das erste Theaterstück, nämlich Molières *Der eingebildete Kranke* in Türkisch auf die Bühne. Im Laufe der Jahre folgten *Julius Caesar*, *Faust*, *König Ödipus*, *Antigone* und Goldini-Komödien – alle Stücke auf Türkisch. Seinen Zeitplan hielt Ebert auch weiterhin ein. Stolz notierte er in seinem Tagebuch unter dem 12. Juni 1941: „Premiere Butterfly in Gegenwart von Präsident, Premierminister und Kabinett; Empfang Präsident; kann Präsident melden, dass Versprechen eingehalten: nach 5 Jahren erste Opernvorstellung."[218] In weiteren Operninszenierungen erlebte das Publikum in Ankara Mozarts *Bastien und Bastienne* und die *Hochzeit des Figaro*, Beethovens *Fidelio*, Verdis *Maskenball* oder Puccinis *Tosca*. Präsident der Türkischen Republik war im Juni 1941 allerdings nicht mehr der im November 1938 verstorbene Kemal Atatürk, sondern der Musikliebhaber Ismet Inönü. Dessen Protektion wusste der „jüdophile Emigrant"[219] Ebert wie auch schon Ernst Praetorius, gegenüber den Vertretern des „Dritten Reiches" sehr zu schätzen.

Die Pläne von Paul Hindemith und Carl Ebert zum Aufbau eines modernen türkischen Musik- und Theaterlebens verfolgten die Reichsmusikkammer ebenso wie die Deutsche Botschaft aufmerksam und in bisweilen ungewöhnlicher Weise.

Abb. 14 *Theaterprobe mit Carl Ebert (links), 1937.*

So erhielt das Ehepaar Hindemith anlässlich der ersten Reise Hindemiths in die Türkei von Anfang April bis Ende Mai 1935 eine Essenseinladung des Journalisten und späteren Pressereferenten der Botschaft, Fritz Schmidt-Dumont, und seiner Frau. Der Geschäftsträger der Botschaft, Wilhelm Fabricius, hatte das Ehepaar gebeten, Hindemith einzuladen „damit ihm von deutscher Seite eine Freundlichkeit erwiesen würde, da die Botschaft das nicht gut tun könne." Ausführlich notierte Schmidt-Dumonts Ehefrau Luisa für den Geschäftsträger die Äußerungen von Hindemith an diesem Abend. Besonders hob sie die Probleme hervor, die Hindemith mit russischen Kulturfunktionären und Musikern in Ankara hatte. Diese wollten seinerzeit das türkische Musikleben in Konkurrenz zu den Deutschen modernisieren und auch Hindemiths Vorhaben vereiteln, „ein Bachkonzert auf 2 Klavieren von 2 türkischen Künstlern spielen [zu; ...] lassen". Hindemith habe dringlich um Unterstützung der Botschaft für dieses Konzert gebeten, was die Protokollantin beim Geschäftsträger anfragen ließ: „Ist da – nach der Aussöhnung der Regierung mit Furtwängler – wohl etwas zu machen?" Mit ihrer abschließenden Feststellung: „Frau Hindemith ist sehr anziehend, ganz arisch" bemühte sich die Informantin offensichtlich, mögliche Bedenken des Geschäftsträgers zerstreuen zu können.[220]

Über das Konzert liegen keine Erkenntnisse vor. Festzuhalten bleibt aber, dass die Vertreter des Reiches das Vorhaben von Hindemith und Ebert zum Aufbau des Staatlichen Konservatoriums Ankara sowie eines modernen Theaters und einer Oper in Ankara durchaus positiv sahen, konnten sie doch der Türkei beweisen, dass die deutsch-nationalsozialistische Kultur der einer „entarteten bolschewistischen" sowjetischer Prägung überlegen war. Einzuschreiten galt es allerdings, wenn offene Stellen an Theater, Oper und im Orchester mit Pädagogen, Musikern, Sängern und Schauspielern aus Deutschland besetzt wurden, die dort verfolgt worden waren. Wie bei den Entscheidungen von Praetorius zur Stellenbesetzung des Orchesters gab es für die Botschaft auch bei der Besetzungspolitik von Hindemith und Ebert „keine Zweifel, dass die Verhältnisse vom deutschen Standpunkt zu Bedenken Anlass geben."[221]

Die Familie Reuter nahm intensiv am wachsenden Theater- und Opernleben in Ankara teil. Seine Eindrücke der Inszenierungen Eberts fasste Edzard Reuter später zusammen: „Musiktheater auf der Bühne, Carl Ebert war nicht einer der klassischen Inszenatoren, die Stagione-Oper machten und Leute da hinstellten und Arien singen ließen, sondern das war Bewegung – meine Eltern nannten das ‚Zappelgotik' und es war immer Bewegung und alles im gang."[222] Neben ihren beanspruchenden Tätigkeiten am Theater bzw. im Ministerium und an der Hochschule verfolgten die Parteikollegen Carl Ebert und Ernst Reuter nahezu täglich die politischen Entwicklungen in der Welt. Sie diskutierten diese heftig und auch kontrovers. Reuter erwähnte später in einem Referat, dass er zusammen mit Ebert am Radio von der „verräterischen und feigen Okkupation der Tschechoslowakei im März 1939" erfahren habe und: „Wir waren uns darüber im Klaren, dass jetzt die rückläufige Entwicklung begonnen habe."[223] Für beide standen im Frühjahr 1939 alle Zeichen auf Krieg. Nach dessen unvermeidlichem Beginn und weiterem wechselvollen Verlauf machten sie sich später Gedanken darüber, wie und durch wen der Krieg zu beenden und die politische Zukunft Deutschlands zu gestalten sei.

Wie Ernst Reuter kurz vor Weihnachten 1943 in einem mehrseitigen Brief an Carl Ebert schrieb, beschäftigte ihn dessen „ausgesprochene Sympathie für das Moskauer Komitee".[224] Zu diesem Brief ist unter formalen Aspekten anzumerken, dass Reuter mit Freunden und Bekannten in Ankara häufiger schriftlich verkehrte, wenn er mit ihnen klärungsbedürftige Handlungen oder Gesprächsergebnisse weiterverfolgen wollte. Die Sympathie Eberts für das Moskauer Komitee betraf ein Nationalkomitee, das unter dem Namen „Freies Deutschland" am 12./13. Juli 1943 von kommunistischen Emigranten und Kriegsgefangenen im Lager Krasnogorsk gegründet worden war. Ziel des Nationalkomitees war die Zerschlagung des NS-Regimes, ein sofortiger Friedensschluss und ein „freies unabhängiges Deutschland". Auf Veranlassung Stalins gegründet, setzte sich das Komitee aus mehreren Exil-Kommunisten und einer größeren Zahl kriegsgefangener deutscher Offiziere zusammen. Seine große Reserve gegen das Komitee begründete Reuter gegenüber Ebert zunächst wegen der Teilnahme von Militärs, „weil ich solche Generale zu sehr in meinem Berufsleben kennengelernt habe und ihre verhängnisvolle Enge und ihre innerliche Nicht-Menschlichkeit immer nur mit Staunen sehen konnte."[225]

Allzu gut hatte Reuter aber auch die am Komitee beteiligten Kommunisten kennengelernt: „Schwierig, wenn nicht gar unmöglich, aber wird ein Zusammengehen, wenn uns gesagt wird, daß das neue Deutschland anstelle des untergegangenen Regimes eine neue ‚Mystik', einen neuen ‚Massenglauben' haben müsse, der eben nur der ‚Kommunismus' sein könne". Äußerst kompromisslos zeigte sich Reuter, als er Ebert erklärte: „Der Kommunismus widerspricht auch der inneren Möglichkeit in Deutschland selber. Zehn Jahre tyrannischer Gewaltherrschaft können nicht durch eine neue Gewaltherrschaft anderer Färbung abgelöst werden", und sein Brief endete: „Neue Fahnen, neue Wimpel, neue Galgen […] nein. Unser neuer Glaube, an dem es uns nicht fehlt und auch nicht fehlen wird, wird dauernder sein, wenn vielleicht auch weniger wirkungsvoll nach außen, für die Dauer wirksam. Und ohne das Wort ‚Freiheit' wird kein Bestand sein."[226]

Sympathie für die kommunistische Lehre dürfte Carl Ebert öffentlich weder in der Türkei noch in den USA, wohin er Mitte 1948 übersiedelte, geäußert haben. In den Kriegsjahren schritt die Türkei kompromisslos gegen in- und ausländische Kommunisten im Lande ein. Im Zeichen der Ära des Kommunistenjägers Joseph McCarthy musste Ebert sich in Los Angeles mit kommunistischen Bekundungen später ebenfalls sehr zurückhalten, sofern er als „Kulturbolschewist" der Lehre überhaupt ernsthaft anhing. Eberts außerordentliche künstlerische Fähigkeiten zählten für den Berliner Oberbürgermeister Ernst Reuter dagegen weit mehr, als er ihn Mitte Februar 1948 in einem Brief nach Ankara eindringlich die Rückkehr nach Berlin nahelegte: „In Berlin würde, wenn Sie sich entschließen könnten, die Städtische Oper zu übernehmen eine große Aufgabe auf Sie warten. Sie würden mit der größten Bereitwilligkeit von allen empfangen werden; Sie würden jeder Unterstützung sicher sein können, die hier überhaupt gegeben werden kann."[227] Ende März 1948 antwortete Ebert, dass ihn die geplante Berufung nach Berlin zu einem Zeitpunkt höchster Spannung und Unsicherheit erreicht habe und er äußerstenfalls zu einem kurzen Besuch nach Berlin kommen könne. Ernst Reuter warb bis zu seinem Tod am 29. September 1953 weiter um Carl Ebert, konnte ihn aber nicht mehr in Berlin erleben, als dieser im Jahre 1954 auf die Intendanz der Städtischen Oper zurückkehrte, die er 21 Jahre zuvor hatte aufgeben müssen.

e) Der Finanzwissenschaftler Fritz Neumark

„Neumark wohnt zwar in Istanbul, aber ich habe immer mit ihm Fühlung gehabt, einmal weil unsere Gebiete sich auf weiten Strecken berühren, und dann auch, weil er ein offenes Interesse für andere Dinge nie verlor, was man leider nicht von allen hier behaupten kann," berichtete Ernst Reuter seinem früheren Stadtkämmerer in Magdeburg, Max Pulvermann, über Fritz Neumark.[228] Ihre humanistische Bildung, ihr gemeinsames großes Interesse an den Entwicklungen in Deutschland und am Weltgeschehen sowie nicht zuletzt ihre gemeinsame Leidenschaft für das Skatspiel verbanden Ernst Reuter und den liberalen Finanzwissenschaftler Fritz Neumark in ihrer gemeinsamen Exilzeit, aber auch in den Jahren danach. Schon bald nach seiner Ankunft im Exil lernte Ernst Reuter den deutlich jüngeren Neumark und seine Familie im Hause des gemeinsamen Freundes Martin Wagner bei seinen regelmäßigen Reisen nach Istanbul als Verkehrsexperte kennen. Aus einer flüchtigen Bekanntschaft entwickelte sich bald eine Freundschaft, die in den schwierigen Kriegsjahren immer fester wurde und bei der Neumark, wie er sich erinnerte, als der Jüngere hauptsächlich der Empfangende war. Die Familien Reuter und Neumark, besonders die gleichaltrigen Söhne Edzard und Matthias, freundeten sich eng an und besuchten sich in den Ferien wechselseitig. Hanna Reuter wusste besonders während der heißen Sommermonate die gemeinsamen Badeausflüge der Familien am Bosporus und Marmarameer zu schätzen. Während seiner häufigen Aufenthalte in Istanbul übernachtete Ernst Reuter in einem Parterrezimmer der Wohnung der Neumark-Schwester Else Weinberg. Es traf sich gut, dass Alexander Rüstow, mit dem Reuter später im „Deutschen Freiheitsbund" in enge Beziehung trat, im selben Haus mit seiner Familie das „Oberstübchen" bewohnte. Die Familie Neumark lebte nur knapp fünfzig Meter entfernt.[229]

Die räumliche Nähe in Istanbul erleichterte den Gedankenaustausch Reuters mit Neumark, der in seinem Haus auch über viele Zeitungen und Zeitschriften verfügte, darunter die *Basler Nationalzeitung*, die *NZZ*, die von Emigranten in Paris herausgegebene *Weltbühne* und die *Berliner Illustrierte*. Die Nähe erleichterte auch das gelegentliche gemeinsame Skatspiel, an dem Julius Stern, ein im Jahre 1936 von der Deutschen Schule entlassener „nichtarischer" Lehrer, den dritten Mann abgab. Nach Neumarks Erinnerung zeigte sich beim Skat, dass Ernst Reuter „außerordentlich wagemutig war und zu sagen pflegte, er hoffe, daß man ihm Courage nicht absprechen wolle." Beim Spiel, so berichtete Neumark, erhielt jeder der Teilnehmer einen „Ehrentitel" – Reuter den eines „Generaloberreichspräsidenten", ein Scherz, dem die Vermutung der Skatbrüder zugrunde lag, dass der frühere Oberbürgermeister von Magdeburg eines Tages dazu berufen sein würde, im künftigen politischen Leben Deutschlands eine führende Rolle zu spielen.[230]

Abb. 15 *Fritz Neumark, 1933.*

Fritz Neumark gehörte zu den Ersten, denen in Deutschland im März 1933 aufgrund des sogenannten Arierparagraphen des „Berufsbeamtengesetzes" Position und Lehrstuhl genommen wurden. Als 21-jähriger war er in Jena mit einer Dissertation über „Begriff und Wesen der Inflation" promoviert worden. Mit 27 Jahren habilitierte sich Neumark, erhielt im Alter von 31 Jahren im Jahre 1931 eine nichtbeamtete außerordentliche Professor in Frankfurt am Main und hatte eine verheißungsvolle Karriere als Hochschullehrer vor sich. Kurz nach seiner Entlassung in Frankfurt nahm Neumark Kontakt zur „Notgemeinschaft Deutscher Wissenschaftler im Ausland" in Zürich auf, unterstützte die Aktivitäten von Philipp Schwartz bei der Auswahl von Hochschullehrern für die Istanbul Universitesi und übernahm Mitte Oktober 1933 dort den Lehrstuhl für Nationalökonomie. Zusammen mit Philipp Schwartz und den Fachkollegen Wilhelm Röpke und Alexander Rüstow schlug er ein Jahr nach Ankunft dem türkischen Wirtschaftsminister Djelal Bayar auf dessen Wunsch auch verschiedene deutsche Experten vor, die die Reform aller Zweige der türkischen Wirtschaft vornehmen sollten. Auf der Vorschlagsliste der Notgemeinschaft befand sich Fritz Baade als Organisator des Verkaufs landwirtschaftlicher Produkte, der wiederum nach seiner Anstellung im Wirtschaftsministerium Ernst Reu-

ter im März 1935 auf den Posten eines Verkehrs- und Tarifexperten in Ankara aufmerksam machte.
Wie Ernst Reuter, so beherrschte auch Fritz Neumark bald die türkische Sprache. Er konnte seine Vorlesungen in Türkisch abhalten, darin prüfen und publizieren. In den 18 Jahren seines Aufenthalts in Istanbul verfasste er Lehrbücher über Allgemeine Wirtschaftstheorie und Wirtschaftspolitik, über Dogmengeschichte und Finanzwissenschaft. Als Mitglied einer dreiköpfigen Steuerreformkommission führte er zusammen mit zwei fortschrittsfreudigen türkischen Experten in der Türkei eine moderne Einkommens- und Körperschaftsbesteuerung sowie ein allgemeines Abgabenrecht nach deutschem Muster ein. Neumarks „Lieblingskind" war eine Fakultätszeitschrift, die er ins Leben rief und von der er zehn Bände als Hauptherausgeber betreute. Artikel von deutschen, türkischen oder auch internationalen Wissenschaftlern erschienen gleichzeitig auf Türkisch sowie Deutsch, Englisch oder Französisch. Ernst Reuter war in der Zeitschrift mit einem Beitrag über „Die Einnahmen der türkischen Stadtverwaltungen" vertreten. Seine deutschen und türkischen Kollegen, seine Studenten und die türkischen Reformpolitiker beeindruckte Fritz Neumark durch seinen Intellekt, seine Belesenheit, Bildung und Sprachkenntnisse. Dem offiziellen Deutschland blieb diese Wertschätzung Neumarks gerade in Istanbul mit seiner Kolonie reichstreuer „Bosporusgermanen", dem „Club Teutonia", der später gleichgeschalteten Deutschen Schule, den verschiedenen NS-Organisationen und dem Generalkonsulat nicht verborgen. Man suchte Schwachstellen und schaltete auch deutsche Vertretungen im Ausland ein, um Neumark kompromittieren zu können.
Amtlichen Vorgängen des Jahres 1936 ist zu entnehmen, dass Fritz Neumark Einladungen zu Vorträgen in Mailand und Bukarest erhielt. In dem harmloseren Fall versuchter Kompromittierung teilte das Deutsche Generalkonsulat in Mailand den Kollegen in Istanbul Anfang April mit, dass Fritz Neumark von der deutsch-italienischen Kulturgesellschaft zu einem Vortrag über wirtschaftsgeschichtliche Probleme nach Mailand eingeladen worden sei. In Mailand wäre man „für eine gefl. Mitteilung dankbar, ob es sich um einen Reichsdeutschen und eine einwandfreie Persönlichkeit handelt" und bat „um tunlichst beschleunigte Antwort".[231] Aus Istanbul wurde umgehend geantwortet, dass „Professor Fritz Neumark, der Jude ist", die Lehrbefugnis nach dem „Berufsbeamtengesetz" entzogen wurde und „Nachteiliges in politischer Hinsicht [...] weder dem Generalkonsulat noch der Preußischen Geheimen Staatspolizei bekannt geworden" sei. Einschränkend bemerkte das Generalkonsulat in Istanbul aber, dass Neumark „ausschließlich in Emigrantenkreisen zu verkehren" schiene und „im Generalkonsulat oder im Deutschen Klub [...] nicht bekannt geworden" sei.[232] Diese Verdachtsmomente dürften das Generalkonsulat Mailand veranlasst haben, einen Mitarbeiter zum Vortrag Neumarks zu schicken, der aber mangels kompromittierender Äußerungen keine aktenwürdigen Erkenntnisse vermelden konnte.

Während für Fritz Neumark und seine Schicksalsgefährten Bespitzelungen zum Alltag gehörten, mussten sie offen vorgenommene „Kompromate" ernster nehmen. Ein solcher Versuch widerfuhr Neumark, als der Rektor der Handelsakademie Bukarest ihn im Januar 1936 zu einem Vortrag über die „Reformbestrebungen der Neuen Türkei" nach Bukarest eingeladen und ihn im Anschluss mit dem Interviewwunsch eines Journalisten bekannt gemacht hatte. Dem rumänischen Journalisten gab Neumark ein Interview, das als „sensationell aufgemachter Artikel mit groben Takt- und Geschmacklosigkeiten versehen" sowie mit entstellten und frei erfundenen Passagen in einer rumänischen Zeitung erschien.[233] Nach Lektüre der Übersetzung erklärte Neumark in einem ausführlichen Schreiben an die Deutsche Gesandtschaft in Bukarest, dass er – anders als vom Interviewpartner beschrieben – „es strikt vermieden habe, mich über deutsche Verhältnisse zu äußern", schon gar nicht, dass nach Ablauf seines fünfjährigen Vertrags im Jahre 1938 „vielleicht bis dahin eine Änderung der politischen Verhältnisse eingetreten sei". In Kopie schickte Neumark das Schreiben an Konsul von Saucken im Generalkonsulat Istanbul, mit dem er das Vorgehen zuvor mündlich abgesprochen hatte. Auch diesem dürfte der offensichtliche Kompromittierungsversuch der NS-Organe in Bukarest als zu plump erschienen sein.

Mit dem Ausbürgerungsgesetz vom 14. Juli 1933 und seinem dehnbaren Paragraphen 2 verfügten die NS-Machthaber über ein Instrument, welches jederzeit gegen Fritz Neumark und seine Familie eingesetzt werden konnte. Die deutschen Auslandsvertretungen brauchten lediglich ein Verhalten des Exilanten festzustellen, „welches gegen die Pflicht und Treue gegen Reich und Volk verstößt", also gegen das Hitler-Regime und die NSDAP. Schon früh war zwischen den Behörden abgesprochen worden, dass der Reichsinnenminister im Einvernehmen mit dem Außenminister über die Ausbürgerung entscheiden konnte. Die Auslandsvertretungen, in deren Amtsbezirk der Exilant lebte, sollten erklären, ob gegen die Ausbürgerung „außenpolitische Bedenken" bestehen. In den ersten Jahren kam es zwischen den beteiligten Ministerien verschiedentlich zu Meinungsverschiedenheiten, besonders als Albert Einstein und Thomas Mann ausgebürgert werden sollten. Je stärker Himmler und seine SS-Behörden ihre Macht ausbauen konnten, um so mehr entschieden sie und nicht das Innenministerium im Einvernehmen mit den Auslandsvertretungen über die Ausbürgerungen. Ab Kriegsbeginn schickte die Gestapo ihre Ausbürgerungsvorschläge nur noch bei „deutschblütigen" Emigranten, in der Regel aber nicht mehr bei jüdischen zur Stellungnahme an die Auslandsvertretungen. Die Nachricht über die Arbeitserleichterung erhielten die Auslandsvertretungen per Runderlass des Auswärtigen Amtes vom 8. September 1939.

Noch zu Beginn der NS-Zeit konnten die reichsdeutschen Landesbehörden sowie die diplomatischen und konsularischen Vertretungen vorschlagen, welche Exilanten ausgebürgert werden sollten. Diese Rolle übernahmen nach und nach Gestapo und SS. So setzte Walter Jagusch, SS-Hauptsturmführer und Leiter des „Referats II B3 Emigranten", am zweiten Weihnachtsfeiertag des Jahres 1939 im Reichssicherheitshauptamt in der Berliner Prinz-Albrecht-Straße 8 ein Schreiben an das Reichsministerium des Inneren auf, mit dem er den Adressaten vorschlug, Fritz Neumark und seine Familie auszubürgern. Den Antrag begründete er damit, dass Neumark im Jahre 1935 die Emigrantenorganisation „Notgemeinschaft deutscher Wissenschaftler im Ausland" geleitet habe. Diese wiederum habe versucht, „qualifizierte jüngere deutsche Gelehrte, namentlich Privatdozenten, die nicht der NSDAP angehörten, ins Ausland zu ziehen, um auf diese Weise den Neubau der deutschen Hochschule nach Möglichkeit zu sabotieren." Neumarks Vorgänger Schwartz habe „in gehässiger Weise gegen das Deutsche Reich gehetzt" und „Neumark machte hierbei keine Ausnahme, wenn er auch in seinem Verhalten zurückhaltender war als seine Vorgänger." Damit seien die Voraussetzungen für die Aberkennung der deutschen Staatsangehörigkeit gegeben und diese sei auf die Familienangehörigen zu erstrecken. Ferner sei das Vermögen in Deutschland zu beschlagnahmen und eine Verfallserklärung auszusprechen. Schließlich bitte er, Jagusch, „wegen der Entziehung des Doktortitels gleichfalls das Erforderliche zu veranlassen."[234]

Walter Jagusch schickte gleich zwei Durchschriften seines Ausbürgerungsantrags an das Auswärtige Amt. Dieses folgte noch der alten Regel und fragte Mitte Januar 1940 beim Generalkonsulat in Istanbul an, ob „dort Bedenken gegen die Ausbürgerung des Prof. Dr. Neumark bestehen."[235] In Istanbul ließ man sich Zeit mit der Antwort und konnte hierfür die vom Auswärtigen Amt übermittelte Stellungnahme des Dr. Scurla berücksichtigen, die dieser am 7. Februar 1940 gegenüber dem Reichsinnenminister abgegeben hatte. Scurla äußerte darin „keine Bedenken" gegen die Ausbürgerung Neumarks, auch wenn dieser „sich besonders deutschfeindlich in Istanbul nicht betätigt hat". Der türkeierfahrene NS-Kulturfunktionär vertraute bei seinem Votum ganz auf die türkische Bürokratie und deren Bereitschaft, Neumark aus der Türkei abzuschieben, wenn er feststellte: „Jede Ausbürgerung in Istanbul tätiger Emigranten trägt jedoch dazu bei, ihre starke Stellung in der Türkei zu schwächen, da diese die Einbürgerung von Emigranten grundsätzlich ablehnt und dazu neigt, staatenlos gewordene Emigranten abzuschieben."[236]

Bedenken gegen eine Ausbürgerung Neumarks äußerte dagegen Generalkonsul Ferdinand Seiler, seit Anfang des Jahres 1940 Nachfolger des NS-treuen Axel Toepke. Seiler begründete im Februar seine Bedenken damit, dass sich „Neumark während der Dauer seines hiesigen Aufenthalts in jeder Hinsicht durchaus korrekt verhalten" habe und außerdem nicht bekannt sei, dass er im Jahre 1935 die „Notgemeinschaft" geleitet habe.[237] Das Reichssicherheitshauptamt in Berlin ließ mehrere Monate verstreichen, bevor es dem Innenministerium und in Abschrift dem Auswärtigen Amt Anfang Juni versicherte, dass die Aussage den Tatsachen entspreche, die es in seinem Schreiben vom Dezember 1939 „über die führende Betätigung des Juden Neumark in der Emigrantenorganisation" getroffen habe. Man bitte deshalb darum, dem „Ausbürgerungsverfahren gegen den Juden Fritz Neumark nunmehr Fortgang zu geben."[238]

Judenreferent Franz Rademacher im Auswärtigen Amt hielt es daraufhin nicht mehr für erforderlich, die Bedenken des Generalkonsulats Istanbul gegen die Ausbürgerung Neumarks zu berücksichtigen und bestätigte dem Reichsinnenministerium Ende Juni 1940: „Der Ausbürgerung des Juden Prof. Dr. Fritz Neumark und der vorgeschlagenen Erstreckung stimme ich zu".[239] Damit war Fritz Neumark nicht nur staatenlos. Er verlor jeglichen Schutzanspruch und ihm drohte jederzeit die Ausweisung aus der Türkei. Darüber hinaus wurden ihm sein Vermögen in Deutschland beschlagnahmt und ihm alle akademischen Grade, seine Versorgungs- und Erbschaftsansprüche entzogen. Mit ihrer gleichzeitigen Ausbürgerung wurden schließlich Neumarks Frau Erica sowie die Kinder Matthias und Veronika in Sippenhaftung genommen. Der NS-Staat rächte sich an der Familie, obwohl diese mit den „Treuepflichtverletzungen" von Fritz Neumark nichts zu tun hatte.[240]

Nicht offiziell, sondern über einen Bekannten in der Schweiz erfuhr Neumark, dass er laut *Reichsanzeiger* vom 12. Juli 1940 ausgebürgert worden sei. Die „Spielregeln" des NS-Regimes sahen ohnehin nicht vor, dass der Expatriierte förmlich zu unterrichten war. Spätestens beim Antrag auf Passverlängerung oder eben zufällig über den *Reichsanzeiger* wussten er oder sie, dass das Deutsche Reich sie aus der Staatsangehörigkeit entlassen hatte. Neumark wunderte sich dennoch darüber, dass „ich noch individuell dieser Ehre teilhaftig wurde"[241], zumal die NS-Behörden ein gutes Jahr später mit der Verfügung vom 25. November 1941 alle im Ausland lebendenden deutschen „Volljuden" global ausbürgerten. Kurz zuvor, nämlich per Verfügung vom 23. Oktober 1941, war allen „Nichtariern" bereits ein endgültiges Ausreiseverbot aus dem Deutschen Reich erteilt worden. Noch im März 1940, also vier Monate vor Neumarks Ausbürgerung, blieb es dem Generalkonsulat Istanbul vorbehalten, dem „treulosen" Neumark ein „J" in seinen Pass zu stempeln, ergänzt um den Vermerk: „Zusätzlicher Vorname: Israel; amtlich ergänzt. Istanbul 12.III.1940".

Anders als von Kulturfunktionär Dr. Scurla erwartet, brauchte Fritz Neumark mit dem Verlust der deutschen Staatsangehörigkeit nicht zu befürchten, dass der türkische Staat ihn ausweisen würde. Er hatte sich als Lehrer, Autor und Gutachter unentbehrlich gemacht. Im Jahre 1938 war sein Vertrag um weitere fünf Jahre verlängert worden. Später vermerkte Neumark anerkennend: „Daß uns die türkische Regierung auch in der paßlosen Zeit keinerlei Schwierigkeiten bereitete, vielmehr uns in großzügiger Weise half, jene Frist zu überstehen, sei hier mit besonderer Dankbarkeit hervorgehoben."[242] Weitere Hilfe von türkischer Seite erfuhr Neumark noch im Jahre seiner Ausbürgerung, als er Einreisegenehmigungen für seine noch in Deutschland verbliebene jüdische Mutter, seine Schwester, seinen jüdischen Schwager und deren Tochter nach Istanbul erhielt. Die neuen Familienmitglieder hatten bis zuletzt gezögert, Deutschland zu verlassen. Das Geschäft des Schwagers Emanuel Weinberg in Hannover war am 9. November 1938 der Reichsprogromnacht zum Opfer gefallen. Nur unter schwierigsten Bedingungen konnte die Familie in Deutschland überleben. Neumark musste seine letzten Finanzreserven angreifen, um die Großfamilie unterhalten zu können, bevor Schwester und Schwager sich mit Klavier- und Deutschunterricht in Istanbul selbst über Wasser halten konnten. Über sein – wenn auch bescheidenes – Vermögen in Deutschland konnte er nach dessen Entzug nicht mehr verfügen.

Mit der Einreisegenehmigung für die Familie Neumark/Weinberg zeigte die türkische Regierung im Jahre 1940 einmal die Wertschätzung für Fritz Neumark und bestätigte zum Anderen, dass türkische Gesetze und Verordnungen immer wieder Ausnahmen zuließen. Bereits 1937 hatte die türkische Regierung nämlich ihre Auslandsvertretungen angewiesen, „Antragstellern der jüdischen Religionsgemeinschaft" grundsätzlich keine Einreisevisa zu erteilen. Der stellvertretende Generaldirektor im türkischen Außenministerium hatte den Gesandten der Deutschen Botschaft Ankara über „eine dementsprechende geheime Dienstanweisung des Außenministeriums an die türkischen Auslandsbehörden" im Herbst 1937 „streng vertraulich" unterrichtet. In diesem Gespräch erfuhr der Gesandte Dr. Hans Kroll ebenfalls, dass die türkischen Behörden „Juden, die früher eingewandert sind, abzuschieben versuchen."[243]

Auch wenn privilegierte „nichtarische" Emigranten wie Fritz Neumark sich relativ geringe Sorgen machen mussten, abgeschoben zu werden, so galt dies nicht für ihren jüdischen Bekannten- und Freundeskreis außerhalb der Universität. Die Deutsche Botschaft Ankara wusste bereits vor dem Gespräch im Außenministerium durch eine „Eilig!" gestempelte Mitteilung des Generalkonsulats von Anfang August 1937, dass „bereits vor einigen Monaten mehrere jüdische Familien deutscher Staatsangehörigkeit ohne Angabe von Gründen hier ausgewiesen worden waren." Es handelte sich bei diesen überwiegend um Kaufleute, bei denen das Generalkonsulat erstaunlicherweise bedauerte, dass „es nicht möglich sein wird, die Maßnahme rückgängig machen zu lassen."[244] Generalkonsul und Parteigenosse Alexander Toepke, von dem eine philosemitische Einstellung nicht bekannt war, sah mit den deutsch-jüdischen Kaufleuten im Zweifel deutschen Wirtschaftseinfluss und deutschsprachige Einkaufsquellen der reichsdeutschen Kolonie in Istanbul das Land verlassen.

Nach dem Ende des NS-Regimes brauchte Ernst Reuter seinen Freund Fritz Neumark nicht zu drängen, sich wieder der Forschung und Lehre in Deutschland zur Verfügung zu stellen. Obwohl die Behörden des „Dritten Reiches" ihm die Lehrbefugnis in Frankfurt am Main bereits früh entzogen hatten, ihn nach dem „Berufsbeamtengesetz" entlassen, ihn im Exil verfolgt und schließlich ausgebürgert hatten, schloss Neumark die Rückkehr nach Deutschland nie kategorisch aus. In mehreren Briefen aus Berlin schilderte Reuter dem vorerst in Istanbul zurückgebliebenen Neumark das am Boden liegende Nachkriegsdeutschland und die großen Herausforderungen. Ausführlich beschrieb er Ende März 1947 die aktuelle Lage in Berlin und ergänzte, dass er ihn als Gesprächspartner aber auch beim Skat vermisse. Ernst Reuter schloss: „Kommen Sie, es lohnt sich ..."[245] Neumark verspürte als Wissenschaftler und damit als „Schreibender" ein ausgeprägtes „Sprach-Heimweh", das stärker war als alle Ressentiments gegenüber dem Land, das mehrere seiner Familienangehörigen zu Opfern in den Vernichtungslagern hatte werden lassen.

Fritz Neumark kehrte 1952 nach mehreren vorherigen Gastvorlesungen auf den Lehrstuhl für Finanzwissenschaften an die Universität Frankfurt zurück. Er wurde in den Jahren 1954–1955 sowie 1961–1962 Rektor und im Jahre 1970 emeritiert. Bereits seit dem Jahre 1950 war er Mitglied und in den Jahren 1965 bis 1975 Vorsitzender des Wissenschaftlichen Beirats beim Bundesfinanzministerium. Zudem war er Mitglied des wissenschaftlichen Beirats beim Bundeswirtschaftsministerium, Mitglied der Finanzreformkommission, des Steuer- und Finanzausschusses der EWG und Vorsitzender des Sozialbeirats. Ehrendoktorwürden der Universität Istanbul, der FU Berlin, der Universität Göttingen und der Pariser Sarbonne bestätigten sein hohes Ansehen in der Wissenschaft und seine Leistungen in deutschen und internationalen wissenschaftlichen Gesellschaften. Fritz Neumark überlebte Ernst Reuter, mit dem er im Nachkriegsdeutschland weiter in engem Kontakt stand, um 38 Jahre. Beide verspürten gegenüber ihrem Exilland Türkei, ihrer zweiten Heimat, die gleiche Nähe und Dankbarkeit.

f) Der Jurist Ernst E. Hirsch

Der Rechtsprofessor Ernst Hirsch tat sich im Gegensatz zu Fritz Neumark schwer, wieder nach Deutschland zurückzukehren. Es bedurfte aller Überzeugungskünste des Berliner Oberbürgermeisters Reuter, Hirsch zunächst im Sommer 1950 für ein Gastsemester und zwei Jahre später endgültig aus Ankara für die Freie Universität zu gewinnen. Eindringlich hatte Ernst Reuter dem Rechtsprofessor den unhaltbaren Zustand an der jungen Berliner Universität geschildert. Ernst Hirsch konnte ihn während seines Gastsemesters selbst erfahren: „Hunderte von Studenten, die aus der sowjetischen Besatzungszone nach Westberlin geflohen waren, konnten mit ihrem Studium nicht vorankommen, weil es an Professoren fehlte. Der Rechtsunterricht wurde von Rechtsanwälten als Lehrbeauftragten durchgeführt [...]."[246] Schließlich betrachtete Hirsch es als „eine Art Ehrenpflicht [...], West-Berlin zur Hilfe zu kommen", nachdem Reuter ihm geschrieben hatte: „Sie haben bei dem Aufbau der Universitäten Istanbul und

Ankara in vorderster Linie gestanden und sich um das Aufblühen dieser Hochschulen verdient gemacht. Ist es denn nicht möglich, Ihre in fast zwei Jahrzehnten erworbenen Erfahrungen bei dem Aufbau der neuen Berliner Universität fruchtbar zu machen? Helfen Sie uns nur drei Jahre lang; dann sind wir über den Berg. Ich bin überzeugt, daß die maßgebenden Persönlichkeiten in der Türkei Ihnen den dazu notwendigen Urlaub geben werden, wenn Sie darum nachsuchen."[247]

Als Ernst Hirsch Ende November 1941 aus der deutschen Staatsangehörigkeit ausgebürgert und ihm die türkische Staatsangehörigkeit angeboten wurde, die er knapp zwei Jahre später verliehen erhielt, hatte er mit Deutschland endgültig abgeschlossen. Er sah seine Zukunft in der Türkei. Seine ganze Zeit und Kraft setzte er dafür ein, den Atatürkschen Reformen zum Erfolg zu verhelfen. Spätestens seit dem Jahre 1938, als er den Antrag auf die türkische Staatsbürgerschaft gestellt hatte, sah er sich anders als Ernst Reuter nicht mehr im „Wartesaal" Türkei. Die Fragen um die Zukunft Deutschlands nahmen ihn deshalb weniger gefangen als es für die rückkehrwilligen Schicksalsgefährten der Fall war. Unter Zwang hatte er in Deutschland darüber hinaus eine verheißungsvolle Karriere beenden müssen, als die neuen Machthaber ihn Ende März 1933 aus seiner Privatdozentur für Bürgerliches Recht und Handelsrecht in Frankfurt am Main und Göttingen ebenso entlassen hatten, wie aus seinem Amt als Landgerichtsrat in Frankfurt. Seine akademischen Titel und Versorgungsansprüche nahm man ihm wenig später mit dem „Judenparagraphen" des „Berufsbeamtengesetzes".

Am 17. November 1933 übernahm Ernst Hirsch zum Wintersemester 1933/34 mit 31 Jahren den neu gegründeten Lehrstuhl für Handels-, See- und Versicherungsrecht an der Universität Istanbul: „Ernst E. Hirsch war wohl der jüngste unter allen an die Universität Istanbul Berufenen und der einzige, dem es gelang, den Sprung vom Privatdozenten (noch ohne Professorentitel) zum Ordinarius zu schaffen" schrieb Fritz Neumark später in seiner *Zuflucht am Bosporus* und ergänzte: „Er war pädagogisch ungemein geschickt und gehörte zu den wenigen, die in relativ kurzer Zeit die türkische Sprache so erlernten, daß sie sich ihrer zunächst in den Prüfungen, dann auch in den Vorlesungen bedienen und bald darauf selbst ihre Bücher in der Landessprache verfassen konnten".[248] Ernst Hirsch war ein überaus arbeitsamer und kreativer Mensch. Außer seinen zahlreichen Buch- und Zeitschriftenveröffentlichungen arbeitete er eine Reihe von Gutachten für die türkische Regierung aus, die bis in die Gegenwart Einfluss auf die türkische Gesetzgebung und Rechtspraxis ausüben.

Ernst Hirschs ureigenes Feld war das Handelsrecht. In ihm legte er mit 27 Jahren seine Habilitationsschrift an der Johann Wolfgang Goethe-Universität Frankfurt vor. In der Türkei systematisierte der Rechtsdogmatiker und -theoretiker Hirsch das Handelsrecht und verzahnte es mit dem seinerzeit inkompatiblen Zivilrecht. Zusammen mit türkischen Kollegen brachte er im Jahre 1946 ein Handelsrechtslehrbuch in Türkisch heraus, welches sich noch heute in allen juristischen Bibliotheken des

Landes befindet. Sein Name wird darüber hinaus in allen modernen Lehrbüchern des Handelsrechts erwähnt. Sein Einfluss auf das türkische Handelsgesetzbuch von 1956 ist ebenso unumstritten wie auch auf das jüngst im Jahre 2012 novellierte. Darüber hinaus war Hirsch geistiger Vater des türkischen Urheberschutzgesetzes und bezeichnete dessen Einführung Anfang des Jahres 1952 in seiner Biografie als eines seiner größten Anliegen. Viel Zeit hat er für dieses noch heute in Kraft befindliche Gesetz aufgewandt. Auch sah er sich zu Beginn seiner Lehr- und Forschungstätigkeit in der Türkei mit der Tatsache konfrontiert, dass die junge Republik ihr Zivilrecht nach dem Vorbild der Schweiz, das Strafrecht nach demjenigen Italiens und das Handelsrecht nach deutschem Vorbild kodifiziert hatte. Hirsch wurde schnell bewusst, dass die für die Türkei rezipierten europäischen Gesetze auf anderen gesellschaftlichen, kulturellen und ökonomischen Grundlagen beruhten – eine Erkenntnis, die ihn zu rechtssoziologischen Fragestellungen anregte und in Folge zum Gründer der Rechtssoziologie in der Türkei werden ließ.

Naheliegend war auch Hirschs Interesse an der Rechtsphilosophie mit dem Ergebnis, dass er diese als Pflichtfach an den türkischen Universitäten einführte. Sein im Jahre 1949 erstmals erschienenes Lehrbuch zur Rechtsphilosophie und Rechtssoziologie wurde noch knapp 50 Jahre nach seinem Weggang aus der Türkei neu aufgelegt. Als Dozent an der Istanbuler Rechtsfakultät stellte Ernst Hirsch bei seiner Lehrtätigkeit ferner fest, dass seine Studenten außer dem Gesetzestext keinerlei Grundlagen für das Erlernen des Handelsrechts besaßen. Schon im ersten Semester ließ er bogenweise Grundrisse seiner Vorlesungen vervielfältigen und bald schon wurde sein in Deutschland erschienenes Lehrbuch zum Handelsrecht übersetzt. Später, im Jahre 1944, brachte er eine *Methodik im praktischen Recht* heraus, ein Werk, welches 1997 noch einmal aufgelegt wurde.

Ab 1937 beteiligte sich der Methodiker Hirsch auch langjährig und mit viel Aufwand an der Fertigung eines türkischen Rechtswörterbuchs, das nach seinem Weggang aus der Türkei weitergeführt wurde. Vielseitig wie er war und interessiert an einer erfolgreichen Reform der türkischen Universitäten, wirkte Hirsch intensiv daran mit, ein zeitgemäßes Hochschulgesetz für die Türkei auszuarbeiten. Darüber hinaus befasste er sich auch mit strafrechtlichen Fragestellungen und formulierte maßgeblich das heute noch gültige Gesetz Nr. 5816 vom 25. Juli 1951 über Straftaten, die gegen das Ansehen Atatürks begangen werden. Hirschs Vorschlag, nicht die Verleumdung der Person Atatürks, sondern die seines Andenkens zu bestrafen, wurde berücksichtigt, und er schreibt in seiner Biografie: „So konnte ich ein wenig dazu beitragen, das Andenken an diese außergewöhnliche Persönlichkeit zu schützen".[249] Ernst Hirsch ist natürlich nicht anzulasten, dass die türkische Rechtsprechung den Schutz des Andenkens von Atatürk bisweilen in Einzelfällen der Medienberichterstattung eng auslegt. Dies gilt für Gerichtsurteile, die kritische Berichte zur Armenier- oder Kurdenfrage als „Beschmutzung des Andenkens an Atatürk" werten und sanktionieren.

Abb. 16 *Ernst E. Hirsch, 1930er Jahre.*

Das breitgefächerte und heute noch geschätzte Wirken von Ernst Hirsch während seiner 19 Jahre in Istanbul und Ankara wäre ohne seine früh erworbenen Türkischkenntnisse nicht denkbar gewesen. Schon Anfang Oktober 1933 begann er im Orientexpress nach Istanbul, die Grundlagen des Türkischen aus einem holländischen Lehrbuch zu lernen. In Istanbul angekommen, lebte er stets in türkischer Nachbarschaft, konnte bereits im Jahre 1936 seine Vorlesungen in Türkisch halten, Prüfungen darin abnehmen und erste türkische Veröffentlichungen herausbringen. Zurückgekehrt nach Deutschland, hielt er seine Türkischkenntnisse durch Lektüre türkischer Zeitungen und Zeitschriften lebendig. Die Lektüre erlaubte ihm, im Jahre 1978 seine Dankesrede bei Entgegennahme der Ehrendoktorwürde durch die Universität Istanbul in Türkisch vorzutragen. Ernst Hirsch ist in der Türkei Begriff und Legende. Jeder Jurastudent der Universität Ankara kann eine Plakette mit seinen biografischen Daten an dessen ehemaligem Arbeitszimmer finden. In der Abteilung „Studien zum Urheberrecht" der Universität Ankara verkündet ein Schild, dass Hirsch in den Jahren 1943 bis 1952 dort wirkte. Die Rechtsfakultät der Universität Istanbul benannte 1977 einen Hörsaal nach ihm, und seine 1982 erstmals erschienene Autobiografie – übersetzt mit dem Titel *Anılarım: Kayzer Dönemi, Weimar Cumhuriyeti, Atatürk Ülkesi* – ist mittlerweile in der Türkei in 14. Auflage herausgekommen.

Das „Dritte Reich" nahm dagegen wenig Kenntnis von Ernst Hirsch und seinem Wirken. Der Kulturfunktionär Dr. Scurla vermerkte in seinem Bericht lediglich: „Ein Lehrstuhl für Handelsrecht ist in der Hand des 1902 geborenen nicht-arischen Dr. Ernst Eduard Hirsch, der zuletzt Land- und Amtsgerichtsrat in Frankfurt/M und Dozent an der dortigen Universität war. Er ist auf Grund des BBG entlassen worden."[250] Hirsch seinerseits suchte keinen Kontakt zum offiziellen Deutschland und konnte später nicht mehr feststellen, „[d]urch welchen Rechtsakt und zu welchem Zeitpunkt ich die deutsche Staatsangehörigkeit verloren habe [...]. Ich kann mich nur daran erinnern, daß ich mich nicht bemüht habe, meinen deutschen Reisepaß, der spätestens im Frühjahr 1938 abgelaufen war, verlängern zu lassen."[251]

Angesichts der Judenpolitik des „Dritten Reiches" Mitte der 1930er Jahre wäre das eigene oder das Bemühen von türkischer Seite, beim Generalkonsulat Istanbul eine Passverlängerung für Ernst Hirsch zu erwirken, kaum erfolgreich gewesen. Der Leiter des Deutschlandreferats im Auswärtigen Amt, Vicco von Bülow-Schwante, hatte nämlich Mitte Juni 1937 wie allen Auslandsvertretungen auch dem Generalkonsulat klare Vorschriften zum Umgang mit Exiljuden übermittelt: „Einige Einzelfälle geben Veranlassung, mit Nachdruck darauf hinzuweisen, dass es mit den Grundsätzen der deutschen Judenpolitik nicht vereinbar ist, wenn den bei deutschen Auslandsvertretungen in eigener Angelegenheit vorstellig werdenden Juden reichsdeutscher Staatsangehörigkeit ein Entgegenkommen erwiesen wird, das über den rein formalen Rechtsschutz hinausgeht. Dies gilt selbstverständlich auch dann, wenn sich prominente Dritte, gleichviel welcher Staatsangehörigkeit, zugunsten eines Juden verwenden."[252]

Für den entzogenen deutschen Pass bot sich indessen für Manche bald Ersatz. Ernst Hirsch erinnerte sich: „Philipp Schwartz gelang es, von der tschechischen Exilregierung in London, an deren Spitze seit 1940 Eduard Benesch stand, tschechische Pässe für uns Ausgebürgerte zu erhalten, obwohl es recht zweifelhaft war, ob diese Pässe von den türkischen Behörden und von Staaten, die die Exilregierung nicht anerkannten, als vollgültige Ausweispapiere angesehen würden. Ich kam niemals in die Verlegenheit, diesen Paß benutzen zu müssen."[253] Wie auch einige seiner deutschen Exilkollegen beantragte Hirsch im Jahre 1938 nach Ablauf seines fünfjährigen Vertrags die türkische Staatsangehörigkeit. Den Rat eines ihm wohlgesonnenen türkischen Kollegen lehnte er allerdings ab, zur Beschleunigung des Verfahrens zum Islam überzutreten. So musste er beinahe fünf Jahre auf den Pass warten. Seinen Vertrag erhielt er indessen im Jahre 1938 um weitere fünf Jahre verlängert.

Das Rektorat der Universität Istanbul half Ernst Hirsch in der Übergangszeit regelmäßig, seine Aufenthaltserlaubnis bei der türkischen Fremdenpolizei verlängert zu bekommen. Für ein Verbleiben in der Türkei entschied Hirsch sich nach eigenen Aussagen dann endgültig, „als ich meinem am 19. August 1945 in Istanbul geborenen Sohn keinen deutschen, sondern die beiden türkischen Vornahmen Enver Tandogan gegeben hatte. Ich stand damals unter den Wirkungen des Schocks über die Nachricht, daß in Auschwitz meine einzige Schwester nebst Mann und 8jährigem Sohn, Geschwister und Schwäger meiner Mutter sowie eine Anzahl guter Freunde vergast worden seien. Meine und meines Sohnes Zukunft lag in der Türkei, eine Rückkehr nach Deutschland stand nicht auf dem Programm."[254] Ernst Reuters hartnäckiges Drängen und eine schicksalshafte Bekanntschaft verhalfen der jungen FU Berlin schließlich dazu, dass Ernst Hirsch seine Lebensentscheidung zugunsten des Lehrstuhls für Handelsrecht und Rechtssoziologie in Berlin abänderte. Den Lehrstuhl bekleidete er für 15 Jahre bis zum Wintersemester 1967. Zusätzlich leitete er das von ihm gegründete „Institut für Rechtssoziologie und Rechtstatsachenforschung" und übernahm in den Jahren 1953 und 1954 zweimalig das Rektorat der Freien Universität. Er starb 83-jährig Ende März 1985 in seinem Alterssitz Königsfeld im Schwarzwald.

g) Das Medizinerehepaar Albert und Erna Eckstein

Eine große Bereicherung erfuhr die Emigrantengemeinschaft in Ankara – und nicht zuletzt die Familie Reuter – durch die Ankunft der Familie Eckstein. Mit drei jungen Söhnen traf Erna Eckstein zwei Monate nach ihrem Mann Albert in Ankara ein: „Mitte November 1935 bekamen wir endlich die Ausreiseerlaubnis, nachdem unser Vermögen beschlagnahmt worden war."[255] In kurzer Zeit erwarb sich das Ehepaar in seiner stets hilfsbereiten und gastfreundlichen Art viele Freunde unter den Exildeutschen, unter Türken und Ausländern. Dr. Erna Eckstein kam als frühere Leiterin einer Säuglings-und Kleinkinderpflegeanstalt nach Ankara, Dr. Albert Eckstein als gerade entlassener Direktor der Kinderklinik Düsseldorf. Der „Frontkämpferparagraph" des „Berufsbeamtengesetzes" vom April 1933 hatte Albert Eckstein einen Entlassungsaufschub von zwei Jahren bis Ende Juni 1935 verschafft. In dieser Zeit sah er sich in Düsseldorf „wegen seiner jüdischen Abstammung zahlreichen Denunziationen und Boykottaktionen von Kollegen und Studenten ausgesetzt."[256]

Albert Eckstein lagen Angebote aus Schottland, Frankreich und den USA vor, als ihm das Auswärtige Amt im August 1935 mitteilte, dass der türkische Hygieneminister deutsche Professoren für das Krankenhaus in Ankara suche, um aus diesem eine Universitätsklinik aufzubauen. Das Auswärtige Amt bescheinigte Eckstein Ende September, dass es im Interesse des Deutschen Reiches läge, wenn er die angebotene Stellung annähme. Schwer zu klären ist die Frage, ob das Interesse darin lag, der Türkei einen qualifizierten Mediziner zu vermitteln oder aber einen jüdischen Staatsbürger das Deutsche Reich verlassen zu sehen. Eckstein unterschrieb mit dem türkischen Hygieneminister Refik Saydam einen auf fünf Jahre befristeten Vertrag, der ihn zum Leiter der Kinderklinik des „Nümune Hastanesi", des staatlichen Musterkrankenhauses in Ankara, bestimmte. Im Krankenhaus behandelte Eckstein vorwiegend türkische Kinder, sah sich aber auch für alle Kinder der Emigranten verantwortlich.

Darüber hinaus behandelte Eckstein auf besonderen Wunsch der türkischen Regierung die Kinder von Angehörigen der alliierten Botschaften, aber auch von deutschen Botschaftsangehörigen. So kamen, begleitet von ihrer Großmutter, ab Sommer 1939 auch die Enkelkinder des Botschafters Franz von Papen zu ihm. Eckstein legte Wert darauf, die Papen-Familie nicht in der Poliklinik, sondern in seinem Dienstzimmer wahrzunehmen. Die Distanz zur Botschaft war ihm wichtig. Die türkischen Kollegen sollten seine Position in der Klinik nicht mit dem offiziellen Deutschland in Verbindung bringen. Zusätzlich zu seiner Kinderpraxis übernahm Eckstein nach dem frühen Tod des Internisten Ernst Magnus-Alsleben schon im Jahre 1936 auch dessen internistische Praxis. Die Zahl seiner Patienten erhöhte sich damit beträchtlich. Außerdem nahm das Ehepaar Eckstein jährlich im eigenen Haus die Typhus-Schutzimpfung aller Koloniemitglieder vor, impfte gegen Pocken bei Ausbruch einer Epidemie und behandelte oft über hundert Personen an einem Tag. Das Ehepaar stellte grundsätzlich keine Rechnungen für Privatbehandlungen aus, konnte aber Einladungen und Geschenke dankbarer Patienten nicht ablehnen. Die Naturaliengeschenke der Eckstein-Patienten wussten die zahlreichen Gäste in ihrem Hause stets sehr zu schätzen.

Die Familie Reuter gehörte zu den Patienten Ecksteins. Besonders Ernst Reuter musste Albert Eckstein wegen wiederholter und langanhaltender Bronchienkatarrhe aufsuchen. Seiner Mutter schrieb Reuter im Juni 1936: „Eine Röntgenuntersuchung ergab Spuren alter Katarrhverharschung. Ich habe mir das alles bei meinem letzten Aufenthalt dort zugezogen und man kann nur sagen, es ist ein Wunder, daß es nicht mehr ist, was von damals übrig blieb. Unter den Verhältnissen, unter denen ich damals lebte, konnte viel Schlimmeres zurückbleiben."[257] Reuters „letzter Aufenthalt" war denkbar unfreiwillig und lag zwei Jahre zurück, nämlich im KZ Lichtenburg. Auch Vertrauten gegenüber war Ernst Reuter äußerst zurückhaltend, über seine KZ-Zeit zu berichten. So schreibt Erna Eckstein in ihren Türkeierinnerungen: „Zu unserem nächsten Freundeskreis gehörte vor allem auch Ernst Reuter, mit dem wir besonders in der ersten Zeit oft sonntags wanderten. Es verging über ein halbes Jahr, bis er zum ersten Mal seine Erlebnisse im Konzentrationslager erwähnte."[258] Zu zusätzlicher medizinischer Behandlung zwangen Ernst Reuter später die Folgen einer lebensbedrohlichen Infektion, die er sich auf einer Dienstreise zugezogen hatte. Eine bösartige Kniegelenksvereiterung zwang ihn zu Krankenhausaufenthalt und monatelanger Behandlung.

Wie Ernst Reuter, so benötigten auch Ehefrau Hanna und die Kinder Hella und Edzard häufiger ärztliche Hilfe. Das trockene Höhenklima belastete Hanna Reuter und führte bei ihr zu wiederholten Kreislaufbeschwerden. Tochter Hella hatte mit rheumatischen Erkrankungen zu kämpfen, Edzard mit hartnäckigen Ekzemen. Die Familien Reuter und Eckstein trafen sich aber nicht nur bei Visiten, sondern gestalteten manche freie Stunde zusammen. So zeigen Fotos Hanna Reuter und Erna Eckstein auf gemeinsamen Skiwanderungen. Die gleichaltrigen Söhne Klaus und Edzard waren Spielkameraden und gingen gemeinsam in den Unterricht von Frau Kudret. Zusammen saßen die Familien Reuter und Eckstein abends häufiger „vor dem Radio, um ausländische Nachrichten zu hören. So deprimierend sie oft klangen – wir glaubten nie an eine Rückkehr nach Deutschland – so behielt Reuter immer seinen Optimismus, der bei Kriegsausbruch dann allerdings einen heftigen Schock bekam", wie Erna Eckstein in ihrem Tagebuch notierte.[259]

Auch teilten die Familien das Hobby des Fotografierens und Filmens. Ernst Reuter besaß eine Rolleicord. Er fotografierte gern, entwickelte selbst, stellte Vergrößerungen her und ordnete die Bilder von Wanderungen und Ausflügen in verschiedene türkische Landschaften. Erna Eckstein besaß eine einfache Handkamera. Gern führte sie ihren auf 16 Millimeter festgehaltenen Schwarz-Weiß-Film vor, den sie vom Sommer 1936 bis Herbst 1938 drehte: Eine Bosporusfahrt, ein Ausflug, Dorfleben, Ruinen eines Amphitheaters, Schwimmen auf der Musterfarm Atatürks und Reiten in der Reitschule in Ankara.[260] Albert Eckstein blieb es vorbehalten, eines seiner Fotos auf einer türkischen Banknote verewigt zu sehen: Zu Ecksteins Ehren hatten sich im Dorf seines Hausangestellten Mehmet mehrere Frauen in ihre alten Kostüme gekleidet, um aufgenommen zu werden. Das Foto landete in der türkischen Notenbank und diente als Motiv für eine 10-Pfund-Note. Diese wiederum wurde im Jahre 1942 nicht in Ankara oder Istanbul, sondern in der Reichsdruckerei Berlin hergestellt – verziert mit dem Motiv eines Exilanten![261]

Im Mittelpunkt der beruflichen Tätigkeit von Albert Eckstein standen zwar der Aufbau der Kinderklinik und die Betreuung von Patienten in Ankara, bald aber schon forderte Hygieneminister Refik Saydam ihn auf, Reisen ins Land zu unternehmen. In den Dörfern sollte er eine medizinische Bestandsaufnahme machen und Vorschläge entwickeln, wie die präventivmedizinische Versorgung und die allgemeine Volksgesundheit verbessert werden könnten. Als Folge des Ersten Weltkriegs, des Unabhängigkeitskrieges, von Seuchen und Bevölkerungsverschiebungen war die demografische Entwicklung der Landbevölkerung in der Türkei zu dieser Zeit nachhaltig geschädigt. Eine niedrige Lebenserwartung und hohe Säuglingssterblichkeit auf dem Land beunruhigten die türkischen Reformer unter Atatürk und erforderten dringlich den Aufbau eines staatlichen Gesundheitssystems auch in den Dörfern.

Abb. 17 *Albert und Erna Eckstein mit ihren Söhnen Herbert und Peter, 1937.*

Zwischen den Jahren 1936 und 1938 unternahm Eckstein mehrere Reisen in die anatolischen Provinzen. Eine sechswöchige Reise brachte ihn im Sommer 1937 in 60 Dörfer. Zusammen mit einem türkischen Assistenten untersuchte er die hygienischen Lebensbedingungen, den allgemeinen Lebensstandard, die Geburten- und Sterberate, die Anzahl der lebenden Kinder und Art und Häufigkeit von Krankheiten. Erna Eckstein begleitete ihren Mann und seinen Assistenten auf einer dreimonatigen Reise im Jahre 1938. Die damals herrschenden Zustände schilderte sie eindringlich: „In manchen Dörfern fanden wir Typhusepidemien, in einem Dorf im Süden, das eine völlig schwarze Bevölkerung hatte, die ein Sultan vor 150 Jahren aus dem Süden dorthin verpflanzt hatte, gab es nicht einen Menschen, der nicht unter Malaria litt, oder ein anderes Dorf, wo Masern eingeschleppt worden waren und es viele Todesfälle gab."[262] Als Ergebnis seiner Reisen legte Eckstein Einzelerhebungen für jedes untersuchte Dorf an und schuf damit eine solide Basis, um die Kinderfürsorge in der Türkei maßgeblich zu verbessern. Bei seinem Weggang aus Ankara im Jahre 1949 konnte er verbuchen, dass ein Versorgungsprogramm für Kinder eingerichtet und die Säuglingssterblichkeit von 40 Prozent auf 12 Prozent gesenkt werden konnte.[263]

Die Reisen in die Provinz galten den Ecksteins nicht nur zur Datenerhebung. Regelmäßig behandelten sie in den Dörfern auch kranke Kinder. Manche der Kinder hatten zum Teil über mehrere Jahre keine medizinische Versorgung erlebt. Die Ärzte aus Ankara waren somit hochwillkommen und wurden von den Eltern sowie regionalen und lokalen Amtsträgern gastfreundlich aufgenommen. Viele Jahre konnten die Ecksteins die Dankbarkeit und tiefe Anhänglichkeit der Landbevölkerung und die von türkischen Kindern in Ankara erleben, die sie geheilt hatten. Dankbar zeigten sich ebenfalls die „Kreise der türkischen Aristokratie", wie Erna Eckstein maßgebliche Personen titulierte, deren Kinder oder Verwandte die Ecksteins behandelten.

So wurde Albert Eckstein schon wenige Monate nach Eintreffen in Ankara in das Haus des Wirtschafts- und Landwirtschaftsministers Şakir Kesebir gerufen, dessen Neffe an schwerem Typhus erkrankt war. Eckstein gab eine geplante Reise nach Palästina auf, heilte das Kind und gewann den Minister und seine Familie zu langjährigen Freunden. Öfters wurde er auch zur Behandlung der jüngsten Adoptivtochter von Kemal Atatürk bestellt. In Ankara weiß man heute noch zu berichten, dass Atatürk dem Zigarrenraucher Eckstein nach einer Visite regelmäßig seine „Präsidentenmarke" mit auf den Weg gab. Atatürk bot Eckstein aber auch Schutz, als dieser im April 1938 in Wien die fünfjährige Tochter des Landwirtschaftsministers – die Söhne der Kesebirs gingen dort zur Schule – wegen einer lebensbedrohlichen Pneumonie behandeln sollte. Eckstein weigerte sich hartnäckig, in das kurz zuvor von NS-Deutschland besetzte Wien zu fliegen. Er befürchtete, Opfer der dortigen ungezügelten Judenverfolgung zu werden. Atatürk schaltete sich ein und ließ Eckstein auf Schritt und Tritt bis in den Operationssaal von einem türkischen Botschaftsattaché begleiten. Das Kind wurde dank Ecksteins Diagnose gerettet. Deprimiert kam er nach drei Wochen aus Wien zurück und Erna Eckstein erinnerte sich: „Acht seiner Bekannten dort, drei der behandelnden Ärzte, unter anderen ein guter Freund von uns, begingen Selbstmord."[264] Wenige Wochen später konnte Eckstein wieder optimistischer sein, als „Frau Şakir mit einem jüdischen Arzt, einer sozialdemokratischen Schwester und einem Mädchen, dessen jüdischer Verlobter schon geflohen war, in Ankara ankam. Mit einem Diplomatenpass kann man allerhand erreichen!" Die Frau des Ministers hatte demnach nicht nur ihr geheiltes Kind, sondern auch NS-Verfolgte aus Wien nach Ankara in Sicherheit bringen können.

Die engen Patientenbeziehungen des Ehepaars Eckstein zu hochrangigen Türken waren für die Exilanten von unschätzbarem Wert. Ernst Reuter wusste sie zu nutzen, als nach Abbruch der diplomatischen Beziehungen Anfang August 1944 eine größere Zahl der Exilanten in Zentralanatolien interniert wurde. Zusammen mit Erna Eckstein, Benno Landsberger und anderen bildete Reuter ein Hilfskomitee, welches die in Kırşehir untergebrachten Schicksalsgefährten unterstützte. Man beschloss, dass die verschonten Exilanten in Ankara den Internierten regelmäßig einen Teil ihres Gehalts zukommen lassen sollten, um deren türkische Armenunterstützung aufzubessern. Trotz Verbots der türkischen Regierung sollte sich monatlich ein Geldbote auf den Weg nach Kırşehir machen.

Der Physiker Eugen Merzbacher wurde dafür bestimmt, fiel aber bei einer der ersten Fahrten der Polizei in die Hände, die ihm das gesamte Geld abnahm. In der Annahme, dass der Name Eckstein Schutz bieten könne, wurde Erna Eckstein das Geld anvertraut und sie gewann Minister Kesebir, sie in seinem Dienstwagen nach Kırşehir zu begleiten. Auch ohne Minister und Dienstwagen wurde Erna Eckstein bei den folgenden Fahrten von den Polizisten stets zuvorkommend behandelt und konnte den Internierten das Geld aushändigen, das diese für einen angemessenen Lebensstil dringlich benötigten.[265]

Der Name Eckstein half zuvor bereits bei einer Hilfsaktion zugunsten eines jüdischen Kindertransports, der im Jahre 1940 aus Schweden über die Türkei nach Palästina gehen sollte. Die sowjetische Durchreisegenehmigung war erteilt, die türkische aber verweigert worden. Haim Barlaş, der Vertreter der „Jewish Agency" in der Türkei, wandte sich hilfesuchend an Albert Eckstein. Dieser erhielt noch am nächsten Tag einen Termin bei seinem früheren Vertragspartner Refik Saydam, der mittlerweile vom Hygieneminister zum Ministerpräsidenten avanciert war. Es könne sich nur um ein Missverständnis handeln, beschied er Eckstein und veranlasste persönlich die Durchreise des Kindertransports.[266] Es traf sich gut, dass Eckstein auch den englischen Botschafter Knatchbull-Hugessen zu seinen Patienten zählte. Dieser vermochte es, die ablehnende Haltung seiner Regierung, der britischen Mandatsmacht für Palästina, korrigieren zu lassen.

Die große Beliebtheit und die hervorragenden Verbindungen der Ecksteins entgingen den NS-Organen in Ankara natürlich nicht. Mit vermeintlich subtilen Methoden bemühten sich die Reichsbediensteten, die Ecksteins zu kompromittieren. So sprach eine unbekannte Dame das Ehepaar Anfang des Jahres 1938 vor seinem Haus an und teilte ihnen geheimnisvoll mit, dass in dem neben ihr stehenden Auto Carl von Ossietzky, der Friedensnobelpreisträger des Jahres 1935, säße. Er sei aus einem Nazigefängnis entflohen. Als Experte für linksstehende und verfolgte Intellektuelle wurde Ernst Reuter zu Rate gezogen. Er befand die Geschichte als wenig glaubwürdig empfahl aber, sicherheitshalber die Journalistin Edith Baade zu befragen. Diese unterhielt sich mit dem vermeintlichen Ossietzky und kam zu dem Ergebnis, dass dieser sehr geschrumpft sein musste, seitdem sie ihn zuletzt gesehen hatte. Das geheimnisvolle Paar wurde weggeschickt und stellte sich bald als Spitzelduo heraus. Später konnten Albert und Erna Eckstein die Exilantenfreunde noch mit mehreren vergleichbaren Fällen unterhalten.[267]

Zum Leidwesen der Reichsdeutschen war die Stellung Albert Ecksteins in der Türkei nicht anzufechten. Bezeichnend ist die Notiz des Kulturfunktionärs Scurla über ihn: „Er wird auch im persönlichen Umgang mit den Türken als höchst unerfreulich geschildert, verfügt aber über äußerst gute Beziehungen zu Mitgliedern des türkischen Kabinetts".[268] Im Zweifel konnte Scurla keinen einzigen Türken benennen, der Eckstein „unerfreulich" gefunden haben könnte.

Im Jahre 1945 erlebte Eckstein die Umwandlung der Kinderabteilung des Musterkrankenhauses in die Universitäts-Kinderklinik und seine Ernennung zum Ordinarius. Im Sommer 1948 wurde er zu einer Gastvorlesung an seine frühere Universität nach Freiburg eingeladen und erhielt ein Jahr darauf mehrere Angebote deutscher Universitäten. Er entschied sich für das Ordinariat für Kinderheilkunde an der Universität Hamburg, konnte dieses aber nur kurz bekleiden. Mit weniger als sechzig Jahren starb er Mitte 1950. Erna Eckstein zog es nach dem Tod ihres Mannes wieder in die Türkei. Als Administratorin unterstützte sie ab 1954 für sieben Jahre den früheren Assistenten Ecksteins, Ihsan Doğramacı, beim Aufbau einer eigenen Kinderklinik und leitete das angeschlossene Schwesternheim. Bis ins hohe Alter von 102 Jahren lebte sie danach bei ihren Söhnen in England.

h) Der Dermatologe Alfred Marchionini

Mit der Ankunft von Alfred Marchionini im März 1938 erweiterte sich für die Exilanten in Ankara die deutschsprachige fachärztliche Versorgung um einen international angesehenen Dermatologen. Marchionini zeigte sich, ähnlich wie Eckstein, bald bereit, durch seinen Zugang zu hochrangigen türkischen Patienten und deutschen wie ausländischen Botschaftsvertretern den Exilanten wichtige Informationen zu beschaffen und für sie Interventionen vorzunehmen. Alfred Marchionini hatte sich seit 1937 um eine adäquate Anstellung im Ausland bemüht, die ihm in Deutschland wegen der jüdischen Großmutter seiner Frau verwehrt war. Der Kulturfunktionär Dr. Scurla konstatierte: „Marchionini selbst ist Arier, seine Frau ist zu 25% nichtarisch."[269] Marchionini ließ sich von der Universität Freiburg beurlauben, an der er seit dem Jahre 1924 zunächst als Assistent und ab dem Jahre 1934 als außerordentlicher Professor für Dermatologie tätig war. Alfred Eckstein kannte ihn aus der gemeinsamen Zeit in Freiburg – Eckstein war dort in den Jahren 1919 bis 1925 tätig – und verwandte sich für Marchioninis Berufung nach Ankara. Marchionini schloss mit dem türkischen Hygieneminister einen Vertrag, der ihm für fünf Jahre die Leitung der Dermatologischen Abteilung des Musterkrankenhauses sicherte. Von der Universität Freiburg wurde er zunächst bis ins Jahr 1941, dann bis 1943 und später sogar bis 1946 freigestellt.[270]

In den insgesamt zehn Jahren seiner Tätigkeit in Ankara gelang es Marchionini, seine Abteilung immer weiter auszubauen und ein Institut zu entwickeln, das der Bewältigung der riesigen klinischen Arbeit gewachsen war. Unter einfachsten Bedingungen behandelte er bald eine Patientenzahl, die auf über 20.000 im Jahr wuchs. In zahlreichen Veröffentlichungen auch über subtropische Hauterkrankungen erschloss Marchionini darüber hinaus der dermatologischen Forschung Neuland. Das Ehepaar erfreute sich großer Beliebtheit in den Familien der Exilanten. Alfred Eckstein arbeitete mit ihm sehr gut zusammen, und Erna Eckstein freundete sich eng mit der Arztkollegin Mathilde Marchionini an, die sie als „außergewöhnlich sympathische und kluge Frau" erlebte.[271] Die Kinder der Ecksteins und der anderen Emigranten freuten sich über die Dia- und Filmnachmittage von Erna Eckstein und Alfred Marchionini, die ihnen die türkische Landschaft und ihre Bewohner näher brachten. Die Familien Reuter und Marchionini besuchten sich anfangs regelmäßig. Ernst Reuter sah Marchionini häufig in der „Graeca". Marchionini erlebte dort „Reuter als einen der besten Kenner, der mühelos die Sprache Homers, Euripides', Aristophanes' und Hippokrates' beherrschte."[272]

Außer dem Interesse an der Antike teilten Reuter und Marchionini auch die Sorge um die Zukunft Deutschlands. Marchionini gehörte in den Jahren 1920 bis 1930 der SPD an, legte dann aber seine Mitgliedschaft nieder, ohne sich einer neuen Partei anzuschließen. Er vertrat eher deutschnationales Gedankengut. Gemeinsam mit Reuter traf er den früheren Oberbürgermeister von Leipzig und Widerstandskämpfer Carl Goerdeler, als dieser Ende Juli 1939 anlässlich einer Geschäftsreise zusammen mit seinem Sohn Christian in Ankara weilte. Goerdeler weihte seinen früheren Oberbürgermeisterkollegen aus Magdeburg, Ernst Reuter, in die Pläne der militärischen Verschwörung ein. Reuter blieb damals skeptisch und teilte ihm mit: „Ich kenne Ihre Generäle nicht, aber was wird, wenn sie versagen? [...] Herr Goerdeler, Sie dürften die Generäle besser kennen als ich, aber ich glaube nicht daran, daß die Generäle den Mann stürzen können, der im Grund genommen nichts anderes ist als ihr Produkt."[273] Im Sommer 1942 kondolierte Reuter Goerdeler, dessen ältester Sohn Christian gefallen war. Marchionini blieb mit Goerdeler bis zu dessen Hinrichtung Anfang Februar 1945 in Verbindung. Goerdeler gehörte zum Kreis der Attentäter vom 20. Juli 1944.

Reuter und Marchionini teilten auch die Sorge um die ab Herbst 1944 internierten Exilanten. Sie gründeten mit Erna Eckstein, Benno Landsberger und anderen das bereits erwähnte Hilfskomitee. Seinem Brieffreund in Istanbul, Alexander Rüstow, schrieb Marchionini Mitte September 1944: „Wir haben, um die in Not befindenden Ankaraner in Kırşehir zu unterstützen, am vergangenen Freitag ein Komitee gegründet, das aus den folgenden Mitgliedern besteht: Bodländer, Eckstein, Klein (Gesangspädagoge), Landsberger (der wieder zur Vernunft gekommen ist), Marchionini, Merzbacher, Rohde, Salomon (Etibank)."[274] Erstaunlicherweise erwähnte Marchionini in diesem Brief Ernst Reuters Rolle im Hilfskomitee nicht, wohl aber in seinen „Persönlichen Erinnerungen an Ernst Reuter" aus dem Jahre 1955: „Als im August 1944 nach dem Abbruch der politischen Beziehungen der Türkei zu Deutschland die Mehrzahl der in diesem Lande verbliebenen Deutschen interniert wurde, bildeten wir Nichtinternierten ein Hilfskomitee, dem Ernst Reuter, der Pädiater Albert Eckstein und seine Frau

Abb. 18 *Ernst und Hanna Reuter gemeinsam mit Mathilde und Alfred Marchionini, um 1940.*

vorstanden. Damals bewährte sich Reuters organisatorische Begabung hervorragend bei der Durchführung umfassender Hilfsaktionen für unsere bedürftigen Landsleute."[275]

Die Gründe für die unterschiedlichen Aussagen Marchioninis sind nicht belegt, sein Briefwechsel mit Rüstow über die Hilfsaktionen gibt aber einen Hinweis: Marchioninis Ansichten unterschieden sich offensichtlich deutlich von denen Reuters darin, wer unter den Internierten unterstützt werden und für wessen Entlassung man sich einsetzen sollte. Es ging immerhin um 465 Deutsche – 185 Männer, 230 Frauen und 50 Kinder –, die in den drei zentralanatolischen Orten interniert waren. Den wesentlichen Anteil bildeten reichsdeutsche Hochschul-, Wirtschafts- und Pressevertreter sowie NS-Parteifunktionäre, die die Rückkehr nach Deutschland verweigert hatten. Die in der Türkei verbliebenen Botschafts- und Konsulatsangehörigen wurden in den reichseigenen Immobilien in Istanbul und Ankara festgehalten. Zu den Internierten gehörten aber auch Exilanten und darüber hinaus solche mit jüdischen Familienmitgliedern wie die Familien Baade, Ruben oder Zuckmayer. In einer Eingabe an den türkischen Innenminister Hilmi

Uran nannte Carl Ebert Ende Februar 1945 die Zahl der Internierten und bat den Minister ausdrücklich, „eine individuelle Prüfung und Sichtung der so verschieden gelagerten Fälle der Verschickten anzuordnen".²⁷⁶

Nach intensiven Diskussionen verschiedener Einzelfälle stellte eine Gruppe um Alexander Rüstow eine „Liste zweifelsfreier Fälle" für die drei Internierungsorte auf. Darauf waren lediglich 20 Namen aufgeführt und dazu vermerkt: „Außerdem diejenigen Patres, Schwestern und Brüder von St. Georg, die nicht mit Bewilligung der deutschen Behörden dageblieben sind. Alle Aufgeführten mit Angehörigen, soweit vorhanden."²⁷⁷ Im Zweifel ergab sich ein Dissens zwischen Ernst Reuter, der den Exilantenstatus eher restriktiv auslegen wollte, und Alfred Marchionini, der aufgrund seiner Patientenkontakte zu manchen Reichsdeutschen einer größeren Personenzahl helfen wollte. Die Würdigung von Reuters Rolle im Hilfskomitee, die Marchionini dann zwei Jahre nach dessen Tod im Jahre 1955 vornahm, weist auf eine „Flexibilität" Marchioninis hin, die Reuter im Exil zunehmend auf Distanz zu ihm gehen ließ.

Im Vergleich zu den übrigen Exilanten zeigte Alfred Marchionini eine ungewöhnliche Nähe zu Reichsdeutschen und zur deutschen Botschaft, die Ernst Reuter missfallen musste. So nahm Marchionini Einladungen der Botschaft an und beteiligte sich an reichsdeutschen Spendensammlungen. Auf entsprechende Vorhaltungen Reuters warf Marchioni diesem Arroganz und Egoismus vor.²⁷⁸ Ebenso wie Albert Eckstein nutzte auch Marchionini Patientengespräche mit Angehörigen verschiedener Botschaften, um sich über politische und persönliche Fragen informieren zu lassen oder um zu intervenieren. Anders als Albert Eckstein ging er aber auch regelmäßig zu Gesprächen in die deutsche Botschaft. Hieraus erklärt sich das zweifelhafte Lob des Kulturfunktionärs Scurla über Marchionini: „Nach übereinstimmendem Urteil von Botschaft und deutschen Hochschullehrern ist die Führung von Marchionini in jeder Hinsicht gut..."²⁷⁹

Marchionini leiteten aber bei seinen Kontakten zur Botschaft – anders als Fritz Baade – weniger persönliche Motive. Meist ging es ihm um Rettungsaktionen zugunsten Einzelner, wie im Fall des Hochschulkollegen Walther Kranz. Alexander Rüstow, Marchioninis Exilfreund, hatte sich schon seit dem Jahre 1939 darum bemüht, den ihm gut bekannten und renommierten Altphilologen Walther Kranz nach Istanbul berufen zu lassen. Kranz war wegen seiner jüdischen Frau von der Universität Halle entlassen worden und fand in Deutschland nur ein mühevolles Auskommen. Nach vielen langwierigen Versuchen schaltete Rüstow die Professoren Rohde und Landsberger für Interventionen zugunsten von Kranz in Ankara ein, mehr aber noch den „Patientendiplomaten" Marchionini. Diesem stellte sich bei seinen Interventionen zunächst aber ein „selbstverschuldetes" Problem: „In der Angelegenheit Kranz (soweit sie von türkischer Seite gefördert werden kann) bin auch ich in der letzten Zeit nicht weitergekommen, weil der Staatssekretär im Kultusministerium, der mir helfen sollte, leider viel zu schnell geheilt wurde und nun sein Versprechen vergessen hat."[280] Parallel intervenierte Marchionini beim Kulturreferenten der Botschaft, Dr. Manfred Klaiber. Von diesem erfuhr er im Juni 1943 Erfreuliches zum Fall Kranz wie auch darüber, dass „auf Veranlassung der deutschen Botschaft das Gesetz über Mischehen bei den in der Türkei tätigen deutschen Professoren keine Anwendung" findet. In die Gruppe dieser Professoren sei Professor Kranz bereits eingereiht. Ergänzend konnte Marchionini an Rüstow vermelden: „Ansonsten ist über Fragen der Berufung deutscher Professoren in die Türkei immer der Regierungsrat im Reichserziehungsministerium Dr. Scurla unterrichtet; auch an den kann sich Herr K., falls er es für notwendig hält, unter Anführung der genannten Unterredung wenden. Es besteht also für uns keinerlei Anlass zur Besorgnis mehr."[281] Die Einstellung der Herren Dr. Klaiber und Dr. Scurla zu den Exilprofessoren und zur „nicht-arischen" oder „nicht-arisch versippten Exilantenclique" war Marchionini offensichtlich nicht bekannt. Ende Dezember 1943 und nach vier Jahren Bemühungen, konnte Rüstow schließlich das Ehepaar Kranz in Istanbul begrüßen. Ob die beiden NS-Kulturvertreter einen positiven Beitrag zum Ergebnis leisteten oder eher dazu beitrugen, dass das Ehepaar Kranz so lang auf die Folter gespannt wurde, muss offen bleiben.

Seine Hilfsbemühungen für Einzelne ergänzte Alfred Marchionini wie im Fall der türkischen Juden, denen im NS-besetzten Frankreich die Deportation ins KZ drohte, um Aktionen zu Gunsten größerer Gruppen von Verfolgten. Die Abläufe im Fall dieser Rettungsaktion sind weitgehend geklärt: Ende Dezember des Jahres 1943 wandte sich der Vertreter der „Jewish Agency" in der Türkei, Haim Barlaş, an Albert Eckstein mit der Bitte, bei Botschafter von Papen zugunsten der türkischen Juden bei den Reichsbehörden zu intervenieren. Es ginge darum, dass sich in Frankreich „ungefähr zehntausend türkische Juden" in akuter Gefahr befänden, da aufgrund neuer türkischer Gesetze ihre Staatsangehörigkeit nicht anerkannt würde und sie Gefahr liefen, als Staatenlose nach Polen deportiert zu werden.[282] Eckstein, der grundsätzlich den Kontakt zu den deutschen Botschaftern mied, unterrichtete Marchionini und dieser intervenierte bei Franz von Papen.

Im Juli 1946 schilderte der Verteidiger Franz von Papens, Dr. Kubuschok, dem Vorsitzenden Richter Geoffrey Lawrence das Ergebnis des Gesprächs während des Prozesses gegen die Hauptkriegsverbrecher vor dem Internationalen Gerichtshof Nürnberg aus Sicht der Beteiligten. Dr. Kubuschok hatte in seinem Plädoyer zuvor die Motive von Papens erläutert, die ihn veranlasst hätten, im April 1939 die Deutsche Botschaft in Ankara in einer äußerst kritischen politischen Lage zu übernehmen. Dann fuhr er fort: „Schließlich wäre die Übernahme eines derartigen Postens moralisch auch schon dann gerechtfertigt, wenn ihm auch nur ein einziger Teilerfolg beschieden gewesen wäre, wie zum Beispiel die Errettung von 10.000 Juden vor ihrer Deportation nach Polen, die durch das Affidavit Marchionini bestätigt worden ist. In diesem Zusammenhange möchte ich auf ein Mißverständnis eingehen, das auf Grund der richterlichen Befragung über dieses Affidavit entstehen könnte. Marchionini weist in seinem Affidavit darauf hin, daß den betreffenden Juden natürlich durch die Intervention Papens das Leben gerettet worden ist. Papen hat auf Befragung die Richtigkeit des Affidavits bestätigt. Diese Bestätigung stimmt auch mit den Tatsachen überein. Daraus ergibt sich jedoch noch nicht, daß die Bedeutung der Aktion, wie sie heute Marchionini bekannt ist, und die er deshalb in dem Affidavit erwähnt, damals bereits bekannt war. Papen wußte selbstverständlich, daß die Deportation mit einem unbekannten Zweck und unbekannten Ziel nach Polen etwas sehr Schwerwiegendes war. Deshalb auch sein Eingreifen. Erst heute weiß er, wie sicherlich es auch Marchionini erst heute in aller Deutlichkeit weiß, daß der Weg dieser Menschen nicht in eine Deportationsarbeit, sondern direkt in die Gaskammern führen sollte."[283]

Der „Weg dieser Menschen" konnte Franz von Papen in Ankara durchaus bekannt gewesen sein. Spätestens im Sommer 1943, als er die Widerständler Adam Trott zu Solz und Helmuth James von Moltke in Ankara empfing, musste er von den Vernichtungsaktionen im Warschauer Ghetto und den Konzentrationslagern erfahren haben. Moltke war bereits im Oktober 1942 „authentisch über den SS-Hochofen" berichtet worden. Ende März 1943 schrieb er seinem Freund Lionel Curtis, „daß wir Hunderttausende von Juden umgebracht haben."[284] Es ist kaum vorstellbar, dass von Moltke dem Botschafter von Papen seine Kenntnisse vorenthalten haben sollte, wollte er ihn doch für die Ziele des Kreisauer Kreises gewinnen. Eindeutig belegt ist, dass von Papen bei seinen regelmäßigen Treffen mit dem Vatikangesandten Angelo Roncalli in Istanbul über die Vernichtungslager unterrichtet wurde. So berichtete Roncalli dem Vatikanstaatssekretär Kardinal Luigi Maglione am 8. Juli 1943, dass er nicht nur mit US-Botschafter Laurence Steinhardt, sondern auch mit Franz von Papen über die Massaker an den Juden gesprochen habe.[285] Das Affidafit Marchioninis beurteilte Ernst Reuter im Januar 1949 in einem Brief an Fritz Baade recht mild: „Die Aussagen Marchioninis sind in einigen Punkten zum mindesten gesagt etwas naiv, denn sie verwechseln persönliche Liebenswürdigkeit des Umgangs und persönliche Distanzierung von den Manieren der Nazis mit der entscheidenden politischen Verantwortung von Papens."[286]

Die Aussagen Marchioninis waren nicht nur naiv. Sie gaben die Abläufe ebenso wenig korrekt wieder wie Franz von Papen es wenige Jahre später in seinen Erinnerungen *Der Wahrheit eine Gasse* tat: „Eines Tages suchte mich der uns befreundete Professor Dr. Marchionini [...] auf, um mir von dem Besuch des Sekretärs des Zionistischen Komitees, Herrn Barlach, zu berichten. Dieser habe meine Hilfe erbeten, um etwa zehntausend in Südfrankreich ansässige Juden vor der Deportation in polnische Lager zu bewahren. [...] Ich sagte meine Hilfe zu und besprach die Angelegenheit mit Numan [Außenminister Numan Menemencioğlu; Anm. d. Verf.]. Juristisch hatte er keine Möglichkeit, für diese früheren Staatsbürger etwas zu tun. Aber ich schlug vor und er ermächtigte mich, Hitler mitzuteilen, daß die Deportation der früheren Landsleute in der Türkei großes Aufsehen erregen und die Fortdauer unserer freundschaftlichen Beziehungen gefährden werde. Mit diesem Telegramm gelang es dann, die unglücklichen Menschen vor der Deportation zu bewahren."[287]

Zunächst bleibt festzuhalten, dass die Botschaft Ankara bereits am 12. Oktober 1942, also mehr als ein Jahr vor der Intervention Marchioninis bei von Papen, durch ein Fernschreiben des Auswärtigen Amtes davon unterrichtet worden war, dass sich in den besetzten Gebieten Frankreichs, Belgiens und den Niederlanden „noch eine größere Anzahl ausländischer Juden befinden, welche in die von Besatzungsbehörden getroffenen Maßnahmen noch nicht einbezogen sind." Darunter befanden sich eine größere Anzahl türkischer Staatsangehörige, „allein in Paris 3.046". Außenamtsstaatssekretär Luther wies die Botschaft in Ankara an, die türkische Regierung zu veranlassen, ihre Staatsangehörigen in die Türkei zurückzuholen. Anderenfalls bestünde „die Absicht, ab 1. Januar kommenden Jahres die noch in besetzten Gebieten befindlichen Juden allen Maßnahmen (Kennzeichnung, Internierung und spätere Abschiebung) zu unterwerfen."[288]

Der Gesandte Hans Kroll demarchierte bei Außenminister Menemencioğlu und berichtete dem Auswärtigen Amt am 20. Oktober 1942, dass der Außenminister die Zusage zur Repatriierung der türkischen Juden gegeben habe. Davon stand allerdings in einer Gesprächsnotiz des Ministers an den Staatspräsidenten İnönü kein Wort.[289] Die türkische Regierung verhielt sich passiv und das Ultimatum verstrich. In Paris wollten Botschaft und Sicherheitsdienst bereits die mehr als 2.400 türkischen Juden, deren Staatsangehörigkeit seitens der türkischen Botschaft nicht anerkannt worden war, sofort deportieren. Der Nahostreferent im Auswärtigen Amt, Wilhelm Melchers, warnte vor negativen Rückwirkungen auf das deutsch-türkische Verhältnis und drängte auf Fristverlängerung, die schließlich mehrfach und bis zum Januar 1944 eingeräumt wurde.[290]

Dieser Aufschub erlaubte türkischen Botschafts- und Konsulatsangehörigen in Frankreich, Einzelaktionen zugunsten von staatenlosen Juden türkischer Herkunft vorzunehmen, sei es dass sie ihnen türkische Pässe ausstellten, sie als Personal anstellten oder ihnen zur Flucht verhalfen. Diese Hilfsmaßnahmen waren allerdings den Daten des „Mémorial" von Serge Klarsfeld entsprechend nur ein Tropfen auf den heißen Stein: „Während der [...] Monate [...] März 1942 bis [...] August 1944 wurden 2.080 Juden und Jüdinnen türkischer Herkunft aus Frankreich in die Vernichtungslager Auschwitz und Sobibor deportiert."[291] Soweit dem umfangreichen Aktenmaterial des Auswärtigen Amtes zu entnehmen ist, „erhob Papen nicht ein einziges Mal Einspruch gegen die Deportation ehemals türkischer Juden aus den verschiedenen besetzten Staaten Europas. Mehrfach versuchte er ein generelles Einverständnis der türkischen Regierung zur Deportation ihrer Juden zu erreichen. Papen schlug lediglich zuweilen ein geschickteres Vorgehen vor."[292] Als ihm vom Auswärtigen Amt Ende Februar 1943 die bevorstehende Deportation von 2.400 Juden türkischer Herkunft aus Frankreich mitgeteilt wurde, antwortete der Botschafter, dass er mit deren Internierung einverstanden sei, wenn die als türkische Staatsbürger anerkannten 631 Juden ausgenommen würden.[293]

Alfred Marchionini suchte Franz von Papens Nähe bis zu dessen Abreise nach Deutschland am 5. August 1944, also einen Tag nach Abbruch der diplomatischen Beziehungen der Türkei zum Deutschen Reich. Seinem Istanbuler Freund Rüstow berichtete Marchionini vom Abschied Papens: „Meine Frau und ich suchten vor seiner Abreise Papen auf, um den zu veranlassen, hier zu bleiben, eine Aktion, die Visser [Gesandter Hollands in Ankara; Anm. d. Verf.] sehr begrüßte. Er erklärte mir jedoch, er müsse nach Deutschland gehen, weil er erkannt habe, dass man aus der Emigration heraus nicht viel tun könne. Man müsse im Lande selbst sein, um aktiv eingreifen zu können. Er fühle sich in Gottes Hand und wolle sein Bestes tun."[294] Offensichtlich wertete Marchionini die Treffen der „Kreisauer" Trott zu Solz und von Moltke im Sommer 1943 mit von Papen als Zeichen der Sympathie, wenn nicht sogar der Zusammenarbeit des Botschafters mit dem Widerstand. Dies traf indessen nicht zu. Trott berichtete später, dass beide „ein sehr offenes Gespräch" führten, von Papen aber nicht für die Sache des Widerstands gewonnen werden konnte.[295] Moltke stellte gegenüber seinem Begleiter Wilhelm Wengler fest, dass „von Papen wirklich so unfähig war, wie ihm nachgesagt wurde" und dass er „doch ein jämmerlicher Mann" sei.[296]

Das Bild eines entschlossenen Widerstandkämpfers vermittelte von Papen aber nicht nur Marchionini, sondern ab dem Jahre 1952 auch einer großen Zahl von Lesern seiner Memoiren: Beim Erreichen der deutschen Grenze Anfang August 1944 „war [ich] vollkommen darauf vorbereitet, hier von der Gestapo in Empfang genommen zu werden. War es doch mehr als wahrscheinlich, daß mein Name im Zusammenhang mit vielen der im Verlauf des 20. Juli Verhafteten genannt [...] war." Die Gestapo trat an der Grenze indessen nicht in Erscheinung. Unter „starker seelischer Erregung" traf von Papen schließlich am Potsdamer Bahnhof in Berlin ein: „Die nächsten Minuten würden über Leben oder Tod entscheiden."[297] Doch auch hier fand sich niemand ein, um über seine Existenz zu entscheiden. Stattdessen wurde er kurz nach Rückkehr, am 15. August 1944, ins Führerhauptquartier in die Wolfsschanze gebeten. Ihn erwartete weder ein Zornesausbruch über sein „verräterisches" Verhalten noch eine Festnahme – ganz im Gegenteil: Aus den Händen Adolf Hitlers konnte von Papen das selten verliehene „Ritterkreuz des Kriegsverdienstkreuzes mit Schwertern" entgegennehmen. Nach dieser denkwürdigen Anerkennung seiner Leistungen für das

„Dritte Reich" galt für ihn der Marchionini mitgeteilte Grund seiner Rückkehr ganz offensichtlich endgültig nicht mehr, nämlich in der Heimat „aktiv eingreifen zu können". Viel Zeit wäre ihm ohnehin nicht mehr verblieben. Am 10. April 1945 verhafteten ihn amerikanische Truppen in der Jagdhütte seines Schwiegersohns nahe dem Schloss Stockhausen am Rande des Vogelberges. Das erste Verhör vor dem Nürnberger Militärtribunal stand dann am 3. September 1945 an.

Alfred Marchionini blieb bis ins Jahr 1948 in der Türkei und erlebte dort noch vor Kriegsende eine unerwartete Überraschung: Wie 88 weitere Deutsche in Ankara hatte er sich trotz mehrmaliger Aufforderungen entschieden, im Herbst 1944 nicht ins Deutsche Reich zurückzukehren. Die noch intakte Ortsgruppe der NSDAP in Ankara beantragte daraufhin die Ausbürgerung aller Rückkehrverweigerer und für Marchionini zusätzlich ein Verfahren vor dem Volksgerichtshof. Martin Bethke, der NS-Propagandaamtsleiter in Ankara, begründete dieses Vorgehen gegenüber Marchionini in einem Telegramm nach Berlin: „Stets liberalistisch eingestellt, Vertrag mit der Türkei betont verlängert. Grüsste in den letzten Tagen Deutsche nicht mehr. Tarnte seinen Entschluss bis zu dem Tage seiner Willensbekundung zum Bleiben vor der türkischen Polizei, um noch alle Rechnungen von Deutschen kassieren zu können. Sprach zuletzt nur noch Türkisch […] und seine Ehefrau […] Mathilde, Tochter einer Halbjüdin, übte offenbar starken politischen und moralischen […] Einfluß auf den Mann aus."[298]

Doch Marchioninis Netzwerk in Ankara hielt auch ohne die Deutsche Botschaft. Seine frühere Nähe zu dieser veranlasste die türkischen Verantwortlichen nicht, ihn – anders als Fritz Baade – zu internieren. Er war am Musterkrankenhaus und als Arzt für türkische und ausländische Patienten in Ankara unabkömmlich. Aber auch in Deutschland war Marchionini nicht nur von Franz von Papen gefragt. So erfuhr Rüstow Ende Mai 1946 von Marchionini: „Der frühere Leiter der Konsulatsabteilung der Deutschen Botschaft bittet mich als ‚Vertrauensmann der Nicht-Arier in Ankara' ihm zu attestieren, dass er diesen immer menschlich und freundlich behandelt habe, wenn er bei der Durchführung der antijüdischen Gesetze mit ihm zu tun hatte. Es bedarf einer solchen Bescheinigung, um wieder irgendwo angestellt zu werden, da alle Beamten des AA entlassen sind."[299]

Vergleichbare Wünsche dürfte Marchionini in Deutschland später noch mehrfach entgegen genommen haben. Ab dem Jahre 1948 übernahm er die Leitung der Universitätshautklinik in Hamburg. In den Jahren 1950 bis 1965 wirkte er als Direktor der Dermatologischen Klinik in München. Unter Kollegen und Studenten beliebt, wählten diese ihn für das Rektoratsjahr 1954/55 zum Rektor der Ludwig-Maximilian-Universität, an der er bis zu seinem Tod Anfang April 1965 als Lehrer, Forscher und Arzt wirkte. Mit Leidenschaft verschrieb er sich der deutsch-französischen Aussöhnung und begründete als Münchner Rektor die erste deutsche Universitätspartnerschaft mit der Pariser Sorbonne.

i) Das schwierige Verhältnis zu Alfred Braun und Fritz Baade

Musste sich der langjährige Berufspolitiker Ernst Reuter im türkischen Exil schon jeglicher politischer Betätigung enthalten, so war ihm umso mehr daran gelegen, das dramatische Zeitgeschehen sowie seine Hintergründe und Perspektiven mit politisch Gleichgesinnten diskutieren und analysieren zu können. Er vermisste die Diskussionen in Parteiveranstaltungen, die öffentlichen Auseinandersetzungen und die Streitgespräche in der *Vorwärts*-Redaktion, die bisweilen hart, aber immer auf der Grundlage gemeinsamer Werte erfolgt waren. Die meisten seiner Parteifreunde hatten schon früh Zuflucht in der Tschechoslowakei, Frankreich, Holland, Dänemark und Norwegen gesucht. Nachdem diese Länder von NS-Truppen besetzt worden waren, fanden viele von ihnen Aufnahme in Schweden, England und den USA. Von den rund 6.000 Sozialdemokraten im Exil war es etwa einem Sechstel von ihnen möglich, sich in Exilgruppen zu organisieren. In der Türkei dagegen verfügten nicht einmal ein Dutzend der Exilanten über das Mitgliedsbuch der SPD, so dass an eine Gruppe nicht zu denken war. In Ankara gehörten neben Ernst Reuter auch Carl Ebert, Martin Wagner, Alfred Braun und Fritz Baade der Sozialdemokratischen Partei an. Der politische Austausch mit Carl Ebert war intensiv, unter parteipolitischen Aspekten aber eher unergiebig. Das Gespräch mit Martin Wagner bestimmten weitgehend berufliche Fragen. Politische Themen diskutierte Ernst Reuter besonders mit Fritz Baade. Die nahezu ausschließlich schriftlich geführten Auseinandersetzungen mit ihm und auch mit Alfred Braun kreisten indessen meist um Fragen des politischen Verhaltens. Das Verhältnis zum „Dritten Reich" bestimmte die Korrespondenz. Ernst Reuter zeigte wenig Verständnis für die beiden Genossen.

Den Berliner Schauspieler, Regisseur und Radiopionier Alfred Braun kannte der Opernintendant Carl Ebert gut, als er ihn für das Schauspiel und die Sprecherziehung nach Ankara holte. Beide arbeiteten eng zusammen – allerdings nur für eine kurze Zeit. Ebert war bekannt, dass Braun Anfang August 1933 von der Gestapo verhaftet, in „Schutzhaft" genommen und kurz darauf in das Konzentrationslager Oranienburg eingeliefert worden war, aus dem er nach sechs Wochen entlassen wurde.[300] Braun war Opfer einer Kampagne der Nationalsozialisten gegen den Weimarer „Systemrundfunk" und war laut NS-Funk maßgeblich an der „Verjudung der Funkstunde Berlin" beteiligt. Dazu warf man Braun seine Mitgliedschaft bei den Sozialdemokraten vor. Nach der Haftentlassung emigrierte Braun in die Schweiz, spielte in Zürich am Theater und bemühte sich dort um seine Rückkehr nach Deutschland, was ihm so früh allerdings nicht gelang. Carl Ebert vermittelte Braun im Jahre 1937 als Lehrer für Schauspiel und Sprecherziehung an die Theater- und Opernabteilung des Konservatoriums in Ankara. Indessen spielte Braun eine ungewöhnlich kurze Gastrolle in Ankara als er im Mai 1939 nach Berlin in den Urlaub flog „mit der festen Absicht, im Herbst wieder zurückzukehren."[301] Ende Februar 1947, nahezu acht Jahre nach seinem „Urlaubsbeginn", antwortete Braun auf Reuters Nachfrage von Mitte Februar: „[O]hne den Krieg wäre ich zurückgegangen" und ergänzte: „Ich weiß [...], daß viele in Ankara das Gegenteil glaubten."[302]

Auch Ernst Reuter musste das Gegenteil glauben. Ihm war völlig unverständlich, dass Braun ins nationalsozialistische Deutschland zurückkehrte und bereits im Februar 1940 bei Veit Harlan die Regieassistenz für den antisemitischen Propagandafilm *Jud Süß* übernahm. Im Jahre 1941 wurde Braun dann auch für seine anpassungsfähige neue Rolle mit der Aufnahme in die Reichsfilmkammer belohnt. Ohne Skrupel zu besitzen, schrieb er Veit Harlan das Drehbuch zum antitschechischen Film *Die goldene Stadt* und Anfang 1945 zum Durchhaltefilm *Kolberg* mit dessen Aufruf zum bedingungslosen Widerstand gegen die Kriegsgegner. Seinem Mentor Carl Ebert, der ihn fest für den Aufbau des Theaters in Ankara eingeplant hatte, teilte Alfred Braun mit, dass er krank geworden sei und dann wegen des ausbrechenden Krieges keinen Flug in die Türkei zurück bekommen konnte. Ebert bemühte sich offensichtlich noch weiter, Braun nach Ankara zurückzuholen. Erst am 1. September 1941 schien er jegliche Hoffnung aufgegeben zu haben. In seinem Tagebuch vermerkte er lakonisch: „Mit A. Braun fertig."[303]

Für Ernst Reuter war das Kapitel Alfred Braun in diesem Jahre indessen noch nicht abgeschlossen. In Berlin setzte er Anfang April 1947 den Briefwechsel mit Braun fort. Reuter griff Brauns Vorwurf auf, wonach er, Reuter, ungerecht urteile „wenn Sie Schauspieler mit dem gleichen Maß messen wollen wie Politiker, Juristen, Wissenschaftler, Architekten, Theologen."[304] In einem langen Brief antwortete Reuter: „Ich habe unsere Unterredungen in Ankara in allen Einzelheiten in der Erinnerung. Es hat mich damals sehr getroffen, daß Sie den Gang nach Canossa antraten. Nicht nur für den Schauspieler bedeutet der Verzicht auf seine berufliche Tätigkeit den Erstickungstod. Das geht auch anderen Menschen so. Ich habe lange, lange Jahre mich darein finden müssen, in keiner Weise das arbeiten und leisten zu können, wozu Neigung, Veranlagung, Fähigkeit und jahrelange Gewöhnung mich von Rechts wegen bestimmten. Ich habe unter der Trennung von der Heimat viel mehr gelitten als irgendeiner sonst in Ankara." Mit dem Satz: „Am Ende bleibt die Tatsache, daß Sie freiwillig in Satans Reich zurückgekehrt sind und Satan gedient haben", schien das Kapitel Alfred Braun für Reuter abgeschlossen gewesen zu sein. Der mitfühlende Humanist überwand aber den maßlos enttäuschten Politiker Ernst Reuter, als er sich am Ende seines Schreibens an Braun nach dessen alter Mutter und seinen weiteren Familienangehörigen erkundigte, diese grüßen ließ und Braun über das Befinden seiner eigenen Familie Auskunft gab.[305]

Alfred Braun kehrte nach dem Krieg zum Rundfunk zurück, arbeitete wiederum mit Veit Harlan zusammen und führte selber unter anderem beim Film *Ave Maria* mit Zarah Leander Regie. Sein Film *Stresemann* über den ehemaligen Außenminister der Weimarer Republik wurde mit dem Bundesfilmpreis ausgezeichnet. Der Rundfunk blieb aber weiterhin Brauns große Leidenschaft. Anfang 1954 wählte man ihn zum Programmdirektor und Intendanten des Senders Freies Berlin. Seine Verdienste wurden später auf verschiedenste Weise gewürdigt. Mit seiner frühen Rückkehr „in Satans Reich" und seinem dortigen Wirken allerdings beschäftigte sich die Presse schon im Jahre 1954 anlässlich der anstehenden Intendantenwahl. Sie forderte vergeblich Brauns Rückzug von der Kandidatur. Alfred Brauns Nimbus litt indessen keinen Schaden. Fünf Jahre nach seinem Tod im Jahre 1978 verewigten Verehrer das Andenken an ihn im Denkmal *Der Spreekieker* am Iburger Ufer in Berlin-Charlottenburg.

Zwischen den Parteikollegen Ernst Reuter und Fritz Baade, die kurz nacheinander in die Türkei gekommen waren und mehr als zehn Jahre dort blieben, entwickelte sich eine Beziehung zueinander, die den Schicksalsgefährten in Ankara und Istanbul Rätsel aufgab. Das Verhältnis der beiden war geprägt von einer kompromisslos erscheinenden Prinzipientreue Ernst Reuters und einer schwer nachvollziehbaren Pragmatik Fritz Baades. Eigentlich waren die Voraussetzungen für ein harmonisches Zusammenleben und -wirken beider im Exil gut: Beide lagen altersmäßig nur wenige Jahre auseinander und waren schon in ihrer Jugend politisch aktiv gewesen. Beide waren Teilnehmer des Ersten Weltkriegs und beide sprachen sich im Jahre 1915 gegen die Bewilligung weiterer Kriegskredite als unnötige Verlängerung des Krieges aus. Ernst Reuter war seit 1912 Mitglied der Sozialdemokratischen Partei, begeisterte sich in der russischen Kriegsgefangenschaft für die russische Revolution und schloss sich 1920 der Kommunistischen Partei Deutschlands an. Baade, von Kriegsgefangenschaft verschont, war in den Jahren 1918 und 1919 Vorsitzender des Arbeiter- und Soldatenrates in Essen und Stadtverordneter für die Unabhängige Sozialdemokratische Arbeiterpartei Deutschlands (USDP), welche sich 1917 von der SPD abgespalten hatte.

Im Jahre 1922 wurde Fritz Baade wie Ernst Reuter wieder Mitglied der SPD. Reuter war nach nur zwei Jahren Mitgliedschaft aus der KPD ausgeschlossen worden, und die Partei von Fritz Baade, die linksgerichtete USDP, hatte sich wieder mit der SPD zusammengeschlossen. Beide waren für den Wahlkreis Magdeburg Mitglied des letzten Reichstags der Weimarer Republik. Als überzeugte Demokraten stimmten sie am 23. März 1933 gemeinsam gegen das „Ermächtigungsgesetz", mit dem das Hitler-Regime das Reichsparlament ausschaltete. Auch verloren beide schon in den ersten Monaten der NS-Herrschaft aus politischen Gründen ihre Stellungen: Ernst Reuter am 5. März 1933 das Amt des Oberbürgermeisters in Magdeburg und Fritz Baade am 1. April die Leitung der Reichsforschungsstelle für landwirtschaftliches Marktwesen in Berlin. Im Abstand von einem halben Jahr traten Baade und Reuter schließlich 1935 ihre Stelle als Berater des türkischen Wirtschaftsministers in Ankara an – zuerst Fritz Baade als Agrarsachverständiger, dann Ernst Reuter als Sachverständiger für Tarif-

Ernst Reuters Leben und Wirken im Exil 133

Abb. 19 *Fritz Baade, 1932.*

und Verkehrsfragen. Schließlich hatte Fritz Baade kurz nach seinem Dienstantritt in Ankara Ernst Reuter am 8. März 1935 in England telegrafisch mitgeteilt, dass der türkische Wirtschaftsminister einen Berater mit seinen Qualifikationen suche. Fritz Baade gab also den entscheidenden Anstoß, dass Ernst Reuter sich entschied, die Türkei als Zufluchtsland zu wählen.

Bereits zu Beginn ihrer Exilzeit in Ankara endeten Ernst Reuters und Fritz Baades Gemeinsamkeiten. Die Wege trennten sich, als Reuter für sich entschieden hatte, mit dem NS-Regime und seinen Vertretern in der Türkei in keinerlei Kontakt zu treten, während Baade es für erforderlich hielt, diesen zu suchen. Ein „Geheim" gestempelter Bericht der Deutschen Botschaft Ankara vom 25. November 1935 zum Thema „Deutsche Emigranten" an das Auswärtige Amt bestätigt die unterschiedliche Grundhaltung beider. Auf Nachfrage des Auswärtigen Amtes berichtete die Botschaft über die seinerzeit in türkischen Diensten stehenden Exilanten und deren Loyalität zum „Dritten Reich". Insgesamt listete die Botschaft neun Experten auf. Zu den Agrarexperten Baade und Wilbrandt vermerkte sie: „Sind bisher Deutschland gegenüber loyal geblieben und berücksichtigen die deutschen Interessen." Die Liste ergänzte die Botschaft um einen Hinweis auf mehrere Vorgänge über Ernst Reuter, die im Auswärtigen Amt vorlägen, und stellte fest: „Dass Ernst Reuter eine dem Deutschtum abträgliche Tätigkeit entfaltet, konnte bisher noch nicht bemerkt werden. Er wird aber, ebenso wie die Vorgenannten, weiter beobachtet werden."[306] In ihrem Geheimbericht vom November 1935 fragte die Botschaft ebenfalls beim Auswärtigen Amt an, „ob und eventuell welche von diesen Personen als Emigranten im Sinne des Runderlasses vom 12. d.M. zu betrachten sind". Botschafter Friedrich von Keller vermutete vorab: „Ich möchte dies bei Herrn Reuter vorläufig annehmen." Die vom Botschafter vermutete Emigranteneigenschaft Reuters und der angeführte Runderlass wurden in Verbindung mit der Verlängerung der Pässe der Familie Reuter bereits angesprochen. Ein Halbsatz in dem Bericht erlaubt, das Verhältnis Reuters zu Baade verstehen zu können: „Ernst Reuter, der sich auf der Botschaft, im Gegensatz zu den Obengenannten, aber noch nicht gemeldet hat".[307] Reuter meldete sich auch in den mehr als elf Jahren seines Aufenthalts in Ankara kein einziges Mal beim Botschafter, dagegen notgedrungen dreimal beim zuständigen Konsulatsbeamten, um die Gültigkeit seines Passes und die der Pässe seiner Familie erneuern zu lassen. Solange Ernst Reuter über einen gültigen deutschen Pass verfügen und beruflich gesichert in der Türkei leben konnte, brauchte ihn nicht zu interessieren, ob die Behörden des NS-Regimes ihn als Emigranten führten oder nicht. Verunglimpfungen der Emigranten durch die NS-Machthaber wie „Volksschädlinge", „Landesverräter", „Staatsfeinde" oder „vaterlandslose Gesellen" konnten ihn nicht schrecken und nach zwei KZ-Aufenthalten lag ihm ohnehin fern, auch nur besuchsweise in das „Dritte Reich" zu reisen.

Für Fritz Baade zählten andere Überlegungen. Er wollte frei von Sorgen um eine Ausbürgerung aus der deutschen Staatsangehörigkeit sein, die jederzeit allen politischen und jüdischen Emigranten drohen konnte. Die NS-Machthaber hatten sich mit dem „Gesetz über den Widerruf von Einbürgerungen und die Aberkennung der deutschen Staatsangehörigkeit" vom 14. Juli 1933 und der Durchführungsverordnung vom 26. Juli dazu eine Grundlage geschaffen. Demnach konnten auch „Reichsangehörige, die sich im Ausland aufhalten der deutschen Staatsangehörigkeit für verlustig erklärt werden, sofern sie durch ein Verhalten, das gegen die Pflicht zur Treue gegen Reich und Volk verstößt, die deutschen Belange geschädigt haben."[308] Der Verlust der Staatsangehörigkeit und des Aufenthaltsrechts, Vermögensbeschlagnahme, Aberkennung akademischer Titel, Entzug von Versorgungsansprüchen und Kriminalisierung waren die Konsequenz einer Ausbürgerung. Mit den Kautschukbegriffen „Pflicht und Treue" und „Schädigung deutscher Belange" verfügten die Reichsbehörden, mehr aber noch die deutschen Auslandsvertretungen bei der Überwachung der Exilanten, über einen denkbar großen Ermessensspielraum.

Manche der politischen Exilanten, und so auch Fritz Baade, standen vor dem Dilemma, ihre Gegnerschaft zum NS-Regime mit ihren Gestaltungsmöglichkeiten in der unfreiwillig gewählten neuen Heimat sowie mit eventuellen Verpflichtungen in der alten Heimat vereinbaren zu müssen. Fritz Baade war davon überzeugt, dass ihm eine gewisse Nähe zur Botschaft davor bewahren könnte, als Emigrant nach den diskriminierenden Regeln behandelt zu werden, die mit diesem Status verbunden waren. Mit seiner zweiten Frau Edith, einer „halbarischen" Journalistin, war er zusammen mit drei Kindern aus erster und zweiter Ehe nach Ankara gekommen. In Berlin hatte er eine frühere jüdische Gefährtin hinterlassen. Die gemeinsamen Töchter waren in England in Sicherheit, die in Berlin Untergetauchte benötigte aber bis zum Ende des NS-Regimes zum Überleben Baades materielle und psychische Unterstützung.[309]

Briefe und Geldsendungen aus Ankara meinte Baade nach Berlin ungehindert nur befördern zu können, wenn er gegenüber der Botschaft und dem NS-Ortsverband Ankara nicht auffällig wurde. Vor diesem Hintergrund kann auch sein Schreiben von Ende November 1934, also vor Ausreise nach Ankara, an das Auswärtige Amt gesehen werden. Darin berichtete er dem Amt, dass er entschlossen sei, die Beraterstelle in Ankara anzutreten und erklärte, dass er „nach dem politischen Umschwung im Frühjahr 1933 mit voller Absicht in Deutschland geblieben" sei um sich nicht einer möglichen „Nachprüfung meiner dienstlichen oder politischen Tätigkeit [zu] entziehen." Baades Schreiben endet mit der Bitte an das Auswärtige Amt, die Botschaft Ankara zu veranlassen, ihm einen Kontakt zum Rektor der Landwirtschaftlichen Hochschule in Ankara zu vermitteln.[310]

Während die Gründe, welche zu Nachprüfungen der Tätigkeit Baades Anlass gegeben haben könnten, nicht belegt sind, ist Baades Kontaktbitte daraus zu erklären, dass er für sich erhoffte, eine Stelle an der Landwirtschaftlichen Hochschule in Ankara erhalten zu können. Diese stand unter Leitung eines deutschen Direktors und war mit einem großen Stab von reichsdeutschen Experten besetzt. Zusätzlich zur Beratertätigkeit im Wirtschaftsministerium oder als Ersatz konnte die Hochschule Baade zweifellos eine attraktive Tätigkeit bieten. Die Eintragung des NS-Kulturfunktionärs Scurla im Bericht seiner Inspektionsreise im Mai 1939 bestätigt das Interesse Baades, zeigt aber auch, wie die reichsdeutsche Leitung der Hochschule ihn einschätzte: „Minister Faik Kurdoğlu hatte versucht, den Sachverständigen im Landwirtschaftsministerium, Dr. Baade, zu berufen, der deutscher Emigrant ist und von der Hochschule mit Erfolg abgewehrt werden konnte."[311]

Bekanntlich war die Deutsche Botschaft Ankara bereits früh von Baades Hochschulwunsch unterrichtet worden, entsprach dem aber nicht. Der Gesandte Kroll wusste dem Auswärtigen Amt Ende Februar 1939 zu berichten: „Nun werden zwei Herren aus dem Wirtschaftsministerium genannt, die als Anwärter für den Lehrstuhl über Betriebswirtschaftslehre in Betracht kommen könnten. Dr. Baade und Dr. Wilbrandt. – Baade konnte sofort ausgeschaltet werden und es konnte auch verhindert werden, dass er weiter über ‚Standardisierung' an der Hochschule Vorlesung hält."[312] Baades Bemühungen also, schon vor Ausreise vom

Auswärtigen Amt für den Hochschulposten in Ankara Unterstützung zu erhalten, schlugen demnach fehl – im Gegenteil: Der Gesandte Kroll hielt es für angebracht, ihn nicht nur als Kandidaten für einen Lehrstuhl „auszuschalten", sondern ihm auch weitere Gastvorlesungen zu verwehren.

Es verwundert, dass der NS-Kulturfunktionär Scurla in seinem Bericht vom Jahre 1939 Fritz Baade als Emigrant einstufte. Dieser hatte sich gegen den Emigrantenstatus verschiedentlich gewehrt. Im Mai 1936 nämlich hatte das Auswärtige Amt von der Gestapo auf Anfrage erfahren: „Die Ausreise nach Ankara soll seinerzeit mit Zustimmung der dortigen Stelle erfolgt sein. Da politische Gründe für eine Übersiedlung ins Ausland nicht maßgebend gewesen sind, ist Baade nicht als Emigrant im Sinne meiner Runderlasse zu betrachten."[313] Offensichtlich hatte Baades Brief an das Auswärtige Amt vom Dezember 1934 dazu beigetragen, dass man seiner Ausreise nach Ankara zustimmte und er sie aus beruflichen Gründen antreten konnte und nicht als politischer Flüchtling. Mitte August 1940, also vier Jahre nachdem die Gestapo festgestellt hatte, dass Baade nicht aus politischen Gründen nach Ankara ausgereist war, meldete sich indessen der Reichsführer SS mit politischen Argumenten beim Auswärtigen Amt. Er bezog sich auf das Gestapo-Schreiben vom Mai 1936 und erklärte: „Wie nunmehr von einem Rückwanderer aus der Türkei mitgeteilt wurde, soll Baade in der Türkei gegen Deutschland hetzen. Falls dieses zutrifft, beabsichtige ich gegen Baade ein Ausbürgerungsverfahren einzuleiten."[314]

Auch der „Beauftragte für Fragen der Reichsdeutschen in der Türkei" an der Botschaft Ankara, Dr. Victor Friede, steuerte Mitte Oktober 1940 vermeintlich wichtige Informationen bei, die Baades Ausbürgerung aus der deutschen Staatsangehörigkeit stützen sollten. In einer Aufzeichnung ließ der Beauftragte verlauten, dass Baade in Ankara „unterhalb der Wohnung des Pg. Hans Schmidt gewohnt" habe, dort auch „Zusammenkünfte der Ankaraner Emigrantenvereinigung" stattfanden und außer „Sprechchören gegen das nationalsozialistische Deutschland" auch ein „Hetzgedicht gegen den Führer vorgelesen" wurde. Zwei deutsche Mädchen hätten ihm darüber hinaus mitgeteilt, dass „Baade eifriger Teilnehmer an den Ausflügen des Emigrantenklubs" sei. Auch befänden sich die Kinder Baades „auf Besuch bei dem ungarischen Juden Hirrlinger". Schließlich gelte die Tochter Baades als „verlobt mit dem Mischling Laqueur junior, der sich im Gegensatz zu seinen Eltern und seiner Schwester offen zum Emigrantentum bekennt."[315]

Wie andere deutsche Regierungsberater auch, verlor Baade nach Kriegsbeginn, im Winter 1939, seine Beraterstelle in Ankara. Er ging in die Privatwirtschaft nach Istanbul. Das Generalkonsulat Istanbul musste es also zuständigkeitshalber übernehmen, das weitergeleitete Schreiben des Reichsführers SS vom August 1940 zu beantworten. In seiner Stellungnahme wies Generalkonsul Seiler Ende Oktober 1940 darauf hin, dass Baade „1934 mit Genehmigung der

Reichsregierung nach der Türkei ausgewandert" sei, sich in Istanbul nach Entlassung aus dem Beratervertrag „eine gute wirtschaftliche Position geschaffen" habe, und dass sein „arischer" Sohn aus erster Ehe im Sommer 1940 für den Wehrdienst gemustert wurde. Baade habe bei seiner Anmeldung beim Generalkonsulat im August 1939 betont, dass er „zwar wegen seiner halbjüdischen Frau zu einer gewissen Zurückhaltung gegenüber der deutschen Kolonie gezwungen sei, dass er sich aber als guter Deutscher fühle und beabsichtige, mit der Reichsvertretung loyal zusammenzuarbeiten." Diese Absicht habe Baade seither eingehalten. Darüber hinaus habe er „jederzeit auf seinen Spezialgebieten seinen Rat und seine Kenntnisse zur Verfügung gestellt und dank seiner guten Beziehungen zu türkischen Kreisen und seiner Fachkenntnisse sehr nützliche Anregungen gegeben." Die Anzeige des Rückwanderers bei der SS könne deshalb nicht auf Baades Zeit in Istanbul zutreffen, möglicherweise aber auf seine Zeit in Ankara. Vor Einleitung eines Ausbürgerungsverfahrens solle ihm eine „gewisse Bewährungsfrist zugebilligt" werden. Sein Verhalten sei „genauestens zu beobachten". Man lege auf Baades Mitarbeit großen Wert und sollte ihm den „Wiederanschluss an die deutsche Volksgemeinschaft" ermöglichen.[316]

Die Stellungnahme des Generalkonsuls bewirkte, dass das Ausbürgerungsverfahren gegen Baade Anfang Dezember 1940 zunächst zurückgestellt wurde. Bis zum Schluss seiner Exilzeit wurde Fritz Baade nicht ausgebürgert, konnte andererseits im Herbst 1944, also nach Abbruch der Beziehungen der Türkei zum Deutschen Reich, der Internierung nicht entgehen. Er war indessen nicht der einzige Emigrant unter den 465 Personen mit deutschem Pass, die für mehr als ein Jahr in zentralanatolischen Orten untergebracht wurden.

Über Baade Verhältnis zum offiziellen Deutschland suchte Ernst Reuter während des Exils keine direkte Aussprache mit ihm. Im April 1943 erhielt er aus Istanbul von Baade ein Schreiben, das ihn über Gespräche unter den Istanbuler Exilanten unterrichtete, die auf Aktionen gegen das NS-System abzielten. Anfang Mai antwortete Reuter sehr ausführlich. Er sprach Baade seinen Dank dafür aus, dass er durch seine Intervention in die Türkei gekommen war und fuhr fort: „Unsere Beziehungen sind hier in Ankara, wie Ihnen selber nicht entgangen sein wird, allmählich sehr erkaltet. Wir haben keinerlei Streit miteinander gehabt. [...] Aber ich mußte mit Befremden sehen, wie Sie, der ehemalige sozialdemokratische Reichstagsabgeordnete und Referent eines unserer Parteitage, in für mich wenigstens merkwürdige und unklare Beziehungen zur deutschen Botschaft traten." Ernst Reuter warf Baade vor, bei Besuchen in Deutschland verschiedene Behörden „bis herunter zum Polizeipräsidium" aufgesucht und ihm in Fragen seiner Passschwierigkeiten den Rat gegeben zu haben „mich der ‚Botschaft zur Verfügung zu stellen'".[317]

Darüber hinaus machte Ernst Reuter in seinem Schreiben Fritz Baade den Vorwurf, dass „Ihrem ganzen politischen Verhalten m.E. ein schwerer Fehler in der Einschätzung der Situation und des Regimes zu Grunde lag." Unbestreitbar sei der außenpolitische Sinn von Hitlers „Machtergreifung" gewesen, einen Revanchekrieg vorzubereiten. Hierzu gab es nur eine Haltung: „Meiner Meinung nach konnte es gegenüber dieser Entwicklung nur eine mögliche Form des politischen Verhaltens geben: absolute und kompromißlose Ablehnung. Hier im Ausland war außerdem die Innehaltung dieser Linie nicht so schwer. Jeder, der – als Arier insbesondere – diese Linie bezog, war ein großer Gewinn für die Zukunft, wenn wir wieder an die Neuaufbauarbeit gehen müssen und dazu Leute gebrauchen, die durch ihren persönlichen und politischen Charakter Vertrauen im In- und Ausland erworben haben. So, wie Sie mich kennen, werden Sie es verstehen müssen, daß Ihr Verhalten gegenüber den Deutschen – sogar Ihren Sohn haben Sie noch als Soldaten ziehen lassen – für mich eine schwere Enttäuschung darstellte und daß ich, wenn auch durchaus nicht so leichten Herzens, keine andere Möglichkeit sah, als mich zurückzuziehen."[318]

Baade bedankte sich Ende Mai 1943 für das Antwortschreiben Reuters und bemerkte: „Ich muss allerdings gestehen, dass meine Dankbarkeit grösser wäre, wenn Sie mir das alles schon früher geschrieben oder noch besser gesagt hätten" und setzte fort, dass ihm, Baade, bei Reuter „keine ablehnende Haltung aufgefallen" sei. Seine politische Grundlinie habe er immer eingehalten, nämlich „unbedingte Gegnerschaft gegenüber dem Naziregime und unbedingte Zugehörigkeit zu Deutschland". Allen Botschaftern und Konsuln habe er bei formellen Besuchen diese Stellung unzweideutig mitgeteilt und „manche von ihnen [haben] darauf in einer geradezu überraschenden Weise positiv reagiert." Entsprechend habe er es bei allen Behördenbesuchen in Deutschland gehalten und er „verdanke dieser Taktik die Aufrechterhaltung weitverzweigter Beziehungen zu Gegnern des Naziregimes."[319] Nicht zu erfahren war von Baade allerdings, ob unter diesen Gegnern auch offizielle Vertreter des „Dritten Reiches" in der Türkei waren und wer gegebenenfalls von ihm gemeint sein konnte.

Im Weiteren bestritt Baade in seinem Brief an Reuter, dass er ihm wegen dessen Passschwierigkeiten nahegelegt habe, sich an die Botschaft zu wenden. Es sei vielmehr um die notorischen Gräuelvorwürfe gegen den „Wolgakomisar" Ernst Reuter gegangen, als er, Baade, zweimal auf der Deutschen Botschaft war und Reuter riet, zur Klärung doch auch selbst hinzugehen. Baade erinnerte Reuter ferner an die gemeinsame Zeit im Reichstag, an die Zeit unmittelbar nach der NS-Machtergreifung und „Ihre bitteren Erfahrungen im Konzentrationslager oder die furchtbaren Leiden, denen die nächsten Verwandten meiner Frau oder meine Freundin Leni Leroi ausgesetzt waren und sind". Er betonte, dass Reuter und er „immerhin die beiden einzigen sozialdemokratischen Abgeordneten in diesem neutralen Land" seien und hoffte abschließend, dass „eine richtige persönliche Aussprache zwischen uns volle Klarheit schaffen wird."[320] Reuter griff den Vorschlag Baades auf. Beide trafen sich in

Istanbul und nach dem Gespräch schrieb Reuter Mitte August 1943: „Ich weiß nicht, ob bei den Schwierigkeiten des Hin- und Herfahrens ich noch Gelegenheit haben werde, zu Ihnen zu kommen. Aber ich habe viel über unsere Unterhaltung nachgedacht und möchte vor meiner Abfahrt auf jeden Fall noch einmal auf sie zurückkommen."[321] Der mehrseitige Brief Reuters an Baade kreiste im Weiteren ausschließlich um Überlegungen zur Zukunft Deutschlands und Europas, ein Thema, das beide bei Ihrer vorherigen Aussprache offensichtlich bereits intensiv erörtert hatten.

Auch die gründliche Aussprache und der ausschließlich politischen Fragen gewidmete Brief änderten nichts daran, dass Ernst Reuter der politischen Verlässlichkeit von Fritz Baade misstraute. Ende August 1943, nur wenige Tage nach seinem Brief an Baade, berichtete Ernst Reuter seinem New Yorker Gesinnungsgefährten Albert Grzesinski, dass er zusammen mit Alexander Rüstow, Gerhard Kessler und anderen den „Deutschen Freiheitsbund" gegründet habe. Er erläuterte, wie die Gruppe zusammengesetzt sei und dass „[u]nter ihnen [...] ich der einzige frühere Sozialdemokrat und auch der einzige berufsmäßige Politiker alten Stils [bin]." Reuter ergänzte: „Unseren alten Freund Baade, der jetzt in Stambul lebt, haben wir nicht in die Gruppe aufgenommen, weil er nach unserer allgemeinen Überzeugung sich durch seinen Umgang in der Botschaft den Nazis doch so sehr genähert hat, dass ihm gegenüber das unerläßliche Vertrauen fehlt, ohne dass eine solche Arbeit nicht gut möglich ist."[322] Auch zweieinhalb Jahre später zeigte sich Reuter in seiner Haltung zu Baade unverändert. Fritz Tarnow, dem gemeinsamen früheren Reichstagskollegen, schrieb er: „Ich persönlich kann freilich über diese Beziehung zur Botschaft, die er auch heute noch verteidigt und die meines Erachtens sicher durch seinen Glauben an einen deutschen Sieg bedingt war, nur sehr schwer hinwegkommen."[323]

Zurückgekehrt nach Berlin, brachte Ernst Reuter auch aus der Distanz zur gemeinsamen Zeit mit Fritz Baade im türkischen Exil kein Verständnis für dessen Verhalten gegenüber dem offiziellen Deutschland auf. Anfang April 1947 erläuterte er Friedrich Stampfer, der ebenfalls gemeinsam mit ihm und Baade Reichstagsabgeordneter war, ausführlich ins amerikanische Exil, wie er Baade fachlich und mehr noch politisch einschätzte. Er beschrieb Baade als einen „außerordentlich fähige[n] Mann" und fuhr fort: „Meine sachlichen, nicht persönlichen Spannungen mit Baade stammen daher, daß er während seines Aufenthaltes in der Türkei offizielle Beziehungen zur deutschen Botschaft unterhielt, an den amtlichen Veranstaltungen mit dem üblichen Gebrüll, Fahneneinmärsche usw. teilnahm, seine Jungens in die Hitlerjugend schickte und seinen ältesten Sohn veranlaßte, nach Deutschland zurückzukehren, um sich zum Militär zu stellen."[324]

Fritz Baade und seine Familie konnten sich im August 1944 mit Abbruch der deutsch-türkischen Beziehungen der Internierung in Kırşehir, im zentralanatolischen Kappadokien, nicht entziehen. Baade machte das Beste aus dem rund

18-monatigen „Exil im Exil". So schrieb er ein Buch über die Perspektiven der europäischen Landwirtschaft, das Reuter in seinem Brief an Fritz Tarnow lobend erwähnte. Er entdeckte in Kırşehir eine verlassene Thermalquelle und ließ das Wasser in Ankara analysieren. Es stellte sich als mineralreich heraus und an der Quelle entstand später ein beliebtes Heilbad. Fast alle Wohnungen in Kırşehir werden noch heute von dem Thermalwasser beheizt. Baade entdeckte auch reichhaltige Onyxbestände, richtete eine Steinschleiferei ein und interessierte den Gouverneur für sein Hobby. Damit schuf er in der Stadt den Grundstein für eine Schule für Steinschleiferei. Die Bewohner von Kırşehir verehrten und belohnten Fritz Baade. Bald nach Ende seines unfreiwilligen Aufenthalts konnte er sich Ehrenbürger der Stadt Kırşehir nennen. Die Hauptstraße zum Thermalbad, die „Prof. Fritz Baade Çaddesi", erinnert noch heute an ihn.

Fritz Baade ging 1946 als selbständiger Publizist in die USA und setzte sich dort zusammen mit anderen Deutschen öffentlich gegen den Morgenthau-Plan ein, also gegen die Absicht einer industriellen Demontage Deutschlands. Ab dem Jahre 1948 konnte Baade sein Berufsziel, welches ihm in Ankara maßgeblich durch die Reichsorgane verwehrt worden war, als Ordinarius an der Kieler Christian-Albrechts-Universität und als langjähriger Direktor des Instituts für Weltwirtschaft endlich erreichen. Seine ungebrochene Schaffenskraft belegen Baades zahlreiche Publikationen über Welternährungs- und Weltenergiefragen, über die deutsche Landwirtschaft im Gemeinsamen Markt oder eine „Dynamische Weltwirtschaft" bis zu Problemen der Familienplanung in Entwicklungsländern. Viel diskutiert wurde sein eher utopisches Buch aus dem Jahre 1960 *Der Wettlauf zum Jahre 2000. Unsere Zukunft: Ein Paradies oder die Selbstvernichtung der Menschheit*. Politisch wirkte Baade viele Jahre als sozialdemokratischer Abgeordneter im Bonner Parlament.

Baades Emigrantenschicksal gab Ernst Reuter und seinen Exilgefährten reichlich Rätsel auf. Seine Haltung zu den Reichsbehörden ist auch heute schwer zu erklären. Ob seine „Taktik", wie er seine Haltung Reuter gegenüber beschrieb, das glückliche Überleben der in Berlin von einer sozialdemokratischen Schneiderin versteckten jüdischen Freundin bewirkte, ist schwer nachzuweisen.[325] Baade konnte für Geldübergaben seine eigenen Reisen nach Deutschland oder die befreundeter Reichsdeutscher und Türken nutzen. Den Kurierweg von Botschaft und Generalkonsulat dürfte er kaum in Erwägung gezogen haben. Nachweisbar dagegen ist, dass Baades Berufswünsche, für die er noch vor Ausreise nach Ankara vom Auswärtigen Amt Unterstützung erbat, von den Reichsorganen ausdrücklich vereitelt wurden. Die geschilderten Überwachungen, Denunziationen und Ausbürgerungsabsichten des Reiches und seiner Vertreter ließen Baade darüber hinaus ein Schicksal erleiden, welches ebenfalls vielen der rassisch und politisch verfolgten Emigranten widerfuhr, die im Exil stets Abstand zum NS-Regime und seinen Auslandsvertretungen hielten.

j) Der mutige Sozialwissenschaftler Gerhard Kessler

Ernst Reuter fehlte im langjährigen türkischen Exil nicht nur die vertrauliche politische Diskussion mit Parteikollegen. Anders als zuvor in Deutschland war es ihm auch unmöglich, seine politischen Überlegungen und Entwürfe einem kritischen Publikum in Reden und Artikeln vorzustellen. Nur einen begrenzten Ersatz boten ihm seine präzis ausformulierten Briefe an Parteifreunde wie Ludwig Bamberger, Paul Hertz, Albert Grzesinski oder Victor Schiff und an Schicksalsgefährten im Exil wie Thomas Mann und Reinhold Niebuhr. In einer großen Zahl von Briefen kommentierte er das politische Geschehen, artikulierte seine Grundüberzeugungen und entwickelte Perspektiven für die Nachkriegszeit.

Seinem jüdischen Parteifreund Paul Hertz, dem langjährigen Abgeordneten und Parteisekretär der SPD im Reichstag, schilderte Ernst Reuter Anfang Februar 1937 seine politische Isolation: „Im übrigen bin ich hier im wirklichen Sinne des Wortes vollständig allein und habe niemanden, der ernsthaft zählte. Es sind zwar hier eine ganze Reihe von ganz netten Leuten versammelt, unter denen wegen Ihrer Abstammung, aber wohl hauptsächlich deshalb, manche Leute mit uns sympathisieren. Das ist aber auch alles. Von früheren Genossen ist Baade ein schandbarer Verräter, und die einfachste Vorsicht würde mich abhalten, mit ihm in irgendeiner Weise über die Dinge Verbindung aufzunehmen. [...] Sie wissen nicht, wie sehr mir die Einsamkeit hier ein Druck ist und wie ich froh sein würde, wenn ich irgendwo für weniger Mammon doch mehr mit alten Freunden in Berührung bleiben könnte."[326] Der Weggang aus Deutschland bedeutete für Ernst Reuter nicht nur den Verlust der Heimat. Auch die Parteiheimat war ihm genommen worden.

Bei dem zitierten Brief handelte es sich um Reuters Antwort auf ein Schreiben von Hertz, mit dem dieser ihm eine Nummer der seit September 1935 in London herausgegebenen *Nachrichten des Auslandsbüros Neu Beginnen* nach Ankara übermittelt hatte. Bis zum Frühjahr 1937 engagierte sich Paul Hertz im Prager Exil als Mitglied des Exilvorstands der SPD in der Widerstandsgruppe „Neu Beginnen". Im Untergrund befasste diese sich vor allem mit Schulungsarbeit, dem Aufbau eines Organisationsnetzes und eines funktionierenden Kurierwesens. Reuter bekundete Hertz sein großes Interesse an der Arbeit von „Neu Beginnen", stellte dann aber bedauernd fest: „Ich bin ja leider durch meine halbamtliche Stellung ein wenig gebunden und kann nicht direkt mitmachen. Auch ist die Entfernung ein großes Hemmnis."[327]

Bis zum Jahre 1940 war Ernst Reuter durch seine Tätigkeit als Berater des türkischen Wirtschaftsministers nicht nur „ein wenig gebunden", sich politisch abstinent zu verhalten. Sein Beratervertrag mit dem türkischen Wirtschaftsminister schrieb ihm dies explizit vor und darüber hinaus auch Verschwiegenheit: „Der Experte darf über seine Tätigkeit und Untersuchungen in der Türkei weder in der Türkei noch im Ausland Informationen weitergeben. Diese Abmachung ist für den Experten auch nach der Beendigung seines Vertrages bindend. Er darf sich außerdem keiner ausländischen politischen Vereinigung anschließen und über seine private Arbeit sowie über seine Tätigkeit im Ministerium weder einem Ausländer noch einer ausländischen Vereinigung Auskunft erteilen."[328] Auch sein Vertrag mit der Hochschule für Politische Wissenschaften vom 12. Februar 1939 enthielt eine entsprechende Klausel: „Während seines Türkeiaufenthalts darf Prof. Reuter sich mit Politik und Handel nicht beschäftigen."[329] Vergleichbares galt für alle Exilprofessoren an den türkischen Hochschulen. Denn schon vor Beginn des Weltkriegs und nicht erst seit ihrer auf strikte Neutralität ausgerichteten Politik war die junge türkische Republik darauf bedacht, ihr Land von politischen Auseinandersetzungen ausländischer Vereinigungen und von Widerstandsgruppen frei zu halten. Das Verbot politischer Betätigung setzte die Türkei mit Ausweisungen durch.

Indem die Türkei Ausländern politische Aktivitäten untersagte, unterschied sie sich deutlich von den übrigen Exilländern. So auch vom „exotischen" Exilland Mexiko. Hier war es den deutschen Exilanten möglich, öffentlich gegen das NS-Regime aufzutreten und auch Widerstand zu organisieren. So konnten Egon Erwin Kisch und Anna Seghers als Mitglieder einer kommunistischen Exilgruppe in Mexiko die Zeitschrift *Freies Deutschland* herausbringen. Aber auch Leo Trotzki konnte ab dem Jahre 1937 im mexikanischen Exil gegen Josef Stalin und die Moskauer Prozesse agitieren. In der Türkei waren Trotzki in seinen vier Exiljahren auf der Istanbul vorgelagerten Prinzeninsel Principo vergleichbare Aktivitäten zwischen 1929 und 1933 nicht möglich gewesen. Hier musste er sich mit schriftstellerischer Tätigkeit begnügen. Als Ausgleich konnte die türkische Regierung ihm aber – anders als die mexikanische – sein Leben garantieren, welchem im August 1940 in Mexiko agierende Gefolgsleute Stalins mit einem brutalen Anschlag ein Ende bereiteten.

Ausnahmen bestätigen bekanntlich die Regel. Eine solche bildete vom Beginn bis zum Ende der NS-Herrschaft mit Blick auf seine politischen Aktivitäten der nach Istanbul geflohene Exilfreund Ernst Reuters, der Sozialwissenschaftler Gerhard Kessler. Gegenüber türkischen Kollegen und Studenten, gegenüber Exilanten, Reichsdeutschen und Ausländern sowie später auch in Flugblättern bekundete dieser offen seine unbeugsame Gegnerschaft zum NS-Regime. Sein mutiges Auftreten gegenüber den deutschen Auslandsvertretungen, die ihn unerbittlich verfolgten, nötigte Ernst Reuter Respekt ab. Er hatte volles Verständnis für Kesslers Kontakte zum Generalkonsulat in Istanbul und zur Botschaft in Ankara. Sie dienten allein dem Zweck, den Vertretern des Regimes den Protest gegen willkürliche und existentielle Eingriffe in sein Leben und in das seiner Familie unmissverständlich mitzuteilen.

Abb 20. *Gerhard Kessler, 1940er Jahre.*

Ernst Reuter lernte Gerhard Kessler persönlich erst relativ spät kennen, wusste den überzeugten Demokraten und glühenden NS-Gegner aber bald als politischen Gesprächspartner sehr zu schätzen. Kessler trug schließlich maßgeblich dazu bei, dass Ernst Reuter seine politische Zurückhaltung in der Türkei ablegte und mit ihm, Alexander Rüstow, Hans Wilbrandt, Curt Kosswig und Friedrich Breusch im August 1943 den „Deutschen Freiheitsbund" gründete. Noch Ende Juli 1941 schrieb Reuter seinem Bruder Karl über Kessler: „Professor Kessler aus Istanbul kenne ich persönlich nicht, da ich ihn zufällig dort nie gesehen habe. Aber er ist mir natürlich dem Namen nach bekannt, da er bei den Türken ein angesehener Mann ist. Ich lege Dir eine Besprechung meines Buches aus seiner Feder bei, die von einer ungewöhnlichen Anteilnahme und Interesse zeugt, wie ich auch sonst weiß, daß er sich privatim sehr anerkennend über meine Arbeit geäußert hat."[330]

Reuters 350-Seiten starke Einführung in die Kommunalwissenschaft *Komün Bilgisi* (Kommunallehre) war im Jahre 1940 erschienen. Sie wurde von der türkischen Publizistik in wohlwollenden Rezensionen gewürdigt. Gerhard Kessler las das Buch, in dem Reuter das kommunale Verwaltungsrecht, Gemeindefinanzen, kommunales Bauwesen, Wirtschaftsunternehmen, Wohlfahrtspflege und Kulturpolitik abhandelte. Kessler bilanzierte in der Zeitschrift der Wirtschaftswissenschaftlichen Fakultät der Universität Istanbul: „Den uralten Traditionen des Städtewesens in Anatolien neue Gedanken und neue Kräfte zuzuführen, ist die Aufgabe des kommunalpolitischen Buches von Professor Ernst Reuter in Ankara" und ergänzte: „Es wäre zu wünschen, dass die 2. Auflage des Reuterschen Buches der Sanierung von Istanbul und dem neuen Aufbau in Ankara und Izmir besondere Abschnitte widmet."[331]

Dem Namen nach kannte Ernst Reuter Gerhard Kessler über Fritz Neumark bereits früh. Gerhard Kesslers lebendige Vortragsweise als junger Professor für Sozialkunde und Wirtschaftswissenschaften an der Universität Jena hatte Fritz Neumark im Jahre 1919 veranlasst, vom geplanten Germanistikstudium zur Nationalökonomie zu wechseln. Kessler prüfte ihn im Rigorosum, wenn auch nicht als sein Doktorvater. Über Jahre waren beide in losem Kontakt gewesen, als Kessler im Frühjahr 1933 bei Neumark „unangemeldet und incognito in Frankfurt auf[tauchte], wo er sich versteckt hielt."[332] Kesslers Artikel „Deutschland, erwache!", den er Ende November 1932 in der *Neuen Leipziger Zeitung* veröffentlichte, hatte an der Universität Leipzig eine Hetzjagd der NS-Studentenschaft auf den Professor für Nationalökonomie ausgelöst und ihn in den Untergrund und schließlich ins türkische Exil getrieben.

Bereits sehr früh sah Kessler sich eng der Weimarer Republik verbunden. Im Jahre 1919 war er Mitbegründer der linksliberalen Deutschen Demokratischen Partei (DDP), zählte sich zu den Freunden Friedrich Naumans und zeigte sich wie Ernst Reuter als hartnäckiger Verfechter und Verteidiger der Weimarer Demokratie. Unter dem Eindruck der Reichstagswahlen vom 5. November 1932, die den Nationalsozialisten einen Verlust von mehr als zwei Millionen Stimmen gebracht hatten, rief Kessler dazu auf, die Gunst der Stunde zu nutzen und gegen die NSDAP und den „Phrasendrescher und Rattenfänger Adolf Hitler" Stellung zu beziehen: „Wirklich, das sind geschichtliche Stunden für unser Volk. Wachen wir nur auf, stehen wir nur auf, sie zu nutzen! Jahrelang sind Millionen gutgläubig dem Rattenfängerliede nachgelaufen [...]."[333] Kesslers Aufruf machte ihn zum roten Tuch für die nationalsozialistische Studentenschaft, die an der Universität Leipzig bereits stark vertreten war. Nur wenige seiner Kollegen waren dazu bereit, sich mit Kessler zu solidarisieren und ihn gegen den studentischen Mob zu verteidigen. Auch erfuhr er keinerlei Unterstützung, als das sächsische Ministerium für Volksbildung ihn am 20. März 1933 ohne gesetzliche Grundlage von seinen Lehrverpflichtungen beurlaubte. Erst Wochen später erließen die NS-Machthaber das „Berufsbeamtengesetz", welches ihnen eine scheinlegale Handhabe gegen ihre politischen Widersacher gab.

Im Sommer 1933 für einen Monat inhaftiert, versteckte Kessler sich anschließend bei Freunden und Familienangehörigen. Durch Vermittlung von Philipp Schwartz und Fritz Neumark erhielt er Anfang Oktober an der Universität Istanbul für den neu eingerichteten Lehrstuhl für Sozialpolitik einen fünfjährigen Vertrag. Die deutschen Behörden verweigerten Kessler die Ausreise, und erst politischer Druck aus Ankara und Fürsprache einflussreicher deutscher Freunde verhalfen ihm dazu, Mitte Dezember 1933 zusammen mit seiner Frau und vier schulpflichtigen Kindern im Alter von sieben bis 18 Jahren in Istanbul eintreffen zu können. Für die Ausbildung seiner Kinder in Istanbul fand Kessler eine denkbar andere Situation vor als Ernst Reuter in Ankara. Während die wenigen Kinder der Reichsdeutschen in Ankara im „Deutschen Schulzirkel" und die Exilantenkinder bei Dr. Kudret-Erkönen unterrichtet werden konnten, gab es in Istanbul die private Deutsche Schule. Im Jahre 1933 zählte sie rund 830 deutsche und türkische Schüler, stand unter Aufsicht türkischer Behörden und konnte auf 65 Jahre Lehrbetrieb zurückblicken. Kessler hatte keine Bedenken, seine Kinder dort einzuschulen, zumal der türkische Subdirektor dazu beitrug, dass im Jahre 1934 nationalsozialistische Agitation, offener Antisemitismus und „Rassekundeunterricht" dort wenig Raum fanden.

Dennoch war der Einfluss der bereits im Oktober 1933 in Istanbul gegründeten Ortsgruppe des „Gaues Ausland" im NS-Lehrerbund und derjenige der HJ-Istanbul auf die Schüler nicht zu unterschätzen. Recht bald bekleideten Lehrer und Lehrerinnen der Deutschen Schule Funktionen von „Jungmädel"- oder BDM-Führerinnen, Frauenschafts- und Schulungsleiterinnen oder Landesjugendführern und Zellenleitern.[334] Die älteste Kesslertochter Gerhild, die kurz vor dem Abitur die Stadt Leipzig und ihren Freundeskreis hatte verlassen müssen, konnte sich mit der neuen Lebenssituation in Istanbul nicht anfreunden. Sie geriet unter Einfluss von NS-Lehrern und engagierte sich bald in verschiedenen Gruppen vor Ort. Zwei Jahre nach ihrem Abitur, im Jahre 1937, beschloss sie sehr zum Leidwesen ihres Vaters, nach Deutschland zurückzukehren und dort eine gehobene Stellung beim Bund Deutscher Mädel (BDM) einzunehmen.

Viel Verständnis für die politische Einstellung des überzeugten NS-Gegners Gerhard Kessler zeigte dagegen sein 20-jähriger Sohn Hans. Er stand im März 1938 zwei Monate vor dem Abitur, als die Schulleitung Kessler nahelegte, Hans bis spätestens zum 18. März abzumelden, um eine Ausweisung des Sohnes aus der Schule zu vermeiden. Anlass der Drohung war Hans Kesslers Weigerung, am 14. März an einer Schulfeier teilzunehmen, auf der der „Anschluss" Österreichs ans Reich begangen wurde. Nach „einstimmigem Beschluss des Lehrerrats" habe Hans sich durch „unnationales Verhalten eines groben Vergehens gemäß §12 Ziffer 4 der Schulordnung schuldig gemacht," hieß es in einem Schreiben an Kessler.[335] Mit Eingaben bei Schule, Generalkonsulat, Botschaft und türkischen Behörden kämpften Vater und Sohn Kessler gegen den Rausschmiss. Wegen der unrechtmäßigen Maßregelung seines Sohnes schrieb Gerhard Kessler selbst an Reichsaußenminister Joachim von Ribbentrop und bat ihn um Weiterleitung eines entsprechenden Schreibens an Adolf Hitler.[336]

Schließlich beendete Gerhard Kessler das aussichtslose Unterfangen und meldete gleichzeitig mit Sohn Hans auch die beiden jüngeren Kinder Gottfried und Adelheid von der Schule ab. Hans wurde als Klassenbester damit um sein Abitur gebracht, blieb als „ein kluger Kopf" einer Schweizer Klassenkameradin aber in guter Erinnerung: „Mit beißender Ironie führte er in der Unterprima vernichtende politische Diskussionen mit einem HJ-Kameraden, denen wir mit Schadenfreude zuhörten, weil der HJ-Knabe dabei immer schlecht abschnitt."[337] Hans ging noch im selben Jahr nach Clinton in die USA, studierte dort Orientalistik, kämpfte später als Soldat der US-Armee in der Normandie und machte nach Kriegsende in der amerikanischen Ölindustrie Karriere.

Mit Sohn Hans verlor Gerhard Kessler einen vertrauten Gesprächspartner und nach Rückkehr der BDM-Tochter Gerhild ins Reich innerhalb von zwei Jahren zwei seiner Kinder. Dabei blieb es aber nicht, denn der Gesundheitszustand von Ehefrau Dorothea, welcher bereits bei Ankunft in Istanbul aufgrund einer Wirbelsäulenverletzung labil war, verschlechterte sich weiter. Anfang des Jahres 1939 überlegte die Familie deshalb, sie in eine Pflegeanstalt nach Deutschland zu überweisen. Die finanzielle Belastung – auch angesichts der Ausgaben für das Studium von Sohn Hans in den USA – ließen Kessler allerdings Abstand von den Plänen nehmen. Tochter Gerhild aber hatte in Deutschland ohne Kenntnis ihres Vaters bereits ein Pflegeheim für die Mutter gefunden, kam im Spätsommer 1939 nach Istanbul und organisierte mit Unterstützung des Deutschen Generalkonsulats eine regelrechte Entführung ihrer Mutter aus der elterlichen Wohnung. Die 13-jährige Tochter Adelheid wurde ebenfalls mitgenommen, so dass Gerhard Kessler in Istanbul allein mit Sohn Gottfried zurückblieb. Erst mehrere Jahre später erweiterte sich Kesslers Haushalt wieder. Matthias, Fritz Neumarks Sohn, lebte vier Jahre bei Kessler im Stadtteil Bebek, um von dort schneller als von der fernen Elternwohnung im „asiatischen" Kadiköy in das amerikanische Robert College kommen zu können.

Parallel zur Relegation des Sohnes von der Deutschen Schule in Istanbul liefen bereits die Überlegungen einzelner Reichsbehörden zur Ausbürgerung von Gerhard Kessler. Das Verfahren schließlich beanspruchte die Behörden im Reich, die Auslandsvertretungen in Istanbul und Ankara sowie natürlich Gerhard Kessler über zwei volle Jahre. Es verdient ausführlicher dargestellt zu werden. Zum einen ist das Verfahren gut dokumentiert. Zum anderen lässt es die Motive und Mechanismen der NS-Bürokratie gegenüber „Treupflichtverletzern" ebenso sichtbar werden wie den unbeugsamen Charakter des Freundes Ernst Reuters und wehrhaften Demokraten Gerhard Kessler.

Den Anstoß zum Ausbürgerungsverfahren Kessler gab Ende August 1937 Generalkonsul Toepke, welcher der Gestapo und dem Auswärtigen Amt aus Istanbul mitzuteilen wusste: „Die Personen, die Kessler näher kennen, versichern mir, er entwickele sich über seinen Hass gegen die NSDAP hinaus allmählich zu einem direkten Gegner des Deutschtums. Ich halte dies für zutreffend." Kessler habe wiederholt, auch seinem Vertreter gegenüber, von dem „vornehmen Volk der Türken" gesprochen und sich zu dem Satz verstiegen, „er leide täglich unter dem Rückgang der deutschen Ehre in der Welt".[338]

Toepke brauchte die Adressaten in Berlin nicht ausdrücklich darauf hinzuweisen, dass Kessler mit seinen Äußerungen das vom Ausbürgerungsgesetz vorgegebene Verhalten zeigte, „welches gegen die Pflicht und Treue gegen Reich und Volk verstößt". So unternahm Ende Oktober 1937 das Sächsische Ministerium für Volksbildung Schritte, den Hinweis des Generalkonsuls aufzugreifen und die Ausbürgerung Kesslers zu beantragen. Dem Generalkonsul war die Konsequenz seines Berichts vom August offensichtlich nicht bewusst gewesen, als er Mitte Dezember – aufgefordert, mögliche Bedenken gegen die Ausbürgerung zu äußern – vorschlug, „zunächst einen Versuch zu machen, mündlich auf Kessler einzuwirken". Er begründete den Vorschlag damit, „dass durch eine Ausbürgerung Kesslers eventuell die türkische Presse Anlass nehmen könnte, ihn als Märtyrer zu feiern." Zum Jahresende 1937 griff Botschafter von Keller dieses Argument dankbar auf, und auch die Gestapo stimmte dem Vorschlag Toepkes zu.[339] Doch vorerst vereitelte das Schuldrama um die „Anschlussfeier" ein Gespräch des Generalkonsuls mit Kessler.

Mitte Mai 1938, als der nahezu tägliche Schriftwechsel mit Gerhard Kessler um den Schulverweis von Sohn Hans beendet war, sah Toepke endlich die Zeit zu einem Belehrungsgespräch für gekommen. Allerdings wurde Kessler in so ungewöhnlicher Form ins Konsulat eingeladen, dass dieser ein Treffen zwangsläufig ablehnen musste: Per Büronote, also anonym, wurde Kessler aufgefordert, über „ein Sie betreffendes Verfahren" mit dem Konsul zu sprechen. Kessler fragte schriftlich an, um welches Verfahren es sich handele und erhielt von einem Herrn von Winter die lapidare Antwort, dass es um seine Ausbürgerung ginge. In höflicher Form antwortete Kessler dem Konsul persönlich: „Soeben erhielt ich vom ‚Deutschen Generalkonsulat' ein Schreiben [...] ohne Anrede und mit unleserlicher Unterschrift, das den einzigen Satz enthält: ‚Das Verfahren, um das es sich handelt, betrifft Ihre Ausbürgerung'. Mir ist von einem solchen Verfahren nichts bekannt; ein entsprechender Antrag von mir liegt nirgendwo vor. Darf ich Sie demgemäß um genaue schriftliche Unterlagen über dies mir unbekannte ‚Verfahren' bitten?"[340] Natürlich hätte Toepke das bereits umfangreiche „Dossier Kessler" an Kessler schicken können, dachte natürlich aber nicht daran und gab Kessler auch keine Antwort.

Gerhard Kessler blieb nicht untätig und schickte am 25. Mai 1938 Botschafter von Keller einen umfangreichen Brief nach Ankara „mit 6 + 5 = 11 Anlagen", bestehend aus dem jüngsten Briefwechsel mit dem Konsulat sowie dem um die Relegation seines Sohnes Hans. Er erklärte dem Botschafter, wie verletzend die Umgangsformen des Konsuls auf ihn wirkten, dass er ein Ausbürgerungs-

Abb. 21 *Botschafter Friedrich von Keller, o. D.*

verfahren nicht beantragt habe, dass dieses „wohl nur auf irgendeiner verächtlichen Denunziation" beruhen könne. Er wolle dem Botschafter nach Einsicht in die Unterlagen erschöpfend Auskunft geben und „dem unsauberen Gesellen, der hier mit meiner Ehre zu spielen wagt, gründlich das Handwerk legen." Kesslers Hinweise „Eure Exzellenz kennen mich als Frontoffizier und Patrioten" und „Eure Exzellenz wissen, dass ich der heute in Deutschland herrschenden Partei fernstehe"[341], sprechen dafür, dass Botschafter von Keller über Kesslers Biografie unterrichtet war.

Der Botschafter schickte Kesslers Dokumentation unmittelbar nach Erhalt an den Generalkonsul nach Istanbul. Er bat ihn um eine Stellungnahme, die ihn prompt in Form eines verzweifelten Schreibens erreichte: „Meine Geduld ist jetzt aber auch erschöpft", schrieb Toepke an von Keller. Kessler habe es gewagt, dass er, Generalkonsul Toepke, sich bei ihm, Kessler, wegen seines Verhaltens in der Ausbürgerungsfrage entschuldigen solle. Unmöglich! NS-Parteigenosse Toepke schien Kesslers wahre Absichten dann auch durchschaut zu haben, als er im weiteren schrieb: „Es ist mir klar, dass er möglichst viele Briefe schreiben und von den Behörden erhalten möchte, um daraus seinem Leibblatt, dem *Pariser Tageblatt* oder Blättern ähnlichen Inhalts eine unterhaltsame Lektüre zu verschaffen. Deswegen sind die letzten Briefe des Generalkonsulats absichtlich ganz knapp gehalten."[342]

Toepkes Hinweis auf das *Pariser Tageblatt* verdeutlicht, dass seine Zuträger dem Generalkonsul über Kesslers Lektüre der einzigen Tageszeitung zu berichten wussten, die deutsche Exilanten in den Jahren 1933 bis 1940 in Paris herausbrachten. Zu seinem Erstaunen erfuhr Kessler kurz darauf vom Generalkonsul, dass nicht der Botschafter sondern er, Toepke, für die „Causa Kessler" zuständig sei. Also war ein erneutes Schreiben Kesslers an den Botschafter fällig. Er sprach dem Botschafter sein Bedauern über die Zuständigkeiten der Auslandsvertretungen aus und bat ihn um Mitteilung „der für das Generalkonsulat tatsächlich zuständigen Stelle". Dabei beließ Kessler es nicht, sondern unterrichtete den Botschafter über weitere Aktionen: „Ich selbst werde gleichzeitig den Versuch machen, die ganze Angelegenheit auch zur persönlichen Kenntnis des Herrn Reichskanzlers zu bringen."[343] Kessler zögerte nicht lange, schrieb am 23. Mai an Außenminister Ribbentrop und fügte dem Schreiben eine politische Denkschrift bei mit der Bitte, diese und sein Schreiben dem Reichskanzler Hitler zugänglich zu machen.

Für Botschafter von Keller war das Kapitel Kessler indessen noch nicht abgeschlossen. Mehrere Tage musste er sich im Juni 1938 in seiner Sommerresidenz Tarabya weiter dem Fall widmen. Zunächst hatte er die Schreiben des Vorsitzenden der „Deutschen Ahnengemeinschaft" in Dresden, eines Bibliotheksdirektors in Königsberg und eines Oberstudienrats in Insterburg zu beantworten, die sich alle für Gerhard Kessler eingesetzt hatten. Die Spezialisten für altpreußische Geschichte, Sippenforschung und familienkundliche Arbeiten hatten dem Botschafter ausführlich die Verdienste Kesslers in ihren Fachgebieten beschrieben und ihn gebeten, gegen die Ausbürgerung einzutreten. Als Antwort erfuhren sie, dass der Botschafter zwar keinerlei Zweifel an den Angaben der Adressaten habe, diese Tatsachen aber nicht verwertbar seien, „als sich die Angelegenheit in einem Stadium befindet, in dem ein Eingreifen vonseiten der Botschaft nicht möglich ist."[344] Die Petitionen der Geschichts- und Ahnenforscher sowie seine jeweiligen Antwortschreiben schickte von Keller zusammen mit dem Bericht des Generalkonsuls, in dem die Ausbürgerung Kesslers befürwortet wurde, an das Auswärtigen Amt. Er stimme den sachlichen Ausführungen des Generalkonsuls zu, habe aber Einwendungen zu den Schlussfolgerungen und verwies darauf, dass „die Ausbürgerung möglicherweise zu Erörterungen in weiteren Kreisen führen könnte."[345]

Die Bedenken des Botschafters, aber auch Einwände des Reichsführers SS und des im Jahre 1937 von Hitler eingesetzten Chefs der Auslandsorganisation im Auswärtigen Amt, Ernst Wilhelm Bohle, gegenüber der Art des Vorgehens des Generalkonsuls in Istanbul verzögerten zunächst die Ausbürgerung Kesslers. Dem Generalkonsul wurde vorgeworfen, „bei der Bearbeitung des Falles

Kessler sehr wenig glücklich" vorgegangen zu sein. Dr. Manfred Klaiber, der zwischen zwei Auslandsposten im Auswärtigen Amt tätig war und wenig später an die Botschaft Ankara versetzt wurde, nahm Toepke Anfang August gegenüber dem „Chef A.O. Bohle" in Schutz. Unter anderem wies Klaiber darauf hin, dass Kessler immerhin verschiedentlich behauptet habe, „das heutige Deutschland mache dem deutschen Namen keine Ehre".[346] Der Generalkonsul seinerseits meinte Anfang Oktober 1938, die Vorbehalte der NS-Organe gegen sein Vorgehen mit Hilfe des nach Berlin übergesiedelten „Schlichters der hiesigen Ortsgruppe der NDSDAP" entschärfen zu können. Dieser solle über Kessler vernommen werden und könne dann auch bestätigen, „dass Professor Kessler in seinen Vorlesungen die NSDAP angreife". Auch spreche Kessler regelmäßig „von dem zu erwartenden Zusammenbruch des Dritten Reiches, von der Bildung eines Vierten, kommunistischen Reiches und über seine Hoffnungen wegen eines Fünften, das seinen Erwartungen entsprechen werde."[347]

Das weitere Vorgehen im Ausbürgerungsfall Kessler berührte Botschafter von Keller nicht mehr: Am 20. November 1938 verließ er Ankara und ging in Pension. Sein Vertreter, Dr. Hans Kroll, wurde Geschäftsträger und schrieb in seinen Erinnerungen dynamisch: „In den nun folgenden Monaten gelang es, die deutsche Position in der Türkei nicht nur auf wirtschaftlichem, sondern auch auf politischem Gebiet wesentlich zu festigen."[348] Auch im Fall Kessler wusste der Geschäftsträger in Ankara die Position der Botschaft zu festigen. Mitte Januar 1939 berichtete er dem Auswärtigen Amt, dass das deutsche Konsulat in Philadelphia aus Istanbul über Hans Kessler, der sich in Clinton, also im dortigen Amtsbezirk aufhalte, aufgeklärt worden sei. Kroll regte an, Hans Kessler auszubürgern, falls er zum 1. April seiner Arbeitsdienstpflicht nicht nachkomme.

Im ersten Halbjahr 1939 tat man sich in Berlin mit Kesslers Ausbürgerung denkbar schwer. In verschiedenen Sitzungen wurde unter anderem festgestellt, dass „Kessler als Lehrer einen großen Kreis begeisterter Schüler um sich zu sammeln gewusst" habe und eine Ausbürgerung „politische Unzuträglichkeiten" mit sich bringen werde. Ein Dr. Priess, der vermittelnd zwischen Kessler und Schule in Istanbul gewirkt hatte, riet dem Leiter der Orientabteilung des Auswärtigen Amtes in einem Gespräch dringend von einer Ausbürgerung ab, und von Hentig vermerkte: „Kessler erfreut sich unter Kollegen und ganz besonders unter seinen türkischen Schülern, die ich hier zum Teil sprechen konnte, eines großen Ansehens. Er liest bei weitem das größte Kolleg an der Istanbuler Universität mit mehr als 300 ständigen Zuhörern."[349]

Eine neue Dynamik erhielt das Ausbürgerungsverfahren indessen durch Gerhard Kessler selbst, der dem Chef der Berliner Präsidialkanzlei, Staatssekretär Otto Meissner, am 22. März 1939 eine „Schriftliche Stellungnahme zu den durch die Besetzung der Tschechoslowakei geschaffenen politischen Verhältnisse" zukommen ließ. Das Auswärtige Amt stellte in Kesslers Stellungnahme „eine gehässige Kritik an der Führung und den Anordnungen des Dritten Reichs" fest und zitierte als Beleg eine Aussage Kesslers: „Die verantwortlichen Stellen in Deutschland werden nicht bestreiten, dass Wehrlose misshandelt, Gotteshäuser verbrannt und Menschen allein wegen ihrer politischen oder religiösen Gesinnung verfolgt worden sind usw."[350] Nunmehr gab es gegen die Ausbürgerung Kesslers keinerlei Bedenken mehr. Sie erfolgte prompt, sollte sich aber nicht auf die Familie erstrecken. Sie wurde laut *Deutschem Reichsanzeiger* und *Preußischem Staatsanzeiger* vom 19. Juni 1939 in der 105. Ausbürgerungsliste bekannt gegeben. Mit dem „Ehrenbürgerbrief des IV. Reiches" (Rüstow) gehörte Kessler zu den insgesamt 39.006 Personen, die namentlich zwischen dem 25. August 1933 und dem 7. April 1945 aus dem Deutschen Reich ausgebürgert, damit kriminalisiert und aller Ansprüche in Deutschland beraubt wurden.

NS-Kulturfunktionärs Dr. Herbert Scurla, der sich bekanntlich im Mai 1939 zur Inspektion der deutschen Hochschuldozenten in der Türkei aufhielt, hatte sich intensiv in den Fall Kessler eingearbeitet und wusste zu berichten: „Das gegen ihn seit langem schwebende Ausbürgerungsverfahren ist erst jetzt zum Abschluss gebracht worden, nachdem bisher mit Rücksicht auf die 4 Kinder Kessler's, insbesondere die älteste, jetzt bei der Reichsjugendführung tätige Tochter, die Ausbürgerung immer wieder zurückgestellt worden ist. Das Verhalten Kessler's ist so unverständlich, daß gezweifelt werden muß, daß er noch voll im Besitz seiner geistigen Kräfte ist. Offenbar ist es ihm sogar geglückt, gegenüber seiner Frau, die ständig leidend ist, als Vormund eingesetzt zu werden, sodaß zu bezweifeln ist, ob es der Frau gelingt, mit der noch in Istanbul weilenden jüngsten 13-jährigen Tochter ihren Mann zu verlassen. Die Ausbürgerung erstreckt sich nur auf Professor Kessler, nicht aber auf seine Angehörigen. Der ältere Sohn Kesslers, der ursprünglich die Absicht hatte, in Deutschland seiner Militärpflicht nachzukommen, hat sich nach Amerika begeben, sodaß angenommen werden muß, daß er fahnenflüchtig werden wird."[351]

Dr. Scurla dürfte erleichtert gewesen sein, als er erfuhr, dass dank „Amtshilfe" des Generalkonsulats Istanbul die Ausreise von Dorothea und Adelheid Kessler gelungen war. Im Archiv des Auswärtigen Amtes geben mehrere Aktenbände Auskunft über zwei Jahre des Ringens der Reichsbehörden und ihrer Auslandsvertretungen mit Gerhard Kessler. Eine Chronologie der Ereignisse findet sich in einer Aufzeichnung des Rechtsreferenten der Botschaft Ankara vom 20. September 1939 nach dem – aus Sicht der Behörden – glücklichen Abschluss des Falles Kessler. Franz von Papen brauchte sich Ende April 1939 bei seinem Dienstantritt an der Botschaft Ankara nicht mehr mit ihm zu beschäftigen, zumal das Auswärtige Amt der Ausbürgerung Kesslers Mitte Mai 1939 endgültig zustimmte. Die Aufzeichnung des Rechtsreferenten der Botschaft Ankara zur „Causa Kessler" konnte von Papen aber nützliche Hinweise geben, wie er weitere Ausbürgerungsfälle zu behandeln hatte. Bald nach seinem Eintreffen in Ankara stand für ihn dann bereits die „Causa Reuter" an.

Gerhard Kessler gab es als deutschen Staatsbürger für das „Dritte Reich" nicht mehr. Ihre Absicht, seine Existenz in der Türkei zu vernichten, konnten die NS-Machthaber aber nicht erreichen. Kesslers Vertrag mit dem türkischen Erziehungsministerium war im Jahre 1938 auf weitere fünf Jahre verlängert worden, ebenso wie seine Aufenthaltsgenehmigung, in der seine Staatsangehörigkeit mit „Haymatloz" vermerkt wurde. Zu seiner Vertragsverlängerung trug maßgeblich bei, dass Kessler bei den türkischen Reformpolitikern einen hervorragenden Ruf als Dozent für Soziologie, Sozialpolitik, Arbeitsschutz und Sozialversicherung genoss. So konnte er auch die Skepsis der türkischen Universitätsverwaltung zu seinen Vorlesungen über Sozialismus mit dem Hinweis entkräften, dass er schon in Deutschland die Meinung vertreten habe, dass der Marxismus gerade bei jungen Menschen nur durch eine wissenschaftliche Behandlung „entmystifiziert" werden könne. Als Berater des türkischen Arbeitsministeriums und anderer Ministerien fertigte Kessler Gutachten zur Sozialpolitik, zum Genossenschaftswesen oder zur Wohnungspolitik. Auch beriet er Genossenschaften, Gewerkschaften und industrielle Organisationen. Ein besonderes Anliegen war ihm die Reform des Gewerkschaftswesens in der Türkei. Mit der Gründung einer gewerkschaftlichen Dachorganisation trieb er sie maßgeblich voran.

Als deutscher Patriot schloss der staatenlose Gerhard Kessler die türkische Staatsbürgerschaft für sich aus. Auch war es ihm trotz intensiver Bemühungen nicht gelungen, die türkische Sprache zu beherrschen. Nach Ende des Krieges, im Jahre 1946, erreichten ihn aus Jena und Leipzig Angebote der Universitäten. Er lehnte sie ab, weil beide seine Forderung der „völligen Lehrfreiheit und politischen Arbeitsfreiheit als conditio sine qua non" nicht annehmen konnten.[352] Als sich die wirtschaftliche Situation in der Türkei deutlich verschlechterte und die türkische Regierung ihm keine Pensionsgelder zusagen konnte, wechselte Kessler schließlich im Jahre 1950 als 68-Jähriger von Istanbul nach Göttingen. Seine Göttinger Vorlesungsreihe über „Die Geschichte des Antisemitismus in Deutschland" zog einen großen Zuhörerkreis an. Sie wies Kessler als einen der ersten aus, der an einer deutschen Hochschule den Holocaust zum akademischen Thema machte. Schließlich versöhnte sich Gerhard Kessler mit den beiden Töchtern, die ihn früh in Istanbul verlassen hatten. In seinen letzten Lebensjahren betreute ihn Tochter Gerhild bis zu seinem Tod im 80. Lebensjahr am 14. August 1963 – wohl als Akt der persönlichen Wiedergutmachung.

k) Der Widersacher Botschafter Franz von Papen

Die berufliche Lage verschärfte sich für Ernst Reuter in Ankara noch vor Beginn des Zweiten Weltkriegs erheblich. Sein Beratervertrag lief am 31. Mai 1939 aus. Es war fraglich, ob er erneuert würde. Mehreren deutschen Beratern war gekündigt worden. Am 3. Juni berichtete Tochter Hella ihrer Großmutter erleichtert: „Nach langen Zweifeln, Hin- und Herüberlegen unsererseits und vielen Gerüchten von türkischer Seite ist Vati gestern mitgeteilt worden, dass sein Vertrag ab 1. Juni neu geschlossen werden würde. Du kannst Dir denken, was das für Tage für Vati gewesen sind und natürlich war die ganze Familie mit bedrückt und niedergeschlagen. Jeden Tag hörte man neue Gerüchte und wusste nicht woran man war. Umso froher sind wir jetzt, dass Vati noch ein Jahr hier bleiben kann."[353] Ein Jahr später aber wurde Reuters Beratervertrag endgültig gekündigt. Er verlor dadurch eine wichtige Einkommensquelle. Die Familie musste anfangs allein mit dem bescheidenen Gehalt des Hochschuldozenten auskommen.

Der Dienstantritt von Franz von Papen als Botschafter in Ankara am 27. April 1939 bedeutete für Ernst Reuter eine andere, eine persönliche Herausforderung, auch wenn beide Personen nach Reuters Aussagen in den fünf gemeinsamen Jahren in Ankara nie zusammentrafen: „Ich kenne Herrn von Papen nicht. Ich habe niemals mit ihm weder in Deutschland noch in der Türkei irgendein Wort, irgendeinen Brief gewechselt. Ich habe weder direkt noch indirekt zu ihm und seinesgleichen irgendwelche Beziehungen gehabt", teilte Reuter Anfang Juni 1947 kommunistischen Verleumdern mit, die ihn verdächtigten, in Ankara auf vertrautem Fuß mit von Papen gestanden zu haben.[354] Auch wenn sie sich nicht sprachen, so kannte der streitbare Demokrat und unbeugsame Verteidiger der Weimarer Republik Ernst Reuter den überzeugten Monarchisten und Steigbügelhalter Hitlers, Franz von Papen, ebenso gut wie dieser ihn. Beide waren in Berlin zuvor Mitglieder der – wenn auch kurzlebigen – Reichstage von Ende Juli 1932 bis Ende März 1933 gewesen. Als Vizekanzler Hitlers hatte von Papen am 23. März 1933 im Reichstag für das Ermächtigungsgesetz und damit für die Selbstentmachtung des Parlaments gestimmt, der Abgeordnete Reuter aber dagegen.

Ernst Reuter hatte dem Vizekanzler von Papen zu „verdanken", dass er am 11. März 1933 aus dem Amt des Oberbürgermeisters von Magdeburg getrieben wurde. Für Reuters Entlassung aus dem Beamtenverhältnis am 29. Juli 1933 war der Vizekanzler ebenfalls mitverantwortlich gewesen. Von Papen hatte das „Gesetz zur Wiederherstellung des Berufsbeamtentums vom 7. April 1933", die Grundlage für Reuters Entlassung, mit verabschiedet. Schließlich gab es auch keinen Einspruch des Vizekanzlers, als Reuters politische Heimat, die SPD, im Juni 1933 verboten wurde. In seiner Eigenschaft als Reichskanzler voll zu verantworten hatte von Papen ein Jahr zuvor, im Juni 1932, dass die SA und SS nach vorherigem Verbot von ihm wieder zugelassen wurden. Die Brutalität dieser Organisationen hatte Ernst Reuter mehrfach am eigenen Leib erfahren. Schließlich konnte Ernst Reuter auch den „Preußenschlag" nicht vergessen: Reichskanzler von Papen hatte die SPD-geführte Regierung Preußens am 20. Juli 1932 mit dem Mittel der Notverordnungen, des Belagerungszustands und unter offenem

Bruch der Verfassung abgesetzt und sich selbst als Reichskommissar von Preußen eingesetzt.

Dass die unversöhnlichen politischen Widersacher Ernst Reuter und Franz von Papen nahezu während des gesamten Zweiten Weltkriegs an einem gemeinsamen Ort verbringen mussten, kann als eine Ironie der Geschichte gesehen werden. In der 170.000-Einwohnerstadt Ankara mit noch dünner einheimischer Elite, kleiner Ausländerkolonie und begrenzten Freizeitmöglichkeiten konnten sich beide eigentlich nicht aus dem Wege gehen. Beide hatten sie Kontakte bis in die oberste Führung des Landes. Beide suchten von Deutschsprachigen geführte Buchläden, Konfektionsgeschäfte oder Restaurants in Ankara und Istanbul auf. Beide besuchten Konzerte, Opern- und Theateraufführungen, die von den Exilanten Carl Ebert, Ernst Praetorius und Eduard Zuckmayer inszeniert, einstudiert oder dirigiert wurden. Und schließlich ließen beide sich und ihre Familien von deutschen Exilärzten versorgen. Nachweislich suchte Ernst Reuter die Botschaft, und hier lediglich den zuständigen Konsularbeamten, nur in den Jahren 1937, 1942 und 1943 auf, um seinen und die Pässe seiner Familie zu verlängern. Für Reuter war es sicher nicht einfach, von Papen aus dem Weg zu gehen oder ihn nicht wie Carl Ebert laut Tagebucheintrag vom 24. Dezember 1939 zufällig zu treffen: „Mitternachtsmesse in italienischer Kirche, dort auch v. Papen."[355] Ernst Reuter wird den Botschafter von Papen wohl von Zeit zu Zeit gesehen, aber tunlichst Distanz zu ihm gehalten haben.

Reuters politisch begründete Abneigung gegenüber von Papen saß tief; ebenso seine Verachtung wegen dessen Beitrag zum Untergang der Weimarer Republik und zu seinem eigenen Schicksal. Auch die besonderen Umstände in Ankara erlaubten ihm nicht, seine Einstellung zu ändern. Mitte März 1943 schrieb er Thomas Mann in dessen amerikanisches Exil: „Wir haben [...] alle seit der sogenannten ‚Machtergreifung' durch die nationalsozialistische Verbrecherbande gewußt, daß die unvermeidliche Folge dieses Abenteuers, in das uns der Herr von Papen hineingeritten hat, der Revanchekrieg und danach eine katastrophale Niederlage Deutschlands sein müssse."[356] Und später, mit Abstand zur gemeinsamen Zeit mit von Papen in Ankara, verdeutlichte er dem seinerzeit botschaftsnahen Fritz Baade seine Haltung: „Von Papen ist für mich einer der Hauptschuldigen an dem ganzen Unglück und wird es bleiben. Die Tatsache, dass er in Dingen des persönlichen Verhaltens kein in der Wolle gefärbter Nazi war, ändert an dieser politischen Verantwortung gar nichts, im Gegenteil, für mich erhöht sie sie noch."[357]

Ernst Reuters langes politisches Gedächtnis, die Medienpräsenz von Papens sowie Berichte seiner Exilfreunde Eckstein, Marchionini und Praetorius über Begegnungen mit dem Botschafter machten es wohl unausweichlich, dass Ernst Reuter sich in Ankara auch ohne direkten Kontakt zu ihm mit von Papens Person und Botschafterrolle beschäftigen musste. Der Botschafter kam seinerseits nicht umhin, sich schon kurz nach Eintreffen in Ankara persönlich mit dem politischen Emigranten Ernst Reuter und dessen Ausbürgerung aus der deutschen Staatsbürgerschaft befassen zu müssen. Von Papens Selbstverständnis als Politiker, Diplomat sowie als Oberstleutnant a. D. können Anhaltspunkte geben, um seine Haltung zur Ausbürgerung Reuters zu erklären.

Erfolglos im Bemühen, Deutschland in die Monarchie zurückzuführen, erfolgreich aber im Kampf gegen Demokratie und Weimarer Republik, traf Franz von Papen Ende April 1939 in Ankara ein. Den Wechsel vom Botschafterposten in Wien zur Leitung der Botschaft Ankara hatte er mit einem einjährigen Zwischenaufenthalt auf Gut Wallerfangen an der Saar überbrückt. Seine begüterte Frau Martha, die aus der Mettlacher Keramikdynastie Villeroy & Boch stammte, hatte das Gut in die Ehe eingebracht. Von Papen wollte aber wieder Politik gestalten und wartete auf höhere Aufgaben. So fühlte er sich übergangen, als Adolf Hitler den deutschen Botschafter in London, Joachim von Ribbentrop, am 4. Februar 1938 zum Nachfolger Constantin von Neuraths für die Leitung des Auswärtigen Amtes bestimmte. Unter diesem Vorzeichen konnte der seit November 1938 vakante Botschafterposten in Ankara von Papens Ansprüchen in keiner Weise genügen. Im Januar und Februar 1939 lehnte er deshalb das Angebot des Außenministers von Ribbentrop mehrmals ab. Weiteres Drängen Ribbentrops, dazu die Zusicherung Hitlers, ihm unmittelbar unterstellt zu werden, und die aus von Papens Sicht im Frühjahr 1939 mit Mussolinis Invasion in Albanien gewachsene Bedeutung der Türkei für das Deutsche Reich ließen ihn schließlich nach eigenen Aussagen den Posten annehmen. Die Alternative zum Botschafterposten musste verständlicherweise für den ehrgeizigen Politiker noch weniger attraktiv sein: der Einberufungsbefehl.

Der Umstand, dass von Papen als knapp 60-jähriger ehemaliger aktiver Offizier im März 1939 überhaupt einen Einberufungsbefehl erhielt und hierüber explizit in seinen Memoiren berichtet, wirft ein Schlaglicht auf die Behandlung des ehemaligen Reichs- und Vizekanzlers durch Hitler und seine Gehilfen, ebenso aber auch auf Charakter und Selbstverständnis des Franz von Papen. Selbst nach Ankunft in Ankara und kurz nach Ausbruch des Krieges beschäftigte ihn noch, ob er sich wohl richtig entschieden habe. Er kam zu einem nachvollziehbaren Schluss: „Eine Demission hätte nahegelegen. Sie würde zur Folge gehabt haben, daß ich in der Heimat meiner militärischen Dienstpflicht zu genügen hatte. Aber die Frage, ob ich als Regimentskommandeur oder als Botschafter nützlicher sein könne, schien mir nicht schwer zu beantworten."[358] Eine Demission hätte wohl auch kaum jemand recht verstehen können, der von ihm noch in Deutschland vor der Abreise nach Ankara die Gründe für seine Entscheidung zugunsten des Botschafterpostens erfahren hatte: „Ich kam zu dem Entschluß, daß, um Deutschland und die Welt vor einer drohenden Katastrophe zu retten, es zweifellos besser sei, eine letzte Anstrengung zu machen, als meine alte Uniform anzuziehen und einen hoffnungslosen Krieg am Westwall zu führen."[359]

In Ankara erwarteten den Botschafter zudem standesgemäße Arbeits- und Lebensbedingungen. Knapp ein Jahr, nachdem Ankara zur Hauptstadt der Republik Türkei bestimmt worden war, hatte das Deutsche Reich sein erstes, noch provisorisches Botschaftsgebäude gebaut. Drei Jahre später, im Jahre 1927, wurden dann das Kanzlei- und Residenzgebäude im „Preußischen Landhausstil" auf einem 60.000 Quadratmeter großen Gelände errichtet. Besonders ansprechend für den neuen Botschafter musste gewirkt haben, dass als Vorbild für das Gebäudeensemble der Botschaft das ostpreußische Gut Neudeck seines verehrten Förderers Paul von Hindenburg gedient hatte. Das großzügige Gelände erlaubte dem Herrenreiter von Papen zudem, außer über eine Gärtnerei, ein Schwimmbecken und einen Tennisplatz auch über einen Reitparcours nebst Stallungen zu verfügen. Seinen Arbeitsplatz zierte nach Aussagen des Kollegen und späteren Botschafters Rolf Lahr ein Bild des Präsidenten Hindenburg mit der Unterschrift „Meinem guten Kameraden" sowie sein eigenes Porträt „mit dem goldenen Parteiabzeichen als alter Kämpfer verkleidet".[360]

Der Zeitpunkt seiner Ankunft in Ankara im April 1939 stand auch deshalb unter einem „guten" Vorzeichen, als von Papen nach dem „Anschluss" Österreichs und der Besetzung der Tschechoslowakei in seinen gut fünf Jahren in der Türkei über mehr als nur das Anwesen der Deutschen Botschaft in Ankara verfügen konnte. Originär reichseigen war das Ende des Jahres 1877 vom Deutschen Reich errichtete monumentale Botschaftspalais in Konstantinopel, in dem sich seit dem Jahre 1931 das deutsche Generalkonsulat Istanbul mit einer großzügigen Botschaftersuite befand. Zusätzlich verfügbar war die reichlich ausgestattete, 18 Hektar umfassende Sommerresidenz des deutschen Botschafters am Bosporus in Tarabya. Hier traf von Papen jeden Sommer für mehrere Monate mit seinem Mitarbeiterstab ein, um in Meeresnähe unter angenehmen klimatischen Bedingungen konzentriert den Amtsgeschäften nachgehen zu können. Wie Rolf Lahr feststellen konnte, waren aber auch die Immobilien standesgemäß, welche vor Ankunft von Papens „zugewonnen" worden waren: „Gleich uns besaßen auch die Österreicher drei Botschaften, so wurden es mit dem Anschluß sechs und neuerdings mit der Errichtung des Protektorats neun. Papen, der ‚collectionneur d'ambassades', hat für sich die schönste ausgesucht, die gerade fertiggestellte des tschechoslowakischen Botschafters, in der der arme Mann nur ein paar Wochen gewohnt hat, und residiert dort als großer Pascha."[361] Die österreichische Botschaft in Ankara im Stil von Schloss Schönbrunn war dem umfangreichen Stab der verschiedenen NS-Organisationen überlassen worden.

Nach Beginn des Zweiten Weltkriegs, also wenige Monate nach Dienstantritt, erlebte Botschafter von Papen eine türkische Regierung, die die Neutralität ihres Landes bis zum erzwungenen Abbruch der Beziehungen zum „Dritten Reich" am 2. August 1944 hartnäckig verteidigte. Ausgestattet mit besten Kontakten ins Reich wie zur türkischen Regierung, wollte und konnte von Papen also Politik gestalten. Sein ständiges Bemühen galt, die Türkei für die Achsenmächte zu gewinnen, zumindest aber ihre Neutralität zu sichern. Sehr zustatten kam dem Botschafter, dass er gegen Ende des Ersten Weltkriegs deutscher Generalstabsoffizier im Vorderen Orient und danach Generalstabschef der 4. türkischen Armee in Palästina gewesen war. Er hatte also den türkischen Waffenrock getragen und traf in Ankara ehemalige Kampfgefährten in hohen Rängen an. Mit ihnen konnte er die unter Militärs viel gepriesene deutsch-türkische Waffenbrüderschaft neu beleben. Im Juli 1940, also nach dem Westfeldzug der deutschen Armee und dem Kriegseintritt Italiens, knüpfte der Botschafter an die gute deutsch-türkische Tradition an, als eine britische Militärkommission in Ankara die Türken von der britischen Waffentechnik überzeugen wollte. Er handelte entschlossen und lud seine türkischen Militärfreunde zu einem Film in die Botschaft ein, um „den türkischen Generalstab über unsere Erfahrung im polnischen und französischen Feldzug zu informieren". Fachmännisch schreibt von Papen in seinen Memoiren: „Bekanntlich waren die entscheidenden Operationen meist aus der vordersten Linie mit der Kamera festgehalten, so daß man ein höchst realistisches Bild von der ‚Technik' des modernen Tötens gewann. Die Herren waren tief beeindruckt [...]."[362]

Überzeugender noch als mit einem Film meinte von Papen die türkischen Militärs mit der direkt erlebten deutschen „Technik" des Tötens beeindrucken zu können. Der Botschafter und Oberstleutnant a. D. sah es deshalb als eine seiner Aufgaben, seinen türkischen Kameraden im Laufe des Krieges Reisen an die Front, einschließlich eines Besuchs im Führerhauptquartier, zu vermitteln. Ein Treffen mit dem obersten Feldherrn Adolf Hitler war vorgesehen und gesichert. Von Papens Vertreter in Ankara, Hans Kroll, weist in seinen *Lebenserinnerungen* darauf hin, wie der Botschafter seinen türkischen Kameraden den Zugang zu Hitler vorbereitete: „Niemals verfehlte er, Hitler zu militärischen Siegen in persönlich gehaltenen Telegrammen wärmste Glückwünsche zu übermitteln. Als er im Februar 1942 dem auf ihn verübten Attentat entging, legte er großen Wert darauf, allgemein bekanntwerden zu lassen, daß Hitler ihm ein sehr herzlich gehaltenes Glückwunschtelegramm geschickt habe."[363] Krolls Anmerkung erscheint glaubwürdig, auch wenn er später mit seinen Aussagen im Nürnberger Prozess von Papen als Hitlergegner herausstellte. Verständlicherweise verzichtete er dort auf die zitierten Glückwünsche. Mit den Frontbesuchen und angesichts der deutschen Waffenüberlegenheit bemühte sich von Papen, die türkischen Militärs dazu zu bringen, ihre Regierung von Überlegungen abzuhalten, sich den aus seiner Sicht waffentechnisch unterlegenen Alliierten anzuschließen. Selbstverständlich sollten sie sich darüber hinaus auch für Rüstungskäufe aus Deutschland stark machen.

Der Ausbruch des Krieges machte das große Vorhaben des Botschafters, Deutschland und die Welt vor einer drohenden Katastrophe zu retten, obsolet.

Umso mehr sah er sich aufgefordert, die großen Linien der deutschen Außenpolitik den türkischen Partnern, aber auch der reichsdeutschen Kolonie zu erläutern. So nahm er die Einladung des damaligen Ortsgruppenleiters der NSDAP, Dr. Victor Friede, gern an, dessen Ortsgruppe in Ankara die deutsche Außenpolitik zu erklären. Leicht befremdet dürfte er indessen darüber gewesen sein, wie sein Grundsatzvortrag für den 16. Dezember 1939 um 20.00 Uhr in „Schloss Schönbrunn" angekündigt wurde: „Eintopfessen: Es spricht der Botschafter, Herr v. Papen über Fragen der Außenpolitik".[364] Nicht leicht zu rekonstruieren ist, ob diese prosaische Einladung oder aber andere Gründe zu Feindseligkeiten und schließlich – laut Papen-Memoiren – zu einem mühsam beendeten Verhältnis des Botschafters zu Dr. Friede führten: „Eine ernsthaftere Schwierigkeit mit der Partei entstand im Sommer 1942, als der Kanzler der Botschaft eines Tages mit einer vertraulichen Mitteilung zu mir kam. Er berichtete, auf einer Parteisitzung habe der Landesgruppenleiter in der Türkei Friede soeben geäußert, der Botschafter gehöre längst in ein KZ oder besser noch erschossen. [...] Darauf erklärte ich ihm, er habe binnen 48 Stunden das ihm zugewiesene Büro im Hause der Botschaft [er fungierte dort als ‚Beauftragter für die Fragen der Reichsdeutschen'; Anm. d. Verf.] zu räumen. Über ein Jahr hat es gedauert, bis es gelang, den von mir hinausgesetzten Landesgruppenleiter endgültig aus der Türkei zu entfernen."[365]

Dem gewachsenen Einfluss der Auslandsorganisation der NSDAP im Auswärtigen Amt war es zuzuschreiben, dass Botschafter von Papen um den Abzug des Dr. Victor Friede aus der Türkei so hartnäckig zu ringen hatte. In der „Kriegsorganisation Türkei" der Abwehr bekleidete Friede in den Jahren 1940/1941 eine leitende Stellung. Vor allen Dingen genoss er das Vertrauen des Leiters der Auslandsorganisation der NSDAP, Ernst Wilhelm Bohle. Dieser war Anfang Februar 1937 in das Auswärtige Amt aufgenommen worden und bestimmte zunehmend die Außenpolitik des „Dritten Reiches". Er zeichnete dann auch persönlich die Urkunde, die der Österreicher Victor Friede Ende Januar 1940 zusammen mit dem „Ehrenzeichen vom 9. November 1923", dem „Blutorden" der NSDAP, erhielt. Diesen selten verliehenen Orden in Erinnerung an Hitlers Marsch zur Feldherrnhalle verdankte Friede weniger seinen Aktivitäten in der Türkei, sondern seinem früheren illegalen Kampf für die NSDAP in Österreich. Es kann wohl davon ausgegangen werden, dass dem früheren Leiter der Deutschen Botschaft Wien, Franz von Papen, der NS-Kämpfer Friede während seiner dortigen Dienstzeit von Ende Juli 1934 bis Mitte Februar 1938 nicht unbekannt war. Dieser wiederum dürfte um die zwar weniger militante, aber umso effektivere Rolle von Papens beim „Anschluss" Österreichs gewusst und darüber auch in Ankara berichtet haben.

Ungeachtet der eigentlichen Hintergründe für die Feindschaft in Ankara, erwies sich später im Nürnberger Prozess der Konflikt mit Friede für von Papen

Abb. 22 *Botschafter Franz von Papen (zweiter von links) mit dem Militärstab und den Mitarbeitern der Deutschen Botschaft Ankara, 1942.*

durchaus als hilfreich. Die Frage seines Verteidigers „Wie war die Stellung des Herrn von Papen zur Partei, besonders zur Landesleitung in Ankara?", beantwortete der einzige Zeuge, Dr. Hans Kroll, ausführlich: „Herr von Papen wurde schon bei seinem Eintreffen mit unverhülltem Mißtrauen empfangen. Es war auch kein Wunder; denn man wußte ja, daß er kein Nationalsozialist ist. Ich habe in der Tat in diesen vier Jahren in der Türkei niemanden kennengelernt, der ihn für einen Nationalsozialisten gehalten hat. Das Verhältnis zur Partei verschlechterte sich dann im Laufe der Jahre, und so kam es schließlich zum öffentlichen Konflikt, und zwar im Jahre 1942, als der Landesgruppenleiter der Partei zu seinen Kumpanen einmal erklärte, wenn es auf ihn ankäme, dann würde er Herrn von Papen erschießen lassen. Er ist dann daraufhin gestellt worden und hat sich darauf berichtigt, er hätte das nicht gesagt, er hätte nur gesagt, er würde ihn in das Konzentrationslager stecken."[366] Niemand in Ankara also hielt von Papen für einen Nazi. Hans Kroll schien schon im April 1946 das „Goldene Parteiabzeichen der NSDAP" auf dem Schreibtisch seines Vorgesetzten vergessen zu haben, ebenso wie dessen „wärmste Glückwünsche" an Hitler zu militärischen Erfolgen. Von Papen selbst konnte sich in Nürnberg bekanntlich nicht mehr an seine acht Jahre zuvor verliehene NSDAP-Mitgliedschaft erinnern.

Kompetenzstreit und Querelen mit Mitarbeitern der NS-Organisationen in der Türkei beanspruchten im Laufe der Jahre zunehmend die Zeit des Botschafters. Der Ausbruch des Krieges hatte zwar von Papens erklärtes Rettungsziel zunichte gemacht. Umso mehr Zeit benötigte er nun, um die Türkei nicht ins Lager der Alliierten geraten zu lassen und den türkischen Verantwortlichen zu versichern, dass das „Dritte Reich" keine Aggressionsabsichten gegen ihr Land hege. Als lästig, weil zeitraubend, musste er es deshalb empfinden, sich mit den Exilanten, den „Volksverrätern", beschäftigen zu müssen. Aus seiner Wiener Botschafterzeit war ihm bereits geläufig, dass das Auswärtige Amt einem Botschafter Weisungen erteilen und ihn und seine Mitarbeiter zu Berichten auffordern kann. Dass er sich nur wenige Tage nach Eintreffen in Ankara mit einer Weisung zur Ausbürgerung seines politischen Widersachers Ernst Reuter befassen sollte, musste von Papen aber als Zumutung empfinden. Er übertrug den „Fall Reuter" seinem Vertreter Hans Kroll. Dieser übernahm bereitwillig die Aufgabe, fühlte er sich doch laut seinen *Lebenserinnerungen* ohnehin nicht erst seit dem Weggang des Botschafters von Keller und vor Eintreffen von Papens als eigentlicher Botschafter: „Im Außenministerium sowie im diplomatischen Korps war bekannt, daß ich auch vorher schon de facto für die Arbeit der Botschaft verantwortlich gewesen war. Ich hatte den Eindruck, man wäre nicht überrascht gewesen, wenn ich trotz meiner Jugend zum Botschafter avanciert wäre."[367]

Anfang Mai 1939 hatte die Gestapo der Deutschen Botschaft Ankara über das Auswärtige Amt mitgeteilt, dass sie die Ausbürgerung Ernst Reuters beabsichtige. Sie fragte an, ob außenpolitische Bedenken bestünden. Hierbei bezog die Gestapo sich bezeichnenderweise auf einen zweieinhalb Jahre zurückliegenden Botschaftsbericht von Ende November 1936. Botschafter von Keller hatte seinerzeit in einem abschließenden Bericht zur „Dilg-Denunziation" darauf verwiesen, dass eine Ausbürgerung des Beraters der türkischen Regierung, Ernst Reuter, mit negativen Auswirkungen auf die deutsch-türkischen Beziehungen verbunden sein würde. Er hatte deutliche Bedenken geäußert. Diese Bedenken teilte der Gesandte Hans Kroll in Beantwortung der Gestapo-Anfrage indessen nicht mehr. Er bestätigte am 22. Mai 1939, dass Reuter nach wie vor Regierungsberater sei, dass aber einer Ausbürgerung „in außenpolitischer Hinsicht keine Bedenken" entgegen stünden. Krolls ergänzende Empfehlung wirkt auf den ersten Blick erstaunlich: „Ich möchte vielmehr anregen, die Ausbürgerung möglichst zu beschleunigen, da der Vertrag Reuters mit dem hiesigen Wirtschaftsministerium voraussichtlich nicht verlängert wird und dann eventuell seine Abschiebung nach Deutschland droht."[368]

Zwei Jahre zuvor hatte Botschafter von Keller in Verbindung mit der für die Familie Reuter nervenaufreibenden Verlängerung ihrer Pässe die „Gefahr einer Abschiebung der Familie Reuter aus der Türkei" als Grund genannt, die Pässe verlängern zu lassen. Der gelernte Verwaltungsjurist Kroll kannte die Ausbürgerungsbestimmungen und -folgen gut und wusste, dass das „Dritte Reich" es bei der Ausbürgerung unliebsamer Staatsbürger sehr wohl auf deren Vermögen, Erbansprüche, Titel und Ansehen absah, die Staatenlosen aber nicht in seinen Grenzen sehen wollte. Angesichts einer vermeintlich drohenden Abschiebung Reuters nach Vertragsablauf – so die Kalkulation der Gestapo im Frühjahr 1939 – konnte der Exilant durch eine zuvor erfolgte Ausbürgerung als Staatenloser nicht mehr ins Deutsche Reich zurückkehren. Indessen war Ernst Reuters Namen im Juni 1939 auf der geheimen Fahndungsliste des Reichsführers SS zu finden, Reuters Auslieferung ins Reich also dringlich erwünscht.[369] In der Berliner Prinz-Albrecht-Straße gab es offensichtlich in der Kommunikation zwischen Gestapo und SS erhebliche Defizite.

Aber auch im sonst gut funktionierenden Informanten- und Spitzelsystem in Ankara bestanden Anfang des Jahres 1939 durchaus Lücken. Eigentlich hätte der Gesandte Kroll bei seiner Anregung, Reuter vor einer möglichen Abschiebung auszubürgern, wissen müssen, dass dieser neben seiner Beratertätigkeit bereits im Oktober 1938 mit Vorlesungen an der Hochschule für Politische Wissenschaften begonnen und im Februar 1939 einen mehrjährigen Vertrag als Professor für Urbanistik unterzeichnet hatte. Er war also nicht mehr nur externer Berater mit einjährigem Vertrag, sondern stand mit einer festen Anstellung im Dienste des türkischen Staates. Auch hätte Kroll bekannt sein müssen, dass die türkischen Reformpolitiker ihre Innenbehörden angewiesen hatten, ausgebürgerte deutsche Exilwissenschaftler nicht abzuschieben, sondern ihnen mit „Haymatloz" gestempelte Aufenthaltsgenehmigungen zu erteilen. Krolls Vorschlag, Reuter dringlich auszubürgern, ging also an den Realitäten vorbei.

Ungeachtet der Realitäten forderte der in der Gestapo für die Ausbürgerung der Exilanten verantwortliche SS-Hauptsturmführer Walter Jagusch am 23. Juni 1939 das Reichsinnenministerium auf, das Ausbürgerungsverfahren gegen Reuter beschleunigt durchzuführen. Jagusch führte alle „Vergehen" Reuters gegen das deutsche Volk auf – angefangen bei den „Gräueltaten" des Wolgakommissars bis zur Abgeordnetentätigkeit im Reichstag. Aber nicht nur Ernst Reuter allein wollte Jagusch ausgebürgert sehen. Auch die Familienangehörigen sollten die deutsche Staatsangehörigkeit verlieren. Jagusch begründete die Sippenhaftung damit, dass „es sich bei Reuter um einen Spitzenfunktionär der ehemaligen SPD und KPD handelt." Die Voraussetzungen für „die Erstreckung der Ausbürgerung auf seine Familienangehörigen" seien folglich gegeben. Namentlich führte Jagusch außer Ernst Reuter seine Ehefrau Hanna und die Kinder Gerd und Edzard auf. Im Übrigen vermerkte er, dass Vermögen nicht zu beschlagnahmen sei, „da Reuter und seine Familienangehörigen im Inlande keine Vermögenswerte mehr besitzen" Schließlich wies Jagusch den Innenminister darauf hin, dass das Auswärtige Amt am 7. Juni 1939 Ernst Reuters Ausbürgerung zugestimmt habe.[370]

Erstaunlicherweise schickte Walter Jagusch sein Schreiben vom 23. Juni 1939 nicht nur an das Innenministerium, sondern mit dem Vermerk „zur weiteren Veranlassung" direkt an die Botschaft in Ankara. Die direkte Aufforderung des Gestapo-Funktionärs an die Botschaft, also ohne die Beteiligung des Auswärtigen Amtes, weiteres zu veranlassen, ist nur schwer verständlich – ganz abgesehen davon, dass die Gestapo einer Botschaft im Jahre 1939 keine Weisung erteilen konnte. Der Gesandte Kroll hatte bereits am 22. Mai „keine Bedenken" gegen die Ausbürgerung Reuters vermeldet, und das Auswärtige Amt am 7. Juni seine Zustimmung hierzu erteilt. Auch sahen die „Spielregeln" des Ausbürgerungsverfahrens nicht vor, dass dem oder den Betroffenen seitens der Auslandsvertretungen die Gründe für die Ausbürgerung zu erläutern waren. Die Praxis der Ausbürgerung ließ sich bereits an der Reaktion der Offiziellen in Istanbul und Ankara auf Gerhard Kesslers entsprechendes Ansinnen verfolgen. Es gab für die Botschaft also nichts Weiteres zu veranlassen.

Botschafter von Papen dürften mehrere Gründe veranlasst haben, den „Fall Reuter" im Juli 1939 selbst zu übernehmen. Der von ihm gezeichnete ausführliche Bericht an das Auswärtige Amt vom 28. Juli weist zunächst deutlich auf den formalen Grund hin. Ausdrücklich bezieht sich von Papen „auf das vom Reichsführer SS und Chef der Deutschen Polizei unmittelbar hierher gerichtete Schreiben vom 23. Juni 1939".[371] Mit diesem Hinweis wollte er dem Auswärtigen Amt gleich zu Beginn seines Dienstantritts in Ankara verdeutlichen, dass er Weisungen nicht von irgendwelchen nachgeordneten NS-Organisationen sondern – wenn überhaupt – nur vom Auswärtigen Amt entgegen zu nehmen bereit war. Immerhin hatte er seine Zusage, den Botschafterposten Ankara anzunehmen, auch an die Bedingung geknüpft, „Hitler unmittelbar unterstellt zu sein" und daran, „daß der Gestapo-Chef angewiesen werde, mich und meine Arbeit in jeder Hinsicht als außerhalb seiner Domäne zu betrachten."[372] Angesichts dieser Ausgangslage für seine Tätigkeit in Ankara verwundert allerdings, dass der Botschafter es überhaupt für nötig hielt, der Bitte des SS-Hauptsturmführers Jagusch mit einem Bericht nachzukommen. Zu einem solchen war die Botschaft gar nicht aufgefordert worden und zu veranlassen gab es ohnehin nichts.

Der Botschafterbericht mit seinen kaum nachvollziehbaren Argumenten zeigt, wie schwer von Papen und seine Mitarbeiter sich im „Fall Reuter" getan haben müssen. Der Bericht begann mit einem Seitenhieb auf die schlechte Recherche der Gestapo, indem klargestellt wurde, dass die Familie Reuter in Ankara neben Ernst Reuter aus dessen Ehefrau Johanna, Sohn Edzard und Tochter Hella bestehe. Statt Hella hatte die Gestapo den Engländer Gerd Harry zum Familienkreis in Ankara gezählt. Daraufhin wurde über das Auslaufen von Reuters Vertrag für Ende 1939 und die wahrscheinliche Nichtverlängerung spekuliert. Von Papen merkte weiterhin an, dass „besondere Tatsachen über Reuter während seines hiesigen Aufenthalts nicht bekannt geworden" seien, er sich „von deutschen Kreisen in Ankara bisher völlig fern gehalten" habe und wenn er überhaupt persönlichen Kontakt pflege, dieser „ausschließlich in jüdischen und Emigrantenkreisen" stattfinde. Diese Tatsache hielt von Papen „insofern besonders bezeichnend, als die deutsche Kolonie in Ankara gerade im Hinblick auf ihre nicht einheitliche Zusammensetzung sich bisher stets besonders bemüht hat, jeden selbst auch früher gegen den Nationalsozialismus eingestellten Volksgenossen zu erfassen, der nicht durch seine Eigenschaft als Jude oder jüdisch versippt aus zwingenden Gründen von der deutschen Gemeinschaft von vornherein ausgeschlossen war."[373]

Offensichtlich enttäuscht zeigte sich von Papen darüber, dass die deutschen Volksgenossen in Ankara keinen Erfolg hatten, Reuter in die deutsche Gemeinschaft einzubeziehen. Die vergeblichen Versuche sah er als Beleg dafür, „dass er nach wie vor ein Gegner des Nationalsozialismus ist". Auch aus dem türkischen Wirtschaftsministerium kämen keine Hinweise, „die ein Eintreten oder eine sonstige nützliche Betätigung für Deutschland beweisen." Immerhin wollte der Botschafter trotz Reuters deutlichen Defiziten und „soweit nicht das Vorleben Reuters an sich schon ausreichenden Grund zu der Maßnahme der Ausbürgerung bieten sollte, anheimstellen, diese geplante Maßnahme einer erneuten Erwägung zu unterziehen, da nach Reuters Verhalten in der Türkei für eine Ausbürgerung keine unbedingt schlüssigen Gründe gegeben erscheinen". Diesem Petitum ließ von Papen direkt einen Satz folgen, der einen erstaunlich einfühlsamen, aber auch besorgten Verfasser vermuten lässt: „Diese Erwägung erscheint schon mit Rücksicht auf die außerordentliche Schwere, mit der eine Ausbürgerung Reuters dessen Familie treffen würde, sowie aus der Tatsache begründet, dass man im Falle der Durchführung der Ausbürgerung nur einen neuen erbitterten Feind Deutschlands schaffen würde."[374]

Im Jahre 1939 konnte dem Botschafter von Papen in Ankara eigentlich noch gegenwärtig gewesen sein, dass er als Vizekanzler im Juli 1933 das „Gesetz über den Widerruf von Einbürgerungen und die Aberkennung der deutschen Staatsangehörigkeit" gebilligt hatte. Sein Rechtsreferent an der Botschaft konnte ihn schon aufgrund des kurz nach seinem Dienstantritt abgeschlossenen langwierigen Ausbürgerungsprozesses von Gerhard Kessler auf die Details des Gesetzes und dessen Durchführungsverordnung hingewiesen haben. Dem Botschafter stand es danach frei, außenpolitische Bedenken gegen Reuters Ausbürgerung zu erheben. Bis auf wenige Ausnahmen wurden die Bedenken der Auslandsvertretungen vom Auswärtigen Amt auch übernommen und vom Innenminister berücksichtigt. Stattdessen führte von Papen gegen eine Ausbürgerung Reuters die

„außerordentliche Schwere" für die Familie ins Feld und dass die Ausbürgerung einen „neuen erbitterten Feind Deutschlands schaffen würde."

Von Papen ahnte wohl, dass seine Argumente in Berlin nicht überzeugen konnten. Er schlug deshalb einen Aufschub des Verfahrens vor. Rätselhaft für die Empfänger seines Berichts musste andererseits sein Hinweis auf das reale oder vermutete Spitzelwesen in der Türkei und sein Vorschlag zur Observierung des ehemaligen Magdeburger Oberbürgermeisters sein: „Reuter wird den Sommer in der Nähe Istanbuls zubringen. Es wird sich somit für die Botschaft Gelegenheit bieten, sein Verhalten einer Beobachtung zu unterziehen und gegebenenfalls nach Ablauf einer gewissen Frist erneut über ihn zu berichten."[375] Möglicherweise stand hinter dem Bespitzelungsvorschlag aber eine berechnende Verzögerungstaktik, die letztlich den „Fall Reuter" ohne Ausbürgerung hätte beenden können. Seinen Bericht beschließt von Papen nämlich mit einem konkreten Hinweis auf den Schriftwechsel in der Passangelegenheit Reuter aus dem Jahre 1937. Dieser endete seinerzeit damit, dass die Pässe der Familie Reuter zu deren Überraschung um fünf Jahre verlängert wurden. Wenn – so mag von Papen taktiert haben – das Reichsinnenministerium und das Auswärtige Amt zwei Jahre zuvor zugestimmt hatten, die Pässe Reuters für eine so lange Frist zu verlängern, welcher Umstand konnte sie jetzt veranlassen, diese einzuziehen? Von den Berliner Behörden – so sein mögliches weiteres Kalkül – war ihm mit seinem Vorschlag, Reuter bei möglichen „Verfehlungen" beobachten zu lassen, in keinem Fall der gute Wille abzusprechen, den „Volksschädling" zu überführen und ihn dann ausbürgern zu lassen.

Gut einen Monat nach Abgang seines Berichts erhielt von Papen die Kopie eines Schnellbriefes des für die „Judenfrage" zuständigen Deutschlandreferenten im Auswärtigen Amt, Emil Schumburg, an das Reichsinnenministerium. Schumburg, der bereits aktiv an der Ausbürgerung von Thomas Mann und dem späteren Bundeskanzler Willy Brandt mitgewirkt hatte, vermochte „der Motivierung der Botschaft in Ankara nicht ohne Einschränkung beizutreten." Er zeigte sich aber dazu bereit, das Ausbürgerungsverfahren für eine „angemessene Frist auszusetzen". Maßgeblich sei für ihn, dass die Ausbürgerung des Wirtschaftsberaters Reuter „den deutschen wirtschaftlichen Interessen in der Türkei möglicherweise erheblich schaden könnte." Die Botschaft solle in drei Monaten nochmals berichten.[376] Bis zum Jahresende 1939 berichtete die Botschaft indessen nicht und musste deshalb Anfang Januar 1940 erinnert werden. In der von Papen gezeichneten Antwort wird lakonisch auf den umfangreichen Bericht vom 28. Juli des Vorjahres verwiesen und erklärt, dass Reuter sich völlig zurückhalte. Von Papen bat darum, das Ausbürgerungsverfahren weiter auszusetzen. Wiederum drei Monate verstrichen bis Deutschlandreferent Werner Picus im Auswärtigen Amt der Botschaft mitteilte, dass es nunmehr Zeit sei, Reuter auszubürgern. Die Botschaft solle berichten, ob noch die Voraussetzungen gelten würden, das Verfahren auszusetzen oder ob aber politische Bedenken bestünden.

Eine Woche später, am 26. April 1940, antwortete Botschafter von Papen, dass Reuter sich weiterhin völlig zurückhalte, in staatsfeindlicher Richtung nicht aktiv sei und eine Ausbürgerung – abgesehen von der Strafmaßnahme gegen Reuter selbst – keinen positiven Nutzen bringe. Geradezu abenteuerlich begründete er die weitere Aussetzung der Ausbürgerung damit, dass „auch angesichts der Verbesserung der deutsch-russischen Beziehungen anzunehmen [ist], dass dieser ehemalige kommunistische Funktionär sich während des Krieges weiter zurückhalten und sich hüten wird, den deutschen Interessen von hier aus insbesondere als Sachverständiger im türkischen Wirtschaftsministerium zu schaden." Von Papen beschloss seinen Bericht an das Auswärtige Amt mit dem Vorschlag: „Ich befürworte, die Ausbürgerung Reuters für die Dauer des Krieges – falls keine neuen Momente hinzutreten – auszusetzen."[377]

Franz von Papens Überlegung, der gemeinsame deutsch-sowjetische Raubzug in Mitteleuropa könnte Reuter aufgrund seiner kommunistischen Vergangenheit von Aktivitäten gegen das „Dritte Reich" abhalten, ist kaum nachvollziehbar. Reuters endgültiger Bruch mit dem Kommunismus im Jahre 1922 und der Grund seines Exils konnten ihn wohl kaum für das Komplott der beiden Diktatoren einnehmen. Entsprechend kommentierte Reuter den Hitler-Stalin-Pakt vom 23. August 1939 in einem Brief an den früheren Magdeburger Stadtkämmerer Max Pulvermann: „Dank der Weisheit unseres Führers haben wir nun zu der Nazischweinerei auch die Kommunisten noch etwas näher bekommen. Aber vielleicht hat das auch sein Gutes, indem die absolute Verwandtschaft dieser Dinge den diversen harmlosen Gemütern, die das immer noch nicht begreifen konnten, etwas klarer werden wird."[378] Auswärtiges Amt und Innenministerium äußerten sich nicht zu von Papens gewagter These zum Verhalten des ehemaligen kommunistischen Funktionärs, bestätigten aber am 27. Mai 1940, die Ausbürgerung Reuters für die Dauer des Krieges aussetzen zu wollen.

Die Kriegsdauer mochte Ende Mai 1940 für die Reichsoffiziellen durchaus kalkulierbar gewesen sein. Nach dem erfolgreichen „Unternehmen Weserübung", also der Besetzung Dänemarks und Norwegens durch die Wehrmacht, und dem nicht minder erfolgreichen „Vorstoß durch die Ardennen" schien für die Berliner Bürokraten und den Militärstrategen in Ankara ein deutscher Sieg und das Kriegsende in Reichweite zu sein. Als die Wehrmacht auch noch wenig später Frankreich besetzt hatte, kannte Franz von Papen sogar das Datum für das Kriegsende: November 1940. Zu dieser überraschenden Einschätzung veranlasste ihn ein Gespräch, das er Mitte August 1940 mit Hitler in Berlin geführt hatte. Nach Rückkehr aus Berlin verkündete von Papen die frohe Botschaft in Istanbul dem Vatikanvertreter Angelo Roncalli, dem späteren Papst Johannes XXIII. Roncallis Sekretär, Vittoro Righi, notierte von Papens Prognose und zusätzlich noch Erstaunlicheres: „Gemeinsam haben wir einen Blick auf das rekonstruierte Europa von morgen genommen: Beispielsweise würden Elsass-Lothringen und Luxemburg in Deutschland aufgehen; Belgien und Holland würden in ihrer Unabhängigkeit wiederhergestellt, aber entmilitarisiert. Dasselbe ließe sich von dem neuen Polen und dem Protektorat von Böhmen und Mähren sagen. Schließlich wären die Kriegskosten der Achsenmächte in Form von Rohmaterialien von den kolonialen Besitzungen Belgiens und Hollands zu tragen. [...] Frankreich würde die früheren deutschen Kolonien wiederherstellen und Kriegsentschädigungen zahlen."[379] Ganz offensichtlich waren der Reichskanzler und sein ehemaliger Vizekanzler im August 1940 dem Rausch der schnellen militärischen Erfolge erlegen.

An einer Ausbürgerung von Ernst Reuter konnte Franz von Papen eigentlich wenig gelegen sein. Zunächst werden ihm seine türkischen Gesprächspartner, besonders der Wirtschafts- und Verkehrsminister, anlässlich seiner Antrittsbesuche im Frühsommer 1939 vermittelt haben, wie hoch sie die Leistungen des Wirtschaftsberaters Reuter einschätzten. Nach vier Jahren Tätigkeit im Wirtschafts- und Verkehrsministerium hatte Reuter bereits eine große Zahl an wichtigen Gutachten und Expertisen vorzuweisen. Für seine Berater- und Hochschultätigkeit beherrschte er mittlerweile auch die schwierige türkische Sprache und verstand es nach Aussagen vieler Exilfreunde, sich sehr gut in die türkische Mentalität hineinzuversetzen. Jederzeit hatte er auch Zugang zu einem Kreis einflussreicher türkischer Politiker. Bei den türkischen Reformern wäre es deshalb auf Unverständnis gestoßen, wenn Reuter die deutsche Staatsbürgerschaft aberkannt worden wäre. Sie hätten im Zweifel den Botschafter als Initiator verdächtigt und ihm die Absicht unterstellt, ihre Reformpolitik behindern zu wollen. Von Papens restaurative Überzeugungen waren selbst in türkischen Regierungskreisen nicht unbekannt.

Ebenfalls nur Positives über Ernst Reuter wird der Botschafter auch bei seinen Antrittsbesuchen in den türkischen Provinzen erfahren haben. Reuter bildete bereits die ersten Kommunalbeamten und zukünftigen Gouverneure aus. Natürlich konnte der Botschafter bei seinen Besuchen in der Provinz nicht damit rechnen, wie Reuters Freund Georg Rohde empfangen zu werden, der später notierte: „Als [...] der Landrat hörte, daß wir mit Reuter befreundet seien, hat er nicht nur mich, sondern alle [...] Studenten und Dozenten zu einem großartigen Abendessen eingeladen. Da in der ganzen Stadt ein geeigneter Saal nicht gefunden werden konnte, wurden die Tische auf dem Bahnsteig des Bahnhofs aufgestellt. Das wurde für mich ein unvergeßliches Erlebnis. Dort und an vielen anderen Stellen haben wir sehr oft unser Glas zum Wohle Reuters erhoben."[380] Auszuschließen ist nicht, dass die türkischen Landräte und Gouverneure auch den deutschen Botschafter zu einem Toast auf Reuters Wohl aufforderten. Den Unterschied zwischen Reichs- und Exildeutschen kannte nicht jeder. Allein von seinen türkischen Gesprächspartnern aber deren hohe Wertschätzung der Person Ernst Reuters und seiner Leistungen zu erfahren, musste auf von Papen bereits ernüchternd wirken.

Nachdem sich der Krieg entgegen der Voraussagen des Botschafters doch länger hinzog, bemühte von Papen sich in der Folge dennoch nicht, nach neuen Momenten suchen zu lassen, die die ausgesetzte Ausbürgerung Reuters hätten beenden können. Auch die aus seiner Sicht unerfreuliche Reaktion der türkischen Behörden auf die kollektiv-automatische Massenausbürgerung der Juden nach der 11. Verordnung zum Reichsbürgergesetz vom 25. November 1941 zeigte von Papen, dass es wenig Sinn machte, sich für die Ausbürgerung des politischen Exilanten Reuter einzusetzen. Die Türkei hatte nämlich keinen der zahlreichen jüdischen Exilwissenschaftler, die aus dem Deutschen Reich und den angeschlossenen Ländern Zuflucht in der Türkei gesucht hatten, nach Verlust ihrer deutschen Staatsangehörigkeit ausgewiesen. Konsequenterweise wies der Botschafter deshalb seine Konsulatsbeamten in den Jahren 1942 und 1943 an, die Pässe der Familie Reuter jeweils um ein Jahr zu verlängern.

Für Ernst Reuter kam seinerseits nicht in Frage, die ihm verschiedentlich angebotene türkische Staatsangehörigkeit anzunehmen. Seinem Parteifreund Robert Görlinger begründete er seine Haltung im Mai 1946: „Man hatte mir nahegelegt, die hiesige Staatsangehörigkeit zu erwerben. Ich habe davon abgesehen. Ich bin Deutscher und will Deutscher bleiben, und das ist wahrscheinlich einer der Unterschiede von der Emigration hier und in anderen Ländern, wie etwa in Amerika. Dort sind die Leute meistens Amerikaner geworden und schreiben mir auch in ihren Briefen immer als ‚Wir Amerikaner …‘. Hier ist eine Assimilierung wohl innerlich nicht gut möglich."[381]

Im März 1943 kommentierte Ernst Reuter das Entgegenkommen von Papens in der Passfrage in einem Brief an Thomas Mann: „Daß ich immer noch einen deutschen Paß besitze, ist, wie man mir sagt, das ‚Verdienst‘ unseres Herrn Papen, der offensichtlich Wert darauf legt, sich auf solche und andere billige Weise moralische ‚Alibis‘ zu verschaffen."[382] Alibis verschaffte von Papen sich nicht nur mithilfe des „arischen" Emigranten Reuter, wie sein Vertreter Kroll als Zeuge im Nürnberger Prozess bestätigte: „Er verkehrte mit jüdischen Emigranten, konsultierte jüdische Ärzte, kaufte in jüdischen Geschäften. Seine Haltung in der Judenfrage war zweifellos einer der ernstesten Gründe für sein gespanntes Verhältnis zur Partei."[383] Die Kunst der wohlfeilen Geste verstanden der Botschafter und besonders seine Frau durchaus. Mangels Kenntnis der türkischen Sprache und deutschsprachiger Alternativen war es in Istanbul ohnehin naheliegend, sich beim Bücherkauf im „Karon kitabevi" von Isidor Karon, einem elsässischen Juden, und beim Kauf der Garderobe im „Mayer Mağazası" von Georg Mayer, einem Wiener Juden, beraten und bedienen zu lassen. Wie beschrieben, stand indessen von Papens Verhalten bei der Ausschaltung der jüdischen Mitarbeiter der „Agence Anatolie" und bei der Rückführung der naturalisierten türkischen Juden aus dem besetzten Frankreich in die Türkei keineswegs im Widerspruch zur Rassenpolitik der NSDAP.

4. Heraustreten aus der politischen Passivität
a) Das Wendejahr 1943

Mit fortschreitender Dauer des Krieges hatte Ernst Reuter auf manche vertraute Informationsquelle zu verzichten, die ihn über die Weltlage und den Kriegsverlauf hätte unterrichten können. Bald nach der Besetzung von Paris durch die Wehrmacht Mitte Juni 1940 musste der Exilvorstand der SPD die Wochenzeitung *Neuer Vorwärts* dort einstellen. Ernst Reuter war Abonnent des Blattes, bei dessen Vorgänger, dem *Vorwärts*, er in den Jahren 1922 bis 1926 als Redakteur tätig gewesen war. In Nachfolge des *Neuen Vorwärts* erschienen ab dem Jahre 1940 die *Sozialistischen Mitteilungen* (SM) aus London. Aber erst vier Jahre später erhielt Reuter sie regelmäßig. Seine französische Informationsquelle, die Tageszeitung *Le Temps*, stellte ab 1942 ihr Erscheinen ein. Danach stützte der sprachbegabte Reuter seine Lektüre über den Krieg und seinen Verlauf – abgesehen von türkischen Quellen – auf den englischen *Daily Telegraf*, die *Neue Zürcher Zeitung* und gelegentlich auf die sowjetische *Prawda*. Auch die abendlichen BBC-Sendungen waren für ihn unverzichtbar. Persönliche, wenn auch wegen der Zensur verklausulierte Nachrichten über die Ereignisse in der Heimat erhielt er durch seine umfangreiche Korrespondenz mit Familienangehörigen und früheren Bekannten in Magdeburg. Gelegentliche Besucher aus Deutschland ergänzten seinen Kenntnisstand über das Geschehen dort. Schmerzlich vermisste er aber lange Jahre, an den Plänen, Diskussionen und Aktionen der Genossen in der Heimat und im Exil nur aus der Ferne teilnehmen zu können.

Endlich erreichte Ernst Reuter im Mai 1944 aus London das erste Exemplar der *SM*. Diese hektographierten Mitteilungen der SOPADE, des SPD-Parteivorstands im Londoner Exil, erschienen seit 1941 monatlich. Sie wurden rund 500 Parteimitgliedern in den verschiedenen Exilländern zugesandt. In seinem Antwortschreiben nach London bestätigte Reuter dankend den Empfang und zeigte sich sehr erfreut, „nach so unendlich langer Zeit endlich mal wieder ein Lebenszeichen von alten (wenn auch persönlich unbekannten) Freunden zu erhalten." Seine Freude über die *SM* sei umso größer, „weil fast alle meine Versuche, von hier aus irgendeinen Kontakt mit der Außenwelt und mit Menschen, die in gleicher Richtung arbeiten, herzustellen, immer auf eine unerklärliche Weise scheiterten." So sei es ihm auch ergangen, als er die Adresse des Parteikollegen Albert Grzesinski in New York erfahren wollte, um „mit ihm bzw. der dortigen Bewegung in Kontakt zu kommen."[384] Unsichere Kommunikationswege zwischen der Türkei und den anderen Exilländern hielten Ernst Reuter weitgehend davon ab, Informationen über die Diskussionen und Pläne der Emigrantenzirkel in anderen Ländern zu erhalten.

In seinem Schreiben an den Parteivorstand in London erläuterte Ernst Reuter, dass er den stetigen Kontakt zu den Parteigenossen im Ausland sehr vermisse.

Dies gelte bedauerlicherweise auch für die Türkei: „Ich selber lebe hier in Ankara in (im alten Sinne) parteipolitischer Beziehung vollkommen isoliert und kenne keinen früheren Genossen hier."[385] Anders als die Schicksalsgefährten in den meisten anderen Aufnahmeländern verfügten die deutschsprachigen Exilanten in der Türkei über keine eigenen Zeitungen und Zeitschriften als Diskussionsforen. Vor allem hierin wurden die Fragen nach den Ursachen des NS-Regimes gestellt und die Zustände in Deutschland sowie in den Gastländern genau verfolgt und analysiert. Programme und Widerstandsaktionen wurden mit durchaus unterschiedlichen politischen Einstellungen diskutiert. Im Mittelpunkt der Erörterungen standen gegen Kriegsende dann Fragen um die Neugestaltung von Staat und Gesellschaft innerhalb einer künftigen Nachkriegsordnung in Europa.

Das Dilemma für Ernst Reuter und seine patriotischen Oppositionsfreunde im Exil bestand während des andauernden Krieges darin, täglich die Niederlage Hitlers herbeisehnen zu müssen und damit gleichzeitig aber auch den Zusammenbruch Deutschlands. Die Sympathien mussten den Gegnern des „Dritten Reiches" gelten und unausweichlich war die Erkenntnis, dass es ohne Erfolg der Alliierten kein Ende des Nazi-Terrors und des Exils geben könne. Je eher der Erfolg also eintrat, umso früher würden sie nach Deutschland zurückkehren und am Aufbau eines demokratischen Staatswesens mitwirken können. Mehrere Ereignisse im Jahr 1943 veranlassten Ernst Reuter schließlich, seine ihm und sich selbst auferlegte politische Zurückhaltung in der Türkei zu beenden: Es war einmal der Kriegsverlauf nach dem Drama von Stalingrad sowie die amerikanisch-britische Erklärung des „unconditional surrender", also der bedingungslosen Kapitulation der Achsenmächte, auf der Konferenz von Casablanca. Hinzu kamen die Gründung des Moskauer Komitees „Freies Deutschland", die Entmachtung Mussolinis und schließlich der von Helmuth James Graf Moltke übermittelte Bericht über die Zustände in Deutschland.

Den Kriegsverlauf verfolgte Ernst Reuter anhand aller ihm verfügbaren Quellen. Nachdem die Kriegshandlungen der ersten beiden Jahre den Westen betrafen und die Türkei nicht belangten, musste er im ersten Halbjahr 1941 feststellen, dass die Lage für die Türkei immer bedrohlicher wurde. Anfang März 1941 war der Nachbar Bulgarien den Achsenmächten beigetreten und die deutsche Wehrmacht bis zur türkischen Grenze vorgerückt. Vom Norden her bedeutete die deutsche Besetzung der Krim nur wenige Monate nach dem Überfall Hitlers auf die Sowjetunion am 22. Juni eine weitere, nicht zu unterschätzende Bedrohung. Schließlich weitete sich der weitgehend auf Europa beschränkte Krieg um die Jahreswende 1941/1942 zu einem noch opferreicheren Weltkrieg aus. Nur einen Tag nach dem japanischen Angriff auf den US-Stützpunkt Pearl Harbour hatten die USA am 8. Dezember 1941 Japan den Krieg erklärt. Der Dreierpakt mit Japan vom September 1940 verpflichtete Deutschland und Italien ihrerseits zu einer Kriegserklärung an die USA am 11. Dezember.[386]

Die „Declaration of United Nations" knapp einen Monat später ließ die USA am 1. Januar 1942 gemeinsam mit den Hauptalliierten Großbritannien und Sowjetunion dann auch formell in die „Anti-Hitler-Koalition" von 26 Staaten eintreten. Die Deklaration diente hauptsächlich dazu, die zuvor beschlossene Atlantik-Charta zu formalisieren und einen Schritt auf dem Weg zur Gründung der Vereinten Nationen vorzunehmen. Im Verlaufe des Jahres 1942 schlug der Krieg schließlich immer häufiger auf Deutschland zurück, als die britische Royal Air Force ihre massiven Luftangriffe gezielt gegen die deutsche Zivilbevölkerung flog, um deren Moral zu brechen. Köln, Essen und Hamburg gehörten zu den ersten Zielen. Zuvor allerdings hatte Ernst Reuter von seinem Sohn Gerd Harry und den englischen Freunden über die Angriffe der Luftwaffe auf London erfahren müssen. Sie hatten vom September 1940 bis zum Mai 1941 verheerende Wirkungen gezeitigt.

Die Machtausdehnung des „Dritten Reiches" erreichte im Spätsommer 1942 ihren Höhepunkt. Bald kam aber die Wende des Krieges. Am 22. November schlossen die Sowjets die deutsche 6. Armee unter General Paulus im Kessel von Stalingrad ein. Am 2. Februar 1943 musste Paulus kapitulieren und rund 90.000 deutsche Soldaten gerieten in sowjetische Gefangenschaft. Weitreichender als die militärischen Folgen waren die Auswirkungen auf die Moral der deutschen Bevölkerung. Die Niederlage führte vielen Menschen in Deutschland und auch den Exilanten vor Augen, dass das Gesetz des Handelns an den verschiedenen Kriegsschauplätzen zunehmend an die Alliierten übergegangen war. Unter den Deutschen machte sich Defätismus breit. In seiner Rede im Sportpalast bemühte sich Propagandaminister Joseph Goebbels am 18. Februar 1943 mit dem Aufruf zum „Totalen Krieg", das deutsche Volk zu weiteren Kriegsabenteuern anzustacheln. Anlass für Goebbels Durchhalteappell war aber nicht nur das Drama von Stalingrad. Die Ergebnisse der Casablanca-Konferenz, die nur wenige Tage vor der Kapitulation des Feldmarschalls Friedrich Paulus stattfand, forderte die NS-Propaganda in gleichem Maße heraus.

In Casablanca hatten sich vom 14. bis 26. Januar 1943 US-Präsident Franklin D. Roosevelt und der britische Premierminister Winston Churchill mit ihren Stäben zu einem Geheimtreffen getroffen. Auch Stalin war eingeladen, konnte jedoch wegen des Kampfes um Stalingrad die Sowjetunion nicht verlassen. Zum Abschluss der Konferenz erklärte Präsident Roosevelt auf einer Pressekonferenz die bedingungslose Kapitulation Deutschlands und seiner Verbündeten als vorrangiges Kriegsziel der Alliierten. Angestrebt werde nicht die Vernichtung der Völker, sondern die Zerstörung ihrer Kriegsmacht und ihrer auf Eroberung und Unterjochung anderer Länder ausgerichteten Weltanschauung. Mit dieser Formulierung sollte dem misstrauischen Stalin bewiesen werden, dass die Westmächte keinen Sonderfrieden anstrebten, sondern zusammen mit den Sowjets bis zur endgültigen Niederwerfung Deutschlands, Italiens und Japans kämpfen wollten.

Abb. 23 *Franklin D. Roosevelt (sitzend, links) und Winston S. Churchill während der Konferenz von Casablanca, Januar 1943.*

Ihr in Casablanca verkündetes Kriegsziel handhabten London und Washington durchaus konsequent. Die neutrale Türkei erfuhr dies, als sie im Mai 1943 den USA und Großbritannien vorschlug, einen Kompromissfrieden zwischen den Alliierten und den Achsenmächten abzuschließen. Das türkische Vorgehen war mit Botschafter Franz von Papen und der Reichsführung abgesprochen. Die beiden Alliierten lehnten zum Bedauern der Türkei ab. Mit ihrem Vorschlag hatte sie beabsichtigt, ihre politische Defensive gegenüber den Forderungen der USA und Großbritanniens zu einer aktiven Kriegsteilnahme beenden zu können. Der deutsche Botschafter in Ankara sah sich um seine Friedensbemühungen betrogen und durch den Fehlschlag sogar die Existenz Europas gefährdet. Entsprechend bitter kommentierte er die Konferenz von Casablanca später als denkwürdig: „Denkwürdig – weil nach dem übereinstimmenden Urteil der Zeitgenossen ihr Ergebnis eine ausweglose Situation für alle jene schuf, die über dem deutschen Schicksal das europäische nicht vergaßen und gewillt gewesen wären, jedem Frieden zuzustimmen, der die Existenz Europas gesichert haben würde." Die schicksalhafte Formel der bedingungslosen Übergabe war für von Papen dann auch „mehr einer Frühstückslaune

Roosevelts denn einer ernsten Überlegung über die psychologischen Folgen dieser Forderung entsprungen."[387]

Das Kriegsziel von Casablanca war aber auch für die deutschen Exilanten und Widerständler ernüchternd. Es bedeutete: Keine Verhandlungen der Alliierten und Kriegsführung bis zum Sieg. Die Hoffnungen des Widerstands in Deutschland, mit einem erfolgreichen Putsch gegen Hitler günstigere Friedensbedingungen erreichen zu können, mussten also schwinden. Auch die Hitlergegner im türkischen Exil setzten sich mit der Erklärung auseinander. Ernst Reuter erfuhr die kategorische Forderung des „unconditional surrender" aus dem Radio und bemerkte später, es sei eine der bittersten Stunden gewesen, die er als Deutscher erlebte.[388] Nicht weniger als die Forderung des „unconditional surrender" beunruhigte ihn die darin implizierte Formel von der „Kollektivschuld" der Deutschen in der Erklärung von Casablanca. Diese war nicht zuletzt auf den Einfluss des britischen Diplomaten Robert G. Vansittart zurückzuführen. In einer millionenfach in Großbritannien und den USA verbreiteten Broschüre mit dem Titel *The Black Record* behauptete Vansittart schon im Jahre 1941, dass die aggressive Expansionspolitik Hitlers zum deutschen Nationalwesen gehöre. Die Deutschen seien ein kriegerisches Volk, das in den letzten 75 Jahren fünf Kriege angezettelt habe. Es gebe demnach keine Unterschiede zwischen Deutschen und Nationalsozialisten.[389] Kontrovers diskutiert, spiegelten sich später die Thesen von Vansittart in einzelnen Plänen der Alliierten für das Nachkriegsdeutschland wider, so zum Beispiel im Morgenthau-Plan, aber auch in der anfangs reservierten Haltung der Sieger gegenüber den rückkehrwilligen Exildeutschen.

Deutlich vor der Konferenz von Casablanca und angesichts der militärischen Erfolge der Wehrmacht in der Sowjetunion verabschiedete die Kommunistische Partei Deutschlands (KPD) auf Anregung der Sowjetführer am 2. April 1942 im Moskauer Exil ein Grundsatzpapier. Ungeachtet der Herkunft der Beteiligten rief die KPD darin auf, eine breite Volksfront gegen Hitler zu schaffen. Das Nationalkomitee Freies Deutschland (NKFD), welches mehr als ein Jahr später am 13. Juli 1943 in Krasnogorsk bei Moskau gegründet wurde, baute auf dem Grundsatzpapier auf. Die KPD-Vertreter, unter denen sich die späteren SBZ- bzw. DDR-Führer Walter Ulbricht und Wilhelm Pieck befanden, hatten für ihre Aktion die Niederlagen der Achsenmächte in Stalingrad, am Don, im Kaukasus, in Libyen und Tunis abgewartet. Zwei Monate nach Gründung des NKFD konnte die Sowjetführung dann auch deutsche Kriegsgefangene unter Leitung des Generals Walther von Seydlitz dafür gewinnen, einen Bund Deutscher Offiziere zu gründen. Der Bund schloss sich bald dem NKFD an. Die Widerstandsgruppe schuf sich als Sprachrohr die Wochenzeitung *Freies Deutschland* und die Illiustrierte *Freies Deutschland im Bild*. Zahlreiche Flugblätter für die Propaganda an der Front oder in den Kriegsgefangenenlagern wurden entworfen und der Radiosender *Freies Deutschland* betrieben. An den Fronten setzte das NKFD Lautsprecherwagen ein und rief die deutschen Soldaten zum Überlaufen auf. Bis Ende Juli 1944 sollen 17 Generale, darunter Feldmarschall Friedrich Paulus, der NKFD beigetreten sein. Mit dem Manifest des NKFD vom 19. Juli 1943 beanspruchten die Unterzeichner, für das ganze deutsche Volk zu sprechen. Sie erklärten den Krieg für verloren und stellten fest: „Das deutsche Volk braucht und will unverzüglich den Frieden. Aber mit Hitler schließt niemand Frieden. Niemand wird auch nur mit ihm verhandeln. Daher ist die [...] dringendste Aufgabe unseres Volkes", eine „wahrhaft deutsche [...] Regierung" zu bilden. Diese Regierung müsse „den Krieg sofort abbrechen, die deutschen Truppen an die Reichsgrenzen zurückführen und Friedensverhandlungen einleiten, unter Verzicht auf alle eroberten Gebiete." Diese Regierung könne „ nur aus dem Freiheitskampf aller Volksschichten hervorgehen, gestützt auf Kampfgruppen, die sich zum Sturz Hitlers zusammenschließen. Die volks- und vaterlandstreuen Kräfte in der Armee müssen dabei eine entscheidende Rolle spielen."[390] Ernst Reuter erfuhr vom Manifest der „Moskauer Gruppe" aus der *Prawda*. Er musste das auf sowjetische Initiative gegründete NKFD als einen propagandistischen Schritt in Richtung auf eine eigenständige sowjetische Deutschlandpolitik werten. Die Initiative stand in Gegensatz zu dem von Roosevelt und Churchill in Casablanca verkündeten Prinzip des „unconditional surrender" und wies gleichzeitig auf Spannungen im Verhältnis der Sowjetunion zu den Westalliierten hin. Offensichtlich beabsichtigten die Sowjets, mit dem Nationalkomitee auf die innerdeutsche Opposition anziehend zu wirken und zugleich die Verhandlungsposition Stalins gegenüber Roosevelt und Churchill verbessern zu können.[391]

Seine deutliche Skepsis zum NKFD begründete Ernst Reuter dem Parteifreund Albert Grzesinski, dem früheren Innenminister Preußens, Ende August 1943: „Wir haben den Gedanken, mit der Moskauer Gruppe in Verbindung zu treten, bisher nicht ins Auge gefaßt, weil nach dem uns vorliegenden Wortlaut des Aufrufs der ‚Prawda' vom 21. Juli es sich wohl nicht um eine wirklich ‚unabhängige' Gruppe handeln kann. Die Unterzeichner des Aufrufs sind außer kommunistischen alten Bekannten lediglich bisher unbekannte Offiziere, und der Gedankengang des Aufrufs entspricht im wesentlichen den von früher her bekannten nationalkommunistischen Gedankengängen."[392] Reuter sah in der Koalition von deutschen Kommunisten und Militärs eine Verbindung, die er schon früh in der Weimarer Republik erkannt und gegeißelt hatte: „Wie ein Phantom steht vor der kommunistischen Bewegung die Idee, daß erstes und einziges Ziel heute sein müsse: militärische Gewaltmittel in die Hand zu bekommen. Hier trifft sich der Kommunismus mit seinen Antipoden. Hier ist die Wurzel der geheimen Sympathie, die die beiden äußersten Flügelrichtungen unseres politischen Lebens verbindet, die den Soldaten der Revolution veranlaßt, von den Soldaten der Gegenrevolution mit Hochachtung zu sprechen und sich mit ihm in der Verachtung der faulen Mitte eins zu wissen."[393]

Einen weiteren Anstoß, seine politische Abstinenz zu beenden, erhielt Ernst Reuter mit der Invasion der Alliierten auf Sizilien im Juli 1943. Mussolinis innere Position war geschwächt und die Streikbewegung gegen die faschistische Herrschaft gestärkt worden. Der Große Faschistische Rat nutzte die Lage und setzte Mussolini am 24. Juli ab. Auf Anordnung von König Viktor Emanuel III. wurde Mussolini daraufhin verhaftet. Die Entwicklung in Italien ließ Ernst Reuter hoffen, dass auch das deutsche Volk sich von seinem Diktator befreien könne. Seine entsprechende Erwartung, verbunden mit der Aufforderung zum Handeln, teilte er Thomas Mann Ende November 1943 mit: „Mussolini verschwand in der Versenkung, und wie ein wunderbares und die Kleingläubigen erstaunendes Phänomen sahen wir das Wiederaufsteigen der wahren Stimme des italienischen Volkes, sahen den Wunsch nach Freiheit und Sauberkeit seines öffentlichen Lebens und sahen, daß die lebendigen Kräfte in ihm in zwanzig Jahren der Tyrannei nicht haben verschüttet werden können. In unserem Volke wird es nicht anders sein und ist es nicht anders. Es kann nur nicht sprechen. Darum, dabei bleibe ich, müssen wir für Deutschland sprechen."[394] Ernst Reuters Aufforderung vom März 1943, maßgebliche Emigranten zu einem „gemeinsamen Appell an das deutsche Volk zu sammeln"[395], hatte Thomas Mann wenige Monate zuvor abschlägig beantwortet. Dieser sah anders als Ernst Reuter keine starken Strömungen in Deutschland, die von prominenten Emigranten Aufrufe zum Aufstand gegen das Hitler-Regime erwarteten.

Den wohl entscheidenden Impuls, aus seiner unfreiwilligen politischen Passivität herauszutreten, erhielt Ernst Reuter durch eine Denkschrift über die Lage in Deutschland, welche er Mitte Juli 1943 von seinen Freunden Alexander Rüstow und Hans Wilbrandt zu sehen bekam. Das Dokument vom 9. Juli 1943 war die Niederschrift eines ausführlichen Gesprächs, das der Kopf der Widerstandsgruppe „Kreisauer Kreis", Helmuth James Graf von Moltke, mit Rüstow und Wilbrandt während seines Aufenthalts in Istanbul vom 5. bis 10. Juli führte. Offiziell war Moltke als Völkerrechtsexperte für die Abwehrabteilung im Reichskriegsministerium nach Istanbul gekommen, um die Herausgabe einer von der Türkei im Marmarameer internierten französischen Flotte zu erwirken. Er wollte die Mission nutzen, um erste Kontakte mit den Westalliierten aufzunehmen. Rüstow und Wilbrandt hatten bereits Kontakte zum US-Geheimdienst, dem damaligen Office of Strategic Services (OSS). Moltke kannte Wilbrandt aus früheren Jahren, als dieser den „Kreisauer Kreis" in dessen Finanzangelegenheiten beriet. Er vertraute Wilbrandt, der die Denkschrift dem OSS übergeben sollte.[396]

Ernst Reuter musste die Schilderung von Moltkes über die allgemeine Lage in Deutschland und in den besetzten Gebieten, über die Auswirkungen der alliierten Luftangriffe auf Deutschland, über Fremdarbeiter, Widerstandsgruppen und besonders über das Warschauer Ghetto tief beeindrucken und verstören.

Er erfuhr, dass entgegen den Meldungen alliierter Radiosendungen die Luftangriffe die deutsche Rüstungsproduktion bislang nur gering beeinträchtigten. Ernüchternd musste auf ihn wirken, dass Moltke der Wehrmacht keinerlei Chancen auf Widerstandsaktionen zusprach: „Gestapo und SS sind vollständig Herren der Lage." Die Generalität sei von Hitler mit „der Übereignung von riesigen Grundstücken und Rittergütern" korrumpiert worden, weshalb „die Wehrmacht, mit unwesentlichen Ausnahmen, die Partei sowie ihre Strategie und Maßnahmen unterstützt". Deshalb sehe er in naher Zukunft keine Anzeichen, die „einen Aufstand beschleunigen oder ihm eine Chance geben würden." Moltke folgerte daraus: „Die Anzahl klar denkender Menschen im OKW [Oberkommando der Wehrmacht, Anm. d. Verf.] und in den Streitkräften ist klein. Diese Gruppe ist in ihrer Ansicht sicher, dass eine völlige und ungemilderte militärische Niederlage nötig ist, um ein für allemal den deutschen Militarismus und den Mythos der deutschen Unbesiegbarkeit im Feld zu zerstören, und um Deutschland als Nation bereit für einen dauerhaften Frieden zu machen."[397] Als Konsequenz schien die kleine Gruppe in der Wehrmacht damit das Kriegsziel der Westalliierten von Casablanca anzuerkennen und sich zur bedingungslosen Kapitulation bereit zu erklären.

Die Ausführungen Moltkes über „Die Schlacht im Warschauer Ghetto" und die Benennung von konkreten Vernichtungsaktionen müssen Ernst Reuter besonders erschüttert haben. Sie nahmen den größten Raum im Bericht ein. Moltke war am 4. Mai 1943 in Warschau gewesen und konnte einen direkten Eindruck über den verzweifelten Widerstand der Warschauer Ghettojuden vom 19. April bis 16. Mai vermitteln. Ernst Reuter erfuhr, dass rund 50.000 Juden im Ghetto ein Abwehrsystem in Erwartung der „Ankunft von SS ‚Vernichtungseinheiten' zur teilweisen oder völligen Liquidierung des Ghettos" eingerichtet hatten. Ebenfalls erhielt er Kenntnis davon, dass nicht nur das Ghetto, sondern alle seine Bewohner liquidiert werden sollten. Von einem der nahegelegenen Bahnhöfe sollten „SS-Wachen sie übernehmen und in eine der ‚Vernichtungseinrichtungen' bringen, die in Polen errichtet worden waren."[398] Zwar ist denkbar, dass Ernst Reuter schon am 18. Dezember 1942 in der *Prawda* einen langen Artikel gelesen hatte, in dem Zeitpunkt und Orte von Massenmorden an Juden genannt wurden.[399] Auch konnte er im März 1943 aus der türkischen Zeitschrift *Ayin Tarihi* über Vernichtungsaktionen in Polen erfahren haben. Diese im Regierungsauftrag herausgegebene Zeitschrift hatte aus der Rede des britischen Außenministers Anthony Eden zitiert, dass „die Vernichtung der Juden in Polen fortgesetzt werde."[400] Es mag sein, dass Ernst Reuter die Eden-Rede zuvor in der BBC gehört hatte. Authentische Details von deutscher Seite über den einsetzenden Holocaust wird er aber erst durch den Moltke-Bericht erfahren haben.

b) Die Gründung des „Deutschen Freiheitsbundes"

Zeichen, die ihn bewegen konnten, seine politische Passivität aufzugeben, gab es für Ernst Reuter im Jahre 1943 also genug. Nun galt es für ihn, Gleichgesinnte zu finden, mit denen zusammen er die gemeinsame Opposition zum NS-Regime artikulieren und politischen Widerstand gestalten konnte. Anders als in Exilländern wie England, den USA oder Mexiko, in denen sich einzelne Gruppen deutscher Exilanten mit unterschiedlicher politischer Ausrichtung in ihren jeweiligen Widerstandsaktionen zusammenfanden, ging es im türkischen Exil um des gemeinsamen Zieles willen darum, NS-Gegner unterschiedlicher politischer und konfessioneller Traditionen zu vereinen. Parteipolitisch Andersdenkende galt es zu akzeptieren und Kompromisse mit ihnen zu suchen. So fanden sich am 14. August 1943 in Istanbul außer Ernst Reuter nur parteiungebundene Wissenschaftler zum ersten Treffen des „Deutschen Freiheitsbundes" zusammen. Der Soziologe Gerhard Kessler, der Historiker und Ökonom Alexander Rüstow, der Agrarwissenschaftler Hans Wilbrandt, der Chemiker Friedrich Breusch sowie der Zoologe Curt Kosswig waren zusammen mit Ernst Reuter die Gründungsmitglieder. Ihre Gruppe verstanden sie nicht als Zelle des Umsturzes. Sie wollten vielmehr den Hitlergegnern im Exil eine gemeinsame Stimme geben. Die Weltöffentlichkeit und die Deutschen wollten sie über den wirklichen Charakter und die Ziele des NS-Regimes aufklären. Und sie wollten schließlich warnen, mahnen und gedanklich die Grundlagen dafür schaffen, wie Deutschland nach Ende des NS-Regimes neu geordnet werden könnte.

„Endlich war es mir Anfang dieses Monats möglich, nach Istanbul zu fahren und dort mit einer Gruppe von Professoren Fühlung zu nehmen, die seit langem in gleicher Richtung arbeitet. Wir haben uns gewissermaßen konstituiert, unter der Bezeichnung ‚Deutscher Freiheitsbund.'"[401] Mit diesen Worten teilte Ernst Reuter seinem Parteifreund aus Berliner Tagen, Albert Grzesinski, am 24. August 1943 seinen Entschluss mit, in der Türkei aus der politischen Passivität herauszutreten. Als aktiver Hitlergegner hatte Grzesinski das zweifelhafte Privileg gehabt, seinen Namen auf der ersten Ausbürgerungsliste des „Dritten Reiches" vom 25. August 1933 vorzufinden. Er emigrierte in die Schweiz und später über Frankreich in die USA. In New York wurde er im Jahre 1938 Präsident der sozialdemokratisch-bürgerlichen Emigrantenvereinigung „German Labour Delegation". Reuter fügte dem ausführlichen Schreiben an Grzesinski das Arbeitsprogramm sowie das Flugblatt *Was soll werden?* des „Deutschen Freiheitsbundes" bei. Ziel der Gruppe, so schrieb Reuter, „soll sein die Erreichung eines wirklich repräsentativen Zusammenschlusses aller Hitlergegner außerhalb Deutschlands, die sich ehrlich zu einer demokratisch freiheitlichen Lösung des deutschen Problems bekennen und die durch einen solchen Zusammenschluss vielleicht auch den Deutschen in Deutschland eine größere Hoffnung geben können." Die Gruppe suche nach Lösungen für Deutschland und gegen Hitler.[402]

Seine Mitstreiter beschrieb Reuter dem Exilvorstand der SPD im Mai 1944 als Menschen, „die als Emigranten hier leben und die zum Teil auch durchaus als aufrechte Überzeugungsemigranten zu bezeichnen sind, die entschlossen sind, gleich unter welchen Bedingungen, nach dem Sturze Hitlers in Deutschland für den Neuaufbau zu arbeiten."[403] Alle Mitstreiter Reuters hatten Deutschland aus politischen Gründen verlassen. Kaum vorstellbar ist es, dass die Mitglieder der Gruppe in Istanbul oder Ankara auch jüdische Vertraute wie Fritz Neumark, Ernst Hirsch oder Philipp Schwartz zur Mitwirkung angesprochen haben. Die ersten Nachrichten über den einsetzenden Holocaust werden sie davon abgehalten haben, die jüdischen Freunde mit Gedanken über die Zukunft *des* Landes zu belasten, in dessen Namen die Verbrechen begangen wurden. Den jüdischen Exilanten wiederum wird im Jahre 1943 die Sorge um das Schicksal ihrer Familienangehörigen, ihrer Glaubensbrüder und -schwestern, weit näher gelegen haben als Überlegungen zur Zukunft Deutschlands. Auch wäre für sie damit eine Vorentscheidung verbunden gewesen, in das Land der Täter zurückzukehren.

Im „Freiheitsbund" war Reuter „der einzige frühere Sozialdemokrat und auch der einzige berufsmäßige Politiker alten Stils."[404] Dem Parteikollegen Fritz Baade hatte Ernst Reuter im Mai zwar noch mitgeteilt, dass die Zeit für ein „Heraustreten aus der Passivität" gekommen sei und er „in diesem Sinne das eine oder andere eingeleitet" habe.[405] Wegen Baades Nähe zur Botschaft vertraute die Gruppe ihm aber nicht und verzichtete auf seine Mitarbeit. Vertrauen war gerade in Istanbul, der Stadt mit einer großen reichsdeutschen Kolonie sowie verschiedenen NS- und Geheimdienstorganisationen, unerlässlich. Auch hatten die Emigranten davon erfahren, dass Leute der Gestapo mit türkischen Geheimdienstlern zusammen arbeiteten. Das Verbot jeglicher politischen Betätigung und das Risiko der Ausweisung bestanden also fort. So wählte die Gruppe für ihre „Plenarsitzungen" möglichst Orte fern von unerwünschten „stillen Teilnehmern", wie zum Beispiel das Ferienhaus der Familie Wilbrandt auf der Istanbul vorgelagerten Prinzeninsel Burgaz.

Bald einigte sich die Gruppe auf ein Arbeitsprogramm für den „Deutschen Freiheitsbund", dessen Entwurf ebenso vorliegt wie die Entwürfe zu Rundfunksendungen und die Flugschrift: *Was soll werden?*[406] Im Entwurf des Arbeitsprogramms erklärten sich die Mitglieder der Gruppe als unabhängige Vertreter verschiedener politischer Richtungen. Einig seien sie sich darin, dass alle deutschen Gegner des Nationalsozialismus zusammenarbeiten müssten. Ziel sei der schnellstmögliche Sturz Hitlers und der Aufbau eines freien, demokratischen deutschen Rechtsstaats, eingebettet in eine europäische und internationale Kooperation. Die Gruppe erklärte, dass sie „zunächst nicht demonstrativ öffentlich" auftreten wolle. Vielmehr sollte ein Arbeitsausschuss und ein Büro geschaffen werden, um dann mit Gleichgesinnten in anderen Ländern, mit zuverlässigen

> **WAS SOLL WERDEN ?**
> ===================
>
> Programmatische Grundgedanken
>
> des
>
> Deutsche Freiheitsbundes.
>
>
> Der Nationalsozialismus steht vor dem Untergang. Er wird den Krieg, den er begonnen und verloren hat, nicht überleben. Es wird einen harten Fall geben; Was fällt, soll man noch stossen. Ein rascher Todesstoss kann Hunderttausende erretten, die sinnlos weiter geopfert werden sollen. Der Untergang der Schuldigen ist weiterer Rede nicht wert. Mussolini ist gestürzt, Hitler wird ihm nachstürzen. Die beiden Spiessgesellen waren "auf Gedeih und Verderb" verbunden. Nun ist die Stunde des "Verderbs" gekommen. Das Mass der Schande und des Leides ist voll. Hitler muss sterben, damit Deutschland leben kann. Aber was kommt dann?
>
> Dass nach einem verlorenen Krieg keine Freudentage kommen, weiss jeder. Dass die Verarmung diesmal noch furchtbarer ist als 1918, weiss jeder, der Hamburg, Köln und Düsseldorf, das Ruhrgebiet und die Wasserkante, Mannheim und Nürnberg gesehen hat. Je länger der Sturz der Hitlerbande verzögert wird, um so mehr Volksvermögen wird vernichtet werden, um so mehr Städte und Fabriken, Eisenbahnen und Talsperren werden durch Bombenwürfe zertrümmert werden, um so mehr Kriegskrüppel und Kriegswaisen werden zu versorgen sein, um so sicherer verschwinden die Fonds der Sozialversicherung, der Privatversicherung und der Sparkassen in dem Fass ohne Boden, in dem schon vor 1939 neunzig Milliarden, seit 1939 mehrere Hundert Milliarden verschwunden sind. Das ganze Mass der Zerstörung an Menschenkraft und Volksvermögen wird das deutsche Volk erst übersehen, wenn mit den schuldigen Schurken auch der vernebelnde Propagandaschwindel und die verblödende Pressezensur gefallen sind.

Abb. 24 *Erste Seite der Flugschrift* Was soll werden?, *1943.*

Gegnern des Regimes in Deutschland und mit interessierten Persönlichkeiten des Auslands Verbindung aufzunehmen.[407]

Mit der von Gerhard Kessler entworfenen und von Ernst Reuter überarbeiteten Flugschrift *Was soll werden?* wollte die Gruppe dem deutschen Volk schonungslos die Wahrheit über seine Situation mitteilen: Da die Sieger und nicht die Besiegten die Friedensbedingungen festsetzten, würden diese nach dem Ende des Krieges hart ausfallen. Nur wenn „die Nazis aus eigener Kraft gestürzt" werden, würde man draußen „auf uns und eine sich auf das Volk stützende neue demokratische Regierung hören. Je eher wir Hitler und seine Bande beseitigen, umso besser für uns [...]."[408] Die deutsche territoriale Souveränität in den Grenzen von 1937 sei aufrecht zu erhalten, die Demokratie nach Weimarer Vorbild, aber unter stabileren Bedingungen, wieder herzustellen und den vom NS-Regime überfallenen Ländern Wiedergutmachung zu leisten. Die Reichseinheit, also die territoriale Souveränität, aber auch das Recht auf Selbstregierung müssten gerettet werden. Auf den Trümmern sei ein neuer Staat aufzubauen, in dem ein wirklich freiheitliches Regime herrscht und eine radikale Abkehr von allen Illusionen des Herrenvolkes erfolgt. Verwaltung und Erziehungswesen seien völlig neu zu ordnen, damit die Welt sehe, dass die Deutschen es mit ihrer Erneuerung an Haupt und Gliedern ehrlich meinen und die Hypotheken ihrer Schuld abtragen wollen: „Das Großreinemachen wird unerbittlich sein, sonst werden wir niemals wieder das Vertrauen der Welt gewinnen."[409]

Für ein demokratisches Nachkriegsdeutschland forderte der „Deutsche Freiheitsbund" programmatisch eine Bodenreform und den Ausbau des landwirtschaftlichen Genossenschaftswesen: „Der Herrenboden muss aufgeteilt werden, schnell und gründlich!" Die Groß- und Schwerindustrie sei zu verstaatlichen, aber „in der verarbeitenden Industrie werden wir den tüchtigen und mitarbeitenden Unternehmer nicht entbehren können." Demokratische Selbstverwaltung der Gemeinden, Parteienvielfalt, freie Wahlen, freie Religionsausübung und ein freiheitliches Organisationsleben der Berufsverbände seien unerlässlich. Der bürgerliche Rechtsstaat sei wieder herzustellen und „wir werden die schuldigen Nazis strafen, aber nach Recht und Gerechtigkeit. Sinnlose Rache ist keine Grundlage, auf der Zukunftsarbeit geleistet werden kann."[410] Zweimal wird in der Flugschrift an die Deutschen appelliert, Hitler zu stürzen.

Deutlich wird die Handschrift von Gerhard Kessler, dem Patrioten und Frontoffizier im Ersten Weltkrieg, in der Flugschrift sichtbar. Die Reichswehr wird geschont und vom deutschen Militarismus ist keine Rede: „Unsere Soldaten haben überall tapfer gekämpft und haben uns keine Schande gemacht. Aber mit Schande befleckt haben uns die blutigen Taten an unschuldiger Zivilbevölkerung in den besetzten Gebieten, die Geißelerschießungen, die grauenhaften Judenmorde."[411] Ungenannt bleibt, wer diese Verbrechen begangen hat. Offensichtlich unterschied die Gruppe – so wie von Moltke in seiner Denkschrift vom 9. Juli zum Ghettoaufstand – zwischen einer Wehrmacht, die Völkerrechtsnormen befolgte, und einer verbrecherischen SS. Mit ihren Vorstellungen zur Bodenreform und Verstaatlichung der Schwerindustrie ging die Gruppe über die Wiederherstellung der Weimarer Demokratie hinaus. Kommunistische Positionen, sei es die Industrie und den Handel zu vergesellschaften oder den Boden zu kollektivieren, fanden aber keine Aufnahme.

Der „Deutsche Freiheitsbund" kann als ein sozialdemokratisch-bürgerliches Anti-Hitler-Bündnis eingeordnet werden. In ordnungspolitischen Fragen musste Ernst Reuter einige Kompromisse eingehen. Als Tribut an den liberalen Streiter und Senior der Gruppe, Gerhard Kessler, sind auch die aufrüttelnden Schlussworte des Flugblatts zu lesen: „Und so schreiten wir, die Kühnen, eine halbe Welt entlang. Die Verwüstung, die Ruinen, nichts verhindere deinen Gang. Hinan, Vorwärts – hinan. Und das große, das Werk sei getan."[412] Kesslers Emphase war auch nach zehn Jahren des Exils ungeschmälert und erinnerte an seinen „Deutschland, erwache!"-Artikel vom November 1932.

Reuter und die Mitstreiter im „Freiheitsbund" hofften, über amerikanische Stellen „technische Möglichkeiten der propagandistischen Bearbeitung Deutschlands zu bekommen, und im Hintergrunde schwebt die heute vielleicht noch kühn erscheinende, aber gar nicht aussichtslose Hoffnung, uns unter eigener Flagge (Deutsche sprechen zu Deutschen) den Zugang zum Radio zu verschaffen."[413] Einige konzeptionelle Entwürfe zu Radiosendungen und auch ausgearbeitete Programmbeiträge sind vorhanden. In einer Eingangssendung wollte sich der „Freiheitsbund" vorstellen und seine Ziele umreißen. Danach sollte über aktuelle Ereignisse in Deutschland mit dem Ziel informiert werden, „die geistige Isolation" zu durchbrechen und „die moralischen und geistigen Grundlagen des Regimes" zu erschüttern. Auch Nachrichten aus der „Freiheitsbewegung der ganzen Welt" sollten zur „Einschüchterung der Gestapo" dienen. Schließlich sollten Mittel und Wege zum Kampf gegen Hitler aufgezeigt und der Neuaufbau nach Kriegsende skizziert werden. Ziel war es, „zu einem repräsentativen Sender aller Deutschen zu kommen."[414] Dem Entwurf des Arbeitsprogramms ist zu entnehmen, dass die tägliche redaktionelle Arbeit in Istanbul erfolgen und ein deutscher Sprecher für drei Sendungen pro Woche engagiert werden sollte.

Die Gruppe „Deutscher Freiheitsbund" entwickelte ihr Arbeitsprogramm, das Flugblatt und ihre Beiträge für Rundfunksendungen in erstaunlich kurzer Zeit. Nur drei Wochen nach der ersten Sitzung der Gruppe konnte der Istanbuler OSS-Vertreter Lanning McFarland einen ausführlichen Bericht zusammen mit den übersetzten Dokumenten und den Biografien der Mitglieder der Gruppe nach Washington senden. McFarlands Bericht von Anfang September 1943 beschreibt das Programm und die Mitglieder des „Freiheitsbundes" als sehr seriös. Die Gruppe habe sich zusammengeschlossen, um für „die Befreiung Deutschlands und dessen Wiederaufbau auf demokratischer Grundlage in enger Zusammenarbeit mit den Alliierten im gemeinsamen Kampf gegen Hitler zu arbeiten".

Die Mitglieder hätten führende Positionen im politischen, wirtschaftlichen und intellektuellen Leben der Weimarer Republik inne gehabt. Sie würden wertvolle Kontakte zu Gleichgesinnten in Deutschland, das heißt zu Kreisen der Wehrmacht, zu Führern ehemaliger demokratischer Parteien, zu Gewerkschafts- und Wirtschaftsvertretern besitzen. Sie stellten keine Forderungen gegenüber den Alliierten, noch erwarteten sie Zusagen für die Zukunft. Sie könnten aber dazu beitragen, nach Ende des Krieges politische Fehlentwicklungen zu vermeiden, wie sie nach dem Ersten Weltkrieg aufgetreten waren.[415]

Im Interesse der alliierten Kriegsanstrengungen – so setzt der Bericht fort – sprächen mehrere Gründe dafür, mit dem „Freiheitsbund" zusammenzuarbeiten. Zum einen könnte die Gruppe den Alliierten prominente Deutsche in der Wehrmacht sowie im Produktions- und Transportsektor für den alliierten militärischen und wirtschaftlichen Nachrichtendienst benennen. Hierfür sei die Gruppe besonders geeignet, da sie in einem neutralen Land am Rande des von den Achsenmächten besetzten Europa agiere. Die Gruppe könne ferner Untergrundorganisationen bilden und koordinieren, die sich auf Aktivisten der früheren demokratischen Parteien stützten. Sie könnten sich – so der OSS-Bericht weiter – im passiven oder offen organisierten Widerstand engagieren. Auch könne die Gruppe dank ihrer Kenntnisse der deutschen Mentalität weit besser als die Alliierten für die US-Propaganda Ideen, Argumente und Formulierungen bereitstellen. Hieran mangele es bislang erheblich bei den alliierten Anstrengungen in der ideologischen Kriegsführung. Für das demokratische Nachkriegsdeutschland könne die Gruppe darüber hinaus einen verlässlichen Kern schaffen, der der deutschen Bevölkerung die Ideen von Freiheit, Rechtsstaat und politischer Toleranz nahebringt und ein Gegengewicht zu radikalen Tendenzen von Rechts und Links schafft. Insgesamt befürwortete McFarland für die weitere alliierte Kriegsführung sowie die Planung des Friedens eine Zusammenarbeit zwischen dem „Freiheitsbund" und dem zentraleuropäischen OSS.[416]

Die Gespräche des „Freiheitsbundes" mit den Mitarbeitern des OSS in Istanbul begannen ermutigend. Es blieb aber bei Vorgesprächen und Vorarbeiten, da die amerikanischen Partner „uns die entscheidende Voraussetzung der äußeren und inneren Unabhängigkeit, ohne die jede solche Arbeit keinen Sinn haben würde, nicht erwirken konnte[n]."[417] Ende November 1943 schrieb Reuter resignierend an Kessler: „Es ist ein Trauerspiel zu sehen, wie viel Zeit vertrödelt wird – was hätte man machen können. [...] Ich helfe mir hier damit, daß ich möglichst Fühlung nach verschiedenen Seiten nehme in der Hoffnung, daß jede persönliche Berührung später vielleicht mal Gewinn bringen kann, aber es ist nur ein schwacher Trost."[418] Im Sommer 1944 bedauerte Reuter gegenüber Kessler, „daß wir uns im vorigen Jahre in Verkennung der tatsächlichen Verhältnisse auf einen falschen Weg haben drängen lassen, der uns nur unnützes Warten gekostet hat, ohne sonst irgend etwas einzubringen."[419] Eingebracht hat der Versuch immerhin, dass Ernst Reuter und seine Freunde den Amerikanern in der Türkei und in Washington sichtbar machen konnten, dass sie Sprachrohr für das andere, das bessere Deutschland sein wollten, welches in der Heimat zum Schweigen verurteilt war. Die von Ernst Reuter angesprochene mangelnde äußere und innere Unabhängigkeit der Gruppe in der erwünschten Zusammenarbeit mit den Amerikanern konnte das OSS nicht gewährleisten. Dessen vornehmliches Interesse bestand darin, mit der Gruppe nachrichtendienstlich zusammenzuarbeiten. Ernst Reuter war hierzu nicht bereit.

Auf offizieller Ebene verfolgte die Regierung Roosevelt nach wie vor das Ziel einer bedingungslosen Kapitulation der Achsenmächte. So untersagte das amerikanische State Department seiner Botschaft in Ankara bereits am 13. März 1943, Gespräche mit Vertretern von Widerstandsgruppen zu führen. Das OSS könne zwar Informationen von diesen einholen. Dem OSS sei aber die Haltung der US-Regierung unmissverständlich mitgeteilt worden. Die USA sei im gegenwärtigen Krieg Verbündeter von Großbritannien und der Sowjetunion. Jegliche Äußerung und Handlung sei zu vermeiden, die als Widerspruch zum Geist und den gemeinsamen Kriegsanstrengungen verstanden werden könnte. Diese Position – so das State Department – sei mit den Briten abgestimmt.[420] Dementsprechend wollten die verantwortlichen Politiker weder in den USA ein Gegenkomitee zum Moskauer Nationalkomitee Freies Deutschland unterstützen noch in einem neutralen Land wie der Türkei mit einem solchen in Gestalt des „Deutschen Freiheitsbundes" zusammenarbeiten. Ein Sieg über Deutschland konnte nicht ohne die Unterstützung der Sowjetunion erreicht werden. Roosevelt wollte es sich mit Stalin nicht verderben, zumal dieser den Westalliierten entgegen gekommen war: Auf der Konferenz von Teheran Ende 1943 hatte er sich nämlich ebenfalls zum Ziel der bedingungslosen Kapitulation bekannt und die Kommunistische Internationale formal aufgelöst – nicht aber das NKFD.

Ernst Reuters Mitstreiter im „Freiheitsbund", Alexander Rüstow und Hans Wilbrandt, hatten keine Bedenken, mit dem OSS nachrichtendienstlich zusammenzuarbeiten. Beide standen schon bei Gründung des „Freiheitsbundes" mit dem OSS in Istanbul in Verbindung. Unter dem Decknahmen „Magnolia" bzw. „Hyazinth" arbeiteten Rüstow und Wilbrandt mit dem OSS im „Dogwood-Cereus-Ring" des tschechischen Kaufmanns Alfred Schwarz („Dogwood") zusammen. Sie vermittelten Helmuth James Graf Moltke für seine zweite Istanbulreise im Dezember 1943 die gewünschten Kontakte zum OSS. Im Verlauf dieser Reise erarbeiteten Rüstow und Wilbrandt dann den sogenannten „Herman-Plan", der Gedanken und Vorschläge von Moltkes zusammenfasste und über das OSS an die US-Regierung weitergeleitet werden sollte.[421] Moltke („Herman") und der „Kreisauer Kreis" wollten die USA für ihr Grundanliegen einnehmen, nämlich den Alliierten behilflich zu sein, den Frieden und nicht nur den Krieg zu gewinnen. Die gut dokumentierte Reaktion der amerikanischen Regierung auf den

„Herman-Plan" gibt Aufschluss über deren grundsätzliche Einstellung zu den Plänen der verschiedenen deutschen Widerstandsgruppen seit Eintritt der USA in den Zweiten Weltkrieg. Auch lassen die OSS-Dokumente einen Rückschluss auf das Scheitern der Bemühungen von Ernst Reuters „Deutschem Freiheitsbund" zu, die Amerikaner für ihr Projekt zu gewinnen. Sie geben andererseits auch Hinweise auf die Motive von Ernst Reuters Freunden Alexander Rüstow und Hans Wilbrandt, mit dem Widerständler von Moltke und dem US-Geheimdienst OSS zusammen zu arbeiten.

c) Der Kulturhistoriker Alexander Rüstow

Neben Ernst Reuter zählt Alexander Rüstow wohl zu den bekanntesten politisch Verfolgten des NS-Regimes, die in der Türkei Zuflucht fanden und später im Nachkriegsdeutschland eine bedeutende Rolle spielten. Rüstow entstammte einem von preußischem Militär und protestantischem Pietismus geprägten Elternhaus. Sein Abitur machte er in Berlin und legte das Studium sehr breit an. Zwischen den Jahren 1903 und 1908 studierte er in Göttingen, München, Berlin und Erlangen Mathematik, Physik, Philosophie, Altphilologie, Rechtswissenschaft und Volkswirtschaftslehre. Er promovierte mit einer Arbeit über das klassische Lügner-Paradoxon. Eine Habilitation über den Vorsokratiker Parmenides scheiterte wegen des Weltkriegs. Der Erste Weltkrieg – Rüstow diente als Leutnant und erwarb hohe Auszeichnungen – riss ihn aus seinem traditionellen Weltbild heraus. Er kehrte nach eigenen Aussagen „als radikaler Sozialist und Marxist"[422] aus dem Krieg nach Berlin zurück und engagierte sich in verschiedenen Gruppen sozialistischer Intellektueller. Rüstow schloss sich dem Soziologen und Nationalökonom Franz Oppenheimer an, der entscheidenden Einfluss auf sein Denken ausübte. Oppenheimers Staatstheorie, welche die Staatsbildung als Folge gewaltsamer Eroberung von außen ansieht, vervollkommnete Rüstow in seinem dreibändigen Lebenswerk *Ortsbestimmung der Gegenwart*.

Nach dem Ersten Weltkrieg wirkte Rüstow zunächst im Reichswirtschaftsministerium als Referent für Allgemeine Wirtschaftsfragen. Im Ministerium befasste er sich zwischen den Jahren 1919 und 1924 mit Plänen zur Sozialisierung sowie mit Kartell- und Monopolfragen. Er zählte sich selbst zu den Vätern der deutschen Kartellverordnung von 1923. Sein Bemühen war es, Kartelle und Monopole zu verhindern statt Bestrebungen nach einer sozialistischen Planwirtschaft zu unterstützen. Ab dem Jahr 1924 verließ Rüstow den Staatsdienst und wirkte bis zum Jahr 1933 als Leiter der volkswirtschaftlichen Abteilung des Vereins deutscher Maschinenbau-Anstalten (VdMA) in Berlin. Daneben lehrte er in Berlin an der Hochschule für Politik. Die Arbeit im mittelständig geprägten VdMA brachte ihn in Kontakt zu den Wirtschaftsliberalen, die sich gegen Kartelle und Schutzzölle wandten.

In den Jahren seiner Verbandstätigkeit begegnete Rüstow den liberalen Nationalökonomen Walter Eucken und Wilhelm Röpke. Mit ihnen verband ihn das Bestreben, die Herrschaft der Historischen Schule in der Nationalökonomie abzulösen und durch die theoretische Wirtschaftswissenschaft zu ersetzen. Erhebliches Aufsehen in Fachkreisen erregte er mit seinem Vortrag „Freie Wirtschaft – Starker Staat", den er im Jahre 1932 vor dem Verein für Socialpolitik in Dresden hielt. Rüstow forderte „einen starken Staat, der über den Gruppen, über den Interessenten steht, einen Staat, der sich aus der Verstrickung mit den Wirtschaftsinteressen wieder herauslöst." Der Wirtschaftsliberalismus alter Prägung habe mangels eines wirksamen Kartellrechts versagt. Er habe eine wettbewerbsfeindliche Machtkonzentration zugelassen und den Staat zur Beute von Lobbyisten gemacht. Rüstows Vortrag gilt zusammen mit dem Aufsatz von Walter Eucken „Staatliche Strukturwandlungen und die Krisis des Kapitalismus" als Abkehr vom Laissez-Faire-Liberalismus und Manifest des Ordoliberalismus.[423]

Im Frühjahr 1933 durchsuchte die Gestapo Rüstows Berliner Wohnung. Rüstow verstand das Zeichen. Seine Entscheidung, ins Exil zu gehen, erklärte er im Vorwort zum ersten Band seiner *Ortsbestimmung der Gegenwart* damit, dass er in der „Stickluft", die ihm in dem „von Hitler überlagerten Deutschland den Atem verschlug", nicht leben wollte. Er wandte sich umgehend an die „Notgemeinschaft deutscher Wissenschaftler im Ausland" in Zürich. Der Mitgründer der „Notgemeinschaft", Philipp Schwartz, setzte Alexander Rüstow ebenso wie seinen Freund Wilhelm Röpke auf die Liste der Dozenten, die er dem türkischen Erziehungsminister für das Fach Nationalökonomie an der Universität Istanbul vorschlug. Den Lehrstuhl für Wirtschaftsgeografie, Wirtschafts- und Sozialgeschichte nahm Rüstow mit einem Fünfjahresvertrag dann bereits im Dezember 1933 ein. Bezeichnenderweise stellte der sonst bestens informierte NS-Kulturfunktionär Dr. Herbert Scurla im Jahre 1939 in seinem Inspektionsbericht fest, dass „der 1885 geborene, verheiratete (6 Kinder) arische Dr. Alexander Rüstow als Marxist bekannt ist."[424] Rüstows Mitstreiter im ordoliberalen Euckenkreis hätte diese Einordnung zweifellos verwundert. Seine Exilkollegen und -freunde wären über eine andere Feststellung Scurlas ebenfalls erstaunt gewesen: „Rüstow hat zunächst versucht, sich in das Vertrauen des Generalkonsulats einzuschleichen. Die Unaufrichtigkeit seiner Berichterstattung wurde aber sofort bekannt. Er ist eine der unerfreulichsten Erscheinungen der Emigrantenclique."[425]

Der Emigrant Alexander Rüstow war für die NS-Vertreter schwer einzuschätzen. Er gehörte keiner der politischen Parteien an, die vom „Dritten Reich" verboten worden waren und war andererseits auch nicht jüdisch. Seine Emigration in die Türkei war – anders als im Fall von Ernst Reuter – nicht in Verfolgung und Berufsverbot begründet. Er hatte das Exil freiwillig gesucht. Für ihn war es ein politischer Akt, der sich gegen die rechtliche Grundlage des NS-Regimes richtete. Mit seinem Verbleib im „Dritten Reich" hätte er aus seiner

Abb. 25 *Alexander Rüstow, 1937.*

Sicht der Diktatur den Anschein von Legitimität verliehen. So verstand er sich in der Türkei als Vertreter des anderen, besseren Deutschland und sah eine seiner wichtigsten Aufgaben darin, über die Verbrechen des NS-Staates aufzuklären. Hierbei waren ihm vom türkischen Staat vertraglich aber deutliche Grenzen gesetzt. Sie galt es aufgrund des guten Verhältnisses, das die Türkei bis in die letzten Kriegsjahre mit dem Deutschen Reich verband, zu berücksichtigen. Erst ab dem Jahre 1943 legte Rüstow ebenso wie Reuter seine politische Passivität ab, als auch die Türkei Kenntnis von den Vernichtungslagern erlangte und sich zunehmend den Alliierten zuwandte. Zuvor musste Rüstow sich auf Gespräche sowie eine ausgiebige Korrespondenz mit den Exilfreunden in der Türkei beschränken. In Deutschland stand er mit dem Freiburger Kreis um Walter Eucken in engem schriftlichen Kontakt. Der oppositionelle Gesprächskreis hatte sich in Freiburg als Reaktion auf die Novemberpogrome des Jahres 1938 gebildet. Auch Mitglieder der Bekennenden Kirche gehörten ihm an. In Istanbul schien Rüstow andererseits eine gewisse Nähe zum Deutschen Generalkonsulat geboten, auch um seine Hilfsaktivitäten zugunsten von verfolgten Kollegen in Deutschland absichern zu können.

Das Prädikat des NS-Kulturfunktionärs Scurla vom Mai 1939, dass Rüstow „eines der unerfreulichsten Erscheinungen der Exilantenclique" sei, ist schwer mit der Haltung des Generalkonsulats wenige Monate später zu vereinbaren.

Rüstow hatte seinen abgelaufenen Pass und die Pässe seiner Familie zur Verlängerung beim Generalkonsulat eingereicht. Zwar ist der Korrespondenz Rüstows und den Akten des Auswärtigen Amtes nicht zu entnehmen, ob die NS-Behörden die Familie Rüstow wie zuvor im Jahr 1937 die Familie Reuter in länger andauernder Ungewissheit über die Verlängerung der Pässe hielt. Rüstow erhielt auf jeden Fall mit Datum vom 3. August 1939 vom Generalkonsulat einen Familienpass mit fünfjähriger Gültigkeit ausgehändigt. Offensichtlich nahmen die Behörden wie schon im Fall von Ernst Reuter auch bei Alexander Rüstow davon Abstand, ihn als Emigranten einzustufen. Denn nach dem für alle Auslandsvertretungen gültigen Erlass des Auswärtigen Amts vom 12. November 1935 hätten die Pässe der Familie Rüstow lediglich um sechs Monate verlängert werden dürfen. Die Entscheidung ist nicht nachzuvollziehen. Anders als im Fall Ernst Reuters ist für Rüstow nachweisbar aber kein Verfahren zur Ausbürgerung angestrengt worden. Die deutschen Auslandsvertretungen in der Türkei „kümmerten" sich indessen weiter um ihn. Im Jahre 1941 erfuhr er eine Behandlung, die nur wenig hinter einer Ausbürgerung zurückstand.

Rüstows frühere und langjährige Freunde, die Sozialwissenschaftler Gerhard Colm, Eduard Heimann und Adolf Löwe, die er aus dem Kreis um Franz Oppenheimer kannte, hatten sich seit 1940 für Rüstows Berufung an die New School for Social Research in den USA eingesetzt. Nach ihrer Emigration aus Deutschland 1933 lehrten alle an dieser renommierten Hochschule in New York. Anfang 1941 erhielt Alexander Rüstow den Ruf auf einen Lehrstuhl für Soziologie, konnte die Türkei aber nicht verlassen. Die Reise in die USA war nur noch auf dem Weg über den Fernen Osten möglich. Rüstow bat die Deutsche Botschaft in Ankara, ihm eine Unbedenklichkeitsbescheinigung für den Erhalt eines japanischen Durchreisevisums auszustellen. Die Botschaft sah sich aber für den Istanbuler Rüstow nicht zuständig. Der Botschaftsgesandte Hans Kroll bat das Generalkonsulat mit Telegramm vom 13. Mai 1941 deshalb umgehend um Nachricht, was dort über Rüstow, „insbesondere in politischer Hinsicht, bekannt" sei. Die Botschaft bezog sich in ihrer Anfrage ausdrücklich auf die Verlängerung von Rüstows Pass durch das Generalkonsulat am 3. August 1939 und auf die „dortige Arierbescheinigung vom 4. August 39".[426] Lakonisch antwortete das Konsulat am 15. Mai: „Rüstow hat hier gleichen Antrag gestellt, wegen staatsfeindlicher Einstellung abgelehnt.".[427] Die Botschaft lehnte es nun ihrerseits nicht nur ab, auf Rüstows Bitte um eine Unbedenklichkeitsbescheinigung einzugehen, sie nutzte im Gegenteil auch ihre guten Beziehungen zum Verbündeten Japan: „Ich habe die Japanische Botschaft (Kinorita) gebeten, Rüstow auf keinen Fall ohne unsere Zustimmung ein Durchreisevisum zu erteilen", vermerkte der Gesandte Kroll handschriftlich auf dem Telegramm aus Istanbul.[428]

Als Generalkonsul Ferdinand Seiler im Mai 1941 Rüstows „staatsfeindliche Einstellung" feststellte, lag ihm auch der Scurla-Bericht mit der negativen Einschätzung über diesen vor. Was also hätte für Seiler näher gelegen, als Rüstows Übersiedlung in die USA zu unterstützen, um im Amtsbezirk einen Regimegegner weniger zu haben? Im Zweifel überwogen Missgunst und die Absicht der persönlichen Schädigung das Unbehagen, weiterhin mit einem der „Vaterlandsverräter" an einem Ort leben zu müssen. Dem Generalkonsul war durchaus bekannt, dass Alexander Rüstow in Istanbul als Professor für Wirtschaftsgeografie und -geschichte sowie für Soziologie hohes Ansehen genoss. Dieses wurde auch dadurch nicht geschmälert, dass Rüstow bis zuletzt seine Vorlesungen nicht in Türkisch hielt. „Dennoch", so erinnerte sich sein Fakultätskollege Fritz Neumark, „brachten ihm seine Schüler und vor allem seine türkischen Kollegen zum Ausdruck, wie deutlich sie spürten, daß ihnen in Alexander Rüstow ein bedeutender, ungewöhnlicher Mann gegenüberstand. Er war in der Tat eine der imponierendsten dominierenden Persönlichkeiten, denen ich begegnet bin."[429]

Rüstows Persönlichkeit und Leistungen schätzte auch der türkische Erziehungsminister Hasan Ali Yücel. Er hatte seinen Vertrag 1938 um weitere fünf Jahre verlängert, obwohl Rüstow der vertraglichen Auflage nicht nachkam, seine Vorlesungen nach drei Jahren in Türkisch zu halten. Während der 16 Jahre seines Aufenthalts in Istanbul lehrte und publizierte Rüstow mit Hilfe von türkischen Dolmetschern und Übersetzern, die nicht nur Deutsch und Französisch beherrschen, sondern auch Fachkenntnisse besitzen mussten. Als der ins Exil gezwungene Juraprofessor Andreas B. Schwarz sich Anfang 1934 bei Rüstow nach den Arbeitsbedingungen an der Istanbul Üniversitesi erkundigte, antwortete Rüstow ihm zur Sprachenfrage: „Der Unterricht vollzieht sich so, dass neben einem ein Übersetzer auf dem Katheder steht, der satz- oder absatzweise das, was man deutsch gesagt hat, ins Türkische überträgt. Das funktioniert besser als man denken sollte, auch im Seminar. Voraussetzung ist allerdings ein wirklich guter Übersetzer in sprachlicher, sachlicher und nicht zuletzt auch persönlicher Hinsicht. Einen solchen zu finden, ist nicht ganz leicht."[430]

Die Sprachklausel im Anstellungsvertrag der Exilwissenschaftler war für Verträge mit ausländischen Spezialisten im Jahre 1933 etwas völlig Neues in der Türkei. Wesentlich begründet war die Klausel darin, dass die türkischen Hochschulreformer auch begabte Jugendliche aus Anatolien ausbilden lassen wollten, die weder ausländische Gymnasien noch türkische Schulen mit der Unterrichts- bzw. Fremdsprache Französisch absolviert hatten. Fremdsprachenschulen für Studenten gab es damals noch nicht. Ernst Hirsch, der wie Ernst Reuter und Fritz Neumark als einer der wenigen Exilwissenschaftler nach drei Jahren in Türkisch Vorlesungen und Prüfungen abhielt, widmete der Sprachenklausel in seiner Autobiografie ein ganzes Kapitel. Anschaulich beschreibt er die Probleme der deutschsprachigen Professoren mit der türkischen Sprache.[431]

Weniger Unwillen oder Unvermögen hinderten die meisten der deutschsprachigen Exilprofessoren am Erlernen der türkischen Sprache als vielmehr die Ende des Jahres 1932 von den türkischen Reformern verkündete sogenannte „Mobilmachung der türkischen Sprache". Hirsch stellte fest, dass die „Mobilmachung in eine Revolution ausgeartet" war, die noch in den 1970er Jahren anhielt. Auslöser hierfür war, dass das lateinische Alphabet seit dem Jahre 1929 das arabische ersetzt hatte. Dies führte wiederum nicht nur zu einer tiefgreifenden Änderung der bisherigen Rechtschreibung und der mit arabischen und persischen Regeln durchzogenen Grammatik. Auch Wortschatz und Sprachstil wurden umgestaltet. Die türkische Sprache setzte sich also in Bewegung, und „die deutschen Professoren ahnten nicht und konnten nicht ahnen, daß ein Großteil dessen, was sie sich zwischen 1933 bis 1936 als türkische Sprache einprägten, zum Absterben verurteilt war und durch völlig neue Wortbildungen ersetzt wurde, die immer wieder neu erlernt werden mußten."[432] Die „Revolution" der türkischen Sprache hielt dann auch Alexander Rüstow davon ab, sich das Türkische anzueignen.

Die „Mobilmachung der türkischen Sprache" ging an keinem Fachgebiet vorbei. Hinzu kam, dass die türkische Sprache in den Wissenschaftszweigen, die von den Reformern neu eingeführt wurden, über keine oder nur wenige Fachausdrücke verfügte. Umso beachtlicher ist die Tatsache, dass Ernst Reuter die nicht nur sich ständig wandelnde türkische Sprache nach gut drei Jahren beherrschte, sondern auch das neue Fach „Urbanistik" übertragen bekam. Als früherer Berufspolitiker und nicht als emigrierter akademischer Lehrer übernahm er ab Herbst 1938 damit Lehraufträge. Zusammen mit türkischen Kollegen kreierte er wissenschaftliche Fachtermini, die Eingang in die türkische Sprache fanden. Reuters Assistent Fehmi Yavuz erinnerte sich später:„Wir haben uns gemeinsam oft wochenlang bemüht, für neue Begriffe türkische Bezeichnungen zu finden."[433] Generell fiel den Exilanten das Erlernen des Türkischen, das keinerlei Verwandtschaft mit den indogermanischen Sprachen hat, besonders mit fortgeschrittenem Lebensalter nicht leicht. Mit ihren 31 Lebensjahren hatten Ernst Hirsch und Hans Wilbrandt sowie Fritz Neumark mit 33 Jahren geringere Schwierigkeiten, als sie mit dem Erlernen des Türkischen begannen. Dagegen war Ernst Reuter bereits 46 Jahre alt, Alexander Rüstow 48 und Gerhard Kessler 50 Jahre, als sie das Sprachstudium aufnahmen bzw. aufnehmen sollten.

Hohe fachliche Qualifikation und besondere wissenschaftliche Leistungen ließen die türkischen Reformer im Weiteren aber über die Sprachdefizite der älteren deutschsprachigen Wissenschaftler hinwegsehen. Schon früh beschlossen sie auf Empfehlung des Schweizer Reformexperten Albert Malche, eine besondere Fremdsprachenschule für die Studenten zu eröffnen. Zum Studienbeginn wurden die Studenten verpflichtet, an Kursen in Französisch, Deutsch, Englisch, Italienisch oder Russisch teilzunehmen und einen Nachweis darüber zu erbringen. Hiermit hoffte man auch, innerhalb einiger Jahre die Sprachbarrieren zwischen Professoren und Studenten beseitigen zu können. Ein direkter sprachlicher Kontakt zwischen ausländischen Dozenten mit schwachen Türkischkenntnissen und Studenten war damit möglich. Das Übersetzerproblem, nämlich eine Vorlesung einwandfrei und in einer für die Hörer leicht verständlichen Ausdrucksweise zu übertragen, konnte entfallen. Ebenso entfiel der kaum vertretene Idealfall eines türkischen Übersetzers, der nicht nur deutsch und türkisch vollkommen beherrschte, sondern auf dem Fachgebiet ebenso bewandert war wie der Vortragende.

Alexander Rüstow war neben seinen Lehrverpflichtungen auch regelmäßiger Referent bei den öffentlichen Universitätsvorträgen, die ab dem Wintersemester 1934 im größten Hörsaal Istanbuls durchgeführt wurden. Die Wissenschaftler der verschiedenen Fachrichtungen sollten im Interesse der Öffentlichkeitswirksamkeit der Universität und ihrer Arbeit in allgemein verständlichen Vorträgen interessante und aktuelle Probleme ihres Fachs behandeln. Die Vorträge wurden später veröffentlicht. So trug Rüstow zum Beispiel über die „Geistigen Grundlagen des abendländischen Kapitalismus" oder „Die besondere Bedeutung der Wirtschaftsgeographie für die neue Türkei" vor. Später beteiligte er sich zusätzlich an den sogenannten Universitätswochen in der türkischen Provinz: In verschiedenen Städten des Landes wurden in den Sommerferien von einer Gruppe von Hochschullehrern Vorträge und Veranstaltungen abgehalten, die der Erwachsenenbildung und Volksaufklärung dienten. Die erste Universitätswoche fand im Sommer 1940 in Erzurum in der Osttürkei statt. Die Reihe setzte sich bis ins Jahr 1958 fort.[434]

Wie die übrigen Exilwissenschaftler war auch Alexander Rüstow auf internationalen Kontakt angewiesen, um der Gefahr der Isolierung und Provinzialisierung in Istanbul zu entgehen. Nur in beschränktem Maße konnte er Bücher und Zeitschriften aus Europa und den USA beziehen. Die Teilnahme an Fachkongressen im Ausland war selten möglich. Im August 1938 konnte er aber am „Colloque Walter Lippman" in Paris teilnehmen und dort Wilhelm Röpke wiedersehen, der 1937 von Istanbul einen Ruf nach Genf angenommen hatte. Beim „Colloque" zeigte sich bereits, dass die Ansichten der „Altliberalen" um Ludwig von Mises und Friedrich August von Hayek nur noch schwer mit denen der „Neoliberalen" Walter Eucken, Wilhelm Röpke und Alexander Rüstow vereinbar waren. In Istanbul dagegen beschränkten sich die aus Deutschland gewohnten, vielfältigen Kontakte mit anderen Wissenschaftlern auf den relativ kleinen Kreis der türkischen Fachkollegen und Mitemigranten. Der Emigrantenkreis in Istanbul traf sich in einer Art Privatakademie, einem Zirkel von zwölf bis 15 deutschsprachigen Professoren aus allen Disziplinen, in dem man sich zu interdisziplinären Vorträgen über neue Entwicklungen der einzelnen Wissenschaften zusammenfand. Alexander Rüstow war Initiator und Leiter. Die Mitstreiter im „Deutschen Freiheitsbund" Gerhard Kessler, Friedrich Breusch und Curt Kosswig gehörten dazu, ebenso wie Rüstows Fachkollege Fritz Neumark.

Neumark seinerseits war Initiator und zusammen mit zwei türkischen Kollegen Mitherausgeber der Fakultätszeitschrift *Revue de la Faculté des Sciences Economiques de l'Université d'Istanbul*. Hierin erschienen von Ernst Reuter kommunalpolitische Artikel und kultursoziologische Aufsätze Rüstows über „Sozialismus und Freiheit" oder „Die Römische Revolution und Kaiser Augustus". Ende des Jahres 1946 verfasste Rüstow in der *Revue* einen Artikel über „Vereinzelung: Tendenzen und Reflexe". Er schickte ihn seinem in die USA weiteremigrierten Freund Kurt Engelmann. Dieser reichte den Artikel an Thomas Mann im kalifornischen Pacific Palisades weiter. In seinem Dankschreiben an Engelmann schrieb Mann: „Es ist eine kritische Leistung von imposanter gelehrter Umsicht. Nicht umhin kann man dabei zu denken, dass das Schicksal der ‚Vereinzelung' einer der Hauptgründe für die religiöse Anziehungskraft des Kommunismus ist." Im Weiteren bedauerte Thomas Mann, dass er Rüstows Artikel so spät erhalten habe und meinte, „dass es recht gut gewesen wäre, wenn ich diese Studie gelesen hätte, während ich am ‚Doktor Faustus' schrieb."[435]

Seinen vertraglichen Verpflichtungen nachkommend, veröffentlichte Rüstow ein zweibändiges Lehrbuch über Wirtschaftsgeografie und eines über *Anatolische Wirtschaftsaltertümer*, die in Türkisch erschienen. Aus dem Exil konnte er noch in den Jahren 1935 und 1937 in Berlin mit dort veröffentlichten philosophischen Aufsätzen auf sich aufmerksam machen. In Zürich erschien im Jahre 1938 ein Artikel über die „Bedingungen des Weltfriedens" und nach Ausbruch des Krieges ebenfalls in der *Friedenswarte* ein solcher zur „Soziologischen Ortsbestimmung des Krieges". Während des Krieges konnte Rüstow in London und New York soziologische und ökonomische Artikel veröffentlichen, sowie sein Buch über *Das Versagen des Wirtschaftsliberalismus als religionsgeschichtliches Problem*. Eine sehr umfangreiche Korrespondenz mit Wissenschaftlern verschiedener Fachrichtungen ergänzte Rüstows Bestreben, in Istanbul nicht isoliert zu werden und bei Rückkehr nach Deutschland schnell wieder wissenschaftlichen Anschluss zu bekommen.

Sachliche Mittel und Muße erlaubten Rüstow, in Istanbul sein dreibändiges Werk *Ortsbestimmung der Gegenwart* zu schreiben. Kurz nach Kriegsende wurde es in der Schweiz veröffentlicht. Rüstows umfangreicher Korrespondenz mit Wissenschaftlern unterschiedlicher Fachrichtungen ist zu entnehmen, dass er beim Verfassen seines Werkes in großer Intensität Einzelfragen nachging und eigene Erkenntnisse mit Experten diskutierte. In Istanbul stellte er seine Thesen den Exilkollegen in der „Privatakademie" vor und nahm deren fachspezifische Anregungen auf. Fritz Neumark zeigte sich stolz auf die Widmung, die sich in seinem Exemplar des dritten Bandes *Herrschaft oder Freiheit?* fand: „Fritz Neumark, dem Emigrationskollegen der Istanbuler Jahre und dem unermüdlichen Mahner, mit kameradschaftlichem Dank." Neumark bewunderte Rüstows Werk wegen der „stupenden Breite des Wissens und einem Bemühen um peinliche Exaktheit in der Darstellung, deren ökonomisch-politische Analysen von scharfer Beobachtung, Anschaulichkeit und oft von visionärer Kraft zeugen."[436] Er hielt die *Ortsbestimmung* für eines der bedeutendsten Werke, die von deutschsprachigen Sozialwissenschaftlern im Exil geschrieben wurden.

1949 kehrte Alexander Rüstow nach Deutschland zurück. Er folgte dem emeritierten Alfred Weber an der Universität Heidelberg auf dem Lehrstuhl für Wirtschafts- und Sozialwissenschaften nach. Bis zu seiner Emeritierung Ende 1956 war er gleichzeitig Direktor des Alfred-Weber-Instituts. Intensiv beteiligte er sich an der Diskussion zur Gestaltung einer freiheitlichen Wirtschafts- und Gesellschaftsordnung. Zur Verbreitung seiner ordnungspolitischen Vorstellungen war der Vorsitz der Aktionsgemeinschaft Soziale Marktwirtschaft (ASM) das für ihn passende Forum. Von 1951 bis 1956 war er der erste Vorsitzende und später Ehrenvorsitzender der Deutschen Vereinigung für Politische Wissenschaft. Die Funktion als Gesellschafter und Kurator hatte er bei der „FAZIT-Stiftung" der *Frankfurter Allgemeinen Zeitung* inne. Ludwig Erhard, dem ersten Wirtschaftsminister der Bundesrepublik Deutschland und „Vater der Sozialen Marktwirtschaft", war Rüstow bis zu seinem Tod im Jahre 1963 ein unverzichtbarer Berater. In Heidelberg veröffentlichte er neben einer großen Zahl von Fachartikeln im Jahre 1955 das Buch *Wirtschaft und Kultursystem*, fünf Jahre später *Die Kehrseite des Wirtschaftswunders* und kurz vor seinem Tode mit *Rede und Antwort* seine Reden und Diskussionsbeiträge aus den Jahren 1932 bis 1963.

Ernst Reuters Kontakt zu Alexander Rüstow blieb bis ins Jahr 1953, Reuters Todesjahr, erhalten. Seit Reuter ab 1943 als Wirtschaftsberater der türkischen Schifffahrtsunternehmen in Istanbul tätig war, hatte beide die räumliche Nähe am selben Wohnort im Hause von Fritz Neumarks Schwester und das gemeinsame Anliegen im „Deutschen Freiheitsbund" eng zusammen gebracht. Über wirtschaftspolitische Grundsatzfragen gab es zweifellos manche kontroverse Debatte. Später, im Jahre 1954, schrieb Rüstow aus Heidelberg an Willy Brandt: „Ich gehöre nicht seiner Partei an, sondern bin, wie Sie wissen werden, neoliberaler Anhänger der Sozialen Marktwirtschaft. Das hat die Freundschaft, die mich mit Ernst Reuter verband, nie im Geringsten beeinträchtigt, im Gegenteil ihre Spannweite erhöht."[437] Bald nach Reuters Weggang aus der Türkei im November 1946 setzte sich der Gedankenaustausch zwischen Berlin und Istanbul fort. Angesichts seines großen Arbeitspensums in Berlin bedauerte Reuter, wie schnell „Menschen, die Zustände und die Landschaft in der Türkei – das Vergangene im Schacht des beinahe totalen Vergessens versinkt." Lebendig dagegen seien „diese grauenhaften Ruinen, diese nicht endenden Trümmer, die Kälte, die Furchen in den Gesichtern der Menschen." Rüstow erfuhr aber auch, dass „doch noch ein starker Lebenswille in diesem Volke" stecke und Reuter ermunterte ihn, trotz aller Widrigkeiten, die er vorfinden würde, bald nach Deutschland zurückzukehren.⁴³⁸ Rüstow gönnte sich aber noch zwei weitere Jahre der Muße in Istanbul, um seine *Ortsbestimmung* fertig zu stellen.

d) Der Agrarwissenschaftler Hans Wilbrandt

Hans Wilbrandt traf Anfang Dezember 1934 mit Frau und zwei Kindern in Ankara ein. Fritz Baade hatte ihm einen Beratervertrag des türkischen Wirtschaftsministers vermittelt. Wichtigste Aufgabe des 31-Jährigen war es, das landwirtschaftliche Genossenschaftswesen in der Türkei aufzubauen. Zuvor wirkte er in Berlin vom Jahre 1930 bis Mitte 1933 als wissenschaftlicher Mitarbeiter, später als Privatdozent und stellvertretender Leiter des Instituts für landwirtschaftliche Marktforschung an der Landwirtschaftlichen Hochschule Berlin. Schon 1932 war der Leiter des Instituts, Prof. Karl Brandt, massivem Druck der Nationalsozialisten ausgesetzt. Wenige Monate nach ihrem Machtantritt lösten sie das Institut auf und entließen alle Mitarbeiter. Auf Grundlage des Gesetzes zur Wiederherstellung des Berufsbeamtentums wurde Wilbrandt sowohl aus politischen wie auch aus rassischen Gründen – seine Frau war „Halbjüdin" – aus dem Hochschuldienst entlassen. Bis zu seinem Abschied aus Berlin verdiente er seinen Unterhalt als Wirtschaftsprüfer bei der Rentenbank in Frankfurt am Main.

Beruflich kamen Ernst Reuter und Hans Wilbrandt, die beiden Berater des türkischen Wirtschaftsministers, in Ankara ab dem Jahr 1935 bis Anfang 1940 häufig zusammen. Politisch standen sie sich nahe. Wie sein Vater, der Wirtschaftswissenschaftler und Vertreter des Genossenschafts-Sozialismus, Robert Wilbrandt, bekannte sich Hans Wilbrandt zur Sozialdemokratie. Er war jedoch bis an sein Lebensende der Partei nicht beigetreten.⁴³⁹ Ernst Reuter erlebte ihn in Ankara offensichtlich anders. Seinem Parteifreund im Prager Exil, Paul Hertz, schilderte er im Februar 1937 seine parteipolitisch isolierte Lage in Ankara: „Im übrigen bin ich hier im wirklichen Sinne des Wortes vollständig allein und habe niemanden, der ernsthaft zählte." Er äußerte weiterhin sich über den „früheren Genossen" Fritz Baade und ergänzte: „und Wilbrandt ist sehr nett, auch mehr interessiert, aber doch sehr vorsichtig."⁴⁴⁰ Reuters Einschätzung von Wilbrandts Vorsicht sollte sich indessen später ändern. Im „Deutschen Freiheitsbund" erlebte er ihn als überzeugten Demokraten und Gegner des NS-Regimes, der auch dem „Kreisauer Kreis" nahestand und mit dem amerikanischen OSS zusammen arbeitete.

Wie seine deutschen Exilkollegen in der Türkei wurde Hans Wilbrandt von Anfang an von der Deutschen Botschaft beobachtet. Pflichtgemäß lieferte diese Ende November 1935 ihren ersten umfassenden Bericht über die Emigranten im Amtsbezirk Ankara nach Berlin. Der Runderlass vom 11. November 1935 zur Berichterstattung „Betreff Deutsche Emigranten" war auch an die Botschaft

Ankara ergangen. Botschafter von Keller stufte seinen Bericht auf Weisung als „Geheim" ein. Im Nachhinein verwundert, wie er einleitend die in Frage kommenden Personen einteilte: „Deutsche Emigranten sowie Flüchtlingsorganisationen sind in Ankara nicht vorhanden. Dagegen leben hier eine Reihe von Nichtariern." Der Botschafter listete elf Namen auf, darunter diejenigen der ausgewiesenen „Arier" Ernst Reuter, Fritz Baade und Hans Wilbrandt. Ihnen bescheinigte er, dass „sie bisher Deutschland gegenüber loyal geblieben" seien und „die deutschen Interessen" berücksichtigten. Er versicherte dem Auswärtigen Amt aber, dass alle Personen „weiter beobachtet werden". Über deren Emigrantenstatus war er sich indessen offensichtlich nicht sicher. Die Bitte um eine Mitteilung, „ob und eventuell welche von diesen Personen als Emigranten im Sinne des Runderlasses zu betrachten sind", lässt Zweifel vermuten.[441] Im angeführten Runderlass wurde unter anderem deutlich festgestellt, dass Juden grundsätzlich als Emigranten anzusehen, Pässe von Emigranten nur über sechs Monate auszustellen und Ausgebürgerten ihre akademischen Grade zu entziehen seien.[442] Die Anfrage überraschte, hatte von Keller doch alle Beschriebenen als „Nichtarier" eingestuft. Die Antwort aus dem Auswärtigen Amt ist nicht bekannt. Der angebliche „Nichtarier" Hans Wilbrandt sah sich aber ebenso wenig wie Ernst Reuter Schikanen des regimefernen Botschafters von Keller ausgesetzt.

Hans Wilbrandt lebte ebenso wie Ernst Reuter seit Beginn seines türkischen Exils in der stetigen Ungewissheit, ob sein einjähriger Beratervertrag von der türkischen Regierung erneuert würde. Beide Experten waren sich sicher, dass Hitler nach dem „Anschluss" Österreichs und der Besetzung des Sudetenlandes auf einen Krieg zusteuern würde. Sie mussten dann damit rechnen, dass ihr Beratervertrag aufgekündigt würde. Deshalb bemühte sich auch Hans Wilbrandt im Jahre 1938 darum, den unsicheren Beratervertrag durch eine längerfristige Hochschuldozentur zu ersetzen. Für den Agrarwissenschaftler lag es nahe, sich um eine der Dozenturen an der Landwirtschaftlichen Hochschule zu bewerben. Unter Leitung des Professors für landwirtschaftliche Betriebslehre, Friedrich Falke, waren dort insgesamt 20 Deutsche tätig, darunter 16 Dozenten. Ende 1938 ging Falke in den Ruhestand. Der von ihm vertretene Lehrstuhl für Volkswirtschaft und Betriebslehre war neu zu besetzen. Als Nachfolger benötigt wurde ein Agrarwissenschaftler, der sich mit den türkischen Verhältnissen in der Landwirtschaft auskannte. Falkes Unterricht war in die Kritik des türkischen Erziehungsministers geraten, da er ausschließlich auf deutsche Verhältnisse zugeschnitten war. Was lag also näher, als einen mit Land und Sprache vertrauten Nachfolger wie Hans Wilbrandt zu benennen?

Die Deutsche Botschaft sah sich seit Gründung der Landwirtschaftlichen Hochschule in Ankara für die personelle Besetzung dieses Aushängeschilds NS-deutscher Agrarwissenschaften zuständig. Als die Nachbesetzung von Friedrich

Falkes Lehrstuhl anstand, hatte Botschafter von Keller Ankara verlassen und Botschafter von Papen war noch nicht eingetroffen. Geschäftsträger Hans Kroll übernahm es, dem Auswärtigen Amt Ende Februar 1939 einen ausführlichen und dringlichen Bericht über die Personalfragen an der Hochschule mit dem Vermerk „Eilt sehr!" zu schicken. Gleich zweimal bat er zur Frage der Besetzung des Lehrstuhls für Volkswirtschaft und Betriebslehre um telegrafische Weisung. Kroll schilderte die türkischen Vorwürfe gegen Falke, der „niemals eine Studienreise durch Anatolien gemacht" habe. Wenn ein Nachfolger aus Deutschland keinen weiteren Schaden anrichten und die türkischen Verhältnisse in seinen Vorlesungen berücksichtigen solle, müsse er sich gründlich in der Türkei umsehen. Das dauere aber erhebliche Zeit, weshalb der Erziehungsminister die Berater Dr. Baade und Dr. Wilbrandt ins Spiel gebracht habe. Zu Baade stellte der Geschäftsträger lapidar im NS-Jargon fest: „Baade konnte sofort ausgeschaltet werden." Wilbrandt dagegen lobte Kroll ausdrücklich: „Fachlich ist Wilbrandt im Wirtschaftsministerium sehr angesehen. Vom sachlichen Standpunkt aus wäre Wilbrandt sehr gut geeignet, im Interesse der Hochschule als Vertreter für Betriebswirtschaftslehre zu wirken."[443]

Fachliches Ansehen und sachliche Argumente zählten im „Dritten Reich" indessen wenig. Die Gesinnung musste stimmen: „Es ist selbstverständlich, dass für diesen wichtigen Lehrstuhl eine politisch unbelastete und nationalsozialistisch einwandfreie Persönlichkeit vorzuziehen wäre" fuhr Kroll in seinem Bericht fort. Eine Belastung sah er in Wilbrandts Herkunft, zumal er „Sohn des früheren sozialdemokratischen Universitätsprofessors für Volkswirtschaft in Tübingen" sei. In Ankara sei der Sohn zwar „politisch nicht hervorgetreten, hat aber auch keinerlei Anschluss an die deutsche Kolonie gesucht". Kroll folgerte richtig: „Politisch dürfte er jedenfalls nicht auf dem Boden des Nationalsozialismus stehen". Immerhin gab er Wilbrandt eine, wenn auch geringe Chance zur Gesinnungsänderung: „Ob seine etwaige Berufung an die Landwirtschaftliche Hochschule seine Einstellung zum Nationalsozialismus ändern würde, ist möglich, kann aber nicht mit Bestimmtheit vorausgesagt werden." Dringlich bat Kroll das Auswärtige Amt um telegrafische Weisung, ob es Bedenken gegen Wilbrandt gebe. Seine eigene Einstellung machte er deutlich, als er anfragte, „ob unter den vorliegenden Umständen eine Berufung Dr. Wilbrandts auf den Lehrstuhl für Volkswirtschaft und Betriebslehre verhindert werden soll". Krolls abschließender Hinweis sollte in Berlin keinen Zweifel aufkommen lassen: „Der Ortsgruppenleiter, mit dem die obigen Fragen besprochen worden sind, schließt sich der Stellungnahme der Botschaft an."[444]

Die Weisung aus Berlin ließ auf sich warten. Offensichtlich bestand noch Hoffnung, Wilbrandts Einstellung zum NS-Staat ändern zu können. NS-Kulturfunktionär Dr. Scurla, der sich im Mai 1939 in Ankara aufhielt, bemerkte nämlich in seinem Prüfungsbericht: „Der Ortsgruppenleiter, Pg. Dr. Friede, will sich

Heraustreten aus der politischen Passivität 195

Abb. 26 *Hans Wilbrandt, Juli 1948.*

noch ein abschließendes Urteil über Wilbrandt bilden. Er hält es nicht für ausgeschlossen, Wilbrandt, der in starkem Gegensatz zu Baade steht und wohl auch auf Grund der früheren Verhältnisse durch Geheimrat Falke in die Isolierung gedrängt wurde, wieder stärker an die deutsche Kolonie heranzuziehen."[445] Hans Wilbrandt stand zu Baade keineswegs in einem starken Gegensatz und dachte auch nicht an eine Gesinnungsänderung. Folglich erhielt er den Lehrstuhl nicht. Dieser blieb vakant, denn mit Friedrich Falkes Weggang begann der allmähliche Abbau der deutschen Lehrkräfte. Er verstärkte sich nach Ausbruch des Krieges im September 1939 weiter. Im Jahre 1942 war keiner der deutschen Professoren mehr an der Landwirtschaftlichen Hochschule in Ankara tätig. Die inzwischen herangebildeten türkischen Lehrkräfte übernahmen die Institute. Wilbrandt hätte also nicht die erwünschte langfristige Anstellung erhalten. Wie im Falle der übrigen deutschen Berater der türkischen Regierung wurde sein Vertrag im Mai 1940 nicht verlängert. Notgedrungen übersiedelte er mit seiner Familie nach Istanbul und baute sich dort als Aussenhandelskaufmann zusammen mit einem türkischen Partner eine neue Existenz auf. Ihm kam zustatten, dass er die türkische Sprache flüssig sprach und sehr gut mit der türkischen Mentalität vertraut war.

Als freier Unternehmer war Wilbrandt nun nicht mehr gebunden, sich politisch zurückzuhalten. Er belebte in Istanbul seine Kontakte zum „Kreisauer Kreis", trat mit dem OSS in Verbindung und wirkte nicht zuletzt aktiv im „Deutschen Freiheitsbund" mit. Im wichtigen Jahr 1943 drohte ihm aber ein Ende seiner Widerstandsaktivitäten, als er den Befehl zum Wehrdienst für den „totalen Krieg" erhielt. Sein türkischer Geschäftspartner verfügte indessen über sehr gute Kontakte zum Generalkonsul und erwirkte Wilbrandts Rückstellung. Das Generalkonsulat dürfte, einer bewährten Regel folgend, „wichtige Wirtschaftsinteressen des Reiches" gegenüber Berlin ins Feld geführt haben. Ein Jahr später ereilte Wilbrandt eine erneute Einberufung. Dieses Mal war sie mit der Aufforderung zur Rückkehr nach Deutschland verbunden. Grund war der Abbruch der diplomatischen Beziehungen zwischen dem Reich und der Türkei am 2. August 1944. Wilbrandt folgte der Rückkehraufforderung nicht und musste, anders als die deutschsprachigen Exilwissenschaftler im Dienste der türkischen Regierung, von Ende August 1944 bis Ende Dezember 1945 zusammen mit seiner Familie in den Zwangsaufenthalt nach Zentralanatolien gehen.

Den Vorsitz der im Juni 1944 von Wilbrandt mitgegründeten Istanbuler Zweigstelle des International Rescue and Relief Committee (IRRC) musste er Alexander Rüstow überlassen. Die karge Ausstattung im zentralanatolischen Ort Yozgat ließ ihn nun selbst zu den Bedürftigen zählen, die das IRRC unterstützte. Seine Rückkehr nach Istanbul ließ Wilbrandt Anfang 1946 aber wieder ehrenamtlich für das IRRC tätig sein. Jetzt ging es um die Eingliederung und Arbeitsbeschaffung für türkischstämmige Flüchtlinge aus Bulgarien. Die kommunistische Machtergreifung hatte dort Ende des Zweiten Weltkriegs eine Flüchtlingswelle von bulgarischen Türken ausgelöst. Auf Wilbrandts Erfahrungen griff Ernst Reuter später in Berlin zurück, als es darum ging, die Flüchtlinge und Vertriebenen aus den ehemaligen Ostgebieten und der DDR in Berlin aufzunehmen und ihnen eine Perspektive zu verschaffen. Der verschärfte Kurs, den die SED seit ihrer II. Parteikonferenz im Juli 1952 steuerte, brachte einen wachsenden Strom von Flüchtlingen aus der DDR mit sich. Täglich meldeten sich 700 bis 800 Flüchtlinge in West-Berliner Aufnahmelagern. So übernahm Wilbrandt dann im April 1953 auch die Geschäftsführung der Bürgermeister-Reuter-Stiftung zur Unterstützung von Flüchtlingen in Berlin. Ernst Reuter hatte diese unter der Schirmherrschaft von Bundespräsident Theodor Heuss gegründet. Die Stiftungsmittel stellte das IRRC aus Spenden der amerikanischen Bevölkerung zur Verfügung.

Ausführlich und sehr persönlich schilderte Ernst Reuter im Januar 1947, also kurz nachdem er in Berlin angekommen war, Hans Wilbrandt seine Stimmungslage. Die Entscheidung zurückzukehren, habe er in den zwei Monaten nie bereut. Er sei nicht nur zufrieden, sondern empfinde ein tiefes Glücksgefühl, „daß ich endlich nun nach so langen Jahren der vergeblichen Strampelei gegen ein unbesiegbares Schicksal wieder, sei es auch noch so wenig, mein Leben in eigene Hände genommen habe, daß ich in einem Lande lebe, zu dem ich gehöre, und daß ich weiß, mein Kommen hat seinen Sinn, ist nicht vergeblich und wird auch seine Früchte tragen." Reuter berichtete Wilbrandt von einem Treffen mit Otto Suhr, dem Vorsteher der Berliner Stadtverordnetenversammlung. Wilbrandts Name sei gefallen und Suhr „war sich sofort darüber im Klaren, daß wir Sie hier gebrauchen."[446] Hans Wilbrandt konnte sich so früh zu einer Rückkehr aber nicht entschließen. 1949 reiste er besuchsweise nach Deutschland und berichtete seinen Freunden in der Türkei von seinen Eindrücken. Sie waren ausgesprochen negativ, besonders angesichts der verdrängenden Verarbeitung des „Dritten Reiches" durch die Deutschen.

Im Jahre 1952 kehrte Wilbrandt endgültig nach Deutschland zurück. Nach seinem einjährigen Einsatz in der Berliner Flüchtlingshilfe konnte er endlich wieder wissenschaftlich tätig sein, zunächst am Institut für Weltwirtschaft in Kiel. Schwerpunktmäßig beschäftigte er sich auch im Auftrag der UNO, der FAO, der damaligen EWG und der Bundesregierung mit Fragen der Landwirtschaft und ländlichen Entwicklung in den Entwicklungsländern und publizierte hierüber. 1957 wurde er von der FAO als Regierungsberater nach Afghanistan geschickt und war 1961 Gründungsdirektor sowie anschliessend Leiter der Instituts für auslaendische Landwirtschaft an der Technischen Universität Berlin. In Göttingen gründete er 1963 das Institut für ausländische Landwirtschaft. Dort war er bis 1979 tätig und regte eine Partnerschaft der landwirtschaftlichen Fakultät Göttingen mit der landwirtschaftlichen Hochschule Ankara an. Seine anhaltende Verbundenheit mit der Türkei zeigte er darin, dass er ab 1954 bis zu seinem Tode im Jahr 1988 die Geschäfte der Deutsch-Türkischen-Gesellschaft in Bonn leitet

e) Die Istanbuler Widerständler,
   Helmuth James Graf von Moltke und die Amerikaner

Die einschneidenden Entwicklungen an der Kriegsfront in der Sowjetunion und Nordafrika, die Konferenz von Casablanca, der Sturz Mussolinis, die Gründung des Moskauer Nationalkomitees Freies Deutschland und die Nachrichten von den NS-Vernichtungslagern ließen Ernst Reuter im Jahre 1943 endgültig seine politische Passivität aufgeben. Den „Deutschen Freiheitsbund" wollte er in einen breiten Zusammenschluss des „anderen Deutschland" einbringen. Die Hoffnungen wurden bald enttäuscht und Ernst Reuter konzentrierte sich darauf, auf anderem Wege zum Ende des Hitler-Regimes und zum Aufbau eines demokratischen Deutschlands beizutragen. Er begann, eine umfangreiche Korrespondenz mit Gleichgesinnten in anderen Exilländern zu führen. Seine Freunde Alexander Rüstow und Hans Wilbrandt gaben ihre Bemühungen dagegen nicht auf, den Widerständlern in Deutschland für ihre Anliegen Gehör bei den Amerikanern zu verschaffen. Die Rooseveltsche Formel der bedingungslosen Kapitulation, die weder Friedensverhandlungen noch einen Separatfrieden mit Deutschland zuließ, hielt weder sie noch den Kopf des „Kreisauer Kreises", Helmuth James Graf von Moltke, davon ab, bei den Amerikanern Unterstützung für ihre Pläne zu suchen.

Von den Plänen des „Kreisauer Kreises" erfuhr Ernst Reuter Genaueres nach Moltkes erster Reise in die Türkei vom 5. bis 10. Juli 1943. Das dritte Treffen der „Kreisauer" und eine dort am 14. Juni verabschiedete Grundsatzerklärung lag noch keinen Monat zurück. Bereits vier Jahre lang hatten die Widerständler intensiv an Plänen für eine Neuordnung Deutschlands gearbeitet. In wechselnder Zusammensetzung diskutierte der Kreis von rund 20 Personen im niederschlesischen Kreisau über einen zukünftigen Staatsaufbau, über Kirche und Staat, über Wirtschaft und Grundlagen einer Außenpolitik für die Nachkriegszeit, über das Bildungswesen und eine deutsche Beteiligung an der Bestrafung von NS-Verbrechen. Junge Adelige aus traditionsreichen Familien trafen mit bekannten Sozialdemokraten, mit katholischen und evangelischen Theologen sowie mit Laien in der Widerstandsgruppe zusammen. Juristen, Nationalökonomen, Soziologen, Philosophen, Theologen und Journalisten brachten ihre jeweiligen Fachkenntnisse ein. Die Tagungen wurden mit abgestimmten Grundsatzpapieren beschlossen, welche als Memoranden auch nahestehenden Widerstandskreisen und Sympathisanten sowie Politikern der Westalliierten zugängig gemacht wurden.

Für die „Kreisauer" war der „Nationalsozialismus nicht eine zwischenzeitliche Verirrung der deutschen Entwicklung, sondern der Kulminationspunkt eines religiös-geistigen Auflösungsprozesses zugunsten eines selbstmächtigen, säkularistischen Geistes."[447] Die staatlichen, ökonomischen und gesellschaftlichen Verhältnisse in Deutschland mußten radikal erneuert werden. Es galt, von ideologischen Positionen wie doktrinärem Individualismus und staatssozialistischem Kollektivismus Abschied zu nehmen. Ein humanes und soziales Leben aller Bürger sei nur über die Freiheit als Selbstverantwortung des Einzelnen und die solidarische Mitverantwortung Aller zu verwirklichen. Der Staat müsse föderal und mit großen Zuständigkeiten der Länder von unten nach oben aufgebaut werden. Die „Kreisauer" misstrauten der Wiederbelebung eines parlamentarischen Parteienstaates nach Weimarer Vorbild. Den Reichstag wollten sie nicht durch allgemeine, direkte Wahlen „sondern nach dem Prinzip indirekter Persönlichkeitswahl von unten nach oben [wählen lassen], um die Besten und Bewährten an die Spitze zu bringen."[448] Die Furcht bestand, dass das Volk durch eine flächendeckende Herrschaft von Parteien wieder in unversöhnliche Lager zerfallen könne. Ähnlich skeptisch waren die „Kreisauer" gegenüber gewerkschaftlichen Großorganisationen mit klassenkämpferischen Tendenzen. Sie sprachen sich für ein gemeinwirtschaftliches Konzept aus, das sich mit markt- wie planwirtschaftlichen Elementen verband. Um das Gemeinwohl zu sichern, wollten sie Leistungswettbewerb und wirtschaftliche Selbstverwaltung mit einer staatlichen Rahmengesetzgebung verknüpfen.

Zur Programmatik des „Kreisauer Kreises" sind keine Stellungnahmen von Ernst Reuter bekannt. Die Ordnungsvorstellungen konnten kaum seinen ungeteilten Beifall finden, zumal sie keinen Zugang zu einem demokratisch-parlamentarischen System mit entsprechendem Parteienspektrum erlaubten. Indem sie eine weitgehend konfliktfreie Sozialordnung anstrebten, gingen sie auch von Einschränkungen der Tarifautonomie und des Streikrechts aus. Schließlich erwarteten die „Kreisauer" von der Sozialisierung der Grundstoffindustrien nicht nur, dass der übermächtige Einfluss von Großkonzernen gebrochen werde, sondern auch, dass die herkömmlichen sozialen Gegensätze neutralisiert werden. Ernst Reuter hätte diese Ordnungsvorstellungen sicher gern intensiv mit seinen Parteifreunden im „Kreisauer Kreis" diskutiert. Der Gewerkschafter Carlo Mierendorff, die beiden früheren Kämpfer im Reichsbanner Schwarz-Rot-Gold, Theodor Haubach und Julius Leber, wie auch die religiösen Sozialisten Horst von Einsiedel und Adolf Reichwein bildeten eine starke sozialdemokratische Komponente im Widerstandskreis. Im Nach-Hitler-Deutschland unter einem Reichskanzler Goerdeler waren Haubach als Regierungssprecher, Reichwein als Kultusminister und Leber als Innenminister vorgesehen. Anders als mit ihren Ordnungsvorstellungen konnte Reuter sich dagegen mit der Absage der „Kreisauer" an das Prinzip des Nationalstaates und an Träume von einer deutschen Suprematie zugunsten eines europäischen Staatenbundes, eines Europa der Regionen, mit völliger Gleichberechtigung der Partner anfreunden.

Offizieller Anlass für von Moltkes zweite Istanbulreise vom 11. bis 16. Dezember 1943 waren wie im Sommer Verhandlungen über die von den Türken im Marmarameer internierte französische Flotte. Diesmal wollte er auch geheime Gespräche mit den Westalliierten über Bedingungen für einen möglichen Frieden aufnehmen. Als Mittelsmann hoffte er, den US-Botschafter in Kairo, Alexander Kirk, einschalten zu können. Dieser war ihm aus dessen Zeit als Geschäftsträger in Berlin gut bekannt. Auch Ernst Reuter beteiligte sich über seine Kontakte zur US-Botschaft in Ankara an einem Zustandekommen des Treffens von Moltkes mit Kirk. Die Kontaktversuche scheiterten indessen daran, dass Kirk politische Komplikationen mit der Sowjetunion befürchtete und dass aus seiner Sicht geheime Verhandlungen das Prinzip der bedingungslosen Kapitulation aufweichen würden.[449] Für einen Kontakt zu von Moltke zeigte sich dagegen der US-Geheimdienst OSS in Istanbul aufgeschlossen. Rüstow und Wilbrandt stellten ihn her. Die Gespräche mit dem OSS ergaben, dass dieser großes Interesse an den Gedanken und Vorschlägen des „Kreisauer Kreises" zeigte. Rüstow und Wilbrandt fassten diese nach ausführlichen Gesprächen mit von Moltke nach dessen Abreise am 16. Dezember 1943 in einem Exposé zusammen. Von Moltke kannte den Text also nicht, der über das OSS an die US-Regierung weitergeleitet werden sollte.

Das OSS gab dem Moltke-Memorandum den Code-Namen „Herman-Plan", klassifizierte ihn als „Top Secret" und legte zusammen mit den umfangreichen weiteren Dokumenten ein sogenanntes Herman-Dossier an: „Herman" war vermutlich ein Sprachkürzel von „Helmuth" und „German".[450] Der Zweck des 11-Punkte-Exposés wird in der Vorbemerkung erklärt: Es gehe um die „Pläne einer überaus einflussreichen Gruppe der innerdeutschen Opposition", den Sieg der Alliierten zu beschleunigen und den Nazismus abzuschaffen. Im Kapitel „Hintergrund und Stellung der deutschen Oppositionsgruppe" wird zwischen politisch neutralen Spezialisten, überzeugten Nationalsozialisten und bewussten Gegnern des Nationalsozialismus in Deutschland unterschieden. Über die Stärke der jeweiligen Gruppen erfuhren die Amerikaner allerdings nichts. Unter den Gegnern gäbe es eine östliche, prorussische Ausrichtung und eine westliche mit pro-angelsächsischer Tendenz. Die östliche sei wesentlich stärker als die westliche. Obwohl zahlenmäßig schwächer, sei die westliche Ausrichtung aber unter „vielen Schlüsselkräften in der Militär- und Beamtenhierarchie einschließlich Offizieren aller Ränge und Schlüsselmitgliedern des OKW [Oberkommando der Wehrmacht, Anm. d. Verf.] vertreten". Auch stehe die westliche Gruppe in enger Fühlung mit Kirchen, Arbeiter- und Unternehmerorganisationen sowie Intellektuellen.

Im maßgeblichen Kapitel „Voraussetzungen einer Zusammenarbeit mit den Alliierten" nennt der „Herman-Plan" vier Bedingungen für eine „erfolgreiche Zusammenarbeit zwischen der westlichen Gruppe der deutschen demokratischen Opposition und den Alliierten": Die eindeutige Niederlage und Besetzung Deutschlands, eine intakte Ostfront, eine möglichst rasche Besetzung ganz Deutschlands durch die Alliierten nach einem Sieg über Hitler sowie schließlich ein Treffen eines hohen deutschen Offiziers mit dem alliierten Oberkommando vor einer „totalen Besetzung", um die Pläne zu koordinieren. Nur wenn diese Voraussetzungen erfüllt würden, könnte eine ausreichende Zahl von Wehrmachtseinheiten gewonnen werden, mit den Alliierten zusammen zu arbeiten. Dann würde die Gruppe auch dafür sorgen, gleichzeitig mit der Landung der Alliierten eine provisorische antinazistische Regierung zu bilden. Deren Aufgabe wäre es, in Kooperation mit den Alliierten, nichtmilitärische Verantwortung zu übernehmen. Um dem „Linksradikalismus den Wind aus den Segeln zu nehmen", solle die geplante demokratische Regierung sich auf Sozialdemokraten und die organisierte Arbeiterschaft stützen. Geeigneter erster Sitz der Gegenregierung wäre Süddeutschland, vielleicht Österreich.

Mit Abstand den breitesten Raum im 11-Punkte-Exposé nimmt „die Möglichkeit einer Bolschewisierung Deutschlands" ein. Das Aufkommen eines nationalen Kommunismus wird als „drohende tödliche Gefahr für Deutschland und die Gemeinschaft der europäischen Nationen" beschworen. In jedem Fall zu verhindern sei, dass der Krieg durch einen Sieg der Roten Armee beendet werde, „wel-

Abb. 27 *Istanbul, Blick auf den Galataturm. Postkarte, um 1939.*

chem eine russische Besatzung Deutschlands vor Ankunft der angelsächsischen Armeen folgen würde." Andererseits aber sei eine nichtkommunistische Innenpolitik nur in Verbindung mit einer „aufrichtigen Politik der Zusammenarbeit mit Russland" möglich. Eine mögliche „Bolschewisierung" Deutschlands besorgte die „Kreisauer" zweifellos. Als Druckmittel für eine Kooperation mit den Westalliierten wirkte diese Sorge aber eher kontraproduktiv: Amerikaner und Briten waren nämlich bereits im Frühjahr 1943 fest entschlossen, mit den Sowjets zusammen bis zur bedingungslosen Kapitulation des Deutschen Reiches weiterzukämpfen.

Die Westalliierten betrachteten ab dem Jahre 1943 jeden Versuch von Deutschen, sei es Widerständler oder NS-Vertreter, das westliche ideologische Misstrauen gegen den Kommunismus auszuspielen, als nationalistisch motivierten Schachzug. Aus Sicht der Alliierten sollte er dazu dienen, Deutschland davor zu bewahren, dass seine militärische Macht zerstört würde. Auch war eine sowjetische Besetzung Gesamtdeutschlands für die Westalliierten Anfang 1944 kein Thema. Die European Advisory Commission hatte im Dezember 1943 in London ihre Arbeit aufgenommen. Ein britischer Rahmenplan, der Anfang Juli 1943 an die USA und die Sowjetunion übermittelt wurde, diente als Grundlage für die Beratungen der Alliierten über eine gemeinsame Besetzung Deutschlands in Zonen, wie sie 1945 dann auch entstanden sind.[451]

Abb. 28 *Das goldene Horn in Istanbul, 1940er Jahre.*

Aber auch innere Widersprüche im „Herman-Plan" mussten den amerikanischen Adressaten auffallen. Erste Voraussetzung für eine erfolgreiche Zusammenarbeit sollte die eindeutige Niederlage und eine Besetzung Deutschlands, also die bedingungslose Kapitulation, sein. Dagegen sah die dritte Voraussetzung eine „intakte Ostfront" vor, die „gleichzeitig in bedrohliche Nähe der deutschen Grenze, etwa die Linie Tilsit-Lemberg, rücken sollte." Eine Besetzung Deutschlands kam also nur im Westen in Frage. Die Sowjets sollten im Osten Deutschlands ganz offenbar außerhalb der Reichsgrenzen bleiben. Fragwürdig ist auch die Feststellung der Gruppe, dass sie einerseits von der „Berechtigung der alliierten Forderung auf bedingungslose Kapitulation überzeugt" sei und Diskussionen über Friedensbedingungen vor einer erfolgten Kapitulation verfrüht seien. Andererseits stellte die Gruppe aber Bedingungen, indem sie Informationen erhalten wollte, die „mit einem umfassenden militärischen Einsatz der Alliierten kombiniert [werden], so daß ein rascher, entscheidender Erfolg auf breiter Front praktisch sicher ist." Auch das Angebot, den „Einsatz der Alliierten mit ihrer ganzen Macht und allen ihr zur Verfügung stehenden wichtigen Hilfsmitteln zu unterstützen", lässt sich nicht damit vereinbaren, dass die Gruppe die bedingungslose Kapitulation als Voraussetzung für Verhandlungen anzuerkennen bereit war.

In Washington hielt OSS-Direktor William J. Donovan es nach Erhalt des „Herman-Plans" für erforderlich, zunächst die Integrität des „Kreisauer Kreises" wie auch die technische Durchführbarkeit des Plans überprüfen zu lassen. Er übergab den Plan dem ihm gut bekannten deutschen Emigranten Karl Brandt. Dieser lehrte als Agrarwissenschaftler an der Stanford University, nachdem er die Leitung des Instituts für landwirtschaftliche Marktforschung der Landwirtschaftlichen Hochschule Berlin im Jahre 1933 hatte aufgeben müssen. Sein Vertreter im Berliner Institut war bekanntlich Hans Wilbrandt. Brandt bestätigte zunächst die von „Herman" repräsentierte Bewegung als die angesehenste Oppositionsgruppe innerhalb Deutschlands. Sie sei von der Idee geprägt, die abendländische Kultur auf der Grundlage christlicher Ethik zu retten. Die Gruppe sei kulturell westlich geprägt, weshalb die antirussische Note des „Herman-Plans" keine aggressive Spitze bedeute. Aus seiner Sicht gebe es, abgesehen vielleicht von separaten Friedensverhandlungen mit Angehörigen des deutschen Generalstabs, keine tragfähigen Alternativen zum „Herman-Plan". Er biete die „allerletzte Möglichkeit, parallel zur Invasion im Westen die nationalsozialistische ,Festung' von innen her aufzuweichen."[452]

Donovan beließ es nicht bei Brandts Gutachten. Er beauftragte verschiedene OSS-Mitarbeiter sowie amerikanische Deutschlandexperten, den „Herman-Plan" sowie auch Brandts Stellungnahme zu bewerten. Alle Gutachten ließ Donovan Anfang April 1944 in ein Memorandum für die Joint Chiefs of Staff (JCS), die Vereinigten Generalstabchefs, einfließen. Hierin empfahl er, sowohl die Engländer als auch die Russen „aus Gründen der Fairness" in den Plan einzuweihen. Die dem OSS-Direktorium gleichrangige OSS-Planning Group beschloss indessen nach Vorlage des Memorandums und in Gegenwart von Danovan, den „Herman-Plan" weder an den JCS noch an das State Department weiterzuleiten. Maßgeblich für die Entscheidung war, „den geheimdienstlichen Aufgabenbereich der Zusammenarbeit mit Widerstandsbewegungen für die OSS zu reservieren."[453] Dem OSS ging es darum, die Mitglieder des „Kreisauer Kreises" so weit wie möglich nachrichtendienstlich als unterstützende Kräfte oder als Doppelagenten einzubeziehen, insbesondere für den Zeitpunkt der alliierten Besetzung Deutschlands. Gleichzeitig war dem OSS bewusst, dass Roosevelts Forderung nach „bedingungsloser Kapitulation" der Achsenmächte dem JCS und State Department keinen Raum für Absprachen mit Widerstandsgruppen erlaubte.

Der „Herman-Plan" wurde vom OSS also gründlich analysiert und bewertet, nicht aber an den US-Generalstab oder die Regierung weitergeleitet. Anders als zum „Herman-Plan" sind Stellungnahmen zum Moltke-Memo vom 9. Juli 1943 unter den freigegebenen OSS-Dokumenten nicht auffindbar. Das Memo erfuhr wohl kein eingehendes Interesse der OSS in der Türkei und verblieb dementsprechend in Istanbul. Deutliche Widersprüche und zweckorientierte Übertreibungen mussten für die OSS dessen Wert begrenzt erscheinen lassen. So beschrieb von Moltke eine korrumpierte Wehrmacht, die eine „unerhörte Fülle an Reichtum, Überfluss und persönlicher Macht" habe und „mit unwesentlichen Ausnahmen, die Partei sowie ihre Strategie und Maßnahmen unterstützt". Andererseits berichtete er zum Warschauer Ghettoaufstand im April/Mai 1943, dass „zusätzlich zu einigen hundert deutschen Deserteuren ungefähr 1.200–1.500 deutsche Offiziere und Mannschaften die Seite gewechselt und bei der Verteidigung des Ghettos geholfen hatten." Erstaunlicher noch: „Die Verteidigung wurde unter dem Kommando eines deutschen Obersten geführt, der Berichten zufolge in den letzten Tagen der Kämpfe fliehen konnte."[454] Diese Aussagen von Moltkes können die verfügbaren Quellen zur Rolle der Wehrmacht beim Warschauer Ghettoaufstand indessen nicht stützen. Widerstand der Wehrmacht und Desertationen in Warschau sind nicht belegt. Wer von Moltke diese Informationen gegeben hat und was er bei dem OSS mit ihnen erreichen wollte, bleibt offen.

Die Informationen, die das OSS von Helmuth James Graf von Moltke in den Gesprächen und aus dessen Denkschrift vom 9. Juli sowie dem „Herman-Plan" vom 16. Dezember 1943 erhielt, verschafften wohl manchen Einblick in die inneren Zustände in Deutschland. Sie boten aber nicht die erwünschten militärstrategischen und -taktischen Details. Das OSS erwartete von den deutschen Widerständlern, dass sie ihm glaubwürdige und verwertbare Nachrichten über den aktuellen Zustand des deutschen Militärs, der Rüstungsindustrie und der Wirtschaft verfügbar machten. Ohne nachrichtendienstlich relevante Informationen zeigten sie sich nicht bereit, die Widerstandsbewegungen in ihren Vorhaben zu unterstützen. Wie die zuletzt im Jahr 2001 freigegebenen Dokumente des OSS zu den Gesprächen von Moltkes in Istanbul und zum „Herman-Plan" erkennen lassen, konnte Moltke – unter dem Decknamen „Camelia" geführt – den OSS-Anforderungen nicht entsprechen.[455] Ein für das Frühjahr 1944 geplantes weiteres Treffen mit US-Vertretern in Istanbul kam nicht mehr zustande, weil von Moltke am 18. Januar von der SS festgenommen wurde. Die Gestapo hatte davon Kenntnis bekommen, dass er seinen Widerstandsfreund Otto Carl Kiep vor einem Gestapo-Spitzel und seiner drohenden Verhaftung gewarnt hatte. Ihren mutigen Einsatz gegen das NS-Regime mussten beide mit dem Leben bezahlen.

Für die beiden Exilwiderständler Alexander Rüstow und Hans Wilbrandt endete ihre „Magnolia"- und „Hyazinth"-Zusammenarbeit mit dem OSS im Sommer 1944. Mehrere Doppelagenten waren in den rund 70 Personen starken „Dogwood-Cereus"-Spionagering eingeschleust worden, dem sie angehörten. Der Istanbuler OSS-Chef Lenning McFarland hatte den Ring zusammen mit dem tschechischen Exilanten Alfred Schwarz in Istanbul für nachrichtendienstliche Operationen in Österreich, Deutschland, Ungarn und Bulgarien aufgebaut. Im Mai 1944 wurde der Ring aufgelöst und McFarland im Juli von seinem Posten abberufen. Schwarz betätigte sich danach in Istanbul bis zum Jahre 1954 wieder ausschließlich als Wirtschaftsvertreter. Wilbrandt hinterließ wenig Informationen über seine OSS-Aktivitäten und Treffen mit von Moltke in Istanbul.

Nach Kriegsende definierte Hans Wilbrandt seinen politischen Standort gegenüber Ernst Reuter als eine von Moltke und den „Kreisauern" vorgegebene politische Tradition. Im August 1949 schrieb er Reuter aus Istanbul: „Ich glaube, dass meine Grundlagen sowohl ins sozialistische, wie auch ins christliche Lager fuehren koennten. Eine Arbeitsgemeinschaft von Leuten dieser Richtung aus beiden Lagern war der Kreisauer Kreis, in dem mit Helmuth von Moltcke [sic!] und Gerstenmaier u. a. auch Reichwein, Mierendorff und Haubach arbeiteten."[456] Dieses Bekenntnis Wilbrandts erstaunt zunächst. Reuter wusste von Wilbrandts Treffen mit von Moltke und dem OSS sowie von den Plänen der „Kreisauer" aus den intensiven programmatischen Diskussionen im „Deutschen Freiheitsbund". Erklären lässt sich Wilbrandts Aussage damit, dass er bei den Amerikanern im Verdacht stand, im „Dogwood-Cereus"-Ring als Doppelagent gewirkt zu haben. Dementsprechend befand sich sein Name nach Kriegsende auf einer „Schwarzen Liste", die die Alliierten in der Türkei zusammengestellt hatten. Auch waren Ernst Reuter Wilbrandts Kontakte zum offiziellen Deutschland nicht verborgen geblieben.

Hans Wilbrandts Doppelrolle ist nicht belegt. In den Jahren 1943 und 1944 war er in nahezu täglichem Kontakt mit dem OSS und scheute nach dessen Unterlagen „keine persönlichen Mühen oder Risiken, jede erbetene und auch nicht angefragte Unterstützung zu gewähren".[457] Das OSS schätzte den Mitarbeiter Wilbrandt wegen seiner guten Verbindungen zu deutschen Industriellen, Bankiers und Geschäftsleuten. Auch wegen seiner „nützlichen Botschaftskontakte" setzte es Wilbrandt auf eine Liste von OSS-Mitarbeitern, denen Schutz zu gewähren sei.[458] Wilbrandts gute Kontakte zu verschiedenen Reichsdeutschen, aber auch seine Handelsgeschäfte, die er zusammen mit seinem türkischen Partner während des Krieges mit dem Deutschen Reich abwickelte, legte die US-Regierung im Mai 1944 beim Auffliegen des „Dogwood-Cereus"-Ringes dann allerdings zu seinen Lasten aus. Die US-Botschaft in Ankara erhob entsprechende Einwände, als Ernst Reuter sich im Herbst 1945 bei den türkischen Behörden für Wilbrandts Freilassung aus dem Internierungslager Yozgat einsetzte. Die Türken waren dazu bereit, die Amerikaner verwiesen dagegen auf ihre „Schwarze Liste".[459]

Mit Abstand zu den Ereignissen, aber ohne Kenntnis der OSS-Dokumente fasste Alexander Rüstow seine Gespräche mit dem „Kreisauer" von Moltke Ende 1962/Anfang 1963 in einer kurzen Aufzeichnung und in Schreiben zusammen.[460] Hans Wilbrandt habe ihn mit von Moltke im Juli 1943 in Verbindung gebracht. Sie „besprachen stundenlang und mit großer Leidenschaft den von

Moltke mitgebrachten Plan, einen deutschen Generalstabsoffizier mit allen Unterlagen und Vollmachten unter dem Vorwand eines Flugzeugunglücks in England abspringen zu lassen, um mit den Alliierten zu vereinbaren, dass nur die Ostfront gegen Russland gehalten, dagegen die Westfront für die Alliierten geöffnet werden solle."[461] Dieser Plan sollte dann beim nächsten Besuch von Moltkes in Istanbul im Dezember 1943 weiterverfolgt werden. Der US-Militärattaché in Ankara, Richard G. Tindall, schien ein geeigneter und vertrauenswürdiger Gesprächspartner für ein Vier-Augen-Gespräch. Tindall und nicht von Moltke habe Rüstow im Anschluss an das Gespräch auf entsprechende Fragen mitgeteilt, dass von Moltke misstrauisch gewesen sei und seinen Plan nicht preisgegeben habe. Rüstow und Wilbrandt hätten daraufhin entschieden, den „Moltkeschen Plan schriftlich zu fixieren und durch den amerikanischen Geheimdienst an Präsident Roosevelt weiterzuleiten."[462] Das OSS entschied bekanntlich anders.

Aus seinen Gesprächen hielt Rüstow ferner fest, dass von Moltke gegen ein Attentat auf Hitler war und er den Eindruck hatte, „dass es sich hauptsächlich um religiöse Gegengründe handelte."[463] Im Gespräch habe von Moltke „heftigen Anstoß an der Forderung des unconditional surrender" genommen und wollte „bei den in Aussicht genommenen Verhandlungen mit den Alliierten zu allererst darauf dringen, dass diese Bedingung zurückgenommen würde." Er, Rüstow, habe von Moltke schließlich nach langer Diskussion davon überzeugen können, dass ein solches Vorgehen schon deshalb utopisch sei, weil die „Alliierten selbst sich untereinander über Friedensbedingungen gar nicht einigen könnten." Ferner habe er argumentiert, dass wenn jetzt – selbst gegenüber einer Oppositionsgruppe – Bedingungen festgelegt würden, „die andere Seite doch psychologisch unter dem Eindruck der Bedrohlichkeit des III. Reiches stehen und also zweifellos viel ungünstigere Bedingungen stellen [würde], als sie sich dann nach dem Zusammenbruch Hitlers von selbst ergeben würden. Wenn dagegen erreicht werden könnte, dass Deutschland nur von den Westalliierten besetzt würde, so wäre praktisch damit alles gewonnen."[464]

Alexander Rüstow musste auf die ihm von amerikanischer Seite in Aussicht gestellten Unterlagen für sein Projekt einer ausführlichen Beschreibung der Aktivitäten von Moltkes während dessen beiden Aufenthalte in der Türkei verzichten. Die ersten Geheimdienstunterlagen des OSS über den „Herman-Plan" und den „Dogwood-Cereus"-Spionagering wurden von den amerikanischen Behörden erst 1990 freigegeben, weitere im Jahr 2001. Alexander Rüstow und Hans Wilbrandt konnten demnach nicht mehr erfahren, wie ihre Mittlertätigkeit zwischen dem „Kreisauer Kreis" und dem OSS sowie ihre Aktivitäten für das OSS und die in Istanbul nach Gesprächen mit von Moltke von ihnen verfassten Dokumente seitens der Amerikaner behandelt und bewertet wurden. Die vorliegenden Unterlagen erlauben es wohl, das Wirken Rüstows und Wilbrandts im Istanbul der Jahre 1943 und 1944 dem Exilwiderstand zuzuordnen.

f) Der Appell an Thomas Mann

Im Frühjahr 1943 war der entscheidende Wendepunkt des Zweiten Weltkriegs erreicht. Die Alliierten verstärkten ihre Luftangriffe auf Berlin und andere deutsche Städte. Besorgt fragte sich Ernst Reuter, wie die schlimmsten Folgen der Katastrophe für Deutschland noch abgewendet werden könnten und ob es noch möglich sei, durch den Sturz des NS-Regimes der sinnlosen Zerstörung ein schnelleres Ende zu bereiten. Bevor er sich mit den Gesinnungsfreunden im „Deutschen Freiheitsbund" Gedanken darüber machte, wie die Emigrantengruppen zu vereinigen, der Nationalsozialismus zu beseitigen und der demokratische Wiederaufbau Deutschlands zu gestalten sei, nahm Ernst Reuter am 17. März 1943 brieflichen Kontakt zu Thomas Mann in Kalifornien auf. Von ihm, dem weltbekannten Literaturnobelpreisträger, erhoffte er sich, dass er mit seinem Namen alle Emigranten zu einem gemeinsamen Aufruf bewegen könne. Er versprach sich von ihm, dass er eine Brücke zwischen den Oppositionellen im Exil und den Kräften des Widerstands in Deutschland schlagen könne. In Deutschland erwarte man angesichts der bevorstehenden katastrophalen Niederlage, dass – so Reuter – die Emigranten die drängende Frage beantworten: „Was soll werden?" und „Wer soll das leisten?" Reuter appellierte an Thomas Mann: „Geben wir Deutschen im Ausland, die man noch kennt und auf die man auch hören wird, auf diese Frage die Antwort: Wir wollen zusammen mit Euch daran arbeiten. Wir, die wir früher Euer Vertrauen genossen haben, denen man im Ausland vertraut, weil man uns als gute Deutsche kennt, und mit Euch zusammen wollen wir an die neue Aufgabe gehen!'"[465]

Als Ernst Reuter seinen ersten Brief an Thomas Mann schrieb – der Briefwechsel erfolgte über knapp drei Jahre –, waren ihm dessen Rundfunkansprachen an die „Deutschen Hörer!" bekannt. In seinem Brief zitierte er eine BBC-Rede Thomas Manns vom August 1941 aus dem amerikanischen Exil.[466] Thomas Manns Werke waren, anders als die seines Bruders Heinrich, zwar nicht Opfer der deutschlandweiten Bücherverbrennungen vom 10. Mai 1933 geworden. Nur kurz nach diesem Signal der „akademischen Elite" veranlassten Thomas Mann aber Drohungen in der NS-Presse, mit seiner Familie in die Schweiz zu emigrieren. Im Mai 1936 wurde er ausgebürgert. Schließlich fand die Familie nach fünf Jahren in der Schweiz im Jahr 1938 in den USA ihr endgültiges Exil. Ihren festen Wohnsitz nahm sie 1941 nördlich von Los Angeles im kalifornischen Pacific Palisades. In diesem Jahr begann Thomas Mann seine „Deutsche Hörer!"-Ansprachen.

Einmal monatlich strahlte die BBC Thomas Manns Ansprachen über Langwelle aus – bis ins Jahr 1945 insgesamt 58 Mal. Seine kurzen, emotionalen und auch pathetischen Reden richtete Thomas Mann an ein breites Publikum. Er konfrontierte seine Hörer mit den Gräueln des NS-Regimes. Er sprach Kriegsverbrechen, die systematische Verfolgung und Ausrottung der Juden, Menschenexperimente, Vergasungen und Euthanasie an. Auch berichtete er von dem menschenverachtenden und unmenschlichen Vorgehen gegen die Zivilbevölkerung in den besetzten Ländern, dem Bombenterror und der Dezimierung durch gezielten Hunger. Diesen Tatsachen stellte er die geistige Größe und Kultur der Vergangenheit Deutschlands gegenüber und rief zu Umkehr, Umdenken und Buße auf. Eingebettet waren die Ansprachen in Tondokumente mit Hetztiraden von Nazigrößen wie Himmler und Goebbels. Dazwischen schallten immer wieder Fetzen des Horst-Wessel-Liedes.

„Sie, Thomas Mann, können einen solchen Appell an alle Deutschen in der Welt richten, die sich noch frei äußern können. Die Zeit ist reif für einen solchen Aufruf, der heute noch seine Wirkung tun kann. Ihre Stimme dringt durch den Äther überall hin, es ist die Stimme des geistigen, freien, menschlichen Deutschland," ergänzte Ernst Reuter seinen Appell an Thomas Mann. Er wolle keine Vorschläge zum Inhalt des Aufrufs machen, setzte Reuter seinen Brief vom März 1943 fort, aber „alle Menschen in Deutschland wollen wissen, daß sie weder auf russische Weise, noch nach irgendeinem anderen Zwangsrezept gesotten werden sollen, daß Deutschland sich vielmehr nach seinen eigenen Bedürfnissen entwickeln kann." Alle Deutschen im Exil müssten an der Neugestaltung Deutschlands mitarbeiten und „unsere Bereitwilligkeit jetzt schon erklären. Wir müssen sie laut und vernehmlich erklären, und wir müssen sie gemeinsam erklären, da sie nur dadurch auf die in Deutschland, die es angeht, Eindruck machen kann. Wir wissen, dass unendlich viele in Deutschland darauf warten, unsere gemeinsame Stimme zu hören." Seine, Thomas Manns, Stimme werde gehört und er habe auch die „technischen Möglichkeiten, die uns hier fehlen." Anders als die Exilanten in den USA und in England habe er, Ernst Reuter, sich „gemäß meiner vertraglichen Verpflichtung gegenüber der Regierung jeder politischen öffentlichen Tätigkeit enthalten müssen, aber über meine Stellung niemals irgendjemand gegenüber den geringsten Zweifel gelassen." Wie er selbst, so würden in der Türkei, „einem wegen seiner Neutralität und relativen Deutschlandnähe nicht unwichtigen Land" auch „zahllose Deutsche, deren Namen einen guten Klang haben", denken, ergänzte Ernst Reuter seinen Brief. Er beschloss ihn damit, Thomas Mann zu versichern, dass seine Gesinnungsfreunde sich für einen solchen Aufruf an Deutschland auch mit ihrem Namen zur Verfügung stellen werden.[467]

Ernst Reuter hatte seinen Brief an „Dr. Thomas Mann, Amerika" adressiert. Einen Neffen seiner englischen Vertrauten Elizabeth Howard, den Labourpolitiker Richard Grossmann, bat er, den Brief über die BBC an Thomas Mann zu leiten.[468] Laut Thomas Mann vergingen Monate, bevor er Reuters Brief erhielt. Er antwortete am 24. Juni 1943. Ernst Reuter musste seinerseits bis in den November 1943 warten, bevor er den Brief in der Hand hielt. Er las ihn mit dem „Gefühl einer gewissen Enttäuschung" und „[z]u diesem Gefühl der Enttäuschung kommt das Gefühl der Ohnmacht hinzu, das mich hier am meisten bedrückt."[469] Thomas

Mann teilte ihm zunächst mit, dass er Reuters Brief auch mit Freunden besprochen habe, die sich die Frage gestellt hätten: „Welchen präzisen Inhalts sollte ein Aufruf an das deutsche Volk von Seiten prominenter Emigranten sein, und wer sollte ihn unterzeichnen?"[470]

Thomas Mann bezweifelte, dass die Emigranten mit Autorität auftreten könnten. Sie könnten nicht im Einverständnis mit den Regierungen ihrer Gastländer sprechen, über deren Absichten auch keinerlei Gewissheit bestehe. Er folgerte: „Ich sehe wirklich den praktischen und selbst den ideellen Zweck eines solchen Hervortretens und die Berechtigung dazu nicht ein." Er selbst habe darauf verzichtet, in seinen monatlichen BBC-Sendungen die Deutschen „zur Abschüttelung des Nazijoches, bevor es zu spät ist, zu ermahnen". Er habe einsehen müssen, dass ihnen das physisch nicht möglich sei.[471] Auf Reuters Vorstellung, dass alle Deutschen im Exil an der Neugestaltung Deutschlands mitarbeiten und ihre Bereitwilligkeit jetzt schon erklären müssten, ging Thomas Mann in seinem Antwortschreiben nicht ein, wohl aber in seiner Rundfunkrede am 9. Dezember 1943. Er sprach davon, dass es den deutschen Emigranten nicht zustehe, „den Siegern von morgen Ratschläge zu geben, wie Deutschland nach dem Zusammenbruch zu behandeln ist." Er halte Ratschläge für „einen Affront gegen unsere kämpfenden Gastländer". Sie würden von diesen als „unmoralischer Versuch aufgefasst werden, Deutschland vor den Folgen seiner Untaten zu schützen."[472]

Die Enttäuschung über Thomas Manns Antwort hielt Ernst Reuter nicht davon ab, dessen Brief nach Erhalt sofort zu beantworten. Die Ohnmacht im türkischen Exil ließ ihn weiter auf Thomas Mann hoffen. Inzwischen war Mussolini gestürzt worden, worin Reuter ein „wunderbares und die Kleingläubigen erstaunendes Phänomen" erblickte. Die demokratischen Kräfte in Italien hätten auch in zwanzig Jahren Tyrannei nicht verschüttet werden können. Hierin sah er ein Signal für Deutschland: „In unserem Volke wird es nicht anders sein und ist es nicht anders. Es kann nur nicht sprechen." Darum müssten die Emigranten sprechen – nicht, weil sie sich eine Rolle anmaßten, nicht mit irgendwelchen hochtrabenden Ankündigungen, Versprechungen, Zusicherungen, sondern einfach deshalb, weil es ihre Pflicht sei, der Welt zu zeigen, dass es Deutsche gebe, die sich zu der Aufgabe bekennen, auch nach dem Krieg ihrem geschlagenen, zerstörten und erschütterten Land zu dienen: „In allen Ländern wartet man darauf, daß sich endlich deutsche Stimmen erheben, an deren innerer Echtheit ein Zweifel nicht möglich ist." Gegenüber dieser Verpflichtung sei es „unerheblich, wer etwa in Zukunft nach diesem Kriege Deutschlands Geschicke leiten wird. Man wird uns auch schon gebrauchen." Reuter wies Mann auf den „Deutschen Freiheitsbund" hin, dessen Arbeitsprogramm und Flugschrift *Was soll werden?* er ihm im September 1943 zugeschickt hatte. Das Hauptanliegen des „Freiheitsbundes" sei, so betonte Reuter, „die Erreichung eines wirklich repräsentativen Zusammenschlusses aller Hitlergegner außerhalb Deutschlands".[473]

In seinem Novemberschreiben nahm Ernst Reuter das Argument von Thomas Mann auf, wonach den Emigranten für ein gemeinsames Auftreten Autorität sowie das Einverständnis ihrer Gastregierungen fehle. Er verwies auf das Ergebnis der Moskauer Konferenz der Außenminister Hull, Eden und Molotow vom 19. bis 31. Oktober 1943. Diese wollten „keine von irgendeiner Regierungsseite anerkannte ‚offizielle' Gründung irgendeines deutschen ‚Komitees' oder einer Instanz, die mit Ansprüchen irgendwelcher Art auftritt." Insoweit seien Thomas Manns Bedenken berechtigt. Ihm, Reuter, gehe es aber gar nicht darum, sondern um einen „freiwillige[n] Zusammenschluß aller freien Deutschen über alle Länder hinweg, ein Zusammenschluß auf der einigenden Basis des Bekenntnisses zu einem Wiederaufbau, zu einem Wiedergutmachen, das wird mehr wirken und das muß geschehen." Sie würden eine schwere Unterlassungssünde begehen, wenn sie nicht alles täten, um einen solchen Zusammenschluss zu bewirken und ihm Gehör zu verschaffen.[474] Er sah deutlich, dass nach der Moskauer Konferenz die Appelle der zusammengeschlossenen Emigranten, für die er im Deutschen Reich und bei den Alliierten Gehör erhoffte, zwangsläufig auf Bekenntnisse zum Wiederaufbau und Wiedergutmachen beschränkt sein mussten. In Moskau hatten sich die Sowjets nämlich dem Kriegsziel einer bedingungslosen Kapitulation Deutschlands nach der Roosevelt-Churchill-Formel angeschlossen. Dem deutschen Widerstand wurden nunmehr von allen maßgeblichen Alliierten die Hoffnung auf Umsturz und anschließende Friedensverhandlungen genommen.

Dennoch zeigte sich Ernst Reuter Ende November 1943 in seinem Brief an Thomas Mann optimistisch, dass demokratische Kräfte in Deutschland nach dem Vorbild Italiens einen Sturz des Diktators herbeiführen könnten. Thomas Mann hatte Reuter noch in seinem Junischreiben mitgeteilt, dass Italien „zweifellos für den Frieden viel reifer als Deutschland [ist], und trotzdem ist auf eine Aktion von innen aus nur zu klaren Gründen nicht zu rechnen."[475] Er sollte sich täuschen, denn nur einen Monat nach dem Schreiben von Thomas Mann wurde Mussolini am 25. Juli 1943 gestürzt. Demnach gab es in Italien die demokratischen Kräfte für eine Aktion von innen. Sollte es diese auch in Deutschland geben, so wie Ernst Reuter es sah, dann war es nach Thomas Manns Ansicht allein deren Aufgabe und nicht die der Emigranten, aktiv zu werden. „Ich glaube, wir haben die Deutschen wenig zu lehren und zu nichts zu ermahnen. Zehn Jahre Gestapo-Staat können ihr erzieherisches Werk an ihm unmöglich verfehlt haben."[476] Nach den Aktionen der Geschwister Scholl im Februar 1943 hoffte dann auch Thomas Mann, dass „die Deutschen, sobald die physische Möglichkeit dazu gegeben ist, eine Revolution wirklich reinigender Art ins Werk setzen werden, die das Land befähigt, den Anschluß an die kommende Welt- und Völkerordnung zu finden." Die führenden Kräfte müssten aber aus dem Inneren Deutschlands kommen. Diese seien „schließlich durch ein Fegefeuer gegangen, durch das

Abb. 29 *Katia und Thomas Mann, 1942.*

die meisten Emigranten [...] nicht gegangen sind [...]".[477] Thomas Mann schloss Ernst Reuter, von dessen KZ-Aufenthalte er erfahren hatte, ausdrücklich aus.

In seinem Brief vom 29. April 1944 ging Thomas Mann nicht mehr ausdrücklich auf Ernst Reuters Argumente für einen Zusammenschluss der Emigranten ein. Zur Rolle der Emigranten äußerte er sich dagegen klar: Ihm widerstrebe „aus Gründen des Gewissens und Taktes ein [...] gewisse[r] deutsche[r] Emigranten-Patriotismus", aus dem nicht das geringste Gefühl dafür spreche, was Deutschland den anderen Nationen zugefügt habe und immer noch fortfahre, zuzufügen. Es spreche daraus nicht die geringste Besorgnis, diese Nationen in ihrem nur zu berechtigten Gefühl zu kränken. Diese Emigranten warnten davor, „Deutschland einen unweisen und ungerechten Frieden aufzuerlegen". Er hoffe, dass „Mäßigkeit und Weitsicht auf Seiten der Sieger" einen unweisen Frieden verhindern wird. Seine feste Überzeugung sei aber: „[E]inen ungerechten Frieden für Deutschland gibt es nach allem, was geschehen ist, überhaupt nicht." Ein „ehrenvoller" Frieden, das Ziel der Widerständler, kam für Thomas Mann demnach auch nicht in Frage. Auch wenn er – „umgeben von englisch sprechenden Kindern und Enkeln" – im Begriff sei, amerikanischer Bürger zu werden, so solle Ernst Reuter doch versichert sein, dass er Deutschland zur Verfügung stehe, „wenn aus diesem Kriege ein gereiftes, gereinigtes und zur Sühne williges Deutschland hervorgeht, das dem sündhaften und weltfeindlichen Superioritätswahn abgeschworen hat, der es in diese Katastrophe trieb."[478] Thomas Manns Haltung spiegelte deutlich seine Diskussionen mit den deutschen Kollegen im kalifornischen Exil wider. Sie rückte ihn in die Nähe der Thesen von Robert G. Vansittart.

Vansittart leugnete die Existenz eines „German underground". Hierfür gäbe es keine verlässlichen Lebenszeichen. Die Emigranten, die sich als Vertreter des „anderen Deutschland" ausgeben würden, erwiesen sich oft als heimliche Alldeutsche. Das „andere Deutschland" sei ein Phantom. Die deutschen Exilanten stellten sich vor das deutsche Volk und erklärten es für unschuldig, weil unterdrückt. Sie beanspruchten als Hitler-Gegner zu gelten, seien aber nicht bereit, nach Ende des Krieges auf alle Annexionen und Eroberungen Hitlers zu verzichten. Dieser Position Vansittarts schien Thomas Mann nicht allzu fern zu stehen. Er hielt nicht nur die Pläne der nationalkonservativen Exilanten und Widerständler mit ihrem Beharren auf den Reichsgrenzen von 1938 oder 1939 für falsch. Auch den Antifaschismus der linken Emigranten hielt er für oberflächlich und vermutete hinter der Fassade der Hitler-Opposition einen unerschütterlichen Patriotismus, eben den „Emigranten-Patriotismus", und ein ungebrochenes Suprematiestreben.[479] Deutlich sichtbar wurde Thomas Manns Einstellung beim Eklat um die Solidaritätserklärung der deutschen Schriftsteller in Los Angeles, die diese als Stellungnahme zum Moskauer Nationalkomitee Freies Deutschland formulierten.

Nach langen Diskussionen unterzeichneten Bertolt Brecht, Lion Feuchtwanger, Bruno Frank, Heinrich Mann, Ludwig Marcuse, Hans Reichenbach und das Ehepaar Viertel am 1. August 1943 eine manifestartige Erklärung.[480] Die Autoren begrüßten die Kundgebung der deutschen Kriegsgefangenen und Emigranten in der Sowjetunion, die das deutsche Volk aufriefen, „seine Bedrücker zu bedingungsloser Kapitulation zu zwingen und eine starke Demokratie in Deutschland zu erkämpfen". Die Unterzeichner hielten es für notwendig, „scharf zu unterscheiden zwischen dem Hitler-Regime und den ihm verbundenen Schichten einerseits und dem deutschen Volk andererseits. Wir sind überzeugt, daß es ohne eine starke deutsche Demokratie einen dauernden Weltfrieden nicht geben kann."[481] Thomas Mann unterschrieb die Erklärung mit ihrer klaren Aussage gegen Vansittarts Kollektivschuldthese. Nach einer schlaflosen Nacht – das

Tagebuch notiert „[g]estörter Magen, Beunruhigung durch die gestrigen Ergebnisse" – zog Mann seine Unterschrift indessen am nächsten Tag zurück. Seine Vorbehalte richteten sich erstaunlicherweise gegen die „starke [...] deutsche [...] Demokratie", die das Manifest nach Kriegsende in Deutschland etablieren wollte. Aus den Diskussionen mit seinen ebenso linken wie patriotischen Kollegen meinte er deren Einstellung zu kennen, wonach mit einer starken Demokratie die territoriale Integrität Deutschlands nicht angetastet werden solle. Thomas Mann hielt dagegen daran fest, dass nach allem was in Deutschland an Verbrechen geschehen sei, „der Fall und die Buße gar nicht tief genug" sein könne.[482]

Ohne Thomas Manns Unterschrift, ohne den für die öffentliche Wirkung wichtigsten Namen, war das kalifornische Deutschlandmanifest zum Scheitern verurteilt. Thomas Manns Rückzieher veranlasste Bertolt Brecht zu seinem satirischen Gedicht mit dem Titel: „Als der Nobelpreisträger Thomas Mann den Amerikanern und Engländern das Recht zusprach, das deutsche Volk für die Verbrechen des Hitler-Regimes zehn Jahre lang zu züchtigen." Brecht wollte Thomas Mann damit als „Vansittartisten" denunzieren. Manns Haltung zu Vansittarts Thesen war indessen zwiespältig. Er nannte sie zwar „[g]eschichtlich angreifbar [,...] aber psychologisch wahr". Psychologisch unbestreitbar schien ihm, dass die von Vansittart identifizierten Eigenschaften von Neid, Selbstmitleid und Grausamkeit typisch deutsch seien. Er sympathisierte mit dem Grundtenor des *Black Record*: „Das Buch läßt heftig nach Sühne und gründlicher Heimsuchung verlangen." Auch war er mit dem Engländer einer Meinung, dass den Deutschen „das Erlebnis der katastrophalen [...] und handgreiflichen Niederlage, der Okkupation und der zeitweiligen Entmündigung" diesmal nicht erspart werden dürfe. Thomas Mann widersprach Vansittart aber in seiner eindimensionalen Sicht auf die deutsche Geschichte. Der von Vansittart behaupteten langen Tradition kriegerischen Verhaltens der Deutschen und ihrer zivilisationslosen Geschichte setzte er die „Masse des Guten" entgegen, die auch zum Deutschtum gehöre. Wenn Deutschland aus dem „Riesenrausch" des Nationalsozialismus erwacht sei, würden Ernüchterung und Läuterung eintreten. Die Besinnung auf das Deutschland Dürers, Bachs, Goethes und Beethovens würde folgen.[483]

g) Die Thesen des Robert G. Vansittart

In ihrem Briefwechsel gehen Ernst Reuter und Thomas Mann nicht auf die Thesen von Vansittart ein. Eine Kopie von Reuters erstem Brief an Thomas Mann gelangte aber über den niederländischen Gesandten in Ankara, Philips Christiaan Visser, an den Außenminister seiner Exilregierung nach London. Eelco van Kleffens Stellungnahme vom Juni 1943 zu Reuters Aufruf an Thomas Mann zeigt, welchen Einfluss Vansittart mit seinen Thesen auch bei dem niederländischen Außenminister hinterlassen hatte. Dieser bezweifelte nicht die aufrichtigen Absichten von Reuter, eines „wohlgesinnten Deutschen". Reuter scheine aber völlig zu unterschätzen, wie tief die deutschen Träume der Weltbeherrschung und das Gefühl der Überlegenheit gegenüber anderen Völkern in die Geschichte zurückreichten.[484] Ende des 18. Jahrhunderts habe sich eine Kluft zwischen dem westeuropäischen und dem deutschen Denken gebildet. Während der Westen dem „Erbgut des Christentums und der Naturrechtsphilosophen" treu geblieben sei, „kamen in Deutschland, sich stützend auf die Grundlagen der früheren Mystiker und den allgemeinen Rahmen der Romantik, Männer wie Herder, Hölderlin und Fichte zu Worte." Diese hätten Wert auf das Besondere, auf das dem Volk Eigene gelegt, so dass es „nur ein Schritt zur Verherrlichung Deutschlands und alles Deutschen, eine Verherrlichung, die in Vergötterung entartete" war. Wenn Deutschland geistig gesunden sollte, müssten „die alten Wurzeln solchen Denkens vor dem Antlitze des deutschen Volkes entblößt, die ganze Entwicklung dieses Giftbaumes bis an seine nationalsozialistischen Wipfel veranschaulicht und gezeigt werden."[485]

Ernst Reuter antwortete Ende Juli 1943 auf van Kleffens Einwendungen in einer temperamentvollen Stellungnahme, die er dem niederländischen Gesandten in Ankara übergab. Er unterschätze in keiner Weise die Schwierigkeiten, „die einer Zerstörung der Naziideologie (im weitesten Sinne des Wortes) in Deutschland im Wege stehen". Auch wisse er, „wie tief die Wurzeln dieser Ideologie hinab reichen". Wenn man aber nach den Wurzeln suche, so solle man durchaus noch über Fichte hinausgreifen. So gehöre „der von den Engländern so sehr unterstützte" Friedrich der Große dazu. In katholischen Kreisen neige man dazu, „schon in Luther mit seiner Hemmungslosigkeit eine der Wurzeln" zu sehen. Dass es aber „einen unveränderlichen ‚deutschen Charakter' geben soll, der dieses Erbe der Vergangenheit niemals los werden könne, das zu glauben oder anzuerkennen verbietet doch wohl jede geschichtliche Erkenntnis und die Erfahrung unserer eigenen Geschichte und die fremder Völker. Was in hundert Jahren der Geschichte geworden ist, kann auch in hundert Jahren der Geschichte wieder geändert werden." Er, Reuter, wisse genau, dass „eine Generation andauernde Erziehungsarbeit geleistet werden muß", dass Universitäten gesäubert und Geschichtsbücher neu geschrieben werden müssten und fragte: „Aber stehen andere Völker wirklich nicht auch vor einer ähnlichen Aufgabe?" Reuter erinnerte an die Politik der Westmächte, die Hitler „durch passive Duldung und durch aktive Unterstützung jahrelang bis nach München hin gefördert haben." Er warnte van Kleffens vor dem „Ressentiment selbstgerechter Sieger", die „alles Schwarze in Deutschland und alles Lichte bei sich selber sehen." Das deutsche Volk bestehe „keineswegs nur aus wildgewordenen Nazis" und „auch heute noch, nach so vielen Jahren nazistischer Tyrannei, gibt es Millionen guter Deutscher, denen Goethe wirklich näher liegt als Fichte."[486]

Intensiv und kontrovers setzten sich Ernst Reuter und die Gegner der Hitlerdiktatur im Exil wie in Deutschland als selbstverstandene Vertreter des „anderen" Deutschland mit den Thesen von Vansittart sowohl untereinander als auch mit Anhängern der Alliierten auseinander. In völlig anderer Weise wurden dagegen die Auslassungen Vansittarts über „die Deutschen" von NS-Propagandachef Goebbels wahrgenommen. Der wundeste Punkt des „Vansittartismus" war nämlich gleichzeitig das stärkste Argument seiner Gegner: Die Grundthese „Hitler ist Deutschland" war identisch mit der Grundthese der NS-Propaganda. Bezeichnenderweise notierte Goebbels am 20. Februar 1942 zufrieden in sein Tagebuch: „Es ist [...] gut, daß die Engländer jetzt die Katze aus dem Sack lassen. Das kann uns für unsere innere Propaganda nur dienlich sein. Wir plakatieren die Aussprüche Vansittarts [...] groß in der ganzen Presse und auch in unserer Wochenparole. Das trägt wesentlich dazu bei, die innere Stimmung zu halten und zu verstärken."[487] Einen Monat später ergänzte er: „Vansittart soll nur ruhig so weiterarbeiten; er treibt nur Wasser auf unsere Propagandamühlen. [...] Er will Deutschland vernichten, nicht die nationalsozialistische Bewegung. Solche Töne passen gut in unser Konzept."[488]

Heinrich Fraenkel, ein jüdischer Literat, der schon im Februar 1933 von Berlin nach London emigriert war, ahnte den Propagandawert von Vansittarts Thesen schon im Jahre 1941. Mit seiner Schrift *Vansittart's Gift for Goebbels. A German Exile's Answer to Black Record* geißelte er besonders dessen Grundthese „Hitler ist Deutschland". Auch der britisch-jüdische Verleger Victor Gollancz warnte 1942 mit seinem Aufsatz *Shall our children live or die? A reply to Lord Vansittart on the German problem* vor den Folgen der Thesen. Gollancz vertrat die Meinung, dass jeglicher Hass, auch der auf die nationalsozialistischen Führer, Ausdruck niederer Instinkte sei, die die Zivilisation gefährdeten. Nach Kriegsende, im Juli 1945, trat Ernst Reuter mit Victor Gollancz in Kontakt.[489] Von Freunden hatte er die Schrift *What Buchenwald really means* erhalten. Gollancz untersuchte darin Ende April 1945 unter dem Eindruck der Befreiung des KZ Buchenwald am 11. April die tiefere allgemeine Verantwortung für die Verbrechen in den Konzentratonslagern. Die Schrift war an seine englischen Landsleute gerichtet und enthielt auch schwere Selbstanklagen. Leidenschaftlich verteidigte Gollancz das „andere Deutschland" gegen die Ideen von Vansittart und dessen Behauptung einer historischen Kollektivschuld aller Deutschen.[490]

Ernst Reuters Brief an Victor Gollancz vom 18. Juli 1945 ist eine vehemente Absage an jegliche Vorstellung, dass das deutsche Volk kollektiv für die NS-Verbrechen haftbar gemacht werden könne. Reuter wies in seinem Schreiben einleitend auf seinen zweimaligen Aufenthalt im KZ Lichtenburg hin. Mit Hartnäckigkeit habe die englische Quäkerin Elizabeth Howard seine Freilassung durchgesetzt. Sie habe ihm auch in England ein erstes Exil ermöglicht. Jede Hilfe sei ihm von Engländern während seines mehrmonatigen Zwischenaufenthalts im Jahre 1935 zuteil geworden. Er erinnere sich aber ebenso gut daran, „dass im Grunde damals niemand von all diesen Dingen, wie Konzentrationslagern usw., etwas wissen wollte." Dieses „Nicht-gerne-wissen-wollen" habe er „natürlich von Deutschland her auch schon" gekannt. Es habe ihn darin bestärkt, „dass die Menschen in allen Ländern nicht gar so sehr verschieden sind in der Reaktion auf solche Ereignisse." In Deutschland habe es aber auch eine große Zahl von Menschen gegeben, die sich im NS-Terror für ihre Überzeugung einsetzten und harten Strafen sowie dem Tod ausgesetzt waren. Diese nicht abzuleugnende Wahrheit müsse auch „ein Volk wie das englische mit seinem Sinn für fairplay" anerkennen. Natürlich hätten die Deutschen „alle unsere Verantwortung für das, was das Hitler-Regime der Welt angetan hat, zu tragen und müssen es als eine Ehrenschuld betrachten, wieder gutzumachen, was wir überhaupt können. Aber daß alle Deutschen an diesem Hitler-Regime schuld sein sollen, das anzuerkennen wird niemand uns zwingen können." Es gehe nicht um kollektives Verschulden an den Verbrechen, sondern um kollektive Verantwortung für deren Wiedergutmachung.[491]

h) Die schwierigen Kontakte zu den Parteifreunden in der Fremde

Mit der Doppelnummer 60/61 der *Sozialistischen Mitteilungen* konnte Ernst Reuter im Mai 1944 endlich wieder Anschluss an das Leben seiner Partei finden. Nach bald drei Jahren war es ihm nun wieder möglich, an den lange vermissten Diskussionen der Parteikollegen über brennende Fragen der Zeit teilzunehmen. Aktiv beteiligen konnte er sich allerdings nur indirekt in Form von Schreiben an den Parteivorstand in London und an Parteifreunde, besonders in England und den USA.

In seinem Schreiben an den Exilvorstand der SPD in London zeigte sich Ernst Reuter hoch erfreut, „nach so unendlich langer Zeit endlich mal wieder ein Lebenszeichen" von Parteifreunden erhalten zu haben. Er schilderte dem Vorstand um Hans Vogel, Fritz Heine und Erich Ollenhauer, dass er „keinen früheren Genossen hier in Ankara" kenne und alle seine Versuche, „Kontakte mit der Außenwelt und mit Menschen, die in gleicher Richtung arbeiten, herzustellen, immer auf eine unerklärliche Weise scheiterten." Glücklicherweise stehe er aber in der Türkei in enger Verbindung zu „Überzeugungsemigranten", die entschlossen seien, „gleich unter welchen Bedingungen, nach dem Sturze Hitlers in Deutschland für den Neuaufbau zu arbeiten." Reuter beschrieb dem Vorstand das Vorhaben des „Deutschen Freiheitsbundes" und seine Korrespondenz mit Thomas Mann. Dieser habe seine Aufforderung, „einen Zusammenschluss aller freiheitlichen Deutschen in die Wege zu leiten" abgelehnt. Er habe die Hoffnung aber nicht aufgegeben und vor wenigen Tagen zusammen mit seinem Freund Gerhard

Kessler den Theologen Reinhold Niebuhr in New York angeschrieben. Aus der türkischen Presse habe er von der Gründung eines „Free German Movement" in New York durch Niebuhr erfahren. Er und seine Freunde in der Türkei wären bereit, mit der Bewegung, zu der auch der Parteifreund Albert Grzesinski sowie Heinrich Mann gehörten, zusammen zu arbeiten.[492]

Sein Wunsch, so setzte Reuter sein Schreiben an den Parteivorstand in London fort, „mit einer wirklich demokratischen, freiheitlichen deutschen Bewegung" wie dem „Free German Movement" zusammen zu arbeiten, hindere ihn aber nicht, so eng wie möglich mit den sozialistischen Parteifreunden zusammen zu gehen. Dafür benötige er aber dringend Informationen und er „hoffe zuversichtlich, daß es gelingen wird, in Kontakt zu bleiben." Die Postverbindungen waren aber nicht zuverlässig. Ein langer Brief, den er im September 1943 an den Parteivorsitzenden Hans Vogel geschrieben habe, „scheint offensichtlich nicht angekommen zu sein." Dem Brief an die Vorstandsfreunde fügte Ernst Reuter seinen Briefwechsel mit Thomas Mann bei, ebenso den Meinungsaustausch mit dem niederländischen Exil-Außenminister van Kleffens. Dessen Stellungnahme zu seinem ersten Brief an Thomas Mann sei ein interessantes Dokument, „weil es die kommenden Schwierigkeiten unserer Aufgabe grell beleuchtet."[493] Reuter war sich Mitte 1944 demnach bewusst, welchen Widerständen die Oppositionellen des Hitler-Regimes nach dessen Sturz von Seiten der Alliierten und ihrer Freunde ausgesetzt sein könnten. Den Kontakt zu den Vorstandsgenossen in London hielt er bis zum Ende seines Exils, 18 Monate nach Kriegsende. Im Mittelpunkt des Meinungsaustauschs standen ab Mai 1945 dann Fragen der Rückkehr und von Gestaltungsmöglichkeiten im Nachkriegsdeutschland.

Der Vorstand der SPD fand im Jahre 1940 nach Prag und Paris in London seine letzte Exil-Station. Sie wurde die politisch wichtigste, denn an der Themse wurde der entscheidende Schritt getan, die zersplitterte sozialdemokratisch orientierte Arbeiterbewegung zu vereinen. Nach intensiven Diskussionsprozessen gelang es, die in der Endphase der Weimarer Republik abgespaltenen linkssozialistischen Gruppen und Parteien am 19. März 1941 in der „Union deutscher sozialistischer Organisationen" in Großbritannien zusammenzufassen. Hierin vereinigten sich neben der SPD und den Freien Gewerkschaften die Sozialistische Arbeiterpartei (SAP), die Gruppe „Neu Beginnen" und der „Internationale Sozialistische Kampfbund" (ISK). Nunmehr konnte sichergestellt werden, dass die SPD nach Kriegsende als einheitliche Organisation der Sozialdemokraten wiedergegründet werden konnte. Die Kommunistische Partei Deutschlands gehörte nicht zur neugegründeten „Union": „Keine Verhandlungen mit der KPD, keine Einheits- und Volksfront, keine gemeinsamen Aktionen, keine gemeinsamen Erklärungen", fasste Fritz Heine, Mitglied des Londoner Exilvorstands, die ablehnende Haltung zu den Kommunisten zusammen.[494]

Zum Selbstverständnis des Vorstands gehörte es, dass die alliierten Kriegsziele unterstützt wurden: „Das Dritte Reich muss sterben, damit ein wirklich freiheitliches und demokratisches Deutschland erstehen und Friede auf Erden bestehen kann", betonte Hans Vogel, der Vorsitzende der SPD im Exil, in einer Weihnachten 1941 nach Deutschland ausgestrahlten BBC-Ansprache.[495] Als Sprachrohr seiner politischen Vorstellungen dienten dem Exilvorstand die *SM*. Sie kamen als einziges offizielles Organ der Exil-SPD in Nachfolge des *Neuen Vorwärts* erstmals Anfang Januar 1940 in London heraus. Aufklärung zählte zu den Kernaufgaben der *SM*, deren Beilagen zum Teil auch in Englisch verfasst wurden. Besonders galt dies für Argumente gegen den deutschfeindlichen „Vansittartismus" in England. Einige Exilanten, wichtiger aber noch, eine Mehrheit in der Labour Party und der britischen Regierung, hatte sich den Thesen Vansittarts verschrieben. Besonders schmerzte den Exil-Vorstand die offizielle Haltung der Labour-Party, der Schwesterpartei in der Sozialistischen Arbeiter-Internationale. Auf ihrer Jahreskonferenz vom 14. bis 18. Juni 1943 nahm eine große Mehrheit der Labour-Delegierten eine Entschließung an, die feststellte, dass die Deutschen, die in Opposition gegen die Hitlerregierung stehen, eine sehr kleine Minderheit darstellten. Die Delegierten waren der Auffassung, dass die Hitlerregierung nicht an der Macht bleiben und den totalen Krieg hätte führen können, wenn sie nicht die Unterstützung der überwältigenden Mehrheit des deutschen Volkes hätte. Schließlich verabschiedeten die Labour-Delegierten einen Beschluss, wonach ein dauernder Friede unmöglich sei, solange Deutschland nicht vollständig entwaffnet und der Geist des aggressiven Nationalismus völlig ausgerottet sei.[496]

Die Diskussionen in den *SM* kreisten in vielen Variationen um das Ziel der Sozialdemokraten im Exil, nämlich den Kampf um die Niederlage Hitlers gemeinsam zu führen. Ebenfalls unterstrichen die Sozialdemokraten in einer großen Zahl von Artikeln ihre Absicht, an der Vorbereitung eines demokratischen Friedens und am Wiederaufbau Europas mitzuwirken. Immer wieder wandte man sich gegen deutschfeindliche Bestrebungen im Gastland, gegen Aufteilungs-, Abtrennungs- und Fremdherrschaftspläne für Deutschland nach dem Fall des NS-Regimes. Mit zahlreichen englischsprachigen Artikeln richteten sich die *SM* deshalb besonders an Labour-Politiker, die der SPD früheres Versagen gegenüber der nationalsozialistischen Bedrohung vorwarfen. Als Antwort auf diese Vorwürfe verwiesen die Sozialdemokraten regelmäßig auf den Widerstand aus ihren Kreisen gegen Hitler und beschworen die Existenz eines „anderen Deutschland". Sie verstanden sich im britischen Exil als Teil des deutschen Volkes, dessen Schicksal sie nach dem Krieg teilen und dessen Interessen sie wahrnehmen wollten. Als frühe Kämpfer gegen den Nationalsozialismus sahen sie sich hierzu in jeder Hinsicht legitimiert.[497]

Abb. 30 *Hans Vogel, 1940.*

Ab Mai 1944 und bis zum Ende seines türkischen Exils im November 1946 konnte Ernst Reuter bei Lektüre der *SM* verfolgen, dass das Verhältnis der Exilpartei in London zur Labour Party über eine längere Zeit nicht den Vorstellungen des SPD-Vorstands entsprach. Dieser bemühte sich, Einfluss auf die Politik der Labour Party und ihrer Regierungsmitglieder zu nehmen. Hierbei zeigten sich aber deutliche Grenzen. Seit Mai 1940 war der Labour-Vorsitzende Clement Attlee mit weiteren Labour-Politikern Mitglied von Winston Churchills „Kabinett der nationalen Konzentration". Attlee musste deshalb in Fragen der Deutschlandpolitik und des Verhältnisses zu den deutschen Sozialdemokraten auf die britischen Konservativen Rücksicht nehmen. Der Einfluss von Vansittart auf die Einstellung vieler Labour-Politiker zum „anderen Deutschland" tat ein Übriges. In der ersten Nummer der *SM*, die Ernst Reuter in Ankara erhielt, resümierte Wilhelm Sander, der Chefredakteur der *SM*, das Verhältnis zu Labour im Frühjahr 1944: „Als Fluechtlinge werden wir in England hochanstaendig behandelt, als Vertreter jener politischen Kraefte in Deutschland, die seit vielen Jahren den Kampf gegen den Hitlerfaschismus opfervoll fuehren, haben wir jedoch noch nicht jene Anerkennung gefunden, auf die wir hofften."[498] Nach Ende des Krieges, im Januar 1946, bilanzierte Erich Ollenhauer, Mitglied des Exilvorstands und späterer SPD-Parteivorsitzender, das Verhältnis zur Labour-Party in der 81. Ausgabe der *SM*: „Unsere Hoffnungen, dass unser gemeinsames Auftreten und Handeln als deutsche Sozialisten dazu beitragen werde, uns als Partner in dem Kampf gegen Hitlerdeutschland konkrete und positive Aufgaben an der Seite der Alliierten zu geben, haben sich nur teilweise erfuellt."[499]

Wohl zum ersten Mal konnte Ernst Reuter der Doppelnummer 60/61 der *SM* vom März/April 1944 authentisch die britische Haltung zur Casablanca-Formel des „unconditional surrender" und zur Teheran-Einigung mit Stalin über die polnischen Nachkriegsgrenzen entnehmen. Im House of Commons erklärte Churchill am 22. Februar 1944: „Ich moechte hier bemerken, dass der Ausdruck ‚unbedingte Kapitulation' nicht bedeutet, dass das deutsche Volk versklavt oder vernichtet werden soll. Es bedeutet aber, dass die Verbuendeten im Augenblick der Kapitulation ihm gegenüber durch keinen Vertrag und keine Verpflichtung gebunden sein werden. Es wird zum Beispiel keine Rede davon sein, dass die Atlantic Charter von Rechts wegen auf Deutschland Anwendung findet und Gebietsveraenderungen oder Grenzkorrekturen in Feindeslaendern ausschliesst. Wir werden keine Auseinandersetzungen zulassen wie nach dem letzten Kriege, als Deutschland erklaerte, dass es auf Grund der 14 Punkte Wilsons kapituliert habe. Unbedingte Kapitulation bedeutet, dass die Sieger freie Hand haben. Es bedeutet nicht, dass sie berechtigt sind, sich wie Barbaren zu benehmen, noch dass sie wuenschen, Deutschland aus der Reihe der europaeischen Nationen zu streichen." In derselben Rede bemerkte Churchill zu den Grenzen Polens: „Ich habe nicht das Gefuehl, dass Russlands Forderungen nach Sicherung seiner westlichen Grenzen ueber das Mass des Gerechten und Vernuenftigen hinausgeht. Marschall Stalin und ich verstaendigten uns auch über das Beduerfnis Polens, Entschaedigung auf Kosten Deutschlands, sowohl im Norden wie im Westen, zu erhalten."[500] Für Ernst Reuter war die Haltung der britischen Regierung zu elementaren Fragen zukünftiger Friedensverhandlungen und zu den Nachkriegsgrenzen also unmissverständlich.

Nicht aus einer der *SM*-Nummern des Jahres 1944, sondern aus der *Neuen Zürcher Zeitung* erfuhr Ernst Reuter Anfang Juni 1944, dass es mit dem „gemeinsamen Auftreten und Handeln" der deutschen Sozialisten in England nicht immer gut bestellt war. „Die Krise unter den deutschen Emigranten in London" titelte die *NZZ* einen langen Korrespondentenbericht aus London in ihrer Ausgabe vom 6. Juni 1944.[501] Es habe wochenlange Auseinandersetzungen unter den Exilanten gegeben, die zum Ende der parteiübergreifenden Freien Deutschen Bewegung in England geführt habe. Diese war Ende September 1943 mit dem Ziel gegründet worden, ein „breitestmögliche[s] antifaschistische[s] Bündnis [...] deutscher Emigranten unterschiedlicher Weltanschauungen und parteipolitischer Richtungen" zu schaffen und den „Hitlerfaschismus vom Ausland her wirkungsvoll zu bekämpfen."[502] Alle wehrfähigen deutschen Emigranten in Großbritannien bis zum Alter von 35 Jahren sollten in einer Freien Deutschen Brigade für den Kampf gegen das Naziregime gewonnen und eine zweite Front gegen die Achsenmächte in Westeuropa frühestmöglich eröffnet werden. Nach Sieg der Alliierten seien auf jegliche Eroberungen zu verzichten, der verursachte Schaden wieder gut zu machen, die Kriegsverbrecher zu bestrafen und erneute Kriegsvorbereitungen dauerhaft zu verhindern.

Programm und Diktion der „Freien Deutschen Bewegung" ließen den Einfluss Moskaus vermuten. Entscheidend für ihre Auflösung waren dann auch die Beschlüsse der Konferenz von Teheran Ende November 1943. Auf Druck von Stalin hatten Roosevelt und Churchill zugestimmt, dass Polen für den Verlust seiner von der Sowjetunion besetzten östlichen Territorien mit deutschem Gebiet entschädigt werden solle. In der Satzung der „Bewegung" war dagegen einstimmig beschlossen worden, so die *NZZ*, dass die deutschen Staatsgrenzen von 1939 erhalten bleiben müssen. Die Kommunisten innerhalb der „Bewegung" wollten jetzt die Abtretung deutscher Provinzen im Sinne der Teheraner Konferenz befürworten. Daraufhin seien bekannte Exilanten wie August Weber, Fritz Wolff, Heinrich Fraenkel und der frühere *Vorwärts*-Redakteur Victor Schiff aus der „Bewegung" ausgetreten. Schiff habe seinen Austritt damit begründet, dass Teheran einen vollständigen Wendepunkt der sowjetischen Außenpolitik darstelle. Nunmehr sei laut Schiff die sowjetische Politik und die der deutschen Kommunisten in England dadurch gekennzeichnet, dass sie die Existenz des inneren Widerstandes in Deutschland verneinen, die Kollektivschuld des deutschen Volkes vertraten, eine völlig einseitige Abrüstung Deutschlands forderten und sich für die Abtretung ganzer deutscher Provinzen einsetzten.[503]

Ernst Reuter las den *NZZ*-Artikel mit großer Anteilnahme. Der Name und die Ausführungen seines Freundes aus gemeinsamer Zeit in der sozialdemokratischen Tageszeitung *Vorwärts*, Victor Schiff, veranlassten ihn, Mitte Juli 1944 den unterbrochenen Kontakt zu ihm wieder aufzunehmen. Lange Zeit hatte er Schiff aus den Augen verloren. Im *Vorwärts* war Victor Schiff in den Jahren von 1920 bis 1933 außenpolitischer, Ernst Reuter zwischen den Jahren 1922 bis 1926 innenpolitischer Redakteur gewesen. Schon früh im Jahre 1933 wurde Schiff zweimal verhaftet. Das SPD-Mitglied flüchtete zunächst nach Paris. Dort setzte er sich für ein Volksfrontbündnis mit den Kommunisten ein und war auch Vertrauensmann der SOPADE. Seinen Lebensunterhalt verdiente er als Korrespondent der englischen *Daily Herald*. Auch für mehrere deutsche Exilzeitungen verfasste Schiff Artikel. Nach der Besetzung von Paris durch die Wehrmacht flüchtete er 1940 nach London. Als Ausschussmitglied in der Londoner SPD-Ortsgruppe war er Anhänger des „sozialpatriotischen" Flügels der Exil-SPD. So vertrat er die Ansicht, dass das Deutsche Reich nach Ende der Hitler-Diktatur in den Grenzen von 1937 erhalten werden müsse.

Mitte Juli 1944 erneuerte Ernst Reuter seinen Kontakt zu Victor Schiff mit einem relativ kurz gehaltenen Brief.[504] Der regelmäßige Briefaustausch spielte sich bis Anfang 1946 erstaunlicherweise in Englisch ab. Auch die Briefe an andere deutsche Exilfreunde in England und den USA verfasste Reuter bis Ende 1945 in Englisch. Die regelmäßigen Erläuterungen seiner Vorstellungen zum Ende des Hitler-Regimes und über die Zeit danach legen nahe, dass Reuter der alliierten Zensur die Lektüre erleichtern und den Versand beschleunigen wollte. Victor Schiff beschrieb er seine große Freude darüber, durch die Lektüre der *NZZ* von seinem Aufenthalt in London erfahren zu haben. Seit der Besetzung Frankreichs habe er nichts mehr von ihm gehört. Der Artikel über die Londoner Exilanten habe ihn sehr interessiert, zumal er in der Türkei von Informationen weitgehend abgeschnitten sei. Jeder Versuch, mit alten Freunden in Kontakt zu treten, sei bisher vergeblich gewesen.[505]

Reuter berichtete Schiff von seinem Schreiben an Thomas Mann. Dem Parteifreund Gerhart Seger aus New York habe er auf dessen Anfrage hin seine Zustimmung gegeben, das Schreiben in der von Seger herausgegebenen Emigrantenzeitung *Neue Volkszeitung* zu veröffentlichen. Im September musste Ernst Reuter aber von Gerhart Seger erfahren, dass Thomas Mann es abgelehnt habe, den Briefwechsel veröffentlichen zu lassen. Mann habe Seger einen umfangreichen Brief geschrieben und ihm mitgeteilt, dass er aufgehört habe, sich weiter für Fragen um Deutschlands Zukunft zu interessieren.[506] Thomas Manns Haltung ist nachvollziehbar, zumal verschiedene, auch zerstrittene deutschsprachige Exilantengruppen den Nobelpreisträger über mehrere Jahre als Zugpferd für ihre jeweiligen Ziele eingespannt hatten. Im Jahre 1944 galt Thomas Manns Hauptinteresse nun – abgesehen von seiner Arbeit am *Dr. Faustus* – den politischen Entwicklungen in seinem Gastland, dessen Staatsbürgerschaft er bereits im Jahre 1938 beantragt hatte. Am 23. Juni 1944 war es dann so weit, dass er den offiziellen Eid als US-Bürger ablegen konnte. Kurz danach griff er in die Wahlkampagne zugunsten der vierten Präsidentschaftskandidatur von Franklin D. Roosevelt ein.

Der erneuerte Kontakt zu Victor Schiff war für Ernst Reuter sehr wichtig. Er teilte Schiff die Adressen seines Sohnes Gerd Harry in London und die seiner Vertrauten Elsie Howard in Essex als Kontakte in England mit und wiederholte dies einen Monat später. Bis kurz vor Ende seines türkischen Exils korrespondierten beide regelmäßig und tauschten sich besonders über ihre und die Einstellungen anderer Parteifreunde zur Rückkehr nach Deutschland aus. Auch Hanna Reuter, die Victor Schiff ebenfalls aus gemeinsamen *Vorwärts*-Jahren kannte, nahm nun ebenfalls den Kontakt zu Schiff auf. Victor Schiff war es dann auch, der die Familie Reuter nach dem Ende ihres Exils, auf der Rückfahrt nach Deutschland, am 9. November 1946, im Hafen von Neapel begrüßte. Für die *Daily Herald* war Schiff wenige Monate vor dem Treffen Italien-Korrespondent geworden und reiste von Rom an. Er bezweifelte Ernst Reuter gegenüber, dass

Abb. 31 *Victor Schiff, 1948.*

dessen Entschluss zur Rückkehr nach Deutschland richtig sei, erzählte ihm aber auch, was er einflußreichen Leuten in England prophezeit hatte: Der Rückkehrer aus der Türkei werde bald Oberbürgermeister von Berlin sein, später vielleicht Chef der deutschen Regierung.[507]

Kontakte zu Parteifreunden in den USA aufzunehmen und aufrecht zu erhalten war für Ernst Reuter noch schwieriger als im Falle der englischen Freunde. „[I]mmer nur unzureichende Informationen", so schrieb er Albert Grzesinski Ende August 1943 nach New York, habe er nach monatelangem Warten auf alle seine Briefe in die USA erhalten. Der New Yorker Zeitschrift *Aufbau* habe er nunmehr Grzesinskis Namen und Adresse entnehmen können. Er wolle ihm nicht weiter über sein persönliches Schicksal berichten. Wichtiger sei dagegen: „Seit langem leiden wir hier darunter, daß wir von allem abgeschnitten sind und daß unsere Tätigkeit für ein neues Deutschland schon darum nur beschränkt sein kann". Er berichtete Grzesinski von seinem Brief an Thomas Mann im März 1943 und dem im August in Istanbul gegründeten „Deutschen Freiheitsbund". Zweck seines Schreibens sei es, eine „Verbindung mit der freien deutschen Bewegung in Amerika" herzustellen. Reuter fragte Grzesinski, ob er dazu bereit und in der

Lage sei und ob er ihn über die Situation in New York, über taktische Fragen, Publikationen und eventuelle Beziehungen zu den Alliierten informieren könne. Er bat um möglichst schnelle Antwort. Seinem Schreiben fügte er den Entwurf des Arbeitsprogramms des „Deutschen Freiheitsbundes", dessen programmatisches Flugschrift *Was soll werden?* sowie seinen Brief an Thomas Mann bei.[508]

Ernst Reuters Brief erreichte Albert Grzesinski im Herbst 1943 zu einem Zeitpunkt, als dieser sich kurz zuvor aus zwei Emigrantenkomitees verabschiedet hatte. Die Leitung der „Association of Free Germans", einer Gruppe von Sozialdemokraten und deutschen Konservativen, hatte er gerade niedergelegt, nachdem er sie im November 1941 gegründet hatte. Einem „Free German Movement" gehörte er nicht an, anders als Reuter es der türkischen Presse entnommen hatte. Ein Emigrantenkomitee unter diesem Namen und unter der angeblichen Leitung des Theologen Reinhold Niebuhr gab es in den USA nicht. Niebuhr leitete die Gruppe „American Friends of German Freedom". Ebenfalls im Jahre 1943 hatte Grzesinski den Vorsitz der sozialdemokratischen German Labour Delegation (GLD), deren Präsident er seit März 1939 war, an Max Brauer, den früheren Oberbürgermeister von Altona, übergeben. Teils politisch, teils persönlich bedingte Streitfälle ließen ihn vorläufig aus der Verbandsarbeit ausscheiden. Schon Anfang Mai 1944 aber befand er sich unter den Gründungsmitgliedern eines Council for a Democratic Germany. Der Council verstand sich als Repräsentant des deutschen Volkes. Seine Mitglieder waren Linkssozialisten, Sozialdemokraten, Kommunisten, bürgerliche Demokraten, ehemalige Angehörige des Zentrums, Schriftsteller, Künstler und Wissenschaftler. Vorsitzender war der evangelische Theologe Paul Tillich.

Ernst Reuter kannte Albert Grzesinski aus seiner Berliner Zeit gut. Grzesinski hatte in Berlin das Handwerk eines „Metalldrückers" gelernt und es im Jahre 1926 zum Innenminister von Preußen gebracht. Der „Preußenschlag" im Juli 1932 beendete seine Karriere. Im März 1933 floh er vor den Nationalsozialisten zunächst in die Schweiz, dann nach Paris und im Juli 1937 schließlich nach New York. In Paris wirkte er am Versuch mit, eine Volksfront gegen die Hitlerdiktatur zu schaffen. In New York unterstützten das Jewish Labor Committee, die Social Democratic Federation sowie die American Federation of Labour Grzesinskis GLD deren Ziel es war, Kontakte zwischen den deutschen sozialdemokratischen Emigranten und der amerikanischen Arbeiterbewegung aufzunehmen. Nicht zuletzt sollte sie in Amerika versuchen, finanzielle Unterstützungsquellen für die Arbeit der Exil-SPD in London zu erschließen. Zu den Mitbegründern zählte auch Max Brauer. Der Londoner Exilvorstand der SPD wusste die Aktivitäten der GDL zu schätzen. Deren Sprachrohr, die *Neue Volkszeitung*, wurde neben den Londoner *SM* zum wichtigsten Presseorgan der deutschen Sozialdemokratie im Exil, nachdem der *Neue Vorwärts* im Frühjahr 1940 eingestellt worden war. Die Auflage der *Neuen Volkszeitung* in Höhe von 21.270 im Jahre 1944 spiegelt die große Zahl sozialdemokratisch orientierter Emigranten in den USA wider.

Die Gesamtzahl sozialdemokratischer Emigranten aus Deutschland schätzte der Völkerbund im Jahre 1935 auf rund 5.000 bis 6.000. 1939 hatte sich die Zahl auf knapp 10.000 erhöht.[509] Nach dem „Anschluss" Österreichs, der Besetzung des Sudetenlandes, der Rest-Tschechoslowakei und der kontinentaleuropäischen Länder im Kriegsverlauf fand die Mehrzahl der politischen und rassischen Exilanten in England – und mit Abstand – in den USA Aufnahme. Im Verlauf der Jahre 1933 bis 1945 wanderten in die USA allein etwa 132.000 deutschsprachige Emigranten ein. Hier gründeten sie Komitees verschiedenster Zusammensetzung, die aber alle darauf hinarbeiteten, ihre Interessen gegenüber den USA zu vertreten und gegen das Hitler-Regime zu kämpfen.[510] Die amerikanische Regierung nahm indessen keine eindeutige Haltung gegenüber den Emigranten ein. Lange Zeit zeigte sie sich in öffentlichen Erklärungen überwiegend ablehnend, nahm inoffiziell aber durchaus die Dienste einzelner Emigranten wie die von Thomas Mann in Anspruch. Schließlich wurde kurz nach dem Kriegseintritt der USA am 10. Dezember 1941 eine offizielle Haltung gegenüber „Freien Deutschen Bewegungen" formuliert. Während die Regierung amerikanischen Bürgern abriet, sich an freien Bewegungen zu beteiligen, gestattete sie dies ausländischen Staatsbürgern durchaus. Über ihre Pläne und Tätigkeiten sollten sie jedoch das Außenministerium ständig unterrichten. Die Emigrantenkomitees wurden aber weder formell noch informell anerkannt.

Die Lage änderte sich allerdings, als das State Department und der Geheimdienst OSS nach einer Antwort auf die Bildung des Moskauer Nationalkomitees Freies Deutschland im Juli 1943 suchten. Sie zeigten sich im Herbst gegenüber den Plänen der sozialdemokratischen GLD aufgeschlossen, einen Council for a Democratic Germany (CDG), das heißt eine Vereinigung aller Gegner des Nationalsozialismus in den USA zu gründen. Die Initiative ging von den Amerikanern aus, die Versuche der Kommunisten abblocken wollten, in den USA ein Unterstützungskomitee für das NKFD zu gründen. Friedrich Stampfer, Gründungsmitglied der GLD und gleichzeitig im Vorstand der Exil-SPD, schrieb an seine Parteigenossen in England, dass „er von einer einflußreichen Stelle ermuntert" worden sei, „eine überparteiliche Zusammenfassung zu versuchen, die vielleicht als Gegengewicht gegen das Moskauer Komitee gedacht war."[511] Besonders das OSS zeigte sich zunehmend beunruhigt über versuchte Manipulationen von deutsch-amerikanischen Gruppen durch kommunistische Volksfrontorganisationen sowie über den starken Einfluss der Kommunisten unter den deutsch-amerikanischen Gewerkschaftlern und ihren Sozialfürsorge-Organisationen.

Es dauerte allerdings bis zum 2. Mai 1944, bevor der CDG mit dem Theologen Paul Tillich als Präsidenten gegründet wurde. Zu den Mitgliedern zählten neben den Sozialdemokraten Albert Grzesinski, Paul Hertz und Hans Hirschfeld auch Bertolt Brecht und seine Vertraute Elisabeth Hauptmann. Ferner gehörten der Kommunist Albert Schreiner und der Diplomat Dr. Paul Schwartz, der im Jahre 1933 seinen Dienst als Generalkonsul in New York aus Protest gegen Hitlers Machtergreifung quittierte, zum CDG. In seiner Gründungserklärung gab der CDG bekannt, dass er nicht beanspruche, eine deutsche Exilregierung zu sein. Er sehe sich aber als Repräsentant des „anderen Deutschland" und vertrete Kräfte, die nach dem Ende des Krieges für den Aufbau Deutschlands dringend notwendig seien. Sowohl mit den Westmächten wie mit der Sowjetunion wolle er zusammenarbeiten. Dabei gelte das Selbstbestimmungsrecht der Völker für alle, also auch für Deutschland. In die Planungen des CDG wurde Thomas Mann einbezogen, der allerdings eine Teilnahme ablehnte. Obwohl er mit großen Teilen der Erklärung einverstanden war, hielt er die Veröffentlichung für vorzeitig. Außerdem vermisste er den kritischen Umgang mit der eigenen Nation und mit den von Deutschen begangenen Verbrechen. Unüberbrückbar gewordene Differenzen zwischen bürgerlich und links orientierten Mitgliedern über das Potsdamer Abkommen und seine politisch-wirtschaftlichen Konsequenzen führten schließlich im Herbst 1945 zum Ende des CDG.

Ende Mai 1944 erfuhr Ernst Reuter aus der türkischen Presse, dass deutschsprachige Emigranten den CDG in New York gegründet hatten. Einen Monat danach schrieb er seinem Parteifreund Gerhart Seger, dass aus seiner Sicht und der seiner Freunde in der Türkei die Zielsetzung des CDG dem entspreche, was er Thomas Mann im März 1943 an Vorschlägen mitgeteilt hatte: Ein Komitee zu bilden, welches alle unterschiedlichen Gruppen von Emigranten in ihrem Bestreben vereinigt, den Fall Hitlers herbeizuführen und ein neues Deutschland auf demokratischer Grundlage zu schaffen. Mit einem solchen Komitee wollten er und die Freunde in der Türkei zusammen arbeiten, wüssten aber in der Ferne nicht, ob sie die Lage in den USA richtig einschätzten.[512] Seger antwortete Mitte September und teilte Reuter mit, dass er selbst überlegt hatte, dem CDG beizutreten. Er habe aber Abstand davon genommen, weil er nichts mit Kommunisten zu tun haben wolle – jetzt weniger als zuvor. Außerdem habe er sich nicht an einem Komitee in den USA beteiligen wollen, das letztlich nur als Reaktion auf das Moskauer NKFD gegründet worden sei.[513]

Ernst Reuters Bemühungen, den „Deutschen Freiheitsbund" für gemeinsame Aktionen mit Einzelpersonen wie Thomas Mann oder Komitees in anderen Exilländern zusammen zu bringen, scheiterten aus mehreren Gründen. In der neutralen, bis weit in den Krieg hinein dem deutschen NS-Regime verpflichteten Türkei hinderte ihn seine Stellung als ausländischer Berater im Dienste des türkischen Staates, frühzeitig seine politische Zurückhaltung aufzugeben. Als er schließlich im Sommer 1943 aktiv wurde, geschah dies in Istanbul. Dort hielt er sich ab 1943 über mehrere Wochen und Monate für seine Beratertätigkeiten auf. Nur dort fand er unter den Exilanten handlungsbereite Gleichgesinnte, auf die er in Ankara verzichten musste. Anders auch als im provinziellen Ankara waren politisch aktive Exilanten in Istanbul mit seinen dreiviertel Millionen Einwohnern weit weniger der Überwachung der türkischen Regierung und auch deutscher NS-Organe ausgesetzt. Trotz besserer Voraussetzungen in Istanbul verhinderte aber letztlich die mangelnde amerikanische Unterstützung, dass der „Deutsche Freiheitsbund" öffentlich und damit für die Opposition in der Heimat und in anderen Exilländern sichtbar, auftreten konnte. Die Kontakte nach England, die Ernst Reuter zu Freunden und zum Exilvorstand SOPADE aufnahm, konnten andererseits im Frühjahr 1944 erst sehr spät erfolgen. So ließ sich auf gemeinsame Aktionen des „Deutschen Freiheitsbundes" zum Beispiel mit der „Union deutscher sozialistischer Organisationen" in Großbritannien kaum mehr hinarbeiten. Besonders schmerzlich für Ernst Reuter musste es gewesen sein, dass er mangels Informationen viele Jahre ohne Kenntnis der Pläne des Exilvorstands in London darüber war, wie und mit welchen Perspektiven dieser den Exilwiderstand organisieren und gestalten wollte.

Kontakte zu Parteifreunden in den USA fand Ernst Reuter nur wenig früher. Dort zeigte sich aber mehr noch als in England, dass nicht nur die politischen Exilanten unterschiedlichster Herkunft und Anschauungen sondern auch Parteikollegen sich dauerhaft darüber auseinandersetzten, wie und mit wem sie ihre Opposition zum Hitler-Regime organisieren sollten. In der fernen Türkei fehlten Ernst Reuter die elementaren und zeitnahen Informationen, um einen Überblick darüber zu gewinnen, mit welcher Gruppierung der „Deutsche Freiheitsbund" in den USA zusammen arbeiten könnte. Der für Reuter hoffnungsvollste Ansatz, nämlich über den Parteifreund Grzesinski einen Zugang zum CDG in New York zu finden, war schließlich erfolglos. Er scheiterte daran, dass Ernst Reuter nicht erfahren konnte, ob Grzesinski sein ausführliches Schreiben vom 24. August 1943, den beigefügten Brief an Thomas Mann sowie das Arbeitsprogramm und das programmatische Flugblatt des „Deutschen Freiheitsbundes" überhaupt erhalten hatte. Genau zehn Monate später, am 24. Juni 1944, teilte er dem Parteifreund Max Brauer in New York mit, dass er „selbst die besten Kanäle" vergeblich eingeschaltet hatte, dies herauszufinden.[514] Im Nachlass Reuters finden sich ebenfalls keine Belege.

Im Wendejahr 1943 und später verwehrten zum Einen die kriegsbedingt schlechten Postverbindungen zu den Gesinnungsgenossen in den Hauptexilländern Großbritannien und USA Ernst Reuter und dem „Deutschen Freiheitsbund", gemeinsame Planungen für ein Ende des Hitler-Regimes und die Zeit danach vorzunehmen. Zum Anderen hatten die Regierungen der Westalliierten nach der Konferenz von Casablanca keinen Spielraum gegenüber der deutschen NS-Opposition, sei es im Exil oder im Widerstand, gemeinsam mit dieser vorzugehen. Das gemeinsame Kriegsziel des „unconditional surrender" erlaubte weder einen Umsturzversuch zu unterstützen noch Friedensverhandlungen aufzunehmen. Illusorisch war deshalb auch die programmatische Aussage im Flugblatt des „Deutschen Freiheitsbundes": „Haben wir die Nazis aus eigener Kraft gestürzt, dann wird man uns und eine auf das deutsche Volks sich stützende neue demokratische Regierung hören. Je eher wir Hitler und seine Bande beseitigen, umso besser für uns."[515] Alle Illusionen über einen Verhandlungsfrieden mussten völlig schwinden, nachdem sich Stalin in Teheran Ende des Jahres 1943 dem Kriegsziel von Churchill und Roosevelt angeschlossen hatte, spätestens aber im Juni 1944 nach der Landung der Westalliierten in der Normandie.

Das Scheitern des Attentats vom 20. Juli 1944 erschütterte Ernst Reuter trotz allem Misstrauen gegen Militär und Generalität. Als er Anfang des Jahres 1945 in einer Beilage der *SM* von der Ausdehnung und Ernsthaftigkeit der Verschwörung erfuhr, wich seine Skepsis. Parteifreunde in London berichteten, dass alle Beteiligten ab Beginn der Vorbereitungen davon ausgingen, dass das Naziregime nur mit militärischen Machtmitteln zu beseitigen war. Die Arbeiterschaft habe über solche Machtmittel ebenso wenig verfügt wie die anderen Partner der politischen Oppositionsbewegung. Auch sollte das Heer sofort nach dem geglückten Attentat auf den Generalobersten Ludwig Beck vereidigt werden. Dieser war Ende des Jahres 1938 als Generalstabschef des Heeres wegen Hitlers Kriegszielpolitik zurückgetreten und danach im Widerstand aktiv. Eine demokratische Regierung unter Carl Goerdeler und Wilhelm Leuschner sollte gebildet werden, die das Volk sofort zur Unterstützung des Kampfes gegen SA und SS aufrufen sollte. Goerdeler hatte Ernst Reuter noch kurz vor Kriegsausbruch in Ankara getroffen. Wilhelm Leuschner gehörte dem „Kreisauer Kreis" an und war gemeinsam mit Reuter im KZ Lichtenburg inhaftiert worden.

Ernst Reuters Ansprache bei der Grundsteinlegung des Ehrenmals im ehemaligen Kriegsministerium am achten Jahrestag des Attentats vom 20. Juli und seine Reden in Plötzensee auf der Gedenkfeier für die Opfer des Nationalsozialismus im September 1950 und 1953 bezeugen seinen tiefen Respekt gegenüber den Widerständlern. Doch zählte er selbst auch zu ihnen? Klemens von Klemperer, der in Berlin geborene und 1938 in die USA emigrierte Historiker, befasste sich in Büchern, Aufsätzen und Reden immer wieder mit der Frage von Exil und Widerstand. In der Gedenkveranstaltung zum 57. Jahrestag des Aufstands vom 20. Juli 1944 fragte er in der Berliner Matthäuskirche im Jahre 2001: „Und wo reihen wir Ernst Reuter, den späteren Oberbürgermeister von Berlin ein, der von seinem Exil in der Türkei die Bemühungen Helmuth James von Moltkes in Istanbul vom Juli 1943 mit großer Anteilnahme verfolgte?"[516] Klemperer hätte auch auf den „Deutschen Freiheitsbund" und dessen Ziele verweisen können. Er stellte in seiner Rede eine „bedeutsame Wechselbeziehung" zwischen Widerstand und Exil fest. Ebenfalls erinnerte er daran, dass politische Emigranten die ersten waren, die gegen den Nationalsozialismus als Ideologie und als Herrschaftssystem gekämpft hatten, um im Exil ihren Kampf, einen Exilwiderstand, als „Hilfstruppen" für Widerstandsfreunde fortzusetzen.[517]

i) Hilfsaktionen für jüdische Flüchtlinge und internierte Exilfreunde

Im zehnten Jahr seines Exils musste Ernst Reuter resignierend feststellen, dass es ihm nicht möglich war, in der Türkei alliierte Unterstützung und in anderen Exilländern Gesinnungsfreunde für gemeinsame Aktionen gegen das Hitler-Regime zu gewinnen. Die Landung der alliierten Truppen in der Normandie am 6. Juni 1944 und der gescheiterte Attentatsversuch auf Hitler wenige Wochen später zeigten ihm, dass weder Aufrufe aus dem Exil noch Aktionen des Widerstands in Deutschland die Alliierten von ihrem Kriegsziel der bedingungslosen Kapitulation abbringen konnten. Noch aber hielten die NS-Machthaber den Balkan fest unter Kontrolle. Die mit NS-Deutschland verbündeten Länder und die Satellitenregierungen in Bulgarien, Griechenland, Kroatien, Rumänien und Ungarn wurden unter Druck gesetzt, sich den NS-Aktionen zur „Endlösung der Judenfrage" anzuschließen. Jüdische Hilfskomitees in Palästina unternahmen Rettungsaktionen bereits ab dem Sommer 1940 und begannen diese ab dem Jahre 1943 auch in Istanbul. Die Türkei wurde Transitland für verfolgte Juden, die aus den südosteuropäischen Staaten per Schiff oder Bahn nach Palästina flüchten wollten.[518] Als neutrales Land war die Türkei aber auch Ziel jüdischer Flüchtlinge von benachbarten Staaten, aus denen eine Welle nach Ankara und Istanbul strömte. Mit verschiedenen seiner Exilfreunde beschloss Ernst Reuter Anfang des Jahres 1944, nicht untätig bleiben zu wollen und sich an Hilfsaktionen zu beteiligen. Dem „Dritten Reich" sollte als Ersatz für politische Aktionen mit direkt praktizierter Hilfe entgegen getreten und den Opfern des Regimes aus der Opferrolle herausgeholfen werden. Die Bedingungen hierfür waren in der Türkei aber nicht einfach.

Bereits im August 1938 hatte die türkische Regierung „ausländischen Juden, die in ihren Heimatländern Restriktionen unterworfen sind", die Einreise in die Türkei untersagt.[519] Anfang 1941 lockerte sie die Bestimmungen und erlaubte Juden, meist Angehörigen in der Türkei tätiger Spezialisten, einen befristeten Aufenthalt im Land. Gleichzeitig wurden die türkischen Botschaften und Konsulate angewiesen, jüdischen Flüchtlingen Transitvisa nur dann zu erteilen, wenn die Antragsteller über Einreisevisa für Palästina und Transitvisa für die nach der Türkei zu durchfahrenden Länder verfügten und außerdem Fahrscheine bzw. genügend Geldmittel besaßen. Einen wesentlichen Engpass bei der Vergabe türkischer Transitvisa bildeten indessen die Einwanderungsvorschriften für Palästina, welche Großbritannien als Mandatsmacht festgelegt hatte. Proteste der arabischen Bevölkerung Palästinas und arabische Aufstände hatten die Engländer veranlasst, im Jahre 1939 die jüdische Einwanderung zu beschränken. Lediglich 75.000 Palästinazertifikate konnten im Zeitraum von fünf Jahren von den britischen Behörden zusammen mit der Jewish Agency for Palestine, der Vertretung der in Palästina lebenden Juden, vergeben werden. Angesichts der Fluchtwellen, die der einsetzende Holocaust ausgelöste, erwiesen sich die Quoten ab dem Jahre 1941 als völlig unzureichend. Viele Verfolgte versuchten deshalb, illegal per Schiff durch die türkischen Meerengen über die Türkei nach Palästina zu kommen. Vorwiegend um diese kümmerten sich die offiziellen und inoffiziellen Hilfsorganisationen in Ankara und Istanbul.

Für ihre Hilfsaktionen nutzten Ernst Reuter und seine Freunde die Kontakte, die sie über den „Deutschen Freiheitsbund" und die Moltkebesuche mit den amerikanischen und englischen Vertretungen in der Türkei geknüpft hatten. Die amerikanische Regierung zögerte allerdings lange Zeit mit Hilfsmaßnahmen für die verfolgten Juden Europas. Die sich häufenden Meldungen über Massenmorde und der Druck jüdischer Kreise in den USA veranlassten sie schließlich im Januar 1944, eine Flüchtlingsorganisation, den War Refugee Board (WRB), ins Leben zu rufen. Die US-Treasury unter Henry Morgenthau war für den WRB zuständig. Das State Department hielt sich reserviert, da es auf die USA eine Flut von Flüchtlingen zukommen sah. Die britische Regierung ihrerseits sah mit den Aktivitäten des WBR ihre Palästinapolitik gefährdet. Im Februar 1944 kam dann aber der amerikanische Geschäftsmann Ira Hirschmann nach Istanbul und eröffnete dort eine Zweigstelle des WRB. Seine Hauptaufgabe war es, Juden aus Bulgarien, Rumänien und Ungarn die Durchreise durch die Türkei nach Palästina zu ermöglichen. In der Türkei arbeitete er eng mit der US-Botschaft zusammen, um mit ihr auf die türkische Regierung Druck zu machen, Transitvisa großzügig zu erteilen. Kontakt hatte Hirschmann auch zum Gesandten des Vatikan in Istanbul, Angelo Roncalli, dem späteren Papst Johannes XXIII. Ihn konnte er zum Beispiel überreden, dass katholische Bischöfe in Budapest Taufscheine für ungarische Juden ausstellten. Angesichts ihrer restriktiven Visapolitik legte die türkische Regierung bei der Erteilung ihrer Transitvisa auf Taufurkunden nämlich großen Wert. Auch bemühte sich Hirschmann regelmäßig bei den Regierungsverantwortlichen in Sofia, Bukarest und Budapest, dass sie die Ausreise der bedrohten Juden genehmigten und diese nicht an die Nationalsozialisten auslieferten.

Ernst Reuter arbeitete weniger mit dem WRB als mit dem IRRC, der Hilfsorganisation des amerikanischen Gewerkschaftsdachverbandes, zusammen. Anfang des Jahres 1944 lernte er in Ankara Leon Dennen, einen New Yorker Journalisten und Literaten, kennen. Dennen war im Auftrag des IRRC in die Türkei delegiert worden, um dort die Flüchtlingshilfe aufzubauen. Er suchte Partner und fand sie in Ernst Reuter und seinen Freunden. Im April richtete Dennen zunächst in Ankara und kurz danach in Istanbul eine Zweigstelle des IRRC ein. In Istanbul gründeten die Exildeutschen im Juni ein eigenes Hilfskomitee. Die Leitung übernahm zunächst Hans Wilbrandt und nach dessen Internierung Ende August 1944 Alexander Rüstow. Dort wirkten der Architekt Paul Bonatz, der Historiker Ernst Engelberg, der Jurist Andreas Schwarz und Philipp Schwartz von der „Notgemeinschaft" mit. Nachdem mehrere befreundete Familien wenige Wochen zuvor in die anatolischen Internierungslager verbracht worden waren, gründete Ernst Reuter Anfang September 1944 auch in Ankara ein Hilfskomitee. Albert Eckstein führte mit Benno Landsberger den Vorsitz. Erna Eckstein, Georg Rohde und Alfred Marchionini gehörten ebenfalls dazu. Ernst Reuter war also Mitglied der Komitees in beiden Städten. Über seine Hilfstätigkeit schrieb er später: „Wir haben mit bescheidenen Mitteln [...] vielen Menschen, die auf merkwürdigen verschlungenen Wegen durch die Türkei kamen, geholfen, haben sie weiterleiten können, haben ihnen Pässe besorgt [...] und haben uns dafür eingesetzt, daß sie irgendwie das Land der Freiheit erreichen konnten." Unter den Menschen seien viele deutsche Juden gewesen, aber auch politische Verfolgte aus anderen Ländern, namentlich aus dem Balkan.[520]

In Istanbul konnten sich Ernst Reuter und sein Komitee auf eine große Zahl der dort seit Generationen ansässigen türkischen Juden und auf deutschsprachige Exilanten stützen. Fritz Neumark und Hans Wilbrandt brachten Ernst Reuter mit mehreren von ihnen in Verbindung. Auch Dr. Julius Stern gehörte zu ihnen. Stern war Vorsitzender eines Emigranten-Hilfsausschusses der Jüdischen Gemeinde Istanbul. In Ernst Reuters Istanbuler Skatrunde war er zudem zusammen mit Fritz Neumark ein geschätzter „Dritter Mann". Die Deutsche Schule Istanbul hatte Stern schon 1929 als Lehrer für Biologie und Chemie verpflichtet. Er galt als fähig und beliebt. 1936 erschien der „Nichtarier" Stern den Nationalsozialisten aber nicht mehr tragbar. Stern schulte um und leitete fortan das Holzexportgeschäft seiner Schwiegermutter. Dem passionierten Lehrer genügte diese wenig anspruchsvolle Tätigkeit aber nicht. Bald übernahm er am französischen Galatasaray Lisesi Chemiestunden und einen fakultativen Deutschkurs sowie an der Kunstakademie ein Lektorat für Deutsch. In seinem Hilfsausschuss sorgte Stern für gestrandete, meist illegale polnische, rumänische und ungarische Juden. Er kümmerte sich um Unterkunft, Verpflegung, Geld, Krankenversorgung und die nötigen Papiere für ihre Weiterreise nach Palästina. Der von den türkischen Behörden verlangte Taufschein war häufig ein Engpass für das Transitvisum. Bald schöpften die türkischen Behörden über die Vielzahl der Taufscheine, mit denen die Illegalen erschienen, Verdacht. Sie verlangten Bestätigungen von einer kirchlichen Einrichtung in der Türkei. Julius Stern wusste zu berichten, dass Angelo Roncalli seinen Stempel großzügig zur Verfügung stellte.[521]

Für gestrandete Juden aus den Nachbarländern setzte sich ebenfalls der „Bosporusösterreicher" Georg Mayer, Eigentümer des angesehenen Konfektionshauses „Mayer Mağazası", in Istanbul ein. Auch Mayer war verwehrt, seinen Lebensunterhalt im erlernten Beruf zu bestreiten. In Wien hatte er Psychologie studiert und mit der Promotion abgeschlossen. Der „Anschluss" Österreichs im März 1938 machte dem „Nichtarier" das Leben in Wien unmöglich und ließ ihn zur Familie nach Istanbul zurückkehren. Auf der Istiklal Caddesi, einer zentralen

Einkaufsstraße, besaß die Familie seit dem Jahre 1867 ein gut gehendes Konfektionsgeschäft. Georg Mayer übernahm das angesehene, von der Deutschen Botschaft als „Haute Couture" qualifizierte Geschäft. Schon bald nach seiner Ankunft, im Januar 1939, drohte dem jüdischen Staatenlosen die Ausweisung aus der Türkei. Durch direkte Intervention bei Staatspräsident Inönü konnte der umtriebige Mayer sie aber verhindern. Er hatte den Auftritt von Wiener Musikern in Ankara eingeleitet. Sein Hinweis, den Auftritt absagen lassen zu müssen, verfehlte die Wirkung beim Musikliebhaber Ismet Inönü nicht.[522] Ernst Reuter lernte Mayer über Hans Wilbrandt kennen. Wilbrandt, der mit Mayer eng befreundet war, hatte dessen gute Kontakte zu englischen Offiziellen in Istanbul genutzt, um Helmuth von Moltke im Juli 1943 mit englischen Gesprächspartnern zusammen zu bringen. Das Treffen erfolgte im Hinterzimmer des „Mayer Mağazası". Seine Kontakte zu den Engländern pflegte Georg Mayer besonders intensiv, um Sonderquoten und damit Transitvisa für jüdische Flüchtlinge nach Palästina ermöglichen zu können.

Die offiziellen Deutschen zeigten sich Mayer gegenüber dagegen weniger hilfsbereit. Auf der Botschaftsliste vom 25. Mai 1942, die alle Geschäfte und Restaurants in der Türkei benannte, zu denen Reichsdeutsche ab sofort keinen Zutritt mehr haben sollten, stand auch: „Mayer Istiklal.377 Konfektionshaus". Die deutsche Sprache und das einnehmende Wesen des Besitzers sowie Vielfalt und Qualität des Angebots führten das Botschafterehepaar von Papen indessen immer wieder – und auch demonstrativ – in Georg Mayers Geschäft. Mayer konnte sich dann auch an ungewöhnliche Situationen erinnern: „Es wimmelte in dieser Zeit von Agenten, Diplomaten und Journalisten aller Länder und ich entsinne mich eines Tages, an dem Franz von Papen, der deutsche Botschafter, und Winogradow, der russische Sonderbeauftragte, gleichzeitig in unserem Warenhaus ihre Einkäufe tätigten, während Ernst Reuter, der spätere Bürgermeister von Berlin, mit dem Vertreter der Jewish Agency an meinem Schreibtisch saß."[523]

Solidarisches Zusammenhalten und tätige Hilfe für die vom NS-Regime Verfolgten war für Ernst Reuter zusätzlich angesagt, als die türkische Nationalversammlung beschloss am 2. August 1944 die diplomatischen Beziehungen zum Deutschen Reich abzubrechen. Die Botschaft in Ankara reagierte sofort. Sie „schloß ihre Pforten, verbrannte ihre Akten und vernichtete die technischen Apparaturen."[524] Botschafter von Papen wurde von Berlin aufgefordert, das Land zu verlassen. In einem Salonwagen des türkischen Außenministers nahm er am 4. August nach über fünf Jahren Abschied von Ankara. Für den 26. August war ein Austausch des Personals der türkischen diplomatischen und konsularischen Vertretungen in Deutschland und im deutschen Machtbereich gegen die Bediensteten der deutschen Vertretungen in der Türkei vereinbart worden. Der Austausch verzögerte sich indessen. Eine „gesicherte Verwahrung" der reichsdeutschen Offiziellen war deshalb angezeigt. Folglich wurden die Bediensteten in Istanbul am

3. September in das Deutsche Generalkonsulat, die Sommerresidenz Tarabya, die ehemalige österreichische Botschaft in Yeniköy und in die Deutsche Schule verbracht. Die Unterkünfte waren Tag und Nacht bewacht. In Ankara konnten die Botschaftsangehörigen auf eigenem Gelände nach eigenem Bekunden ein „Lagerleben im Goldenen Käfig" führen. Dieses dauerte länger als erwartet und vorgesehen. Erst am 18. April 1945, knapp zwei Monate nachdem die Türkei dem Deutschen Reich den Krieg erklärt hatte, war endlich die „gesicherte Verwahrung" beendet und nach zweimonatiger Schiffsreise die Heimat in Sicht.

Die übrigen Inhaber deutscher Pässe wurden von den türkischen Behörden am 6. August 1944 aufgefordert, die Türkei innerhalb einer Woche zu verlassen. Bis zum 16. August reisten 672 Deutsche ab, 626 entschieden sich, nicht nach Deutschland zurückzukehren.[525] Die Schweiz nahm sich als Schutzmachtvertretung des Deutschen Reiches der Zurückgebliebenen an, die bald von der türkischen Polizei aufgefordert wurden, sich zum Zwangsaufenthalt in Anatolien zu melden. Betroffen waren auch diejenigen unter den deutschsprachigen Exilanten, die weder türkische Staatsangestellte, Universitätsprofessoren oder Ärzte waren. Da Ernst Reuter im Dienste der türkischen Regierung stand, blieb er von der Internierung verschont. Ihn traf aber empfindlich, dass die postalischen Verbindungen zu Deutschland mit Abbruch der diplomatischen Beziehungen völlig abgeschnitten waren. Damit musste er mehr als 16 Monate, bis Anfang 1946, auf den Kontakt mit seiner Familie und seinen Freunden in Deutschland verzichten.

Keine Rücksicht nahmen die türkischen Behörden auf die politische Einstellung der zur Internierung Vorgesehenen. Am 19. August 1944 reisten deshalb neben überzeugten Nationalsozialisten auch „Nichtarier", politische Emigranten und Schwestern sowie Lazaristen der österreichischen St. Georgsgemeinde in Istanbul von Ankara aus in die drei zentralanatolischen Internierungsorte Çorum, Yozgat und Kırşehir ab. Diese „3 Sommerfrischen", wie Alexander Rüstow die Orte nannte, lagen zwischen 200 bis 250 km östlich von Ankara in einer kargen, dünn besiedelten Landschaft. 465 Menschen mit deutschem Pass, 185 Männer, 230 Frauen und 50 Kinder mussten dort insgesamt 16 Monate aushalten. Finanziell unterstützt wurden sie vom Erdbebenhilfe-Fonds des Kızılay (des „Roten Halbmondes") mit einem Tagessatz, der dem für türkische Erdbebenopfer entsprach. Dieser reichte bei weitem nicht aus, um mehr als die elementarsten Bedürfnisse befriedigen zu können. Erwerbsarbeit war nicht erlaubt. Ergänzende Finanzmittel erhielten die internierten Exilanten von der „Notgemeinschaft deutscher Wissenschaftler" und aus spontanen Sammlungen nur unregelmäßig und begrenzt. Weitere Hilfsmaßnahmen galt es deshalb für die Exilanten und ihre Familien, die rund 50 Personen zählten, zu organisieren. Zusätzlich zur Flüchtlingsbetreuung nahmen die Hilfskomitees der Exilanten in Ankara und Istanbul sich nun auch der internierten Freunde an.

Die Internierten durften weder Post noch Hilfsgüter empfangen. Die Ankaraner Emigrantenärzte unternahmen deshalb Konsultationsfahrten zu den Betroffenen und überbrachten ihnen Geld, Medikamente und Lektüre. Der Grad der Bedürftigkeit sowie die politische und moralische Würdigkeit der Empfänger galten für die Hilfskomitees als Kriterium für ihre Unterstützung. Das IRRC seinerseits knüpfte seine finanzielle Hilfe daran, dass die Empfänger eindeutig ihre NS-Gegnerschaft nachweisen konnten. Bei den nicht unbedeutenden Geldern, die das IRRC bereitstellte, sahen sich die beiden Hilfskomitees vor die schwierige Aufgabe gestellt, die eindeutige Gesinnung der jeweiligen Empfänger feststellen zu müssen. Protokolle von Ausschusssitzungen und Briefwechsel zeugen davon, welche Argumente Pro und Contra ausgetauscht wurden. Vertrauensschutz war angezeigt, nachdem die Helfer sich schließlich zu einer „Liste zweifelsfreier Fälle" durchgerungen hatten. 20 Namen waren dort vermerkt mit der Ergänzung, dass Familienangehörige sowie die Schwestern und Brüder der St. Georgs-Gemeinde zusätzlich zu berücksichtigen seien. Auf der Liste fanden sich Namen von prominenten Emigranten, nicht aber der von Fritz Baade. Möglicherweise bedurfte dieser aus Sicht des Hilfskomitees angesichts seines ausgeprägten Organisationstalents in Kırşehir keiner besonderen Unterstützung. Der Halbsatz über „die uns ja bekannten Eigenschaften des großspurigen Herrn Baade" in einem Brief Rüstows an Marchionini in Zusammenhang mit Internierungsfragen nährt diese Vermutung.[526]

Die Lebensbedingungen waren in den drei Internierungsorten nicht einfach. Hilfreich erwiesen sich die Schwestern von St. Georg, dem österreichischen Lazaristenorden. Sie hatten sich nach Abbruch der diplomatischen Beziehungen zwar zur Rückkehr ins Reich entschlossen, ließen sich aber durch Bischof Angelo Roncalli umstimmen. Je zehn Schwestern verteilten sich auf Çorum, Yozgat und Kırşehir. Sie richteten Armenküchen ein, betrieben Krankenpflege, improvisierten Schulunterricht und hielten Gebetsstunden.[527] In Kırşehir, am Rande Kappadokiens, entfalteten die Internierten besondere Aktivitäten. Fritz Baade entdeckte eine warme Thermalquelle, sorgte für Anschlüsse an die Häuser und ließ diese mit Badewannen ausstatten. Der Musikpädagoge Eduard Zuckmayer bildete einen Chor und studierte mit ihm klassische Werke ein. Eine verlassene Hütte aus Lehmziegeln wurde zu einer kleinen Kapelle umgebaut. Am Ostersonntag 1945 führte er Palestrinas *Perpetuam Canoneum* auf. Auch die türkischen Nachbarn der Internierten waren dankbare Zuhörer.

Über die Einstellung der türkischen Behörden und der Bevölkerung zu den Internierten erfuhr Alexander Rüstow überwiegend Positives. Seinem Freund Hans Wilbrandt schrieb er kurz nach dessen „Übersiedelung" nach Yozgat: „Sowohl von Yozgat wie von Kırşehir wird die Liebenswürdigkeit und Hilfsbereitschaft der türkischen Behörden aufs höchste gerühmt; sie tun alles nur Erdenkliche, um den Betroffenen die Situation so sehr wie möglich zu erleichtern."[528] Erschwert wurde dagegen das Zusammenleben der internierten Exilanten mit überzeugten Nationalsozialisten und Kommunisten. Rüstow berichtete an Marchionini wenig Erfreuliches von den Nationalsozialisten in Yozgat: „Die treten groß auf, werfen mit Geld um sich, stehen in besten Beziehungen zu den Spitzen der Behörden, denunzieren Emigranten als Bolschewisten, Kommunisten und Vaterlandsverräter."[529] Rüstow wusste zu diesen Vertretern darüber hinaus zu berichten, dass der Leiter des Deutschen Krankenhauses in Istanbul, Dr. Quincke, den NS-Angehörigen auf Weisung der Reichsbehörden Krankheitsatteste ausstellen musste, damit sie, wie gewünscht, in der Türkei bleiben konnten. NS-Gauleiter Liebl aus Istanbul gehörte zu ihnen und ließ sich und seine Gefolgsleute von der NS-Volkswohlfahrt unterstützen. In Kırşehir dagegen, so Rüstow, hatte sich eine „kommunistische Gruppe aufgetan, die auf die giftigste und perfideste Weise hetzt" und deren Hetzbriefe ihm „wieder mal einen Vorgeschmack" gaben, „was uns da im künftigen Deutschland bevorsteht."[530]

Mit der Kriegserklärung der türkischen Republik an das Deutsche Reich am 23. Februar 1945 verbanden die Exilanten innerhalb und außerhalb der anatolischen Internierungsorte die Hoffnung, dass die türkische Regierung ihre Politik der undifferenzierten Zwangsverwahrung der Deutschen ändern würde. Carl Ebert unternahm es bereits am 25. Februar, an Innenminister Hilmi Uran, einen Freund seiner Theaterinszenierungen, ein Gesuch zur Erleichterung der Lebensbedingungen und zur Freilassung der Exilanten zu schreiben. Er appellierte an den „Edelmut Ew. Exzellenz und des türkischen Gesamtkabinetts" und stellte die deutschen Emigranten an die Seite der gegen Deutschland kämpfenden Soldaten.[531] Einen Tag darauf berichtete Ebert an Rüstow, dass der Innenminister ihn zu sich gebeten habe mit der Bitte, ihm eine Liste der nach seiner Meinung nach unverdächtigen Personen anzufertigen. Ebert sah das Dilemma, mit einer Namensliste möglicherweise die darauf nicht Verzeichneten zu diskriminieren. Die Mitglieder der beiden Hilfskomitees mussten sich eingehend und diskret beraten. Einen Monat später wusste Ebert an Rüstow zu berichten, dass er Innenminister Hilmi Uran die Namenslisten, mit „42 Namen, 74 Personen in den 3 Lagern umfassend", übergeben habe. Große Hoffnungen mache er sich zwar nicht, habe aber noch „zwei Seitenlinien eröffnet und will Sorge tragen, dass man an verschiedenen maßgeblichen Stellen gleichzeitig orientiert ist."[532]

Carl Ebert trog seine Skepsis nicht. Lediglich die Lebensbedingungen der Internierten verbesserten sich. Auf ihre Freilassungen mussten die Exilanten indessen weiter warten. Dies galt auch für den „Mischling" Eduard Zuckmayer, den Musikpädagogen, Chorleiter der Schauspiel- und Opernabteilung und Pianisten für das Sinfonieorchester in Ankara. Paul Hindemith, der Zuckmayer nach Ankara vermittelt hatte und mit dem dieser seit Beginn seines türkischen Exils im April 1936 in ständigem Briefkontakt stand, setzte sich beim Staatspräsidenten İnönü vergeblich für Zuckmayers Freilassung ein. Auch Versuche des Schriftstellers Carl Zuckmayer, über Freunde in Washington seinen Bruder schon im Herbst 1944 aus Kırşehir frei zu bekommen, waren erfolglos. Die türkische Regierung war nach der Kriegserklärung an das Deutsche Reich offensichtlich noch weniger in der Lage, Fragen deutscher Staatsangehöriger eigenständig zu entscheiden. Die amerikanischen „Schwarzen Listen" engten ihren Handlungsspielraum zunehmend ein. Hans Wilbrandt befand sich auf einer solchen. Nach Kündigung seines Beratervertrags mit der türkischen Regierung im Mai 1940 hatte sein Import-Export-Handel in Istanbul auch mit Firmen im Deutschen Reich Geschäfte gemacht. Rüstow zeigte sich noch im November 1945 – Wilbrandt wurde noch immer in Yozgat festgehalten – darüber erbost, dass vom Handel mit den Alliierten nicht nur türkische Firmen mit Kontakt zum Deutschen Reich ausgeschlossen wurden, sondern darüber hinaus „die Inhaber solcher Firmen mit Freiheitsstrafe belegt werden" sollten.[533]

Die beiden Hilfskomitees in Ankara und Istanbul unternahmen über mehr als ein Jahr alles ihnen Mögliche, um ihre internierten Exilfreunde frei zu bekommen. Besonders Albert Eckstein, Carl Ebert und Alfred Marchionini nutzten ihre Kontakte zu türkischen Regierungsstellen, Ernst Reuter seine zur US-Botschaft in Ankara. Dennoch zeigte sich bis Anfang Dezember 1945 keinerlei Bewegung. Am 1. Dezember sah Rüstow Hoffnungen, als er aus verschiedenen Quellen im Außen- und Innenministerium erfuhr, dass Altdeportierte in Kürze entlassen werden sollten „mit Ausnahme derjenigen, gegen die etwas vorläge".[377] Er machte sich große Sorgen, dass Wilbrandt zu den Ausnahmen zählen könnte. Eine Woche später konnte er Marchionini berichten, dass beschlossen sei, alle Internierten freizulassen, die nicht auf einer von den Amerikanern eingereichten Liste stünden. Ihm, Rüstow, habe die Liste mit den Namen der Unerwünschten vorgelegen, auf der Wilbrandt glücklicherweise nicht vermerkt war. Rüstow erwähnte aber auch, dass sich in Ankara lange Zeit ein amerikanischer Botschaftsrat gegen Wilbrandts Freilassung ausgesprochen habe. Hierfür sei die unwahre Aussage des Gründers der „Notgemeinschaft" verantwortlich zu machen, wonach Wilbrandts Handelsfirma nicht nur Fisch, sondern auch Chrom für die NS-Rüstungsindustrie ins Deutsche Reich geliefert habe.[535] Schließlich kam Hans Wilbrandt mit den anderen Internierten am 22. Dezember 1945, also nach 16 Monaten, frei.

Die Hintergründe dafür, dass ein überzeugter und mit dem deutschen Widerstand eng verbundener NS-Gegner wie Hans Wilbrandt sowie ein rassisch verfolgter Deutscher wie Eduard Zuckmayer so lange festgehalten wurden, lohnen nachverfolgt zu werden. Immerhin hatten sich die Hilfskomitees der Exilanten bei hohen türkischen Regierungsstellen für beide besonders intensiv eingesetzt. Die Lebensplanung beider nach ihrem Zwangsaufenthalt in Yozgat und Kırşehir weist in eine bestimmte Richtung: Hans Wilbrandt blieb bis ins Jahr 1952 in der Türkei und sah sich danach als Initiator einer agrarwissenschaftlichen Partnerschaft zwischen den Universitäten Göttingen und Ankara sowie als langjähriger Geschäftsführer der Deutsch-Türkischen Gesellschaft in Bonn mit der Türkei weiterhin eng verbunden. Eduard Zuckmayer blieb sogar lebenslang in der Türkei. Er lehrte und musizierte bis zu seinem Lebensende 1972 in Ankara und wird dort noch heute als „türkischer" Musikpädagoge verehrt.

Alliierte Organe in der Türkei, besonders amerikanische, dürften für den hinhaltenden Widerstand, den sie türkischen Bemühungen zugunsten der Exilanten entgegen setzten, verantwortlich zu machen sein. Die vergeblichen Versuche der Engländer und Amerikaner, seit September 1939 und bis zum Sommer 1944 die Türkei zur Aufgabe ihrer „aktiven" das heißt eher NS-freundlichen Neutralität zugunsten einer Parteinahme für die Alliierten zu bewegen, mag deren Haltung erklären. Der Verdacht fortbestehender Deutschfreundlichkeit wird die Alliierten veranlasst haben, türkischen Behörden die Mitsprache bei Fragen der Behandlung von Deutschen zu verweigern. Dass Nationalsozialisten wie Exilanten gleich gut oder schlecht behandelt wurden, war im Sinne der seinerzeit vorherrschenden Kollektivschuldthese dann nur konsequent.

Unabhängig von offiziellen amerikanischen Überlegungen und Handlungen zeigte sich der amerikanische Vertreter des IRRC in der Türkei, Leon Dennen. So sondierte und intervenierte er für die Komitees der Exilanten bei amerikanischen und türkischen Stellen, um die laufende Versorgung der internierten Freunde sicher zu stellen. Mitte 1944 setzte er sich darüber hinaus in einem dramatischen Fall für Ernst Reuter ein: Die in Istanbul nach wie vor aktive Gestapo hatte zusammen mit der türkischen Geheimpolizei einen Plan geschmiedet, der vorsah, eine Anzahl Deutscher über die bulgarische Grenze, also in den deutschen Machtbereich, abzuschieben. Eine Liste kursierte, auf der auch Ernst Reuters Name vermerkt war. Reuter sah nicht nur sich, sondern auch andere Exilanten bedroht und wandte sich an Leon Dennen. Dieser fand bei den alliierten Stellen wenig Verständnis, beim türkischen Staatspräsidenten Inönü dagegen Gehör. Zwei Tage nach seiner Intervention konnte er dem erleichterten Ernst Reuter mitteilen, dass seine Auslieferung an die Gestapo verhindert worden sei.[536] Bis zu seiner Rückkehr in die USA Ende 1945 half Dennen Reuter auch maßgeblich dabei, über seinen Fernschreibzugang und den US-Kurier die lang unterbrochenen Kontakte zu den Freunden in New York aufzunehmen und aufrecht zu erhalten. Leon Dennens Einsatz für Ernst Reuter und die deutschen Emigranten in der Türkei würdigte die Bundesrepublik Deutschland einige Jahre später. Georg Pfleiderer, deutscher Botschafter in Washington, verlieh Leon Dennen im Dezember 1962 das Bundesverdienstkreuz.

Mit Ende des Krieges eröffneten sich für die Aktiven der Hilfskomitees neue Perspektiven. Bereits Anfang Mai 1945 überlegten sie, welche Hilfsmaßnahmen für die nach Deutschland zurückgekehrten Freunde und über wen diese gestartet werden könnten. Alexander Rüstow zog das Rote Kreuz, die

Quäker und einen Londoner Hilfsausschuss in Erwägung. Der IRRC verlagerte mittlerweile seinen Arbeitsschwerpunkt von der Türkei auf die Hilfe zugunsten von „displaced persons" in Mitteleuropa. Zu diesen zählten Zwangsarbeiter, die während des Krieges zur Arbeit in deutschen Betrieben verpflichtet worden waren, ferner Kriegsgefangene, ehemalige Konzentrationslagerhäftlinge und Osteuropäer, die nach Kriegsbeginn entweder freiwillig in Deutschland eine Arbeit aufgenommen hatten oder im Jahre 1944 vor der sowjetischen Armee geflüchtet waren. In Istanbul bestand das IRRC trotz seiner Neuausrichtung auch weiterhin fort. Noch mehrere Jahre nach Ernst Reuters Abreise aus der Türkei erinnerte man sich dort an seine Arbeit im IRRC. Reuters früherer Mitstreiter, der Rechtswissenschaftler Andreas Schwarz, teilte ihm im Frühjahr 1953 aus Istanbul mit: „Auch unser IRRC-Komitee existiert noch unter dem Präsidium von Dr. Black, der dieser Tage aus den USA zurückgekehrt ist. Der Weggang von Dr. Wilbrandt war natürlich ein großer Verlust. Dr. Black und die übrigen Amerikaner lieben es mit Stolz zu erzählen, dass Sie dem Komitee angehört haben."[537]

j) Rückkehrbemühungen nach Deutschland

Ernst Reuters unermüdlicher Einsatz für Flüchtlinge und Internierte ließ sich neben seinen dienstlichen Verpflichtungen verständlicherweise nur bei guter Gesundheit durchhalten. Umso härter traf es ihn, als er im November 1944 selbst hilfsbedürftig wurde. Eine Infektion, die er sich durch eine Rasierwunde bei einer Dienstreise im Westen der Türkei zugezogen hatte, griff auf sein rechtes Bein über. Die Infektion führte zu einer Kniegelenkvereiterung und zu einem 40-tägigen Krankenhausaufenthalt. Das Istanbuler Hilfskomitee unterstützte ihn auf Anregung seines Freundes Benno Landsberger mit der teilweisen Übernahme der hohen Behandlungskosten. Ernst Reuters Bein war lange Zeit im Gips, und nur mit Mühe konnte er das Knie bewegen und einigermaßen normal gehen. Sein linkes Bein war bereits durch Verletzungen aus dem Ersten Weltkrieg dauerhaft beeinträchtigt. Bald ein halbes Jahr musste Reuter unter der Verletzung leiden, deren lebensgefährdende Entwicklung nur dank der Behandlung mit Penicillin unter Kontrolle gebracht werden konnte. Richard Gnade, ein OSS-Mitarbeiter an der amerikanischen Botschaft, besorgte das seinerzeit in der Türkei kaum verfügbare Antibiotikum. Mit Gnade stand Ernst Reuter seit den Anfängen des „Deutschen Freiheitsbundes" in beinahe freundschaftlichem Kontakt. Richard Gnade unterstützte Reuter dann auch bei seinen hartnäckigen Bemühungen, nach dem Fall des NS-Regimes so schnell wie möglich nach Deutschland zurückkehren zu können.

Bereits am 20. Juli 1944, bezeichnenderweise am Tag des gescheiterten Putsches gegen Hitler, trafen sich Ernst Reuter und Richard Gnade in Ankara zu einem langen Gespräch. Gnade berichtete hierüber ausführlich nach Washington. Er beschrieb Reuter als „entschiedene[n] und intelligente[n] Gegner des nationalsozialistischen Systems und all seiner Erscheinungsformen"; ferner seine Aktivitäten im „Deutschen Freiheitsbund" und die Beschränkungen, denen oppositionelle Deutsche im Dienste der türkischen Regierung ausgesetzt seien. Zu Reuters politischen Ansichten führte Gnade aus: „Professor Reuter ist fest davon überzeugt, daß jetzt Vorbereitungen auf die Friedenszeit nach dem Krieg zu treffen sind. Er vertritt die Auffassung, daß nur durch einen aktiven Austausch zwischen den Alliierten und erfahrenen deutschen Politikern, deren antifaschistische Gesinnung bekannt ist, die Grundlagen für eine dauerhafte Friedensregelung in Mitteleuropa geschaffen werden können. [...] Daß Deutschland noch jahrelang von den Alliierten besetzt sein wird, wird von Professor Reuter nicht in Frage gestellt. Aber er meint, die lokale Verwaltung sollte von Deutschen wie ihm in die Hand genommen werden, deren politische Sympathien bekannt und die durch ihre früheren Erfahrungen für diese Aufgabe qualifiziert sind. Er ist sich sicher, daß deutsche Verwaltungsexperten, die mit Vertretern der Alliierten zusammenarbeiten, dem deutschen Volk die Situation, die Erfordernisse der Zeit und die langfristigen politischen Ziele am besten erklären können."[538]

In seinem Bericht nach Washington wies Richard Gnade ausdrücklich auf Ernst Reuters Wunsch hin, seine Ausbildung, Erfahrung und politische Haltung als deutscher Patriot den Alliierten zur Verfügung stellen zu können. Abschließend bemerkte er, dass Reuter „so bald wie möglich" entweder in die britische oder amerikanische Besatzungszone, „aber nicht in das russisch besetzte Deutschland" zurückkehren wolle.[539] Bereits neun Monate vor Kriegsende zeigte sich also Ernst Reuters dringlicher Wunsch, schnellstmöglich wieder nach Deutschland zurück zu kommen. Bei seinem Gespräch mit Gnade konnte er noch keine Kenntnis von dem gescheiterten Putsch gegen Hitler haben, welcher nicht dazu beitragen sollte, den Krieg zu verkürzen. Reuters Hoffnungen beruhten offensichtlich auf der Landung der Westalliierten in der Normandie am 6. Juni 1944. Allerdings konnten die Alliierten die deutsche Front bei Avranches ins französische Hinterland erst Ende Juli durchbrechen und damit die Befreiung Frankreichs ermöglichen. Die Sommeroffensive der Roten Armee, die Anfang Juli zur Befreiung von Minsk und wenig später von Wilna führte, war Reuter zweifellos ebenfalls bekannt. Warschau konnte von den Sowjets allerdings noch nicht befreit werden. Die sowjetische Herbstoffensive brachte dann erst den eigentlichen Durchbruch.

Auch im zweiten Halbjahr 1944 war Ernst Reuters Korrespondenz mit seinen Parteifreunden in England und den USA noch ganz von seinen Bemühungen um gemeinsame Aktionen zum Sturz des Hitler-Regimes und von Plänen für das zukünftige Deutschland geprägt. Wenige Tage aber bevor die Türkei am 23. Februar 1945 Deutschland in letzter Minute den Krieg erklärte, äußerte er sich bereits gegenüber seinem früheren *Vorwärts*-Kollegen Victor Schiff konkret zu seinen Rückkehrplänen. Reuter bat Schiff, ihm in London behilflich zu sein, die notwendigen Genehmigungen für seine Rückkehr zu besorgen. Seine Zukunft sah er erneut in Magdeburg, das er mehr als zehn Jahre zuvor hatte verlassen müssen und das er im Nachkriegsdeutschland unter britischer Besatzung vermutete.[540] Reuter musste ein halbes Jahr warten, bevor Schiff ihm Mitte August 1945 mitteilen konnte, dass er vom britischen Staatssekretär im Foreign Office, dem Laborpolitiker und späteren Friedensnobelpreisträger Philip Noel-Baker, ein positives Zeichen zu seiner Rückkehrbewilligung erhalten habe. Magdeburg sei aber mittlerweile unter sowjetischer Besatzung. Von anderen rückkehrwilligen Freunden wisse er, dass diese ausschließlich in die amerikanische oder britische Zone wollten. Berlin sei wegen der gemeinsamen Besatzung sicher ein anderer Fall.[541] Reuter antwortete Schiff daraufhin, dass er natürlich gern nach Magdeburg zurück wolle. Die russische Besatzung würde seine Arbeit dort indessen – zumindest für einige Zeit – nicht leicht machen. Deshalb sei er bereit, auch an jedem anderen Ort tätig zu werden.[542]

Ein Verbleiben in der Türkei fasste Ernst Reuter nie ernsthaft ins Auge. Im Verlaufe der bald zwölf Jahre seines Exils erweckte das Land zweifellos eine starke Zuneigung in ihm. Seine berufliche Tätigkeit, verbunden mit vielen Reisen, hatte ihm zu einem intimen Verständnis von Land und Leuten sowie der türkischen Sprache verholfen. In seinen Schriften sprach Reuter häufig von „meinem Land" oder von „unserem Land". Er lernte die Türkei als eine „zweite Heimat" schätzen und lieben. Er rühmte die Begabung der Türken, ihre Gastlichkeit, ihren Gerechtigkeitssinn und ihre natürliche Vornehmheit. In seiner „zweiten Heimat" aber lebte der Vollblutpolitiker Reuter mit Hoffen und Bangen sowie in Gedanken, Gesprächen und schriftlichen Mitteilungen stets in Deutschland. Er unterhielt enge und vertrauensvolle Beziehungen zu türkischen Kollegen und Mitarbeitern. Freundschaften wie mit den Exilkollegen waren indessen die Ausnahme. Die ihm angebotene Staatsangehörigkeit seines Gastlandes lehnte er ab. Er verhielt sich nicht anders als die meisten seiner Parteikollegen in ihren westlichen Gastländern, wenn sie in der Vorhitlerzeit politische Ämter bekleidet hatten. Eine Alternative zur Rückkehr in das Nachkriegsdeutschland gab es für alle nicht. Sehnsucht nach der zweiten Heimat und eine Wiederkehr in die Türkei unter anderem Vorzeichen schloss Ernst Reuter dagegen nicht aus: „Sicher werde ich nach diesem Lande und vor allem nach Istanbul mich immer sehnen, und wenn jemals unsere Verhältnisse so etwas wieder ermöglichen sollten, dann werde ich bestimmt hierher noch einmal zurückkommen in der Hoffnung, einmal ohne Arbeit, nur genießend, hier ein paar Wochen zu verbringen, gestützt auf die Erfahrung, die man im Lande hier gewonnen [hat]," bekundete er seinem Freund Victor Schiff zwei Monate vor der Abreise aus Ankara.[543]

Trotz seiner gesundheitlichen Probleme betrieb Ernst Reuter nach Kriegsende seine Rückkehr nach Deutschland mit aller Macht. Er schrieb beharrlich und unbeirrt von Einwänden Briefe in alle Welt. In London setzte sich Victor Schiff weiterhin für Reuters Rückkehrbewilligung ein. Schiff selbst zeigte indessen nur ein begrenztes Verständnis für Reuters Beharrlichkeit und sein „brennendes Verlangen, bald nach Deutschland zurückzukehren", wie er in seiner Intervention zugunsten Reuters an den britischen Staatssekretär Noel-Baker geschrieben hatte.[544] Reuter berichtete seinem früheren Reichstagskollegen Gerhart Seger nach New York, Schiff habe es kategorisch abgelehnt, wieder nach Deutschland zurückzukehren. Seine Entscheidung habe er damit begründet, dass die politische und wirtschaftliche Lage in Deutschland den Emigranten es nicht erlauben würde, einer ergiebigen Tätigkeit nachzugehen. Von ihm, Seger, habe er ebenfalls erfahren, dass er nicht mehr nach Deutschland zurückkehren werde. Diese Einstellung sei offensichtlich verbreitet. Ähnliche Argumente habe er, Reuter, auch von anderen Freunden aus den USA erfahren. Er selbst sehe sich aber in der Pflicht zurückzukehren: „Ich habe unter den Deutschen in besseren Zeiten gelebt und muss auch in schlechteren Tagen zusammen mit ihnen leben."[545]

Victor Schiff und Gerhart Seger waren aktive Parteimitglieder, nie aber in verantwortungsvoller politischer Funktion wie Ernst Reuter. Ihrem Beruf konnten sie auch außerhalb Deutschlands nachgehen. Schiff nahm im Herbst 1946 die britische Staatsangehörigkeit an. Von London ging er nach Rom und schrieb dort bis zu seinem Tod im Jahre 1953 als Korrespondent für den britischen *Daily Herald*. Auch in Rom hielt er weiterhin enge Verbindungen zur SPD. Gerhart Seger wiederum teilte Ernst Reuter bereits im September 1944 mit, dass er unter keinen Umständen nach Deutschland zurückkehren wolle. Er werde die amerikanische Staatsbürgerschaft beantragen und nur als US-Bürger in offizieller Mission nach Deutschland kommen. Nach den Erfahrungen Segers zu Beginn der NS-Zeit in Deutschland wird Reuter Verständnis für dessen Entschluss aufgebracht haben.

Gerhart Seger gehörte nach der Machtübernahme im März 1933 zu den ersten Reichstagsabgeordneten, die von den Nationalsozialisten in „Schutzhaft" genommen wurden. Anfangs befand er sich im Gerichtsgefängnis in Dessau, ehe er im Juni 1933 mit anderen politischen Gefangenen in das KZ Oranienburg überführt wurde. Als einem von Wenigen gelang ihm im Dezember 1933 die Flucht. Im Prager Exil schrieb er seinen Erlebnisbericht *Oranienburg* nieder. Mit einem Geleitwort von Heinrich Mann versehen, erregte dieser aufrüttelnde Bericht über die Zustände in einem KZ zu Beginn der Zeit des Nationalsozialismus internationale Aufmerksamkeit. Als Vergeltung für den KZ-Bericht nahm die Gestapo Anfang des Jahres 1934 Segers Ehefrau und seine kleine Tochter in Deutschland in Geiselhaft. Erst Proteste aus dem Ausland führten zur Haftentlassung der Familie und ermöglichten ihr die gemeinsame Ausreise in die USA. Der US-Bürger Seger betätigte sich nach dem Krieg als freier Journalist und wurde vor allem durch seine Vortragstätigkeit bekannt. Allein in den USA hielt er mehr als 11.000 Vorträge über zeithistorische Themen.

Die unerwarteten Nachrichten der Parteifreunde über ihre Zukunftspläne beschäftigten Ernst Reuter. In Beantwortung des Schreibens vom März 1945 des Parteivorsitzenden der Exil-SPD in London, Hans Vogel, kommentierte er die Hinweise einzelner Parteigenossen. Weniger beunruhigt habe ihn, dass Victor Schiff seinen, Reuters, Rückkehrwunsch als eine „donquichottische Idee" bezeichnet habe. Gravierender seien Andeutungen in Briefen englischer Freunde, „wonach die deutschen Emigranten, besorgt wegen der Zukunft, wenig Neigung zeigten, sich als deutsche Quislinge für die Alliierten zu betätigen." Er gäbe sich keinem falschen Optimismus über die Schwierigkeiten hin, die ihn in Deutschland erwarteten, aber „eine vorzeitige innere Kapitulation vor neuen chauvinistischen Revanche-Tendenzen ist meines Erachtens das Gegenteil von dem, was Not tut." Und Reuter fuhr fort: „Der Bedarf an Menschen, denen man vertrauen kann, die sich nicht mit den Nazis eingelassen haben und die bewährt sind, wird riesengroß sein, und wenn wir nicht zu dieser Arbeit bereit sein wollen, wer soll denn dazu bereit sein?"[546]

In seinem Antwortschreiben an Ernst Reuter erklärte Hans Vogel, dass die endgültige Entscheidung zwar bei dem Einzelnen selbst liegen müsse: „Für die politische Emigration als Ganzes aber kann es gar keine andere Möglichkeit geben, als zurückzukehren. Für sie ist es eine selbstverständliche Verpflichtung. Wir selbst wünschen so rasch wie nur möglich zurückkehren zu können. Selbst dann und dann erst recht, wenn die Lebensmöglichkeiten für das deutsche Volk auch noch so denkbar ungünstig sein sollten. Wir müssen zurück, weil wir überzeugt sind, daß man uns zuhause sehr notwendig gebrauchen wird." Es sei Aufgabe gerade der Remigranten, dem deutschen Volk zu vermitteln, dass „es einer tiefen sittlichen Erneuerung bedarf, wenn Deutschland wieder einen ehrenhaften Platz in der Gemeinschaft freier Nationen finden soll. […] Früher oder später werden die Alliierten einsehen, daß uns eine besondere Aufgabe gestellt ist und daß auch sie uns und alle Deutschen, die guten Willens sind, zum Wiederaufbau eines friedlichen und demokratischen Deutschlands gebrauchen können. Es ist nicht leicht, bis dahin sich zu vertrösten, aber das Bewußtsein seines inneren Wertes hilft auch darüber hinweg."[547]

Ernst Reuter schrieb Hans Vogel Ende September 1945 einen weiteren Brief, mit dem er ihn bat, seine Rückkehr zu unterstützen.[548] Hans Vogel erhielt wohl den Brief, konnte aber nicht mehr viel unternehmen und auch die eigene Rückkehr nach Deutschland nicht mehr erleben. Den *SM* musste Ernst Reuter Ende des Jahres 1945 nämlich entnehmen, dass der Parteivorsitzende der Exil-SPD am 6. Oktober in London verstorben war.[549] Die *SM* druckten zum Tod des geschätzten Parteiführers eine große Zahl an Kondolenzschreiben aus aller Welt ab. Berichte über die erste sozialdemokratische Konferenz in Hannover vom 5. bis 7. Oktober 1945 ergänzten diese *SM*-Ausgabe. Ernst Reuter erfuhr, dass Kurt Schumacher an der Spitze der SPD im Westen stehe und das volle Vertrauen der Sozialisten im Osten genieße. Völlige Einigkeit habe auch in den Ansichten über die zukünftige Politik und Organisationstätigkeit der Partei bestanden. Auch habe der Delegierte Erwin Schoettle in einem Bericht über die Konferenz in einer BBC-Sendung festgestellt, dass „mehr als d[er] Hälfte der Delegierten [...] die Spuren der KZ-Jahre im Gesicht und am Körper" standen.[550]

Abgesehen von der Todesnachricht über Hans Vogel mussten Ernst Reuter weitere Personalien, die er den beiden *SM* vom Oktober-November und Dezember 1945 entnahm, intensiver beschäftigen. Er hatte bereits verschiedene Anstrengungen zur Rückkehr unternommen und erfuhr nun, dass der Parteifreund Wilhelm Hoegner bereits im Juli 1945 aus dem Exil zurückgekehrt und in der amerikanischen Besatzungszone in Bayern als Ministerpräsident eingesetzt worden war. Er konnte von Dutzenden von Parteifreunden lesen, die in Verwaltungs- und Parteiämter eingesetzt waren, darunter auch den Namen von Otto Baer. Am 19. April 1945 war er vom Kommandanten der US-Armee zum Oberbürgermeister „seiner" Stadt Magdeburg ernannt worden. Otto Baer war ihm bestens bekannt. Reuter hatte mit dem Parteifreund in Magdeburg bis zu seiner Entlassung als Oberbürgermeister eng zusammen gearbeitet. Baer bekleidete im Stadtrat das Amt des Stadtverordnetenvorstehers. Bald nach dieser Nachricht erfuhr Ernst Reuter aber auch, dass die Briten, die neue Besatzungsmacht in Magdeburg, Baer wieder abgesetzt hatten. Die dann dauerhaft folgende sowjetische Besatzungsmacht setzte ihn zwar wieder in das Amt ein. Zusätzlich wurde er auch zum Bezirkspräsident des Bezirks Magdeburg ernannt. Seine Funktionen hatte Baer jedoch nur etwa zehn Monate inne, denn bald geriet er in die Fänge des NKWD. Er sei „wegen Korruption verhaftet worden" schrieb Reuter im März 1946 einem gemeinsamen Bekannten aus Magdeburger Zeiten und ergänzte: „So macht man das dann!"[551] Später reichte es für Baer nur noch zur Leitung einer Abteilung im Finanzministerium in Halle.

Die Kapitulation des NS-Regimes und die endgültige Befreiung Deutschlands standen noch bevor, als Ernst Reuter sich am 14. April 1945 mit einem Schreiben an die amerikanische Botschaft in Ankara wegen seiner Rückkehr nach Deutschland wendete. Ohne Umschweife bat er Botschafter Edwin C. Wilson, ihm „durch Empfehlung bei den zuständigen Behörden, so bald wie möglich" seine Rückkehr und die Mitarbeit am Wiederaufbau Deutschlands zu ermöglichen. Er nannte dem Botschafter seine früheren Tätigkeiten in Berlin, Magdeburg und als Abgeordneter des Reichstags, ebenso seinen zweimaligen KZ-Aufenthalt. Auch verwies er auf seine finanziell gesicherte und ungekündigte Stellung in Ankara und Istanbul. Dennoch sei er „tief davon durchdrungen, daß es die Pflicht aller demokratisch und freiheitlich denkenden Deutschen ist, nach Deutschland zurückzukehren und an der Aufgabe, unser Land nicht nur äußerlich wiederaufzubauen, sondern auch innerlich zu gesunden, mitzuarbeiten." Reuter erklärte, dass er zu einer loyalen und aufrichtigen Zusammenarbeit mit den westlichen Demokratien und für eine Übergangszeit auch bereit sei, sich von seiner Familie zu trennen. Sein Schreiben schloss er mit dem Hinweis, dass es in Washington ein leichtes sei, über seine Person weitere Auskünfte zu erhalten.[552] In der Tat lag dort eine OSS-Beurteilung Reuters und seines „Deutschen Freiheitsbundes" vom September 1943 ebenso wie der Bericht von Richard Gnade vom Juli 1944 vor.

Als Ernst Reuter bis Anfang Dezember 1945 von der US-Botschaft keine Nachricht erhielt, schrieb er erneut. Zwar habe er keine offizielle Antwort auf sein Aprilschreiben erhalten, wisse aber sehr wohl, dass es an das State Department gegangen sei. Von dort habe er erfahren müssen, dass es die offizielle Politik der USA sei, „keinem deutschen Emigranten die Rückkehr nach Deutschland zu erlauben". Diese Haltung sei für ihn unverständlich, weshalb er seine Bitte, ergänzt um weitere Argumente, erneuern wolle: Die Aufgabe in Deutschland bestünde nicht nur im wirtschaftlichen und technischen Wiederaufbau, sondern mehr noch im politischen und intellektuellen. Letztlich könne diese Aufgabe nur von den Deutschen selbst bewältigt werden, auch um den Nachbarn in Europa Sicherheit zu garantieren. Unmöglich sei es aber, *die* Deutschen nicht daran mitwirken zu lassen, die unter dem Druck des NS-Regimes ihr Land verlassen mussten. Die ihm übermittelte Sorge, dass die Emigranten in Deutschland nicht erwünscht seien, halte er für ungerechtfertigt. Ihre Kenntnisse und Erfahrungen seien für den Aufbau eines demokratischen Deutschland unerlässlich. Er selbst habe in seiner Türkeizeit niemals den Kontakt zu seiner früheren Arbeit verloren, zumal er zehn Jahre Verwaltungsaufgaben wahrgenommen habe. Auch betrachte er Argumente als „lächerlich", wonach die Emigranten wegen Transport- und Wohnungsengpässen nicht zurückkehren könnten. Er beantrage seine Rückkehr ohne Hoffnung auf persönliche Vorteile und bitte, die ablehnende Entscheidung zu überprüfen und ihm bald die Rückkehrerlaubnis zu erteilen.[553]

Auch Reuters Schreiben vom Dezember 1945 ließ die amerikanische Botschaft in Ankara unbeantwortet. Dies war möglicherweise dem Personalwechsel in der Botschaftsleitung zuzuschreiben. US-Botschafter Laurence A. Steinhardt hatte Anfang April seinen Posten in Ankara mit dem an der wieder eröffneten Botschaft in Prag getauscht. Den Anliegen der deutschen Exilanten gegenüber zeigte er sich seit seinem Dienstantritt in Ankara im März 1942 stets aufgeschlossen. So bat er im Dezember 1944 Albert Eckstein, der die Familie Steinhardt medizinisch betreute, um ein Memorandum. Er möge der Frage nachgehen, ob die alliierten Regierungen die Rückkehr der Exilanten nach Deutschland ermutigen sollten. Ausführlich erörterte Eckstein, inwieweit eine Rückkehr nutzbringend für das zukünftige Deutschland, für eine Befriedigung Europas sowie für die Remigranten selbst sein könnte.[554] Auf Steinhardts Einfluss war es auch zurückzuführen, dass Eckstein nach Deutschland zurückkehrte. Steinhardt ermunterte ihn mit den Worten: „Menschen wie Sie müssen zurückkehren, um die Jugend Deutschlands umzuerziehen."[555]

Die von Reuter als „lächerlich" bezeichneten Argumente der US-Behörden gegen eine baldige Rückkehr der Emigranten finden sich tatsächlich in Aussagen wieder, die Willy Brandt im Jahre 1954 beim Verfassen seiner Ernst-Reuter-Biografie von Mitarbeitern des State Department erhielt. Der von Brandt zu Ernst Reuters Exilleben angeschriebene Mitarbeiter des State Department, Louis A. Wiesner, hatte von Reuter erstmals im Jahre 1943 in Verbindung mit dem „Deutschen Freiheitsbund" gehört. Nach Kriegsende erfuhr er als Mitarbeiter von Robert D. Murphy, dem außenpolitischen Berater der US-Militärregierung in Deutschland, dass Ernst Reuter auf seine schnelle Rückkehr nach Deutschland drängte. Er selbst habe sich dafür ausgesprochen, doch stand diese Haltung in Konflikt mit der generellen Politik der Alliierten. Unter dem Eindruck des extremen Wohnungsdefizits und des gewaltigen Flüchtlingsstroms aus dem Osten hätten die Alliierten die Rückkehr der deutschen Exilanten verboten. Auch hätten Transportengpässe eine frühe Rückkehr nicht ermöglicht.[556] Die ebenfalls von Willy Brandt angeschriebene US-Kollegin Rebecca Wellington gab zu Protokoll, dass sie sich im State Department ab 1943 mit den verschiedenen „Freies Deutschland"-Gruppen beschäftigt und deshalb auch von Ernst Reuter gehört hatte. Sie habe ihn an die Spitze der Rückkehrerliste des State Departments gesetzt. Bei einem Treffen im Jahre 1947 in Berlin habe Reuter ihre Mitteilung hierüber nur bissig kommentiert.[557]

Ernst Reuter ließ nichts unversucht, seine Rückkehr weiterhin über die amerikanische Schiene zu betreiben. Er setzte auch auf Oscar Weigert, der an der American University in Washington Professor für vergleichende Sozialgesetzgebung und Referent im Arbeitsministerium der Vereinigten Staaten war. Bevor Weigert im Jahre 1938 von Ankara in die USA emigrierte, gehörte er für drei Jahre zu Reuters Freunden. Reuter nutzte Weigerts Kontakte ins State Department. Befragt zu seinen eigenen Plänen, antwortete Weigert Anfang Februar 1946 nach Ankara: „Ich habe eine sehr bestimmte Meinung über die Frage, ob Personen jüdischer Herkunft nach Deutschland zurückkehren sollten. Ich denke, es ist ein verzweifelter Schritt und nur gerechtfertigt, wenn sie überhaupt keine Perspektiven haben. Ich bin selber froh, dass ich einen solchen Schritt nicht in Betracht zu ziehen habe."[558] Ernst Reuter versuchte aber auch Robert A. McClure, den US-Chef der Abteilung für psychologische Kriegsführung in der amerikanischen Militärregierung, für sein Anliegen zu gewinnen. Auf Anraten seiner englischen Vertrauten Elizabeth Howard und mit Empfehlung ihres Cousins, des Laborpolitikers Richard Crossman, schrieb er Mitte Juli 1945 an ihn. Er erläuterte

McClure seinen persönlichen und beruflichen Hintergrund und schilderte ihm eindringlich, dass er gerade in der schwierigen Zeit des Wiederaufbaus sein baldiges Wirken in Deutschland für erforderlich sehe. Selbst ohne Familie würde er zurückkehren, wenn er nur bald dazu in die Lage versetzt würde.[559] Eine Resonanz auf das Schreiben blieb aus.

Nicht Unterstützung, wohl aber Verständnis für seinen Rückkehrwunsch erwartete Ernst Reuter, als er sich im Juni 1945 an Thomas Mann im kalifornischen Pacific Palisades und im Januar 1946 an den Harvard-Architekten Martin Wagner, seinen früheren Weggefährten in Berlin und Ankara, wandte. Beide hatten für sich die Rückkehr nach Deutschland ausgeschlossen und bereits die amerikanische Staatsbürgerschaft erworben. Ernst Reuter schilderte Thomas Mann seine bisherigen vergeblichen Bemühungen bei den Amerikanern und bekannte: „Für mich würde das Leben keinen Sinn haben und die Nöte der vergangenen Jahre würden fast vergeblich gewesen sein, wenn ich nicht da, wo ich in guten Tagen habe schaffen können, nun auch in schlechten Tagen wieder neu würde arbeiten können."[560] Thomas Mann antwortete ihm und hoffte, „daß auch Ihr so ehrenhafter, so menschlich schöner Wunsch nach Heimkehr seiner Erfüllung wenigstens näher gekommen ist". Er ergänzte: „Daß es überhaupt Schwierigkeiten damit hat, ist verwunderlich; denn man sollte ja denken, daß die Rückkehr erfahrener Männer der Verwaltung von demokratischer Gesinnung nach Deutschland ‚uns' höchst willkommen sein müßte. Man sollte so manches denken – und denkt sich denn auch sein Teil."[561]

Weniger Verständnis für Ernst Reuters Rückkehrwunsch zeigte Martin Wagner. Dieser hatte Reuter seine Argumente mitgeteilt, die ihn zum Verbleib in den USA veranlassten. Er warnte Reuter vor den materiellen und moralischen Verwüstungen, dem aussichtslosen Unternehmen, das ihn in Deutschland erwarte. Reuter antwortete ihm und erinnerte Wagner an ihre gemeinsame USA-Reise im Jahre 1929. Er schilderte ihm seine Gefühle bei der Rückkehr in die Heimat und dass „meine Wurzeln nun doch, ob ich will oder nicht, schicksalsbestimmt in dieser heimischen Erde Fuß gefaßt haben." Er folge nur „der inneren Stimme einer Verpflichtung, die ich nicht ablehnen kann, weil sie wirklich höchst unbequem ist". Auch habe er „gewiß nicht die Absicht für Fremde, für Russen, Amerikaner, Franzosen oder Engländer irgendwelche Geschäfte zu besorgen, und ich glaube auch, man wird durchkommen können, ohne das zu tun." Er verkenne nicht die großen Schwierigkeiten und auch Opfer, die ihn erwarteten: „Sicherlich, aber am Ende werden wir auch so leben und brauchen dann wenigstens das eine Opfer nicht zu bringen, das Opfer, sich in dem Gedanken verzehren zu müssen, sich der wirklichen Aufgabe entzogen zu haben, mit guten Gründen, mit schlechten Gründen, gleichviel, sich ihr entzogen zu haben, und das in einer Zeit, in der man uns am dringendsten gebraucht hat."[562]

Sein Bekenntnis zur Heimat und weitere Abschnitte aus seinem Brief an Martin Wagner konnte Ernst Reuter im Frühjahr 1946 auf den ersten vier Seiten der SM unter der Überschrift „Warum nach Deutschland zurück? (Ein Brief)" ohne Nennung seines Namens wiederfinden.[563] Reuter hatte den Brief dem *SM*-Herausgeber Wilhelm Sander zugeschickt, „ohne an die Möglichkeit einer öffentlichen Verwertung dabei zu denken", wie er diesem schrieb.[564] Offensichtlich wollte die Parteiführung in London zögernden Parteifreunden im Exil Reuters Bekenntnis und seine Argumente als Entscheidungshilfe anbieten. Noch wenige Monate zuvor indessen hatte der SPD-Vorstand in den *SM* eine weniger klare Haltung vertreten. Ernst Reuter las im Dezember 1945: „In der Partei gibt es keine Animosität gegen die politische Emigration. Die Genossen im Lande sind nicht in jedem Fall davon überzeugt, dass die Notwendigkeit einer Migration vorlag. Sie wünschen aber die Genossen, die bereit sind, in der Partei wieder mitzuarbeiten, sobald als möglich wieder in Deutschland an der Arbeit zu sehen."[565] Auch erfuhr Reuter, dass von den Rückkehrern erwartet wurde, sich den veränderten Umständen und Bedingungen anzupassen. Ihre Position in der neuen Partei werde allein von den Leistungen abhängen, die sie für die Partei nach ihrer Rückkehr vollbringen. Es sei mit den führenden Genossen der Partei im Lande vereinbart worden, dass die Rückkehrer sobald als möglich Aufgaben übernehmen können, die ihren Fähigkeiten und Neigungen entsprechen. Voraussetzung sei aber, dass die einschränkenden Bestimmungen der Regierungen der Gastländer oder der Militärregierungen der deutschen Besatzungszonen aufgehoben oder gelockert werden. Hierzu wollten in den nächsten Monaten die Genossen im Lande wie auch die Londoner Parteivertretung beitragen.

Nach seinen erfolglosen Bemühungen, die Rückkehrbewilligung über die amerikanischen Behörden zu erhalten, bemühte sich Ernst Reuter nun ausschließlich mit Nachdruck um eine britische Bewilligung. Die Signale des Labourpolitikers Noel-Baker, die er über seinen Freund Victor Schiff aus London im Herbst 1945 erhalten hatte, waren positiv – aber auch nicht mehr. Mit einem emotionalen Schreiben wandte sich Ernst Reuter im Oktober 1945 an die BBC in London. Es drückte seine große Ungeduld aus. Gleich der erste Satz musste die Redakteure provozieren: „Können Sie mir und nicht nur mir, sondern vielen anderen die folgende Frage beantworten: Warum gibt man den Opfern der Hitler-Tyrannei, die von ihr aus dem Land vertrieben wurden, in dem sie groß geworden sind und für das sie gearbeitet hatten, nicht die Erlaubnis, wenn sie es wollen, in ihre Heimat zurückzukehren?" „Immer wieder wird uns im Rundfunk versichert", fuhr er fort, „daß es an erfahrenen Männern fehlt, und es wird bedauernd gesagt, daß man sogar auf Nazis aus Mangel an wirklichen Demokraten habe zurückgreifen müssen." Von den Alliierten würde das Angebot der Demokraten im Exil ausgeschlagen und ihnen das „natürlichste Menschenrecht" verweigert. Dieses Verhalten drücke eine „nicht-menschliche Haltung" aus, die ihm als „eine größere Peinigung als alles, was ich unter den Nazis habe erdulden müssen" erschiene.[566] Reuters Frage konnte oder wollte die BBC nicht beantworten. Er musste sich weiter in Geduld fassen und konzentrierte sich auf die Parteiführung in London und bald auch in Hannover.

Ende November 1945 schrieb Erich Ollenhauer, Mitglied des SPD-Parteivorstands in London, an Ernst Reuter, dass politischen Emigranten bisher die Rückkehr in die Westzonen nicht bewilligt worden sei. Die britische Regierung habe erklärt, dass sich die Rückkehr aufgrund von Transportproblemen sowie Mangel an Lebensmitteln und Wohnraum verzögere. Dieses Argument hatte Reuter auch aus Washington erfahren. Dessen ungeachtet konnte er Hoffnung schöpfen, als er Ende Januar 1946 vom Vorstandsmitglied Fritz Heine über dessen bevorstehende Rückkehr nach Deutschland erfuhr: „Da jetzt die Nachrichten über die Rückkehr Ollenhauers und Heines vorliegen, kann man wohl annehmen, daß prinzipielle Gründe nicht mehr vorliegen", schrieb er dem Parteifreund Wilhelm Sander Anfang Februar. Einschränkend ergänzte er aber: „Dafür kann es sein, daß es gerade bei meiner Person andere Schwierigkeiten geben kann. Ich war nun mal der Oberbürgermeister von Magdeburg, und Magdeburg liegt in der russischen Zone."[567] Gegenüber seiner Vertrauten Elizabeth Howard kommentierte Reuter die Nachricht von Heines und Ollenhauers Rückkehr aus dem englischen Exil leicht resignierend: „Ich aber sitze immer noch hier und stehe vor einer Mauer, die sich offenbar nicht übersteigen läßt, weil ich nicht in England, sondern in der Türkei bin. Das alles gehört zu den größten Bitterkeiten meines Lebens."[568]

Inzwischen hatte Ernst Reuter aber auch erfahren, dass seine Rückkehr beschleunigt werden könnte, wenn ihn eine offizielle Stelle in Deutschland anfordern würde. Anfang Februar 1946 schrieb er Victor Schiff, dass Heine und Ollenhauer ihm versprochen hätten, sich für ihn einzusetzen, „aber ich weiß zur Genüge, daß alle solche Dinge nicht werden, wenn man nicht selber dahinterher ist, und von hier kann ich selber gar nichts machen." Ihm waren die Hände gebunden, da die Postverbindung aus der Türkei nach Deutschland immer noch unterbunden war: „Diese Postabsperrung ist auch etwas entsetzliches, sinnloses und peinigendes", schrieb er Schiff und bat ihn, sich von London aus beim früheren preußischen SPD-Innenminister Carl Severing in Bielefeld einzusetzen. Er kenne ihn genau „seit meiner ersten Zeit" und er werde etwas unternehmen, „wenn man ihn darauf aufmerksam macht".[569] Ernst Reuters Bemühungen um Kontakte und Unterstützung allein reichten nicht. Er musste sich auch darüber Gedanken machen, in welcher Besatzungszone er in Deutschland zukünftig wirken wollte und wer ihn konkret anfordern könnte.

Die jeweiligen Besatzungszonen der vier Siegermächte hatten sich nach den ersten Nachkriegswirren im Sommer 1945 endgültig abgezeichnet. Die Rückkehr ins Oberbürgermeisteramt von Magdeburg schloss Reuter nunmehr völlig aus: „Eine Rückreise in die russische Zone kommt schon deswegen nicht in

Frage, weil ich nicht die Absicht habe, Selbstmord zu begehen. Mein Bedarf an Konzentrationslageraufenthalt ist in Deutschland seinerzeit gedeckt worden", schrieb er einem Bekannten aus Magdeburger Zeiten.[570] Nach seinen vergeblichen Versuchen bei den US-Behörden schloss er eine Rückkehr in die amerikanische Zone für sich ebenfalls aus. Auch die französische Zone kam nicht in Frage „solange die amtliche französische Politik noch so sehr unter kommunistischem Druck steht", wie er Schiff im April 1946 schrieb und dann folgerte: „Die englische Zone erscheint mir nach wie vor (trotz aller Bedenken) immer noch als das einzig mögliche Eingangstor – rebus sic stantibus."[571]

Nach zwei langen Jahren wurde Mitte April 1946 die Postverbindung von der Türkei nach Deutschland schließlich wieder hergestellt. Endlich konnte Ernst Reuter den Kontakt zu seinem Bruder Karl in Bethel, Hanna Reuter den zu ihren Angehörigen in Hannover wieder aufnehmen. Für Ernst Reuter wurde die Korrespondenz von und nach Hannover nun besonders wichtig. Hier lebte nicht nur die Familie von Hanna Reuter, deren Elternhaus einschließlich Reuters restlicher Möbel und Bücher in den letzten Kriegstagen zerstört worden war. In Hannover ließen sich im Februar 1945 auch die Vorstandsmitglieder der SPD nach ihrer Rückkehr aus London nieder. Ab Mai 1945 befand sich darüber hinaus das „Büro Dr. Schumacher", die inoffizielle Parteizentrale der SPD, dort. Es lag für Ernst Reuter daher nahe, Hannover in seinen Schreiben für die britischen Behörden und an die Parteifreunde hervorzuheben, um in die britische Zone zu kommen. Regelmäßig erhielt er nun ab dem Frühjahr 1946 von verschiedenster Seite Unterstützungszusagen und optimistische Nachrichten, nicht aber die erwünschte Rückkehrgenehmigung.

Die lange Wartezeit zermürbte Ernst Reuter, ließ ihn aber nicht resignieren. Entscheidungen über seine und die Zukunft seiner Familie in der Türkei waren zu treffen. Seit März 1945, also bald nachdem die Türkei dem „Dritten Reich" den Krieg erklärt hatte, nahm von offizieller türkischer Seite der Druck auf ihn zu, die türkische Staatsangehörigkeit zu beantragen: „Aber ich habe keinen Zweifel darüber gelassen, daß ich nach Deutschland zurück will, und man wird mir darin keinerlei Schwierigkeiten in den Weg legen," schrieb er im Mai 1945 an Hans Vogel.[572] Mehr als ein Jahr später hatte Reuter beruflich zu berücksichtigen, dass die Schifffahrts- und Hafenverwaltung in Istanbul im Juni 1946 Wert darauf legte, seinen Beratervertrag bis zum 31. Dezember 1947 zu verlängern, allerdings mit 14-tägiger Kündigungsfrist. Sein Vertrag als Professor lief am 30. September 1946 aus, und Erziehungsminister Hasan Ali Yücel erwartete, dass Reuter ihn verlängerte. Schließlich belastete ihn auch die Zukunft seines 18-jährigen Sohnes Edzard. Trotz sehr guter Kenntnisse der türkischen Sprache konnte dieser zum Studium auf eine türkische Universität nicht zugelassen werden. Der Besuch einer türkischen Schule wurde dafür vorausgesetzt. Die hervorragende Exilantenschule von Frau Kudret-Erkönen in Ankara zählte nicht. So erwog die Familie zwischenzeitlich, für Edzard eine englische Universität auszusuchen, wollte andererseits aber nicht beide Reutersöhne an England „verlieren". Am Tage seines 57. Geburtstags am 29. Juli 1946 erhielt Ernst Reuter schließlich von der englischen Botschaft in Ankara ein hochwillkommenes Geschenk: Die erlösende Mitteilung, dass das Foreign Office Anweisungen gegeben habe, seine Rückkehr zu unterstützen.[573] Einen Tag später erfuhr er zu seiner Freude, dass auch die Familie mit ihm reisen könne. Die Entscheidung war Philip Noel-Baker zu verdanken. Seinen Parteifreunden galt der Dank für deren Unterstützung. Einzelfragen wie Reisedokumente und Reisekosten waren indessen noch mit London zu klären. Als Abreisetermin fasste Ernst Reuter die zweite Septemberhälfte ins Auge. Dem Erziehungsminister Hasan Ali Yücel teilte er mit, dass er seinen Vertrag am 1. Oktober 1946 nicht mehr erneuern wolle. Der Minister meinte aber, auf Reuter nicht verzichten zu können und bot ihm noch eine bedeutende Erhöhung seines Gehalts an. Reuter lehnte ab, erhielt aber kurz vor Abreise, Anfang Oktober, einen Anruf von Innenminister Hilmi Uran. Dessen Wunsch, ihm ein Gutachten über die türkische Länder- und Kommunalbank zu fertigen, wollte und konnte Ernst Reuter aus finanziellen Gründen andererseits nicht ablehnen. Die hohen Reisekosten verlangten Deckung.[574]

Am 1. November 1946 bestieg die Familie Reuter endlich den Abendzug nach Istanbul. Wochen hatte sie in der ausgeräumten Wohnung in Ankara auf Koffern gesessen. Die geliebte und in langen Jahren erweiterte wertvolle Briefmarkensammlung war dem Umzug zum Opfer gefallen. Nach Verabschiedung bei den zahlreichen Freunden in Istanbul brachte sie der Dampfer *Ege* am 4. November Richtung Neapel, wo sie der Freund Victor Schiff begrüßte. Die Familie konnte indessen nicht direkt nach Deutschland weiterreisen. Die britische Militärkommission verlangte, dass die erforderlichen Dokumente für die Fahrt nach Deutschland in Paris persönlich entgegen zu nehmen seien. Seit Sommer 1944 besaß die Familie nämlich keinen gültigen deutschen Pass mehr. Über Marseille ging es deshalb nach Paris. Der dortige britische Military Permit Officer hatte aber nach Ankunft der Reuters am 11. November die notwendigen Reisedokumente nicht verfügbar – anders als dies noch in Ankara in Aussicht gestellt worden war. Sie mussten von der Militärkommission aus Deutschland beschafft werden. Erst nach einer erneuten Intervention bei Noel-Baker und mit dessen Assistenz ließen sich die nervenaufreibenden bürokratischen Hindernisse beseitigen. Die Familie konnte endlich am 25. November Paris verlassen. Die Odyssee endete nach einem Aufenthalt bei Familie und Parteivorstand in Hannover schließlich knapp einen Monat nach dem Start in Ankara am 29. November in Berlin.[575]

Das Warten vom Mai 1945 bis zum November 1946 sei für ihn und seinen Vater die bitterste Zeit der Emigration gewesen, erinnerte sich Edzard Reuter später. Ernst Reuter selbst bat im Januar 1949 seine Parteikollegen während

Heraustreten aus der politischen Passivität 251

Abb. 32 *Ernst Reuter (links) und Victor Schiff in Neapel, 9. November 1946.*

des Landesparteitags der Berliner SPD, ihm ein persönliches Wort zu erlauben und gestand ihnen: „Es waren die schwersten Jahre meines Lebens, die anderthalb Jahre nach Beendigung des Krieges, wo ich infolge des Widerstandes alliierter Stellen noch nicht unter Ihnen sein konnte."[576] Das Positive, das er aus bald zwölf Jahren im türkischen Exil nach Berlin mitgenommen hatte, konnte die unselige Zeit des Wartens in der Erinnerung dennoch nicht verdrängen. Noch in der nicht enden wollenden Wartezeit bekundete er seinem Freund Victor Schiff, dass er in Ankara an die „Quellen aller Weisheit zurückgekehrt" sei und „einen guten Grundstock von durchgearbeiteten Einsichten und Kenntnissen erworben habe, die mir nützen werden, wenn der neue Werktag beginnt." Reuter ergänzte: „Hier lernt man, wenn man überhaupt zum Lernen veranlagt ist, viel. Etwas Weisheit im alten Sinne, etwas Abstand zu den Dingen, Geduld, die uns in unserem europäischen Betrieb des täglichen Hastens so viel abgeht. Überblick über komplizierte Dinge, weil man sie hier in einfacher Form zu sehen hat."[577] Die Erfahrungen und Erkenntnisse, die er im türkischen Exil gewonnen hatte, gaben Ernst Reuter eine bewundernswerte Gelassenheit. Ohne sie hätte er die aufzehrenden Aufgaben, die in Berlin auf ihn warteten, nicht meistern können.

Am 20. Oktober 1946 hatten die Berliner mit der Wahl zur Stadtverordnetenversammlung von Groß-Berlin die erste Wahl nach dem Ende des Zweiten Weltkriegs und bis 1990 die letzte Gesamtberliner Wahl durchgeführt. Gut 92 Prozent der Berliner gaben ihre Stimme ab. Wahlsieger wurde die SPD und ihr Kandidat für das Oberbürgermeisteramt, Otto Ostrowski. Die SPD verfehlte die absolute Mehrheit knapp und bildete mit CDU, LPD und SED eine Allparteienregierung. Ernst Reuter wurde angeboten, das Amt des Stadtrats für Verkehr und Versorgungsbetriebe zu übernehmen. Er nahm das Angebot schließlich an. Am 5. Dezember wurde er von der Stadtverordnetenversammlung in das Amt gewählt, welches er bereits in den Jahren 1926 bis 1931 bekleidet hatte. Seinem Bruder Karl teilte Ernst Reuter einen Tag vor der Wahl mit, dass der Stadtratsposten nicht unbedingt seinen Wünschen entsprach: „Ich habe mich nach anfänglichem Zögern dazu entschlossen, eine Wahl in den Berliner Magistrat anzunehmen. Wäre ich etwa zwei Monate früher dagewesen, so wäre meine Wahl als Oberbürgermeister außer Zweifel gewesen."[578] Hinweise, die er von hochrangigen Parteifreunden noch in Ankara erhalten hatte, bestätigen, dass Reuters Erwartungen nicht unbegründet waren.

Die entgangene Chance, aber auch die nervenaufreibende Wartezeit in Ankara und später in Paris ließen Ernst Reuter nach den Gründen fragen, welche die Amerikaner die Rückkehrbewilligung versagen und die Engländer diese verzögern ließen. In seinem ersten Interview bestätigte Reuter dem RIAS Berlin am 1. Dezember 1946, also kurz nach Eintreffen in Berlin, nochmals sein hartnäckiges Bemühen: „Im April [1945] habe ich den ersten Versuch gemacht, ich habe, man kann wohl sagen, Himmel und Hölle in Bewegung gesetzt, um nach Deutschland zurückzukommen."[579] Es war aber nicht erst im April 1945, sondern bereits am 20. Juli 1944, dass Ernst Reuter dem US-Botschaftsmitarbeiter Richard Gnade in Ankara seinen Rückkehrwunsch deutlich mitgeteilt hatte. Dieser hatte zwei Tage darauf entsprechend nach Washington berichtet, dass Reuter „so bald wie möglich" zurückkehren wolle. Reuters zwei Schreiben an die US-Botschaft, sein Gesuch an Robert A. McClure, den US-Chef der Abteilung für psychologische Kriegsführung in der amerikanischen Militärregierung, sowie die Interventionen seines Washingtoner Freundes Oscar Weigert fanden alle keine Resonanz. Dabei verfügte die US-Administration über mehrere Gutachten, die Ernst Reuters demokratische Gesinnung, seine Integrität und große Verwaltungserfahrung bestätigten. Die später von den beiden Mitarbeitern des State Department genannten logistischen Argumente bieten keine überzeugende Erklärung für die negative Einstellung der US-Behörden. Die hinhaltende Haltung Englands zu Ernst Reuters Rückkehrwunsch dagegen lässt sich einer Aussage von John Troutbeck, einem Berater der britischen Besatzungsplaner, entnehmen. Seiner Ansicht nach sollte den Emigranten keine Vorzugsstellung eingeräumt und sie sollten nicht zu Siegern im besiegten Land gemacht werden. Hiermit würde nur der Diskreditierung der Besatzungsmacht und einem Anwachsen von Ressentiments und Antisemitismus Vorschub geleistet.[580]

Formal gesehen sahen sich die Sieger nach der Kapitulation des Deutschen Reiches in ihrer Rückkehrpolitik zunächst an die Proklamation Nr. 2 des Alliierten Kontrollrats vom 20. September 1945 gebunden. Darin legten Frankreich, Großbritannien, die Sowjetunion und die USA fest, dass „niemand ohne eine von den Vertretern der Alliierten oder unter ihrer Kontrolle ausgestellten Erlaubnis nach Deutschland einreisen oder Deutschland verlassen" darf.[581] Nicht festgelegt wurden indessen die Voraussetzungen, unter denen die Erlaubnis erteilt werden konnte. Zumindest anfangs vertraten die USA auf Empfehlung von Robert Murphy, dem politischen Berater des Office of Military Government for Germany (OMGUS), die Haltung, Rücksicht auf die Stimmung der einheimischen Deutschen nehmen zu sollen. In den ersten vier Jahren nach dem Zweiten Weltkrieg war OMGUS die höchste Verwaltungseinrichtung der US-amerikanischen Besatzungszone Deutschlands und des US-amerikanischen Sektors von Berlin. Im Herbst 1945 bejahte Murphy einerseits die Bedeutung der Emigranten für den deutschen Wiederaufbau, verneinte andererseits aber die Frage, ob die Emigranten von den Alliierten in offizielle Verwaltungspositionen gebracht werden sollten.[582] Als Grund nannte er die angeblich ablehnende Haltung der Einheimischen. Konkret zum Rückkehrantrag von Ernst Reuter befand Murphy, dass Reuter „bestimmt sehr nützlich sein könne in einem Land, das nach konstruktiven Kräften förmlich schreie." Als Test schlug er jedoch vor, „man solle sich vorher mit den demokratischen Meinungsführern vor Ort darüber unterhalten, besonders mit den Sozialdemokraten, ob sie eine solche Rückkehr befürworteten."[583] Erkenntnisse über Befragungen von einheimischen Politikern zu Ernst Reuter liegen nicht vor. Die festen Zusagen von Erich Ollenhauer und anderen hochrangigen SPD-Politikern an Ernst Reuter, sich für seine Rückkehr gegenüber den Alliierten einzusetzen, machten in seinem Fall Befragungen allerdings überflüssig. Es versteht sich, dass die Parteifreunde Reuters Verwaltungserfahrung als früherer Verkehrsstadtrat und Oberbürgermeister und damit seinen dringlichen Bedarf im Nachkriegsdeutschland hervorhoben.

Die eigentlichen Gründe für die von den USA abgelehnte Rückkehr Reuters zu ermitteln, bleibt Recherchen in den Archiven der amerikanischen Administration, besonders denen von OMGUS und OSS, vorbehalten. Nicht auszuschließen ist, dass die positiven OSS-Berichte über Ernst Reuter von den Verantwortlichen im State bzw. War Department grundsätzlich misstrauisch gewertet wurden. Rivalitäten gab es reichlich. Auch konnte Ernst Reuters Zusammenwirken mit Rüstow und Wilbrandt und wiederum deren Kooperation mit dem OSS Istanbul den Verdacht der Ministerien erregt haben. Entlarvte Doppelagenten im „Dogwood-Cereus-Ring" und die erzwungene Auflösung des OSS Istanbul wirkten sich möglicherweise nicht nur auf die Behandlung von Wilbrandt nachteilig aus. Unabhängig davon nahmen die OMGUS-Vertreter in Berlin durchaus auch Rücksicht auf die einheimischen Deutschen. Vor allem exponierte Vertreter des Exils wünschte mancher Einheimische nicht unbedingt als Meinungsführer in Deutschland. Wer sich einfügte und still weiter mitarbeiten wollte, war willkommen, mögliche Kritiker und Personen mit Schuldzuweisungen sollten besser draußen bleiben. Ganz pragmatisch schulten die Amerikaner dann auch lieber deutsche Kriegsgefangene zu demokratischen Staatsbürgern um. Diese lösten unter den Deutschen weniger Aggressionen aus als Remigranten und traten den Amerikanern gegenüber weniger selbstbewusst auf.

Anders sahen es die Sowjets. So wies der politische Berater Robert Murphy das OMGUS in einem Schreiben vom 5. Oktober 1945 diskret darauf hin, dass „kommunistische Emigranten bereits in großer Zahl privat oder offiziell vor allem in die Sowjetzone eingereist seien, und dies keineswegs ohne offizielle Hilfe".[584] In der Tat hatten die Sowjets einer größeren Zahl deutscher kommunistischer Emigranten schon am 30. April 1945 die Rückkehr nach Deutschland aus Moskau ermöglicht. Die „Gruppe Ulbricht", zu der unter anderem Wilhelm Pieck, Otto Grotewohl und Wolfgang Leonhard gehörten, sollte bei der Neuorganisation des öffentlichen Lebens und der Verwaltung in Berlin mitwirken. Auch sollten sie die Neugründung der KPD, von Gewerkschaften und Organisationen vorbereiten. Schon am 6. Mai 1945 konnte Walter Ulbricht dem sowjetischen Stadtkommandanten Nikolai Bersarin die erste Namensliste mit Vorschlägen zur Besetzung wichtiger Verwaltungsposten in Berlin übergeben. Nur mühsam konnten Ernst Reuter in Berlin und die politischen Remigranten aller nicht-kommunistischen Parteien in den übrigen Kommunen den zeitlichen Vorsprung der kommunistischen Rückkehrer aufgrund ihrer späten Rückkehr wettmachen. Für die ablehnende Haltung seines Rückkehrwunsches durch die USA mag schließlich auch Ernst Reuters Vergangenheit in der Kommunistischen Partei und sein „Renegatentum", das ihm im Jahre 1922 das Ende seiner Mitgliedschaft in der KPD bescherte, eine Rolle gespielt haben: Nur ungern wollten die Amerikaner kurz nach Ende des Krieges die trotz ideologischer Differenzen als Bündnisgenossin gewonnene Sowjetunion mit einer für diese unliebsamen Personalie herausfordern – zumal man zu diesem Zeitpunkt noch darauf hoffte, eine auf Eintracht basierende Kooperation in den Deutschland betreffenden Fragen mit Stalin zu erreichen.

Wie die Amerikaner, so verlangten ebenfalls die Briten bei den Einreisegenehmigungen in ihre Besatzungszone den Nachweis, dass der Antragsteller dort auch benötigt würde. Dank seiner zahlreichen Unterstützungsgesuche an Parteifreunde konnte Ernst Reuter die entsprechenden Nachweise ab Frühjahr 1946, als der Vorstand der Exil-SPD von London nach Hannover übersiedelte, mühelos erbringen. Verwunderlich bleibt, dass mehr als 16 Monate verstreichen mussten, bevor die von Ernst Reuter ab Februar 1945 über Victor Schiff begonnenen Bemühungen bei Philip Noel-Baker endlich zum Erfolg führten. Noel-Baker war seit Kriegsbeginn ein einflussreicher Labourpolitiker. Er bekleidete nicht nur verschiedene Ämter als Staatssekretär im Kriegskabinett Churchills, sondern war in Clement Attlees Labourkabinett ab Ende Juli 1945 auch Staatsminister des Foreign Office. Wahrscheinlich konnte seine politische Intervention nichts an der Tatsache ändern, dass die britische Verwaltung der organisatorischen Herausforderung nicht gerecht wurde. So gingen im Herbst 1945 nach einer BBC-Sendung mit einem Rückkehraufruf Hunderte von Anträgen bei ihr ein und Tausende folgten in den nächsten Monaten. Bis Mai 1946 war indessen erst 36 Personen die Rückkehr nach Deutschland oder Österreich genehmigt worden.

Die britischen Behörden stellten der Rückkehr der Exilanten aber auch Eigeninteressen entgegen. In Großbritannien hatten nach dem Jahre 1933 über 70.000 politisch und rassisch Verfolgte aus dem Deutschen Reich und den besetzten Ländern Aufnahme gefunden. Der Nationalität nach galten sie ab Kriegsbeginn als „enemy aliens", also als feindliche Ausländer. Wenn sie sich zum Militärdienst in den British Armed Forces meldeten, konnten sie die Zeit der Internierung in England und den Kolonien verkürzen oder ihr entgehen. Denn ab dem Jahre 1942 war „feindlichen Ausländern" der Zugang zu den bewaffneten britischen Streitkräften möglich. Mehrere Tausend Exilanten machten hiervon Gebrauch und gingen als „The King's Most Loyal Enemy Aliens" in die Geschichte ein. Nach Ende des Krieges drängten viele in die Heimat zurück, wurden aber auch von den Briten gebraucht. In britischen Diensten sollten sie für die Militärverwaltung untergetauchte Kriegsverbrecher verfolgen und beim Aufbau einer demokratischen Verwaltung, einer unabhängigen Justiz und einer pluralistischen Presse in Deutschland eingesetzt werden. Die Behörden behandelten deshalb die Anträge derjenigen zögerlich, die nicht mit dem Ruf von „Überläufern" in die Heimat zurückkehren wollten. Von Ernst Reuter erwartete man keine Dienste. Seine großen Verwaltungskenntnisse entsprachen aber nicht den britischen Vorstellungen, ein Besatzer-Regime weitgehend ohne Mitwirkung von erfahrenen Emigranten zu etablieren. Auch Ernst Reuters Englandfreundlichkeit, die sich nicht zuletzt durch den „englischen" Sohn Gerd Harry ausdrückte, der seinen Wehrdienst als wissenschaftlicher Offizier bei der britischen Admiralität leistete, konnte seine nervenaufreibende Wartezeit in Ankara offensichtlich nicht verkürzen.

Ernst Reuter buchte die unendlich verzögerte Rückkehr und die entgangene Chance, im Jahre 1946 Kandidat für das Oberbürgermeisteramt Berlins geworden zu sein, allein auf das Konto der Bürokratie – einer „Bürokratie, die offenkundig selbst kleinste Dinge in gebotenem Tempo zu erledigen außerstande war."[585] Aber die durch „subalterne Verständnislosigkeit hervorgerufene Enttäuschung" war bei ihm bald in „den großen Strom des Vergessens eingegangen", wie er Ende 1946 verschiedenen seiner Briefpartner mitteilte.[586] Nach Ankunft in Berlin gab es für Ernst Reuter keine Zeit mehr, sich Gedanken über entgangene Chancen und deren Gründe zu machen. Die Herausforderungen häuften sich: Sie begannen mit einem extrem kalten Winter und kritischer Stromversorgung, deren Zuständigkeit neben dem Verkehrsdezernat bei ihm lag. Es folgten schwierige Verhandlungen mit den Besatzungsmächten, Widerstände in der eigenen Partei, die Versorgung von Millionen von Ausgebombten und Flüchtlingen sowie der Aufbau der Verwaltung, schließlich die Hungerblockade der Sowjets mit Blockade der Verkehrswege, die Luftbrücke und Massenkundgebungen …

Reuters rastlosen Einsatz für Berlin, dessen Einheit und später seine Anbindung an die Bundesrepublik wussten die Berliner in Ost und West in wachsendem Maße zu schätzen und zu würdigen. Nicht verwunderlich ist, dass die sowjetische Besatzungsmacht und ihre Befehlsempfänger Reuters Erfolgen nicht untätig zusehen wollten. Seine langen Exiljahre in der Türkei schienen ihnen genug Belastendes gegen Reuter zu bieten, um sein erfolgreiches Wirken in Berlin blockieren, wenn nicht gar beenden zu können.

III. Am Ziel

1. Hypothek und Auftrag des Exils: Anfangsjahre im Nachkriegsberlin

Als Ernst Reuter am 26. November 1946 in Deutschland eintraf, war weder vom Parteivorstand entschieden worden, noch war er sich selber darüber im Klaren, an welchem Ort und in welcher Funktion er seinen lang ersehnten nächsten Lebensabschnitt gestalten könnte. Er selbst wollte seinen Entschluss von persönlichen Eindrücken abhängig machen. Die Parteileitung beabsichtigte, ihm zunächst die Aufgabe als Treuhänder für die zu verstaatlichende Schwerindustrie im Ruhrgebiet zu übertragen. Aus verschiedenen Gründen konnte hiermit aber noch nicht begonnen werden. Kurt Schumacher, im Mai 1946 zum SPD-Parteivorsitzenden gewählt, bat ihn deshalb, einstweilen nach Berlin zu gehen. In zahlreichen Gesprächen suchte Ernst Reuter, sich in Berlin einen Überblick über die dortigen Verhältnisse zu verschaffen. Am 2. Dezember nahm er an einer Vorstandssitzung der Berliner Partei teil, entschied sich für die Stadt und nach der Wahl am 5. Dezember auch für das Amt als Stadtrat für Verkehr und die Versorgungsbetriebe. Schneller als erwartet holte ihn aber seine kommunistische Vergangenheit wieder ein. Zwei Mal hatte sie den NS-Machthabern als Vorwand gedient, ihn den Torturen einer KZ-Haft auszuliefern. Sie hatte ihn im Exil in Ankara verfolgt. Nunmehr wurde sie in Berlin erneut von deutschen und sowjetischen Kommunisten wiederbelebt.[587]

Wilhelm Pieck und Walter Ulbricht, den bereits im April 1945 aus dem Moskauer Exil nach Berlin zurückgekehrten KPD-Führungskräften, war der einstige Genosse Reuter aus gemeinsamen Tagen noch gut in Erinnerung: Mit einem persönlichen Empfehlungsschreiben Wladimir I. Lenins war Ernst Reuter im November 1918 von der Komintern nach Deutschland freigestellt worden. Die Funktionäre der gerade gegründeten KPD wählten ihn zum Sekretär für Berlin und die Mark Brandenburg. Auf dem KPD-Parteitag im August 1921 setzte er sich dann gegen den älteren Kandidaten Wilhelm Pieck durch und wurde zum ersten Generalsekretär der Partei gewählt. Reuter zeigte eine unerwünschte Unabhängigkeit gegenüber der Komintern. Sein Rivale Wilhelm Pieck nutzte den Unmut in Moskau und schürte ihn. Auch distanzierte Reuter sich von den üblichen parteiinternen Kampagnen gegen vermeintliche Agenten und Verräter. Bereits Ende Dezember 1921 reichte es den Genossen mit Reuters Renegatentum. Sie setzten ihn als Generalsekretär ab. Wenig überraschend übernahm Wilhelm Pieck den Posten. Im Januar 1922 wurde er dann aus der Partei ausgeschlossen. Einige Monate später schloss Ernst Reuter sich erneut der SPD an, deren Mitglied er erstmals im Jahr 1912 gewesen war.

Noch wartete die Familie Reuter in Paris ungeduldig auf die erforderlichen Papiere für die Weiterreise nach Deutschland, als der Berliner *Vorwärts* bereits über

Reuter und seine Zukunft in Berlin berichtete. Nicht Ernst Reuters früheres SPD-Parteiblatt *Der Vorwärts*, sondern der *Vorwärts. Berliner Volksblatt. Das Abendblatt der Hauptstadt Deutschlands* wusste seine Leser am 19. November 1946 darüber zu unterrichten, dass die Berliner SPD-Parteiführung mit britischen Behörden über Reuters Rückkehr verhandele. Der Besitztitel für den *Vorwärts* war mit der Zwangsvereinigung von KPD und SPD im April 1946 auf die Sozialistische Einheitspartei Deutschlands (SED) übergegangen. Bezeichnenderweise überschrieb das kommunistische Blatt seinen Artikel über Reuter mit der rhetorischen Frage „Wird ein Türke Berlins Oberbürgermeister?"[588] Frage und folgender Text sollten ausländerfeindliche Stimmungen der Leser, mehr aber noch latente, von der NS-Propaganda bekannte Ressentiments gegen den „Vaterlandsverräter" Reuter ansprechen. So hieß es im Text, dass „der jetzige Berater der türkischen Regierung [...] Reuter" dazu bewogen werde, nach Berlin zu kommen. Dies dürfte jedoch „einige Schwierigkeiten machen", weil Reuter wahrscheinlich türkischer Staatsbürger sei und erst wieder deutscher Staatsbürger werden müsse.[589] Der *Sozialdemokrat* und der *Telegraf* verwahrten sich umgehend gegen diese diffamierenden Bemerkungen. Die SED-Propaganda, assistiert von den Medien der sowjetischen Besatzungsmacht, setzte ihren Feldzug gegen den „Renegaten" Ernst Reuter ein halbes Jahr später indessen mit einer neuen Variante fort.

Ernst Reuters Kandidatur für das Oberbürgermeisteramt löste Anfang Juni 1947 in Berlin eine heftige Medienkampagne der Kommunisten aus. Hintergrund der Aktion war der unfreiwillige Rücktritt des bisherigen Oberbürgermeisters Otto Ostrowski (SPD) Mitte April. Seine Partei hatte ihn dazu bewegen müssen. Ohne Kenntnis der Parteiführung hatte sich Ostrowski mit SED-Vertretern getroffen, um mit diesen über Postenbesetzungen und ein gemeinsames Arbeitsprogramm zu beraten. Zum Kandidaten für die Nachfolge Ostrowskis nominierte der Parteivorstand der Sozialdemokraten Ernst Reuter. Die Wahl stand für den 24. Juni an. Die *Tägliche Rundschau*, Sprachrohr der Sowjetischen Militäradministraion in Deutschland (SMAD), bezeichnete Reuters Nominierung Anfang Juni als untragbar. Er habe als Stadtrat nur schlechte Arbeit geleistet und sich auf dem Berliner Landesparteitag im April antisowjetisch geäußert. Gravierender aber: Ernst Reuter sei mit „einem regelrechten faschistischen Auslandspaß nach der Türkei gereist". Diesen habe er dort „ordnungsmäßig jedes Jahr bei der Botschaft von Papens verlängert". Folglich sei Reuter der Status des politischen Emigranten eindeutig abzusprechen.[590]

Das eigentlich bizarre Argumentationsmuster der Sowjets: „wenn schon kein Türke, dann eben Nazi" schien so überzeugend zu sein, dass das SED-Zentralorgan *Neues Deutschland* es umgehend aufgriff und fortführte. „Reuters Kandidatur untragbar", machte das Blatt am 4. Juni 1947 ihren gegen Reuter gerichteten Artikel auf. Dementsprechend stellte es fest, dass dieser „das volle Vertrauen der Botschaft des dritten Reiches genossen" habe.[591] Parallel zur Kampagne im

Neuen Deutschland fand Ernst Reuter in seiner Post ein Schreiben der SED-Landesvorsitzenden Hermann Matern und Karl Litke vom 2. Juni 1947 vor. Bescheiden wählten sie in ihrem Brief die Frageform, um sich die Unterstellungen der SED-Medien zu Reuters Exilzeit von ihm bestätigen zu lassen. Die Funktionäre wollten zum einen von Reuter erfahren, worauf es zurückzuführen sei, „daß die deutsche Botschaft in Ankara bis zum Zusammenbruch des Hitler-Reiches in jedem Jahre Ihren Paß verlängerte." Zum anderen fragten sie an, „ob zwischen Ihnen und von Papen irgendwelche Beziehungen" bestanden.[592] Am 3. Juli 1947, unmittelbar nach Erhalt des Briefes, antworte Ernst Reuter den „werten Genossen" in verbindlichem Ton. Knapp teilte er ihnen mit, dass er Herrn von Papen nicht kenne, niemals mit ihm „weder in Deutschland noch in der Türkei irgendein Wort, irgendeinen Brief gewechselt" und „weder direkt noch indirekt zu ihm und seinesgleichen irgendwelche Beziehungen gehabt" habe. Ausführlicher und detailliert beantwortete Reuter die Passfrage. Er habe die Botschaft nur in den Jahren 1937, 1942 und 1943 aufgesucht, um beim zuständigen Beamten die Pässe verlängern zu lassen. Ihm sei bekannt gewesen, dass „der Umgang mit mir den dortigen in der Botschaft verkehrenden Deutschen verboten war". Auch habe er Grund zur Annahme, „daß die Botschaft es nicht für richtig gehalten hat, durch die Verweigerung einer Paßausstellung an mich eine Mißstimmung bei der türkischen Regierung hervorzurufen". Im Übrigen habe er während seiner Türkeizeit stets betont, dass er „als Deutscher nach dem Zusammenbruch des Hitler-Reiches die erste Gelegenheit zur Rückkehr in die Heimat benutzen würde." Deshalb habe er auch den ihm „dringend nahegelegten Übertritt in die türkische Staatsangehörigkeit abgelehnt." Er sehe keinen Anlass, seine Haltung kritisieren zu lassen, zumal seine politische Einstellung zum Hitler-Regime von ihm jederzeit eindeutig betont worden und jedermann bekannt war.[593]

Sowohl Hermann Matern wie Karl Litke musste Ernst Reuters Einstellung zum Hitler-Regime bestens bekannt sein. Matern war zusammen mit Reuter frühes Mitglied der KPD. Bei Reuters Amtsantritt als Oberbürgermeister in Magdeburg 1931 wirkte er dort als Politleiter der KPD. Gemeinsam waren beide 1932 und 1933 Abgeordnete des Preußischen Landtages, wenngleich sie unterschiedlichen Fraktionen angehörten. Karl Litke seinerseits kannte Ernst Reuters Einstellung zum NS-Regime aus der gemeinsamen Zeit in der Berliner SPD ebenfalls gut. Litke war in den Jahren 1922 bis 1933 zweiter Vorsitzender des SPD-Bezirks Kreuzberg und gehörte in den Jahren 1931 bis 1933 auch dem zentralen Vorstand der Partei an. Gemeinsam vertraten Reuter und Litke zwischen den Jahren 1931 und 1933 ihre Partei im Reichstag. Nach Kriegsende schloss sich Litke erneut der Berliner SPD an. Nach der Zwangsvereinigung entschied er sich aber für die SED und saß für diese in der Berliner Stadtverordnetenversammlung. Ebenfalls gehörte Litke dem Parteivorstand an. Entsprechend deutlich spielte Ernst Reuter in der abschließenden Bemerkung seines Schreiben an die beiden SED-Funktionäre auf die gemeinsame Vergangenheit an: „Sie haben das volle Recht, über jeden Tag meines politischen Wirkens Auskunft zu verlangen, und es steht mir nicht an, nur deswegen empfindlich zu sein, weil Sie eine solche Auskunft verlangt haben. Sie alle kennen mich aber lange genug persönlich. Ich hatte mich der Hoffnung hingegeben, daß auch Sie wissen würden, daß solche Fragen an meine Adresse überflüssig sind. Ich nehme an, daß Sie lediglich in dieser bei Ihnen sicher vorhandenen Überzeugung bekräftigt sein wollten."[594]

Am 24. Juni 1947 konnten die SED-Opponenten die Wahl Reuters zum neuen Oberbürgermeister durch die Gesamtberliner Stadtverordnetenversammlung nicht verhindern. Mit 89 gegen 17 Stimmen wurde Reuter gewählt. Allerdings waren die Sowjets in der Lage, die erforderliche Bestätigung der Wahl durch die von allen vier Besatzungsmächten getragene Alliierte Kommandantur zu vereiteln. Prompt legten sie ihr Veto ein mit der Folge, dass Ernst Reuter sein Amt nicht ausüben konnte. An seiner Stelle nahmen die erste Stellvertretende Bürgermeisterin Louise Schroeder (SPD) und zeitweise auch der Stellvertretende Bürgermeister Ferdinand Friedensburg (CDU) das Amt des Oberbürgermeisters wahr. Ihr Erfolg, Reuter das Amt verwehrt zu haben, reichte den Sowjets indessen nicht aus. Nur wenige Wochen nach der Oberbürgermeisterwahl hielt es der sowjetische Stadtkommandant, Generalmajor Alexander G. Kotikow, für angemessen, im *Neuen Deutschland* die Verleumdungskampagne gegen Ernst Reuter fortzusetzen. Zu dessen Exilzeit in der Türkei, so stellte er im Juli 1947 fest, sei „die politische Vergangenheit Reuters recht dunkel und zweifelhaft" gewesen. Immerhin sei Reuter im Jahre 1935 mit einem gültigen Pass aus Deutschland ausgereist und habe ihn bis ins Jahr 1943 in Ankara bei der Deutschen Botschaft regelmäßig verlängern können. Reuter versuche, sich „für einen antifaschistischen politischen Emigranten auszugeben". Seine Tätigkeit in der Türkei sei aber von Papen und Hitlerdeutschland als nützlich beurteilt worden, weshalb er sich in keiner Weise als Gegner des NS-Regimes ausgeben könne.[595]

Ungewollt verschaffte Friedrich Franz von Papen, der Sohn des früheren Botschafters in Ankara, den Agitatoren neues Material. Öffentlich erklärte er stellvertretend für seinen Vater, der im Arbeitslager Regensburg eine achtjährige Haft verbüßte, dass sein Vater Reuter in der Türkei nicht kennengelernt habe. Mit „Dr. Reuters Kronzeuge" konnte die *Tägliche Rundschau* nunmehr eine neue Polemik starten. Für sie stand eindeutig fest, dass „der großmächtige Botschafter von Papen" seine schützende Hand über Reuter gehalten habe. Ohne Ausbürgerung wäre Reuter nämlich zum Kriegsdienst eingezogen worden: „Wer minder verdächtig war, wurde über kurz oder lang von den Militärbehörden erfaßt und mußte sich in der Heimat stellen. Reuter war nicht unter ihnen. Unsichtbar wirkte auch hier offensichtlich die schützende Hand des Herrn von Papen."[596] Ebenfalls noch im Juli 1947 erhielt die kommunistische Propaganda weitere Schützenhilfe – diesmal vom früheren Konsulatssekretär der Botschaft

Ankara, Herbert Wilms. Dieser erklärte, dass „die Passverlängerung für Herrn Professor Dr. Reuter keinesfalls auf eine besondere Anordnung des Herrn Botschafters von Papen vorgenommen wurde. Sie erfolgte vielmehr wie in jedem anderen Falle – gleichviel ob der betreffende Passinhaber Verbindung zur Botschaft unterhielt oder nicht – ohne weiteres, wenn nicht eine gesetzliche Bestimmung entgegenstand."[597] Aus Sicht der Propagandisten verkürzte sich damit die politisch-ideologische Distanz zwischen dem SPD-Politiker und den deutschen Offiziellen in der Türkei einmal mehr.

Am 7. Dezember 1948 wurde Ernst Reuter nach der Spaltung der Stadtverwaltung und den Neuwahlen zur Stadtverordnetenversammlung in den Westsektoren endgültig zum Oberbürgermeister, allerdings nur im Westteil der Stadt, gewählt. Für den Remigranten Ernst Reuter sprach, dass er wie kein anderer den auf der Tagesordnung stehenden antikommunistischen Protest argumentativ zu artikulieren verstand. Im Oktober 1950 trat die neue Landesverfassung für West-Berlin in Kraft. Eine Neuwahl wurde erforderlich. Die West-Berliner wählten erstmals ihr Abgeordnetenhaus, das wiederum Ende Januar 1951 im zweiten Wahlgang Ernst Reuter zum nunmehr Regierenden Bürgermeister bestimmte. Ungeachtet dessen beschäftigte sich die Propaganda der östlichen Ideologen auch weiterhin mit Ernst Reuters türkischem Exil. Ziel war es nach wie vor, ihm den Anspruch eines politischen Flüchtlings und des Widerstands gegen das NS-Regime abzusprechen. Um ihre Propaganda zu unterfüttern, bemühte die SED selbst zweifelhafte Veröffentlichungen ausländischer Korrespondenten.

So brachte Wilfred G. Burchett, ein australischer Korrespondent, der für den britischen *Daily Express* aus Berlin berichtete, im Jahre 1950 das Buch *Der Kalte Krieg in Deutschland* (*Warmongers Unmasked*) heraus. Der *Neuen Zeit*, dem Parteiblatt der Ost-CDU, schien besonders das Kapitel „Dr. Ernst Reuter, Von Papen's Protegé" für einen Abdruck im November geeignet. Burchett bereicherte nämlich die Verdächtigungen über eine heimliche Zusammenarbeit Reuters mit den Nazis und der Deutschen Botschaft in Ankara durch eine neue Version: „Kein politischer Flüchtling hätte es gewagt, eine deutsche Botschaft im Ausland zu betreten, da er genau wußte, daß er dabei Gefahr lief, verhaftet und nach Deutschland zurücktransportiert zu werden. Es ist kaum anzunehmen, daß von Papen in einem Lande wie der Türkei, wo es nur so wenige Deutsche gab, über Reuters Vergangenheit, seine Absichten und seine Tätigkeit nicht genauestens unterrichtet war."[598] Dem überzeugten Stalinisten Burchett verhalfen möglicherweise Erfahrungen von Dissidenten im Umgang mit sowjetischen Botschaften zu diesem Urteil. Auch befürwortete er die Säuberungen der Kommunistischen Partei Bulgariens im Jahre 1948 ebenso vorbehaltlos wie er später den ungarischen Aufstand von 1956 verurteilte.

Mit vermeintlich dialektischer Raffinesse bemühte sich das SED-Zentralorgan *Neues Deutschland* bis ins Jahr 1949, seinen Lesern Ernst Reuter in Wort und Bild nicht nur als „Papens Schützling" nahe zu bringen, sondern gleichermaßen als orientalischen Schuhputzer und türkischen Glücksspieler. Der deutsche Pass diente dazu, Reuter als reichsdeutschen NS-Kollaborateur zu stilisieren. Der angeblich türkische Pass sollte ihn als vaterlandsverräterischen Emigranten in die Nähe einer fremden Kultur und Religion rücken. Reuters vermeintliches Türkentum wurde in zahlreichen Karikaturen mit niederen Tätigkeiten und charakterlichen Schwächen verknüpft. Bilder zeigten Ernst Reuter als Schuhputzer, Bettler oder Vabanque-Spieler, jeweils mit einem Fez als Kopfbedeckung. Dem „Bettler" Reuter diente der Fez in einer Karikatur als Klingelbeutel zum Sammeln von Subventionen. Der orientalische Schuhputzer Reuter war seinen englischen Befehlsgebern anlässlich seiner Reise nach London zu Diensten. Ein mit Fez versehener, übernächtigter Glücksspieler Reuter mit Pleitegeier auf der Schulter sollte das Finanzchaos West-Berlins unterstreichen.[599]

Propagandistisch länger verwertbar als der „Türke" Reuter war für die SED-Karikaturisten „Papens Schützling" Reuter. Noch 1951, also mehr als vier Jahre nach Ernst Reuters Rückkehr, bemühten die SED-Propagandisten dieses mittlerweile reichlich strapazierte Klischee. Anlass für eine erneute Kampagne bot der West-Berliner Senat, der eine von der SED initiierte gesamtdeutsche Volksbefragung gegen Remilitarisierung und für den Abschluss eines Friedensvertrages abgelehnt hatte. Die SED-Propaganda schob Ernst Reuter die Schuld zu und rächte sich unter anderem mit einem Karikaturenzyklus über sein Leben. Die Bilder schilderten ihn als „geborenen Karrieremacher", der sich seinerzeit in die KPD eingeschlichen habe, „um sich hier empor zu schwindeln." Station 11 des 16-teiligen Zyklus zeigte Reuter vor orientalischer Kulisse wie er, mit Fez bedeckt, einen mit Reichsadler versehenen Pass aus der Hand von Papens entgegen nimmt. Darunter der Text: „1935: In der Türkei winkte ein fettes Pöstchen als Berater der Staatlichen Transportverwaltung. Zehn Jahre lang erneuerte der Nazi-Botschafter von Papen Reuters Paß – ein Vertrauensbeweis, den die Nazis nicht jedem ‚ersten besten' gaben."[600] Hass gegen den kommunistischen „Renegaten" und dessen wachsende Popularität bestimmten in den Nachkriegsjahren also die Kampagnen der sowjetischen Medien und die ihrer SED-Ableger. Originalität und mehr noch Geschmack mussten dem Minderwertigkeitskomplex der Kommunisten zum Opfer fallen.

Ernst Reuters langjährige Erfahrungen im Umgang mit sowjetischen und deutschen Kommunisten machten ihn zwar nicht immun gegen deren Propaganda und Intrigen, ließen sie ihn aber relativ gelassen hinnehmen. Ihr Muster durchschaute er schon kurz nach seiner Ankunft in Berlin: „Man hat versucht, von bestimmter Seite alle Möglichkeiten auszunutzen, um Schwierigkeiten zu machen", schrieb er Mitte Januar 1947 seinem Mitstreiter im „Deutschen Freiheitsbund" Hans Wilbrandt nach Istanbul. „Man hat behauptet", setzte er fort, „ich sei Türke; als ich meine deutsche Staatsangehörigkeit an der Hand meines Passes nachgewiesen habe, hat man gemeint: Wieso sind Sie eigentlich noch Deutscher? usw." Hans Wilbrandt war auch der erste, den Ernst Reuter von Berlin aus zur Rückkehr aufforderte. Täglich deutlicher wurde Reuter, dass West-Berlin und die junge Bundesrepublik politisch unbelastete Kräfte benötigte, die den demokratischen Rechtsstaat, seine Verwaltung, Justiz und Wirtschaft sowie sein Kultur- und Bildungssystem schnellstmöglich in Zusammenarbeit mit den Alliierten aufzubauen vermochten. Otto Suhr, der Stadtverordnetenvorsteher von Berlin, habe ihm gesagt, schrieb er Wilbrandt, „daß wir Sie hier gebrauchen" und ergänzte: „Ganz Deutschland leidet darunter, daß zu wenig wirkliche Kapazitäten da sind und dass bei den Parteien ein erstaunlicher Konservatismus herrscht. [...] Wenn immer Sie sich entschließen sollten, dann werde ich schon in der Lage sein, die Vorbereitungen für Ihren Einzug hier besser in die Hand zu nehmen, als dies sonst geschehen ist."[601]

In den folgenden Monaten setzte Ernst Reuter seine Bemühungen fort, Schicksalsgefährten für die Rückkehr in die Heimat zu gewinnen. Manche Antwort enttäuschte ihn, fand aber auch sein Verständnis. Ihm wurden unterschiedliche Gründe mitgeteilt, die die Angesprochenen gegen eine Rückkehr vorbrachten. Der Arbeitsrechtler Oscar Weigert hatte Reuter in einem Brief aus Washington schon in Ankara mitgeteilt, dass eine Rückkehr für einen Juden nur dann in Frage käme, wenn es nirgendwo sonst eine Zukunft gäbe. Der Parteifreund und Schriftsteller Max Cohen-Reuß schrieb Reuter seine Bedenken ausführlich aus Paris und bemerkte abschließend: „Und schließlich ist auch die seelische Seite zu berücksichtigen. Ich bin Jude (heute mehr als je) und trage einen sehr jüdischen Namen. Bei der inneren Parteiarbeit wäre das ohne Bedeutung. [...] Bei der anderen nach außen gerichteten Tätigkeit wäre es gewiß ein Hindernis, vermutlich sogar ein beträchtliches."[602] Mehr Erfolg hatte Reuter später bei den beiden Politikern und Journalisten Hans E. Hirschfeld und Paul Hertz. Eine USA-Reise im März 1949 nutzte er, um beide „Amerikaner" für Berlin anzuwerben. Ende des Jahres 1949 kehrten sie zurück. Hirschfeld übernahm im Januar 1950 die Leitung des Presse- und Informationsamtes des Magistrats von Berlin, die er bis ins Jahr 1960 innehatte. Paul Hertz wurde 1950 Leiter des Hauptamtes Banken und Versicherungen des Senats sowie Beauftragter für Finanz- und Wirtschaftsfragen. In den Jahren 1951 bis 1953 amtierte er als Senator für den Marshall-Plan und das Kreditwesen Berlins. Ab dem Jahre 1955 und bis zu seinem Tod 1961 diente er schließlich seiner Stadt als Senator für Wirtschaft und Finanzen.

Bereits in Ankara hatte Ernst Reuter von manchen Exilfreunden in den USA erfahren, dass sie als „Amerikaner" keine Neigung zeigten, nach Deutschland zurück zu kehren. Für den Architekten Martin Wagner war die frühere Heimat zu provinziell geworden. Ernst Reuter war gleichzeitig mit Wagner ab 1926 Stadtrat in Berlin gewesen und lebte mit ihm bis zu seiner Berufung nach Harvard drei Jahre in Ankara zusammen. Im Januar 1946 erklärte Wagner in seinem Schreiben an Reuter: „Abgesehen von den Schwierigkeiten überhaupt nach Deutschland zu kommen und dort wieder festen Fuß zu fassen, sehe ich für mich eine weitere Schwierigkeit darin, daß ich hier in Amerika weitaus mehr Europäer und Weltbürger geworden bin, als ich mir habe träumen lassen." Eine mögliche erneute Tätigkeit in Berlin im Blick, gab Wagner wenig später zu bedenken: „Es ist der Konflikt zwischen Russland und den USA, der zur Zeit jede fruchtbare Politik im Inneren Deutschlands lahmlegt. Wollen Sie sich, oder soll ich mich, in dieser Politik verbrauchen? Ich sehe keinen Sinn darin!"[603] Auch Carl Ebert, in Kalifornien ansässig, brachte die politische Unsicherheit der Stadt ins Spiel, als Reuter ihn zur erneuten Übernahme der Intendanz an der Städtischen Oper in Berlin drängte.

Deutlicher noch formulierten die Parteifreunde Victor Schiff in London und Fritz Tarnow in Stockholm schon 1946 in ihren Briefen an Ernst Reuter ihre politischen Bedenken gegen eine Rückkehr nach Berlin: „Mir bliebe Berlin, solange die Soviet-Russen und Soviet-Deutschen dort regieren, doch versperrt, außer unter dauernder und idiotischer Kidnapping-Gefahr. Das lohnt sich nicht," schrieb Victor Schiff.[604] Fritz Tarnow klang wenig zuvor nicht weniger dramatisch: „Ganz unerträglich sind die Verhältnisse in Berlin, wo im russischen Gebiet wie in der ganzen russischen Zone die Kommunisten ganz schamlos die Machtstellung ausnutzen, die ihnen die Russen einräumen und wo unsere Freunde ganz einfach Gefangene sind. [...] Ich persönlich warte auch noch auf eine Gelegenheit, mich drinnen nützlich machen zu können, aber nach Berlin oder den Osten denke ich allerdings nicht zu gehen."[605] Victor Schiff kehrte nicht nach Deutschland zurück, Fritz Tarnow dagegen im Oktober 1946. Er ging zunächst nach Hamburg und später nach Stuttgart, kam aber nicht nach Berlin. Zum Jahresende 1947 versetzte die politische Verhärtung in Berlin, der Beginn des Kalten Krieges, selbst Ernst Reuter in Unruhe: „Ob ich zum Beispiel hier in Berlin werde bleiben können, das kann man noch nicht übersehen", schrieb er an Gustav Oelsner, „und so leben wir immer ein wenig mit dem Gefühl des jeden Tag möglich werdenden Abbruchs unserer Zelte, einer eventuellen zweiten Emigration."[606] Reuters vage Überlegungen gingen zweifellos in Richtung Westdeutschland und nicht ins Ausland.

Ernst Reuter ließ in seinem Bemühen nicht nach, Freunde, die ihm als überzeugte Demokraten und qualifizierte Experten bekannt waren, aus dem Exil nach Deutschland zurück zu holen. Moralische und politische, aber auch berufliche, familiäre und gesundheitliche Überlegungen hielten manche Freunde davon ab, zurückzukehren. Die „Amerikaner" und „Engländer" fanden in ihren demokratischen Gastländern berufliche und kulturelle Bedingungen vor, die im zerstörten Nachkriegsdeutschland erst nach mühsamen Aufbaujahren zu erreichen waren. Den Exilanten in der Türkei dagegen erleichterten die schwierige

Sprache, die letztlich fremde Kultur, die rudimentäre Demokratie und ungewissere Berufsaussichten den Entschluss, in die Heimat zurückzukehren. Verglichen mit Nachkriegsdeutschland sprachen andererseits die Lebensumstände in der Türkei mit guter wirtschaftlichen Versorgung, einer aufgeschlossenen Bevölkerung, erfreulichen Reise- und Erholungsmöglichkeiten und relativ begrenzten Sorgen für ein Verbleiben. Ernst Reuters engerer Freundeskreis der Exilprofessoren sah seine Zukunft dennoch überwiegend wieder in Deutschland. Friedrich Breusch und Alexander Rüstow, die Mitstreiter in Reuters „Deutschem Freiheitsbund", ergriffen dann auch die Initiative, um in Istanbul intensiv auf ihre und die Rückkehr der Kollegen nach Deutschland hin zu arbeiten. Von Berlin aus unterstützte Ernst Reuter ihre Bemühungen.

Der frühere Leipziger Chemieprofessor Friedrich Breusch stellte bereits kurz nach Kriegsende eine Liste mit 25 Namen deutschsprachiger Wissenschaftsemigranten in der Türkei zusammen. Neben dem Rückkehrwunsch der Hochschullehrer wies die Liste deren Qualifikation und Werdegang aus. Ernst Reuter schickte die Liste kurz nach Ankunft in Berlin über einen Parteifreund an Gustav Radbruch nach Heidelberg. Auf eine Antwort von Radbruch, dem Sozialdemokraten und im Jahre 1945 von den Alliierten eingesetzten Rechtsprofessor, wartete er aber vergeblich. Adolf Grimme, Sozialdemokrat und Kultusminister in Niedersachsen, antwortete Reuter auf seine Anfrage, dass für die Wiedereinstellung der Professoren allein die ehemaligen Universitäten zuständig seien. Er könne bedauerlicherweise für die 25 Hochschullehrer und den zusätzlich von Reuter benannten Georg Rohde, Ernst Reuters „Greaca"-Freund, keine Stellen vermitteln. Im Frühjahr 1947 waren Reuters eigene Möglichkeiten noch sehr eingeschränkt. Den Istanbuler Freunden musste er mitteilen, dass Petitionsschreiben und Bewerbungslisten wenig erfolgversprechend seien. Sobald seine Zeit es aber erlaube, werde er persönliche Gespräche führen. Auf diese Nachricht reagierten Breusch und Rüstow mit einem regelmäßigen Rundbrief an ihre Exilkollegen in der Türkei, den *Hochschulnachrichten*. Darin stellten sie Personallisten und Lageberichte zu den verschiedenen deutschen Universitäten zusammen.

Mit der Gründung der Freien Universität (FU) in Berlin boten sich im Jahre 1948 für Ernst Reuter unvorhergesehene Möglichkeiten, Exilfreunden zu einer Dozentenstelle zu verhelfen. Seit dem 24. Juni 1948 hatten die sowjetische Besatzungsmacht und die SED ihre Anstrengungen dramatisch verstärkt, die ökonomische und politische Bindung West-Berlins an die Entwicklung in Westdeutschland durch die Abriegelung und Blockade der drei Westsektoren zu verhindern. Als an der Berliner Universität in dieser Zeit drei Studenten die Zulassung zum Studium aus politischen Gründen entzogen wurde, kam es zu Protestversammlungen von Studenten im Westteil der Stadt. Eine größere Zahl engagierter Studenten begann mit Planungen für eine Universität im amerikanischen Sektor. Sie waren nicht bereit, sich abermals einer politischen Indoktrination zu unterwer-

Abb. 33 *Ernst Reuter übergibt Georg Rohde die Schlüssel für die neu erbaute Mensa der FU Berlin, 8. März 1953.*

fen. Schon am 4. Dezember 1948 erfolgte im Steglitzer Titania-Palast die feierliche Gründung der Freien Universität. An dem Festakt nahmen Ernst Reuter, die drei westalliierten Stadtkommandanten, Repräsentanten der Stadtverordnetenversammlung und des noch amtierenden Magistrats von Groß-Berlin teil. Unter denkbar einfachen Bedingungen wurde der Lehrbetrieb in Dahlem zum Wintersemester 1948/49 aufgenommen.

Die Gründungsversammlung der FU wählte Ernst Reuter zum Vorsitzenden ihres Kuratoriums, den hochbetagten Historiker und NS-Gegner Friedrich Meinecke zum Gründungsrektor. Drei Tage danach erfolgte schließlich Ernst Reuters Wahl zum Oberbürgermeister West-Berlins. Er bemühte sich intensiv, schon für das erste Wintersemester den anerkannten Altphilologen Georg Rohde aus Ankara zu verpflichten. Rohde nahm die Berufung dankend an, seine Rückkehr schob sich aber hinaus. Mehrfach musste Reuter bei verschiedenen amerikanischen Militärbehörden intervenieren. Im Oktober 1949 verkündeten schließlich die *Mitteilungen für Studenten und Dozenten* der FU: „Prof. Dr. Georg Rohde (Ankara) hat einen Ruf als Ordinarius für Klassische Philologie […] angenommen."[607] Im Sommer 1950 lud Ernst Reuter den erfahrenen Rechtswissenschaftler in Istanbul und zuletzt in Ankara, Ernst Hirsch, für ein Gastsemester an die FU ein.

Zwei Jahre später kam Hirsch auf Drängen Reuters endgültig nach Berlin und übernahm den Lehrstuhl für Handelsrecht und Rechtssoziologie. Rohde wie Hirsch gewannen schnell Ansehen an der FU: Im Juli 1952 wurde Georg Rohde, ein Jahr darauf Ernst Hirsch zum Rektor gewählt.

Ernst Reuter wusste, dass es nicht ausreichte, die Emigranten allein mit persönlichem Einsatz zur Rückkehr nach Deutschland aufzufordern. Es bedurfte zusätzlich landesweiter öffentlicher Rückrufe. Anfang Oktober 1945 hatte sein Parteifreund Wilhelm Hoegner schon bei seinem Amtsantritt als bayerischer Ministerpräsident sozialdemokratische Politikerkollegen über *Radio München* nachdrücklich zur Rückkehr aufgefordert. Im März 1947 appellierten in Berlin alle Parteien der Stadtverordnetenversammlung mit Ausnahme der SED an die Emigranten, zurückzukehren. Der Frankfurter Oberbürgermeister Walter Kolb wandte sich in seiner Neujahrsansprache für das Jahr 1947 an die aus Frankfurt emigrierten Juden und forderte sie zur Rückkehr auf. Ein landesweiter und von den führenden deutschen Politikern aller Besatzungszonen getragener Rückruf stand indessen bis zum Juni 1947 noch aus.[608]

Zusammen mit seinem Hamburger Parteifreund Max Brauer nutzte Ernst Reuter die Konferenz der Ministerpräsidenten in München vom 6. bis 8. Juni 1947 dafür, um einen breit angelegten Aufruf zur Rückkehr der Emigranten anzustoßen. Brauer selbst war nach 13-jährigem Exil aus New York nach Hamburg zurückgekehrt. Erstmals nach dem Jahre 1945 trafen auf der Münchner Konferenz die Ministerpräsidenten aller deutschen Länder zusammen. Den Ministerpräsidenten der Länder und Chefs der Stadtstaaten diente als Grundlage für ihre Resolution ein Entwurf von Dr. Dieter Sattler, dem bayerischen Staatssekretär für die Schönen Künste und späteren Leiter der Kulturabteilung des Auswärtigen Amtes. Unter der Überschrift „Aufruf an die deutschen Emigranten" richteten die Regierungschefs „an alle Deutschen, die durch den Nationalsozialismus aus ihrem Vaterland vertrieben wurden, den herzlichen Ruf, in ihre Heimat zurückzukehren." Den Emigranten gegenüber erfülle sie ein „tiefes Gefühl der Verantwortung". Die Ministerpräsidenten hätten „sie schweren Herzens scheiden sehen" und würden sich „ihrer Rückkehr freuen". Die Emigranten seien „besonders berufen, Mittler zwischen uns und der übrigen Welt" zu sein. Ohne die Hilfe der übrigen Welt, „ganz besonders nicht ohne die Deutschen, die heute außerhalb unserer Grenzen weilen", sei an einen wirklichen Neubeginn nicht zu denken: „Deshalb rufen wir Sie auf, mit uns ein besseres Deutschland aufzubauen."[609] Obwohl einstimmig verabschiedet, litt die Wirkung der Resolution daran, dass die ostdeutsche Delegation die Konferenz vor ihrem Ende verließ – ein erstes Zeichen der Teilung Deutschlands. Die Medien konzentrierten sich auf das Scheitern der Konferenz. Damit fand der Rückruf eine nur geringe nationale und internationale Aufmerksamkeit.

2. Das „neue Deutschland": Die DDR, ihre „Westemigranten" und NS-Helfer

Beim Rückruf der Emigranten aus dem Exil gingen die Vertreter der sowjetisch besetzten Zone Deutschlands nicht erst im Jahre 1947 eigene Wege. Öffentliche Appelle waren dort nicht erforderlich. Noch vor Ende des Krieges kehrte ein starkes Kontingent von Emigranten aus Moskau zurück, das auf der dortigen Parteihochschule ausgebildet worden war. In jeweils zehnköpfiger Stärke übernahm die „Gruppe Ulbricht" in Berlin, die „Gruppe Ackermann" in Sachsen und die „Gruppe Sobottka" in Mecklenburg-Vorpommern die Aufbauarbeit in Politik und Verwaltung. Ihre Existenz und ihr Wirken kamen erst zehn Jahre später durch das Buch *Die Revolution entlässt ihre Kinder* von Wolfgang Leonhard, eines der Mitglieder der „Gruppe Ulbricht", in den Details ans Licht. Ernst Reuter waren mehrere der Gruppenmitglieder aus früheren Zeiten und auch als Mitglieder des im Sommer 1943 in Moskau gegründeten NKFD bekannt. Ihn konnte also die frühe und konzertierte Rückkehr der linientreuen Funktionäre aus Moskau nicht überraschen. Auch auf deren Denk- und Handlungsweisen konnte er sich aus leidvoller eigener Erfahrung einstellen. An der Nahtstelle Berlin wurde Reuter spätestens mit Beginn des Kalten Krieges aber auch deutlich vor Augen geführt, dass die Sowjets und ihre deutschen Gefolgsleute strikt zwischen den Rückkehrern aus der Sowjetunion und denjenigen aus den anderen Exilländern unterschieden. Waren die „Moskowiter" ideologisch gefestigt, so wurden die sogenannten „Westemigranten"' misstrauisch betrachtet und gründlich überprüft. Einige von Ernst Reuters Bekannten aus der Türkei zählten zu diesen. Von ihnen erwarteten die SED-Funktionäre nicht nur Linientreue, sondern für ihr Reuter-Dossier auch Erkenntnisse über dessen politische Aktivitäten in der Türkei.

Der Indologe Walter Ruben bot sich den SED-Funktionären mit seinem zwölfjährigen Exil in der Türkei als „Westemigrant" und Auskunftsperson geradezu an. Er kannte Ernst Reuter recht gut, zumal er seine gesamte Exilzeit mit ihm in Ankara verbracht hatte. Ruben hatte im Jahre 1935 als „Mischling" seine Privatdozentur an der Frankfurter Johann Wolfgang Goethe-Universität verloren. Bis 1936 war Ruben in Frankfurt Mitglied der Ortsgruppe der „Internationalen Arbeiterhilfe" und besuchte Kurse an der „Marxistischen Abendschule". Seine politische Tätigkeit war den NS-Machthabern nicht bekannt. Die Entlassung aus dem Staatsdienst wäre sonst bereits 1933 erfolgt. Kurz nach Ernst Reuter traf Ruben im November 1935 in Ankara ein und baute den Lehrstuhl für Indologie an der Philologisch-Historischen Fakultät auf. Im Sommer 1944, nach Abbruch der diplomatischen Beziehungen der Türkei zum Deutschen Reich, verweigerte Ruben die Rückkehr nach Deutschland. Zusammen mit seiner Frau und den beiden halbwüchsigen Söhnen wurde er in Kırşehir interniert. Die Zeit dort nutzte Ruben, um sich ausgiebig mit der Geschichte der Stadt, der geographischen und geologischen Situation, mit Handwerk und Bauten zu beschäftigen. Das Ergebnis seiner Studien, das Manuskript *Kırşehir: Eine altertümliche Kleinstadt Inneranatoliens*, veröffentliche sein Sohn Gerhard geraume Zeit später. Aus der Internierung im Dezember 1945 entlassen, kehrte Ruben auf seinen Lehrstuhl in Ankara zurück.[610] Bald bemühte er sich um eine Rückkehr nach Deutschland. Zum Jahresende 1946 wandte er sich auch an Ernst Reuter und erbat dessen Unterstützung für eine Dozentur in Berlin.

Ernst Reuter beantwortete Walter Rubens Schreiben Anfang April 1947 in ausführlicher und durchaus persönlich gehaltener Form. Er schilderte ihm die Härten des vergangenen strengen Winters in Berlin und seine Probleme mit den Alliierten, die ihm als Stadtrat für Verkehr die Stromausfälle und Verkehrseinschränkungen angelastet hätten. „Jeden Tag neue Befehle, endlose Berichte, lange Verhandlungen" hätten das Arbeiten nicht leicht bemacht und: „Ankara war für mich eine versunkene Welt, von der mich nicht nur einige tausend Kilometer, sondern auch der tägliche harte Zwang schwierigsten Schaffens trennte". Reuter bestätigte Ruben, dass er froh darüber sei, in Berlin zu sein und ergänzte: „Nur eines muß ich wiederholen, was ich auch Ihnen wohl in Ankara oft gesagt habe: Wer hierkommt, muß wissen, daß er von vorne anfangen muß". Zu Rubens Anfrage müsse er gestehen, dass er bisher wenig getan habe und wenig tun konnte. Der Zufall spiele bei Berufungen eine große Rolle. Es bestehe aber „nicht die geringste Aversion gegen Leute, die von draußen kommen wollen." Ernst Reuter unterrichtete Ruben im Weiteren über laufende Verhandlungen zur künftigen Stellung der drei Berliner Universitäten. Die Humboldt-Universität stehe „zur Zeit faktisch unter russischer Verwaltung". Eine amerikanische Forschungsuniversität sei im Entstehen begriffen und die Technische Universität unterstehe „formell, aber noch nicht faktisch dem Magistrat." Er versicherte Ruben, dass „ich mich für Sie bemühen werde". Alles brauche aber Zeit und er möge sich in Geduld fassen. Sein Schreiben beschloss Reuter mit der Impression eines Spaziergangs im Grunewald: „Wie anders geht man hier als in Ankara [...]. Die Fleischtöpfe Ägyptens waren gefüllt, aber das Land der Verheißung war es nicht."[611]

Walter Ruben brauchte noch etliche Jahre, bevor er nach Deutschland zurückkehren konnte. Nachdem die türkische Regierung seinen Lehrstuhl für Indologie Anfang 1947 gestrichen hatte, reiste Ruben im April für mehrere Wochen nach Berlin. Dort verhandelte er mit der Deutschen Zentralverwaltung für Volksbildung im Ostteil der Stadt um eine Anstellung. Die Gespräche verliefen allerdings ergebnislos, so dass Ruben dann das Angebot der Universität von Santiago de Chile zur Übernahme des Lehrstuhls für Anthropologie annahm. Seine Frau und die Söhne waren bereits im April 1947 nach Santiago gezogen. Anfang 1950 konnte die Familie endlich nach Deutschland zurückkehren,

Abb. 34 *Walter Ruben, 1950.*

denn Walter Ruben war für Mai in Berlin die Leitung des Instituts für Indienkunde und eine Professur für Indologie an der Humboldt-Universität zugesagt worden. Zwei Monate zuvor hatte die Abteilung für Hochschulen im Ministerium für Volksbildung ihre Zustimmung mit dem erstaunlichen Vermerk erteilt: „Es ist mit Sicherheit anzunehmen, daß sich Prof. Ruben fortschrittlicher als die Mehrzahl der Professoren für die DDR einsetzt."[612]

Seine „fortschrittliche" Einstellung zur DDR wollte Walter Ruben zum Jahresanfang 1952 nun auch mit einem Antrag auf SED-Mitgliedschaft unterstreichen. Die Mitgliederversammlung der SED-Grundorganisation der Philologen der Humboldt-Universität begrüßte Rubens Antrag: „Der Antrag des Dekans der philosophischen Fakultät Prof. Ruben auf Aufnahme in die Partei wurde von der Mitgliederversammlung mit großem Beifall aufgenommen." Ferner vermerkte das Protokoll der Versammlung, dass Ruben offen über seinen Lebenslauf, sein bisheriges politisches Engagement und den politischen Hintergrund seiner Eltern Auskunft erteilt habe.[613] Nicht aber vermerkte es Fragen zur Exil-Zeit Walter Rubens und zu möglichen Kontakten mit „reaktionären" oder „faschistischen" Deutschen. Mehr Gedanken machte sich die Versammlung dagegen darüber, wie der „Herr Professor einen engeren Kontakt zur Arbeiterklasse" finden könne. Ordnungsgemäß leitete die SED-Grundorganisation die Unterlagen an die SED-Kreisleitung Berlin-Mitte weiter und diese wiederum an die Zentrale Partei-Kontroll-Kommission (ZPKK) der SED. Hermann Matern beauftragte den Genossen Anton Joos, die Unterlagen zu prüfen. Damit begannen für Walter Ruben die Probleme.

Joos zeigte wenig Verständnis für die besondere Lage Rubens in Ankara, als er sein Urteil in einer Aktennotiz zusammenfasste: „Dieser Familie ist sehr viel Aufmerksamkeit zu widmen. Vater befreundet mit Agenten wie Prof. Reuter + Dr. Baade."[614] Die Walter Ruben zugeschriebene Freundschaft zu Ernst Reuter entsprach nicht den Tatsachen. Beide standen in Ankara wohl in Kontakt, nicht aber in einer engeren Beziehung. Auch wenn Ruben an Treffen im Hause Reuter und Reuter bei solchen im Hause Ruben teilnahm, so entstanden aus den Begegnungen der Emigranten bei Fachgesprächen und Vorträgen nicht immer Freundschaften. Erschwerend beim Nachweis seiner ideologischen Reinheit erwies sich für Ruben, dass er in seinen Kontaktmeldungen außer den Namen von Reuter und Baade auch die von weiteren Exilanten angegeben hatte, mit denen er in Ankara zusammen gekommen war. Die genannten Wissenschaftler und Persönlichkeiten lebten in Westdeutschland, West-Berlin oder gar in den „imperialistischen" USA. Einer von ihnen, der Altphilologe Georg Rohde, war erst kürzlich sogar zum Rektor der Freien Universität gewählt worden. Die ZPKK der SED fand in Walter Rubens früherem sozialem Umfeld also eine größere Zahl von politischen Gegnern. Sie erklärte Ruben, dass sein Antrag auf Mitgliedschaft in der SED zurückgestellt werden müsse und erst nach besserem Kennenlernen bearbeitet werden könne. Anton Joos nutzte die kommende Zeit indessen weniger zum Kennenlernen als vielmehr dafür, von Ruben Auskünfte über Ernst Reuter einzuholen. Als die ZPKK sich auch nach einem Jahr noch nicht gemeldet hatte, erneuerte die SED-Parteiorganisation der Humboldt-Universität im Oktober 1953 ihren Antrag auf Rubens Mitgliedschaft. Sie erklärte, dass bei der Rückstellung des Antrags durch die ZPKK „irrtümliche Annahmen mit ausschlaggebend gewesen" seien. Aus Gesprächen mit Ruben habe die Parteiorganisation mittlerweile erfahren können, dass dieser „in Ankara eine flüchtige Emigrations-Bekanntschaft mit Reuter" gehabt habe, nicht aber eine enge Freundschaft.[615] Die ZPKK übernahm dieses Argument indessen nicht und beschied im Jahre 1955 einen weiteren Versuch Rubens auf SED-Mitgliedschaft ebenfalls abschlägig.

Weniger Probleme mit der Kontrollkommission der SED als Walter Ruben hatte dagegen Ernst Engelberg, als er im Frühjahr 1948 aus dem türkischen Exil zurückkam und kurzzeitig an der Pädagogischen Hochschule Potsdam eine Dozentur für Deutsche Geschichte erhielt. Der Historiker Engelberg war Mitte 1940 aus dem Schweizer Exil nach Istanbul gekommen. An der Universität Istanbul konnte er als Lektor für deutsche Sprache seinen Lebensunterhalt verdienen.

Abb. 35 *Ernst Engelberg, 1951.*

Seit dem Jahre 1928 war er Mitglied des kommunistischen Jugendverbandes und ab 1930 auch der KPD. Seine marxistisch angelegte Dissertation über „Die deutsche Sozialdemokratie und die Bismarcksche Sozialpolitik" konnte er gerade noch verteidigen, ehe er 1934 wegen Vorbereitung zum Hochverrat verhaftet und zu 18 Monaten Zuchthaus verurteilt wurde. Aus der Haft entlassen, ging er ins Schweizer Exil und wanderte von diesem auf Vermittlung des Sozialphilosophen Max Horkheimer in das Türkische weiter. Ab Sommer 1944 wirkte der 20 Jahre jüngere Engelberg mit Ernst Reuter in Istanbul im IRRC-Hilfskomitee für Flüchtlinge und internierte Exilanten zusammen. Wie Reuter, so drängte auch Engelberg früh auf die Rückkehr nach Deutschland und erinnerte sich später: „Darin war ich einig mit Ernst Reuter, mit dem ich oft beriet, wie wir die Heimkehr wohl am raschesten bewerkstelligen könnten."[616] Engelberg hatte trotz seiner kommunistischen Orientierung erstaunlicherweise sogar noch mehr Probleme mit der Rückkehr als Reuter. Er konnte nicht vor dem Frühjahr 1948 über Italien und die Schweiz nach Deutschland kommen.

Als Ernst Engelberg die SED-Mitgliedschaft beantragte und im Sommer 1948 erhielt, hatte er Glück, dass die ZPKK noch nicht gegründet war. Die scharfe Überprüfung von Neuanträgen und von jungen SED-Mitgliedern aus der „Westemigration" begann erst 1949. Engelberg konnte die Kontrolleure andererseits auf seine frühe KPD-Mitgliedschaft, seinen Zuchthausaufenthalt und auch auf seine Widerstandstätigkeit in Istanbul verweisen. Hier wirkte er in einem „Kreis von Antifaschisten, der der Sowjetunion bei der Befreiung vom Nazismus helfen wollte, indem er über Aktionen der Nazikolonie in Istanbul informierte."617 Andererseits sprach nicht unbedingt für Engelbergs ideologische Festigkeit, dass er in Istanbul nicht nur Kontakt zu Ernst Reuter und zu anderen nicht-kommunistischen Exilanten hatte. Er suchte vielmehr auch den Abgesandten des Vatikan, Angelo Roncalli, mehrfach zu Gesprächen auf und wunderte sich bisweilen über dessen positive Einstellung zum NS-Regime. Einen weiteren Anlass zur Nachfrage hätten die SED-Kontrolleure darüber hinaus auch darin finden können, dass Engelberg keine Probleme hatte, seinen Pass beim deutschen Generalkonsulat verlängern zu lassen.618

Ernst Engelberg schadete seine „Westemigration" auch in den weiteren Jahren seiner Tätigkeit in Leipzig und Ost-Berlin nicht. Das Leipziger Universitätsarchiv verzeichnet: 1949 bis 1953 Professor mit Lehrauftrag für Geschichte der Arbeiterbewegung in Leipzig, 1953 bis 1974 Professor mit Lehrauftrag für Geschichte des deutschen Volkes in Leipzig, 1960–1969 Direktor des Instituts für Geschichte der Deutschen Akademie der Wissenschaften zu Berlin, 1969–1974 Leiter der Forschungsstelle für Methodologie und Geschichte der Geschichtswissenschaft am Zentralinstitut für Geschichte der Akademie der Wissenschaften der DDR, Nationalpreisträger. Zu ergänzen ist Ernst Engelbergs zweibändige Bismarck-Biografie, die – in den Jahren 1985 und 1990 erschienen – auch im Westen Deutschlands große Anerkennung fand. Konfrontiert mit der Frage, warum er nach dem Wissen über die zahlreichen Verbrechen Stalins nicht wie Ernst Reuter gegen beide Diktaturen angetreten sei, antwortete Engelberg stets: „Man konnte nicht gegen Stalin und gegen Hitler zugleich sein."619 Allerdings gehörte er zu den wenigen DDR-Historikern, als er im April 1989 anlässlich einer Rede bei einer Festveranstaltung zu seinem 80. Geburtstag die Aufklärung aller sowjetischen Verbrechen forderte.

Ernst Engelbergs Exilkontakte mit Ernst Reuter behinderten seine Pläne in der DDR nicht. Seine Auskünfte über Reuter halfen den SED-Funktionären andererseits auch nicht, diesem eine Nähe zum NS-Regime nachzuweisen. Bis ins Jahr 1952 verfolgten die Funktionäre bezeichnenderweise noch Spuren, um an weiteres belastendes Material gegen Reuter heranzukommen. Selbst die österreichischen Genossen wurden dafür bemüht. So befindet sich in den Akten des Zentralkomitees der Kommunistischen Partei Österreichs zum „Fall Reuter" ein Schreiben an den Genossen Franz Dahlem im Zentralkomitee der SED.

Es datiert vom 3. Mai 1952 und enthält die Aussage des Architekten Wilhelm Schütte.[620] Schütte war auf Empfehlung von Bruno Taut im September 1938 nach Istanbul gekommen. Dort lehrte er, ebenso wie seine Frau Margarete Lihotzky-Schütte, an der Akademie der Schönen Künste. Das Ehepaar war früher mehrere Jahre in Moskau bei der Projektierung neuer Städte und in der Regionalplanung tätig gewesen. Bald schlossen sie sich in Istanbul einer österreichischen Gruppe kommunistischer Emigranten an. Sie brachten Flugschriften und Broschüren in Umlauf, mit denen sie zum Widerstand gegen das NS-Regime aufriefen. Während seine Frau bei einem Kurierdienst nach Wien 1941 von der Gestapo verhaftet wurde und bis Ende des Krieges inhaftiert blieb, konnte Wilhelm Schütte weiter in Istanbul wirken. Um die Internierung in Yozgat kam er im Sommer 1944 aber nicht herum. Nach dem Krieg betätigte sich das Ehepaar als freie Architekten in Wien.

Die Anfrage bei den österreichischen Genossen zu Ernst Reuters Aktivitäten in der Türkei kam von Franz Dahlem, der Reuter aus gemeinsamer Zeit in der KPD und aus dem Reichstag kannte. Im Jahre 1952 war Dahlem Mitglied des ZK und des Politbüros der SED. Er leitete das Büro Parteiaufklärung. Über die Wiener Genossen erfuhr er von Wilhelm Schütte, dass dieser Ernst Reuter 1943 das erste Mal in Ankara getroffen und dass „Angehörige unserer Gruppe in der Türkei und ihnen Nahestehende uns über Reuter verschiedentlich berichtet" hätten. Seinen deutschen Pass habe man „Reuter auf der Gesandtschaft regelmäßig verlängert, obwohl er an den Veranstaltungen dort – so viel uns bekannt wurde – nie teilgenommen" habe. Diese Aussage Schüttes konnte Dahlem nicht zufrieden stellen. Die anschließenden Sätze noch weniger: „Die Veranstaltungen wurden bei Leuten, die die Gesandtschaft in irgendeiner Weise unter Kontrolle haben wollte, dann durchgeführt, wenn es sich um eine prominente Persönlichkeit handelte. Außerdem ging Papens Sonderinteresse dahin, sich Leute, besonders prominente Intellektuelle, gewogen zu halten, für den Fall, daß es ihm gelingen würde, an Hitlers Stelle die Macht zu übernehmen."[621] Hiermit wollte Schütte möglicherweise auf die Besuche von Carl Goerdeler, Gerhard Ritter, Trott zu Solz oder Helmuth James Graf von Moltke in Ankara und auch bei Papen anspielen und diesem eine Nähe zu deutschen Widerständlern zusprechen. Die Angabe Schüttes musste bei Dahlems Bild vom „Steigbügelhalter" und „Hitler-Paladin" von Papen auf große Skepsis stoßen. Dialektisch geschult, konnte er Reuter äußerstenfalls Distanz zum Widerstand unterstellen, da er nicht an den Treffen Papens teilnahm. Für Propagandazwecke waren Schüttes Aussagen aber völlig ungeeignet. Dahlems Anfrage in Wien zeigt aber, wie hartnäckig die „antifaschistischen" SED-Funktionäre bemüht waren, dem „Renegaten" Ernst Reuter Komplizenschaft mit den Nazis nachzuweisen.

Über Berliner Kontakte Ernst Reuters zu den beiden DDR-Bürgern Walter Ruben und Ernst Engelberg gibt es keine weiteren Erkenntnisse. Sicher ist aber, dass Ernst Reuter in Berlin erfuhr, wie „Westemigranten" und andere vom NS-System Verfolgte in der SBZ und ab 1949 in der DDR behandelt wurden. Mit dem Beginn des Kalten Krieges ging eine erinnerungs- und geschichtspolitische Ideologisierung einher. Die DDR verstand sich zu allererst als antifaschistischer Staat. Dementsprechend und anknüpfend an den Widerstand der KPD, deren Mitglieder die Hauptlast der Opfer getragen haben sollten, waren die Kommunisten nach dieser Lesart berechtigt, die politische Führung zu übernehmen. Die Linientreue der aus Moskau zurückgekehrten Führungselite stand außer Zweifel. Sie waren von den faschistischen Nationalsozialisten nicht nur verfolgt worden, sondern hatten auch aktiv gegen sie gekämpft. Außer der ideologisch gefestigten Elite erklärte das Geschichtsbild der DDR auch die Arbeiterschaft zu den Hauptgegnern des Faschismus. Sie und die Bauern zählten im „Arbeiter- und Bauernstaat" dementsprechend nur in unbedeutender Zahl zu den ehemaligen Anhängern des nationalsozialistischen Systems. Von den „Westemigranten" gab es a priori keine Belege ihrer Linientreue und ob sie zu den „Opfern des Faschismus" gezählt werden konnten. Im „kapitalistischen Ausland" hätten sie ja ideologisch korrumpiert worden und dem Klassenfeind in die Hände gefallen sein können.

Um in der DDR als anerkanntes Opfer des Faschismus (OdF) gelten zu können, gab es genaue Kriterien wie zum Beispiel Inhaftierung oder Berufsverbot. Wiedergutmachung oder Entschädigung waren für die anerkannten Opfer allerdings nicht vorgesehen. Ab Ende der 1960er Jahre gab es jedoch eine Ehrenpension, die als „VdN-Rente" bezeichnet wurde. Berufstätige erhielten sie als Teilrente neben dem Gehalt. Weitere Regelungen wie eine jährliche Gesundheitsüberprüfung und Unterstützungen für die Ausbildung der Kinder kamen hinzu. Das frühere KPD- und spätere SED-Mitglied Ernst Engelberg hatte Anspruch auf die Vergünstigungen. Er erhielt eine „VdN-Rente", die im Jahre 1992 auch vom Bund anerkannt wurde. Walter Ruben und seine Familie wurden indessen auch als „jüdische Mischlinge" nicht entschädigt. Seit 1947 waren die VdN in der Vereinigung der Verfolgten des Naziregimes – Bund der Antifaschistinnen und Antifaschisten (VVN) in allen Besatzungszonen organisiert. Mit Beginn des Kalten Krieges kam es um die VVN allerdings zu politischen Auseinandersetzungen zwischen Ost und West. Dem Westen war die Vereinigung zu stark von der SED geprägt; im Osten unterstellte man Mitgliedern Spionagetätigkeit. Die Spannungen führten dazu, dass viele ehemalige Verfolgte die Vereinigung verließen oder ausgeschlossen wurden. Im Jahre 1953 wurde die VVN in der DDR aufgelöst. Als Ersatz wurde das Komitee der Antifaschistischen Widerstandskämpfer (KdAW) gegründet.

Schon in den frühen 1950er Jahren zeigte sich in der DDR ein systematisches Misstrauen des Staates sowohl gegenüber religiösen wie kommunistischen Juden. In der SED gab es eine komplette „Judenliste". Am prominentesten ist der Fall

Paul Merker, der im Jahre 1950 aus der Partei ausgeschlossen wurde, weil er dafür eintrat, Juden zu entschädigen. Er wurde 1952 verhaftet und 1955 als „zionistischer Agent" verurteilt. Auch erhielten jüdische Opfer geringere VdN-Renten als die kommunistischen Opfer des Nationalsozialismus. Den Juden wurde indirekt eine Mitschuld an ihrem Leid gegeben: Sie hätten ja nicht, wie die Kommunisten, gegen den Faschismus gekämpft, sondern sich ihrem Schicksal ergeben. Bei all dem wähnte sich die SED auf der marxistisch sicheren Seite: Der Faschismus galt in der Definition von Georgi Dimitroff, Generalsekretär der Komintern, als „die offene terroristische Diktatur der reaktionärsten, am meisten chauvinistischen, am meisten imperialistischen Elemente des Finanzkapitals".[622] Das Finanzkapital war also letztlich schuld am Faschismus. Leicht erkennbar ließ sich diese Definition mit dem „reichen Juden" und „jüdischen Banker" assoziieren.

In den Gedenkorten und den äußerst zahlreichen Gedenkveranstaltungen der DDR spielten die jüdischen Opfer des NS-Regimes keinerlei Rolle. Die DDR argumentierte, dass die Juden ja weder Nation noch Volk seien, sondern bloß eine Religion bildeten. Dieser Blick auf die Juden hatte auch Auswirkungen auf die Ehrung der Opfer des Holocaust: Sie wurden unter den Gruppen der Ermordeten einfach nicht aufgelistet. Sie seien ja deutsche Staatsbürger mit einer bestimmten Religion, hieß es. Das Schicksal der Juden wurde in DDR-Gedenkstätten wie dem KZ Buchenwald nicht thematisiert, wohl aber der kommunistische Widerstand und die internationale Solidarität unter Führung der KPD-Mitglieder herausgestellt. Die Lagerbaracken des KZ Buchenwald wurden abgerissen und allein das Krematorium, der Todesort von Ernst Thälmann, erhalten. Unter den 21 Fahnen der Völker, welche sich auf dem Ettersberg beim ehemaligen KZ Buchenwald zusammenfanden, um der Helden und Märtyrer zu gedenken, fehlte die Fahne mit dem Davidstern. Vertreter der Jüdischen Gemeinde, der Roma und Sinti, Deserteure, Euthanasie-Opfer und andere Verfolgte des Naziregimes kamen auf den Kundgebungen, den sogenannten OdF-Tagen, nicht zu Wort. Von den rund 8.000 Juden, die im Jahre 1946 in der sowjetischen Besatzungszone lebten, waren 1989 nur noch rund 350 in der DDR verblieben.[623]

Weit weniger interessiert als an der ideologisch korrekten Behandlung der „Opfer des Widerstands" zeigte sich die SED-Führung dagegen an den Aktivitäten mancher ehemaliger NS-Funktionäre, die sich nach dem Krieg in der sowjetischen Zone bzw. der späteren DDR niederließen. Zu ihnen gehörte der NS-Kulturfunktionär und „spezielle Freund" der deutschen Exilwissenschaftler in der Türkei, Dr. Herbert Scurla. Seinen Berliner Arbeitsplatz im Reichsministerium für Wissenschaft, Erziehung und Bildung tauschte der Türkeiexperte im Sommer 1945 zunächst mit dem unauffälligen eines Bautischlers in Cottbus. Der Übergang vom einflussreichen Kulturfunktionär zum Handwerker war abrupt. Noch im März 1945, also nur einen Monat vor Ende des NS-Terrors, hatte der Sicherheitsdienst des Reichsführers SS in seiner Gedenkschrift *Geistige*

Kriegsführung bestimmt, dass Einzelheiten für Propagandaaktionen in Russland, der Schweiz und Polen „in Übereinstimmung mit Prof. Scurla festzulegen" seien.[624] Das Kriegsende vereitelte den Plan. Aber schnell und nahezu ungebremst startete Dr. Scurla ab dem 9. Mai 1945 seine zweite Karriere „vom NS-Autor zum Mitarbeiter des Agitprop der DDR", wie Simon Wiesenthal, der Gründer des Dokumentationszentrums des Bundes Jüdischer Verfolgter des Naziregimes feststellte.[625] Ein Foto aus dem Jahr 1974 zeigt Scurla dann auch mit dem Vorsitzenden des Ministerrats der DDR, Horst Sindermann, in vertraulichem Gespräch bei der Entgegennahme des „Vaterländischen Verdienstordens in Gold".

Seine Einstellung zum Judentum brauchte der NS-Kulturfunktionär Dr. Scurla in der „antifaschistischen" DDR nicht maßgeblich zu ändern. Die Grundlagen seiner Gesinnung fanden sich im Frühjahr 1933 in einem 20-seitigen Artikel in der Zeitschrift *Hochschule und Ausland* unter dem Titel „Die Judenfrage in Deutschland". Dr. Scurla, am 1. Januar 1933 mit der Mitgliedsnummer 2.583.383 in die NSDAP aufgenommen, stellte darin unter anderem fest: „Im Gegensatz zu würdiger Selbstbescheidung hat sich das Judentum auf allen Gebieten des öffentlichen Lebens in einer Weise in den Vordergrund gedrängt, die zu einer unerträglichen Ueberfremdung durch Juden in Staat, Politik, Wirtschaft und geistigem Leben geführt hat." Mit Statistiken bemühte sich Scurla, seine These zu belegen und folgerte: „Für jeden Deutschen wird es damit aber auch klar sein, daß uns das Judenproblem als eine der ernstesten und schwierigsten Aufgaben gestellt ist, die gelöst werden müssen." Säuberlich unterschied Scurla zwischen „Ghettojuden", „Assimilationsjuden", „Geldjuden", „Literaturjuden", sittlich verwahrlosten „Großstadtjuden" und dem „zügellosen Triebleben des niveaulosen Landjuden."[626] Jahre später behinderte Scurlas These, wonach „die Grundideen des Kapitalismus und die Grundideen des jüdischen Wesens in wahrhaft überraschendem Umfang übereinstimmen, so dass wir zu der bedeutsamen Parallele zwischen jüdischer Eigenart, jüdischer Religion und Kapitalismus gelangen", seine Karriere in der DDR in keiner Weise.[627]

Die jüdische „Überfremdung" im geistigen Leben des deutschen Volkes zu beseitigen, war Dr. Herbert Scurlas Aufgabe auch in der Türkei. Der bekannte „Bericht des Oberregierungsrates Dr. Scurla über die Ergebnisse einer Dienstreise vom 11.–25. Mai (1939) nach Istanbul und Ankara", in dem er seine Erkenntnisse über die „Tätigkeit deutscher Hochschullehrer an türkischen wissenschaftlichen Hochschulen" zusammenfasste, ist Ausdruck seiner intensiven Bemühungen. Außer Fritz Neumark bekam den Bericht keiner der türkischen Exilanten zu Gesicht. Der Südosteuropa-Historiker Klaus-Detlev Grothusen stieß erst 1981 in der Deutschen Botschaft Ankara auf den Bericht, und zwar bei Recherchen für eine Ausstellung zu Kemal Atatürks 100. Geburtstag. Im Jahre 1987 kommentierte Fritz Neumark den „Scurla-Bericht" von 110 Schreibmaschinenseiten: „So hätte es ja zur Erreichung des nazistischen Ziels der ‚Entjudung' der deutschen Wissenschaft und Kultur vollauf genügt, jüdische Gelehrte und/ oder im Kampf gegen ‚entartete Kunst' als deren Vertreter angesehene Künstler aus ihren Stellungen zu entlassen. Wie der ‚Scurla-Bericht' jedoch dartut, wollte man vor allem durch Ausbürgerung oder durch Verweigerung der angeblich doch so erwünschten Ausreise den verfemten Gruppen die Möglichkeiten nehmen, in einem fremden Land zu leben und zu arbeiten."[628]

Die meisten der mit Ernst Reuter befreundeten Exilanten beurteilte Scurla nach einem Fragebogen vom 30. Mai 1938, den die Deutsche Botschaft Ankara und das Generalkonsulat Istanbul vor Scurlas Inspektionsreise an die Exilanten geschickt hatten. Qualifikationen und beruflicher Hintergrund der Befragten interessierten nicht. Allein vier der sechs Fragen bezogen sich auf die Reinrassigkeit der Exilanten. Der Altphilologe Georg Rohde weigerte sich, den Fragebogen auszufüllen, „da er sich nach der Entziehung der Lehrbefugnis nicht mehr als deutscher Hochschullehrer betrachten könne." Diese Aussage Rohdes vermerkte Scurla in seinem Bericht ebenso akribisch wie: „Freitag, 19.5.1939; Einzelunterredungen mit folgenden Herren: 10 Uhr Professor Rohde."[629] Die „Zeittafel" Scurlas weist Rohde als einzigen Gesprächspartner unter den Emigranten aus. Georg Rohde konnte den „Scurla-Bericht" nicht mehr einsehen; er verstarb 1960. Über sein Gespräch mit Scurla dürfte er Ernst Reuter und die übrigen Exilfreunde in Ankara unterrichtet haben. Bekanntlich war Ernst Reuter das zweifelhafte „Privileg" nicht beschieden gewesen, ins Fadenkreuz von Scurla zu kommen. Mehrere Gespräche führte Dr. Scurla dagegen mit Erziehungsminister Hasan Ali Yücel und dessen Generaldirektor Cevat Dursunoğlu. Ernst Reuter hatte gute Kontakte zu beiden und wird auch von ihnen Andeutungen über die Mission und die Verhandlungsführung des NS-Kulturfunktionärs erhalten haben.

Aus der Unterredung mit den beiden türkischen Erziehungsverantwortlichen wusste Scurla zu berichten, dass er beiden gegenüber eine klare Sprache geführt habe: „Es stünde der Türkischen Regierung selbstverständlich frei, an ihre Hochschulen diejenigen Kräfte ohne Rücksicht auf ihre Staatsangehörigkeit und ihre Rassezugehörigkeit zu berufen, die man in der Türkei für die Besetzung eines derartigen Lehrstuhls für geeignet hielte. Die Deutsche Regierung habe daher auch in früheren Jahren den Zustrom deutscher Emigranten nach Istanbul als eine Angelegenheit betrachtet, die die deutsche Seite nur mittelbar berühre. Inzwischen habe sich aber gezeigt, daß eine Anzahl von Hochschullehrern [...] sich nicht auf Erfüllung ihrer Vertragsverpflichtung gegenüber der Türkei beschränkten, sondern glaubten, ihre negative Einstellung gegenüber dem Dritten Reich in einer Weise zum Ausdruck bringen zu müssen, die für Deutschland nicht mehr tragbar sei." Scurla drohte laut eigenem Bericht unverhohlen: „Nachdem nunmehr aber die deutsche Großzügigkeit den emigrierten Hochschullehrern gegenüber von einigen dieser Herren mißbraucht würde und das Emigrantenproblem in Istanbul allmählich drohe, die ausgezeichneten deutsch-türkischen kulturellen Beziehungen zu beeinträchtigen, müßte man in absehbarer Zeit damit rechnen, daß Emigranten, die sich politisch betätigen, ausgebürgert und damit staatenlos würden."⁶³⁰

Aus der Türkei nach Berlin zurückgekehrt, tat Dr. Scurla sein Bestes, die Drohung zur Ausbürgerung der Exilanten in die Tat umzusetzen. Er empfahl den zuständigen Reichsbehörden, dafür zu sorgen, „dass in Istanbul tätige Emigranten, die gegen Interessen des Reichs verstoßen, rücksichtslos ausgebürgert werden. Diese Ausbürgerung sollte sich in erster Linie auf nichtarische Wissenschaftler erstrecken". Nicht ohne Bedauern ergänzte er: „Leider hat sich nicht verhindern lassen, dass der erste ausgebürgerte Hochschullehrer (Professor Kessler) ein Arier ist." Dem unbeugsamen Oppositionellen und liberalen Streiter Gerhard Kessler hatte das NS-Regime und hatten seine Helfer in Istanbul als Ausbürgerungsgrund noch ein Verhalten vorgeworfen, „das gegen die Pflicht zur Treue gegen Reich und Volk verstößt" und „die deutschen Belange schädigt." Als Dr. Scurla aber am 7. Februar 1940 gegenüber dem Reichsinnenminister Wilhelm Frick keine Bedenken gegen die „Ausbürgerung des Juden Professor Dr. phil. Fritz Neumark" äußerte, spielten „Pflicht und Treue" keine Rolle, wohl aber die „deutschen Belange": Neumark, so schrieb Scurla, habe nach seinen Ermittlungen „sich besonders deutschfeindlich in Istanbul nicht betätigt. Jede Ausbürgerung in Istanbul tätiger Emigranten trägt jedoch dazu bei, ihre starke Stellung in der Türkei zu schwächen, da diese die Einbürgerung von Emigranten grundsätzlich ablehnt und dazu neigt, staatenlos gewordene Emigranten abzuschieben."⁶³¹ Anders als von Scurla erhofft, neigte die türkische Regierung im Juni 1940 jedoch nicht dazu, den staatenlosen Fritz Neumark nach dem Verlust seiner Lebensgrundlage in Deutschland diese auch in der Türkei zu entziehen und ihn abzuschieben. Mit dem „Haymatloz"-Stempel im ungültigen deutschen Pass konnte Fritz Neumark bis ins Jahr 1950 und konnten die am 25. November 1941 vom „Dritten Reich" ohne Angabe von Gründen kollektiv-automatisch ausgebürgerten jüdischen Kollegen ebenfalls in der Türkei bleiben. Für manche der weniger privilegierten deutschstämmigen Juden galt dies allerdings nicht.

Nach dem unsanften Erwachen aus seinen völkischen Träumen belasteten die erfolglosen Bemühungen bei den türkischen Verantwortlichen, die starke Stellung der Wissenschaftsemigranten zu schwächen, Dr. Scurlas Türkeibild in keiner Weise. Mitte November 1946 vertraute er seinem NS-Gesinnungsfreund Professor Hennig Brinkmann mögliche Perspektiven für sich in der Türkei an. Zum Wintersemester 1942/43 hatte Scurla dem Professor auf den neu geschaffenen Lehrstuhl für Germanistik nach Istanbul verholfen. Er habe, schrieb Scurla, „schon oft mit dem Gedanken gespielt, ob sich nicht auch für mich dort eine bescheidene Tätigkeit finden lassen würde, die sinnvoll ist und mir meine geistige Unabhängigkeit lässt." Offensichtlich rechnete Scurla mit einem kurzen Gedächtnis der Türken, als er ergänzte: „Ich habe so manche Beziehung dorthin, aber sie reichen bis in die Zeit vor 1939 zurück und sind heute wohl überholt." 1946 waren die Beziehungen zu „guten Bekannten", unter anderem zu Fritz Neumark und Gerhard Kessler, die er in Istanbul noch hätte antreffen können, für Scurla zwar nicht überholt, aber wenig empfehlenswert. Im Brief an Brinkmann erinnerte er sich an die Emigranten eher pauschal, als er ihm mitteilte: „Gewiss sind wir Deutsche in der Türkei an Wert gestiegen, denn wir kommen als geistige Arbeiter nunmehr ohne politische Kräfte im Hintergrund und ohne große Ambitionen. Wir kennen die Lage einer solchen Intellektuellen-Schicht ja aus der Beobachtung der Emigranten. Und die Türken kennen sie auch und außerdem – die deutsche Leistungsfähigkeit und Werktreue!"[632] Scurlas „deutsches Wesen" hatte das „Tausendjährige Reich" ganz offensichtlich unbeschadet überstanden.

Mühelos gelang Dr. Herbert Scurla dann auch der Übergang vom „Großdeutschland" in das „neue Deutschland". Das NSDAP-Parteibuch ging in Cottbus bald „verloren", und das der NDPD erwarb er im Herbst 1948. Im Mai 1948 war die National-Demokratische Partei Deutschlands (NDPD) unter Kontrolle der SMAD als Auffangbecken für die „Ehemaligen" gegründet worden. Diese Blockpartei befand sich jedoch weitestgehend in Abhängigkeit von der SED. Im Februar 1948, also kurz vor Gründung der NDPD, hatte die SMAD ihre strengen Entnazifizierungsverfahren gegen ehemalige NSDAP-Mitglieder und Wehrmachtsoffiziere für beendet erklärt. Prozesse vor sowjetischen Militärtribunalen gegen rund 40.000 angeklagte Nationalsozialisten liefen allerdings noch bis 1950 weiter. Das Sprachrohr der NDPD, die *National-Zeitung*, bejubelte dementsprechend auch die sowjetische Politik: „Während man in den anderen Teilen Deutschlands noch mit gewichtiger Miene Entnazifizierung spielt, können die Augen in der Ostzone wieder heller blicken, nun braucht der einfache ‚Pg.' nicht mehr scheu um sich zu sehen, als ob er ein Paria wäre."[633] Die Parteiführung der NDPD hatte eine vor allem militärische Vergangenheit, zumal die Meisten in der Wehrmacht höhere Offiziersränge bekleidet hatten. Die NDPD zeigte ihre deutsch-nationale Prägung, die von der SED und der Besatzungsmacht aus deutschlandpolitischen Erwägungen bewusst gefördert wurde, besonders in ihrem Geschichtsbild. Das Parteiprogramm hob hervor, dass das „deutsche Kulturerbe", das „unsere nationale Erfahrung verkörpert", gefördert werden müsse. Positiver Bezugspunkt der deutschen Geschichte waren die Befreiungskriege von 1813 bis 1815 und die Revolution von 1848. Eine Reihe biographischer Porträts sollte eine lange Ahnenreihe deutscher Forscher, Denker und Künstler konstruieren. Sie kamen 1955 unter dem Titel *Deutsche, auf die wir stolz sind* im „Verlag der Nation", dem Parteiverlag, heraus. Herausgeber und Autor war kein Geringerer als Dr. Herbert Scurla.

Scurla schrieb bis zu seinem Lebensende im Jahre 1981 sehr viel. Sein Geburtsname reichte ihm für die große Zahl an Publikationen nicht aus. Unter sieben Pseudonymen, darunter Karl Leutner, K. Th. Lysander, Harry Droll,

Abb. 36 *Herbert Scurla, 1960er Jahre.*

Leopold Kanter und sogar Herta Falkenstein, veröffentlichte er neben vielen Artikeln insgesamt 30 Bücher. Unter eigenem Namen, aber eher ohne eigenen Antrieb, schrieb Scurla auch Selbstbiografien. Nahezu im Dreijahresrhythmus, beginnend im Jahre 1945 und bis ins Jahr 1979, verfasste er insgesamt zehn Lebensläufe.[634] Auffällig ist die Parallelität zu Daten von ihn betreffenden Jubiläen und Ordensverleihungen: Carl-Blechen-Preis (1956), Johannes-R.-Becher-Medaille in Silber (1959), Verdienstmedaille der DDR (1965), Johannes-R.-Becher-Medaille in Gold (1971), Vaterländischer Verdienstorden in Gold (1974). Mitglieder seiner Partei, SED-Funktionäre und der Staatssicherheitsdienst, die von bevorstehenden Jubiläen oder Ordensverleihungen erfuhren, wiesen im Vorfeld auf unterschiedliche Flecken in Scurlas „brauner" Vergangenheit hin. Dieser sah sich sodann genötigt, seine Vita entsprechend anzupassen. Regelmäßig setzten sich aber hochrangige SED-Politiker durch, die Scurlas allseits beliebte Reisebücher – angefangen bei *Auf Kreuzfahrt durch die Südsee* über *Beiderseits des Amazonas* bis zu *Zwischen Kap und Kilimandscharo* – angesichts eigener Reisebeschränkungen besonders faszinierten. Die nationalbewussten Leser der *National-Zeitung* wussten ihrerseits den Autor Karl Leutner, eines der Pseudonyme

Scurlas, besonders zu schätzen. Über Jahre und nahezu wöchentlich erfuhren sie locker formulierte Details aus dem Leben von Denkern, Forschern und Pädagogen wie Ulrich von Hutten, Alexander von Humboldt und Friedrich Fröbel oder von Komponisten, angefangen bei Johann Sebastian Bach über Albert Lortzing bis zu Carl Friedrich Zelter. Seine Kolumnen erweiterte Scurla zu nachgefragten Büchern. Stolz wusste er 1970 seinem bundesdeutschen Gesinnungsfreund, „Pg." Ernst Achenbach, dem langjährigen Landtags- und Bundestagsabgeordneten der F.D.P. mit zweifelhafter Vergangenheit an der Deutschen Botschaft Paris, zu berichten: „Insgesamt bin ich, was die Auflagenhöhe angeht, schon lange Buchmillionär".[635]

Herbert Scurlas auch in der Bundesrepublik aufgelegte Bücher verhalfen ihm zwar nicht zu Millionen, wohl aber zu Devisen. Langjährig vermochte er mit ihnen viele Westreisen zu Verlagen und zu „Ehemaligen" zu finanzieren. Im Mai 1963 war allerdings Schluss damit. Scurla wollte der Stasi nicht als „IM" zu Diensten sein und erhielt Reiseverbot für den Westen. So war ihm verwehrt, den Hamburger Claasen-Verlag aufzusuchen, als dieser Scurlas *Begegnungen mit Rahel. Der Salon der Rahel Levin* veröffentlichte. Unter diesem eher familiären Titel hatte der Aufbau-Verlag im Jahre 1962 Scurlas Buch über die bedeutende jüdische Schriftstellerin Rahel Varnhagen veröffentlicht. 1978 wählte der Claasen-Verlag für Scurlas Buch den eher prosaischen Titel: *Rahel Varnhagen. Die große Frauengestalt der deutschen Romantik*. Sein Porträt der „'Assimilationsjüdin" Rahel Varnhagen begriff Scurla erstaunlicherweise als „Schmerzensbuch", wie er seinem Ost-Berliner Lektor bekannte. Er wollte, so gesteht er im Vorwort von 1962, „im Gedenken an Rahel [...] jene unbekannten und ungenannten deutschen Frauen jüdischen Glaubens mahnend und beschwörend in unser Gedächtnis zurückrufen, die – wiewohl Schwestern dieser wahrhaft menschlichen Erscheinung Rahels – ein Jahrhundert nach ihrem Tode jener bestialischen Unmenschlichkeit zum Opfer gefallen sind, vor deren Wüten es Rahel so oft gebangt hat."[636] Dem Hamburger Verlag schien im Jahre 1978 Scurlas Vorwort-Bekenntnis offensichtlich zu schmerzensreich. In der Claasen-Ausgabe sucht man es vergeblich. Scurlas *Die Judenfrage in Deutschland* aus dem Jahre 1933 mit den von ihm festgestellten „Ghettokomplexen, die auch den Assimilationsjuden nicht verlassen haben", mochte wohl die Stasi kennen und nutzen. In der Pressestadt Hamburg wäre der Juden-Artikel schnell ans Licht gebracht worden – nicht unbedingt zum Vorteil des Verlags.

Es fällt nicht leicht, dem ehemaligen NS-Kulturfunktionär Dr. Herbert Scurla einen Gesinnungswandel zuzugestehen. Hartnäckig vertrat er gegenüber den jüdischen Wissenschaftlern im türkischen Exil die offizielle Politik der Reinblütigkeit und Ausbürgerung. Den Exilanten drohte mit der Ausbürgerung, dass sie nicht nur die deutsche Staatsangehörigkeit, ihre Titel, Rentenansprüche und ihr Vermögen verlieren. Auch ihre Familienangehörigen wurden einbezogen und alle mussten befürchten, als Staatenlose aus der Türkei abgeschoben zu werden.

Scurlas umfangreiches, einfühlsames und ohne Polemik geschriebenes Buch über die „Assimilationsjüdin" Rahel Varnhagen besitzt durchaus literarischen Wert. Andererseits hat Scurla Kontakte zu wenig geläuterten „alten Kameraden" bis zuletzt gepflegt. Mit Ernst Achenbach, dem bundesdeutschen Politiker, stand Scurla noch in den 1970er Jahren in Briefkontakt, mit nostalgischen Rückblenden auf die gemeinsame NS-Zeit. Achenbach trat in der Bundesrepublik schon im Jahre 1950 vehement zugunsten einer Generalamnestie für NS-Verbrecher ein – nicht ohne Grund. Ihm konnte 1971 nachgewiesen werden, dass er am 15. Februar 1943 aus Paris an das Auswärtige Amt als „einstweilige Sühnemaßnahme" für die Ermordung zweier Offiziere durch Partisanen die „Verbringung" von 2.000 Juden „nach dem Osten" vorgeschlagen hatte.[637] Die „Endlösung der Judenfrage" war zu dieser Zeit bereits beschlossene Sache. Scurlas Leben in zwei Diktaturen lässt kein eindeutiges Urteil zu. Obwohl besser überschaubar, gilt dies auch für manche der „Ehemaligen" in der Bundesrepublik, die in offizieller Mission über das Schicksal der deutschen Exilanten in der Türkei mitzubestimmen hatten.

3. Bundesdeutsche Vergangenheitspolitik: Remigranten und „Ehemalige"

Die große Mehrheit der deutschsprachigen Hochschullehrer, Politiker, Praktiker und Künstler im türkischen Exil entschloss sich früher oder später zum „Weg zurück". Eine kleinere Zahl der Professoren hatte ihren Arbeitsplatz in der Türkei kurz vor oder kurz nach dem Kriege mit einer Anstellung in den USA oder in Palästina getauscht. Die Assimilationskraft der Vereinigten Staaten und die guten Arbeitsbedingungen dort hielten sie von einer Rückkehr in die alte Heimat ab. Die Motive, die die Emigranten in der Türkei bestimmten, den „Weg zurück" zu beschreiben, waren unterschiedlich. Sie lassen sich im Wesentlichen auf materielle und emotionale Überlegungen eingrenzen. Fritz Neumark stellte fest, dass eine leidlich erträgliche Pensionsregelung trotz aller Bemühungen der türkischen Kollegen nicht durchsetzbar war. Ohne nennenswerte Ersparnisse konnte man dem Alter in der Türkei nicht ohne Sorge entgegen sehen. Auch wenn anfangs die finanzielle Regelung für die öffentlich Bediensteten in Deutschland noch ungewiss war, zogen die Emigranten deshalb die Rückkehr nach Deutschland vor. Darüber hinaus litten die Meisten unter Heimweh, nicht nur nach den Menschen und der Natur, sondern besonders nach der Sprache. Carl Zuckmayer sprach im kanadischen Exil von „Sprach-Heimweh" und meinte, dies sei „für einen Schriftsteller im Exil die schmerzhafteste Form des Heimwehs".[638]

Trotz Heimweh und materieller Vorteile fiel aber kaum einem der Emigranten der Entschluss leicht, die gastfreundliche, landschaftlich schöne Türkei zu verlassen, in der sie in der langen Exilzeit viele neue Freunde gefunden hatten. Besonders die jüdischen Emigranten hatten miterleben müssen, wie das „Dritte Reich" alle ihre Wertvorstellungen zerstört und zahlreiche Freunde und Verwandte um ihr Leben gebracht hatte. So zögerte Fritz Neumark, sofort einen Ruf an die Universität Frankfurt anzunehmen. Wie auch andere Wissenschaftsemigranten wollte er zunächst als Gastprofessor erproben, ob er mit den alten und neuen Professorenkollegen sowie mit den Studenten auskommen könnte. Nach dem Entschluss zur definitiven Rückkehr wurde manchem von ihnen das Einleben dann durch Kollegen und Bekannte nicht gerade erleichtert: „Verdächtig war mir ohnehin schon seit meinen ersten kurzen Besuchen in Deutschland gewesen, daß es plötzlich fast nur noch Nazigegner und Widerstandskämpfer gegeben zu haben schien", stellte Fritz Neumark fest. Einem Studenten, der ihm im Jahre 1947 bekannte, ein überzeugter Nazi gewesen zu sein, habe er demonstrativ die Hand gegeben mit der Bemerkung, „es ist erfreulich, endlich einmal einem Menschen mit Zivilcourage zu begegnen." Die Tatsache seiner Nazivergangenheit habe er natürlich aufs Tiefste bedauert.[639]

Die aus dem Exil rückkehrenden Akademiker wurden nicht mit offenen Armen erwartet. Im Herbst des Jahres 1945 sahen es die Vertreter der nordwestdeutschen Hochschulkonferenz in Göttingen einhellig zwar als „solidarische Ehrenpflicht", die von den Nationalsozialisten vertriebenen Kollegen wieder in ihre alten Rechtsverhältnisse einzusetzen. In den Präferenzlisten setzten die Rektoren die Exilanten aber erst an die dritte Stelle hinter die unterzubringenden „Professoren aus den abgetretenen Ostgebieten und aus der russisch besetzten Zone" sowie diejenigen aus Österreich und der Tschechoslowakei.[640] Sie sahen sich in keiner moralischen Verantwortung für die 1933 aus Deutschland Vertriebenen. Aus Befragungen von deutschen Kriegsgefangenen wussten die Besatzungsmächte, dass Rückkehrer als potentielle Vaterlandsverräter betrachtet wurden. Generell knüpften sie die Rückkehr deshalb an Genehmigungen, die nur erteilt wurden, wenn die betreffende Person aus Deutschland direkt angefordert wurde. Verschiedene Ressentiments der Einheimischen galt es zu berücksichtigen: Das „eigene schlechte Gewissen, vor dem Nationalsozialismus versagt zu haben; Neid in einer Lage, in der man sich selbst mehr und mehr als Opfer sah; Selbstisolierung in nationaler Provinzialität gegenüber der von Emigranten repräsentierten Weltläufigkeit."[641]

Nicht nur die „Ehemaligen", auch die Unpolitischen, die Angepassten und Mitläufer zeigten Reserven gegenüber zurückgekehrten Exilanten. Früh schon meldeten sich Deutsche zu Wort, die ihr Bleiben in Deutschland als „Innere Emigration" bezeichneten und rechtfertigten. Ernst Reuter verfolgte die Kontroverse zwischen den Schriftstellern Walter von Molo, Frank Thies und Thomas Mann noch in Ankara. Im Februar 1946 erhielt er von Thomas Mann einen kurzen Zwischenbericht. Zuvor, Mitte August 1945, hatte die *Münchner Zeitung* ein Schreiben von Walter von Molo an Thomas Mann veröffentlicht. Von Molo bat diesen eindringlich, nach Deutschland zurückzukehren: „Bitte, kommen Sie bald, sehen Sie in die von Gram durchfurchten Gesichter, sehen Sie das unsagbare Leid in den Augen der vielen, die nicht die Glorifizierung unserer Schattenseiten mitgemacht haben, die nicht die Heimat verlassen konnten, weil es sich hier um viele Millionen Menschen handelte, für die kein anderer Platz auf der Erde gewesen wäre als daheim, in dem allmählich gewordenen großen Konzentrationslager, in dem es bald nur mehr Bewachende und Bewachte verschiedener Grade gab."[642] Das Leid der Exilierten, der in den „kleinen KZs" Inhaftierten und der nach Kriegsende Heimatvertriebenen schien von Molo gegenüber dem „im großen Konzentrationslager" Deutschland erlittenen, „unsagbaren Leid" der Daheimgebliebenen untergeordnet zu sein.

Frank Thiess schloss sich wenig später, ebenfalls in der *Münchner Zeitung*, unter der Überschrift „Innere Emigration" von Molos Einladung an Thomas Mann zur Rückkehr an. Er erweiterte sie auf weitere „Emigranten, die sich noch heute als Deutsche fühlen".[643] Schon der Ausdruck „Emigranten" hatte freilich etwas Polemisches, weil damit nahe gelegt wurde, da habe Jemand aus freien Stücken das angenehme Leben an der amerikanischen Pazifikküste dem Dasein in Nazi-Deutschland vorgezogen. Thiess schrieb: „Auch ich bin oft gefragt worden, warum ich nicht emigriert sei, und konnte immer nur dasselbe antworten: Falls es mir gelänge, diese schauerliche Epoche (über deren Dauer wir uns freilich alle getäuscht hätten) lebendig zu überstehen, würde ich dadurch derart viel für meine geistige Entwicklung gewonnen haben, dass ich reicher an Wissen und Erleben daraus hervorginge, als wenn ich aus den Logen und Parterreplätzen des Auslands der deutschen Tragödie zuschaute. [...] Es ist nun einmal zweierlei, ob ich den Brand meines Hauses selbst erlebe oder ihn in der Wochenschau sehe, ob ich selber hungere oder von Hunger in den Zeitungen lese, ob ich den Bombenhagel auf deutsche Städte lebend überstehe oder mir davon berichten lasse."[644] „Innere Emigration" hieß für Thiess also, unter schwierigsten Bedingungen dageblieben zu sein, ohne dabei gewesen zu sein. Es hieß auch, weitergemacht ohne mitgemacht, nicht aber bequem aus „Logen und Parterreplätzen" zugeschaut zu haben.

Thomas Manns Antwort auf die „Einladungen" erschien im Oktober 1945 im *Augsburger Anzeiger*. Erfreut sei er, dass Deutschland „mich wiederhaben will" und zwar „nicht nur meine Bücher, sondern mich selbst als Mensch und Person", schrieb er. Zurückkehren könne er allerdings nicht, da er nach wie vor enttäuscht sei, dass es im Jahre 1933 zu keinem „Generalstreik aller Geistigen" gekommen sei. Die Schrecken der Folgezeit könne man auch nicht einfach „von der Tafel wischen". Schließlich sei er amerikanischer Bürger geworden. Im Übrigen habe er die letzten zwölf Jahre nicht in den „Logen und Parterreplätzen des Auslands" verbracht. Vielmehr sei dies eine Zeit der „nervösen Schrecken der Heimatlosigkeit" gewesen und das „Herzasthma des Exils" habe ihn überfallen.[645] In seiner Neujahrsansprache für „Deutsche Hörer" im Dezember 1945 wurde Thomas Mann noch deutlicher. Er wandte sich gegen die Vertreter der „Inneren Emigration", die seine Antwort an Walter von Molo und Frank Thiess als ein „Dokument des Egoismus, der Wehleidigkeit, Abtrünnigkeit und schnöden Vorteils" ausgelegt und sich dann in Tiraden „der Selbstempfehlung, der Glorifizierung und des eigenen Heldentums" ergangen hätten. Für ihn gebe es keinen Kompromiss: „Mich hat der Teufelsdreck, der sich Nationalsozialismus nennt, [einen] tiefen, unauslöschlichen, tödlichen Haß" gelehrt.[646] Frank Thiess nahm die Rede zum Anlass, Thomas Mann vorzuwerfen, dass er verständnislos für die seelische Verfasstheit des deutschen Volkes sei, welches die zwölf Jahre innerhalb der deutschen Grenzen unter einer gnadenlosen Diktatur zu verbringen hatte.

Ernst Reuter, dem Schicksalsgefährten in der „äußeren Emigration", nannte Thomas Mann im Februar 1946 dagegen persönliche Gründe, die ihn von einer Rückkehr nach Deutschland abhielten. Reuter hatte Mann Mitte Januar 1946 seinen Rückkehrwunsch mitgeteilt. Im Antwortschreiben vom 11. Februar bezeichnete Thomas Mann es als „die natürlichste und achtbarste Sache von der Welt", dass es „den aktiven Politiker und erfahrenen Verwaltungsmann" dränge, seine „Kräfte wieder in den Dienst des Vaterlandes zu stellen". Bei ihm lägen die „Dinge ein wenig anders". Er sehe nicht den Dienst, den er dem deutschen Volk leisten könne „und den ich ihm nicht ebenso gut vom Lande California aus leisten könnte." Auch fühle er sich zu alt, die „schwer gewonnene neue Lebensform" gegen die alte zu tauschen, „die unterdessen so fremd und abenteuerlich" geworden sei. Allerdings beschäftige ihn der Gedanke eines Besuches in Deutschland. Wenn, dann müsse dies bald geschehen, denn „die Kluft zwischen Innen und Außen" würde sich vertiefen. Ein Besuch sei aber nicht einfach und „von vielen Seiten dort, die mir wohl wollen, werde ich ernstlich gewarnt, ihn doch ja nicht zu übereilen."[647]

Thomas Mann wartete mit dem ersten Besuch Deutschlands bis Ende August 1949. Die Feierlichkeiten zu Goethes 200. Geburtstag nahm er zum Anlass, Frankfurt am Main und Weimar zu besuchen. Die Warnungen seiner Freunde waren nicht unbegründet. Ressentiments gegenüber den abwertend auch „Emigranten a. D." bezeichneten Rückkehrern waren verbreitet. So meinte Marion Gräfin Dönhoff im Juni 1948 in der *Zeit*, „daß man den totalen Staat nicht als Pensionär oder Emigrant bekämpfen kann, sondern nur als Mitspieler".[648] Mitspieler waren für sie Claus von Stauffenberg, der Hitler-Attentäter des 20. Juli 1944, und der selbsternannte „heimliche Widerständler" Ernst von Weizsäcker, nicht aber die Widerständler unterschiedlicher politischer Ausrichtung im Exil. Wurde der Widerstand in diesem Zusammenhang von ehemaligen Angepassten und Mitläufern noch kritisch-distanziert betrachtet, so lehnten viele Zeitgenossen nicht selten das Exil vollständig ab: „Neben Selbstmord und Desertion galt die Emigration als einer der moralisch tiefststehenden und niedrigen Versuche, den Nationalsozialismus zu bekämpfen."[649] Dahinter stand eine Abwehrhaltung gegenüber denjenigen, die Bombenangriffe, Flucht, Vertreibung, Kriegsgefangenschaft und im Extremfall Hinrichtung nicht erlebt hatten. Die Erfahrung der Kriminalisierung, die der ausgebürgerte Thomas Mann erfuhr, oder Ernst Reuters wiederholte KZ-Torturen im NS-Regime und seine ständige Sorge und Ungeduld in Ankara, nicht bei der Beseitigung des Terrorregimes mitwirken zu können, zählten dagegen wenig oder gar nicht.

Ressentiments war Ernst Reuter auch in Berlin ausgesetzt. Durch den dort besonders ausgeprägten „Widerstandskonsens" der Bevölkerung gegen die sowjetische Deutschlandpolitik neigten sogar manche Remigranten in West-Berlin dazu, nicht an der Schuld der Daheimgebliebenen zu rühren. Reuter ließ sich in dieser Frage ebenso wenig beirren wie Willy Brandt, der im Exil neben der Staatsangehörigkeit auch seinen Namen gewechselt hatte und ab Januar 1947 als Presseattaché der norwegischen Militärmission nach Berlin kam. Das Vokabular der Goebbelschen Propaganda gegen Exilanten lebte in Bezeichnungen wie „Reichsschädling" und „Vaterlandsverräter" fort. Innerhalb der Berliner SPD galt Reuter dem mächtigen Vorsitzenden Franz Neumann als „Fremder" und „Neuling". Neumann hatte im Jahre 1934 selbst Haft und Misshandlungen wegen „hochverräterischer Tätigkeiten" erfahren. Trotz ständiger Polizeiaufsicht hielt er in Berlin die Kontakte zu Gleichgesinnten aufrecht. Ein solches Verhalten vermisste er wohl bei Ernst Reuter. In der Gesamtpartei zeigten sich dagegen wenige Ressentiments, bestand doch der SPD-Vorstand abgesehen von Kurt Schumacher, der bald zehn Jahre in KZ-Haft gewesen war, überwiegend aus zurückgekehrten Exilanten. 1948 erwies sich selbst der von den NS-Machthabern unter Hausarrest gestellte Konrad Adenauer mehr als nur befangen gegenüber den zurückgekehrten Emigranten. Ein Jahr, bevor er zum ersten Kanzler der Bundesrepublik Deutschland gewählt wurde, erklärte Adenauer öffentlich, die Remigranten würden „Unheil anrichten und deutschen Belangen schaden."[650] In der bundesdeutschen Publizistik waren Emigranten-Klischees noch im Jahre 1951 so populär, dass die Basler *National-Zeitung* in einer Glosse den „finster reaktionären, totalitären und umstürzlerischen Emigranten a. D." als ein „Paradigma der bundesdeutschen veröffentlichten politischen Meinung" vorstellte.[651]

Ernst Reuter betrachtete es in seinen frühen Berliner Nachkriegsjahren als Pflicht und Aufgabe, seine hervorgehobene politische Stellung zu nutzen, um den übrigen Opfern des Nazismus so gut wie möglich zur Seite zu stehen: Den individuell und kollektiv Ausgebürgerten bei der Wiedereinbürgerung; den materiell Geschädigten bei ihrer persönlichen und den jüdischen Opfern bei der kollektiven Wiedergutmachung. Im Vordergrund stand für Reuter zunächst, Exilfreunden dabei behilflich zu sein, ihre Ausbürgerungen rückgängig zu machen. Im Sinne der nationalsozialistischen Weltanschauung hatten die Ausbürgerungen dazu gedient, Emigranten nachträglich als „Feinde" zu schädigen und soweit wie möglich „unschädlich" zu machen, nachdem sie sich dem Zugriff des Regimes durch Flucht ins Ausland hatten entziehen können. Mit der Einbuße aller staatlichen Schutzrechte waren sie „vogelfrei". Ihr Vermögen wurde beschlagnahmt und konfisziert. Sie wurden vom Erbrecht ausgeschlossen und ihre Versorgungsansprüche erloschen. Die Nationalsozialisten erkannten den Ausgebürgerten die akademischen Grade ab, weil sie diese als „Landesverräter" für unwürdig hielten. Ebenso ausgebürgert und damit in Sippenhaft genommen wurden die Familienangehörigen. Schließlich bedeutete Ausbürgerung auch eine Kriminalstrafe mit Eintrag ins Strafregister ohne Tilgungsmöglichkeit.[652] Dementsprechend grenzten Ausbürgerungen die Exilanten sozial aus und nahmen ihnen ihre menschliche Würde. In ihren Aufnahmeländern mussten sie als Bittsteller auftreten. Unter großen Beschränkungen ihrer sozialen, ökonomischen und persönlichen Freiheit waren sie in vielen Fällen als Geduldete der Gnade ihrer Gastländer ausgeliefert. Mit der Wiedereinbürgerung wollten die Verantwortlichen im Nachkriegsdeutschland das Unrecht wieder gutmachen. Die Schwierigkeiten waren aber nicht gering.

Im Sommer 1945 hatten die Alliierten auf der Potsdamer Konferenz beschlossen, „alle nazistischen Gesetze, welche die Grundlage für das Hitler-Regime schufen oder eine Diskriminierung aufgrund von Rasse, Religion oder politischer Überzeugung errichteten", zu widerrufen.[653] Im September 1945 hob der Alliierte Kontrollrat das Reichsbürgergesetz mit den Ausbürgerungsnormen auf. Der Kontrollrat behielt sich vor, den Rechtsstatus der Ausgebürgerten einheitlich für ganz Deutschland zu regeln. Im Laufe des Jahres 1946 arbeiteten die Alliierten einen umfassenden „Gesetzentwurf über die Wiederannahme der deutschen Staatsangehörigkeit durch deutsche Ausgebürgerte" aus. Nach langwierigen Abstimmungen des Entwurfs mit dem Länderrat fiel dieser schließlich Meinungsverschiedenheiten unter den Alliierten zum Opfer. Die sogenannte Anti-Hitler-Koalition zerfiel im beginnenden Kalten Krieg. Ab dem 20. März 1948 trat schließlich auch der Kontrollrat nicht mehr zusammen. Den Deutschen blieb es also überlassen, die NS-Ausbürgerungen selbst wiedergutzumachen. Dieser juristischen, moralischen, politischen und historischen Pflicht haben die Verantwortlichen sich in den ersten Nachkriegsjahren in einer Weise entledigt, die nach Expertenmeinung deutliche Zweifel am Willen zur Wiedergutmachung zurückließen.[654]

Im Frühjahr 1948 trat in den einzelnen westlichen Bundesländern ein abgestimmtes Länderratsgesetz in Kraft. Ausbürgerungen erklärte das Gesetz trotz ihres Unrechtscharakters als de iure wirksam und ihre Wiedergutmachung nicht als Pflicht, sondern als Kannvorschrift. Über die Anträge entschieden untere Verwaltungsbehörden am aktuellen oder letzten inländischen Wohnsitz des Ausgebürgerten. Diskriminierende Klauseln in den Ausführungsvorschriften der Innenministerien widersprachen noch mehr als das Gesetz dem Geist der

Wiedergutmachung. Im Zuge der erforderlichen „Ermittlungen" waren der Strafregisterauszug, gegebenenfalls auch gerichtliche und polizeiliche Strafakten, Zeugen und eidesstattliche Erklärungen einzuholen. Die Bürokratie des Länderrats, die über die Anträge zu entscheiden hatte, entsprach weitgehend derjenigen vor 1945. Tradierte Wertevorstellungen wie Antikommunismus, Skepsis gegen NS-Gegner und Exilanten muteten manchem Antragsteller ein Spießrutenlaufen zu. An die Stelle von Wiedergutmachung trat Rehabilitation mit dem Nachweis der Unschuld des Opfers. Nachdem das NS-Regime den Ausgebürgerten die deutsche Staatsangehörigkeit aberkannt hatte, behielt sich die Bürokratie im Nachkriegsdeutschland nun vor, nach zum Teil entwürdigenden Ermittlungen darüber zu befinden, wer wieder Deutscher sein konnte.

Als Ernst Reuter von den ausgebürgerten Ernst Hirsch und Emanuel Weinberg, dem Schwager von Fritz Neumark, gebeten wurde, sich für ihre Wiedereinbürgerung einzusetzen, war bereits das Grundgesetz vom 23. Mai 1949 mit dem Artikel 116 Absatz 2 in Kraft: „Frühere deutsche Staatsangehörige, denen zwischen dem 30. Januar 1933 und dem 8. Mai 1945 die Staatsangehörigkeit aus politischen, rassischen oder religiösen Gründen entzogen worden ist, und ihre Abkömmlinge sind auf Antrag wieder einzubürgern. Sie gelten als nicht ausgebürgert, sofern sie nach dem 8. Mai 1945 ihren Wohnsitz in Deutschland genommen haben und nicht einen entgegengesetzten Willen zum Ausdruck gebracht haben."[655] Erneut wurde also das Antragsprinzip und nicht die automatische Wiedereinbürgerung festgelegt. Anders als das Länderratsgesetz begründete Artikel 116 Absatz 2 nun aber einen Rechtsanspruch auf Wiedereinbürgerung. Sämtliche Formalitäten entfielen, wenn der Ausgebürgerte einen Wohnsitz im Inland besaß. Dies traf für Ernst Hirsch in Berlin zu, als er mit Schreiben vom 30. Juni 1953 den Antrag auf Wiedereinbürgerung für sich und seinen Sohn Enver beim Polizeipräsidium in Berlin stellte. Innerhalb von 14 Tagen antwortete das Präsidium, bezog sich auf den Artikel 116 und ergänzte: „Das gilt auch für Ihren Sohn Enver. Aufgrund Ihres Antrages wird Ihre und die Staatsangehörigkeit Ihres Sohnes Enver mit 1.) Deutschland und im Hinblick darauf, dass sie während Ihres Aufenthaltes in der Türkei die türkische Staatsangehörigkeit erworben haben mit 2.) Türkei beurteilt."[656] Knapp zwei Jahre nach der kollektiven Ausbürgerung aller Juden im November 1941 war Ernst Hirsch im September 1943 die türkische Staatsbürgerschaft verliehen worden. Der Grundgesetzartikel sah vor, dass Hirsch so zu behandeln war, als ob er die deutsche Staatsangehörigkeit – trotz Erwerbs der türkischen – nicht verloren hatte.

Der Fall von Emanuel Weinberg lag anders. Er lebte noch in Istanbul und stellte seinen Antrag bei der Heimatbehörde in Hannover. Von dort war er 1940 nach Istanbul emigriert und ein Jahr darauf ausgebürgert worden. Seit 1941 war er staatenlos. Im September 1951 bat er Ernst Reuter, ihn bei der Wiedereinbürgerung zu unterstützen. Ihm war bekannt, dass Reuter im Parlamentarischen

Rat als Vertreter Berlins am Grundgesetz mitgewirkt hatte. Ende Oktober 1951 bedankte Weinberg sich bei Reuter: „Anscheinend hat mein Wunsch schon eine gute Wirkung gehabt, denn seit einigen Tagen sind wir nun wieder eingebürgert, und heute holte ich unsere Pässe beim Konsulat ab."[657]

Weinberg und Hirsch hatten offensichtlich keine größeren Bedenken, die deutsche Staatsangehörigkeit beim Rechtsnachfolger des „Dritten Reiches" zu beantragen. Viele Ausgebürgerte sahen es dagegen als Bringschuld der Bundesrepublik Deutschland an, sie wieder in die deutsche Staatsangehörigkeit zu versetzen. Sie hatten diese nicht von sich aus aufgegeben und erkannten keinen Grund, sie neu zu beantragen. Auch wenn einige Gründe dagegen sprachen, die Exilanten automatisch wieder einzubürgern, so hätten die im Ausland Verbliebenen immerhin ein Angebot der deutschen Auslandsvertretungen erwarten können, ihnen den Pass der Bundesrepublik Deutschland zu verleihen – sofern sie noch daran interessiert waren.

Die materielle Wiedergutmachung stellte sich für die Exilanten, besonders die Wissenschaftsemigranten, weit schwieriger und zeitraubender heraus, als ihre Wiedereinbürgerung. Am 11. Mai 1951 war das „Gesetz zur Regelung der Wiedergutmachung nationalsozialistischen Unrechts für Angehörige des öffentlichen Dienstes" verkündet worden. Die Wiedergutmachungsansprüche umfassten finanzielle und Karriere-Einbußen. Zwei Begründungszusammenhänge musste der Wiedergutmachungsantrag plausibel darlegen: Einmal hatte der Antragsteller nachzuweisen, dass er einen den Laufbahnvorschriften entsprechenden Berufsweg eingeschlagen hatte, der unter normalen Umständen zu bestimmten Beförderungen und Besoldungen geführt hätte, wenn es nicht zur nationalsozialistischen Verfolgung gekommen wäre. Dies bedeutete im Falle von Wissenschaftlern ein nicht einfaches Beweisverfahren insbesondere für Assistenten und Privatdozenten, die von gutachterlichen Aussagen professoraler Kollegen in Deutschland abhängig waren. Darüber hinaus „musste der nationalsozialistische Verfolgungstatbestand zweifelsfrei als Ursache für die behaupteten Schäden im beruflichen und wirtschaftlichen Fortkommen angegeben werden – auch hierbei spielten gutachterliche Aussagen eine bedeutende Rolle."[658]

Der Fall des Astronomen Wolfgang Gleissberg war Ernst Reuter im Zweifel bekannt. Gleissberg hatte als 30-Jähriger nach dem sogenannten Berufsbeamtengesetz vom 7. April 1933 seine Assistentenstelle am Observatorium der Universität Breslau verloren. Einer seiner Großväter war Jude. In Istanbul fand er zunächst als Forschungsassistent und Dozent, ab dem Jahre 1948 dann als Professor und Leiter des Astronomischen Instituts eine Anstellung. Im Sommer 1952 reichte er seinen Wiedergutmachungsantrag beim Generalkonsulat Istanbul ein. Dieses hatte Gleissberg wie den übrigen in Istanbul verbliebenen Exilanten ein Merkblatt mit Gesetzen und Ratschlägen zur Wiedergutmachung verfügbar gemacht. Gleissberg beantragte beim deutschen Innenminister, dass ihm die Rechtsstellung und Besoldung eines ordentlichen Universitätsprofessors zuerkannt wird. Seine zahlreichen Arbeiten und seine tatsächliche Laufbahn in der Türkei begründeten, dass er diese Stellung in Deutschland voraussichtlich schon vor dem Jahre 1945 erreicht hätte, wenn er nicht entlassen worden wäre. Der Antrag wurde vom Bundesminister des Inneren im Oktober 1953, nach über einem Jahr, abgelehnt. Gleissberg habe sich nicht in einer regelmäßigen Beamtenlaufbahn befunden, hieß der Bescheid. Bis Februar 1955 verfolgte Gleissberg seinen Antrag, unterstützt vom deutschen Hochschulbund, Anwälten und Politikern. Er versuchte die Behörden zu überzeugen, dass seine Dienstlaufbahn als Assistent unter normalen Umständen in die Beamtenlaufbahn eingemündet wäre. Er lieferte Zahlenmaterial, wonach von allen 31 Assistenten, die im Jahre 1933 an den 14 deutschen Sternwarten tätig waren, alle – mit Ausnahme von dreien – Observatoren und Professoren geworden waren.

Tatkräftige Unterstützung fand Wolfgang Gleissberg durch seinen Bruder Gerhard. Seit 1930 Journalist und Mitglied der SPD, war Gerhard Gleissberg in der Bundeshauptstadt Bonn im Jahre 1948 Chefredakteur des *Neuen Vorwärts* geworden. Nach Prag im Jahre 1933 emigriert, gab er bereits dort den *Neuen Vorwärts* zusammen mit Wilhelm Sander heraus. Später in London waren Gleissberg und Sander für die *SM* verantwortlich. Auch Gerhard Gleissbergs Artikel über Exzesse der Wiedergutmachungsbürokratie im *Neuen Vorwärts* und seine Kontakte zu maßgeblichen Politikern in Bonn brachten für seinen Bruder nicht die erwünschte Lösung. Als Folge verlängerte Wolfgang Gleissberg zunächst im Jahre 1954 seinen Vertrag mit dem türkischen Erziehungsminister um weitere drei Jahre, allerdings nach wie vor ohne Pensionsansprüche. Er kämpfte in Deutschland weiter, fand sich im Jahre 1958 aber zu einem Vergleich bereit. Das Angebot beinhaltete eine außerordentliche Professur an der Universität Frankfurt, Pensionsansprüche und eine größere Nachzahlung. Wolfgang Gleissberg nahm das Angebot schließlich notgedrungen an. Ab dem Jahre 1960 und bis 1977 leitete er das Astronomische Institut der Universität Frankfurt. 1981 verlieh ihm die Universität Istanbul die Ehrendoktorwürde. Sein Bruder Gerhard blieb ohne Wiedergutmachungsleistungen.[659]

Die erste Phase der Wiedergutmachung war bestimmt von der Frage, welche Schäden von welchen Opfern anerkannt oder abgelehnt werden sollten: Für welche gesundheitlichen, beruflichen oder finanziellen Schäden sollte es Entschädigungsleistungen geben? Wer sollte überhaupt grundsätzlich berechtigt sein, Leistungen zu empfangen? Kaum zu lösen war dagegen die Frage, ob und wie die vertriebenen, enteigneten und ermordeten Juden entschädigt werden konnten. Die schwierigen Verhandlungen mit der Bundesregierung nahmen im September 1951 Vertreter des im Mai 1948 gegründeten Staates Israel und der Conference of Jewish Claims against Germany auf und beendeten sie ein Jahr später. Es bedurfte aber noch nahezu eines weiteren halben Jahrhunderts, bis im Juli 2000 auch die jüdischen, ukrainischen und polnischen Arbeiter entschädigt wurden, die in Konzentrationslagern oder als sogenannte „Fremdarbeiter" vom NS-Regime zur Zwangsarbeit gezwungen worden waren. Das Ende der Entschädigungen war damit noch nicht erreicht: Fünf Jahre später, im Oktober 2005, sprach sich das Bundesverwaltungsgericht zugunsten der Erben des jüdischen Kaufhauses Wertheim aus. Weiterhin harren noch manche Entschädigungs- und Restitutionsfälle einer Entscheidung. Die Frage andererseits, wer zu den Tätern des NS-Regimes gehörte und welche Sanktionen angemessen waren und sind, hat andere Dimensionen und Aspekte, reicht aber ebenfalls bis in die Gegenwart.

Noch in Ankara konnte Ernst Reuter das weitere Schicksal seines politischen Widersachers Franz von Papen verfolgen. Anfang August 1944 nach Deutschland zurückgekehrt, wurde von Papen am 10. April 1945 von amerikanischen Truppen verhaftet. Der Gerichtshof der vier Siegermächte klagte ihn wegen „Verschwörung" und „Verbrechen gegen den Frieden" an. Frühere Botschaftsmitarbeiter von Papens wie Dr. Hans Kroll und Kurt Freiherr von Lersner erklärten sich zu Zeugenaussagen bereit, die von Papen zum NS-Gegner und potentiellen Widerständler verhelfen sollten. Gewichtiger noch waren die Leumundszeugnisse des Exilanten Dr. Alfred Marchionini und besonders das von Angelo Roncalli, dem damaligen Nuntius des Vatikans in Frankreich. Ihre schriftlichen Aussagen stellten den Angeklagten als Freund und Retter der Juden dar. Am 1. Oktober 1946 entschied der Gerichtshof in Nürnberg, dass Franz von Papen nicht schuldig und zu entlassen sei. Der sowjetische Richter Iola T. Nikitchenko gab seine abweichende Haltung zu Protokoll: Von Papen habe aktiv an der Machtergreifung der Nationalsozialisten mitgewirkt, habe das terroristische System gestärkt, den „Anschluss" Österreichs vorbereitet und bis zuletzt Hitler loyal als Botschafter gedient. Die Verbrechen des Hitler-Regimes habe er insgesamt maßgeblich zu verantworten.[660] Die im Jahre 1946 zugänglichen Dokumente erlaubten nicht, diese Argumente zu bestätigen – aber auch nicht, die Aussagen von Papens und seiner Zeugen zu widerlegen.

Franz von Papen blieb nach dem Freispruch des Militärgerichtshofs indessen keine Zeit für ein selbstbestimmtes Leben. Die bayerische Polizei übernahm ihn direkt aus dem Militärgefängnis in zivile Haft. Mit dem „Gesetz zur Befreiung von Nationalsozialismus und Militarismus" hatte die amerikanische Militärregierung schon am 5. März 1946 entschieden, „daß das deutsche Volk die Verantwortung für die Befreiung von Nationalsozialismus und Militarismus auf allen Gebieten mit übernehmen kann."[661] Von Papens „Entnazifizierungsprozess" führte die Spruchkammer Nürnberg und reihte ihn mit ihrem Urteil vom 24. Februar 1947 in die Gruppe der Hauptschuldigen ein. Als solcher galt, wer sich unter anderem „in der Regierung des Reiches, eines Landes oder in der Verwaltung der früher besetzten Gebiete in einer führenden Stellung betätigt hat, wie sie nur von führenden Nationalsozialisten oder Förderern der nationalsozialistischen

Gewaltherrschaft bekleidet werden konnte." Von Papen wurde zu acht Jahren Arbeitslager, Einzug seines Vermögens und Verlust der bürgerlichen Rechte – darunter Rechtsansprüche auf Pension aus öffentlichen Mitteln – verurteilt. Er legte Rechtsmittel ein. Das Appellationsgericht der Entnazifizierungskammer in Nürnberg stufte ihn am 26. Januar 1949 in einer Berufungsverhandlung in die Gruppe II (Aktivisten) ein und verurteilte ihn zu einer Bußgeldzahlung in Höhe von 30.000 DM. Er galt nun als „Belasteter", „[d]er durch seine Stellung oder Tätigkeit die Gewaltherrschaft der NSDAP wesentlich gefördert hat."

Franz von Papen wurde im Januar 1949 vorzeitig aus der Haft entlassen. In der Folgezeit bewohnte er Schloss Benzenhofen in der oberschwäbischen Gemeinde Berg und versuchte erfolglos, seine politische Karriere weiterzuführen. Mehr Erfolg war ihm mit seiner Autobiografie *Der Wahrheit eine Gasse* beschieden. Im Jahre 1952 veröffentlicht, fand die phantasiereiche Erzählung in Deutschland große Aufmerksamkeit bei den Lesern. Auch das Ausland zeigte starkes Interesse an von Papens Wirken im Umfeld Hitlers und an seiner in mehreren Übersetzungen erschienenen *Wahrheit*. Es ist deshalb nachvollziehbar, dass von Papen sich nicht weiter als „Belasteter" im Sinne der Spruchkammer Nürnberg verstand. Offensichtlich zeigte sich auch der bayerische Oberste Gerichtshof von Papens *Wahrheit* beeindruckt. Er stufte ihn im Wiederaufnahmeverfahren am 16. Mai 1956 als nur noch „minderbelastet" ein, gab ihm seine bürgerlichen Ehrenrechte zurück und bescheinigte ihm, für Deutschland und gegen Hitler und den Nationalsozialismus aufgetreten zu sein. Das Urteil wurde am 25. April 1957 wirksam. Ab sofort konnte von Papen nun Pensionsansprüche geltend machen. Er ließ keine Zeit verstreichen. Bereits am 13. Mai beantragte er beim Auswärtigen Amt Versorgungsbezüge aufgrund seiner Dienstzeit als Gesandter in Wien sowie als Botschafter in Wien und Ankara.[662]

Das Auswärtige Amt benötigte zwei Jahre, um den Antrag von Papens mit einer beachtenswerten Begründung zu bescheiden, und zwar negativ. Zum Gesandten in Wien sei von Papen „nicht unter rechtswirksamer Berufung in das Beamtenverhältnis" ernannt worden, hieß es in dem Bescheid vom 23. Mai 1959. Und die Ernennung zum Botschafter sei „wegen enger Verbindung zum Nationalsozialismus vorgenommen worden".[663] Die Ernennungen müssten daher unberücksichtigt bleiben. Von Papens Widerspruch gegen diese Entscheidung wurde zurückgewiesen. Sein Rechtsberater empfahl ihm, das Verfahren nicht weiter zu betreiben. Möglicherweise könnte dann zügiger über seinen Antrag auf Pensionsansprüche aus seiner Dienstzeit als Berufssoldat im preußischen Heer in den Jahren von 1898 bis 1919 entschieden werden. Nur einen Tag nach seinem Antrag beim Auswärtigen Amt hatte von Papen am 14. Mai 1957 beim zuständigen Regierungspräsidium Südbaden ebenfalls einen solchen nach Artikel 131 des Grundgesetzes gestellt. Der Artikel 131 regelte die Wiedereingliederung von Beamten in den öffentlichen Dienst, die 1945 aus politischen Gründen entlassen worden waren, ebenso wie die von ehemaligen Berufssoldaten. Der Antragsteller durfte im Entnazifizierungsverfahren allerdings nicht als Hauptschuldiger oder Belasteter eingestuft sein. Sein Antrag auf Pension für die Zeit als Berufssoldat sollte Franz von Papen aber wenig Freude bereiten. Für den Rest seines Lebens – er starb am 2. Mai 1969 – beschäftigte der Antrag ihn und bis ins Jahr 1971 seinen Sohn Friedrich Franz als Testamentsvollstrecker.

In erster Instanz beschied das Regierungspräsidium Südbaden von Papen am 1. August 1960, eingehende Ermittlungen hätten ergeben, dass „Sie als Vizekanzler und Mitglied der Regierung Hitler ab 30. Januar 1933 durch Ihr Mitwirken an rechtsstaatswidrigen Gesetzen gegen die Grundsätze der Rechtsstaatlichkeit verstoßen haben".[664] Rechte nach Artikel 131 des Grundgesetzes könne er deshalb nicht geltend machen. Der Instanzenweg endete für von Papen schließlich beim Verwaltungsgerichtshof Baden-Württemberg. Mit seinem rechtskräftigen Urteil vom 29. Januar 1971 schloss sich dieser den Vorinstanzen dahingehend an, dass von Papen bei fünf Gesetzen mitgewirkt habe, die „gegen den Gleichheitssatz verstoßen und sowohl nach heutiger Auffassung als auch gemessen an der Weimarer Reichsverfassung rechtsstaatswidrig sind."[665] Durch seine Teilnahme an den Beratungen und Beschlussfassungen der Gesetze habe von Papen „schuldhaft im Sinne einer wissentlichen Mitwirkung" gegen Grundsätze der Rechtsstaatlichkeit verstoßen. Seine Einlassung, „Schlimmeres verhüten" zu wollen, besage, „daß er Schlimmeres bewußt gewollt" habe.[666] Der Gerichtshof ließ keine Revision zu. Zur späten Genugtuung aller Emigranten, die wie Ernst Reuter auf Grundlage des „Gesetzes zur Wiederherstellung des Berufsbeamtentums" vom 7. April 1933 ihrer Ämter aus politischen oder rassischen Gründen enthoben und ins Exil getrieben worden waren, zählte der Gerichtshof dieses Gesetz ebenfalls zu den rechtswidrigen Gesetzen, an denen Franz von Papen mitgewirkt hatte.

Ein weiterer „Bekannter" Ernst Reuters aus gemeinsam in Ankara verbrachten Jahren war Dr. Hans Kroll, Franz von Papens Vertreter an der Deutschen Botschaft in den Jahren von 1939 bis 1943. Nach Kriegsende sah Dr. Kroll sich als Opfer des NS-Regimes. Er hatte zwar im März 1937 einen Antrag auf Aufnahme in die NSDAP gestellt. Das Gaugericht der Auslandsorganisation der NSDAP lehnte ihn aber wegen Krolls angeblicher Intrigen gegen den NS-Ortsgruppenleiter in Ankara ab. Dies habe dazu geführt, so Hans Kroll, dass er „kaltgestellt" und 1943 als Generalkonsul nach Barcelona, einem zweifellos bedeutungsloseren Posten, versetzt worden sei. Als Zeuge im Prozess gegen von Papen vor dem Militärgerichtshof Nürnberg erläuterte Kroll den Richtern die Umstände dramatisch: „Man hat wiederholt, man kann eigentlich sagen alle Monate, den Versuch gemacht, mich als Vertreter von Papens auszuschalten. Zuletzt, als das alles nichts half – denn Herr von Papen widersetzte sich diesen Versuchen – ist der Landesgruppenleiter im Frühling 1942 in voller Kriegsbemalung mit den

Ortsgruppenleitern von Ankara und Istanbul bei Herrn von Papen erschienen und hat offiziell im Namen der Partei verlangt, daß ich von meinem Posten zu entfernen sei. Herr von Papen hat das wieder abgelehnt, aber schließlich im Jahre 1943 wurde der Druck der Partei zu groß, zumal auch noch von anderen Stellen gegen mich intrigiert wurde, so daß ich dann kaltgestellt wurde."[667]

In seinen *Lebenserinnerungen eines Botschafters* erinnerte sich Hans Kroll an seine „Kaltstellung" 20 Jahre nach seinem Vortrag vor dem Militärtribunal etwas anders. Seiner Erinnerung nach ging es nun darum, dass er von Papen im Jahre 1943 vorgeworfen haben wollte, dieser diene trotz aller gegen ihn gerichteten Schikanen der Nazis dennoch dem Regime weiter als Botschafter des „Dritten Reiches". Von diesem Tag an sei von Papen sein erklärter Gegner gewesen und habe laut Kroll „nicht eher geruht, bis er meine Ablösung von Ankara und meine Kaltstellung auf dem Posten des Generalkonsuls in Barcelona durchgesetzt hatte, dabei mit der NSDAP und Ribbentrop an einem Strange ziehend."[668] Beim Verfassen von Krolls *Lebenserinnerungen* im Jahre 1966 waren die „Wahrheiten" der Papen-Memoiren bereits am Verblassen. Die deutsche Öffentlichkeit hatte dagegen bereits mehr über die Rolle von Papens als Kanzler, bei Hitlers Machtübernahme, als Vizekanzler sowie beim „Anschluss" Österreichs erfahren. Hierauf galt es Rücksicht zu nehmen. Der nicht gerade an Selbstkritik leidende Großbotschafter Kroll war seinerseits auf seinen Posten in Belgrad, Tokio und besonders zuletzt in Moskau als Freund Chruschtschows ins Rampenlicht geraten. Seine Memoiren führten möglicherweise auch dank der „Enthüllungen" über Franz von Papens Rolle bei Krolls „Kaltstellung" monatelang die Bestsellerliste des *Spiegels* an und erlebten ein Jahr nach ihrem Erscheinen im Jahre 1968 bereits die siebente Auflage.

Im ausführlichen Türkeikapitel der *Wahrheit eine Gasse* von Franz von Papen findet der Leser lediglich zwei Emigranten erwähnt: Alfred Marchionini als Kronzeuge seiner „Judenfreundlichkeit" und Alexander Rüstow als Vermittler eines Gesprächs mit dem US-Journalisten Theodore Moore im Oktober 1943, welches dazu dienen sollte, Franz von Papen für eine Umsturzaktion gegen Hitler zu gewinnen.[669] Hans Krolls *Lebenserinnerungen* sparen die Emigranten – abgesehen von Ernst Reuter als Regierendem Bürgermeister[670] – ganz aus. Wohl mancher der Nachkommen hätte gern die Beweggründe erfahren, die Hans Kroll zum Beispiel dazu veranlassten, den Reichsbehörden gegenüber keine Bedenken gegen die Ausbürgerung der Emigranteneltern zu erheben. So hatte Kroll im Mai 1939 „in außenpolitischer Hinsicht keine Bedenken" gegen die Ausbürgerung Ernst Reuters. Er regte sogar an, sie zu beschleunigen. Reuter und seine Familie wären, aller Rechte beraubt, Bittsteller der türkischen Behörden geworden. Unerwähnt lässt Kroll auch, wie er den Kommentar seines späteren Duzfreundes und Verbindungsbruders im „Cartellverband der Katholischen Deutschen Studentenverbindungen", Dr. Hans Globke, zu den Nürnberger Rassegesetzen von 1935 beurteilte und auslegte. Auskunft hierüber gibt andeutungsweise der Bericht des NS-Kulturfunktionärs Dr. Herbert Scurla. Der Geschäftsträger der Deutschen Botschaft Ankara, Hans Kroll, traf Scurla Mitte Mai 1939 beinahe täglich und besprach mit ihm seine Mission, die darauf abzielte, besonders die jüdischen Exilprofessoren aus ihren Ämtern in der Türkei zu entfernen bzw. deren Kommen zu verhindern. So schickte Kroll am 18. Mai 1939 ein im „Scurla-Bericht" aufgeführtes Eiltelegramm nach Berlin: „Erfahre, daß Istanbuler Emigrantenkreise Universität wegen Besetzung gynäkologischen Lehrstuhls mit Wiener Nichtarier Professor Kraul in Verbindung. Im Einvernehmen mit Scurla bitte Ausreise Kraul durch unmittelbare Fühlungnahme mit Dr. Turowski S.D. Hauptamt verhindern. Kroll."[671]

Die Rolle des Gesandten Kroll bei Alexander Rüstows Bemühen, 1941 einen Ruf an die New School for Social Research in New York annehmen zu können, war – wie beschrieben – ebenfalls nicht rühmlich. Zwar widersprach Krolls Intervention bei der japanischen Botschaft, Rüstow das erforderliche Durchreisevisum nicht zu erteilen, dem erklärten Ziel der NS-Kulturpolitik in der Türkei, Exilanten aus ihren Posten zu drängen. Hans Kroll trug indessen dazu bei, Rüstow die von diesem dringend erwünschte Tätigkeit in den USA und damit eine frühe internationale Karriere zu vereiteln. Fritz Baades Zukunft beeinträchtigte Kroll noch stärker. Im Februar 1939 bewirkte er beim türkischen Erziehungsminister, dass der frei gewordene Lehrstuhl für Betriebswirtschaft an der Landwirtschaftlichen Hochschule in Ankara nicht durch Baade besetzt wurde. Baade wiederum war seit Beginn seines Exils intensiv bemüht gewesen, eine seiner agrarwissenschaftlichen Qualifikation entsprechende Hochschuldozentur in der Türkei zu erwerben. Mit Krolls erfolgreicher Intervention konnte Baade nach Verlust seiner Stelle als ausländischer Berater im Mai 1939 nicht in den Hochschuldienst gehen. Seinen und den Unterhalt seiner Familie musste er als Kaufmann in Istanbul bestreiten. Als Lehrstuhlinhaber in türkischen Diensten wären ihm im August 1944 16 Monate seines Lebens im Internierungslager erspart geblieben, so wie Ernst Reuter dank seiner Professur an der Hochschule für Politik.

Nach Kriegsende wurde Hans Kroll von den Amerikanern interniert und bis Oktober 1946 festgehalten. Danach trat er der CDU bei. Ab Mitte 1947 war er außenpolitischer Berater von Ministerpräsident Karl Arnold in Düsseldorf. Mit der Neugründung des Auswärtigen Amtes betrieb er seine Wiederaufnahme, sah sich jedoch mit dem Vorwurf konfrontiert, dass sein Antrag auf NSDAP-Mitgliedschaft nicht aus politischen, sondern aus persönlichen Gründen abgelehnt worden wäre. Doch half ihm die Protektion von einflussreicher Seite: Sein Verbindungsbruder Hans Globke und Heinrich von Brentano, der damalige Vorsitzende der CDU/CSU-Bundestagsfraktion, hielten ihn für „politisch völlig unbelastet" und unterstützten Krolls Gesuch auf Wiedereinstellung. Gegen erhebliche Widerstände im Auswärtigen Amt wurde er in den Auswärtigen Dienst übernommen und Anfang 1953 auf den Botschafterposten nach Belgrad entsandt. Der damalige Staatssekretär im Kanzleramt, Hans Globke, verhalf Kroll im Weiteren zu seinem Posten als Botschafter in Moskau in den Jahren von 1958 bis 1962. Globke konnte aber nicht verhindern, dass Kroll seinen Moskauer Posten ein Jahr vor seiner Pensionierung wegen eigener Initiativen zu einer Berlin-Regelung und einem Friedensvertrag vorzeitig verlassen musste. Dr. Hans Kroll konnte die Veröffentlichung seiner *Lebenserinnerungen* und deren Erfolg nicht mehr erleben, als er am 8. August 1967 in Starnberg starb.

Ebenso wenig wie mit dem Gesandten Dr. Hans Kroll war Ernst Reuter in Ankara mit dem Gesandtschaftsrat der Deutschen Botschaft, Dr. Manfred Klaiber, zusammen getroffen. Ein Schreiben Reuters aus dem Jahre 1949 an den Ministerpräsidenten von Württemberg-Baden, Reinhold Maier, zeigt aber, dass er gute Kenntnis über das Wirken Klaibers in Ankara besaß. Die Tätigkeit an der Botschaft Ankara während der NS-Zeit beeinträchtigte Manfred Klaibers spätere Karriere im Dienste der Bundesrepublik Deutschland in keiner Weise. Klaiber war Anfang des Jahres 1939, wenige Monate vor Botschafter von Papen, aus Berlin in Ankara eingetroffen und blieb dort bis ins Jahr 1943 als Gesandtschaftsrat tätig. Über Manfred Klaibers Wirken nach den Jahren in Ankara und bis Kriegsende informiert das stets für Hinweise aufgeschlossene Munzinger-Archiv von 1981: „Wegen ‚Sabotage der Parteiarbeit' wurde er von hier [Ankara; Anm. d. Verf.] 1943 zunächst nach Belgrad und bald darauf nach Wien strafversetzt."[672] Die zitierte Parteiarbeit erklärt sich aus Klaibers NSDAP-Mitgliedschaft seit dem 1. Oktober 1934. Auf dem „Strafposten" Belgrad war Klaiber dem deutschen Militärgouverneur für Serbien, Franz Böhme, zugeordnet. Die Nachkriegsstationen von Dr. Manfred Klaiber lassen sich den Kabinettsprotokollen entnehmen: 1945–1946 Tätigkeit in der Privatindustrie, 1947 Württemberg-Badisches Staatsministerium, 1948–1949 Bevollmächtigter Württemberg-Badens bei der Verwaltung des Vereinigten Wirtschaftsgebiets, 1949–1957 Chef des Bundespräsidialamtes (1954 Staatssekretär), 1957–1963 Botschafter in Rom, 1963–1968 Botschafter in Paris, Juli 1968–Oktober 1969 Koordinator für deutsch-französische Zusammenarbeit.[673]

In Ankara unterstand Manfred Klaiber die Kulturarbeit der Botschaft und damit auch die „Betreuung" der deutschen Wissenschaftsemigranten. Er war direkter Kontaktmann für den NS-Kulturfunktionär Dr. Herbert Scurla aus dem Reichsministerium für Wissenschaft, Erziehung und Volksbildung. Tatkräftig unterstützte Klaiber diesen bei seinen Anstrengungen, die Exilanten durch reichsdeutsche Hochschuldozenten zu ersetzen. Vor Ort hatte „der Kulturreferent der Botschaft die volle Unterstützung des Leiters der Ortsgruppe, Pg. Dr. Friede, […] der in allen Hochschullehrerangelegenheiten im engsten Einvernehmen mit der Botschaft tätig ist", vermerkte Dr. Scurla in seinem Dienstreisebericht Türkei im Jahre 1939.[674] Noch vor Ausreise nach Ankara im Frühjahr 1939 wirkte

Klaiber bereits im Auswärtigen Amt in Berlin im Einvernehmen mit der Auslandsorganisation der NSDAP. Es ging dabei um den „ausgesprochenen Gegner des Nationalsozialismus" Hans Kessler in Istanbul: „Professor Kessler hat sich auch in Istanbul derartig benommen, dass das dortige Generalkonsulat im Einvernehmen mit dem zuständigen Hoheitsträger der NSDAP seine Ausbürgerung beantragen musste", teilte Klaiber dem Chef der NSDAP-Auslandsorganisation, Ernst Wilhelm Bohle, Anfang August 1938 mit.[675] In Ankara musste sich Klaiber bald danach nicht mehr um Kesslers Ausbürgerung kümmern. Sie war im Mai 1939 erfolgt. Dass sie in jeder Hinsicht berechtigt war, sah Klaiber im Schreiben an Bohle auch darin begründet, dass Kessler gegenüber Reichsdeutschen in Istanbul „mit großem Nachdruck die Verleumdungen vertreten" habe, „die NSDAP habe den Reichstag angesteckt, Horst Wessel sei ein minderwertiger Mensch gewesen, die Tätigkeit der Kriegsgerichte in der Röhm-Angelegenheit sei nur eine Farce gewesen."[676]

Als der erste Bundespräsident der Bundesrepublik Deutschland, Theodor Heuss, am 12. September 1949 sein Amt in Bonn antrat, betraute er seinen schwäbischen Landsmann Klaiber mit der Leitung des Präsidialamtes. Diese Ernennung fand wegen Manfred Klaibers NS-Vergangenheit öffentliche Aufmerksamkeit. Mitte November 1949 wandte sich Reinhold Maier, FDP-Parteifreund von Theodor Heuss, in Klaibers Angelegenheit schriftlich an Carlo Schmid, den SPD-Landesvorsitzenden in Württemberg-Hohenzollern. Maier war von den Amerikanern im Jahre 1945 als Ministerpräsident für Württemberg-Baden eingesetzt worden. Bis zu Klaibers Berufung ins Präsidialamt war er dessen Dienstchef. Reinhold Maier teilte Schmid mit, dass Klaiber seit dem Jahre 1926 im Auswärtigen Amt und bis zum Jahr 1943 an der Deutschen Botschaft in Ankara tätig war und ergänzte: „Im Jahre 1943 wurde er aus Ankara abberufen, weil ihm dort Sabotage der Parteiarbeit und gerade auch zu gute Beziehungen zu Emigrantenkreisen vorgeworfen wurden." Maier unterrichtete Schmid ebenfalls davon, dass die Spruchkammer in Stuttgart Klaiber völlig entlastet habe. Er, Klaiber, habe aktiven Widerstand gegen die NS-Gewaltherrschaft geleistet.[677] Mit der Bitte um Beantwortung leitete Carlo Schmid das Schreiben von Reinhold Maier an Ernst Reuter weiter, zumal er von dem Parteifreund wusste, dass er zeitgleich mit Klaiber in Ankara lebte.

Ernst Reuters Antwortschreiben an Reinhold Maier konnte nicht unbedingt dessen Gefallen finden. Zunächst erklärte Reuter, dass er Klaiber nicht gekannt und auch nicht persönlich kennengelernt habe, weil er zur Deutschen Botschaft keine Kontakte pflegte. Vom Hörensagen wisse er aber, dass „Herr Klaiber in Konflikt mit dem dortigen besonders penetranten Vertreter der Nazi-Partei geraten" sei. Dies sei aber auch Herrn von Papen so ergangen. „Nach allem, was ich aber in Erinnerung habe, hat Dr. Klaiber offenbar während seiner Tätigkeit in Ankara sich durchaus im Sinne des damaligen Regimes betätigt, man kann vielleicht auch sagen: betätigen müssen." Reuter setzte fort: „Es liegt mir, sehr verehrter Herr Dr. Maier, vollkommen fern, in irgend eine Art von Splitterrichterei zu verfallen. Ich möchte auch Herrn Dr. Klaiber in keiner Weise an seinem Fortkommen hinderlich sein, aber ich glaube, dass es richtiger sein würde, einen Mann, der in so prononcierter Weise mit dem damaligen Regime verbunden war, nicht als unmittelbaren Mitarbeiter des Herrn Bundespräsidenten zu verwenden." Seine Empfehlung unterstrich Reuter mit einem persönlichen Beispiel: „Ich sehe noch heute meinen Freund Dr. Hans Wilbrandt vor mir, wie er mir auf Grund einer Unterredung die Gewissensfrage stellte, ob er den von ihm verlangten Kotau vor der Regierung machen solle oder nicht. Er hat ihn schließlich gemacht. Ich habe deshalb auf ihn keine Steine geworfen, aber ich habe nicht vergessen, dass Herr Dr. Klaiber derjenige war, der ihn mit eindringlichen Beschwörungen zu diesem Kotau veranlasst hat."[678]

Bundespräsident Heuss ließen die Einwände Reuters indessen nicht an Klaibers Eignung zweifeln. Ihm lag ein Schreiben des damaligen stellvertretenden Leiters der Handelspolitischen Abteilung im Auswärtigen Amt, Dr. Georg Ripken, an Manfred Klaiber aus dem Jahre 1942 vor. In einem „Privatdienstschreiben" informierte Ripken den Adressaten, dass der Landesgruppenleiter der NSDAP in der Türkei, Dr. Friede, ihm, Klaiber, „Verrat an der Parteiarbeit und Beziehungen zu den dortigen Emigrantenkreisen" vorwerfe. Deshalb habe die NSDAP-Auslandsorganisation den Antrag Klaibers auf Beförderung abgelehnt. Ohne deren Zustimmung gäbe es keine Beförderung. Die AO verlange sogar Klaibers Entfernung aus Ankara.[679] Dr. Ripken kannte sich in Parteiangelegenheiten gut aus, zumal er bereits seit dem 1. Mai 1933 Mitglied der NSDAP war. Manfred Klaiber zeigte indessen im Jahre 1950, als er erst kurz im Amt als Chef des Präsidialamts war, in einer anderen Personalfrage eine Haltung, die selbst die Remigranten aus der Türkei im Falle der Kenntnis überrascht hätte. Es ging um den Diplomaten Hans Eduard Riesser, der im Jahre 1933 das Auswärtige Amt aus politischen und rassischen Gründen verlassen musste und 1949 wieder eintreten wollte. Riesser hatte Gestapohaft, Ausbürgerung und Exil erfahren. Manfred Klaiber kannte und schätzte ihn aus gemeinsamer Zeit vor der NS-Machtergreifung an der Botschaft in Paris. Gegen den Widerstand des Auswärtigen Amts konnte Klaiber Bundespräsident Heuss erfolgreich für Riessers Anliegen auf Wiederverwendung gewinnen.[680]

Im Kalten Krieg ließ Manfred Klaiber seine politische Vergangenheit zur Zielscheibe kommunistischer Propaganda werden. Noch war er im Bundespräsidialamt, als ihn die Ost-Berliner *Neue Zeitung* im Jahre 1956 der Mitverantwortung an der Versenkung des Flüchtlingsschiffs *Struma* am 24. Februar 1942 bezichtigte. Klaiber habe ein deutsches Schnellboot angewiesen, den bulgarischen Donau-Dampfer *Struma* im Schwarzen Meer nördlich der Bosporus-Einfahrt versenken zu lassen. An Bord des Schiffes befanden sich 763 Juden, die sich im rumänischen Hafen Konstanza eingeschifft hatten, um dem NS-Machtbereich zu entkommen. Nur ein jüdischer Flüchtling und drei Besatzungsmitglieder überlebten. Wenig später hieß es in einem anderen DDR-Organ: „Judenmörder Klaiber warb Spione". Klaiber bestritt die Vorwürfe in einer schriftlichen Stellungnahme. Anfang Juni 1956 erhielt er ein Schreiben des damaligen türkischen Botschafters, der ihm mitteilte, die Überprüfung der Anschuldigungen in Ankara habe ergeben, dass keine türkischen Akten über den Untergang der Struma vorlägen, in denen sein Name erwähnt sei. Die Behauptung der DDR-Presse entbehre jeder Grundlage.[681] Letztlich konnte aber erst im Jahre 1965 mit großer Sicherheit nachgewiesen werden, dass die *Struma* nicht von deutschen, sondern von sowjetischen Kriegsschiffen versenkt wurde und die gegen Klaiber erhobenen Anschuldigungen völlig aus der Luft gegriffen waren.

Die Nachkriegskarrieren der maßgeblichen NS-Offiziellen, die Ernst Reuter und seinen Exilfreunden in der Türkei ihr ohnehin nicht einfaches Leben direkt oder indirekt auf unterschiedliche Weise erschwerten, waren symptomatisch für die jeweilige Vergangenheitspolitik der beiden deutschen Staaten. Vor deren Gründung im Jahre 1949 lag es in der Hand der Siegermächte, in ihren jeweiligen Besatzungszonen die Spuren der NS-Vergangenheit zu beseitigen. Die Alliierten hatten sich im Juli 1945 im Potsdamer Abkommen verpflichtet, in ihren Besatzungszonen eine tiefgreifende Entnazifizierung durchzuführen. Zudem hatten sie vereinbart, einen Internationalen Militärgerichtshof einzurichten, um die Hauptkriegsverbrecher abzuurteilen. Außer Hjalmar Schacht, den früheren Reichbankpräsidenten und Reichswirtschaftsminister, sowie den Propagandaspezialisten Hans Fritzsche sprach dieser auch den Angeklagten Franz von Papen nicht zuletzt dank der Zeugenaussage seines früheren Gesandten Hans Kroll gegen das Votum des sowjetischen Anklägers frei. Von 177 Angeklagten wurden in den zwölf Nachfolgeprozessen der amerikanischen Militärbehörde 35 Personen freigesprochen. Dagegen überließen die Sowjets es den Ostdeutschen, bis 1950 in Sondergerichten 12.500 Personen wegen Kriegsverbrechen zu verurteilen und 100 hinzurichten.

In ihrer Besatzungszone enthoben die Sowjets als Ergebnis ihrer „Entnazifizierungsverfahren" bis April 1948 rund 520.000 ehemalige NSDAP-Mitglieder oder knapp drei Prozent der Bevölkerung Ostdeutschlands ihrer Posten, wobei sich der Vorwurf, in den Nationalsozialismus verstrickt gewesen zu sein, häufig genug als ein Vorwand erwies, um politisch Missliebige loszuwerden.[682] Im Februar 1948 erklärte die SMAD die Entnazifizierung in ihrer Zone für erfolgreich abgeschlossen. Die Westalliierten internierten ihrerseits zwischen 1945 und 1949 rund 200.000 ehemalige NS-Funktionäre. Außerdem sahen sich in den Jahren von 1946 bis 1948 rund 16 Millionen Menschen in den drei Westzonen aufgefordert, über ihre Aktivitäten in der NS-Zeit einen Fragebogen auszufüllen. Die Bilanz der Spruchkammern ergab Ende des Jahres 1949, dass 0,6 Prozent als

NS-Gegner anerkannt, 1,4 Prozent als Hauptschuldige und Belastete sowie 54 Prozent als Mitläufer eingestuft wurden. Bei 34,6 Prozent wurde das Verfahren eingestellt.[683] Damit verloren rund 220.000 Personen ihre Stellungen in Regierung, Verwaltung, Handel und Industrie. Verbittert bezeichnete ein Historiker diese „Entnazifizierungsverfahren" als „Mitläuferfabrik", die ehemalige Nationalsozialisten eher rehabilitierte als bestrafte. Die beliebten „Persilscheine" trugen das Ihrige dazu bei, eine nicht geringe Zahl „Belasteter" zu „Mitläufern" weiß zu waschen. Nicht nur vom Hauptbeklagten Franz von Papen wurde noch im Exil mancher Emigrant, wie zum Beispiel Alfred Marchionini, um ein Leumundszeugnis gebeten.

Während im Osten Deutschlands die SED mit Gründung der DDR gehorsam den Kurs der Sowjets weiter verfolgte, gab es im Herbst 1949, sofort nach Eröffnung des Bundestags, starke Kräfte in der Bundesrepublik, die sich von der Periode alliierter Fremdbestimmung abgrenzen wollten. Mit parlamentarischen Initiativen, durch Gesetze und Verwaltungsentscheidungen sollte die politische Säuberung wie sie die Alliierten seit dem Jahre 1945 durchgesetzt hatten, beendet oder sogar rückgängig gemacht werden. Wachsende öffentliche Kritik und Unmut über die Entnazifizierungsmaßnahmen der Alliierten setzten Kanzler Adenauer und seine Partei, die Christlich-Demokratische Union, unter Druck. Auch die Koalitionspartner Christlich-Soziale Union, Deutsche Partei (DP) und FDP drängten, den aus ihrer Sicht von den Alliierten zu Unrecht bestraften, „Wiedergutmachungsleistungen" zukommen zu lassen. Nicht die Opfer des Nationalsozialismus sollten Empfänger dieser Leistungen sein, sondern die „Opfer" der NS-Bewältigung – entlassene Beamte, „Entnazifizierungsgeschädigte", ehemalige Internierte, von Alliierten bestrafte Kriegsverbrecher und gerichtlich verurteilte NS-Täter.[684]

Bis Mitte der 1950er Jahre setzte sich in der Bundesrepublik ein öffentliches Bewusstsein durch, welches „die Verantwortung für die Schandtaten des ‚Dritten Reiches' allein Hitler und einer kleinen Clique von ‚Hauptkriegsverbrechern' zuschrieb, während es den Deutschen in ihrer Gesamtheit den Status von politisch ‚Verführten' zubilligte, die der Krieg und seine Folgen schließlich sogar selber zu ‚Opfern' gemacht hatten."[685] In weit geringerem Maße bestimmten dagegen die eigentlichen Opfer des NS-Regimes, besonders diejenigen des Holocaust und Widerstands, das öffentliche Bewusstsein. Die Anfang der 1950er Jahre geführten Debatten um die Wiedergutmachung der Verbrechen an den Juden zeigten, auf welch fruchtbaren Boden die Rassenpolitik des NS-Regimes und deren Propaganda in der deutschen Bevölkerung gefallen waren. Die Bewertung von Exil und Widerstand sowie die Behandlung ihrer Exponenten und Angehörigen durch Medien, Politik und Verwaltung waren von Verdrängung gekennzeichnet. Nicht besser stand es um das Erinnern an den Holocaust und an den Widerstand gegen das NS-Regime.

Ernst Reuter betrachtete es nach Rückkehr aus dem Exil und bis zu seinem Lebensende als seine dringlichste Aufgabe und Pflicht, die Lehren aus der NS-Diktatur zu ziehen und sich für eine starke Demokratie in Deutschland einzusetzen. Ebenfalls übernahm er für sich die Verantwortung für die Verbrechen, die in deutschem Namen vom Hitler-Regime begangen wurden, und zog daraus die politischen Konsequenzen. Als beratendes Mitglied des Parlamentarischen Rates setzte er sich für ein Grundgesetz ein, welches alle Defizite der Weimarer Verfassung ausräumen sollte. Die Stalin-Diktatur in der Frontstadt Berlin vor Augen und die eigenen leidvollen Erfahrungen mit dem Kommunismus in Erinnerung, stritt Ernst Reuter in Debatten, Reden, Schriften und auf Auslandsreisen für ein demokratisches, in ein freies Europa eingebundenes Deutschland. In Wort und Schrift erinnerte und ermahnte er die deutsche Öffentlichkeit, sich der Verantwortung für die Vernichtung der Juden und der Verpflichtung für ein demokratisches Deutschland zu stellen. Seine eigenen Erfahrungen im Konzentrationslager und der mit dem „Deutschen Freiheitsbund" in Istanbul gescheiterte Versuch zum Widerstand bestimmten seine Mahnungen und Aufrufe. In Theodor Heuss, dem ersten Präsidenten der Bundesrepublik Deutschland, fand Ernst Reuter einen Mitstreiter, der sich das Erinnern an das Geschehene zur Aufgabe für sein Amt machte. Für ihre offenen Aufrufe fanden beide in der frühen Bundesrepublik nur allmählich Verständnis. Noch für eine geraume Zeit hinterließ das „Tausendjährige Reich" deutlich seine Spuren.

4. Erinnern an Opfer und Widerstand: Ernst Reuter und Theodor Heuss

„Die Bundesregierung und mit ihr die große Mehrheit des deutschen Volkes sind sich des unermeßlichen Leides bewußt, das in der Zeit des Nationalsozialismus über die Juden in Deutschland und in den besetzten Gebieten gebracht wurde. Das deutsche Volk hat in seiner überwiegenden Mehrheit die an den Juden begangenen Verbrechen verabscheut und hat sich an ihnen nicht beteiligt", so Konrad Adenauer in seiner Regierungserklärung vor dem Deutschen Bundestag am 27. September 1951.[686] Mit diesem eingeschränkten Bekenntnis des ersten Kanzlers der Bundesrepublik Deutschland zur Verantwortung für die Verbrechen des NS-Regimes an den Juden konnten die Verhandlungen mit dem Staate Israel und der Jewish Claims Conference über die Wiedergutmachung beginnen. Sie wurden am 21. März 1952 im niederländischen Wassenaar eröffnet und mit der Unterzeichnung des Luxemburger Abkommens am 10. September 1952 abgeschlossen. Während der Verhandlungen spielten sich vor dem israelischen Parlament tumultartige Szenen ab. „Was sollen unsere ermordeten Großeltern pro Stück kosten?", hieß es auf Transparenten demonstrierender Holocaust-Überlebender, während die Delegationen um die Höhe der Wiedergutmachung stritten. Die Verhandlungspartner einigten sich schließlich auf einen rationalen Maßstab: Grundlage für eine kollektive Entschädigung bildeten die Eingliederungskosten überlebender Flüchtlinge in Israel, ergänzt um individuelle Entschädigungsleistungen.[687]

Mit der Unterzeichnung des Luxemburger Abkommens begann eine schwierige Phase der deutsch-israelischen Beziehungen. Das Abkommen war im Bundestag zu ratifizieren und außer Finanzminister Fritz Schäffer (CSU) und Justizminister Thomas Dehler (FDP) lehnte es auch der stellvertretende Vorsitzende der CSU, Franz-Josef Strauß, aus finanziellen und legalistischen Gründen konsequent ab: Israel habe kein Recht auf Reparationen, da es während der NS-Herrschaft noch gar nicht existierte. Im September 1953 standen Wahlen an, und das Allensbacher Institut für Meinungsforschung ermittelte im August 1952 in einer Umfrage, dass 44 Prozent der Deutschen das Abkommen für „überflüssig" hielten und nur elf Prozent für notwendig, 21 Prozent wollten sich dazu nicht äußern.[688] Im meinungsbildenden Wochenblatt *Die Zeit* empfahl Marion Gräfin Dönhoff im Oktober 1952, Entschädigungszahlungen erst beginnen zu lassen, „nachdem Israel und die arabischen Staaten Frieden geschlossen" hätten.[689] Neben innenpolitischen Gegnern traten auch arabische Staaten auf den Plan. Sie warnten ausdrücklich vor den negativen Rückwirkungen des Abkommens auf die deutsch-arabischen Beziehungen. Die Vertreter der Arabischen Liga in Bonn taten bei den Abgeordneten das Ihrige mit dem Ergebnis, dass Konrad Adenauer angesichts der zahlreichen Gegner in seiner eigenen Regierungskoalition aus CDU, CSU, FDP, DP und Bayernpartei bei der Schlussabstimmung über das Wiedergutmachungsabkommen mit Israel im Deutschen Bundestag am 18. März 1953 eine Mehrheit nur mit der oppositionellen SPD erhielt – ein Armutszeugnis für die Regierungsparteien mehr als acht Jahre nach der Befreiung des KZ Auschwitz.[690]

Dem ersten Bundespräsidenten der Bundesrepublik Deutschland, Theodor Heuss, blieb es überlassen, sich in seinen Reden angesichts des allgemeinen Klimas des Beschweigens mit der NS-Herrschaft und der deutschen Verantwortung für den Genozid auseinanderzusetzten. Drei Jahre nach seiner Wahl zum Bundespräsidenten musste seine Gedenkrede im ehemaligen KZ Bergen-Belsen viele Deutsche provozieren. Dort weihte er Ende November 1952 ein Mahnmal mit den Worten ein: „Wer hier als Deutscher spricht, muß sich die innere Freiheit zutrauen, die volle Grausamkeit der Verbrechen, die hier von Deutschen begangen wurden, zu erkennen. Wer sie beschönigen oder bagatellisieren wollte oder gar mit der Berufung auf den irregegangenen Gebrauch der sogenannten ‚Staatsraison' begründen wollte, der würde nur frech sein." Heuss fuhr fort: „Wir haben von den Dingen gewußt. Unsere Phantasie, die aus der bürgerlichen und christlichen Tradition sich nährte, umfaßte nicht die Quantität dieser kalten und leidvollen Vernichtung." Er sprach von einem „Durchbruch des biologischen Naturalismus der Halbbildung", der „zur Pedanterie des Mordens als schier automatischem Vorgang" führte. Das deutsche Volk müsse sich in seiner Gesamtheit schämen: „Und dies ist unsere Scham, daß sich solches im Raum der Volksgeschichte vollzog, aus der Lessing und Kant, Goethe und Schiller in das Weltbewusstsein traten. Diese Scham nimmt uns niemand, niemand ab."[691]

Bundespräsident Heuss setzte in seiner Rede in Bergen-Belsen der Vorstellung der Kollektivschuld des deutschen Volkes die Kollektivscham entgegen. Gerade weil die Deutschen mit den genannten Dichtern und Denkern die moralischen und historischen Traditionen besessen hätten, um den Genozid zu verhindern, sie aber nicht genutzt haben, könne ihnen niemand die Scham abnehmen. Von kollektiver Verantwortung sprach Heuss nicht. Der moralische Imperativ der Erinnerung an die Verbrechen der NS-Zeit war für ihn aber keine von den Siegern und Besatzern auferlegte Last, sondern eine kategorische Forderung der besseren Traditionen eines immer noch existierenden „anderen Deutschland". Als Sache der nationalen Ehre sah er die Erinnerung an die schwierige Vergangenheit und nicht deren Verdrängung. Die Gedenkrede des Bundespräsidenten wurde durch ihren Titel berühmt: „Diese Scham nimmt uns niemand ab". Sie wurde im Rundfunk übertragen, ausführlich in der Presse besprochen und im Bulletin des Bundespresseamtes veröffentlicht. Auch im Ausland fand sie ein großes Echo. Der in New York ansässige Vorsitzende der Internationalen Liga für Menschenrechte, Roger Baldwin, drückte Heuss seine Anerkennung für die bewegenden Worte aus.

Den Satz seiner Gedenkrede: „Wir haben von den Dingen gewusst", bezog der Bundespräsident durchaus auch auf sich selbst und seine Kenntnis des KZ Mauthausen, „wo sie meinen alten Freund Otto Hirsch ‚liquidiert' hatten, den edlen und bedeutenden Leiter der Reichsvertretung deutscher Juden".[692] Vom Tod seines Freundes im Juli 1941 hatte ihm Hirschs Frau berichtet „die ich zu stützen und zu beraten suchte". In diesem Jahr war Theodor Heuss Mitarbeiter bei der *Frankfurter Zeitung*. Im Mai 1933 hatte er seine Dozentur an der Hochschule für Politik in Berlin verloren, nicht zuletzt wegen seines ein Jahr zuvor veröffentlichten Buchs *Hitlers Weg*, in dem er den Nationalsozialismus historisch-soziologisch analysierte und kritisierte. Am 10. Mai 1933 landete das Buch neben zwei weiteren Veröffentlichungen von Heuss sowie denen einer Unzahl „verfemter" Schriftsteller auf den Scheiterhaufen der akademischen Bücherverbrennung. Heuss distanzierte sich allerdings nicht von dem Vorhaben selbst, sondern nur von einzelnen Autoren, deren Bücher zusammen mit seinen vernichtet wurden. Ebenfalls im Mai 1933 sandte er der *Vossischen Zeitung* einen Kommentar zu den „Schwarzen Listen" der NS-Bibliothekare und sprach von einem „entwurzelte[n] jüdische[n] Literatentum, gegen das ich in all den Jahren gekämpft habe."[693] Theodor Heuss' liberal-protestantisches Bürgertum mag seine Distanzierung gerade zu links-intellektuellen jüdischen Autoren erklären – ungeachtet seiner Freundschaften mit namhaften Juden wie Otto Hirsch oder Gustav Stolper.

Ernst Reuter kannte Theodor Heuss aus gemeinsamen Berliner Jahren während der Weimarer Republik. Im Rathaus waren sie von 1929 bis 1931 Nachbarn: Ernst Reuter als Stadtrat für Verkehr, Theodor Heuss als Stadtverordneter. Wenige Jahre später begegneten sie sich als Mitglieder des Reichstags wieder: Ernst Reuter für die Sozialdemokraten, Theodor Heuss für die Deutsche Staatspartei. Am 23. März 1933 nahmen beide an der Abstimmung über das „Gesetz zur Behebung der Not von Volk und Reich", das „Ermächtigungsgesetz", teil: Ernst Reuter stimmte dagegen, Theodor Heuss und weitere vier Abgeordnete seiner Partei dafür. Heuss beugte sich nach eigenen Aussagen der Fraktionsmehrheit. Zwei Monate nach der Abstimmung verlor Heuss zwar seine Dozentenstelle, wurde aber anders als Ernst Reuter nicht physisch verfolgt und konnte in Deutschland bleiben. Sein Kontakt zu den Widerständlern um Carl Friedrich Goerdeler und Julius Leber brachte ihm verschiedene Vorladungen der Gestapo. Auf der Liste einer Nach-Hitler-Regierung unter Leitung von Goerdeler findet sich der Name von Theodor Heuss als Pressesprecher.

Im August 1948 begegneten sich Ernst Reuter und Theodor Heuss erneut. Beide waren Mitglieder des Parlamentarischen Rates zur Ausarbeitung einer Verfassung für die Länder der Westzone. Die fünf Vertreter Berlins, darunter Ernst Reuter, nahmen wegen des besonderen Rechtsstatus' von Berlin nur mit beratender Stimme an den Plenums- und Ausschusssitzungen teil. Nach acht Monaten der intensiven Beratungen konnte das Grundgesetz am 23. Mai 1949 in Bonn unterzeichnet und verkündet werden. Die ehemaligen Reichstagsabgeordneten Ernst Reuter und Theodor Heuss trugen maßgeblich dazu bei, dass aus Fehlern der Weimarer Verfassung gelernt wurde: Das konstruktive Misstrauensvotum zur Stärkung des Kanzlers, die Machtbegrenzung des Präsidenten, um Gesetzeserlasse durch „Notverordnungen" auszuschließen, sowie der Vorrang des Parlaments vor Plebisziten.

Die Verfasser des Grundgesetzes zogen aus dem Nazi-Terror gleich mehrere Lehren. Schon Artikel 1 erklärt „die Würde des Menschen als unantastbar" und bestimmt „sie zu achten und zu schützen" als „Verpflichtung aller staatlichen Gewalt". Ernst Reuters Handschrift und die der ehemals aus politischen und rassischen Gründen individuell und kollektiv Ausgebürgerten im Parlamentarischen Rat trägt der Artikel 16 des Grundgesetzes: „Die deutsche Staatsangehörigkeit darf nicht entzogen werden. Der Verlust der Staatsangehörigkeit darf nur auf Grund eines Gesetzes und gegen den Willen des Betroffenen nur dann eintreten, wenn der Betroffene dadurch nicht staatenlos wird." Die Ängste und Nöte, die Entrechtung und Kriminalisierung, denen ausgebürgerte Deutsche während des NS-Regimes ausgesetzt waren, sollten sich nicht mehr wiederholen können.

Artikel 16 a schließlich machte der deutschen Republik zur Auflage, was nicht jedes Zufluchtsland den Verfolgten des NS-Regimes ermöglichen konnte: „Politisch Verfolgte genießen Asylrecht."⁶⁹⁴

Knapp ein halbes Jahr nach der Aufsehen erregenden Gedenkrede von Theodor Heuss in Bergen-Belsen nahm Ernst Reuter den zehnten Jahrestag der Zerstörung des Warschauer Ghettos zum Anlass, des Genozids am europäischen Judentum zu gedenken. Am 19. April 1943 hatte Hitler den Befehl zum Angriff auf das jüdische Ghetto gegeben. Genau zehn Jahre danach erklärte Ernst Reuter auf der Gedenkveranstaltung des Bezirksamtes Neukölln, dass Hitlers Befehl eindeutig mit dem Ziel erging, „dieses Ghetto – wie es in der totalitären Sprache heißt – zu liquidieren." Etwas Einmaliges habe in Warschau begonnen: „Die Opfer Hitlers weigerten sich, sie standen zusammen, und sie kämpften bis zum letzten Atemzuge." Es gäbe Dinge, so Reuter weiter, „die wir niemals vergessen dürfen, die wir niemals vergessen wollen: Wir dürfen als Deutsche – und ich spreche hier zu Ihnen, auch zu meinen jüdischen Landsleuten, als ein Deutscher – nicht vergessen, was in unserem, dem deutschen Namen, Schandbares geschehen ist." Er lehne zwar den Gedanken einer Kollektivschuld ab, „daß jeder einzelne Deutsche als Person schuld sei an dem, was in seinem Namen geschehen" sei. Gleichzeitig wisse er aber, „daß es trotz alledem eine Verantwortung aller Deutschen gibt für das, was in ihrem Namen geschehen ist, eine Verantwortung, die sich darin äußern muß, daß wir wiedergutmachen und daß wir überwinden, was die Vergangenheit [...] hat groß werden lassen."⁶⁹⁵

In Deutschland wussten nur Wenige über die Ereignisse in Warschau im Jahre 1943, fuhr Reuter fort, denn sie wurden der Bevölkerung nicht mitgeteilt. Anders ging es den „Deutschen, die wir draußen lebten, draußen leben mußten oder draußen leben konnten." Ihnen war über Rundfunkmeldungen und Berichte von Besuchern bekannt, dass „dieser furchtbare Angriff auf das Ghetto in Warschau nur ein kleines Glied in einer großen Kette eines furchtbaren Vernichtungsfeldzuges war, den das nationalsozialistische Regime gegen die Juden in Deutschland, gegen die Juden in allen europäischen Völkern" führte. Angesichts der Gräueltaten konnten sie im Ausland nur hoffen, „daß so wie wir selber nicht zu vergessen, aber doch zu vergeben bereit waren, was geschehen war, auch die Opfer gemeinsam mit uns sich in der Einsicht zusammenfinden würden, daß aus der bloßen Erinnerung an die Vergangenheit eine neue, eine bessere Zukunft nicht entstehen kann." Denn Wiedergutmachung sei nur ein materieller Prozess, zu dem auch das Abkommen mit dem Staat Israel beitragen könne. Die „echte Wiedergutmachung, die Wiedergutmachung, die allein für unsere jüdischen Mitbürger zählen kann, ist die innere Wiedergutmachung und ist die innere Wiedergeburt unseres Volkes, daß unser Volk sich von diesen Giften des nationalistischen Hochmuts, des Rassenwahns, der Überheblichkeit und der Selbstgerechtigkeit abwendet." Deutschland müsse deshalb als Volk noch unter Beweis stellen, dass es „den Frieden liebend, ein friedliches Glied der Gemeinschaft aller freien Völker wird". Um dieses Ziel zu erreichen, müsse alles getan werden.[696]

Der US-Historiker Jeffrey Herf zählt Ernst Reuters Gedenkrede vom 19. April 1953 „zu den bewegendsten und eindrucksvollsten Äußerungen dieser Art in der deutschen politischen Kultur nach dem Krieg". Reuter habe es als einer der ersten, „wenn nicht der erste unter den führenden westdeutschen Politikern" verstanden, „das jüdische Martyrium als Inspiration für eine demokratische Erneuerung in der Bundesrepublik" zu verstehen.[697] Zwischen öffentlicher Erinnerung an die vergangenen Verbrechen und dem Aufbau der Nachkriegsdemokratie gebe es nach Reuters Auffassung eine enge Beziehung. Auch das Erinnern an den Widerstand gegen das NS-Regime könne zur demokratischen Erneuerung beitragen. Hierin habe Reuter eine Minderheitsmeinung vertreten, die sich von der vorherrschenden Ansicht der Adenauer-Ära abhob. So seien die Unterschiede zwischen Tätern, Mitläufern und Opfern verwischt worden, als im Jahre 1952 der Volkstrauertag zum Gedenken der „Toten zweier Kriege an den Fronten und in der Heimat und an die Opfer der Gewaltherrschaft aller Nationen" eingeführt wurde. Während Reuter sein Augenmerk stets auf die Opfer von Verfolgung und Terror der Nationalsozialisten richtete, „zählten manche westdeutsche Politiker auch die an der Front gefallenen Soldaten der Wehrmacht, die Opfer der alliierten Bombenangriffe auf deutsche Städte und die aus ihrer Heimat Vertriebenen zu den ‚Opfern des Faschismus'", stellt Herf fest.[698]

Immer wieder musste Ernst Reuter erfahren, dass die deutsche Nachkriegsgesellschaft deutliche Vorbehalte nicht nur gegenüber den Opfern der NS-Diktatur besaß. Auch die Akteure des Widerstands, speziell die Verschwörer des gescheiterten Attentats gegen Hitler vom 20. Juli 1944, betrachtete ein Großteil der deutschen Bevölkerung mit Vorbehalten. Nach Umfragen im Jahre 1951 hatten nur 43 Prozent der Männer und 38 Prozent der Frauen eine gute Meinung von den Attentätern des 20. Juli. Die Zahlen sollten sich in den kommenden Jahrzehnten kaum ändern.[699] Der Begriff „Verräterclique" und diesem entsprechende „Dolchstoßlegenden" waren geläufig. So sah sich selbst Bundespräsident Heuss heftigen öffentlichen Angriffen ausgesetzt, als er im Jahre 1952 in einem veröffentlichten Schreiben an Annedore Leber, die Witwe des noch im Januar 1945 ermordeten sozialdemokratischen Widerstandskämpfers Julius Leber, alle Verratsvorwürfe gegenüber den Attentätern zurückwies. Annedore Leber hatte bei Heuss angefragt, was getan werden könne, um das Gedenken an den 20. Juli vor Verunglimpfungen zu bewahren. Heuss riet ihr von rechtlichen Schritten ab und verwahrte sich mit Blick auf die am Hitlerattentat maßgeblich beteiligten Offiziere gegen den Vorwurf des Eidbruchs, den diese angeblich begangen hätten. Nicht gegenüber dem „Führer", sondern nur „vor Gott und dem Volk" habe das Militär Verantwortung zu zeigen gehabt.[700]

Abb. 37 *Großkundgebung auf dem Platz der Republik in Berlin, 1. Mai 1952. Es spricht Ernst Reuter, rechts neben ihm Theodor Heuss.*

Als Theodor Heuss am 19. Juli 1954 zum 10. Jahrestag des Attentatsversuchs vom 20. Juli im Auditorium der Freien Universität Berlin eine viel diskutierte Gedenkrede hielt, war das öffentliche Klima schwierig. Der Vorwurf stand im Raum, eine adelige Militärelite habe das Attentat aus persönlichem Ehrgeiz unternommen. Heuss ging in seiner Ansprache, die er mit „Vom Recht auf Widerstand" betitelte, auf den Vorwurf ein und betonte deshalb die Rolle der Zivilisten im Widerstand: Führer von Sozialisten und Gewerkschaften, Männer der Kirchen und Verwaltung hätten sich mit den Militärs, dem „christlichen Adel deutscher Nation", verbunden.[701] Der Bundespräsident stellte die Verschwörung in eine lange Tradition versäumter Gelegenheiten in der deutschen Geschichte – von der Revolution von 1848 über die Weimarer Republik bis zu den intellektuellen Leistungen einer deutsch-jüdischen Synthese. Das Scheitern habe diesen Versuchen indessen nichts von ihrer Würde genommen. Die Männer des 20. Juli hätten versucht, „im Wissen um die Gefährdung des eigenen Lebens den Staat der mörderischen Bosheit zu entreißen und, wenn es erreichbar, das Vaterland vor der Vernichtung zu retten." Der Widerstand habe ein neues Kapitel in der Geschichte des deutschen Patriotismus geschrieben. Bindeglied der

Verschwörer sei die grundlegende Moral gewesen. Einen „bedingungslosen Gehorsam" im Militär gäbe es nicht. Maßstab sei das individuelle Gewissen. Für ihr Vermächtnis an die Nation schulde man den Beteiligten des 20. Juli Dank: „Die Scham, in die Hitler uns Deutsche gezwungen hatte, wurde durch ihr Blut vom besudelten deutschen Namen wieder weggewischt. Das Vermächtnis ist noch in Wirksamkeit, die Verpflichtung noch nicht eingelöst."[702]

Ernst Reuter beschwor die Deutschen in mehreren bewegenden Ansprachen im Jahre 1953, seinem Todesjahr, als Volk das Vermächtnis des Widerstands und dessen Verpflichtung wie auch die Verantwortung für die Verbrechen des NS-Regimes anzunehmen. In seiner Rede zum 10. Jahrestag der Vernichtung des Warschauer Ghettos hatte Reuter das jüdische Martyrium als Inspiration für eine demokratische Erneuerung in der Bundesrepublik verstanden. In seiner Ansprache am 20. Juli 1953 zur Enthüllung des Denkmals für die Opfer des 20. Juli 1944 im Hof des ehemaligen Oberkommandos der Wehrmacht spannte er einen Bogen zum Arbeiteraufstand in Ost-Berlin gegen das SED-Regime, der 33 Tage zuvor, am 17. Juni, den Mut von Deutschen zum Widerstand und deren Einsatz für die Freiheit bewiesen hatte. Am 13. September 1953 verband Ernst Reuter die Rede auf der Gedenkfeier für die Opfer des Nationalsozialismus in Plötzensee schließlich mit der Erinnerung an das Leid der Opfer und Hinterbliebenen. Er richtete einen eindringlichen Appell an die Deutschen, auch acht Jahre nach Ende der NS-Diktatur nicht in dem Bemühen nachzulassen, das Unrecht des „Dritten Reichs" wiedergutzumachen.[703]

Ernst Reuters Rede am 20. Juli 1953 zum Gedenken an das gescheiterte Attentat auf Hitler war Beginn des bis heute währenden jährlichen Gedenktags. Reuter enthüllte im „Bendlerblock", in dem die maßgeblichen Männer des 20. Juli 1944 beim Oberkommando der Wehrmacht tätig gewesen waren, ein Denkmal. „An jedem 20. Juli in den kommenden Jahren", so forderte Reuter, „sollen die Menschen zusammenfinden, „um die Erinnerung an die Vergangenheit in uns lebendig werden zu lassen und um aus der Erinnerung an die Vergangenheit Kraft für unser Wirken, für unser Leben, für unser Handeln, für uns selber und für die Zukunft unseres Volkes zu gewinnen." Die Männer des 20. Juli, die sich „aus allen Lagern unseres Volkes zusammenfanden", wollten „in der furchtbaren Not des Vaterlandes einen neuen Weg in eine bessere Zukunft" finden. „In all der Unzulänglichkeit ihres Tuns" hatten sie ein tiefes Verständnis dafür, dass „sie mehr zu tun hatten als nur einen Gewaltstreich herbeizuführen, daß sie ein neues Deutschland auf neuen Fundamenten würden errichten müssen." Der 20. Juli sei „das erste sichtbare, weithin wirkende Fanal, das der Welt zeigte, daß in Deutschland der Wille zur Freiheit, der Wille zum eigenen Leben nicht untergegangen war."[704]

Ernst Reuter blickte in seiner Ansprache an die Angehörigen des 20. Juli „zu dem großen Tage des 17. Juni 1953, zu dem Tage, an dem sich ein gepeinigtes und gemartertes Volk in Aufruhr gegen seine Unterdrücker und gegen seine Bedränger erhob und der Welt den festen Willen zeigte, daß wir Deutsche frei sein wollen, daß wir Deutschen als ein freies Volk unser Haupt zum Himmel erheben wollen."[705] Der Bogen vom Attentat auf Hitler zum Aufstand der Bauarbeiter in Ost-Berlin, den Reuter im „Bendlerblock" spannte, lässt beide Diktaturen auf einer Ebene erscheinen. Die Dramatik der Juni- und Julitage des Jahres 1953 in der Frontstadt Berlin, in der der Aufstand im Osten von den Sowjets brutal nieder geschlagen wurde, mag den Regierenden Bürgermeister zu dem Vergleich veranlasst haben. Viele Zeugnisse von Ernst Reuter belegen andererseits, dass er die kommunistische wie die nationalsozialistische Diktatur zwar gleichermaßen ablehnte. Es lag ihm aber fern, beide gleichzusetzen oder die eine zu verurteilen, um die andere zu entschuldigen oder deren Verbrechen zu verharmlosen. Im Schatten des 17. Juni erschien im Jahre 1953 der 20. Juli in Westdeutschland nunmehr in einem anderen Licht: Beide Ereignisse zeigten den Mut von Deutschen, unter Einsatz des eigenen Lebens für ein freiheitliches Deutschland zu kämpfen. Während viele Westdeutsche die Verschwörer des 20. Juli auch weiterhin als Verräter ansahen, und die ostdeutschen Kommunisten deren Handeln als das letzte Aufbäumen des deutschen Konservatismus betrachteten, würdigte Ernst Reuter ihren Mut und ihr Opfer als entscheidenden Anstoß für die nach dem Krieg vollzogene Abkehr vom Nationalsozialismus – auch wenn er den Nachkriegszielen des militärischen Widerstands stets mit Skepsis gegenübergestanden hatte.

Widerstand gegen den Nationalsozialismus war die Formel, die das Gedenken im Westen und Osten Deutschlands einte. Die Frage nach dessen Ziel führte aber dazu, dass ein demokratisch-antitotalitärer einem kommunistisch-totalitären Widerstand entgegengesetzt wurde. Zwischen West und Ost gab es in der deutschen Nachkriegszeit also eine Widerstandsdiskussion, bei welcher der Anspruch auf die Erinnerung *einer* Dimension des Widerstands damit einherging, eine andere abzuqualifizieren. Vergessen wurde meist, dass sich Widerstand gegen die nationalsozialistische Herrschaft im Laufe einer widersprüchlichen Entwicklung zu entfalten hatte. Es ging weniger darum, diskussionswürdige Grundprobleme des Verhältnisses zwischen Anpassung und Widerstand, von Selbstbehauptung und Protest oder von Konspiration und Verschwörung bis hin zum Attentat vom 20. Juli 1944 zu klären. Eher stellte sich mit der Frage nach dem Widerstand das Problem des persönlichen Verhaltens im „Dritten Reich". Vor dem Hintergrund eines verordneten kollektiven Durchhaltewillens oder einer bis in die letzten Tage des Krieges währenden Verstrickung Vieler in die NS-Zeit ging es oft darum, nachträglich persönliche Positionen zu rechtfertigen.

Galt in der DDR der Widerstand als kommunistisch inspiriert und geführt, so vernachlässigten die öffentlichen Redner der Bundesrepublik den Widerstand aus der kommunistischen Arbeiterbewegung und betonten stattdessen den christlichen, vor allem aber den bürgerlichen oder militärischen Widerstand.

Ernst Reuter war der Erste, der im Jahre 1953 in einer öffentlichen Veranstaltung der Widerständler des 20. Juli 1944 und der Männer gedachte, die sich „aus allen Lagern unseres Volkes zusammenfanden". Denn nahezu 200 Beteiligte an der Verschwörung stammten aus vielen Schichten der Bevölkerung. Außer dem Attentäter Claus von Stauffenberg beteiligten sich unter anderem der Generaloberst Ludwig Beck, die Politiker Carl Friedrich Goerdeler und Wilhelm Leuschner sowie der Theologe Dietrich Bonhoeffer. Noch eine geraume Zeit musste aber vergehen, bis Gedenkstätten und -tafeln, Gebäude-, Straßen- und Schulbenennungen mit den Namen dieser und anderer Widerständler des 20. Juli in der Bundesrepublik Deutschland und in West-Berlin versehen wurden. Die Angehörigen der hingerichteten Widerständler allerdings, die nicht mit dem 20. Juli in Verbindung standen, namentlich die Mitglieder des „Kreisauer Kreises" um James Graf Moltke oder die der „Weißen Rose" um die Geschwister Scholl, mussten in der Bundesrepublik noch deutlich länger darauf warten, für ihren mutigen Einsatz gegen das NS-Terrorsystem gewürdigt zu werden.

Der kommunistische Widerstand wurde bis zur Ansprache von Bundespräsident Richard von Weizsäcker am 8. Mai 1985 zum 40. Jahrestag der Beendigung des Zweiten Weltkriegs in der Bundesrepublik Deutschland offiziell nicht anerkannt. Von Weizsäcker erklärte nicht nur als erster Bundespräsident den 8. Mai zum „Tag der Befreiung", er würdigte auch mit deutlichen Worten den Widerstand aus allen Kreisen der Bevölkerung: „Als Deutsche ehren wir das Andenken der Opfer des deutschen Widerstandes, des bürgerlichen, des militärischen und glaubensbegründeten, des Widerstandes in der Arbeiterschaft und bei Gewerkschaften, des Widerstandes der Kommunisten."[706] Es mussten allerdings zehn weitere Jahre vergehen, bevor das Kölner Verwaltungsgericht im Oktober 1995 ein früheres Mitglied der „Roten Kapelle", einer vermeintlich von den Sowjets geführten Widerstandsgruppe, rehabilitierte. Nach mehr als 40 entwürdigenden Jahren im Bemühen um Anerkennung wurde der Witwe von Rudolf von Scheliha bestätigt, dass ihr Mann am 22. Dezember 1942 in Berlin-Plötzensee nicht wegen Spionage, sondern in einem Scheinverfahren wegen seiner Gegnerschaft zum Nationalsozialismus zum Tode verurteilt worden war. Scheliha hatte mit Kriegsbeginn seine Stellung in der Informationsabteilung des Auswärtigen Amts und seine Kontakte nach Polen genutzt, um Dokumente über die Vernichtung der Juden in Polen an Alliierte weiter zu geben und Juden zur Flucht ins Ausland zu verhelfen. Ende des Jahres 1995 ergänzte das Auswärtige Amt seine Gedenktafel für die Opfer des Widerstands schließlich um den Namen von Rudolph von Scheliha.[707]

Ernst Reuter, dem unermüdlichen Streiter für ein wiedervereinigtes Deutschland, war es nicht mehr vergönnt, die deutsche Einheit zu erleben. Ihm blieben aber Auseinandersetzungen über Ansätze erspart, NS-Verbrechen gegenüber denen des SED-Regimes und der Staatssicherheit der DDR zu relativieren oder zu analogisieren. So begründete der Zentralrat der Juden in Deutschland seinen Rückzug aus den Gremien der Stiftung Sächsische Gedenkstätten Anfang des Jahres 2004 mit eben diesem Vorwurf. Der Vizevorsitzende Salomon Korn sah in Deutschland eine bedrohliche „Waagschalenmentalität" im Kommen. Es müsse rechtzeitig Bestrebungen Einhalt geboten werden, welche fundamentale Unterschiede zwischen den Verbrechen der Nationalsozialisten mit europäischer Dimension und denen der Willkürherrschaft des Kommunismus in Ostdeutschland mit nationaler Dimension einebnen wollten.[708] Opferverbände schlossen sich dem Vorwurf des Zentralrats an. Keinerlei Zweifel können bestehen, dass Ernst Reuter sich Bestrebungen widersetzt hätte, die beiden Diktaturen auf deutschem Boden gleichzusetzen. Seine eigenen Erfahrungen und die vieler Freunde im Konzentrationslager, die unmenschliche NS-Rassenpolitik, Vernichtungskrieg, Weltmachtstreben und nicht zuletzt der Holocaust waren einmalig in der europäischen Geschichte und erlaubten keinen Vergleich der beiden Diktaturen. Erinnern und Gedenken an die Opfer verdienten beide, nicht aber Gleichsetzung.

Als Ernst Reuter am 29. September 1953, gezeichnet von einer aufreibenden, ruhelosen Tätigkeit, in Berlin starb, herrschte in der Stadt große Trauer. Hunderttausende säumten die Straßen, als der Sarg mit einem Fackelzug seiner Parteifreunde zum Schöneberger Rathaus geleitet wurde. Abertausende zogen am Sarg vorbei und folgten ihm später, geleitet von Bundespräsident Theodor Heuss, zum Staatsbegräbnis auf den Zehlendorfer Waldfriedhof. Tief bewegt sprach Bundespräsident Heuss dem verstorbenen Ernst Reuter Dank aus „ für die Leistung eines Lebens, das seine Bekrönung und die Erfüllung einer sachlichen Leidenschaft darin fand, sich für andere, sich für das Allgemeine zu verschwenden. Das geschah in einem großen noblen Stil, mit den eigenen Kräften wenig haushälterisch; aber es hat Geschichte gestaltet, indem es Menschen gestaltet hat durch das Beispiel, durch den Mut, durch jene so eigentümlichen Begegnungen im Wesen dieses Mannes, nüchterner Tatsachensinn und formende Phantasie." Und Theodor Heuss ergänzte: „Er wußte darum, daß Mut für tapfere Seelen eine ansteckende Kraft besitzt – so wurde er festes, unpathetisches, phrasenloses Beispiel; er wußte aber auch, daß Schwachheit und Not der Liebe bedarf."[709]

Nachwort

Die Begegnung mit Emigranten, den politisch und rassisch Verfolgten des NS-Regimes in ehemaligen Exilländern, war in den Jahren meines Berufsleben im Auswärtigen Amt von 1973 bis 2006 eher Regel als Ausnahme. Ich traf Überlebende und wurde Zeuge einer großen Anhänglichkeit an die deutsche Kultur. Viele meiner Kolleginnen und Kollegen beschäftigten sich mit Wiedergutmachungsfällen und erhielten dadurch ergreifende Einblicke in erlittene Schicksale. Im ehemaligen Exilland Türkei waren nur wenige Emigranten aus dem ehemaligen Deutschen Reich und den anderen durch das NS-Regime beherrschten Ländern verblieben. Zurückgeblieben dagegen war und ist in der Türkei in manchen Teilen der Bevölkerung eine lebhafte Erinnerung an Leben und Wirken der deutschsprachigen Emigranten, besonders aus Kunst und Wissenschaft. Gedankt sei deshalb an erster Stelle den zahlreichen türkischen Zeitgenossen aus vielen Gesellschaftsbereichen, die das Wissen um die Bedeutung der Emigranten und damit auch die Ernst Reuters, für die bahnbrechende türkische Gesellschafts- und Bildungsreform und den damit erfolgten Brückenschlag der Türkei zu Europa am Leben erhalten. Stellvertretend sei der unermüdliche „Aufklärer" und Freund Mesut Ilgim genannt. Nicht minder verdienstvoll wirkt in Deutschland der Verein Aktives Museum mit seiner Ausstellung *Haymatloz*, mit der an die Gastfreundschaft erinnert wird, welche die Türkei den Exilanten in ihrer existentiellen Bedrängnis erwies.

Das verminte Gelände zeithistorischer Darstellungen zu betreten, lässt besonders den Nichthistoriker Vorsicht gebieten. Mein außerordentlicher Dank für ihre richtungsweisenden Empfehlungen und ihre die Arbeit begleitenden Ratschläge gilt deshalb der Zeithistorikerin Dr. Annette Weinke. Manche Mine hoffe ich, dank ihrer Unterstützung entschärft zu haben. Dem Exilforscher Prof. Dr. Claus-Dieter Krohn danke ich für seine fachliche Ermutigung, das Leben und Wirken Ernst Reuters im Exil in den Rahmen des Verhältnisses der Emigranten zum offiziellen Deutschland zu stellen. Anregungen und Quellenhinweise erhielt ich im ständigen Gedankenaustausch mit Prof. Dr. Gerald Wiemers, dem ich dafür sehr verbunden bin. Wichtige Erkenntnisse erhielt ich von den amerikanischen Historikern Prof. Dr. Christopher R. Browning und Prof. Dr. Richard Breitman. Dankenswerterweise haben mir beide für die Arbeit hilfreiche Dokumente zur Verfügung gestellt. Wertvolle wissenschaftliche und persönliche Einsichten gaben mir der Islamwissenschaftler Prof. Dr. Udo Steinbach und der Linguist Dr. Gerd Simon. Für den ständigen Gedankenaustausch wie auch für Hinweise auf Spezialfragen danke ich beiden.

Die gründliche Vorarbeit des Vereins Aktives Museum zum Thema „Exil in der Türkei" ersparte mir manchen Besuch von Archiven. Besonders dankbar bin ich Christiane Hoss für Dokumente und viele wichtige Hinweise. Ihre wissenschaftlich fundierten Beiträge und die von Martin Schönfeld im Ausstellungskatalog *Haymatloz* gaben mir wertvolle Einsichten. Danken möchte ich auch Kaspar Nürnberg, der mir das Archiv des Vereins Aktives Museum und verschiedene Veröffentlichungen großzügig zugänglich machte. Im Politischen Archiv des Auswärtigen Amts stand mir Dr. Gerhard Keiper hilfreich zur Seite. Auch den freundlichen Kollegen und Kolleginnen im Lesesaal möchte ich vielmals danken. Dr. Thorsten Unger, dem Leiter des Universitätsarchivs der Universität Düsseldorf, verdient meinen Dank für seine Unterstützung beim Zugang zum Eckstein-Nachlass.

Für ihre Unterstützung danke ich ebenfalls den Nachkommen deutscher Emigranten, die mehrheitlich ihre Jugend in der Türkei verlebten. Mein ganz besonderer Dank gilt vor allem Edzard Reuter. Er begleitete meine Arbeit stets mit Interesse, beantwortete mir als Zeitzeuge manche Frage, stellte seinerseits Fragen bei der Lektüre des Entwurfs und ermutigte mich zu weitergehenden Recherchen. Dankbar bin ich darüber hinaus Dr. Silvia Giese, geb. Rohde, Ingrid Oppermann, geb. Gleissberg, Hellmut Rüstow, Enver Hirsch, Prof. Dr. Peter Eckstein, Dr. Achim Engelberg, Matthias Neumark und Prof. Dr. Rupert Wilbrandt. Von ihnen erhielt ich manches persönliche Dokument und hilfreiche Auskünfte. Soweit das Wirken ihrer Eltern in der Türkei von mir dargestellt wurde, gaben sie mir zudem anregende und kenntnisreiche Kommentare zu den entsprechenden Abschnitten.

Zu großem Dank verpflichtet bin ich darüber hinaus der Stiftung Ernst-Reuter-Archiv, die die Fertigstellung meines Vorhabens mit einem Druckkostenzuschuss großzügig unterstützte. Dank gilt in diesem Zusammenhang auch den Verantwortlichen des Berliner Wissenschafts-Verlags.

Danken möchte ich nicht zuletzt Weggefährten, denen ich in meinem Diplomatenleben in ihrer „zweiten Heimat" oder nach Rückkehr in die „erste Heimat" begegnen durfte. Edith Goldschmidt, Leopold Palm, Georg Chaimovicz, Eva Fischer und Karl Pfeiffer wussten oder wissen nicht von dem bedeutenden Einfluss, den ihr Schicksal und ihre Freundschaft auf mein Interesse zum Thema „Wartesaal" ausgeübt haben. Diese Freundschaften vertieft und gepflegt zu haben, verdanke ich meiner Frau Gudrun. Besonderen Dank schulde ich ihr auch dafür, mich bei meinem Vorhaben im Gedankenaustausch mit Anregungen, im Prozess des Recherchierens und Schreibens mit Geduld sowie in der Schlussphase mit kritischer Durchsicht des Manuskripts unterstützt zu haben.

Anmerkungen

[1] Zit. nach Burcu Dogramaci, Kulturtransfer und nationale Identität. Deutschsprachige Architekten, Stadtplaner und Bildhauer in der Türkei nach 1927, Berlin 2008, S. 366.
[2] Im Zusammenhang mit der biografischen Forschung über Ernst Reuter ist die Zeit des türkischen Exils behandelt worden von David Barclay, Schaut auf diese Stadt. Der unbekannte Ernst Reuter, Berlin 2000; Willy Brandt/Richard Lowenthal, Ernst Reuter. Ein Leben für die Freiheit. Eine politische Biographie, München 1957; Ruşen Keleş, Der Beitrag Ernst Reuters zur Urbanisierung der Türkei, in: Heinz Reif/Moritz Feichtinger (Hrsg.), Ernst Reuter. Kommunalpolitiker und Gesellschaftsreformer 1921–1953 (= Politik- und Gesellschaftsgeschichte, Bd. 81), Bonn 2009, S. 185–202; Burcu Dogramaci, „Ewig schönes Istanbul-Daima hasret ediyorenz". Ernst Reuter und Gustav Oelsner als Urbanisten im Jüdischen Exil, in: ebd., S. 203–237; Bernd Nicolai, „Der goldene Käfig". Ernst Reuter und Martin Wagner im Jüdisches Exil, in: ebd., S. 239–250. Die genannten Darstellungen tragen jedoch eher Überblickscharakter.
[3] Hans E. Hirschfeld/Hans J. Reichhardt (Hrsg.), Ernst Reuter. Schriften, Reden, 4 Bde., Berlin (West), 1972–1975.
[4] Klaus-Detlef Grothusen, Der Scurla-Bericht. Bericht des Oberregierungsrates Dr. rer. pol. Herbert Scurla von der Auslandsabteilung des Reichserziehungsministeriums in Berlin über seine Dienstreise nach Ankara und Istanbul vom 11.–25. Mai 1939: „Die Tätigkeit deutscher Hochschullehrer an türkischen wissenschaftlichen Hochschulen" (= Schriftenreihe des Zentrums für Türkeistudien, Bd. 3), Frankfurt am Main 1987.
[5] Gotthard Jäschke, Die Türkei in den Jahren 1935–1941. Geschichtskalender mit Personen- und Sachregister, Leipzig 1943; ders., Die Türkei in den Jahren 1942–1951. Geschichtskalender mit Personen- und Sachregister, Wiesbaden 1955.
[6] Verein Aktives Museum Faschismus und Widerstand in Berlin (Hrsg.), Haymatloz. Exil in der Türkei, 1933–1945 [Ausstellungskatalog] (= Schriftenreihe des Vereins Aktives Museum, Bd. 8), Berlin 2000.
[7] Vgl. hierzu und zum Folgenden: Hans E. Hirschfeld/Hans J. Reichhardt (Hrsg.), Ernst Reuter. Schriften, Reden, Bd. 2: Artikel, Briefe, Reden, 1922 bis 1946, Berlin (West) 1973, S. 319 ff.
[8] Hierzu bemerkte Franz von Papen in seiner Rede in Dülmen am 22. August 1933: „Freiherr von Landsberg hat mir soeben auch eine Urkunde über meine Ehrenmitgliedschaft im Stahlhelm der Landesabteilung Westfalen überreicht. Ich bin stolz auf diese Mitgliedschaft einer Schar von Männern, die die Erhal-

tung der Wehrhaftigkeit auf ihre Fahne geschrieben hatten, als alles andere verzagt bei Seite stand. Und ich nehme diese Urkunde umso lieber in Empfang, als ich diesen Wehrverband heute Schulter an Schulter mit den Vorkämpfern der nationalen Revolution, der SA und der SS sehe. So muss es überall im Deutschen Lande sein." Franz von Papen, Appell an das deutsche Gewissen. Reden zur nationalen Revolution, Neue Folge, Oldenburg 1933, S. 103.

9 Rede Ernst Reuters bei der Amtseinführung als Oberbürgermeister am 15. Mai 1931, in: Hirschfeld/Reichhardt (Hrsg.), Ernst Reuter, Bd. 2, S. 347 ff.
10 Rede Ernst Reuters zum Verfassungstag am 11. August 1931, in: ebd., S. 349 ff.
11 Ebd., S. 354.
12 Rede Ernst Reuters zum Verfassungstag am 11. August 1932, in: ebd., S. 390 ff.
13 Zit. nach Brandt/Lowenthal, Ernst Reuter, S. 269 f.
14 Ernst Reuter, Angriff, immer wieder Angriff, in: Hirschfeld/Reichhardt (Hrsg.), Ernst Reuter, Bd. 2, S. 403 ff.
15 Ebd., S. 404.
16 Dem Nürnberger Militärtribunal lag in der Verhandlung mit dem Angeklagten Franz von Papen am 23. Januar 1946 über das Treffen zwischen Hitler und von Papen im Haus des Bankiers Kurt Freiherr von Schröder in Köln eine eidesstattliche Erklärung von Schröder vor, in der dieser erklärte: „Am 4. Januar 1933 trafen Hitler, von Papen, Heß, Himmler und Keppler in meinem Hause in Köln ein [...]. Die Verhandlungen fanden ausschließlich zwischen Hitler und Papen statt, ich nahm keinen Anteil daran. Er [Hitler] skizzierte diese Änderungen, einschließlich der Entfernung aller Sozialdemokraten, Kommunisten und Juden von führenden Stellungen in Deutschland und der Wiederherstellung der Ordnung im öffentlichen Leben. Von Papen und Hitler erzielten eine prinzipielle Einigung, durch welche viele der Punkte, die den Konflikt verursachten, beseitigt werden konnten und eine Möglichkeit der Zusammenarbeit gegeben war. [...] Diese Zusammenkunft zwischen Hitler und Papen am 4. Januar 1933 in meinem Hause in Köln wurde von mir arrangiert, nachdem Papen mich ungefähr am 10. Dezember 1932 darum ersucht hatte." Zit. nach NS-Archiv. Dokumente zum Nationalsozialismus, unter: www.ns-archiv.de/krieg/1933/04-01-1933.php
17 Rede Ernst Reuters zum 70. Geburtstag Gerhart Hauptmanns am 20. November 1932, in: Hirschfeld/Reichhardt (Hrsg.), Ernst Reuter, Bd. 2, S. 405 ff.
18 Ebd., S. 407.
19 Ebd., S. 426.
20 Ernst Reuter an Thomas Mann, 26. November 1943, in: ebd., S. 553.
21 Zit. nach ebd., S. 332.
22 Zit. nach ebd., S. 333.

23 Ebd.
24 Ebd.
25 Ernst Reuter an Reichspräsident Paul von Hindenburg, 11. März 1933, in: ebd., S. 417.
26 Albert Sorter, Gesetz zur Wiederherstellung des Berufsbeamtentums mit den Durchführungsbestimmungen des Reiches, der einzelnen Reichsverwaltungen und der Länder sowie ergänzenden Vorschriften, insbesondere für einzelne Berufskreise und des allgemeinen Reichs- und Landesbeamtenrechts. Mit Überblick, Erläuterungen und Sachverzeichnis, München 1933, hier S. 20 f.
27 Ebd., S. 16 ff.
28 Zit. nach Franz Osterroth/Dieter Schuster, Chronik der deutschen Sozialdemokratie. Daten, Fakten, Hintergründe, Bd. 1: Von den Anfängen bis 1945, neu bearb. und erg. Aufl., Bonn 2005, S. 415.
29 Brandt/Lowenthal, Ernst Reuter, S. 279.
39 Zit. nach Hirschfeld/Reichhardt (Hrsg.), Ernst Reuter, Bd. 2, S. 423.
31 Bericht von Dr. Alfred Petzold über die Verhaftung Ernst Reuters 1933 in Magdeburg, in: ebd., S. 431 ff.
32 Vgl. hierzu und zum Folgenden ebd., S. 421 ff.
33 Bericht von Rudolf Sichting über den ersten KZ-Aufenthalt Ernst Reuters, in: ebd., S. 436 ff.
34 Ebd.
35 Zit. nach Elizabeth F. Howard, Über die Sperre. Mit einem Vorwort von Henry W. Nevinson, Bad Pyrmont 1949, S. 50.
36 Hirschfeld/Reichhardt (Hrsg.), Ernst Reuter, Bd. 2, S. 427.
37 Stellungnahme der Gestapo zur „Schutzhaft" Ernst Reuters vom 18. August 1934, in: ebd., S. 445 f.
38 Bericht von Henry Marx über den zweiten KZ-Aufenthalt Ernst Reuters, in: ebd., S. 439 ff.
39 Ernst Reuter an Habbo Lüpkes, 30. August 1946, in: ebd., S. 680 ff.
40 Ernst Reuter an Elizabeth Howard, 6. Oktober 1934, in: ebd., S. 449 f.
41 Ernst Reuter an Elizabeth Howard, 8. Oktober 1934, in: ebd., S. 450 f.
42 Zit. nach Brandt/Lowenthal, Ernst Reuter, S. 292.
43 Ernst Reuter an Victor Gollancz, 18. Juli 1945, in: Hirschfeld/Reichhardt (Hrsg.), Ernst Reuter, Bd. 2, S. 587 ff.
44 Ernst Reuter an Elsbeth Bruck, 1. April 1946, in: ebd., S. 635 ff.
45 Zit. nach Burcu Dogramaci, Die neue Hauptstadt. Deutschsprachiges Erbe in Ankara, hrsg. v. Goethe-Institut Ankara, Ankara 2010, unter: http://www.goethe.de/ins/tr/ank/prj/urs/geb/deindex.htm.
46 Vgl. Brandt/Lowenthal, Ernst Reuter, S. 295.
47 Ernst Reuter an Elizabeth Howard, 6. September 1935, in: Hirschfeld/Reichhardt (Hrsg.), Ernst Reuter, Bd. 2, S. 472 ff.

48 Notiz von Hanna Reuter, 1. Oktober 1935, in: LAB, E Rep. 200-21, Nr. 268, o. Bl.
49 Zit. nach Ali Cengizkan, Die Gründung einer modernen und nach Plan errichteten Hauptstadt für die Türkei. Ankara 1920–1950, in: Goethe-Institut Ankara (Hrsg.), Das Werden einer Hauptstadt. Spuren deutschsprachiger Architekten in Ankara, Ankara 2011, S. 24–41, hier S. 34.
50 Fritz Neumark: Zuflucht am Bosporus. Deutsche Gelehrte, Politiker und Künstler in der Emigration 1933–1953, Frankfurt am Main 1980, S. 56.
51 Vgl. Horst Widmann, Exil und Bildungshilfe. Die deutschsprachige akademische Emigration in die Türkei nach 1933. Mit einer Bio-Bibliographie der emigrierten Hochschullehrer im Anhang, Frankfurt am Main 1973, S. 51 u. 66 f.
52 Philipp Schwartz, Notgemeinschaft. Zur Emigration deutscher Wissenschaftler nach 1933 in die Türkei, Marburg 1995, S. 41.
53 Vgl. ebd., S. 42.
54 Ebd., S. 43.
55 Ebd., S. 44.
56 Ebd., S. 46 f.
57 Albert Einstein an Ministerpräsident Ismet Inönü, 17. September 1933, in: T. C. Basbakanlik, Cumhuriyet Arsivi 030/10, 116.810.3.
58 Hikmet Bayur an Albert Einstein, 7. November 1933, in: ebd.
59 Zit. nach Widmann, Exil und Bildungshilfe, S. 139.
60 Vgl. Corry Guttstadt, Die Türkei, die Juden und der Holocaust, Berlin 2008, S. 212.
61 Vgl. Armin Bergmann, Die sozialen und ökonomischen Bedingungen der jüdischen Emigration aus Berlin/Brandenburg 1933, Berlin 2009, S. 56 ff.
62 Vgl. Christine Fischer-Defoy, Prolog. Exil in der Türkei, in: Verein Aktives Museum (Hrsg.), Haymatloz, S. 10–17, hier S. 11.
63 Neumark, Zuflucht am Bosporus, S. 9.
64 Wolfgang Frühwald/Wolfgang Schieder, Leben im Exil. Probleme der Integration deutscher Flüchtlinge im Ausland 1933–1945, Hamburg 1981, S. 5.
65 Ernst Reuter an Max Pulvermann, 3. November 1939, in: Hirschfeld/Reichhardt (Hrsg.), Ernst Reuter, Bd. 2, S. 506 ff.
66 Herrmann Dilg an Generalkonsul Toepke, 6. Dezember 1935, in: PA AA, Istanbul, Emigranten, Bd. 1, 1933–37.
67 Botschaft Moskau an das Auswärtige Amt, 23. November 1935, Betr. Istanbul PKT 28, in: ebd.
68 Auswärtiges Amt an Generalkonsulat Istanbul, 28. November 1935, in: ebd.
69 Ebd.
70 Generalkonsul Toepke an Botschaft Ankara, 7. Dezember 1935, in: ebd.

72 Rudolf Nissen, Helle Blätter, dunkle Blätter. Erinnerungen eines Chirurgen, Stuttgart 1969, S. 226.
72 Vermerk Toepke, 18. März 1936, auf Schreiben vom 7. Dezember 1935 an Botschaft Ankara, in: PA AA, Istanbul, Emigranten, Bd. 1, 1933–37.
73 Zit. nach Hans-Georg Lehmann, Acht und Ächtung politischer Gegner im Dritten Reich, in: Michael Hepp (Hrsg.), Die Ausbürgerung deutscher Staatsangehöriger 1933–45. Nach den im Reichsanzeiger veröffentlichten Listen, Bd. 1: Listen in chronologischer Reihenfolge, eingeleitet von Hans-Georg Lehmann und Michael Hepp, München u. a. 1985, S. IX-XXIII, hier S. XI.
74 Zit. nach Hans-Georg Lehmann, In Acht und Bann. Politische Emigration, NS-Ausbürgerung und Wiedergutmachung am Beispiel Willy Brandts, München 1976, S. 58.
75 Drahtbericht Botschaft Ankara an das Auswärtige Amt, 24. Juni 1935, in: PA AA, Ankara, Nr. 578.
76 Vgl. Christiane Hoss/Ursula Büchau, Deutsche Kolonie B. Daten und Fakten zu den in die Türkei Emigrierten, in: Verein Aktives Museum (Hrsg.), Haymatloz, S. 100–111.
77 Vgl. Karl Heinz Roth, Papen als Sonderbotschafter in Österreich und der Türkei, in: Bulletin für Faschismus- und Weltkriegsforschung, Nr. 25/26 (2005), S. 121–162, S. 138 f.
78 Datenbank der deutschen Parlamentsabgeordneten, unter: http://www.reichstags-abgeordnetendatenbank.de.
79 Vgl. Helmut Scheel, Preußens Diplomatie in der Türkei 1721–1774, Berlin 1931. – Zum Folgenden siehe auch Klaus Kreiser/Christoph K. Neumann, Kleine Geschichte der Türkei, 2., aktual. u. erw. Aufl., Stuttgart 2008.
80 Vgl. Jehuda L. Wallach, Anatomie einer Militärhilfe. Die preußisch-deutschen Militärmissionen in der Türkei 1835–1919, Düsseldorf 1976.
81 Helmuth von Moltke, Unter dem Halbmond. Erlebnisse in der alten Türkei 1835–1839. Hrsg. und neu bearb. von Ernst Bartsch, Stuttgart 1997.
82 Vgl. Jürgen Kloosterhuis, „Friedliche Imperialisten". Deutsche Auslandsvereine und auswärtige Kulturpolitik 1906–1918, Frankfurt am Main 1994.
83 H. Holborn, Deutschland und die Türkei 1875–1890, Berlin 1926; Klaus Kreiser, Der Osmanische Staat 1300–1922, 2., aktual. Aufl., München 2008.
84 Geh. Regierungsrat Prof. Dr. Schmidt, Deutsche Professoren in Konstantinopel, in: Die Woche, Nr. 25/1916, S. 892–898, hier S. 892.
85 Lothar Krecker, Deutschland und die Türkei im zweiten Weltkrieg, Frankfurt am Main 1964, S. 23.
86 Zit. nach Halil Gülbeyaz, Mustafa Kemal Atatürk. Vom Staatsgründer zum Mythos, Berlin 2003, S. 212 f.
87 Zit. nach ebd., S. 221.

88 Henry Picker, Hitlers Tischgespräche im Führerhauptquartier. Vollst. überarb. und erw. Neuausgabe mit bisher unbekannten Selbstzeugnissen Adolf Hitlers, Abbildungen, Augenzeugenberichten und Erläuterungen des Autors, Stuttgart 1976, S. 87 f.
89 Zit. nach Falih Rifki Atay, Cankaya, Atatürk'ün dogumundan ölümüne kadar, Istanbul 1969, S. 319 u. S. 451.
90 Ernst Reuter an Karoline Reuter, 22. November 1938, in: Hirschfeld/Reichhardt (Hrsg.), Ernst Reuter, Bd. 2, S. 497 f.
91 Zit. nach Brandt/Lowenthal, Ernst Reuter, S. 298.
92 Vgl. Wolfgang Scheffler, Judenverfolgung im Dritten Reich, Berlin (West) 1964; Hans Buchheim/Martin Broszat/ Hans-Adolf Jacobsen/Helmut Krausnick, Anatomie des SS-Staates. Gutachten des Instituts für Zeitgeschichte, Bd. 2: Konzentrationslager, Kommissarbefehl, Judenverfolgung, Olten 1965.
93 Nissen, Helle Blätter, dunkle Blätter, S. 200.
94 Ernst Reuter an Heinz Guradze, 10. Juli 1938, in: Hirschfeld/Reichhardt (Hrsg.), Ernst Reuter, Bd. 2, S. 493 ff.
95 Ernst Reuter an Elizabeth Howard, 24. September 1938, in: ebd, S. 496 f.
96 Zit. nach Brandt/Lowenthal, Ernst Reuter. S. 309 f.
97 Zit. nach ebd.
98 Ebd.
99 Vgl. Heinz Anstock, Erinnerungen. Aufzeichnungen für unsere Kinder, Minden 2007, S. 281.
100 Zit. nach Ernst Reuter. Ein Leben für Freiheit und Sozialismus. Mit einer Biographie von Edzard Reuter, Berlin (West) 1949. S. 94.
101 Zit. nach Klaus Schönherr, Die Türkei im Schatten Stalingrads. Von der „aktiven Neutralität" zum Kriegseintritt, in: Jürgen Förster (Hrsg.), Stalingrad. Ereignis, Wirkung, Symbol, München 1992, S. 397–415, hier S. 398.
102 Jäschke, Die Türkei in den Jahren 1935–1941; ders., Die Türkei in den Jahren 1942–1951.
103 Vgl. Jäschke, Die Türkei in den Jahren 1935–1941, S. 72 ff.
104 Ernst Reuter an Max Pulvermann, 3. November 1939, in: Hirschfeld/Reichhardt (Hrsg.), Ernst Reuter, Bd. 2, S. 506 ff.
105 Ernst Reuter an Ludwig Bamberger, 1. Januar 1940, in: ebd., S. 508 ff.
106 Vgl. Jäschke, Die Türkei in den Jahren 1935–1941, S. 89 ff.
107 Ernst Reuter an Heinz Guradze, 1. Mai 1940, in: Hirschfeld/Reichhardt (Hrsg.), Ernst Reuter, Bd. 2, S. 513 f.
108 Zit. nach Jäschke, Die Türkei in den Jahren 1935–1941, S. 122.
109 Zit. nach ebd., S. 121.
110 Zit. nach ebd., S. 131 f.
111 Zit. nach Zehra Önder, Die türkische Außenpolitik im Zweiten Weltkrieg, München 1977, S. 267.

112 Vgl. Jäschke, Die Türkei in den Jahren 1942–1951, S. 4 ff.
113 Zit. nach ebd., S. 8.
114 Zit. nach ebd., S. 13.
115 Zit. nach ebd., S. 20 f.
116 Zit. nach ebd., S. 25. – Vgl. auch ebd., S. 12 ff.
117 Ministerpräsident Saracoglu erklärte am 2. August 1944 in der Großen Nationalversammlung: „Die Besetzung Albaniens […] bedrohte uns […]. Darum beschlossen wir [die] Zusammenarbeit mit England […] und Frankreich […] und das Bündnis vom 19.10.1939. […] Eines Tages standen wir den deutschen Armeen allein gegenüber […]. Den uns vorgeschlagenen Nichtangriffspakt unterzeichneten wir […] im Einverständnis mit unseren Verbündeten […]. Dann sprang der Krieg auf ganz andere Gebiete über. Wir verhielten uns stets korrekt und freundschaftlich gegenüber den Engländern und Russen […]. Großbritannien ersuchte uns jetzt auf Grund des Bündnisvertrages, die diplomatischen und wirtschaftlichen Beziehungen zu Deutschland abzubrechen. Die Regierung der USA unterstützte diese Forderung. Zur Überwindung der entstehenden Schwierigkeiten baten wir um Hilfe in Wirtschafts-, Finanz- und Rüstungsfragen. Nach erhaltenem Versprechen schlagen wir der GNV [Großen Nationalversammlung, Anm. d. Verf.] vor, die Beziehungen um Mitternacht vom 2. zum 3.8. abzubrechen. Dies bedeutet kein Beschluß zum Kriege […]. Es ist ein großer und historischer Beschluß, der dem künftigen Glück des Landes dient." Zit. nach ebd., S. 31.
118 Vgl. ebd., S. 40.
119 Christiane Hoss, Verfolgung und Emigrationswege der von Scurla benannten Flüchtlinge und ihrer Familien, in: Faruk Şen/Dirk Halm (Hrsg.), Exil unter Halbmond und Stern. Herbert Scurlas Bericht über die Tätigkeit deutscher Hochschullehrer in der Türkei während der Zeit des Nationalsozialismus, Essen 2007, S. 113–201, bes. S. 133 f.
120 Schwartz, Notgemeinschaft, S. 55.
121 Ebd., S. 57.
122 Botschaft Ankara an das Auswärtige Amt, 9. August 1933, in: PA AA, Deutsche und Fremde, Universität Istanbul, Bd. II.
123 Schwartz, Notgemeinschaft, S. 95.
124 Vgl. ebd., S. 97 f.
125 Vgl. Klaus-Detlev Grothusen, Einleitung, in: Şen/Halm (Hrsg.): Exil unter Halbmond und Stern, S. 15–30.
126 Fragebogen für die deutschen Türkei-Emigranten vom Mai 1938, zit. nach ebd., S. 217.
127 Herbert Scurla, Die Tätigkeit deutscher Hochschullehrer an türkischen wissenschaftlichen Hochschulen. Bericht des Oberregierungsrates Dr. Scurla

über die Ergebnisse einer Dienstreise vom 11.–25. Mai (1939) nach Istanbul und Ankara, abgedruckt in: ebd., S. 31–92, hier S. 85.
128 Fritz Neumark, Kritische Anmerkungen zu dem „Scurla-Bericht", in: ebd., S. 101–111, hier S. 101.
129 Edzard Reuter, Zur Neuauflage des Scurla-Berichtes, in: ebd., S. 11–14, hier S. 11 f.
130 Scurla, Die Tätigkeit deutscher Hochschullehrer, S. 67.
131 Ebd., S. 72.
132 Vgl. Neumark, Kritische Anmerkungen, S. 102 ff.
133 Scurla, Die Tätigkeit deutscher Hochschullehrer, S. 44.
134 Ebd., S. 71 f.
135 Ernst Reuter an Carl Severing, 23. Mai 1946, in: Hirschfeld/Reichhardt (Hrsg.), Ernst Reuter, Bd. 2, S. 656 ff.
136 Ernst Reuter an Elizabeth Howard, 8. Januar 1939, in: ebd., S. 498 ff.
137 Ernst Reuter an Heinz Guradze, 18. Mai 1939, in: ebd., S. 502 ff.
138 Vgl. Guttstadt, Die Türkei, die Juden und der Holocaust, S. 21 ff.
139 Vgl. Arndt Künnecke, Eine Hürde auf dem Weg zur EU-Mitgliedschaft? Der unterschiedliche Minderheitenbegriff der EU und der Türkei, Hamburg 2007.
140 Zit. nach Brandt/Lowenthal, Ernst Reuter, S. 298.
141 Vgl. ebd., S. 100 f.
142 Ebd., S. 101.
143 Ebd., S. 102.
144 Zit. nach Ekkehard Ellinger, Deutsche Orientalistik zur Zeit des Nationalsozialismus 1933–1945, Berlin 2005, S. 346 f.
145 Schreiben des Auswärtigen Amtes, 17. Januar 1936, in: PA AA, R 99174.
146 Vgl. Botschaft Ankara an das Auswärtige Amt, 19. Juni 1936, in: ebd.
147 Sitzungsprotokoll, 2. Juli 1936, in: ebd.
148 Botschaft Ankara an das Auswärtige Amt, 17. Juni 1942, in: PA AA, R 99175.
149 Botschaft Ankara an das Auswärtige Amt, 11. November 1942, in: PA AA, R 9944 G.
150 Vgl. Berna Pekesen, „Pénétration pacifique?" Eine Analyse zu Methoden der Pressebeeinflussung am Beispiel des türkischen Pressewesens 1939 bis 1943, Köln 2000, S. 49.
151 Vgl. ebd., S. 101.
152 Vgl. Hatice Bayraktar, „Zweideutige Individuen in schlechter Absicht". Die antisemitischen Ausschreitungen in Thrakien 1934 und ihre Hintergründe, Berlin 2011, S. 95 f.
153 Zit. nach Guttstadt, Die Türkei, die Juden und der Holocaust, S. 230.
154 Ernst Reuter an Elizabeth Howard, 8. Januar 1939, in: Hirschfeld/Reichhardt (Hrsg.), Ernst Reuter, Bd. 2, S. 498 ff.

155	Vgl. Runderlass des Auswärtigen Amtes an Auslandsvertretungen, 25. Januar 1939, in: PA AA, Ankara, 540.
156	Ebd.
157	Vgl. Ernst Reuter an Elsbeth Bruck, 1. April 1946, in: Hirschfeld/Reichhardt (Hrsg.), Ernst Reuter, Bd. 2, S. 635 ff.
158	Ernst Reuter an Karoline Reuter, 8. Juni 1936, in: ebd., S. 476 f.
159	Ernst Reuter an Elizabeth Howard, 23. April 1937, in: ebd., S. 486 ff.
160	Ernst Reuter an Elizabeth Howard, 24. September 1938, in: ebd., S. 496 f.
161	Ernst Reuter an Heinz Guradze, 10. Juli 1938, in: ebd., S. 493 ff.
162	Ernst Reuter an Elizabeth Howard, 6. September 1935, in: ebd., S. 472 ff.
163	Fehmi Yavuz, Der Professor in der Türkei, in: Erinnerungen an Ernst Reuter (= Berliner Forum, H. 6/78), Berlin (West) 1978, S. 27–33, hier S. 31.
164	Vgl. Brandt/Lowenthal, Ernst Reuter, S. 304.
165	Vgl. Silke Brügel, Leben und Wirken Ernst Reuters in der Türkei, Istanbul 1991, S.45 ff.
166	Ernst Reuter an Heinz Guradze, 18. Mai 1939, in: Hirschfeld/Reichhardt (Hrsg.), Ernst Reuter, Bd. 2, S. 502 ff.
167	Ernst Reuter an Heinz Guradze, 16. Januar 1940, in: ebd., S. 510 ff.
168	Zit. nach Dogramaci, Kulturtransfer und nationale Identität, S. 251.
169	Ernst Reuter an Elizabeth Howard, 28. Januar 1937, in: Hirschfeld/Reichhardt (Hrsg.), Ernst Reuter, Bd. 2, S. 478 ff.
170	Edzard Reuter, Erinnerung an Bruno Taut, in: Winfried Brenne (Hrsg.), Bruno Taut. Meister des farbigen Bauens in Berlin, Berlin 2005, S. 8 f., hier S. 8.
171	Vgl. Thomas Herr, Ein deutscher Sozialdemokrat an der Peripherie. Ernst Reuter im türkischen Exil 1935–1946, in: Herbert Strauss/Klaus Fischer/Christhard Hoffmann/Alfons Söllner (Hrsg.), Die Emigration der Wissenschaften nach 1933. Disziplingeschichtliche Studien, München 1991, S. 193–218, bes. S. 198.
172	Zit. nach Dogramaci, Kulturtransfer und nationale Identität, S. 263.
173	Ernst Reuter an Elsbeth Bruck, 1. April 1946, in: Hirschfeld/Reichhardt (Hrsg.), Ernst Reuter, Bd. 2, S. 635 ff.
174	Ebd., S. 458, Anm. 32.
175	Ernst Reuter an Bruder Karl, 30. Juli 1941, in: ebd., S. 516 ff.
176	Zum Folgenden siehe ausführlich Sabine Hillebrecht, Emigrantenkinder in Ankara, in: Verein Aktives Museum (Hrsg.), Haymatloz, S. 112–129, bes. S. 114 ff.
177	Edzard Reuter, Schein und Wirklichkeit. Erinnerungen, Berlin 1998, S. 123.
178	Leyla Kudret-Erkönen, Familie Reuter in Ankara, in: Erinnerungen an Ernst Reuter, S. 22–26, hier S. 26.
179	Ernst Reuter an Karoline Reuter, 5. September 1936, in: Hirschfeld/Reichhardt (Hrsg.), Ernst Reuter, Bd. 2, S. 477 f.

[180] Reuter, Schein und Wirklichkeit, S. 118 f.
[181] Ernst Reuter an Ludwig Bamberger, 3. Februar 1937, in: Hirschfeld/Reichhardt (Hrsg.), Ernst Reuter, Bd. 2, S. 481 ff.
[182] Auswärtiges Amt an Generalkonsulat Istanbul, 11. August 1936, in: PA AA, R 99.957.
[183] Gestapo an Botschaft Ankara, 30. April 1937, in: PA AA, Ankara, 676.
[184] Botschaft Ankara an das Auswärtiges Amt, 23. Mai 1937, in: PA AA, Ankara, 671.
[185] Botschaft Ankara an das Auswärtige Amt, 2. August 1937, in: PA AA, Ankara, 676.
[186] Ernst Reuter an den Landesvorstand der Berliner SED, 3. Juni 1947, in: Hans E. Hirschfeld/Hans J. Reichhardt (Hrsg.), Ernst Reuter. Schriften, Reden, Bd. 3: Artikel, Briefe, Reden 1946 bis 1949, Berlin (West) 1974, S. 228 ff.
[187] Runderlass des Auswärtigen Amtes vom 31. Mai 1935, in: PA AA, Inland II A/B83–75 A, Bd. 1.
[188] Niederschrift von Oscar Weigert, 18. April 1954, in: LAB, E Rep. 200-21-01, Nr. 334, Bl. 237 ff.
[189] Ebd.
[190] Neumark, Zuflucht am Bosporus, S. 113.
[191] Ernst Reuter an Georg Rohde, 26. Juni 1944, in: Hirschfeld/Reichhardt (Hrsg.), Ernst Reuter, Bd. 2, S. 569 f.
[192] Reuter, Schein und Wirklichkeit, S. 114.
[193] Paul Moraux, Gedenkrede für Georg Rohde. Gehalten anlässlich der Trauerfeuer der Phil. Fak. der FU Berlin am 17. Dezember 1960, in: Georg Rohde. Studien und Interpretationen, Berlin (West) 1963, S. 1-8, hier S. 4. – Auch zit. bei Widmann, Exil und Bildungshilfe, S. 146.
[194] Scurla, Die Tätigkeit deutscher Hochschullehrer, S. 60.
[195] Georg Rohde an Botschaft Ankara, 17. Dezember 1938, in: Privatarchiv Silvia Giese.
[196] Scurla, Die Tätigkeit deutscher Hochschullehrer, S. 60.
[197] Ebd.
[198] Einladung Franz von Papens an Georg Rohde zum 2. November 1943, in: Privatarchiv Silvia Giese.
[199] Ernst Reuter an Adolf Grimme, 27. Juni 1946, in: LAB, E Rep. 200-21-01, Nr. 51, o. Bl.
[200] Scurla, Die Tätigkeit deutscher Hochschullehrer, S. 60.
[201] Ebd.
[202] Ebd., S. 59.
[203] Zit. nach Widmann, Exil und Bildungshilfe, S. 148.

204 Ernst Hirsch, Als Rechtsgelehrter im Lande Atatürks. Mit einer Einführung von Reiner Möckelmann und einem Vorwort von Jutta Limbach, Berlin 2008, S. 204.
205 Zit. nach Lebenswege deutscher Emigranten, in: Verein Aktives Museum (Hrsg.), Haymatloz, S. 51–97, hier S. 77.
206 Zit. nach Hirsch, Als Rechtsgelehrter im Lande Atatürks, S. 203 f.
207 Vgl. Schreiben von Mesut Ilgim, Istanbul, an den Verfasser, 12. Januar 2012.
208 Auslandsstelle Reichsmusikkammer an Botschaft Ankara, 23. Februar 1938, in: PA AA, Ankara, 750.
209 Botschaft Ankara an Reichsministerium für Volksbildung und Propaganda, 28. April 1938, in: ebd.
210 Ortsgruppe der NSDAP Ankara an das Auswärtige Amt, 10. November 1941, in: ebd.
211 Franz von Papen an das Auswärtige Amt, 23. Juni 1943, in: ebd.
212 Georg Rohde an Alexander Rüstow, 22. Dezember 1938, in: Bundesarchiv Koblenz (BAK), Nachlass Alexander Rüstow N 1169, Nr. 47, o. Bl.
213 Victor Friede an Botschaft Ankara, 14. Mai 1939, in: PA AA, Ankara, 750.
214 Reichsmusikkammer an Reichsministerium für Volksaufklärung und Propaganda, 25. September 1939, in: ebd.
215 Grabrede Ernst Reuters auf Ernst Praetorius, 28. März 1946, in: Hirschfeld/Reichhardt (Hrsg.), Ernst Reuter, Bd. 2, S. 634 f.
216 Zit. nach Dogramaci, „Faust" für Ankara. Carl Ebert im türkischen Exil, in: Peter Petersen/Claudia Maurer Zenck (Hrsg.), Musiktheater im Exil der NS-Zeit, Hamburg 2007, S. 37–64, hier S. 41.
217 Zit. nach ebd., S. 38 f.
218 Carl Ebert, Tagebucheintragung vom 12. Juni 1941, in: Akademie der Künste Berlin, Carl-Ebert-Archiv (AdK-CEA), Nr. 2229.
219 Laut Cornelia Zimmermann-Kalyoncu, Deutsche Musiker in der Türkei im 20. Jahrhundert (= Europäische Hochschulschriften, Reihe 36: Musikwissenschaft, Bd. 15), Frankfurt am Main u. a. 1985, S. 380, wurde Carl Ebert in einem Rundschreiben des nationalsozialistischen Amts für Kunstpflege aus dem Jahr 1935 als „jüdophiler Emigrant" bezeichnet.
220 Aufzeichnung von Luisa Schmidt-Dumont, 27. April 1935, in: PA AA, Ankara, 749.
221 Botschaft Ankara an das Auswärtige Amt, 19. Januar 1938, in: PA AA, Ankara, 750.
222 Zit. nach Verein Aktives Museum (Hrsg.), Haymatloz, S. 178.
223 Referat von Ernst Reuter auf der Funktionärsversammlung der Berliner SPD am 1. März 1947, in: Hirschfeld/Reichhardt (Hrsg.): Ernst Reuter, Bd. 3, S. 120 ff., hier S. 123.

224 Ernst Reuter an Carl Ebert, 23. Dezember 1943, in: Hirschfeld/Reichhardt (Hrsg.), Ernst Reuter, Bd. 2, S. 557 f.
225 Ebd.
226 Ebd.
227 Ernst Reuter an Carl Ebert, 13. Februar 1948, in: Hirschfeld/Reichhardt (Hrsg.), Ernst Reuter, Bd. 3, S. 358 f.
228 Ernst Reuter an Max Pulvermann, 25. März 1946, in: Hirschfeld/Reichhardt (Hrsg.), Ernst Reuter, Bd. 2, S. 631.
229 Neumark, Zuflucht am Bosporus, S. 110 f.
230 Ebd.
231 Generalkonsulat Mailand an Generalkonsulat Istanbul, 2. April 1936, in: PA AA, Ist Emigranten, Bd. 1, 1933-38.
232 Generalkonsulat Istanbul an Generalkonsulat Mailand, 7. April 1936, in: ebd.
233 Vgl. Lehmann, In Acht und Bann, S. 58.
234 Reichssicherheitshauptamt an das Reichsministerium des Innern, 26. Dezember 1939, in: PA AA, R 99866.
235 Reichssicherheitshauptamt an das Auswärtige Amt, 15. Januar 1940, in: ebd.
236 Herbert Scurla an Reichsministerium des Innern, 7. Februar 1940, in: ebd.
237 Generalkonsulat Istanbul an das Auswärtige Amt, 12. Februar 1940, in: ebd.
238 Reichssicherheitshauptamt an das Reichsministerium des Innern, 4. Juni 1940, in: ebd.
239 Auswärtiges Amt an das Reichsministerium des Innern, 25. Juni 1940, in: ebd.
240 Vgl. Lehmann, Acht und Ächtung politischer Gegner, S. 62 f.
241 Neumark, Zuflucht am Bosporus, S. 183.
242 Ebd.
243 Botschaft Ankara an das Auswärtige Amt, 16. September 1937, in: PA AA, R 99446.
244 Generalkonsulat Istanbul an Botschaft Ankara, 6. August 1937, in: ebd.
245 Ernst Reuter an Fritz Neumark, 25. März 1947, in: Hirschfeld/Reichhardt (Hrsg.), Ernst Reuter, Bd. 3, S. 144 ff., hier S. 147.
246 Hirsch, Als Rechtsgelehrter im Lande Atatürks, S. 243.
247 Zit. nach ebd.
248 Neumark, Zuflucht am Bosporus, S. 90.
249 Hirsch, Als Rechtsgelehrter im Lande Atatürks, S. 153.
250 Scurla, Die Tätigkeit deutscher Hochschullehrer, S. 85.
251 Hirsch, Als Rechtsgelehrter im Lande Atatürks, S. 157.
252 Runderlass des Auswärtigen Amtes an die Auslandsvertretungen, 14. Juni 1937, in: PA AA, IST Emigranten Bd. 1, 1933-37.
253 Hirsch, Als Rechtsgelehrter im Lande Atatürks, S. 158.
254 Ebd., S. 236 f.

255 Erna Eckstein-Schlossmann, Türkei-Erinnerungen. Eine Geburtstagsgabe für meine Söhne Herbert, Peter und Klaus, 1975, S. 1, in: Universitätsarchiv Düsseldorf, 7/10, Nr. 5.
256 Katrin Bürgel/Karoline Riener, Wissenschaftsemigration im Nationalsozialismus. Der Kinderarzt Albert Eckstein und die Gesundheitsfürsorge in der Türkei, Düsseldorf 2005, S. 2.
257 Ernst Reuter an Karoline Reuter, 8. Juni 1936, in: Hirschfeld/Reichhardt (Hrsg.), Ernst Reuter, Bd. 2, S. 476.
258 Eckstein-Schlossmann, Türkei-Erinnerungen, S. 6.
259 Ebd.
260 Burcu Dogramaci: Die „Aneignung" der Exil-Heimat durch Photographie und Film. Vortrag gehalten bei der Konrad-Adenauer-Stiftung am 22. September 2008, unter: http://www.kas.de/upload/veranstaltungen/2008/75JahredeutschesExil-Tuerkei/dogramaci_rede.pdf, S. 3.
261 Vgl. ebd., S. 2.
262 Eckstein-Schlossmann, Türkei-Erinnerungen, S. 19.
263 Vgl. ebd., S. 17.
264 Vgl. ebd., S. 11.
265 Vgl. ebd., S. 8.
266 Ebd., S. 12.
267 Vgl. ebd., S. 13.
268 Scurla, Die Tätigkeit deutscher Hochschullehrer, S. 65.
269 Ebd.
270 In der Abschrift einer beglaubigten Abschrift des Reichsministeriums für Wissenschaft, Erziehung und Volksbildung vom 13. März 1943 an Alfred Marchionini heißt es: „Ich verlängere den Ihnen aus Anlass Ihrer Berufung in die Stelle des Leiters der dermatologischen Abteilung im Musterkrankenhaus in Ankara erteilten Urlaub aus dem deutschen Hochschuldienst weiterhin um 3 Jahre bis zum 28. Februar 1946. Sie werden auch für diese Zeit von der Verpflichtung der Abhaltung von Übungen und Vorlesungen an der Universität Freiburg i.Br. befreit." BayHStA, MK 43992.
271 Eckstein-Schlossmann, Türkei-Erinnerungen, S. 5.
272 Alfred Marchionini, Erinnerungen an Ernst Reuter, in: Colloquium, Heft 9, München 1955, S. 8 f., in: LAB, E Rep. 200-21, Nr. 287.
273 Zit. nach Brandt/Lowenthal, Ernst Reuter, S. 323.
274 Alfred Marchionini an Alexander Rüstow, 11. September 1944, in: Bayerische Staatsbibliothek, Nachlass Alfred Marchionini N 169, Nr. 43.
275 Marchionini, Erinnerungen an Ernst Reuter, S. 9.
276 Carl Ebert an den türkischen Innenminister Hilmi Uran, 25. Februar 1945, in: BAK, N 1169, Nr. 33, Bl. 218.
277 Liste vom 26. April 1945, in: ebd., Bl. 212.

278 Vgl. Martin Schönfeld, Wird ein Türke Berlins Oberbürgermeister? Zur Rezeption des Exils in der Türkei im Berlin des Kalten Krieges 1946–1953, in: Verein Aktives Museum (Hrsg.), Haymatloz, S. 196–209, hier S. 200.
279 Scurla, Die Tätigkeit deutscher Hochschullehrer, S. 65.
280 Alfred Marchionini an Alexander Rüstow, 9. Juli 1943, in: BAK, N 1169, Nr. 43, Bl. 472.
281 Alfred Marchionini an Alexander Rüstow, 17. Juni 1943, in: Bayerische Staatsbibliothek, N 169, Nr. 43, o. Bl.
282 Zit. nach Guttstadt, Die Türkei, die Juden und der Holocaust, S. 38.
283 Protokoll des 184. Sitzungstages des Internationalen Militärtribunals in Nürnberg am 23. Juli 1946, Vormittagssitzung, in: Der Prozess gegen die Hauptkriegsverbrecher vor dem Internationalen Militärgerichtshof. Nürnberg 14. November 1945 bis 1. Oktober 1946, Bd. 19, Nürnberg 1947, S. 180–195, hier S. 197.
284 Zit. nach Jürgen Heideking/Christof Mauch, Das Herman-Dossier. Helmuth James Graf von Moltke, die deutsche Emigration in Istanbul und der amerikanische Geheimdienst OSS, in: Vierteljahrshefte für Zeitgeschichte 40. Jg. (1992), H. 4, S. 567–623, hier S. 571, Anm. 15.
285 Vgl. Alberto Melloni, Msgr. Roncalli at War, Jerusalem 2012, S. 13.
286 Ernst Reuter an Fritz Baade, 9. Januar 1949, in: LAB, E Rep. 200-21, Nr. 175, o. Bl.
287 Franz von Papen, Der Wahrheit eine Gasse, München 1952, S. 593.
288 Auswärtiges Amt an Botschaft Ankara, 12. Oktober 1942, in: PA AA, R 99446, Mf. 2272.
289 Vgl. Guttstadt, Die Türkei, die Juden und der Holocaust, S. 299 ff.
290 Vgl. ebd., S. 369 f.
291 Zit. nach ebd., S. 402.
292 Ebd., S. 288.
293 Botschaft Ankara an das Auswärtige Amt, 27. Februar 1943, in: PA AA, R 99446.
294 Alfred Marchionini an Alexander Rüstow, 25. August 1944, in: Bayerische Staatsbibliothek, N 169, Nr. 42.
295 Klemens von Klemperer, Die verlassenen Verschwörer. Der Deutsche Widerstand auf der Suche nach Verbündeten 1938–1945, Berlin 1994, S. 283.
296 Zit. nach Michael Balfour/Freya von Moltke/Julian Frisby, Helmuth James von Moltke 1907–1945. Anwalt der Zukunft, München 1975, S. 261.
297 Papen, Der Wahrheit eine Gasse, S. 603.
298 Zit. nach Christiane Hoss, Vogelfrei. Die Verfolgung der Emigrantinnen und Emigranten in der Türkei durch das Deutsche Reich in: Verein Aktives Museum (Hrsg.), Haymatloz, S. 130–155, hier S. 154.

299 Alfred Marchionini an Alexander Rüstow, 24. Mai 1946, in: BAK, NL 1169, Nr. 202, o. Bl.
300 Vgl. Alfred Braun an Ernst Reuter, 21. Februar 1947, in: Hirschfeld/Reichhardt (Hrsg.), Ernst Reuter, Bd. 3, S. 820, Anm. 99.
301 Tagebucheintrag von Carl Ebert vom 1. September 1941, in: AdK-CEA, Nr. 2229.
302 Alfred Braun an Ernst Reuter, 21. Februar 1947, in: Hirschfeld/Reichhardt (Hrsg.), Ernst Reuter, Bd. 3, S. 820, Anm. 99.
303 Tagebucheintrag von Carl Ebert vom 1. September 1941, in: AdK-CEA, Nr. 2229.
304 Alfred Braun an Ernst Reuter, 21. Februar 1947, Hirschfeld/Reichhardt (Hrsg.), Ernst Reuter, Bd. 3, S. 820, Anm. 98.
305 Ernst Reuter an Alfred Braun, 4. April 1947, in: ebd., S. 158 ff.
306 Botschaft Ankara an das Auswärtige Amt, 25. November 1935, in: PA AA, Ankara 655.
307 Ebd.
308 Zit. nach Lehmann, In Acht und Bann, S. 277.
309 Vgl. Hoss, Verfolgung und Emigrationswege, S. 116.
310 Fritz Baade an das Auswärtige Amt, 26. November 1934, in: BAK, Nachlass Fritz Bade NL 1234, Nr. 4, o. Bl.
311 Scurla, Die Tätigkeit deutscher Hochschullehrer, S. 41.
312 Botschaft Ankara an das Auswärtige Amt, 28. Februar 1939, in: PA AA, Ankara, 731.
313 Gestapo an das Auswärtige Amt, 13. Mai 1936, in: PA AA, R 100025.
314 Reichsführer SS an das Auswärtige Amt, 20. August 1940, in: ebd.
315 Beauftragter für Fragen der Reichsdeutschen in der Türkei an Botschaft Ankara, 16. Oktober 1940, in: ebd.
316 Generalkonsulat Istanbul an das Auswärtige Amt, 30. Oktober 1940, in: ebd.
317 Ernst Reuter an Fritz Baade, 9. Mai 1943, in: Hirschfeld/Reichhardt (Hrsg.), Ernst Reuter, Bd. 2, S. 527 ff.
318 Ebd.
319 Fritz Baade an Ernst Reuter, 24. Mai 1943, in: LAB, E Rep. 200-21-01, Nr. 50, Bl. 11 f.
320 Ebd.
321 Ernst Reuter an Fritz Baade, 11. August 1943, in: Hirschfeld/Reichhardt (Hrsg.), Ernst Reuter, Bd. 2, S. 538 ff.
322 Ernst Reuter an Albert Grzesinski, 24. August 1943, in: ebd., S. 543 f.
323 Ernst Reuter an Fritz Tarnow, 15. März 1946, in: ebd., S. 629.
324 Ernst Reuter an Friedrich Stampfer, 4. April 1947, in: Hirschfeld/Reichhardt (Hrsg.), Ernst Reuter, Bd. 3, S. 171 f.
325 Vgl. Hoss, Verfolgung und Emigrationswege, S. 116 f.

326 Ernst Reuter an Paul Hertz, 9. Februar 1937, in: Hirschfeld/Reichhardt (Hrsg.), Ernst Reuter, Bd. 2, S. 484 ff.
327 Ebd.
328 Zit. nach Thomas Herr, Ein deutscher Sozialdemokrat an der Peripherie. Ernst Reuter im türkischen Exil 1935–1946, in: Herbert A. Strauss/Klaus Fischer/Christhard Hoffmann/Alfons Söllner (Hrsg.): Die Emigration der Wissenschaften nach 1933. Disziplingeschichtliche Studien, München u. a. 1991, S. 193–218, hier S. 196.
329 Zit. nach Brügel, Leben und Wirken Ernst Reuters in der Türkei, S. 84.
330 Ernst Reuter an Karl Reuter, 30. Juli 1941, in: Hirschfeld/Reichhardt (Hrsg.), Ernst Reuter, Bd. 2, S. 517.
331 Zit. nach Dogramaci, Kulturtransfer und nationale Identität, S. 256 f.
332 Neumark, Zuflucht am Bosporus, S. 78.
333 Zit. nach Ronald Lamprecht/Ulf Morgenstern, Der Lebensweg des Leipziger Nationalökonomen Gerhard Kessler (1883–1963), in: Neues Archiv für sächsische Geschichte 81 (2010), S. 147–179, hier S. 147.
334 Vgl. Anne Dietrich, Deutschsein in Istanbul, Opladen 1998, S. 232 ff.
335 Generalkonsulat Istanbul an Gerhard Kessler, 4. April 1938, in: PA AA, R 100095, Ausbürgerung Kessler.
336 Vgl. Gerhard Kessler an Joachim von Ribbentrop, 2. Juni 1938, in: ebd.
337 Zit. nach Dietrich, Deutschsein in Istanbul, S. 247.
338 Generalkonsulat Istanbul an das Auswärtige Amt und die Gestapo, 31. August 1937, in: PA AA, Ist. Emigranten Bd. 1, 1933–37.
339 Vgl. Aufzeichnung der Botschaft Ankara, 20. September 1939, in: PA AA, R 100095 Ausbürgerung Kessler.
340 Gerhard Kessler an Axel Toepke, 29. Mai 1938, in: ebd.
341 Gerhard Kessler an Friedrich von Keller, 25. Mai 1938, in: ebd.
342 Axel Toepke an Friedrich von Keller, 31. Mai 1938, in: ebd.
343 Gerhard Kessler an Friedrich von Keller, 1. Juni 1938, in: ebd.
344 Friedrich von Keller an Sickel etc., 18. Juni 1938, in: ebd.
345 Botschaft Ankara an das Auswärtige Amt, 18. Juni 1938, in: ebd.
346 Manfred Klaiber an Ernst Wilhelm Bohle, 5. August 1938, in: ebd.
347 Generalkonsulat Istanbul an das Auswärtige Amt, 7. Oktober 1938, in: ebd.
348 Hans Kroll, Lebenserinnerungen eines Botschafters, Köln 1967, S. 105.
349 Vermerk von Hentigs, 24. Januar 1939, in: ebd.
350 Abschrift vom 13. Mai 1939 eines Schreibens Gerhard Kesslers an Otto Meissner vom 22. März 1939, in: ebd.
351 Scurla, Die Tätigkeit deutscher Hochschullehrer, S. 84.
352 Vgl. Lamprecht/Morgenstern, Gerhard Kessler, S. 174.
353 Hella Reuter an Karoline Reuter, 3. Juni 1939, in: LAB, E Rep. 200-21-01, Nr. 52, Bl. 45 f.

354 Ernst Reuter an den Landesvorstand der Berliner SED, 3. Juni 1947, in: Hirschfeld/Reichhardt (Hrsg.), Ernst Reuter, Bd. 3, S. 229.
355 Tagebucheintrag Carl Eberts, 24. Dezember 1939, in: AdK-CEA, Nr. 2227.
356 Ernst Reuter an Thomas Mann, 17. März 1943, in: Hirschfeld/Reichhardt (Hrsg.), Ernst Reuter, Bd. 2, S. 521.
357 Ernst Reuter an Fritz Baade, 9. Januar 1949, in: LAB, E Rep. 200-21, Nr. 175, o. Bl.
358 Papen, Der Wahrheit eine Gasse, S. 514.
359 Ebd., S. 504.
360 Rolf Lahr, Zeuge von Fall und Aufstieg. Private Briefe 1934–1974, Hamburg 1984, S. 57.
361 Ebd., S. 56 f.
362 Papen, Der Wahrheit eine Gasse, S. 521.
363 Kroll, Lebenserinnerungen eines Botschafters, S. 139.
364 Einladung vom 4. Dezember 1939, in: PA AA, Botschaft Ankara, 576, Auslandsorganisationen, Bd. 1.
365 Papen, Der Wahrheit eine Gasse, S. 555.
366 Protokoll des 158. Sitzungstages des Internationalen Militärbunals in Nürnberg am 19. Juni 1946, Nachmittagssitzung, in: Der Prozess gegen die Hauptkriegsverbrecher, Bd. 16, Nürnberg 1948, S. 461–492, hier S. 471.
367 Kroll, Lebenserinnerungen eines Botschafters, S. 135 f.
368 Botschaft Ankara an das Auswärtige Amt, 22. Mai 1939, in: PA AA, R 100022 Ausbürgerung Reuter.
369 Vgl. Brandt/Lowenthal, Ernst Reuter, S. 731.
370 Gestapo an Reichsministerium des Innern, 23. Juni l939, in: PA AA, R 100022 Ausbürgerung Reuter.
371 Botschaft Ankara an das Auswärtige Amt, 28. Juli 1939, in: ebd.
372 Papen, Der Wahrheit eine Gasse, S. 505.
373 Botschaft Ankara an das Auswärtige Amt, 28. Juli 1939, in: PA AA, R 100022 Ausbürgerung Reuter.
374 Ebd.
375 Ebd.
376 Schnellbrief Auswärtiges Amt an Reichsministerium des Innern, 25. August 1939, in: ebd.
377 Botschaft Ankara an das Auswärtige Amt, 26. April 1940, in: ebd.
378 Ernst Reuter an Max Pulvermann, 3. November 1939, in: Hirschfeld/Reichhardt (Hrsg.), Ernst Reuter, Bd. 2, S. 507.
379 Zit. und übersetzt nach Peter Hebblethwaite, John XXIII. Pope of the Century, London 2000, S. 83 f.
380 Fehmi Yavuz, Ernst Reuter in der Türkei 1935–1946, Berlin (West) 1970, S. 25.

381 Ernst Reuter an Robert Görlinger, 11. Mai 1946, in: Hirschfeld/Reichhardt (Hrsg.), Ernst Reuter, Bd. 2, S. 652.
382 Ernst Reuter an Thomas Mann, 17. März 1943, in: ebd., S. 521.
383 Kroll, Lebenserinnerungen eines Botschafter, S. 159.
384 Ernst Reuter an den SPD-Vorstand in London, 22. Mai 1944, in: Hirschfeld/Reichhardt (Hrsg.), Ernst Reuter, Bd. 2, S. 562 ff.
385 Ebd.
386 Klaus Schönherr, Die Türkei im Schatten Stalingrads. Von der ‚aktiven Neutralität' zum Kriegseintritt, in: Jürgen Förster (Hrsg.), Stalingrad. Ereignis – Wirkung – Symbol, München 1992, S. 397–415, bes. S. 405 f.
387 Vgl. Papen, Der Wahrheit eine Gasse, S. 559.
388 Vgl. Brandt/Lowenthal, Ernst Reuter, S. 330 f.
389 Vgl. Hans R. Vaget, Thomas Mann, der Amerikaner. Leben und Werk im amerikanischen Exil 1938–1952, Frankfurt am Main 2011, S. 420 ff.
390 Manifest „Freies Deutschland" vom 19. Juli 1943, unter: www.dhm.de/lemo/html/dokumente/manifest/index.html.
391 Vgl. Heideking/Mauch, Das Herman-Dossier, S. 576.
392 Ernst Reuter an Albert Grzesinski, 24. August 1943, in: Hirschfeld/Reichhardt (Hrsg.), Ernst Reuter, Bd. 2, S. 544.
393 Artikel Ernst Reuters in „Die Glocke" vom 3. September 1923, in: ebd., S. 55 ff.
394 Ernst Reuter an Thomas Mann, 25./26. November 1943, in: ebd., S. 554.
395 Ernst Reuter an Thomas Mann, 17. März 1943, in: ebd., S. 525.
396 Das Deutsche Historische Institut Washington D.C. hat das „Moltke-Memo" vom 9. Juli 1943, das in der U.S. National Archives and Records Administration verwahrt wird, in englischer und deutscher Sprache auf der Website „Deutsche Geschichte in Dokumenten und Bildern" veröffentlicht: http://www.germanhistorydocs.ghi-dc.org/sub_document.cfm?document_id=1517.
397 Ebd.
398 Ebd.
399 Hans M. Kloth, Warum bombardiert Stalin die Gleise nach Auschwitz nicht?, in: spiegel online vom 13. Februar 2004, unter: http://www.spiegel.de/wissenschaft/mensch/bilder-des-grauens-warum-bombardierte-stalin-die-gleise-nach-auschwitz-nicht-a-286045-2.html. – Zum grundsätzlichen Hintergrund siehe ausführlich Jeffrey Herf, The Nazi Extermination Camps and the Ally to the East. Could the Red Army and Air Force Have Stopped or Slowed the Final Solution?, in: Kritika. Explorations in Russian and Eurasian History 4 (2003), H. 4, S. 913–930.
400 Zit. nach Guttstadt, Die Türkei, die Juden und der Holocaust, S. 309.
401 Ernst Reuter an Albert Grzesinski, 24. August 1943, in: Hirschfeld/Reichhardt (Hrsg.), Ernst Reuter, Bd. 2, S. 543.

402 Ebd.
403 Ernst Reuter an den SPD-Parteivorstand, 22. Mai 1944, in: ebd., S. 562 f.
404 Ernst Reuter an Albert Grzesinski, 24. August 1943, in: ebd., S. 543.
405 Ernst Reuter an Fritz Baade, 9. Mai 1943, in: ebd., S. 527.
405 Vgl. die Entwürfe für ein Arbeitsprogramm und Rundfunksendungen in: LAB, E Rep. 200-21, Nr. 165. – Flugschrift als Anlage zum Schreiben Ernst Reuters an Albert Grzesinski, 24. August 1943, in: Hirschfeld/Reichhardt (Hrsg.), Ernst Reuter, Bd. 2, S. 545 ff.
407 Ebd., S. 543.
408 Ebd., S. 546 ff.
409 Ebd.
410 Ebd., S. 550.
411 Ebd., S. 551.
412 Ernst Reuter an Albert Grzesinski, 24. August 1943, in: ebd., S. 543.
413 Zit. nach Herr, Ein deutscher Sozialdemokrat an der Peripherie, S. 207.
414 Report concerning the Foundation of a Free German Movement in the Services of the Allied War Effort, 8 September 1943, in: NARA, Record Group 226, Entry 137, box 23, folder 160.
415 Ebd.
416 Ebd.
417 Ernst Reuter an den SPD-Parteivorstand, 22. Mai 1944, in: Hirschfeld/Reichhardt (Hrsg.), Ernst Reuter, Bd. 2, S. 563.
418 Zit. nach Brandt/Lowenthal, Ernst Reuter, S. 323.
419 Zit. nach ebd.
420 Telegramm US State Department an Botschaft Ankara, 13. März 1943, in: University of Wisconsin, Digital Collections Center 431 Memorial Library.
421 Vgl. Heideking/Mauch, Das Herman-Dossier, S. 567 ff.
422 Alexander Rüstow, Ortsbestimmung der Gegenwart. Eine universalgeschichtliche Kulturkritik, Bd. 1, Erlenbach 1950.
423 Sibylle Tönnies, Nachwort, in: Alexander Rüstow, Die Religion der Marktwirtschaft, Berlin 2009, S. 159–195.
424 Scurla, Die Tätigkeit deutscher Hochschullehrer, S. 85.
425 Ebd.
426 Botschaft Ankara an Generalkonsulat Istanbul, 13. Mai 1941, in: PA AA, Ankara 679.
427 Generalkonsulat Istanbul an Botschaft Ankara, 15. Mai 1941, in: ebd.
428 Ebd.
429 Neumark, Zuflucht am Bosporus, S. 76.
430 Zit. nach Widmann, Exil und Bildungshilfe, S. 241.
431 Hirsch, Als Rechtsgelehrter im Lande Atatürks, S. 60 ff.
432 Ebd., S. 63 f.

334   Anmerkungen

433 Yavuz, Der Professor in der Türkei, S. 31.
434 Vgl. Widmann, Exil und Bildungshilfe, S. 195.
435 Thomas Mann an Kurt Engelmann, 1948, in: BAK, N 1169, Nr. 47, o. Bl.
436 Neumark, Zuflucht am Bosporus, S. 76 f.
437 Alexander Rüstow an Willy Brandt, 17. Mai 1954, in: LAB, E Rep. 200-21-01, Nr. 334, Bl. 137 f.
438 Ernst Reuter an Alexander Rüstow, 4. April 1947, in: Hirschfeld/Reichhardt (Hrsg.), Ernst Reuter, Bd. 3, S. 164.
439 Schriftliche Mitteilung von Prof. Dr. Rupert Wilbrandt an den Verf., 18. April 2012.
440 Ernst Reuter an Paul Hertz, 9. Februar 1937, in: Hirschfeld/Reichhardt (Hrsg.), Ernst Reuter, Bd. 2, S. 484 ff.
441 Botschaft Ankara an das Auswärtige Amt, 25. November 1935, in: PA AA, Ankara, 655.
442 Runderlass des Auswärtigen Amtes, 12. November 1935, in: ebd.
443 Botschaft Ankara an das Auswärtige Amt, 28. Februar 1939, in: PA AA, Ankara, 731.
444 Ebd.
445 Scurla, Die Tätigkeit deutscher Hochschullehrer, S. 42.
446 Ernst Reuter an Hans Wilbrandt, 12. Januar 1947, in: Hirschfeld/Reichhardt (Hrsg.), Ernst Reuter, Bd. 3, S. 95 ff.
447 Zit. nach Günther Brakelmann, Der Kreisauer Kreis in: Peter Steinbach/Johannes Tuchel (Hrsg.), Widerstand gegen die nationalsozialistische Diktatur 1933–1945, Bonn 2004, S. 358–374, hier S. 363.
448 Ebd., S. 371.
449 Vgl. Heideking/Mauch, Das Herman-Dossier, S. 569.
450 Laut Moltke/Balfour/Frisby, Helmuth James von Moltke, S. 264, liegt die einzige vorhandene Abschrift in englischer Sprache vor. Die im Weiteren herangezogene deutsche Version findet sich ebd., S. 264–268.
451 Heideking/Mauch, Herman-Dossier, S. 577 f.
452 Zit. nach ebd., S. 580.
453 Ebd.
454 http://germanhistorydocs.ghi-dc.org/docpage.cfm?docpage_id=2867.
455 Vgl. Richard Breitman/Norman J. W. Goda/Timothy Naftali/Robert Wolfe, U.S. Intelligence and the Nazis, Cambridge u. a. 2005, S. 52.
456 Zit. nach Heideking/Mauch, Das Herman-Dossier, S. 581, Anm. 63.
457 Zit. nach Agostino von Hassell/Sigrid MacRae, Alliance of Enemies. The Untold Story of the Secret American and German Collaboration to End World War II, New York 2006, S. 164.
458 Vgl. ebd., S. 345, Anm. 72.

459 Vgl. Alexander Rüstow an Alfred Marchionini, 22. November 1945, in: BAK, N 1169, Nr. 43, Bl. 253.
460 Schreiben Alexander Rüstow an Ger van Roon, 20. Dezember 1962 und 1. Februar 1963 sowie Denkschrift Rüstows vom 1. Februar 1963, in: IfZ-Archiv ZS/A-18, Bd. 6, Dr. Ger van Roon.
461 Denkschrift von Alexander Rüstow vom 1. Februar 1963, in: ebd.
462 Ebd.
463 Alexander Rüstow an Ger van Roon, 1. Februar 1963, in: IfZ-Archiv ZS/A-18, Bd. 6.
464 Alexander Rüstow an Ger van Roon, 20. Dezember 1962, in: ebd.
465 Ernst Reuter an Thomas Mann, 17. März 1943, in: Hirschfeld/Reichhardt (Hrsg.), Ernst Reuter, Bd. 2, S. 520 ff.
466 Ebd., S. 524 u. S. 814, Anm. 175.
467 Ebd., S. 524 f.
468 Vgl. Brandt/Lowenthal, Ernst Reuter, 315 f.
469 Ernst Reuter an Thomas Mann, 25. November 1943, in: Hirschfeld/Reichhardt (Hrsg.), Ernst Reuter, Bd. 2, S. 554.
470 Thomas Mann an Ernst Reuter, 24. Juni 1943, in: ebd., S. 530 ff.
471 Ebd.
472 Vgl. ebd., S. 818 f., Anm. 237.
473 Ernst Reuter an Thomas Mann, 25. November 1943, in: ebd., S. 553 ff.
474 Ebd.
475 Thomas Mann an Ernst Reuter, 24. Juni 1943, in: ebd., S. 531.
476 Ebd.
477 Ebd.
478 Thomas Mann an Ernst Reuter, 29. April 1944, in: ebd., S. 558 ff.
479 Vgl. Vaget, Thomas Mann, der Amerikaner, S. 428.
480 Vgl. ebd., S. 429.
481 Zit. nach ebd., S. 431.
482 Zit. nach ebd.
483 Vgl. ebd.
484 Hirschfeld/Reichhardt (Hrsg.), Ernst Reuter, Bd. 2, S. 464.
485 Stellungnahme Eeco van Kleffens, Juni 1943, in: ebd., S. 815 f., Anm. 195.
486 Ernst Reuter an Eeco van Kleffens, 28. Juli 1943, in: ebd., S. 534 ff.
487 Zit. nach Vaget, Thomas Mann, der Amerikaner, S. 423 f.
488 Zit. nach ebd.
489 Vgl. Ernst Reuter an Victor Gollancz, 18. Juli 1945, in: Hirschfeld/Reichhardt (Hrsg.), Ernst Reuter, Bd. 2, S. 587 ff.
490 Vgl. ebd., S. 822, Anm. 277.
491 Ernst Reuter an Victor Gollancz, 18. Juli 1945, in: ebd., S. 587 ff.
492 Ernst Reuter an den SPD-Parteivorstand, 22. Mai 1944, in: ebd., S. 562 ff.

493 Ebd.
494 Zit. nach Heiner Lindner, „Erkämpft Eure Freiheit. Stürzt Hitler!" Einleitung zur Internetausgabe der „Sozialistischen Mitteilungen", unter: http://library.fes.de/fulltext/sozmit/som-einl.htm.
495 Zit. nach ebd.
496 Ebd.
497 Vgl. ebd.
498 Zit. nach ebd.
499 Zit. nach ebd.
500 SM Nr. 60/61, März/April 1944, S. 20 f., unter: http://library.fes.de/sozialistische-mitteilungen.
501 Hirschfeld/Reichhardt (Hrsg.), Ernst Reuter, Bd. 2, S. 819 f., Anm. 253. – Vgl. auch Ernst Reuter an Victor Schiff, 19. Juli 1944, in: ebd., S. 571.
502 Zit. nach Arno Gräf, Freie Deutsche Bewegung in Großbritannien, unter: www.drafd.de/?DrafdInfo201011_FDB.
503 Hirschfeld/Reichhardt (Hrsg.), Ernst Reuter, Bd. 2, S. 819 f., Anm. 253.
504 Ernst Reuter an Victor Schiff, 19. Juli 1944, in: ebd., S. 571 f.
505 Ebd.
506 Vgl. ebd., S. 464 u. S. 805, Anm. 73.
507 Vgl. Brandt/Lowenthal, Ernst Reuter, S. 343.
508 Ernst Reuter an Albert Grzesinski, 24. August 1943, in: Hirschfeld/Reichhardt (Hrsg.), Ernst Reuter, Bd. 2, S. 542 ff.
509 Lindner, „Erkämpft Eure Freiheit. Stürzt Hitler!".
510 Vgl. Heike Bungert, Deutsche Emigranten im amerikanischen Kalkül. Die Regierung in Washington, Thomas Mann und die Gründung eines Emigrantenkomitees 1943, in: VfZ 46 (1998), H. 2, S. 253–268, bes. S. 253 ff.
511 Zit. nach ebd., S. 260 f.
512 Ernst Reuter an Gerhart Seger, 23. Juni 1944, in: Hirschfeld/Reichhardt (Hrsg.), Ernst Reuter, Bd. 2, S. 564 ff.
513 Vgl. ebd., S. 806, Anm. 81.
514 Ernst Reuter an Albert Grzesinski.
515 Beilage zu SM, Nr. 79/71, 1945, Januar/Februar 1945, unter: http://library.fes.de/sozialistische-mitteilungen.
516 Klemens von Klemperer, Deutscher Widerstand gegen Hitler. Gedanken eines Historikers und Zeitzeugen (= Beiträge zum Widerstand 1933–1945), Berlin 2002, S. 14.
517 Vgl. ebd., S. 13 u. S. 15.
518 Guttstadt, Die Türkei, die Juden und der Holocaust, S. 230.
519 Zit. nach Brandt/Lowenthal, Ernst Reuter, S. 325.
520 Zit. nach ebd.
521 Guttstadt, Die Türkei, die Juden und der Holocaust, S. 231 f.

522 Mitteilung von Frau Adelheid Mayer, geb. Kretschmar, zweite Ehefrau von Georg Mayer, vom 5. Juni 2012 an den Verf.
523 Georg Mayer, Oase des Friedens. Unveröffentl. Manuskript, S. 2. Privatbesitz Adelheid Mayer.
524 Helmut Allardt, Politik vor und hinter den Kulissen. Erfahrungen eines Diplomaten zwischen Ost und West, Düsseldorf u. a. 1979, S. 105.
525 Vgl. Verein Aktives Museum (Hrsg.), Haymatloz, S. 44.
526 Alexander Rüstow an Alfred Marchionini, 11. Oktober 1944, in: BAK, N 1169, Nr. 43, Bl. 399.
527 Dietrich, Deutschsein in Istanbul, S. 388 ff.
528 Alexander Rüstow an Hans Wilbrandt, 10. September 1944, in: BAK, N 1169, Nr. 43, Bl. 165.
529 Alexander Rüstow an Alfred Marchionini, 19. Oktober 1945, in: ebd., Bl. 271.
530 Alexander Rüstow an Alfred Marchionini, 11. Oktober 1944, in: ebd., Bl. 399.
531 Carl Ebert an Innenminister Hilmi Uran, 25. Februar 1945, in: ebd., Nr. 33, Bl. 218 ff.
532 Carl Ebert an Alexander Rüstow, 25. März 1945, in: ebd., Bl. 81.
533 Alexander Rüstow an Alfred Marchionini, 22. November 1945, in: ebd., Nr. 43, Bl. 253.
534 Alexander Rüstow an Alfred Marchionini, 1. Dezember 1945, in: ebd., Bl. 251.
535 Alexander Rüstow an Alfred Marchionini, 7. Dezember 1945, in: ebd., Bl. 247.
536 Vgl. Brandt/Lowenthal, Ernst Reuter, S. 325.
537 Andreas Schwarz an Ernst Reuter, 10. März 1953, in: LAB, E Rep. 200-21-01, Nr. 94, Bl. 116.
538 Zit. nach Barclay, Der unbekannte Ernst Reuter, S. 182.
539 Zit. nach ebd.
540 Ernst Reuter an Victor Schiff, 14. Februar 1945, in: Hirschfeld/Reichhardt (Hrsg.), Ernst Reuter, Bd. 2, S. 573 f.
541 Vgl. ebd., S. 822 f., Anm. 281 u. 284.
542 Ernst Reuter an Victor Schiff, 28. August 1945, in: ebd., S. 590 ff.
543 Ernst Reuter an Victor Schiff, 17. August 1946, in: ebd., S. 676.
544 Zit. nach ebd., S. 823 f., Anm. 288.
545 Ernst Reuter an Gerhart Seger, 27. Februar 1945, in: ebd., S.575 ff.
546 Ernst Reuter an Hans Vogel, 20. Mai 1945, in: ebd., S. 580 ff.
547 Zit. nach ebd., S. 821, Anm. 270.
548 Ernst Reuter an Hans Vogel, 21. September 1945, in: ebd., S. 594 f.
549 SM Nr. 79/80, 1945, Oktober-November, S. 14, unter: http://library.fes.de/sozialistische-mitteilungen.
550 Ebd.

551 Ernst Reuter an Marius Grunwald, 11. März 1946, in: ebd., S. 625 ff., hier S. 627.
552 Ernst Reuter an die US-Botschaft Ankara, 14. April 1945, in: ebd., S. 579f.
553 Ernst Reuter an die US-Botschaft Ankara, 4. Dezember 1945, in: ebd., S. 605 ff.
554 Memorandum Albert Ecksteins für den Botschafter der USA in Ankara, Laurence Steinhardt, 28. Dezember 1944, in: Universitätsarchiv Düsseldorf, 7/10, Nr. 49.
555 Eckstein-Schlossmann, Türkei-Erinnerungen, S. 14.
556 Louis A. Wiesener an Willy Brandt, 22. Juni 1954, in: LAB, E Rep. 200-21-01, Nr. 334, Bl. 250 ff.
557 Rebecca Wellington an Willy Brandt, 3. November 1954, in: ebd., Bl. 242 ff.
558 Oscar Weigert an Ernst Reuter, 7. Februar 1946, in: LAB E Rep. 200-21, Nr. 165, o. Bl.
559 Ernst Reuter an Robert A. McClure, 13. Juli 1945, in: Hirschfeld/Reichhardt (Hrsg.), Ernst Reuter, Bd. 2, S. 585 ff.
560 Ernst Reuter an Thomas Mann, 22. Juni 1945, in: ebd., S. 584 f.
561 Thomas Mann an Ernst Reuter, 19. August 1945, in: ebd., S. 589 f.
562 Ernst Reuter an Martin Wagner, 7. Januar 1946, in: ebd., S. 614 ff.
563 SM Nr. 83/84, Februar-März 1946, S. 1 ff., unter: http://library.fes.de/sozialistische-mitteilungen.
564 Ernst Reuter an Wilhelm Sander, 26. März 1946, in: Hirschfeld/Reichhardt (Hrsg.), Ernst Reuter, Bd. 2, S. 632 f.
565 SM, Nr. 79/80, 1945-10./11.1945, Beilage 1, S. 15, unter: http://library.fes.de/sozialistische-mitteilungen.
566 Ernst Reuter an die BBC, 15. Oktober 1945, in: Hirschfeld/Reichhardt (Hrsg.), Ernst Reuter, Bd. 2, S. 600 ff.
567 Ernst Reuter an Wilhelm Sander, 6. Februar 1946, in: ebd., S. 620 f.
568 Zit. nach Barclay, Der unbekannte Ernst Reuter, S. 188.
569 Ernst Reuter an Victor Schiff, 6. Februar 1946, in: Hirschfeld/Reichhardt (Hrsg.), Ernst Reuter, Bd. 2, S. 622 ff.
570 Ernst Reuter an Marius Grunwald, 11. März 1946, in: ebd., S. 625 ff.
571 Ernst Reuter an Victor Schiff, 12. April 1946, in: ebd., S. 641 ff. – Rebus sic stantibus = soweit die Dinge stehen.
572 Ernst Reuter an Hans Vogel, 20. Mai 1945, in: ebd., S. 580 ff.
573 Vgl. ebd., S. 832, Anm. 388.
574 Vgl. Ernst Reuter an Carl Severing, 5. Oktober 1946, in: ebd., S. 686 f.
575 Vgl. Brandt/Lowenthal, Ernst Reuter, S. 343 f.
576 Referat und Schlusswort von Ernst Reuter auf dem Parteitag der Berliner SPD, 2. Januar 1949, in: Hirschfeld/Reichhardt (Hrsg.), Ernst Reuter, Bd. 3, S. 581 ff., hier S. 582.

577	Ernst Reuter an Victor Schiff, 17. August 1946, in: ebd., Bd. 2, S. 675 ff.
578	Ernst Reuter an Karl Reuter, 4. Dezember 1946, in: ebd., Bd. 3, S. 78 f.
579	Interview Ernst Reuters im RIAS, 1. Dezember 1946, in: ebd., S. 74 ff.
580	Vgl. Jan Foitzik, Die Rückkehr aus dem Exil und das politisch-kulturelle Umfeld der Reintegration sozialdemokratischer Emigranten in Westdeutschland in: Manfed Briegel/Wolfgang Frühwald (Hrsg.), Die Erfahrung der Fremde. Kolloquium des Schwerpunktprogramms, Weinheim u. a. 1988, S. 255–270, bes. S. 259.
581	Proklamation Nr. 2 des Alliierten Kontrollrats, 20. September 1945, in: Amtsblatt des Alliierten Kontrollrats in Deutschland, Berlin 1945, S. 8.
582	Marita Krauss, Heimkehr in ein fremdes Land: Geschichte der Remigration nach 1945, München 2001, S. 68 f.
583	Zit. nach ebd., S. 69.
584	Zit. nach ebd., S. 68.
585	Zit. nach Hirschfeld/Reichhardt (Hrsg.), Ernst Reuter, Bd. 3, S. 12.
586	Zit. nach ebd.
587	Vgl. Hirschfeld/Reichhardt (Hrsg.), Ernst Reuter, Bd. 3, S. 766, Anm. 10.
588	Vgl. Martin Schönfeld, Wird ein Türke Berlins Oberbürgermeister? Zur Rezeption des Exils in der Türkei im Berlin des Kalten Krieges 1946–1953, in: Verein Aktives Museum (Hrsg.), Haymatloz, S. 196–209, bes. S. 198.
589	Zit. nach ebd.
590	Zit. nach ebd.
591	Zit. nach ebd.
592	Zit. nach Hirschfeld/Reichhardt (Hrsg.), Ernst Reuter, Bd. 3, S. 828 f., Anm. 187.
593	Ernst Reuter an den Landesvorstand der Berliner SED, 3. Juni 1947, in: ebd., S. 228 ff.
594	Ebd., S. 230.
595	Schönfeld, Wird ein Türke Berlins Oberbürgermeister, S. 198 f.
596	Zit. nach ebd., S. 200.
597	Zit. nach ebd., S. 203 f.
598	Zit. nach ebd., S. 200.
599	Vgl. ebd.
600	Zit. nach ebd., S. 205.
601	Ernst Reuter an Hans Wilbrandt, 12. Januar 1947, in: Hirschfeld/Reichhardt (Hrsg.), Ernst Reuter, Bd. 3, S. 98.
602	Zit. nach Martin Schönfeld, Ernst Reuter. Ein Zurückgekehrter ruft die Emigranten, in: Verein Aktives Museum Faschismus und Widerstand in Berlin (Hrsg.), 1945. Jetzt wohin? Exil und Rückkehr nach Berlin [Ausstellungskatalog] (= Schriftenreihe Verein Aktives Museum, Bd. 7), Berlin 1995, S. 286–303, hier S. 289.

603 Zit. nach ebd., S. 290.
604 Zit. nach ebd.
605 Zit. nach ebd.
606 Ernst Reuter an Gustav Oelsner, 28. Dezember 1947, in: Hirschfeld/Reichhardt (Hrsg.), Ernst Reuter, Bd. 3, S. 328.
607 Zit. nach Schönfeld, Ein Zurückgekehrter ruft die Emigranten, S. 294.
608 Vgl. Krauss, Heimkehr in ein fremdes Land, S. 74 ff.
609 Zit. nach ebd., S. 76.
610 Vgl. Christiane Hoss, Verfolgung und Emigrationswege, S. 176 f.
611 Ernst Reuter an Walter Ruben, 4. April 1947, in: Hirschfeld/Reichhardt (Hrsg.), Ernst Reuter, Bd. 3, S. 162 ff.
612 Zit. nach Verein Aktives Museum (Hrsg.), Haymatloz, S. 83.
613 Zit. nach Schönfeld, Wird ein Türke Berlins Oberbürgermeister, S. 205.
614 Zit. nach Verein Aktives Museum (Hrsg.), Haymatloz, S. 83.
615 Zit. nach Schönfeld, Wird ein Türke Berlins Oberbürgermeister, S. 208.
616 Achim Engelberg, Wer verloren hat, kämpfe. In den Abgründen des 20. Jahrhunderts, Berlin 2007, S. 30.
617 Ebd.
618 Auskunft von Achim Engelberg im Gespräch mit dem Verf. am 14. Oktober 2011.
619 Engelberg, Wer verloren hat, kämpfe, S. 31.
620 Vgl. Barclay, Der unbekannte Ernst Reuter, S. 379, Anm. 122.
621 Zit. nach ebd., S. 170.
622 Zit. nach Anetta Kahane, War die DDR ein antisemitischer Staat?, in: Jüdische Allgemeine, 13. November 2008.
623 Vgl. „Antifaschistischer Widerstand". Zur Widerstandsrezeption in der DDR bis 1970, in: Utopie Kreativ, H. 118, August 2000, S. 786–796.
624 Zit. nach Gerd Simon, Chronologie Herbert Scurla, S. 29. – Gerd Simon veröffentlichte 2008 die Chronologie im Internet unter Mitwirkung von Klaus Popa und Ulrich Schermaul nach intensiven Recherchen in mehreren Archiven und schreibt diese fort. Der Verf. ist ihm für viele wertvolle Hinweise dankbar.
625 Ebd.
626 Herbert Scurla, Die Judenfrage in Deutschland, in: Hochschule und Ausland, 11 (1933), H. 6, S. 828.
627 Herbert Scurla an Hennig Brinkmann, 12. November 1946, in: Nachlass Hennig Brinkmann, Privatbesitz.
628 Neumark, Kritische Anmerkungen, S. 101 f.
629 Scurla, Die Tätigkeit deutscher Hochschullehrer, S. 69 f.
630 Ebd.

631 Herbert Scurla an Reichminister des Innern, Wilhelm Frick, 7. Februar 1940, in: PA AA, R 99866.
632 Herbert Scurla an Hennig Brinkmann, 12. November 1946, in: Nachlass Hennig Brinkmann, Privatbesitz.
633 Zit. nach www.nadir.org/nadir/periodika/aib/archiv/75/14.pdf.
634 Vgl. Simon, Chronologie Herbert Scurla.
635 Zit. nach ebd., S. 47.
636 Zit. nach Frank Kallensee, Halb Lüge und halb Wahrheit. Die Doppelkarriere des Schriftstellers Herbert Scurla, in: Peter Walther (Hrsg.), Die dritte Front. Literatur in Brandenburg 1930–1950, Berlin 2004, S. 17–31, hier S. 23.
637 Vgl. Die Schatten des Ernst Achenbach, in: Die Zeit vom 19. Juli 1974.
638 Neumark, Zuflucht zum Bosporus, S. 228.
639 Ebd., S. 234.
640 Claus-Dieter Krohn, Unter Schwerhörigen? Zur selektiven Rezeption des Exils in den wissenschaftlichen und kulturpolitischen Debatten der frühen Nachkriegszeit, in: Bernd Weisbrod (Hrsg.), Akademische Vergangenheitspolitik. Beiträge zur Wissenschaftskultur der Nachkriegszeit (= Veröffentlichungen des Zeitgeschichtlichen Arbeitskreises Niedersachsen, Bd. 20), Göttingen 2002, S. 97–120, hier S. 100.
641 Ebd., S. 102.
642 Zit. nach Ulrich Baron, Innere Emigranten. Essay und Diskurs, 9. März 2008, unter: http://www.dradio.de/dlf/sendungen/essayunddiskurs/728518/.
643 Vgl. Hermann Kurzke, Thomas Mann. Epoche, Werk, Wirkung, 3., erneut überarb. Aufl., München 1997, S. 266 f.; Leonore Krenzlin, Geschichte des Scheiterns – Geschichte des Lernens? Überlegungen zur Lage während und nach der „Großen Kontroverse" und zur Motivation ihrer Akteure, in: Claus D. Krohn/Irmela von der Lühe (Hrsg.), Fremdes Heimatland. Remigration und literarisches Leben nach 1945, Göttingen 2005, S. 57–70, bes. S. 61 ff.
644 Frank Thiess, Innere Emigration, in: Münchner Zeitung vom 18. August 1945.
645 Zit. nach Jost Hermand/Wigand Lange, Wollt ihr Thomas Mann wiederhaben? Deutschland und die Emigranten, Hamburg 1999, S. 24.
646 Zit. nach ebd., S. 28 f.
647 Thomas Mann an Ernst Reuter, 11. Februar 1946, in: Hirschfeld/Reichhardt (Hrsg.), Ernst Reuter, Bd. 2, S. 624 f.
648 Zit. nach Lehmann, In Acht und Bann, S. 165.
649 Peter Steinbach, Der 20. Juli 1944 – mehr als ein Tag der Besinnung und Verpflichtung in: Aus Politik und Zeitgeschichte, B 27/2004, S. 1–5, hier S. 5.
650 Zit. nach Foitzik, Die Rückkehr aus dem Exil, S. 269.
651 Zit. nach ebd.
652 Vgl. Hans G. Lehmann, Rehabilitation und Wiedergutmachung nach 1945, in: Exilforschung. Ein Internationales Jahrbuch 9 (1991), S. 90–103, bes. S. 92.

653 Zit. nach Lehmann, In Acht und Bann, S. 181.
654 Ebd., S. 183 ff.
655 Grudgesetz für die Bundesrepublik Deutschland vom 23. Mai 1949, Art. 116, Abs. 2.
656 Polizeipräsidium West-Berlin an Ernst Hirsch, 9. Juli 1953, in: Privatbesitz Enver Hirsch.
657 Emmanuel Weinberg an Ernst Reuter, 30. Oktober 1951, in: LAB, E Rep. 200-21-01, Nr. 60, o. Bl.
658 Ulrike Cieslok, Eine Schwere Rückkehr. Remigranten an nordrhein-westfälischen Hochschulen, in: Exilforschung. Ein internationales Jahrbuch 9 (1991), S. 115–127, hier S. 123 f.
659 Alle Unterlagen zum Wiedergutmachungsfall Prof. Dr. Wolfgang Gleissberg entstammen dem Privatarchiv der Tochter Gleissbergs, Frau Ingrid Oppermann. Die biografischen Daten wurden durch mündliche Auskünfte ergänzt.
660 Internationales Militärtribunal Nürnberg, Der Prozess gegen die Hauptkriegsverbrecher vor dem Internationalen Gerichtshof Nürnberg, Bd. 1, Nürnberg 1947, S. 394 ff.
661 Zit. nach Gesetz Nr. 104 zur Befreiung von Nationalsozialismus und Militarismus vom 5. März 1946, in: Regierungsblatt der Regierung Württemberg-Baden 1946, Stuttgart 1946, S. 71.
662 Vgl. Hans Rein, Franz von Papen im Zwielicht der Geschichte. Sein letzter Prozess, Baden-Baden 1979, S. 11.
663 Zit. nach ebd., S. 82.
664 Zit. nach ebd.
665 Zit. nach ebd., S. 140.
666 Zit. nach ebd., S. 141.
667 Vernehumg des Zeugen Hans Kroll am 19. Juni 1946, in: Harvard Law School Library, The Nuremberg Trials Project.
668 Kroll, Lebenserinnerungen, S. 141.
669 Papen, Der Wahrheit eine Gasse, S. 572f.
670 Vgl. Kroll, Lebenserinnerungen, S. 209. Kroll schreibt, dass Bundeswirtschaftsminister Ludwig Erhardt im Jahre 1952 Vorwürfe Reuters „wegen meiner angeblich nazifreundlichen Arbeit in der Türkei" zurückgewiesen habe.
671 Telegramm Botschaft Ankara an das Auswärtige Amt, 18. Mai 1939, in: Şen/Halm (Hrsg.): Exil unter Halbmond und Stern, S. 74.
672 Munzinger. Internationales Biographisches Archiv 43/1981 vom 12. Oktober 1981.
673 Die Kabinettsprotokolle der Bundesregierung, Bd. 21: 1968. Bearb. von Christina Fabian und Uta Rössel, München 2011, S. 561.
674 Şen/Halm (Hrsg.): Exil unter Halbmond und Stern, S. 33.

675 Manfred Klaiber an Chef A.O., 5. August 1938, in: PA AA, R 100095, Ausbürgerung Kessler.
676 Ebd.
677 Reinhold Maier an Carlo Schmid, 15. November 1949, in: LAB, E Rep. 200-21-01, Nr. 60, Bl. 243.
678 Ernst Reuter an Reinhold Maier, 23. November 1949, in: ebd., Bl. 245 f.
679 Georg Ripken an Manfred Klaiber, 25. September 1942, in: ebd., Bl. 244.
680 Vgl. Eckart Conze/Norbert Frei/Peter Hayes/Moshe Zimmermann, Das Amt und die Vergangenheit. Deutsche Diplomaten im Dritten Reich und in der Bundesrepublik, München 2010, S. 538 f.
681 Schriftliche Auskunft von Dr. Klaus-Peter Klaiber an den Verf., vom 5. Januar 2013.
682 Jeffrey Herf, Zweierlei Erinnerung. Die NS-Vergangenheit im geteilten Deutschland, Berlin 1998, S. 91.
683 Hans-Jörg Ruhl (Hrsg.), Neubeginn und Restauration. Dokumente zur Vorgeschichte der Bundesrepublik Deutschland 1945–1949, München 1982, S. 279 f.
684 Vgl. Norbert Frei, Vergangenheitspolitik. Die Anfänge der Bundesrepublik und die NS-Vergangenheit, München 1996, S. 14.
685 Ebd., S. 405.
686 Deutscher Bundestag, 1. Wahlperiode, 165. Sitzung am 27. September 1951, in: Stenographische Berichte, Bd. 9, S. 6697 f.
687 Vgl. Kurt Nelhiebel, Der braune Faden, in: Blätter für deutsche und internationale Politik, 4/2010, S. 107–115, bes. S. 108.
688 Conze/Frei/Hayes/Zimmermann, Das Amt und die Vergangenheit, S. 578.
689 Marion Gräfin Dönhoff, Der Fluch der bösen Tat. Die Araber und das deutsch-israelische Abkommen, in: Die Zeit Nr. 42 vom 16. Oktober 1952.
690 Vgl. Hans E. Hirschfeld/Hans J. Reichhardt (Hrsg.), Ernst Reuter. Schriften Reden, Bd. 4: Reden, Artikel, Briefe 1949 bis 1953, Berlin (West) 1975, S. 1027, Anm. 98.
691 Zit. nach http://zeus.zeit.de/text/reden/die_historische_rede/heuss_holocaust_200201
692 Ebd.
693 Elke Seefried (Hrsg.), Theodor Heuss. In der Defensive. Briefe 1933–1945, München 2009, S. 26.
694 Grundgesetz für die Bundesrepublik Deutschland, Art. 16 und 16a.
695 Ansprache Ernst Reuters auf der Gedenkfeier des Bezirksamtes Neukölln zum 10. Jahrestag der Vernichtung des Warschauer Ghettos am 19. April 1943, in: Hirschfeld/Reichhardt (Hrsg.), Ernst Reuter, Bd. 4, S. 714 ff.
696 Ebd.
697 Herf, Zweierlei Erinnerung, S. 360.

698 Ebd.
699 Johannes Tuchel, „Feiglinge" und „Verräter". Noch bis weit in die fünfziger Jahre hinein wurden in der Bundesrepublik die Männer und Frauen des Widerstandes denunziert und diffamiert, in: Die Zeit, Nr. 3 vom 8. Januar 2009.
700 Ebd.
701 Theodor Heuss, Vom Recht zum Widerstand. Gedenkstätte des deutschen Widerstands, unter: http://www.20-juli-44.de/pdf/1954_heuss.pdf.
702 Ebd., S. 8.
703 Rede Ernst Reuters zur Enthüllung des Denkmals für die Opfer des 20. Juli 1944 im Hof des ehemaligen OKW in der Bendlerstraße am 20. Juli 1953, in: Hirschfeld/Reichhardt (Hrsg.), Ernst Reuter, Bd. 4, S. 755 ff.
704 Ebd., S. 756.
705 Ebd., S. 758.
706 Rede Richard von Weizäckers vor dem Deutschen Bundestag am 8. Mai 1945, unter: http://www.hdg.de/lemo/html/dokumente/NeueHerausforderungen_redevollstaendigRichardVonWeizaecker8Mai1985/index.html.
707 Vgl. Conze/Frei//Hayes/Zimmermann, Das Amt und die Vergangenheit, S. 568.
708 Martin Jander, Waagschalen-Mentalität. Kontroverse Positionen zum Gedenkstättenstreit in Sachsen und zu einem vorläufig zurückgezogenen Antrag der CDU/CSU im Bundestag in: Horch und Guck. Zeitschrift zur kritischen Aufarbeitung der SED-Diktatur, 45/2004, S. 66–71.
709 Trauerrede von Theodor Heuss am 3. Oktober 1953, in: Hans E. Hirschfeld/ Hans J. Reichhardt (Hrsg.), Ernst Reuter. Aus Reden und Schriften, Berlin (West) 1963, S. 186 f.

Ausgewählte Literatur

Allardt, Helmut, Politik vor und hinter den Kulissen. Erfahrungen eines Diplomaten zwischen Ost und West, Düsseldorf u. a. 1979.
Anstock, Heinz, Erinnerungen. Aufzeichnungen für unsere Kinder, Minden 2007.
Atay, Falih Rifki, Cankaya. Atatürk'ün dogumundan ölümüne kadar, Istanbul 1969.

Barck, Simone, „Grundfrage Antifaschistischer Widerstand". Zur Widerstandsrezeption in der DDR bis 1970, in: Utopie Kreativ. Diskussion sozialistischer Alternativen, 118/2000, S. 786–796.
Barclay, David, Schaut auf diese Stadt. Der unbekannte Ernst Reuter, Berlin 2000.
Bayraktar, Hatice, „Zweideutige Individuen in schlechter Absicht". Die antisemitischen Ausschreitungen in Thrakien 1934 und ihre Hintergründe, Berlin 2011.
Bergmann, Armin, Die sozialen und ökonomischen Bedingungen der jüdischen Emigration aus Berlin/Brandenburg 1933, Berlin 2009.
Bonatz, Paul, Leben und Bauen. Mit 45 Zeichnungen des Verfassers und 12 Bildern, Stuttgart 1950.
Brakelmann, Günter, Der Kreisauer Kreis, in: Peter Steinbach/Johannes Tuchel (Hrsg.), Widerstand gegen die nationalsozialistische Diktatur, 1933–1945, Bonn 2004, S. 358–374.
Ders., Helmuth James von Moltke, 1907–1945. Eine Biographie, München 2007.
Brandt, Willy/Lowenthal, Richard, Ernst Reuter. Ein Leben für die Freiheit. Eine politische Biographie, München 1957.
Braun, Bernd, Rückkehr in die Fremde? Deutschland und seine Exilanten nach 1945 (= Kleine Schriften der Stiftung Reichspräsident-Friedrich-Ebert-Gedenkstätte, Bd. 33), Heidelberg 2011.
Brenne, Winfried (Hrsg.), Bruno Taut. Meister des farbigen Bauens in Berlin, Berlin 2005.
Briegel, Manfred/Frühwald, Wolfgang (Hrsg.), Die Erfahrung der Fremde. Kolloquium des Schwerpunktprogramms „Exilforschung" der Deutschen Forschungsgemeinschaft, Weinheim u. a. 1988.
Brügel, Silke, Leben und Wirken Ernst Reuters in der Türkei, Istanbul 1991.
Bungert, Heike, Deutsche Emigranten im amerikanischen Kalkül. Die Regierung in Washington, Thomas Mann und die Gründung eines Emigrantenkomitees 1943, in: VfZ 46 (1998), H. 2, S. 253–268.
Bürgel, Katrin/Riener, Karoline, Wissenschaftsemigration im Nationalsozialismus. Der Kinderarzt Albert Eckstein und die Gesundheitsfürsorge in der Türkei, Düsseldorf 2005.

Cengizkan, Ali, Die Gründung einer modernen und nach Plan errichteten Hauptstadt für die Türkei. Ankara 1920–1950, in: Goethe-Institut Ankara (Hrsg.), Das Werden einer Hauptstadt, S. 24–41.

Cieslok, Ulrike, Eine schwierige Rückkehr. Remigranten an nordrhein-westfälischen Hochschulen, in: Exilforschung. Ein internationales Jahrbuch 9 (1991), S. 115–127.

Conze, Eckart/Frei, Norbert/Hayes, Peter/Zimmermann, Moshe, Das Amt und die Vergangenheit. Deutsche Diplomaten im Dritten Reich und in der Bundesrepublik, 2. Aufl., München 2010.

Dalaman, Cem, Die Türkei in ihrer Modernisierungsphase als Fluchtland für deutsche Exilanten, Berlin 1998.

Deringil, Selim, Turkish Foreign Policy during the Second World War. An Active Neutrality, Cambridge 1989.

Dietrich, Anne, Deutschsein in Istanbul. Nationalisierung und Orientierung in der deutschsprachigen Community von 1843 bis 1956, Opladen 1998.

Dogramaci, Burcu, „Faust" für Ankara. Carl Ebert im türkischen Exil, in: Petersen, Peter/Maurer Zenck, Claudia (Hrsg.), Musiktheater im Exil der NS-Zeit, Hamburg 2007, S. 35–64.

Dies., Die „Aneignung" der Exil-Heimat durch Photographie und Film. Vortrag anlässlich der Vortrags- und Diskussionsveranstaltung „75 Jahre deutsches Exil in der Türkei" am 22. September 2008 in der Akademie der Konrad-Adenauer-Stiftung, Berlin, unter: www.kas.de/upload/veranstaltungen/2008/75JahredeutschesExil-Tuerkei/dogramaci_rede.pdf.

Dies., Die neue Hauptstadt. Deutschsprachiges Erbe in Ankara, Ankara 2010, unter: www.goethe.de/ins/tr/ank/prj/urs/geb/deindex.htm.

Dies., Kulturtransfer und nationale Identität. Deutschsprachige Architekten, Stadtplaner und Bildhauer in der Türkei nach 1927, Berlin 2008.

Ellinger, Ekkehard, Deutsche Orientalistik zur Zeit des Nationalsozialismus 1933–1945, Berlin 2005.

Engelberg, Achim, Wer verloren hat, kämpfe. In den Abgründen des 20. Jahrhunderts, Berlin 2007.

Ernst Reuter. Ein Leben für Freiheit und Sozialismus, mit einer Biographie von Edzard Reuter, Berlin (West) 1949.

Fischer-Defoy, Christine, „Was von mir zuerst als eine romantische Episode empfunden worden war, wurde eine der tiefgreifendsten Erfahrungen in meiner künstlerischen Tätigkeit". Carl Ebert im Exil in der Türkei, in: Verein Aktives Museum (Hrsg.), Haymatloz, S. 172–179.

Dies., Prolog. Exil in der Türkei, in: Verein Aktives Museum (Hrsg.), Haymatloz, S. 10–17.
Foitzik, Jan, Die Rückkehr aus dem Exil und das politisch-kulturelle Umfeld der Reintegration sozialdemokratischer Emigranten in Westdeutschland, in: Briegel/Frühwald, (Hrsg.), Die Erfahrung der Fremde, S. 255–270.
Förster, Jürgen (Hrsg.), Stalingrad. Ereignis, Wirkung, Symbol, München 1992.
Frei, Norbert, Vergangenheitspolitik. Die Anfänge der Bundesrepublik und die NS-Vergangenheit, München 1996.
Ders./Brunner, José/Goschler, Constantin (Hrsg.), Die Praxis der Wiedergutmachung. Geschichte, Erfahrung und Wirkung in Deutschland und Israel (= Beiträge zur Geschichte des 20. Jahrhunderts, Bd. 8), Göttingen 2009.
Frühwald, Wolfgang/Schieder, Wolfgang (Hrsg.), Leben im Exil. Probleme der Integration deutscher Flüchtlinge im Ausland 1933–1945, Hamburg 1981.

Glasneck, Johannes, Methoden der deutsch-faschistischen Propagandatätigkeit in der Türkei vor und während des zweiten Weltkrieges (= Wissenschaftliche Beiträge der Martin-Luther-Universität Halle-Wittenberg, Bd. 12), Halle (Saale) 1966.
Goethe-Institut Ankara (Hrsg.): Das Werden einer Hauptstadt. Spuren deutschsprachiger Architekten in Ankara, Ankara 2011.
Gollancz, Victor, Shall our Children Live or Die? A Reply to Lord Vansittart on the German Problem, London 1955.
Gräf, Arno, Freie Deutsche Bewegung in Großbritannien, Anmerkungen zum Ortsverband Glasgow 1943 bis 1946, unter: www.drafd.de/?DrafdInfo201011_FDB.
Gronau, Dietrich, Mustafa Kemal Atatürk oder die Geburt der Republik, Frankfurt am Main 1994.
Grothusen, Klaus-Detlef, Der Scurla-Bericht. Bericht des Oberregierungsrates Dr. rer. pol. Herbert Scurla von der Auslandsabteilung des Reichserziehungsministeriums in Berlin über seine Dienstreise nach Ankara und Istanbul vom 11.–25. Mai 1939: „Die Tätigkeit deutscher Hochschullehrer an türkischen wissenschaftlichen Hochschulen" (=Schriftenreihe des Zentrums für Türkeistudien, Bd. 3), Frankfurt am Main 1987.
Ders., Einleitung, in: Şen/Halm (Hrsg.): Exil unter Halbmond und Stern, S. 15–30.
Gülbeyaz, Halil, Mustafa Kemal Atatürk. Vom Staatsgründer zum Mythos, Berlin 2003.
Guttstadt, Corry, Die Türkei, die Juden und der Holocaust, Berlin 2008.

Hassel, Agostino von./MacRae, Sigrid, Alliance of Enemies. The Untold Story of the Secret American and German Collaboration to End World War II, New York 2006.

Hebblethwaite, Peter, John XXIII. Pope of the Century, London 1984.
Heideking, Jürgen/Mauch, Christof: Das Herman-Dossier. Helmuth James Graf von Moltke, die deutsche Emigration in Istanbul und der amerikanische Geheimdienst Office of Strategic Services (OSS), in: VfZ 40 (1992), H. 4, S. 567–623.
Hepp, Michael (Hrsg.), Die Ausbürgerung deutscher Staatsangehöriger, 1933–45, nach den im Reichsanzeiger veröffentlichten Listen, Bd. 1: Listen in chronologischer Reihenfolge. Eingeleitet von Hans G. Lehmann u. Michael Hepp, München u. a. 1985.
Herbst, Andreas, Überprüfung von Westemigranten in der DDR, in: Verein Aktives Museum (Hrsg.), 1945. Jetzt wohin?, S. 278–285.
Herf, Jeffrey, Zweierlei Erinnerung. Die NS-Vergangenheit im geteilten Deutschland, Berlin 1998.
Hermand, Jost/Lange, Wigand, „Wollt ihr Thomas Mann wiederhaben?" Deutschland und die Emigranten, Hamburg 1999.
Herr, Thomas, Ein deutscher Sozialdemokrat an der Peripherie. Ernst Reuter im türkischen Exil, 1935–1946, in: Strauss/Fischer/Hoffmann/Söllner (Hrsg.), Die Emigration der Wissenschaften nach 1933, S. 193–218.
Heuss, Theodor, Die großen Reden, Bd. 1: Der Staatsmann, Tübingen 1965.
Hillebrecht, Sabine, Emigrantenkinder in Ankara, in: Verein Aktives Museum (Hrsg.), Haymatloz, S. 112–129.
Hirsch, Ernst E., Aus des Kaisers Zeiten durch die Weimarer Republik in das Land Atatürks. Eine unzeitgemäße Autobiographie, München 1982.
Ders., Als Rechtsgelehrter im Lande Atatürks. Mit einer Einführung von Reiner Möckelmann und einem Vorwort von Jutta Limbach, Berlin 2008.
Hirschfeld, Hans E./Reichhardt, Hans J. (Hrsg.), Ernst Reuter. Schriften, Reden, 4 Bde., Berlin (West), 1972–1975.
Hoss, Christiane, Verfolgung und Emigrationswege der von Scurla benannten Flüchtlinge und ihrer Familien, in: Şen/Halm (Hrsg.), Exil unter Halbmond und Stern, S. 113–201.
Dies., Vogelfrei. Die Verfolgung der Emigrantinnen und Emigranten in der Türkei durch das Deutsche Reich, in: Verein Aktives Museum (Hrsg.), Haymatloz, S. 130–155.
Howard, Elizabeth F., Über die Sperre. Mit einem Vorwort von Henry W. Nevinson, Bad Pyrmont 1949.

Jäckel, Eberhard/Longerich, Peter/Schoeps, Julius H./Gutman, Yisra'el (Hrsg.), Enzyklopädie des Holocaust. Die Verfolgung und Ermordung der europäischen Juden, Bd. 3: SA–Zypern, Berlin 1993.
Jander, Martin, Waagschalen–Mentalität. Kontroverse Positionen zum Gedenkstättenstreit in Sachsen und zu einem vorläufig zurückgezogenen Antrag der

CDU/CSU im Bundestag, in: Horch und Guck. Zeitschrift zur kritischen Aufarbeitung der SED-Diktatur 45/2004, S. 66–71.

Janssen, Hauke, Zwischen Historismus und Neoklassik. Alexander Rüstow und die Krise der deutschen Volkswirtschaftslehre (= HWWI Research Paper, H. 5-7), unter: http://hdl.handle.net/10419/48241.

Jäschke, Gotthard, Die Türkei in den Jahren 1935–1941. Geschichtskalender mit Personen- und Sachregister, Leipzig 1943.

Ders., Die Türkei in den Jahren 1942–1951. Geschichtskalender mit Personen- und Sachregister, Wiesbaden 1955.

Jena, Kai von, Versöhnung mit Israel? Die deutsch-israelischen Verhandlungen bis zum Wiedergutmachungsabkommen von 1952, in: VfZ 34 (1986), H. 4, S. 457–480.

Kahane, Anetta/Goldenbogen, Nora, War die DDR ein antisemitischer Staat? in: Jüdische Allgemeine vom 13. November 2008.

Kallensee, Frank, Halb Lüge und halb Wahrheit. Die Doppelkarriere des Schriftstellers Herbert Scurla, in: Peter Walther (Hrsg.), Die dritte Front. Literatur in Brandenburg 1930–1950, Berlin 2004, S. 17–31.

Klemperer, Klemens von, Die verlassenen Verschwörer. Der Deutsche Widerstand auf der Suche nach Verbündeten 1938–1945, Berlin 1994.

Ders., Deutscher Widerstand gegen Hitler. Gedanken eines Historikers und Zeitzeugen. Vortrag am 19. Juli 2001 in der St. Matthäus-Kirche, Berlin-Mitte anlässlich des 57. Jahrestages des Umsturzversuchs vom 20. Juli 1944, Berlin 2002, unter: www.gdw-berlin.de/fileadmin/bilder/publ/beitraege/2002_Klemperer_End.pdf.

Kloosterhuis, Jürgen, „Friedliche Imperialisten". Deutsche Auslandsvereine und auswärtige Kulturpolitik 1906–1918, Frankfurt am Main 1994.

Kraske, Erich, Handbuch des Auswärtigen Dienstes, Halle (Saale) 1939.

Krauss, Marita, Heimkehr in ein fremdes Land. Geschichte der Remigration nach 1945, München 2001.

Krecker, Lothar, Deutschland und die Türkei im zweiten Weltkrieg (=Frankfurter Wissenschaftliche Beiträge, Kulturwissenschaftliche Reihe, Bd. 12), Frankfurt am Main 1964.

Kreiser, Klaus/Neumann, Christoph K., Kleine Geschichte der Türkei, 2., aktual. u. erw. Aufl., Stuttgart 2008.

Krohn, Claus-Dieter, Unter Schwerhörigen? Zur selektiven Rezeption des Exils in den wissenschaftlichen und kulturpolitischen Debatten der frühen Nachkriegszeit, in: Weisbrod, Bernd (Hrsg.), Akademische Vergangenheitspolitik. Beiträge zur Wissenschaftskultur der Nachkriegszeit, Göttingen 2002, S. 97–120.

Kroll, Hans, Lebenserinnerungen eines Botschafters, Köln u. a. 1967.

Künnecke, Arndt, Eine Hürde auf dem Weg zur EU-Mitgliedschaft? Der unterschiedliche Minderheitenbegriff der EU und der Türkei (=Schriftenreihe Schriften zur Europapolitik, Bd. 7), Hamburg, 2007.

Lahr, Rolf, Zeuge von Fall und Aufstieg. Private Briefe 1934–1974, Hamburg 1981.
Lamprecht, Ronald/Morgenstern, Ulf, Der Lebensweg des Leipziger Nationalökonomen Gerhard Kessler (1883–1963), in: Neues Archiv für sächsische Geschichte, 81/2010, S. 147–179.
Lehmann, Hans Georg, Acht und Ächtung politischer Gegner im Dritten Reich, in: Hepp (Hrsg.): Die Ausbürgerung deutscher Staatsangehöriger 1933–45, S. 9 23.
Ders., In Acht und Bann. Politische Emigration, NS-Ausbürgerung und Wiedergutmachung am Beispiel Willy Brandts, München 1976.
Ders., Wiedereinbürgerung, Rehabilitation und Wiedergutmachung nach 1945. Zur Staatsangehörigkeit ausgebürgerter Emigranten und Remigranten, in: Exilforschung, Ein internationales Jahrbuch 9 (1991), S. 90–103.
Leonhard, Wolfgang, Die Revolution entlässt ihre Kinder, Köln u. a. 1955.
Loevy, Ernst, Hoffnung in finsterer Zeit. Die deutsche Exilliteratur 1933–1945, in: Edith Böhne/Wolfgang Motzkau-Valeton (Hrsg.), Die Künste und Wissenschaften im Exil 1933–1945, Gerlingen 1992, S. 29–46.

Malinowski, Stephan, Vom König zum Führer. Sozialer Niedergang und politische Radikalisierung im deutschen Adel zwischen Kaiserreich und NS-Staat, 3. durchges. Aufl., Berlin 2003.
Melloni, Alberto, Msgr., Roncalli at War. Standard Reactions and Unusual Reflections of a Vatican Diplomat in 1942–43, Jerusalem 2012.
Meyer, Kristina, Verfolgung, Verdrängung, Vermittlung. Die SPD und ihre NS-Verfolgten, in: Frei/Brunner/Goschler (Hrsg.), Die Praxis der Wiedergutmachung, S. 159–202.
Möckelmann, Reiner (Hrsg.), Exil und Bildungsreform. Deutsche Rechtsprofessoren in der Türkei ab 1933, Istanbul 2005.
Ders. (Hrsg.), Exil und Gesundheitswesen. Deutsche Mediziner in der Türkei ab 1933, Istanbul 2006.
Moltke, Freya von/Balfour, Michael/Frisby, Julian, Helmuth James von Moltke, 1907–1945. Anwalt der Zukunft, Stuttgart 1975.
Moltke, Helmuth von, Unter dem Halbmond. Erlebnisse in der alten Türkei 1835–1839, hrsg. und neu bearb. v. Ernst Bartsch, Stuttgart 1997.
Müller, Klaus-Jürgen, Der deutsche Widerstand und das Ausland (= Beiträge zum Widerstand 1933–1945, Bd. 29), Berlin (West) 1986.

Neumark, Fritz, Die Emigration in die Türkei, in: Kölner Zeitschrift für Soziologie und Sozialpsychologie, 23/1981, S. 442–459.
Ders., Kritische Anmerkungen zu dem „Scurla-Bericht", in: Şen/Halm (Hrsg.), Exil unter Halbmond und Stern, S. 101–111.
Ders., Zuflucht am Bosporus. Deutsche Gelehrte, Politiker und Künstler in der Emigration 1933–1953, Frankfurt am Main 1980.
Nicolai, Bernd, Moderne und Exil. Deutschsprachige Architekten in der Türkei 1925–1955, Berlin 1998.
Nissen, Rudolf, Helle Blätter – dunkle Blätter. Erinnerungen eines Chirurgen, Stuttgart 1969.

Önder, Zehra, Die türkische Außenpolitik im Zweiten Weltkrieg, München 1977.
Osterroth, Franz/Schuster, Dieter, Chronik der deutschen Sozialdemokratie. Daten, Fakten, Hintergründe, Bd. 1: Von den Anfängen bis 1945, neu bearb. u. erg. Aufl., Bonn 2005.

Papen, Franz von, Appell an das deutsche Gewissen. Reden zur nationalen Revolution, Neue Folge, Oldenburg 1933.
Ders., Der Wahrheit eine Gasse, München 1952.
Pekesen, Berna, „Pénétration pacifique?" Eine Analyse zu Methoden der Pressebeeinflussung am Beispiel des türkischen Pressewesens, 1939 bis 1943, Köln 2000.
Petersen, Peter/Maurer Zenck, Claudia (Hrsg.), Musiktheater im Exil der NS-Zeit. Bericht über die internationale Konferenz am Musikwissenschaftlichen Institut der Universität Hamburg, 3. bis 5. Februar 2005, Hamburg 2007.
Petzold, Joachim, Franz von Papen. Ein deutsches Verhängnis, München 1995.

Reichhardt, Hans, Ernst Reuter, Hannover 1965.
Reif, Heinz/Feichtinger, Moritz (Hrsg.), Ernst Reuter. Kommunalpolitiker und Gesellschaftsreformer 1921–1953 (= Politik- und Gesellschaftsgeschichte, Bd. 81), Bonn 2009.
Rein, Hans, Franz von Papen im Zwielicht der Geschichte. Sein letzter Prozess, Baden-Baden 1979.
Reisman, Arnold, Turkey's Modernization. Refugees from Nazism and Atatürk's Vision, Washington, D.C. 2006.
Reuter, Edzard, Schein und Wirklichkeit. Erinnerungen, Berlin 1998.
Ders., Zur Neuauflage des Scurla-Berichtes, in: Şen/Halm (Hrsg.), Exil unter Halbmond und Stern, S. 11–14.
Ritter, Gerhard A., Carl Goerdeler und die deutsche Widerstandsbewegung. Mit einem Brief Goerdelers, 4. unveränd. Aufl., Stuttgart 1984.

Roth, Karl Heinz, Franz von Papen und der Faschismus, in: ZfG 51 (2003), H. 7, S. 589–625.
Ders., Papen als Sonderbotschafter in Österreich und der Türkei, in: Bulletin für Faschismus- und Weltkriegsforschung, 25-26/2005, S. 121–162.
Rothfels, Hans, Deutsche Opposition gegen Hitler. Eine Würdigung, neue u. erw. Ausg., Frankfurt am Main 1978.
Ruhl, Hans-Jörg (Hrsg.), Neubeginn und Restauration, Dokumente zur Vorgeschichte der Bundesrepublik Deutschland 1945–1949, München 1994.
Rüstow, Alexander, Die Religion der Marktwirtschaft, Münster 2004.
Ders., Ortsbestimmung der Gegenwart. Eine universalgeschichtliche Kulturkritik, Bd. 1: Ursprung der Herrschaft, Münster 2003.

Scheel, Helmut, Preußens Diplomatie in der Türkei 1721–1774, Berlin 1931.
Scheffler, Wolfgang, Judenverfolgung im Dritten Reich, Berlin 1964.
Scheurig, Bodo, Freies Deutschland. Das Nationalkomitee und der Bund deutscher Offiziere in der Sowjetunion 1943–1945, München 1960.
Schmidt-Dumont, Franz F., Von Altona nach Ankara. Ein hanseatisches Leben im Vorderen Orient (1882–1952), Berlin 2010.
Schönfeld, Martin, „Kommen Sie, es lohnt sich…". Ernst Reuter – Ein Zurückgekehrter ruft die Emigranten, in: Verein Aktives Museum (Hrsg.), 1945. Jetzt wohin?, 286–303.
Ders., „Wird ein Türke Berlins Oberbürgermeister?" Zur Rezeption des Exils in der Türkei im Berlin des Kalten Krieges 1946–1953, in: Verein Aktives Museum (Hrsg.), Haymatloz, S. 196–209.
Ders., Heraustreten aus der Passivität. Möglichkeiten und Grenzen der politischen Arbeit im Exil in der Türkei, in: Verein Aktives Museum (Hrsg.), Haymatloz, S. 180–195.
Schönherr, Klaus, Die Türkei im Schatten Stalingrads. Von der „aktiven Neutralität" zum Kriegseintritt, in: Förster (Hrsg.), Stalingrad. Ereignis, Wirkung, Symbol, S. 397–415.
Schwartz, Philipp, Notgemeinschaft. Zur Emigration deutscher Wissenschaftler nach 1933 in die Türkei, Marburg 1995.
Scurla, Herbert, Die Judenfrage in Deutschland, in: Hochschule und Ausland. Monatsschrift für Kulturpolitik und internationale geistige Zusammenarbeit, 6/1933, S. 8–28.
Ders., Die Tätigkeit deutscher Hochschullehrer an türkischen wissenschaftlichen Hochschulen, in: Şen, Faruk/Halm, Dirk (Hrsg.), Exil unter Halbmond und Stern, S. 31–92.
Seefried, Elke (Hrsg.), Theodor Heuss. In der Defensive. Briefe 1933–1945, München 2009.

Şen, Faruk/Halm, Dirk (Hrsg.), Exil unter Halbmond und Stern. Herbert Scurlas Bericht über die Tätigkeit deutscher Hochschullehrer in der Türkei während der Zeit des Nationalsozialismus, Essen 2007.
Shaw, Stanford J., Turkey and the Holocaust. Turkey's Role in Rescuing Turkish and European Jewry from Nazi Persecution 1933–1945, Basingstoke u. a. 1993.
Steinbach, Peter/Tuchel, Johannes (Hrsg.), Widerstand gegen die nationalsozialistische Diktatur 1933–1945, Bonn 2004.
Stern, Fritz, Der Traum vom Frieden und die Versuchung der Macht. Deutsche Geschichte im 20. Jahrhundert, Berlin 1988.
Strauss, Herbert/Fischer, Klaus/Hoffmann, Christhard/Söllner, Alfons (Hrsg.), Die Emigration der Wissenschaften nach 1933. Disziplingeschichtliche Studien, München 1991.

Tönnies, Sybille, Die liberale Kritik des Liberalismus. Zur Aktualität Alexander Rüstows, in: Rüstow, Die Religion der Marktwirtschaft, S. 159–195.
Tutas, Herbert E., Nationalsozialismus und Exil. Die Politik des Dritten Reiches gegenüber der deutschen politischen Emigration 1933–1939, München 1975.
Ders., NS-Propaganda und deutsches Exil 1933–39, Worms 1973.

Vaget, Hans Rudolf, Thomas Mann, der Amerikaner. Leben und Werk im amerikanischen Exil 1938–1952, Frankfurt am Main 2011.
Verein Aktives Museum Faschismus und Widerstand in Berlin (Hrsg.), Haymatloz. Exil in der Türkei, 1933–1945 [Ausstellungskatalog] (= Schriftenreihe des Vereins Aktives Museum, Bd. 8), Berlin 2000.
Ders. (Hrsg.), 1945. Jetzt wohin? Exil und Rückkehr … nach Berlin? [Ausstellungskatalog] (= Schriftenreihe des Vereins Aktives Museum, Bd. 7) Berlin 1995.

Wallach, Jehuda L., Anatomie einer Militärhilfe. Die preußisch-deutschen Militärmissionen in der Türkei 1835–1919, Düsseldorf 1976.
Weber, Hermann, Der Anti-Faschismusmythos der SED. Kommunistischer Widerstand gegen den Nationalsozialismus. Leistung, Problematik, Instrumentalisierung, in: Freiheit und Recht. Vierteljahresschrift für streitbare Demokratie und Widerstand gegen die Diktatur, März 2005, S. 1–4.
Weinberg, Gerhard L., A World at Arms. A Global History of World War II, 2. Aufl., New York 2005.
Weinke, Anette, Die Nürnberger Prozesse, München 2006.
Weisbrod, Bernd (Hrsg.), Akademische Vergangenheitspolitik. Beiträge zur Wissenschaftskultur der Nachkriegszeit, Göttingen 2002.
Weitkamp, Sebastian, SS-Diplomaten. Die Polizei-Attachés und SD-Beauftragten an den deutschen Auslandsmissionen, in: Christian A. Braun/Michael

Mayer/Sebastian Weitkamp (Hrsg.), Deformation der Gesellschaft? Neue Forschungen zum Nationalsozialismus, Berlin 2008, S. 49–74.

Wetzel, Jürgen, Ernst Reuter (1889–1953). Oberbürgermeister und Regierender Bürgermeister von Berlin 1948–1953 [Ausstellungskatalog] (= Ausstellungskataloge des Landesarchivs Berlin, Bd. 15), Berlin 2003.

Widmann, Horst, Exil und Bildungshilfe. Die deutschsprachige akademische Emigration in die Türkei nach 1933, mit einer Bio- Bibliographie der emigrierten Hochschullehrer im Anhang, Frankfurt am Main 1973.

Yalcin, Kemal, Haymatlos, Istanbul 2011.

Yavuz, Fehmi, Ernst Reuter in der Türkei 1935–1946, Berlin (West) 1970.

Zimmermann-Kalyoncu, Cornelia: Deutsche Musiker in der Türkei im 20. Jahrhundert (= Europäische Hochschulschriften, Reihe 36, Musikwissenschaft, Bd. 15), Frankfurt am Main u. a. 1985.

Abkürzungsverzeichnis

a. D.	außer Dienst	DP	Deutsche Partei
AdK-CEA	Akademie der Künste, Berlin, Carl-Ebert-Archiv	DTV	Deutsch-Türkischen Vereinigung
aktual.	aktualisiert	DÜF	Dar-ül-fünun Sahane (Kaiserliche Universität, Istanbul)
Anm.	Anmerkung		
AO	Auslandsorganisation der NSDAP		
		DVP	Deutsche Volkspartei
Art.	Artikel		
Aufl.	Auflage	e. V.	eingetragener Verein
		ebd.	ebenda
BAK	Bundesarchiv Koblenz	erg.	ergänzte
BBC	British Broadcasting Corporation	erw.	erweiterte
		EWG	Europäische Wirtschaftsgemeinschaft
BBG	Berufsbeamtengesetz		
Bd.	Band		
Bde.	Bände	FAO	Food and Agriculture Organization of the United Nations
BDM	Bund Deutscher Mädel		
bes.	besonders		
Bl.	Blatt	FDP	Freie Demokratische Partei
BVG	Berliner Verkehrs-AG		
bzw.	beziehungsweise	ff.	folgende (Seiten)
		FU	Freie Universität (Berlin)
CDG	Council for a Democratic Germany	Gestapo	Geheime Staatspolizei
CDU	Christlich Demokratische Union Deutschlands	GLD	German Labour Delegation
CSU	Christlich-Soziale Union in Bayern	H.	Heft
		HJ	Hitlerjugend
d. J.	des Jahres	hrsg.	herausgegeben
DAAD	Deutscher Akademischer Austauschdienst	Hrsg.	Herausgeber; Herausgeberin
DDP	Deutsche Demokratische Partei	IM	Inoffizieller Mitarbeiter (des Ministeriums für Staatssicherheit der DDR)
DDR	Deutsche Demokratische Republik		
Ders.	Derselbe		
Dies.	Dieselbe		

IRRC	International Rescue and Relief Committee	Pg.	Parteigenosse (der NSDAP)
ISK	Internationaler Sozialistische Kampfbund	Rep.	Repositur
		RIAS	Rundfunk im amerikanischen Sektor
JCS	Joint Chiefs of Staff		
KdAW	Komitee der Antifaschistischen Widerstandskämpfer	SA	Sturmabteilung
		SAP	Sozialistische Arbeiterpartei
KPD	Kommunistische Partei Deutschlands	SBZ	sowjetische Besatzungszone (Deutschlands)
KZ	Konzentrationslager	SD	Sicherheitsdienst
		SED	Sozialistische Einheitspartei Deutschlands
LAB	Landesarchiv Berlin		
		SM	Sozialistische Mitteilungen
NDPD	National-Demokratische Partei Deutschlands	SMAD	Sowjetische Militäradministration in Deutschland
NKFD	Nationalkomitee Freies Deutschland		
		SOPADE	Sozialdemokratische Partei Deutschlands (im Exil, 1933–1945)
NKLD	Volkskommissariat für innere Angelegenheiten		
NL	Nachlass	SPD	Sozialdemokratische Partei Deutschlands
Nr.	Nummer		
NS	Nationalsozialismus	SS	Schutzstaffel
NSDAP	Nationalsozialistische Deutsche Arbeiterpartei	TH	Technische Hochschule
NZZ	Neue Zürcher Zeitung	TU	Technische Universität
o. Bl.	ohne Blattzählung	u.	und
o. D.	ohne Datierung	u. a.	und andere; unter anderem
OdF	Opfer des Faschismus		
OKW	Oberkommando der Wehrmacht	UdSSR	Union der Sozialistischen Sowjetrepubliken
OSS	Office of Strategic Services	UNO	United Nations Organization
		USA	United States of America
PA AA	Politisches Archiv des Auswärtigen Amtes, Berlin	USPD	Unabhängige Sozialdemokratische Arbeiterpartei Deutschlands

VdMA	Verein deutscher Maschinenbau-Anstalten
VdN	Verfolgter des Naziregimes
Verf.	Verfasser
VfZ	Vierteljahrshefte für Zeitgeschichte
vgl.	vergleiche
VVN	Vereinigung der Verfolgten des Naziregimes
WRB	War Refugee Board
ZfG	Zeitschrift für Geschichtswissenschaft
zit.	zitiert
ZK	Zentralkomitee
ZPKK	Zentrale Parteikontrollkommission

Personenregister

Abdulhamid II. 48
Achenbach, Ernst 282 f.
Adenauer, Konrad 23, 287, 301–303
Aristophanes 88, 122
Arnold, Karl 296
Atatürk, Mustafa Kemal 12, 32–36, 49–52, 54 f., 58, 64, 68 f., 92, 94 f., 99, 111 f., 114, 117, 119, 277
Attlee, Clement 219, 255

Baade, Edith 120, 135, 138
Baade, Fritz 13, 30, 38, 41, 88, 104, 124, 126, 129 f., 132–141, 154, 177, 192–195, 234, 271, 296
Bach, Johann Sebastian 101, 214, 282
Baer, Otto 243
Baldwin, Roger 304
Bamberger, Ludwig 56, 85, 141
Barlaş, Haim 120, 125 f.
Bayar, Djelal 74, 104
Bayur, Hikmet 38
Beck, Ludwig 228, 311
Beethoven, Ludwig van 99, 214
Benesch, Eduard 114
Bersarin, Nikolai E. 254
Bethke, Martin 129
Bismarck, Otto Christian A. Fürst von 28
Bismarck, Otto Fürst von 273
Blum, Léon 53
Bodländer, Hans 122
Bohle, Ernst Wilhelm 149, 158, 298
Böhme, Franz 297
Bonatz, Paul 230
Bonhoeffer, Dietrich 311
Brandt, Karl 192, 203
Brandt, Willy 164, 191, 245, 287
Brauer, Max 23, 79, 224, 227, 267

Braun, Alfred 13, 130–132
Braun, Otto 20
Brecht, Bertold 14, 212 f., 225
Brentano, Heinrich von 296
Breusch, Friedrich 13, 143, 176, 189, 265
Brinkmann, Hennig 279 f.
Bruck, Elsbeth 30, 81
Brüning, Heinrich 20
Bülow-Schwante, Vicco von 114
Burchett, Wilfred G. 261
Busch, Fritz 98

Chamberlain, Neville 52
Christie, Agatha 83
Chruschtschow, Nikita S. 295
Churchill, Winston S. 59 f., 170, 173 f., 210, 219– 221, 228, 255
Cicero 89
Cohen-Reuß, Max 263
Colm, Gerhard 186
Crossmann, Richard 245
Cuno, Hellmuth 31
Curtis, Lionel 126

Dahlem, Franz 273 f.
Daladier, Edouard 52
Dehler, Thomas 303
Dennen, Leon 230, 237
Dessauer, Friedrich 38
Dilg, Herrmann 42–45, 160
Dimitroff, Georgi 276
Doğramacı, Ihsan 121
Dönhoff, Marion Gräfin 286, 303
Donovan, William J. 203
Dürer, Albrecht 214
Dursunoğlu, Cevat 39, 65, 78, 98, 278

Ebert, Carl 13, 40, 52, 59, 94, 98 f., 101 f., 124, 130 f., 154, 235 f., 264
Eckstein, Albert 13, 39, 52, 88, 92, 115–122, 124 f., 155, 231, 236, 244
Eckstein, Erna 13, 115–122, 231
Eckstein, Klaus 117
Eden, Anthony 175, 210
Egli, Ernst Arnold 35
Einsiedel, Horst von 199
Einstein, Alfred 38, 106
Elsässer, Martin 35
Engelberg, Ernst 230, 271–275
Engelmann, Kurt 190
Ergin, Necmettin 76
Erhard, Ludwig 191
Erişirgil, Ermin 76, 78
Eucken, Walter 184 f., 189
Euripides 88, 122

Fabricius, Wilhelm 62, 101
Falke, Friedrich 193, 195
Falkenhayn, Erich von 48
Feuchtwanger, Lion 14, 212
Fichte, Johann Gottlieb 214
Fraenkel, Heinrich 215, 221
Frank, Bruno 14, 212
Frick, Wilhelm 279
Friede, Victor 96 f., 136, 158, 194, 297, 299
Friedensburg, Ferdinand 260
Friedrich II. von Preußen 47, 214
Fritzsche, Hans 300
Fröbel, Friedrich 282
Furtwängler, Wilhelm 39

Galip, Reşit 37 f.
Gerngross, Otto 61
Gerstenmaier, Eugen 205
Gieseking, Walter 97
Gleissberg, Gerhard 291
Gleissberg, Wolfgang 290 f.

Globke, Hans 69, 295–297
Gnade, Richard 238 f., 244, 252
Goebbels, Joseph 14, 170, 208, 215, 287
Goerdeler, Carl Friedrich 14, 122, 199, 228, 274, 305, 311
Goerdeler, Christian 122
Goethe, Johann Wolfgang von 214, 286, 304
Goldschmidt, Herbert 17, 23, 67, 73
Gollancz, Victor 14, 30, 215
Goltz, Colmar von der 47 f.
Görlinger, Robert 167
Gottschlich, Emil 39
Grimme, Adolf 265
Gropius, Walter 76
Grossmann, Richard 208
Grotewohl, Otto 254
Grothusen, Klaus-Detlev 64, 277
Grzesinski, Albert 139, 141, 168, 173, 176, 217, 223–225, 227
Guradze, Heinz 52, 57, 67, 75–77
Güterbock, Hans G. 39, 92 f.

Hanfstaengl, Ernst 28
Harlan, Veit 131
Haubach, Theodor 199, 205
Hauptmann, Elisabeth 225
Hauptmann, Gerhart 21 f., 27
Hayek, Friedrich August von 189
Heimann, Eduard 186
Heine, Fritz 216 f., 248
Hentig, Otto von 150
Herder, Johann Gottfried 214
Herf, Jeffrey 307
Hertz, Paul 141, 192, 225, 263
Heuss, Theodor 16, 196, 298 f., 302–308, 312
Hillinger, Franz 35
Himmler, Heinrich 46, 106, 208
Hindemith, Paul 13, 39–41, 88, 94,

98–101, 235
Hindenburg, Paul von 20, 23, 44, 156
Hippokrates von Kos 122
Hirsch, Enver T. 115
Hirsch, Ernst E. 93 f., 110–115, 177, 187 f., 266, 289 f.
Hirsch, Otto 304 f.
Hirschfeld, Hans E. 16, 225, 263
Hirschmann, Ira 230
Hitler, Adolf 11 f., 18, 20 f., 23 f., 43 f., 46, 50, 52–54, 56–59, 64, 71, 84, 93, 106, 127 f., 132, 138 f., 144 f., 149, 153, 155, 157 f., 160, 162, 165, 169 f., 172–177, 179 f., 184, 193, 197, 199 f., 206, 209, 212–222, 224–229, 239 f., 247, 259, 273 f., 293–295, 305–307, 309 f.
Hoegner, Wilhelm 243
Hölderlin, Friedrich 214
Holzmeister, Clemens 32, 35, 46
Homer 88, 122
Horkheimer, Max 272
Hörsing, Otto 18
Howard, Elizabeth (Elsie) 27–30, 33, 52, 67, 73, 75, 79, 208, 215, 222, 245, 248
Hull, Cordell 210
Humboldt, Alexander von 282
Hutten, Ulrich von 282

Inönü, Ismet 38, 51 f., 55–60, 62, 69, 94, 99, 127, 232, 235, 237

Jachmund, August 32
Jagusch, Walter 107, 161–163
Jansen, Hermann 13, 33 f., 40
Jäschke, Gotthard 16, 55 f., 59, 68 f.
Joos, Anton 271
Jordan, Rudolf 25

Kant, Immanuel 304
Kantorowicz, Alfred 38

Karon, Isidor 167
Keleş, Ruşen 81
Keller, Friedrich von 43 f., 63, 70, 85–87, 95, 134, 147–150, 160 f., 193 f.
Kemaleddin, Mahmud 32
Kempff, Wilhelm 97
Kesebir, Şakir 119 f.
Kessler, Adelheid 146, 151
Kessler, Dorothea 146, 151
Kessler, Gerhard 13, 38, 66, 139, 141– 152, 162 f., 176, 179–181, 188 f., 216 f., 279 f.
Kessler, Gerhild 145 f., 152
Kessler, Gottfried 146
Kessler, Hans 145–150, 298
Kiep, Otto C. 204
Kirk, Alexander 199
Kisch, Egon Erwin 142
Klaiber, Manfred 63, 125, 150, 297– 300
Klarsfeld, Serge 127
Kleffens, Eelco van 14, 213 f., 217
Klein, Max 122
Klemperer, Klemens von 228
Klemperer, Victor 64
Knatchbull-Hugessen, Sir Hughe M. 120
Kolb, Walter 267
Korn, Salomon 312
Kosswig, Curt 13, 143, 176, 189
Kotikow, Alexander G. 260
Kranz, Walther 124
Kraul, Ludwig 297
Kroll, Hans 109, 127, 135 f., 150, 157, 159–162, 167, 186, 194, 292, 294–297, 300
Kubuschok, Egon 125
Kudret-Erkönen, Leyla 83 f., 117, 145, 249
Kurdoğlu, Faik 135

Lahr, Rolf 156
Lamla, Johann 43
Landsberger, Benno 13, 39, 84, 88, 92 f., 119, 122, 124, 231, 238
Laqueur, August 39
Lawrence, Geoffrey 125
Leander, Zarah (Sara Stina Hedberg) 131
Leber, Annedore 307
Leber, Julius 24, 199, 305, 307
Legge, Petrus 27
Lenin, Wladimir I. 11, 25, 257
Lenz, Joseph 23
Leonhard, Wolfgang 254, 268
Leroi, Leni 138
Lersner, Kurt Freiherr von 292
Lessing, Gotthold Ephraim 304
Leuschner, Wilhelm 228, 311
Lihotzky-Schütte, Margarete 274
Litke, Carl 259
Lörcher, Carl Christoph 34
Lortzing, Albert 282
Louis, Herbert 92
Löwe, Adolf 186
Luther, Martin 72, 127
Luther, Martin (Reformator) 214

MacArthur, Douglas 50
Maglione, Luigi 126
Magnus-Alsleben, Ernst 39, 116
Maier, Reinhold 297–299
Malche, Albert 36 f., 65, 188
Mann, Heinrich 14, 207, 212, 217, 241
Mann, Thomas 14, 22, 106, 141, 154, 164, 167, 174, 190, 207–213, 222–227, 246, 284–287
Marchionini, Alfred 13, 39, 121–129, 154, 231, 236, 292, 295, 301
Marchionini, Mathilde 13, 122, 129
Marcuse, Ludwig 212
Maria Theresia von Österreich 47

Marx, Henry 28
Matern, Herrmann 259
Mayer, Georg 167, 231 f.
McCarthy, Joseph 102
McClure, Robert A. 245, 252
McFarland, Lenning 180 f., 204 f.
Mehmed V. Reşad 48
Meinecke, Friedrich 266
Meissner, Otto 150
Melchers, Wilhelm 127
Melchior, Eduard 39
Menemencioğlu, Numan 52, 59 f., 62, 127
Merker, Paul 276
Merzbacher, Eugen 120, 122
Meyer, Max 39
Mierendorff, Carlo 199, 205
Mises, Ludwig von 189
Molière (Jean-Baptiste Poquelin) 99
Molo, Walter von 284–286
Molotow, Wjatscheslaw M. 210
Moltke, Helmuth James Graf von 13 f., 126, 128, 169, 174 f., 179, 182 f., 197–200, 203–206, 228, 230, 232, 274, 311
Moltke, Helmuth von 47 f.
Montesquieu, Charles de Secondat, Baron de 99
Moore, Theodore 295
Morgenthau, Henry 14, 140, 230
Mozart, Wolfgang Amadeus 98 f.
Müller, Hermann 44
Murphy, Robert D. 245, 253 f.
Mussolini, Benito 50 f., 56 f., 155, 169, 174, 197, 209 f.
Mustafa III. 47

Naumann, Friedrich 144
Neumann, Franz 287
Neumark, Erica 108
Neumark, Fritz 12 f., 35 f., 41, 64 f.,

83, 89, 103–110, 144–146, 177, 187–191, 231, 277, 279 f., 284, 289
Neumark, Matthias 103, 108, 146
Neumark, Veronika 108
Neurath, Constantin von 155
Niebuhr, Reinhold 141, 217, 224
Nikitchenko, Iona T. 292
Nissen, Rudolf 44, 52
Noel-Baker, Philip 240 f., 247, 250, 254
Norden, Eduard 89

Oelsner, Gustav 78, 264
Ollenhauer, Erich 216, 220, 248, 253
Oppenheimer, Franz 183, 186
Ossietzky, Carl von 120
Ostrowski, Otto 252, 258
Ovid 89

Palestrina, Giovanni Pietro da 234
Papen, Franz von 12, 15, 18, 20 f., 46–48, 56, 63, 70 f., 87, 96, 116, 125–129, 151–160, 162–167, 171, 232, 258–262, 274, 292–295, 297 f., 300 f.
Papen, Friedrich Franz von 260, 294
Papen, Martha von 91, 155
Parmenides 183
Paulus, Friedrich 170, 173
Petzold, Alfred 25
Pfleiderer, Georg 237
Picus, Werner 164
Pieck, Wilhelm 172, 254, 257
Pindar 88
Poelzig, Hans 40, 79
Praetorius, Ernst 13, 40, 52, 84, 88, 90, 93–98, 100 f., 154
Praetorius, Käte 40, 94–96, 98
Puccini, Giacomo 99
Pulvermann, Max 42, 56, 103, 165

Quincke, Hermann 235

Radbruch, Gustav 265
Rademacher, Franz 108
Reichenbach, Hans 212
Reichhardt, Hans J. 16
Reichwein, Adolf 199, 205
Reuter, Edzard 64, 79, 81, 83 f., 89, 101, 103, 117, 161 f., 249 f.
Reuter, Gerd Harry 30, 81 f., 161 f., 170, 222, 255
Reuter, Hanna 22, 27–30, 32 f., 81, 85, 98, 103, 117, 161 f., 222, 249
Reuter, Hella 54, 81, 117, 153, 163
Reuter, Karl 82, 144, 249, 252
Ribbentrop, Joachim von 56, 145, 149, 155
Riesser, Hans Eduard 299
Righi, Vittoro 165
Ripken, Georg 299
Ritter, Gerhard 47, 274
Ritter, Helmut 47, 91
Ritter, Otto 31
Rohde, Georg 13, 39, 84, 88–92, 96, 122, 124, 166, 231, 265 267, 271, 278
Rohde, Irmgard 84
Roncalli, Angelo 126, 165, 230 f., 234, 292
Roosevelt, Franklin D. 60, 73, 170, 172 f., 182, 198, 206, 210, 222, 228
Röpke, Wilhelm 83, 104, 184, 189
Rosenberg, Alfred 68
Rosenberg, Frederic von 63
Ruben, Gerhard 269
Ruben, Walter 39, 268–271, 274 f.
Rüstow, Alexander 13, 103 f., 123 f., 128 f., 139, 143, 151, 174, 176, 182, 189–192, 196 f., 199, 204–206, 230, 233–237, 265, 295 f.

Sack, Erna 59
Salomon, Otto 122
Sander, Wilhelm 219, 247 f., 291

Sanders, Otto Liman von 47 f.
Saracoğlu, Şükrü 58 f.
Sattler, Dieter 267
Saucken, Reinhold von 106
Sauerbruch, Ferdinand 59, 61 f.
Saydam, Refik 62, 72, 116 f., 120
Schacht, Hjalmar 300
Schäffer, Fritz 303
Schede, Martin 47
Scheliha, Rudolf von 311
Schellenberg, Walter F. 72
Schiff, Victor 141, 221 f., 240–242, 247 f., 250 f., 254, 264
Schiller, Friedrich von 304
Schliemann, Heinrich 47
Schmid, Carlo 298
Schmidt, Hans 136
Schmidt-Dumont, Fritz 100
Schmidt-Dumont, Luisa 100
Schoettle, Erwin 243
Scholl (Geschwister) 210, 311
Scholz, Lotte 81
Schreiner, Albert 226
Schröder, Kurt von 21
Schroeder, Louise 260
Schumacher, Kurt 243, 249, 257, 287
Schumburg, Emil 164
Schütte, Wilhelm 274
Schwartz, Paul 226
Schwartz, Philipp 36–38, 52, 61 f., 66, 104, 107, 114, 144 f., 177, 184, 230
Schwarz, Alfred 182, 204
Schwarz, Andreas B. 187, 230
Scurla, Herbert 16, 63–65, 90–92, 94, 107 f., 114, 120, 124 f., 135, 151, 184 f., 187, 194, 276–283, 296 f.
Seger, Gerhart 223, 226, 241
Seghers, Anna 142
Seiler, Ferdinand 107 f., 137, 187
Seldte, Franz 18
Seneca d. J. 89

Severing, Carl 248
Seydlitz-Kurzbach, Walther von 172
Sichting, Rudolf 26
Sindermann, Horst 277
Sophokles 88
Stalin, Josef W. 11, 25, 56, 60, 102, 142, 165, 173, 182, 220 f., 228, 254, 273, 302
Stampfer, Friedrich 139, 225
Stauffenberg, Claus Schenk von 286, 311
Stein, H. F. Karl vom und zum 19
Steinhardt, Laurence A. 126, 244
Stern, Julius 103, 231
Stolper, Gustav 305
Strauß, Franz-Josef 303
Suhr, Otto 197, 263
Şükrü, Ahmed 48

Tarnow, Fritz 139 f., 264
Taut, Bruno 13, 35, 79 f., 274
Thälmann, Ernst 276
Thiess, Frank 284–286
Tillich, Paul 224 f.
Tindall, Richard G. 206
Toepke, Axel 42–44, 107, 109, 146–149
Trott zu Solz, Adam 126, 128, 274
Trotzki, Leo 142
Troutbeck, John 252
Turowski, Ernst 296

Ulbricht, Walter 172, 254, 257
Uran, Hilmi 123 f., 236, 250

Vansittart, Sir Robert G. 14, 172, 212–215, 219
Varnhagen, Rahel 282 f.
Verdi, Giuseppe 99
Vergil 88
Viktor Emanuel III. 174
Visser, Philips Christian 128, 213

Vogel, Hans 216–218, 242, 249

Wagner, Martin 11, 13, 35, 41, 75, 78 f., 103, 130, 246 f., 263
Weber, Alfred 191
Weber, August 221
Weigert, Edith 88
Weigert, Oscar 41, 88, 245, 252, 263
Weinberg, Else 103
Weinberg, Emanuel 109, 289 f.
Weizsäcker, Ernst von 286
Weizsäcker, Richard von 311
Wellington, Rebecca 245
Wels, Otto 24
Wengler, Wilhelm 128
Wessel, Horst 208, 298
Widmann, Horst 36
Wiesenthal, Simon 277
Wiesner, Louis A. 245
Wilbrandt, Hans 13, 38, 41, 88, 133, 135, 143, 174, 182, 188, 192–197, 199, 203–206, 230–232, 234, 236, 238, 262, 299
Wilbrandt, Robert 192
Wilhelm II. 48
Wilms, Herbert 261
Wilson, Edwin C. 243
Wilson, Woodrow 220
Winogradow, Sergej A. 232
Wolff, Fritz 221

Yavuz, Fehmi 76, 188
Yücel, Hasan Ali 187, 249, 278

Zelter, Carl Friedrich 282
Zimmern, Heinrich 92
Zuckmayer, Carl 40, 236, 283
Zuckmayer, Eduard 40, 154, 234–237

Abbildungsnachweis

Akademie der Künste, Berlin, Carl-Ebert-Archiv   Abb. 14
Archiv Hanri Benazus, Izmir   Abb. 6
Archiv Hellmut Rüstow   Abb. 25
Archiv Matthias Neumark   Abb. 15
Archiv YKB, Istanbul   Abb. 28
Friedrich-Ebert-Stiftung, Archiv der sozialen Demokratie, Bonn   Abb. 19; Abb. 30; Abb. 31
getty images   Abb. 23 (Fox Photos)
Inönü-Museum, Ankara   Abb. 8
Landesarchiv Berlin
E Rep. 200-21 Nachlass Ernst Reuter   Nr. 63: Abb. 24
E Rep. 200-21 Nachlass Ernst Reuter (Fotos)   Nr. 88: Abb. 3; Nr. 419: Abb. 4; Nr. 425: Abb. 5; Nr. 384: Abb. 7; Nr. 313: Abb. 10; Nr. 542: Abb. 11; Nr. 437: Abb. 13; Nr. 560: Abb. 18; Nr. 421: Abb. 27
E Rep. 200-21-01 Ernst-Reuter-Archiv   Nr. 357, F 135: Abb. 32
F Rep. 290 Allgemeine Fotosammlung   Nr. 0013165: Abb. 9; Nr. 0018366: Abb. 37 (Fotograf: Gert Schütz)
Politisches Archiv des Auswärtigen Amtes, Berlin   Abb. 21; Abb. 22
Privatbesitz Adelheid Scholz   Abb. 20
Privatbesitz Rupert Wilbrandt, Istanbul   Abb. 26
Privatbesitz Silvia Giese, Berlin   Abb. 12
Stadt- und Regionalbibliothek Cottbus   Abb. 36
Stadtarchiv Friedberg (Hessen)   Abb. 16
Stadtarchiv Magdeburg   Abb. 1; Abb. 2
ullstein bild   Abb. 29
Universitätsarchiv der Freien Universität Berlin   Foto Nr. 30274: Abb. 33
Universitätsarchiv der Heinrich-Heine-Universität, Düsseldorf, Bestand 7/10 Nachlass Albert Eckstein und Erna Eckstein-Schlossmann   Abb. 17
Universitätsarchiv der Humboldt-Universität zu Berlin   Abb. 34
Universitätsarchiv Leipzig   Abb. 35

Foto des Autors   Privatbesitz (Fotograf: Ulrich Hammer)

Einband Vorderseite: Ernst Reuter nach seiner Wahl zum Oberbürgermeister der Stadt Berlin, 7. Dezember 1948. LAB, E Rep. 200-21-01, Nr. 359, F 219.
Einband Rückseite: Der Ulus-Platz in Ankara. Postkarte, um 1936. LAB, E Rep. 200-21 (Fotos), Nr. 384.

Der Autor

Reiner Möckelmann (geb. 1941) studierte Ökonomie und Soziologie. Er war 33 Jahre im deutschen diplomatischen Dienst tätig, davon sieben Jahre in der Türkei. Er ist Herausgeber der Schriften „Exil und Bildungsreform. Deutsche Rechtsprofessoren in der Türkei ab 1933" und „Exil und Gesundheitswesen. Deutsche Mediziner in der Türkei ab 1933." Im Berliner Wissenschafts-Verlag erschien im Jahre 2008 die von ihm neu herausgegebene Autobiografie von Ernst E. Hirsch „Als Rechtsgelehrter im Lande Atatürks".